MEIKE WEBLER

Leben und Werk des Heidelberger Rechtslehrers Richard Carl Heinrich Schroeder (1838 – 1917)

D1718098

Ausgeschieden
- 2. AUG. 2012
Stadtbücherei Heidelberg

Schriften zur Rechtsgeschichte

Heft 124

Richard Carl Heinrich Schroeder (1838–1917)

Leben und Werk des Heidelberger Rechtslehrers Richard Carl Heinrich Schroeder (1838 – 1917)

Ein Rechtshistoriker an der Schwelle vom 19. zum 20. Jahrhundert

Von

Meike Webler

Duncker & Humblot · Berlin

Das Institut für Geschichtliche Rechtswissenschaft
der Ruprecht-Karls-Universität Heidelberg hat diese Arbeit
im Jahre 2004 als Dissertation angenommen.

Bibliografische Information Der Deutschen Bibliothek

Die Deutsche Bibliothek verzeichnet diese Publikation in
der Deutschen Nationalbibliografie; detaillierte bibliografische
Daten sind im Internet über <http://dnb.ddb.de> abrufbar.

D 16

Alle Rechte vorbehalten
© 2005 Duncker & Humblot GmbH, Berlin
Fremddatenübernahme: Klaus-Dieter Voigt, Berlin
Druck: Berliner Buchdruckerei Union GmbH, Berlin
Printed in Germany

ISSN 0720-7379
ISBN 3-428-11886-3

Gedruckt auf alterungsbeständigem (säurefreiem) Papier
entsprechend ISO 9706 ♾

Internet: http://www.duncker-humblot.de

„Nicht selten gehört größere juristische Kraft dazu, ein vergangenes Rechtsinstitut in seinem juristischen Wesen zu erfassen und zu erkennen, als es bei einem gegenwärtigen der Fall ist, schon deshalb, weil der Stand der Überlieferung es so erschwert."

(Walter Schönfeld, Vom Problem der Rechtsgeschichte, S. 342)

Albert Gollwitzer,
meinen Eltern und David Kohn

Vorwort

Die Arbeit wurde im Wintersemester 2004/2005 von der juristischen Fakultät der Ruprecht-Karls-Universität zu Heidelberg als Dissertation angenommen.

Meinem Doktorvater, Herrn Prof. Dr. Klaus-Peter Schroeder, spreche ich auf diesem Wege nochmals meinen herzlichsten Dank für die Anregung und umfassende Betreuung der Untersuchung aus; er ließ mir stets den erforderlichen Freiraum und hat durch wertvolle Hinweise die Arbeit in der vorliegenden Form überhaupt erst ermöglicht.

Weiterhin bin ich Herrn Prof. em. Adolf Laufs für die sehr schnelle Erstellung des Zweitgutachtens sehr verbunden.

Einzigartig waren die Ressourcen, die mir Herr Dr. G. Wilstermann, Dammental, und Herr Dr. H. Berger, Berlin, beide Urenkel von Richard Schroeder, in Form von Fotografien und persönlichen Briefen zur Verfügung stellten. Sie ermöglichten es, das von der wissenschaftlichen Literatur gezeichnete Bild von Richard Schroeder abzurunden. Daneben trug Felix Christophs intensive Recherche im Archiv der Humboldt-Universität Berlin erheblich dazu bei, ein facettenreiches Bild von Richard Schroeders Studienarbeit zu zeichnen.

Frau Martina Thum gilt ebenso Dank für die moralische und organisatorische Unterstützung wie auch meinen Kollegen im Team des Internationalen Cash Managements der Dresdner Bank AG, Zentrale in Frankfurt am Main – allen voran Peter Hesse (der zusätzlich noch Korrekturarbeiten übernahm), Thomas Jepp, Maik Freudenberg, Petra Kessler, Jürgen Goos, Stefan Kraemer, Thomas Keim, Andrea Diete und Ralf Bickel.

Die Hauptlast des Korrekturlesens trug neben meinem Freund David Kohn und dessen Mutter Gabriele Tostberg meine Mutter Sonja Webler. Ihre kritischen Rückfragen und Anregungen haben entscheidend zum Gelingen der Arbeit beigetragen. Herzlichen Dank.

Ganz besonders bedanke ich mich bei meinen Eltern, Sonja und Dr. Joachim Webler, meinem Freund David Kohn und meiner Schwester Anke Webler für ihre Unterstützung; sie alle standen zu jeder Zeit und in allen Belangen hinter mir und haben mich stets in meinem Vorhaben gefördert. Ohne die finanzielle Unterstützung meiner Eltern, meines Großvaters Dr. Helmut Webler sowie der Gesellschaft Freunde der Universität Heidelberg e.V., die meine Arbeit mit dem

Eberhard-Freiherr-von-Künßberg-Preis ausgezeichnet hat, wäre zudem ein so rasches Erscheinen der Untersuchung nicht möglich gewesen.

Mannheim, im Mai 2005 *Meike Webler*

Inhaltsverzeichnis

Abbildungsverzeichnis

Abkürzungsverzeichnis

ABGB	Allgemeines Bürgerliches Gesetzbuch, Österreich
Abs.	Absatz
AcP	Archiv für die civilistische Praxis
a. D.	außer Dienst
ADB	Allgemeine Deutsche Biographien
AGO	Allgemeine Gerichts-Ordnung
ALR	Allgemeines Preußisches Landrecht
altfries.	altfriesisch
alts.	altsächsisch
Art.	Artikel
Aufl.	Auflage
BA	Bundesarchiv
Bd.	Band
BG	Bundesgesetz (Bundesrepublik Österreich)
BGB	Bürgerliches Gesetzbuch
BGBl.	Bundesgesetzblatt
Bl.	Blatt, Blätter
BNSDJ	Bund Nationalsozialistischer Deutscher Juristen
CC	Code Civil, Frankreich
DBE	Deutsche Biographische Enzyklopädie
DBJ	Deutsches Biographisches Jahrbuch
Ders.	derselbe
div.	diverse
DJZ	Deutsche Juristenzeitung
DR	Deutsche Rundschau
DRG	Deutsche Rechtsgeschichte
e. a.	et alii
FamRZ	Familienrechtszeitung
FGB	Familiengesetzbuch
Fn.	Fußnote
FS	Festschrift
GA	Germanistische Abteilung
GG	Grundgesetz
GGA	Göttingische Gelehrte Anzeigen
GLA KA	Generallandesarchiv Karlsruhe
Grundz.	Grundzüge
Güterrecht	Geschichte des ehelichen Güterrechts

HAW	Heidelberger Akademie der Wissenschaften
HD	Heidelberg
Heidel.Hs.	Handschriftensammlung der Universität Heidelberg
HGB	Handelsgesetzbuch
Hist.	Historisch, historische, -r
Hist. Vjs.	Historische Vierteljahrschrift/Neue Folge der Deutschen Zeitschrift für Geschichtswissenschaft
HK	Historische Kommission
HRG	Handwörterbuch der Deutschen Rechtsgeschichte
Hrsg.	Herausgeber
HZ	Historische Zeitschrift
JbgDR	Jahrbuch des gemeinen Deutschen Rechts
JR	Juristische Rundschau
JuS	Juristische Schulung
KA	Karlsruhe
KJ	Kritische Justiz
Krit. Vjs.	Kritische Vierteljahrschrift für Rechtsprechung und Gesetzgebung
langob.	langobardisch
Ldr.	Landrecht
mhd.	mittelhochdeutsch
Nachl.	Nachlass
NF	Neue Folge
NJ	Neue Justiz
NJW	Neue Juristische Wochenschrift
RA	Romanistische Abteilung
RJ	Rechtshistorisches Journal
RNZ	Rhein-Neckar-Zeitung
Sc.	scribens
Sp.	Spalte
Ssp.	Sachsenspiegel
UA	Universitätsarchiv
u. a.	unter anderem
UB	Universitätsbibliothek
vgl.	vergleiche
Vjs.	Vierteljahrschrift
z. B.	zum Beispiel
ZfgR	Zeitschrift für geschichtliche Rechtswissenschaft
ZfR	Zeitschrift für Rechtsgeschichte
ZGO	Zeitschrift für die Geschichte des Oberrheins
ZNR	Zeitschrift für Neuere Rechtsgeschichte
ZRG	Zeitschrift der Savigny-Stiftung für Rechtsgeschichte
ZvR	Zeitschrift für vergleichende Rechtswissenschaft

A. Einleitung

Geschichte und damit auch Rechtsgeschichte wird lebendig durch ihre Vertreter, die Rechtshistoriker. Sie erlangt Konturen durch die Personen, die ihre Entwicklung nachzeichnen und ihr dadurch den Bedeutungsgehalt zukommen lassen, der ihr gebührt.

Ausgehend von den durch Gustav Hugo, Justus Möser oder Hermann Conring erarbeiteten Ansätzen hatten zu Beginn des 19. Jahrhunderts insbesondere Friedrich Carl von Savigny und Carl Friedrich Eichhorn mit der Begründung der historischen Schule die Grundlage für den enormen Bedeutungsaufschwung gelegt, den die deutsche Rechtsgeschichte als Schnittstelle zwischen Geschichte, Rechtswissenschaft und Philologie im Laufe des 19. Jahrhunderts erfuhr.

Was die deutsche Rechtsgeschichte in ihrer germanistischen Ausprägung angeht, so nennt die neuere Literatur[1] immer wieder Namen wie Georg Beseler, Paul Roth und Konrad Maurer für die Zeit bis ca. 1880, Otto Stobbe, Karl von Amira, Heinrich Brunner oder Otto von Gierke für den Übergang vom 19. zum 20. Jahrhundert. Richard Schroeder, der parallel zur letztgenannten Gruppe an deutschen Universitäten lehrte und forschte, scheint dagegen heute in Vergessenheit geraten zu sein. Dennoch gehört auch er zu den Personen, welche die Generation der Rechtshistoriker an der Schwelle vom 19. zum 20. Jahrhundert geprägt haben.

Trotz der Vielzahl und der Qualität seiner Veröffentlichungen fand Richard Schroeders wissenschaftliches Werk kaum angemessene Beachtung. Während Heinrich Brunner, Karl von Amira und Otto von Gierke noch heute in allgemeinen Nachschlagewerken zumindest einige Zeilen gewidmet werden[2], sucht man nach ihm vergeblich.[3] Hingegen wird er noch im Brockhaus aus dem Jahr

---

[1] Vgl. *Schlosser*, Grundzüge der neueren Privatrechtsgeschichte, S. 162; *Köbler,* Wege deutscher Rechtsgeschichte, FS Kroeschell, S. 182 f.; *Laufs*, Rechtsentwicklungen in Deutschland, S. 219, 297; *Eisenhardt*, Deutsche Rechtsgeschichte, Rn. 531 ff., insb. 536; *Kroeschell*, Deutsche Rechtsgeschichte Bd. I, S. 19.

[2] Dieser Umstand lässt auf die Bedeutung dieser Personen auch in heutiger Zeit schließen.

[3] Lediglich *Köblers* „Lexikon der europäischen Privatrechtsgeschichte" nennt Schroeder als den Verfasser eines erfolgreichen Lehrbuchs der Deutschen Rechtsgeschichte, S. 527; ebenso *Eckhardt*, DBE, Bd. 9, S. 150; ausführlicher dagegen Badische Biographien NF, Bd. IV, S. 268 f.; in Kleinheyer/Schroeder, *„Deutsche und europäische Juristen aus neun Jahrhunderten"*, 4. Auflage 1996, hat er dagegen keinen Eingang gefunden.

1923[4] oder Meyers Konversationslexikon von 1898 als überragender Rechtslehrer erwähnt, und auch Landsberg würdigt ihn in seiner *„Geschichte der deutschen Rechtswissenschaft"*[5].

Lediglich Schroeders *„Lehrbuch der Deutschen Rechtsgeschichte"* wird noch heute in fundierten Lehrbüchern genannt.[6] So empfiehlt es beispielsweise Ulrich Eisenhardt neben dem Werk von Hermann Conrad als die einzig maßgebliche Gesamtdarstellung; Karl Kroeschell nennt es *„als besonders umfassende Darstellung bis heute unentbehrlich"*[7].

Noch geringere Beachtung als das wissenschaftliche Werk erfuhr der Mensch Richard Schroeder. Lediglich in seinem Todesjahr 1917 wird er in mehreren Nachrufen[8] gewürdigt. Daneben findet sich sein Name in den Biographien seiner Schüler und Kollegen sowie in Monographien über seine Wirkungsstätten.[9]

Eine umfassende Untersuchung seines Lebens und Werks steht, obwohl schon 1978 von Karl Siegfried Bader angemahnt[10], noch aus. Gerade dieses soll Aufgabe der nachfolgenden Arbeit sein: Angestrebt ist eine Analyse der Person Richard Schroeders, seines familiären und sozialen Hintergrundes sowie seines Wirkens einschließlich seiner wissenschaftlichen Arbeiten. Zwar sind Schroeders Biographie und sein wissenschaftliches Werk eng miteinander verknüpft, eine getrennte Betrachtung erscheint aber dennoch geboten: Das Leben eines Menschen kann nicht ohne den geschichtlichen und politischen Hintergrund gesehen werden, vor dem es sich abspielt. Das individuelle Sein ist eingeflochten in gesellschaftliche Gegebenheiten und steht hiermit in ständiger Wechselwirkung. Mittelbar haben diese personalen Aspekte selbst auch Auswirkungen auf das wissenschaftliche Werk. Verglichen mit dem systematischen Zusammenhang mit den geistigen Strömungen der damaligen Zeit sowie den Schriften zeitgenössischer Autoren sind sie allerdings eher von untergeordneter Bedeutung.

Indes erhebt die vorliegende Darstellung und Analyse von Schroeders Arbeiten keinen Anspruch auf Vollständigkeit. Sie ist vielmehr darauf gerichtet, die

---

[4] Ebenso in Brockhaus Enzyklopädie von 1973, Band 17.

[5] Ohne ihm allerdings die gleiche Aufmerksamkeit zu widmen, die er Heinrich Brunner zukommen lässt; *Stintzing/Landsberg,* Geschichte der deutschen Rechtswissenschaft, Bd. III/2, S. 898 f.; ebenso der Brunner-Schüler *Rudolf Hübner,* Karl Friedrich von Eichhorn und seine Nachfolger, FS Brunner, S. 837.

[6] *Laufs,* Rechtsentwicklungen in Deutschland, S. XXIV; *Eisenhardt,* Deutsche Rechtsgeschichte, S. XXV.

[7] *Kroeschell,* Deutsche Rechtsgeschichte Band I, S. 19.

[8] Unter anderem von *Stutz,* ZRG GA 38 (1917), S. VII–LVIII, seinem Schüler *Konrad Beyerle,* DBJ, S. 138 ff., und *Eberhard Freiherr von Künßberg,* ZGO NF XXXII (1917) S. 330–334.

[9] Vgl. auch *Heymann,* DJZ 1917, III/IV, Sp. 206–208; *Röpke,* Universität Würzburg, S. 177.

[10] *Bader,* ZRG GA 95 (1978), S. 201 f.

Schwerpunkte herauszuarbeiten und die beiden Hauptwerke, das *„Lehrbuch der Deutschen Rechtsgeschichte"* sowie die *„Geschichte des ehelichen Güterrechts",* genauer zu analysieren. Daneben soll der Einfluss dargestellt werden, den Schroeder auf die nachfolgende rechtshistorische Wissenschaft sowie die Praxis, insbesondere des ehelichen Güterrechts, hatte.

B. Das Leben Richard Carl Heinrich Schroeders und die Entwicklung seiner Persönlichkeit

I. Schroeders Jugendzeit bis zu Beginn des Universitätsstudiums

1. Elternhaus und Herkunft

„Gerade und schlicht, ohne Umstände, wie der Grundzug seines Wesens, so war auch sein Lebenslauf, begünstigt vom Glück, das dem Tapferen hold ist"[1]; so beschreibt ihn sein späterer Mitarbeiter und Nachfolger beim *„Wörterbuch der deutschen Rechtsprache"*, Eberhard Freiherr von Künßberg, in knappen, aber sehr aussagekräftigen Worten.

Richard Carl Heinrich Schroeder kam am 19. Juni 1838 um 0:30 Uhr als viertes[2] Kind des Königlichen Kreisjustizrates Ludwig Georg Friedrich Schroeder[3] und seiner Frau Ida Eleonora[4], geborene Kölling, im mecklenburgischen Treptow an der Tollense[5] zur Welt.[6] Ludwig Schroeder wählte den ersten Vornamen seines Sohnes sorgfältig:

„Er muß kurz und bündig und inhaltsvoll sein [...]. Ich leite dies aus dem Plattdeutschen, einem offenbar älteren deutschen Dialekt, aus dem das Hochdeutsche hervor-

---

[1] *von Künßberg*, ZGO NF XXXII (1917), S. 330.

[2] Er hatte drei ältere Schwestern; Henriette Caroline Friederica, geboren am 13. Juli 1832; Ida Wilhelmine Fanny, geboren am 10. Juli 1834 (sie starb bereits am 29. Mai 1837 im Alter von 3 Jahren an Katharrfieber); Hedwig Carolina Friederica Augusta geboren am 24. November 1836; auf Richard Schroeder folgte am 17.11.1840 eine weitere Schwester, Elisa Johanna Theodore Maria; Unterlagen *Wilstermann*, S. 45; *Stutz*, ZRG GA 38 (1917), S. VII; Tauf-/Sterberegister der evangelischen Kirchengemeinde Altentreptow, S. 34 Nr. 34/S. 21, Nr. 42.

[3] Geboren am 14. August 1802, gestorben am 11. Juni 1869; Heydemannsche Chronik, S. 44; Nachlass Schroeder, Dr. G. Wilstermann.

[4] Geboren am 22. Januar 1804, gestorben am 12. März 1864; Heydemannsche Chronik, S. 45; Nachlass Schroeder, Dr. G. Wilstermann; Ida Schroeder war die Tochter des Bürgers und Gastwirtes Joachim Friedrich Kölling aus Neubrandenburg (Lebenslauf Richard Schroeder vom Januar 1870, Archiv der juristischen Fakultät der Universität Bonn; Heydemannsche Chronik, S. 45; Nachlass Schroeder, Dr. G. Wilstermann).

[5] Seit 1939 heißt der Ort nicht mehr „Treptow an der Tollense", sondern „Altentreptow".

[6] Zum Taufpaten am 18.07.1838 wurden unter anderen der Großvater, Carl Schroeder, wohnhaft in Neetzka, bestimmt; Taufregister der evangelischen Kirchengemeinde Altentreptow, Jahrgang 1838, S. 161 Nr. 74.

gegangen ist. Im Plattdeutschen hieß der Name Riekhard, hochdeutsch also Reich Herz und das ist das schönste Motto, daß man einem Menschen mitgeben kann"[7].

Väterlicherseits entstammte er einer *„mecklenburg-pommerischen Familie, die vorwiegend aus Landwirten bestand"*[8]. Der Stammvater, der wahrscheinlich Georg Friedrich Schroeder[9] geheißen hatte, war im Dreißigjährigen Krieg als Soldat der schwedischen Armee nach Deutschland gekommen, um dort für die *„Freiheit des Glaubens"*[10] zu kämpfen. Nach Ende seiner Dienstzeit hatte er sich in Mecklenburg als freier Pächter ritterschaftlicher bzw. herzoglicher Hufen niedergelassen[11]. Auch seine Söhne und Enkel wurden Bauern.

Erst gegen Ende des 18. Jahrhunderts endete diese Tradition mit Richards Großvater, Carl Ludwig Christian Schroeder (31.08.1775–18.02.1850)[12]. Er brach zwar noch nicht vollends mit der Landwirtschaft, legte aber gesteigerten Wert auf geistige Bildung. Da er außerordentlich tüchtig war[13], überschrieb sein Vater ihm und nicht dem ältesten Sohn David, der nur *„im Essen und im Branntweintrinken unmäßig"*, beruflich dagegen wenig engagiert war, das Familiengut.[14] Carl Ludwig Schroeder wiederum förderte die wissenschaftlichen Neigungen seines eigenen Sohnes Ludwig, Richard Schroeders Vater, indem er

---

[7] Aufzeichnungen *Ludwig Schroeder*, Wahlsprüche, S. 3, Nachlass Schroeder, Dr. G. Wilstermann.

[8] *Schroeder* in seinem Dankesschreiben an die rechts- und staatswissenschaftliche Fakultät der Universität Münster anlässlich der ihm durch diese verliehenen Ehrendoktorwürde im Jahre 1908, Akte der Ehrenpromotion Richard Schroeder, UA Münster, Bestand 30 Nr. 159.

[9] Ludwig Schroeder mutmaßte dies aus der Tatsache, dass der älteste Sohn immer den Namen Georg Friedrich erhielt, wohl zur Ehre des *„alten Schweden"*; *Ludwig Schroeder,* Wahlsprüche, S. 2, Nachlass Schroeder, Dr. G. Wilstermann.

[10] *Ludwig Schroeder*, Wahlsprüche, S. 1, Nachlass Schroeder, Dr. G. Wilstermann; ebenso *Schroeder,* Lebenslauf vom Januar 1870, Archiv der juristischen Fakultät der Universität Bonn.

[11] Heydemannsche Chronik, S. 16; Nachlass Schroeder, Dr. G. Wilstermann.

[12] Auch Carl Ludwig Christian Schroeder sollte auf väterlichen Wunsch Bauer werden. Zusammen mit seinem Bruder David erhielt er lediglich Privatunterricht bei einer ältlichen Hauslehrerin, die aber angesichts der Streiche der Buben das Haus bald verließ. Danach wuchsen die Kinder wild und ohne geregelten Unterricht auf, da der Vater meinte, dass übermäßige *„Kenntnisse der Wissenschaften"* für einen Landwirt schädlich seien. Lediglich der Religion maß er einige Bedeutung zu, weshalb er den damals elfjährigen Carl zu dessen Onkel, dem herzoglichen Kammerkommissar Andreas Schroeder, nach Rehberg schickte, damit er unterrichtet würde. Neben der Religion wurde der Junge dort auch im Lesen, Schreiben und Rechnen unterwiesen. Es ist wahrscheinlich, dass das Leben im Haus des Onkels und dessen berufliche Stellung Carl nachhaltig beeindruckten. Sehr bedauerte er, als sein Vater ihn nach sechs Monaten zurückrief. Zwar fügte er sich, versuchte aber, den Mangel eines weitergehenden Unterrichts durch intensives Selbststudium der Zeitungen auszugleichen. Dabei bewies er immensen Wissensdurst und Tatendrang; vgl. Heydemannsche Chronik, S. 19 f.; Nachlass Schroeder, Dr. G. Wilstermann.

[13] 1790 wurde er sogar „Herzoglicher Kammerkommissar"; Heydemannsche Chronik, S. 19, Nachlass Schroeder, Dr. G. Wilstermann.

Abbildung 1: Schroeders Elternhaus in Treptow an der Tollense, um 1930
(Quelle: Dr. H. Berger)

ihn die höhere Schule besuchen und anschließend Rechtswissenschaften in Göttingen und Berlin studieren ließ.[15]

Nach bestandenem juristischem Staatsexamen wurde Ludwig Schroeder Kreisjustizrat in Treptow an der Tollense. Insgesamt war er ein sehr humorvoller und offenherziger Mensch. *Der „alte, joviale Borger"*, wie der Dichter Fritz Reuter ihn einmal nannte, hatte stets, wenn nicht die *„Pluder- so doch die Plauderhosen"*[16] an. Entsprechend war das Schroedersche Haus Besuchern gegenüber stets offen. Kinder, Enkel, Geschwister, Verwandte, aber auch viele gute Bekannte gingen ein und aus: *„Es war eine wundervoll gemütliche und*

---

[14] Der Vater kaufte das Gut „Groß Luckow" als Alterssitz, Heydemannsche Chronik, S. 19 f., Nachlass Schroeder, Dr. G. Wilstermann.

[15] Zu seinen Lehrern gehörte neben anderen Friedrich Carl von Savigny; *Hückstädt,* Reisen zu Reuter, S. 32; an diesen wandte sich Ludwig Schroeder auch später noch mit der Bitte um juristische Unterstützung, wenn er in der praktischen Rechtsanwendung, mit der er in Treptow konfrontiert wurde, nicht mehr weiter wusste (vgl. *Schroeder,* „Veröffentlichung eines Briefes Savignys an einen früheren Schüler", Neue Heidelberger Jahrbücher 5, S. 23.

[16] Heydemannsche Chronik, S. 47, Nachlass Schroeder, Dr. G. Wilstermann.

behäbige Zeit, von der wir Heutigen uns kaum noch eine rechte Vorstellung machen können, eine Zeit, wo einer den anderen erheitern, wo jeder dem anderen zu helfen suchte, wo sich Bande der Liebe und Fürsorge von einem zum andern schlangen", berichtete Ludwig Schroeders Nichte Margarethe Heydemann-Anklam.[17]

Zusammen mit seinen Schwestern wuchs Richard Schroeder in dieser liebevollen Umgebung behütet auf.[18] Infolge häufiger Krankheit war er allerdings ein schwächliches Kind, das von seinen Spielkameraden viel gehänselt wurde. Aufgrund seiner Intelligenz und des Humors, den er wohl von seinem Vater

Abbildung 2: Ludwig Schroeder (Quelle: Dr. G. Wilstermann)

---

[17] Heydemannsche Chronik, S. 38, Nachlass Schroeder, Dr. G. Wilstermann.
[18] *Stutz*, ZRG GA 38 (1917), S. VII; Heydemannsche Chronik, Nachlass Schroeder, Dr. G. Wilstermann, S. 45; *von Künßberg*, ZGO NF XXXII (1917), S. 330.

geerbt hatte, wusste er sich dieser Angriffe jedoch mit Witz und Schlagfertig-
keit zu erwehren. Sein wacher Verstand äußerte sich auch in mancherlei Streich
und Spitzbübigkeit. Insoweit war er ein typischer Lausbub. Seine Patentante
Adam entzückte er dadurch, dass er sie, eine ausgemachte Katzenfreundin, stets
nach ihren Tieren fragte. Dies taten zwar auch die sonstigen Nichten und Nef-
fen. Tante Adam fand Richard aber besonders entzückend, denn während die
anderen Kinder lediglich fragten: *„Tante Adam, was machen Deine Katzen?“*,
erkundigte er sich: *„Tante Adam, was machen Deine guten Katzen?“*. Sie ahnte
nicht, dass der Knabe die Frage nur deshalb so formulierte, weil ihm das zusätzliche *„gute“* immer ein Stück Kuchen einbrachte.[19]

Seinen Vater behelligte der Junge mit allerlei Streichen. So ist unter anderem
folgende Begebenheit überliefert: Ludwig Schroeder muss sehr vergesslich gewesen sein. Während er beim Stiefelanziehen auf dem Stuhl saß und gerade ein
Bein in der Luft hatte, stellte Richard ihm eine interessante juristische Frage; er
wollte herausfinden, wie lange sein Vater in solch unbequemer Stellung verhar-
ren konnte. Tatsächlich hielt Ludwig Schroeder während des gesamten Ge-
sprächs das Bein in der Luft, um sich ausführlichst den angesprochenen rechtlichen Problemen zu widmen.[20]

1849 änderte sich die berufliche Stellung des Vaters. Nach 18 Jahren als
Land- und Stadtrichter schied er freiwillig aus dem preußischen Justizdienst aus
und ließ sich als erster Rechtsanwalt und Notar am Ort nieder.[21] Der Grund für
diese Entscheidung ist unbekannt. Wahrscheinlich war die kleine Familie in dem
ländlichen Treptow heimisch geworden und der Vater wollte einer möglicher-
weise vorgesehenen Versetzung zuvorkommen.[22] Der Berufswechsel erwies sich
auch in finanzieller Hinsicht nicht als Nachteil. Schon bald warf die Kanzlei ein
beträchtliches Auskommen ab, so dass es der Familie an nichts mangelte.

2. Richard Schroeders Elementarschul-
und Gymnasialzeit

Den ersten Unterricht erhielt Richard nicht in einer öffentlichen Volksschule.
Zwar hatte Preußen bereits 1717 eine allgemeine Schulpflicht eingeführt, deren
Einhaltung auch durch Strafandrohung gegen die Erziehungsberechtigten gesichert war.[23] Sie schloss jedoch Privatunterricht nicht aus, solange eine regelmäßige und den gesetzlichen Anforderungen entsprechende Schulbildung gewähr-

---

[19] „Geschichten, von Vater erzählt“; Nachlass Schroeder, Dr. G. Wilstermann.

[20] „Geschichten, von Vater erzählt“; Nachlass Schroeder, Dr. G. Wilstermann.

[21] *Hückstädt,* Reisen zu Reuter, S. 32; Standesliste, enthalten in der Dienerakte des
Großherzogtums Baden, Ministerium des Kultur und Unterrichts, GLA KA 235
Nr. 2496.

[22] Heydemannsche Chronik, S. 47, Nachlass Schroeder, Dr. G. Wilstermann.

[23] *Huber,* Deutsche Verfassungsrechtsgeschichte seit 1789, Bd. I, S. 281.

leistet war.[24] Da das stets kränkelnde Kind ohnehin große Teile eines nicht auf ihn allein ausgerichteten Unterrichts versäumt hätte, entschied sich der Vater zunächst für einen Hauslehrer. Diesen Posten übernahm Fritz Reuter.[25] Er unterwies Richard, dessen ältere Schwester Hedwig[26] und die Kinder des Superintendenten Schuhmann im Lesen, Schreiben, Rechnen sowie im Turnen.[27]

Im Alter von acht Jahren trat Richard dann zusammen mit Hedwig in die dritte Klasse der Treptower Stadtschule ein.[28] Nebenher unterrichtete Reuter ihn zur Vorbereitung auf das Gymnasium weiter in Griechisch und deutscher Philologie[29]:

„Sein Unterricht im Griechischen (er bereitete uns für die Quarta des Anklamer Gymnasiums vor) war freilich jämmerlich langweilig und machte ihm selbst wenig Freude, aber Turnen und Schwimmen lernten wir vortrefflich bei ihm, und er wusste dabei mit großem Geschick uns männliche Gesinnungen beizubringen"[30].

Zu Ostern 1851 wechselte der Junge sodann auf das neuhumanistisch-altsprachliche[31] Gymnasium der nahegelegenen Hansestadt Anklam.[32] Fritz Reu-

---

[24] Den schlecht ausgebildeten Dorflehrern, meist ehemaligen Soldaten oder Handwerkern, waren die privat bezahlten Hauslehrer weit überlegen; vgl. *Gerth*, Bürgerliche Intelligenz um 1800, S. 32.

[25] Zwischen dem Mundartdichter und dem Justizrat hatte sich innerhalb kürzester Zeit eine enge Freundschaft entwickelt. Fritz Reuter war 1844/45 zu seinem Bekannten Fritz Peters nach Thalberg an der Tollense, einem Nachbarort Treptows, gekommen, nachdem er vergeblich versucht hatte, in seiner Heimatstadt Stavenhagen als Turnlehrer Fuß zu fassen. *Hückstädt*, Reisen zu Reuter, S. 3.

[26] Sie avancierte gar zu seiner Lieblingsschülerin und sollte die Protagonistin in einem geplanten, aber nie verwirklichten Werke Reuters mit dem Titel „*Ut mine Schulmeistertid*" werden.

[27] Hedwig Krüger-Bützow, geborene Schroeder, die Schwester Richards, erinnert sich; *Schroeder*, Reuter als Mensch, S. 133; *Rakow*, Schweriner Blätter 5 (1985), S. 81.

[28] „*Den ersten Unterricht genoß ich theils bei Privatlehrern, unter denen der heute als plattdeutscher Dichter mit Recht so allgemein gepriesene Fritz Reuter, theils in der Bürgerschule meiner Vaterstadt.*" Lebenslauf Richard Schroeder, Januar 1871, Archiv juristische Fakultät der Universität Bonn.

[29] *Schroeder*, Reuter als Mensch, S. 127; *Hückstädt*, Reisen zu Reuter, S. 24; *Beyerle*, DBJ, S. 138; *Stutz*, ZRG GA 38 (1917), S. VIII.

[30] *Schroeder*, Reuter als Mensch, S. 127.

[31] Die Mehrheit der höheren Schüler besuchte ein neuhumanistisch-altsprachliches Gymnasium. Der Anteil der Schüler an Gymnasien im damaligen Preußen an der Gesamtzahl der Schulpflichtigen betrug 1846 2,6%, 1864 3,6%; vgl. *Wehler*, Deutsche Gesellschaftsgeschichte, Bd. II, S. 492; *Nipperdey*, Deutsche Geschichte, Bd. I (1800–1866), S. 459; 1873 dagegen schon 4,3%; *Wehler*, Deutsche Gesellschaftsgeschichte, Bd. III, S. 406

[32] *Eckardt*, Biographisches Wörterbuch zur Deutschen Geschichte Bd. III, S. 2551; *Beyerle*, DBJ, S. 138, Heidelberger Tageblatt vom 30.01.1911 anlässlich des 50. Doktorjubiläums Schroeders; *Hückstädt*, Reisen zu Reuter, S. 24; *Kroeschell*, Badische Biographien Bd. IV, S. 268.

ters Arbeit war damit getan. *„Nun will ich dir noch eine Lebensregel mitgeben"* sagte er dem Kind zum Abschied:

„ich rauche ja den ganzen Tag meine Pfeife. Und da habe ich mir ausgerechnet, wie viel Zeit ich jedes Mal zum Ausklopfen und zum Stopfen der Pfeife gebrauche, und wie viel das im ganzen ausmacht, wenn ich die Zeit zusammenrechne, seit ich angefangen habe zu rauchen. Und dann noch eins: Wenn du einmal ein alter Mann bist, dann denke daran, dass ich Dir einmal gesagt habe, du würdest ein Original."

Schroeder gab später zu, dass er damals nicht genau wusste, was sein Lehrer meinte, aber er war trotzdem sehr stolz darauf.[33] Erst im Erwachsenenalter wurde ihm klar, dass Reuter vermeiden wollte, dass er die eigenen, insbesondere die pommerschen, Anlagen vergesse.

Neben grundlegenden naturwissenschaftlichen Kenntnissen sollte nach dem preußischen Lehrplan der höheren Schulen Latein und Griechisch vermittelt werden. Besonderer Wert wurde auch auf die so genannten staatstragenden und gesinnungsbildenden Fächer Deutsch, Geschichte und Religion gelegt. In Reaktion auf die Ereignisse der Jahre 1848 und 1849 wollte man auf diese Weise ein protestantisch-säkularisiertes und königstreues Wohlverhalten der Jugend fördern.[34] Der betont geisteswissenschaftliche Lehrplan prägte Schroeder nachhaltig. Plante der am Sammeln von Muscheln, Petrefakten und Mineralien so interessierte Junge zunächst noch, Naturforscher zu werden[35], galt sein Interesse bald der Kollektion von Münzen, die ihn schließlich dem deutschen Altertum zuführten. *„Grosse Vorliebe für das Studium des Altdeutschen entwickelte sich bei mir schon, als ich noch Schüler der Tertia war"*[36]. Insbesondere das Nibelungenlied und die deutschen Volkssagen hatten es ihm angetan.[37] Allerdings begeisterte ihn dabei lediglich die germanische Periode. *„Sobald die Deutschen sich romanisieren lassen wie in Italien, Frankreich und Spanien, verlor ihre Geschichte mein Interesse"*[38].

---

[33] *Schroeder*, Reuter als Mensch, S. 130 f.

[34] Die Schüler seien *„zu Staatsbürgern zu erziehen, welche die Religion, die Sitte und das Gesetz achten, ihr Vaterland und ihren Fürsten lieben, welche den Willen und die Kraft besitzen, ihr eigenes Hauswesen zu leiten und mit edler Hingabe sich dem Wohl der Gemeinde und des Staates zu widmen."*, *Kraul*, Das deutsche Gymnasium, S. 76; *Paulsen*, Geschichte des gelehrten Unterrichts, S. 718 f.; *Schnabel*, Deutsche Geschichte im 19. Jahrhundert Bd. II, S. 361/364; *Mommsen*, Das Ringen um den nationalen Staat, S. 704; vgl. zum Lehrstoff an preußischen Gymnasien; *von Rönne*, Die höheren Schulen und die Universitäten des Preußischen Staates, Bd. II, S. 201–246.

[35] *Stutz*, ZRG GA 38 (1917), S. VIII.

[36] Lebenslauf Richard Schroeder, Januar 1871, Archiv der juristischen Fakultät der Universität Bonn.

[37] Anlässlich der Gratulation zu seinem fünfzigsten Doktorjubiläum 1911 schreibt er: *„Schon als Gymnasiast gab ich mich den deutsch-philologischen Studien mit Leidenschaft hin"*; Dankesadresse an die Königlich-Preußische Akademie der Wissenschaften am 05.03.1911.

Wenngleich Schroeder in seiner Gymnasialzeit zum ersten Mal mit dem für seine spätere Karriere so wichtigem deutschen Altertum in Berührung kam, so war Fritz Reuters Unterricht doch wesentlich einflussreicher gewesen. Bei ihm hatte er die deutsche Geschichte und Sprache, die der Dichter mit Humor und Dialekt zu vermitteln wusste, kennen- und liebengelernt.[39] Die Liebe zur Sprache schien der Junge aber auch in sich zu tragen. Allerdings förderte Fritz Reuter sicherlich auch seinen Sinn für Witz und Humor sowie sein Einfühlungsvermögen für andere.[40] Das enge Lehrer-Schüler-Verhältnis wurde durch Reuters Kontakt zum Vater noch intensiviert.[41] Die beiden Männer waren sich freundschaftlich verbunden, und Ludwig Schroeder griff dem stets klammen Dichter finanziell mehr als einmal unter die Arme.[42]

Über Schroeders schulische Leistungen ist insgesamt wenig bekannt.[43] Seine Vorlieben galten der deutschen Geschichte und Sprache; Griechisch, Französisch und Logik lagen ihm dagegen weniger.[44] Er gehörte wohl zu den besseren Schülern, war interessiert sowie fleißig und kam deshalb rasch voran.[45] Am 21.03.1857 legte er mit 19 Jahren das Abitur ab; damit hatte er die für Preußen erforderliche Universitätsreife erworben.[46]

II. Als Student in Berlin und Göttingen

1. Die Berliner Studienjahre

Ursprünglich hatte Schroeder beabsichtigt, sich an der Bonner Universität einzuschreiben. Dort wollte er parallel Germanistik und die Rechte studieren,

---

[38] Schroeder, zitiert von *Stutz*, ZRG GA 38 (1917), S. IX.

[39] *Erler*, HRG Bd. IV, S. 1503; *Stutz*, ZRG GA 38 (1917), S. VIII.

[40] *Molitor*, Pommersche Lebensbilder, S. 286.

[41] *Heymann*, DJZ 1917 III/IV, Sp. 206.

[42] So hatte Ludwig Schroeder dem Dichter 200 Taler geliehen, um dem Druck der „*Läuschen un Rimels*" zu ermöglichen. Auch finanzierte er ein Klavier, damit Reuters Gattin durch Musikstunden zum Lebensunterhalt beitragen konnte; Heydemannsche Chronik, S. 47, Nachlass Schroeder, Dr. G. Wilstermann. Dankbar widmete Reuter ihm die neue Folge der „*Läuschen un Rimels*" und verewigte ihn in seiner Weihnachtserinnerung; vgl. *Fritz Reuter*, Ut mine Stromtid, 2. Teil.

[43] Die Städte Anklam und Treptow an der Tollense wurden mehrfach Opfer von Bränden. Gerade aus der Zeit zwischen 1850 und 1860 sind infolgedessen keine Unterlagen mehr vorhanden; telefonische Auskunft der Stadtverwaltung Altentreptow und des Gymnasiums Anklam vom 20.02.2003.

[44] *von Künßberg*, ZGO NF XXXII (1917), S. 331.

[45] *Stutz*, ZRG GA 38 (1917), S. IX; *Beyerle*, DBJ, S. 138 ff.

[46] Seit dem Prüfungsreglement vom 23.12.1788 sowie dem Königlichen Edikt vom 12.10.1812 ist das Bestehen der Maturitätsprüfung Voraussetzung für die Immatrikulation an einer preußischen Universität. Das Abitur musste an einem humanistischen Gymnasium abgelegt werden (ALR II 12 §§ 64, 77 78 f.).

um auf diese Weise *„nach der ersten juristischen Prüfung auch die philosophische Doktorwürde zu erwerben"*[47]. Gerade die Vorlesungen von Karl Simrock[48], der an der Rheinischen Friedrich-Wilhelms-Universität Germanistik
lehrte[49], reizten ihn. Simrocks Forschungsschwerpunkt lag auf dem Gebiet der
germanischen Mythologie, des mittelalterlichen Minnesangs, aber auch im Bereich der Märchen, Sagen, Legenden sowie der Volks- und Kinderlieder.[50]
Diese Themenkomplexe fesselten den geschichtlich und sprachlich so interessierten Schroeder sehr.

Allerdings drängte der Vater auf eine ausschließlich juristische Ausbildung
im nähergelegenen Berlin. Für reine Philologie als berufliche Ausrichtung hatte
er wenig übrig. Richard Schroeder fügte sich letztlich dem väterlichen Wunsch
und gab den Plan des Doppelstudiums in Bonn auf.[51] Zu Ostern 1857 schrieb er
sich in Berlin ein.[52] Dabei wohnte er bei Verwandten in der Grenadierstraße 27[53],
vermutlich bei der Familie des Justizrates Carl Riemann, bei denen schon sein

---

[47] *Stutz*, ZRG GA 38 (1917), S. X.

[48] Karl Simrock (1802–1876); er studierte Recht und Philologie in Bonn und Berlin; ab 1850 außerordentlicher, ab 1850 ordentlicher Professor der Germanistik (im
heutigen Sinne) in Bonn. Der Lehrstuhl ausschließlich für deutsche Sprache und Literatur war eigens für ihn errichtet worden. Vorher hatte man sich der deutschen Sprache und Literatur lediglich in Vorlesungen über die deutsche Sprach- und Literaturge-
schichte gewidmet. *Moser*, Karl Simrock, S. 20/24 f. vgl. zu ihm: *Hans Moser*, Karl
Simrock, Bonn 1976.

[49] Die Bezeichnung „Germanist" unterlag im Laufe des 19. Jahrhunderts einem außerordentlichen Bedeutungswandel. Bezeichnete er ursprünglich eine juristische Wis-
senschaftsrichtung, namentlich die Erforschung des deutschen in Abgrenzung zum re-
zipierten römischen Recht, so unterfielen ihm später auch deutsche Geschichte und
Philologie (*Meves*, Name der Germanisten, S. 3). Dieser Wandel geht zurück auf eine
Rede, die Jacob Grimm anlässlich der ersten Germanistenversammlung hielt: *„der
name, welcher im begriff steht uns allen zu gebühren, der germanisten, im allgemeinen auch historiker und philologen miteinschlieszenden sinn"*. Sein Ansinnen war es,
*„die ausdehnung des namens germanisten auf forscher des rechts, der geschichte und
sprache über allen zweifel zu erheben. er drückt dann gar nichts aus als einen, der
sich deutscher wissenschaft ergibt, und das ist wol eine schöne benennung"* (J.
Grimm, kleinere Schriften, S. 568/569). Die Einladung hierzu war gerichtet an
*„Männer, die sich der Pflege des deutschen Rechts, deutscher Geschichte und Spra-
che ergeben"*; zitiert bei *Meves*, Name der Germanisten, S. 5. Zum ersten deutschen
Germanistentag hatten sechs Historiker, sechs Juristen und sechs Philologen eingela-
den, darunter Personen wie Georg Beseler, Karl Joseph Mittermaier, Ernst Moritz
Arndt, Karl Dahlmann, Georg Gervinus, Ludwig Uhland und Wilhelm und Jacob
Grimm; vgl. *Müller*, Germanistik, S. 5; *Gierke*, Die historische Rechtsschule und die
Germanisten, S. 20.

[50] Sein Wirken wird gemeinhin beschrieben als das eines Erneuerers älterer deutscher *„Nationalliteratur"* und germanischer Dichtung; *Moser*, Karl Simrock, S. 389.

[51] *Stutz*, ZRG GA 38 (1917), S. X.

[52] *Leopold Perels*, Nachruf: Alt-Heidelberg vom 24.11.1917, UA HD Personalakte
PA 2256; die Juristische Fakultät der Berliner Universität genoss zudem einen ausgezeichneten Ruf, vgl. *Schröder/Bär*, KJ 96, S. 448 f.

Vater während der eigenen Studienzeit sehr freundliche Aufnahme gefunden hatte.

Mit Spannung erwartete Schroeder den Vorlesungsbeginn. Bereits vor Semesterbeginn hatte er sich das aktuelle Vorlesungsverzeichnis nach Treptow senden lassen und sich einen Vorlesungsplan zusammengestellt[54]:

„Wie ein weihevolles Blatt erschien mir das erste Vorlesungsverzeichniß, das ich schon vor meiner Abreise nach Berlin mir hatte kommen lassen und mit glühendem Interesse und wachsender Bewunderung für die reichen Schätze des Wissens, die hier dargeboten wurden, sofort vom Anfang bis zum Ende durchstudierte"[55].

Gleich in seinem ersten Semester hörte er bei Karl von Richthofen[56] „Deutsche Staats- und Rechtsgeschichte".[57] Diese Vorlesung richtete sich zwar an Studenten, die bereits römische Rechtsgeschichte, Methodik und Enzyklopädie der Rechtswissenschaft sowie Rechtsphilosophie gehört hatten;[58] den geschichtlich so interessierten Schroeder kümmerten diese Vorgaben jedoch wenig. Wenn er sich schon den Wünschen des Vaters nach einem ausschließlich juristischen Studium beugen musste, wollte er wenigstens auch geschichtlich geprägte Rechtsvorlesungen hören.

Karl von Richthofen genoss in Fachkreisen einen ausgezeichneten Ruf. Zusammen mit seinem Berliner Kollegen Carl Gustav Homeyer war er der Hauptvertreter der rechtsgeschichtlichen Quellenforschung seiner Zeit.[59] Genaue Kenntnis hiervon war seiner Auffassung nach Grundlage der rechtsgeschichtlichen Forschung. Als Schüler Eichhorns[60] las von Richthofen die deutsche Rechtsgeschichte unter besonderer Betonung der deutschen Stammesrechte. Auch von Jacob Grimm[61] war er beeinflusst, der sein philologisches Interesse geweckt hatte.[62]

---

[53] Gespräch mit Dr. Wilstermann; Schroeder an Anna Hugo, 4. August 1863, Nachlass/Privatbriefe Dr. H. Berger, Humboldt-Universität Berlin, Archiv, Juristische Fakultät Studentenliste.

[54] Schroeder bei *Liebmann*, Die juristische Fakultät der Universität Berlin von ihrer Gründung bis zur Gegenwart in Wort und Bild, S. 324.

[55] Schroeder bei *Liebmann*, Die juristische Fakultät der Universität Berlin von ihrer Gründung bis zur Gegenwart in Wort und Bild, S. 324.

[56] *Karl von Richthofen* (1811–1888), vgl. zu Leben und Wirken Brunner, ZRG GA 9 (1888), S. 247–250; *Lenz*, Geschichte der Universität Berlin II/2, S. 135 f.

[57] *Stutz*, ZRG GA 38 (1917), S. X.

[58] *Butz*, Die Juristenausbildung an den preußischen Universitäten Berlin und Bonn zwischen 1810 und 1850, S. 215.

[59] *von Amira*, Über Zweck und Mittel der germanischen Rechtsgeschichte, S. 10; *Meder*, Rechtsgeschichte, S. 275; *Roth*, ZfR I (1861), S. 17; vgl. zu Leben und Werk von Carl Gustav Homeyer (1795–1874): *Boretius*, Zeitschrift für deutsche Philologie VI (1875), S. 217–221; *Brunner*, Preußische Jahrbücher 36 (1875), S. 18–60.

[60] *Karl Friedrich Eichhorn* (1781–1854); vgl. statt vieler *Sellert*, JuS 1981, S. 799 f.

[61] Vgl. hierzu, *Dilcher*, JuS 85, S. 931 ff.

[62] *Brunner*, ZRG GA 9 (1888), S. 247.

Neben den juristischen Vorlesungen besuchte Schroeder auch Veranstaltungen anderer Fakultäten wie die philosophischen und historischen Kollegien von H. F. Maßmann[63] und Moritz Haupt[64] über mittelalterliche Geschichte und Sprache.[65] Dabei sah er die Teilnahme an diesen Vorlesungen nicht lediglich als Befriedigung persönlicher Interessen an. Er glaubte vielmehr, dass fundierte Kenntnisse der Geschichte und Philosophie für die Ausbildung eines umfassend gebildeten Juristen unabdingbar seien. Sein Vater, der bei den Studien seines Sohnes einen eindeutig juristischen Schwerpunkt wünschte, mag dies anders gesehen haben. Schroeder stützte seine Auffassung allerdings auf die an deutschen Universitäten vorherrschende Meinung, dass der Student der Rechte neben den juristischen auch philosophische, historische und philologische Vorlesungen besuchen und sich auf diesem Wege umfassend bilden müsse.[66] Hierin spiegelte sich die historische Rechtsschule Savignyscher Prägung wider, die in der Philologie eine, wenngleich bedeutende, Hilfswissenschaft zur Jurisprudenz sah: Denn nur mittels der Philologie sei es dem Juristen möglich, sich *„in die Schriften der alten Juristen selbständig hineinzulesen und zu denken"*[67]. Freilich interpretierte Schroeder diesen Ansatz zu eigenen Zwecken sehr weit.

Mit dem gleichen Interesse, mit dem er an den geschichtlichen Vorlesungen teilnahm, besuchte er auch die juristischen Veranstaltungen. So hörte er bei Rudolf Gneist[68] und Friedrich Ludwig Keller[69] und Georg Beseler[70], Kühns und Carl Gustav Homeyer[71]: *„von den Juristen waren Keller und Richter von anre-*

---

[63] *„Auch bei H. F. Maßmann trieb ich germanistische Studien und fand freundliche Aufnahme in seine Familie".* Schroeder bei *Liebmann,* Die juristische Fakultät der Universität Berlin von ihrer Gründung bis zur Gegenwart in Wort und Bild, S. 325.

[64] *Beyerle,* DBJ, S. 138; Schroeder bei Liebmann, Die juristische Fakultät der Universität Berlin von ihrer Gründung bis zur Gegenwart in Wort und Bild, S. 325; über Moritz Haupt (1808–1874), vgl. *Belger,* Moritz Haupt als academischer Lehrer, Berlin 1879.

[65] *Kroeschell,* Badische Biographien NF Bd. IV, S. 268.

[66] *Lenz,* Geschichte der Universität Berlin Bd. II/1, S. 215; *Butz,* Die Juristenausbildung an den preußischen Universitäten Berlin und Bonn zwischen 1810 und 1850, S. 198; *Engel,* Die deutschen Universitäten und die Geschichtswissenschaft, S. 297; *Lexis/Fischer,* Die deutschen Universitäten, S. 294 f.

[67] *Bohnert,* Über die Rechtslehre Georg Friedrich Puchtas, S. 27; vgl. hierzu auch *Savigny,* Römisches Recht im Mittelalter Bd. VI, S. 363 f.; *Gadamer,* Wahrheit und Methode, S. 187 f.

[68] Zu Heinrich Rudolf Hermann Friedrich Gneist (1816–1895), vgl. *Stintzing/Landsberg,* Geschichte der deutschen Rechtswissenschaft, Band III/2, S. 963–975; *Ridder,* HRG Bd. I, Sp. 1719–1722.

[69] Zu Friedrich Ludwig Keller (1799–1860), vgl. *Stintzing/Landsberg,* Geschichte der deutschen Rechtswissenschaft, Bd. III/2, S. 465–471; *Lenz,* Geschichte der Universität Berlin Bd. II/2, S. 130.

[70] Zu Georg Beseler (1809–1888), *Gierke,* ZRG GA 10 (1889), S. 1–24; *Kern,* Georg Beseler; ders., NJW 1998, S. 1540.

[71] Schroeder bei *Liebmann,* Die juristische Fakultät der Universität Berlin von ihrer Gründung bis zur Gegenwart in Wort und Bild, S. 325; *Eckhardt,* Biographisches

gendem, Beseler, Homeyer und Richthofen von hervorragendem Einfluss auf meine Studienrichtung, Gneist von geringem Masse, Heffter wirkte nur abschreckend"[72]. Dieses Urteil unterstreicht Schroeders Interessensschwerpunkt: Insbesondere die Rechtshistoriker Beseler, Homeyer und von Richthofen werden gelobt.

Angesichts des erheblichen Engagements, das er der deutschen Rechtsgeschichte entgegenbrachte, verwundert es nicht, dass Beseler bald auf ihn aufmerksam wurde. Zusammen mit Otto Gierke[73], der zur gleichen Zeit in Berlin als Student der Rechte eingeschrieben war, nahm Schroeder im Sommersemester 1859 an der *„Deutscher Staats- und Rechtsgeschichte"* des großen Rechtsgermanisten teil. Beide zählten später zu Beselers bedeutendsten Schülern.[74]

Beseler widmete sich intensiv seinen Studenten, wenn er wirkliches Interesse und Begabung bemerkte. Seine Betreuung umfasste dabei nicht lediglich die wissenschaftliche Seite, sondern schloss auch eine aktive Integration der auserwählten jungen Männer in sein Familienleben ein: Sie durften die Wohnung des Professors auch außerhalb der Veranstaltungen besuchen und am Mittagessen mit Frau und Kindern teilnehmen. Auf diese Weise band Beseler interessierte Studenten wie Richard Schroeder und Otto Gierke, die im Rahmen ihrer juristischen Studien bis dahin wenig professoralen Zuspruch erhalten hatten, eng an sich.[75]

Beide besuchten neben der Vorlesung auch Beselers Sachsenspiegelkollegien.[76] In solchen rechtshistorischen Übungen konnten die Studenten das zuvor abstrakt erworbene Vorlesungswissen praktisch anwenden. Verglichen mit einer Vorlesung wurde die Teilnehmerzahl sehr gering gehalten, wovon man sich ein „befruchtenderes" Verhältnis zwischen Lehrer und Schüler versprach.[77] Mit der Teilnahme an Beselers Kollegien genossen Schroeder und Gierke ein Privileg, denn es war beileibe nicht allen Studenten, sondern lediglich einer *„kleineren*

Wörterbuch zur Deutschen Geschichte Bd. III, S. 2551; *Beyerle*, DBJ, S. 138; *Kern*, Georg Beseler, S. 218; *Stintzing/Landsberg*, Geschichte der deutschen Rechtswissenschaft, Bd. III/2, S. 898.

[72] Lebenslauf Richard Schroeder, Januar 1871, Archiv der juristischen Fakultät der Universität Bonn.

[73] Vgl. zu dieser Zeit auch: *Stutz*, Nachrufe Gierke, S. 168; Gierke wurde erst 1911 in den erblichen Adelsstand erhoben; *Kleinheyer/Schröder*, S. 146.

[74] *Kern*, Georg Beseler, S. 218; *Wolf*, Große Rechtsdenker: Otto von Gierke, S. 677; neben Otto Gierke nahmen zusammen mit Richard Schroeder unter anderem Wilhelm von Brünneck, Rudolf von Below und Johannes Fastenrath an Beselers Übungen teil; *Liebmann*, Die Juristische Fakultät der Universität Berlin von ihrer Gründung bis zur Gegenwart in Wort und Bild, S. 325.

[75] *Kern*, Georg Beseler, S. 217.

[76] *Kern*, Georg Beseler, S. 217; *Stutz*, Nachrufe, S. 114.

[77] *Butz*, Die Juristenausbildung an den preußischen Universitäten Berlin und Bonn zwischen 1810 und 1850, S. 225; *Lexis/Fischer*, Die deutschen Universitäten, S. 295.

Schaar auserlesener Theilnehmer" gestattet, von Beseler persönlich in das Studium der Rechtsquellen eingeführt zu werden.[78]

Beselers Einfluss auf Schroeder war überragend: *„Was ich geworden bin, habe ich in erster Linie ihm zu verdanken"*[79]. In seinen rechtshistorischen Übungen lernte der junge Mann die Geschichte des Rechts von Grund auf. Hatte er schon im ersten Semester die deutsche Rechtsgeschichte bei von Richthofen gehört, so meldete er sich erneut zu der Veranstaltung an, als sie von Beseler angeboten wurde.

Inhaltlich zeichnete sich die Lehre Beselers durch eine streng germanistische Haltung gegenüber dem deutschen Recht aus, die in der Tradition der Savignyschen historischen Rechtsschule stand. Savigny war davon ausgegangen, dass das Recht an seine geschichtlichen Voraussetzungen gebunden sei. Anders als das Naturrecht und aufbauend auf Gustav Hugos methodischen Forderungen lehnte er die Auffassung ab, dass jedes Zeitalter sein eigenes Recht hervorbringe. Da dem Recht die Elemente „Vernunft" und „Ordnung" ureigen seien, bedürfe es gerade keiner Einwirkung bzw. Ergänzung von außen. Vielmehr sprieße das Recht aus dem Innersten des Volkes und seiner Gesamtkultur und müsse sich aus diesem Umfeld heraus entwickeln. Das Historische sei damit unbedingt notwendig für die Jurisprudenz. Mithin erschloss die historische Rechtsschule den Sinn von Rechtssätzen und Rechtsbegriffen aus der geschichtlichen Entwicklung. Von Haus aus Romanist, sah Savigny das rezipierte römische Recht allerdings unter bewusster Vernachlässigung der urgermanischen Stammesrechte und des mittelalterlichen Rechts und wies sie entschieden als die eigentliche Grundlage des deutschen Rechts zurück.[80]

Beseler, der stark von Jacob Grimm und Georg Ludwig von Maurer beeinflusst worden war, modifizierte diese Ideen; zwar adaptierte er den Grundgedanken, dass sich das Recht des deutschen Volkes über die Grenzen der Zeitalter hinweg entwickelt habe; den romanistischen Einschlag wies er aber zurück. Entscheidende Bedeutung komme vielmehr den deutschen Verhältnissen im Volks- und Rechtsleben zu, denn nur das Volk sei zur Weiterbildung des Rechts legitimiert. Die durch die Juristen herbeigeführte Rezeption des römischen Rechts sah Beseler sogar als *„Nationalunglück"* an, denn die Juristen seien gerade nicht das Volk, sondern diesem diametral entgegengesetzt.[81]

---

[78] *Gierke*, ZRG GA 10 (1889), S. 17.

[79] Schroeder bei *Liebmann,* Die juristische Fakultät der Universität Berlin von ihrer Gründung bis zur Gegenwart in Wort und Bild, S. 325.

[80] Zur historischen Rechtsschule, vgl. *Köbler,* Lexikon der europäischen Rechtsgeschichte; *Gierke,* Die historische Rechtsschule und die Germanisten, 5 ff.

[81] *Stintzing/Landsberg,* Geschichte der deutschen Rechtswissenschaft, Bd. III/2, S. 513; *Beseler,* Volksrecht und Juristenrecht, S. 42.

Diese streng germanistische und insoweit national geprägte Lehre kam Schroeder sehr zustatten, denn romanistische Einflüsse interessierten ihn allenfalls am Rande und nur insoweit, als sie zur Erklärung und zum Verständnis der germanischen Rechtsgeschichte erforderlich waren. Weiterhin kam ihm zupass, dass Beseler in seinen Vorlesungen und Übungen unbedingten Wert auf eine umfassende Darstellung der Rechtsinstitute legte.[82]

Schroeder stand mit Beseler zeitlebens in regem brieflichen und persönlichen Kontakt. Beseler sei der „... *Mann, dessen Lehre und Freundschaft ich so unendlich Vieles verdanke*"[83]. Seine Lehre und Lehrmethode sowie seine Anregungen im Rahmen der später folgenden Dissertation hatten Schroeder in seiner Begeisterung für die deutsche Rechtsgeschichte bestärkt. Die Förderung[84] gab ihm Vertrauen in die eigene Leidenschaft und schließlich den Mut, eine wissenschaftliche Karriere an der Hochschule anzustreben.

Während seiner Berliner Studienjahre traf Schroeder noch auf andere Personen, die ihn in wissenschaftlicher Hinsicht nachhaltig prägen sollten. Neben Beseler und von Richthofen waren dies insbesondere „*zwei Akademiker [...], die mir den Richtweg zeigten, Haupt und Homeyer*"[85].

Der Pommer Gustav Homeyer war ein Schüler Eichhorns und von Savignys.[86] Ganz in der Tradition Eichhorns war er ein Germanist par excellence. Vor allem eine Edition des Sachsenspiegels und seine vielbeachteten Abhandlungen zu dem Rechtsbuch[87] hatten ihn bereits in den vierziger Jahren des 19. Jahrhunderts in den Rang eines geschätzten Rechtshistorikers erhoben. Auch als

---

[82] Seine „*Lehre von den Erbverträgen*", die er in den dreißiger Jahren des 19. Jahrhunderts veröffentlicht hatte, war, neben Albrechts (zu Wilhelm Eduard Albrecht (1800–1876): *Schnapp*, NJW 1998, S. 1541; ebenso *Borsdorff*, Wilhelm Eduard Albrecht – Lehrer und Verfechter des Rechts, 1993) „*Gewere*", als die „*erste vollkommen durchschlagende Monographie über das deutsche Privatrecht*" gelobt worden; *Heymann*, DJZ XV (1910) Sp. 1142; Beseler hatte darin erstmalig die Entwicklung eines Rechtsinstitutes von dessen mittelalterlichen Anfängen bis in die Neuzeit systematisch ergründet und somit anhand historischer Erkenntnisse die entscheidenden Begründungen angestellt; *Liebmann*, Die juristische Fakultät der Universität Berlin von ihrer Gründung bis zur Gegenwart in Wort und Bild, S. 31; *Hübner*, Karl Friedrich von Eichhorn und seine Nachfolger, FS Brunner, S. 820.

[83] Schroeder an Georg Beseler; Brief aus Straßburg vom 17.03.1884, Nachlassakte Beseler, BA Koblenz.

[84] Schroeder an Anna Hugo, 04. August 1863, Nachlass/Privatbriefe Dr. H. Berger.

[85] Dankesadresse vom 05. März 1911 an die Königlich Preußische Akademie der Wissenschaften (Akten der Königlich Preußischen Akademie der Wissenschaften 1812–1945).

[86] *Lenz*, Geschichte der Universität Berlin Bd. II/1, S. 212; *Brunner*, Preußische Jahrbücher 36 (1875), S. 21.

[87] *Homeyer*, Des Sachsenspiegels erster theil oder das sächsische Landrecht, 1827, 2. Auflage 1835, 3. Auflage 1861; des Sachsenspiegels zweiter theil, Band 1 1842, Band 2 1844; Die Stellung des Sachsenpiegels zur Parentelordnung (1860); Das sächsische Lehnsrecht und der Richtsteig des Lehnsrechts (1842).

Lehrer war er aufgrund seines bedachten und genauen Vortrages beliebt. In späteren Jahren zog er immer weniger Studenten an[88], da *„die Kraft der Stimme, wohl auch die innere Wärme des Vortrags abgenommen hatte"*. Doch lehrte Homeyer gerade das Fach, das Schroeder so faszinierte: Die deutsche Rechtsgeschichte. Homeyer las sie mit besonderer Betonung des Sachsenspiegels.[89]

Diese Ausrichtung sollte bestimmend werden für Schroeders wissenschaftlichen Weg. Erst in Homeyers Vorlesungen, so bekannte er später, sei ihm klar geworden, dass *„die Geschichte des deutschen Rechts mein Lebensberuf sein müsse, bei dem der Jurist ebensowohl wie der Philologe in mir zu seinem Recht kommen konnte"*[90]. Daneben mag es wohl Homeyers Persönlichkeit gewesen sein, die ihm entgegenkam: Der Professor war von eher ruhiger, ausgleichender Natur; ihn reizte nicht *„das eigentliche Gebiet der Rechtsgeschichte, der harte Kampf der Interessen, das Aufeinanderprallen der Gegensätze"*, sondern die *„Idylle des Rechts"*, in *„jenem friedlichen Grenzgebiete der Rechts- und Culturgeschichte, wo für den sinnigen Betrachter und für ein klares und scharfes Auge der Anger voll der duftigsten Veilchen steht"*[91].

Der an der philosophischen Fakultät lehrende Moritz Haupt[92] war das Gegenteil von Homeyer: Sein wissenschaftlicher Vortrag war im Vergleich zu dem des Rechtsprofessors sprühend, sein Wissen ebenso gediegen.[93] Auch wenn keine Vorlesungslisten von Schroeder erhalten sind, ist seine Teilnahme an Haupts *„Germania"* bekannt.[94] Es ist anzunehmen, dass er diese Veranstaltung bereits im Wintersemester 1858 besuchte, da Haupt die *„Germania"* sowie die *„Minnesänger des 12. Jahrhunderts"* lediglich 1858 und danach erst wieder im Wintersemester 1860 anbot.[95]

Aus der Synthese der Vorlesungsschwerpunkte von Haupt und Homeyer entwickelte sich der spätere Kern von Schroeders eigenen wissenschaftlichen Interessen. Er, der sich hauptsächlich mit dem Mittelalter sowie der Geschichte der Franken und Sachsen beschäftigen sollte, erhielt in den Vorlesungen von Homeyer und Haupt einen ersten Eindruck von der überragenden Bedeutung dieser

---

[88] *Brunner*, Preußische Jahrbücher 36 (1875), S. 55.

[89] *Lenz*, Geschichte der Universität Berlin Bd. II/1, S. 212.

[90] Dankesadresse vom 05. März 1911 an die Königlich Preußische Akademie der Wissenschaften (Akten der Königlich Preußischen Akademie der Wissenschaften 1812–1945).

[91] *Brunner*, Preußische Jahrbücher 36 (1875), S. 54.

[92] Dieser ist ein Schüler Jacob Grimms, hat allerdings selbst keine eigene Schule begründet; vgl. zu seinem Leben und Werk: *Belger*, Moritz Haupt als academischer Lehrer mit Bemerkungen Haupts zu Homer, Tragikern, Theokrit, Plautus, Catull, Properz, Horaz, Tacitus, Wolfram von Eschenbach; Berlin 1879.

[93] *Belger*, Moritz Haupt als academischer Lehrer, S. 71.

[94] Vgl. *Beyerle*, DBJ, S. 138.

[95] *Stutz*, ZRG GA 38 (1917), S. X.

deutschen Stämme für die deutsche Rechtsgeschichte. Haupts Veranstaltungen, insbesondere über Tacitus' *„Germania"*, beeindruckten Schroeder so sehr, dass er später als Professor in Straßburg, Würzburg und Heidelberg die gleiche Vorlesung, allerdings mit juristischem Schwerpunkt, las. Zwischen dem Professorenbild, das Homeyer verkörperte, und der Persönlichkeit, zu der Schroeder sich entwickeln sollte, bestehen zudem große Parallelen: Beide feilten zeitlebens an ihren Vorlesungen und richteten ihr größtes Engagement auf ihre Studenten. Zudem lasen sie bevorzugt die deutsche Reichs- und Rechtsgeschichte, deutsches Privatrecht sowie Handels-, Wechsel- und Seerecht und daneben preußisches Landrecht.[96]

Zu seinen Kommilitonen hatte Schroeder insgesamt wohl ein gutes Verhältnis. Schon im ersten Semester bildete er ein *„illustres Kränzchen mit gleichgesinnten Freunden (darunter Hübler, Emil Friedberg, Berchthold, Paul Krüger, Eck)"*[97]; man regte juristische, auch rechtsgeschichtliche Themen an und diskutierte sie in der Gruppe. Daneben wurde er Mitglied der Berliner Gesellschaft für pommersche Geschichte und Altertumskunde.[98] Auch die Versammlungen der Königlich Preußischen Akademie der Wissenschaften besuchte er regelmäßig mit Lehrern und Kommilitonen. Anlässlich einer solchen Veranstaltung wurde er dem greisen Jacob Grimm[99] persönlich vorgestellt. Dies war für den jungen Studenten ein großes Ereignis: *„Mein sehnlichster Wunsch ging damit in Erfüllung"*[100].

Daneben wirkte die betont freiheitlich-christliche Erziehung des Vaters: Kaum in der preußischen Hauptstadt angekommen, trat Schroeder in die Kirchengemeinde von St. Marien ein, die von dem Prediger Julius Müllensiefen geleitet wurde.[101] Müllensiefen war es auch, der, wie Schroeder später bekannte, das religiöse Empfinden eigentlich erst in ihm geweckt habe.[102]

2. Kurzes Intermezzo in Göttingen

1860 hatte Schroeder sechs Semester in Berlin studiert und neben juristischen auch historische und philologische Vorlesungen gehört. In den geschichtlichen Veranstaltungen war ihm dabei ein Name besonders aufgefallen: Georg Waitz.

---

[96] *Brunner*, Preußische Jahrbücher 36 (1875), S. 55.

[97] Lebenslauf Richard Schroeder, Januar 1871, Archiv der juristischen Fakultät der Universität Bonn.

[98] *Stutz*, ZRG GA 38 (1917), S. XXVI.

[99] Jacob Grimm (1785–1863); vgl. zu seinem Leben und Wirken: *Kleinheyer/ Schröder*, S. 168–172.

[100] Schroeder bei *Liebmann*, Die juristische Fakultät der Universität Berlin von ihrer Gründung bis zur Gegenwart in Wort und Bild, S. 325.

[101] *Stutz*, ZRG GA 38 (1917), S. X.

[102] Schroeder an Stutz vom 24.09.1912, UA Zürich, Nachlass Stutz, 184.

Georg Waitz war ein Schüler Friedrich Carl von Savignys, Carl Gustav Homeyers und Rankes.[103] Ursprünglich hatte er neben Geschichte auch die Rechte studiert, letztere dann aber auf Anraten Rankes gänzlich aufgegeben. In Göttingen war er Friedrich Christoph Dahlmann[104] auf den philosophisch-historischen Lehrstuhl gefolgt und hatte dessen Bibliographie der wissenschaftlichen Literatur zur deutschen Geschichte, den „Dahlmann-Waitz", weitergeführt. Auch als Autor der *„Deutschen Verfassungsgeschichte"* erlangte er Berühmtheit;[105] daneben galt er als maßgeblicher Kenner des älteren fränkischen Rechts.[106]

Schroeder wollte unbedingt an Waitz' Vorlesungen teilnehmen, von denen er sich tiefergehende Kenntnisse der deutschen Geschichte versprach. Daneben reizte ihn dessen vielgerühmter Vorlesungsstil und seine didaktische Methode. So entschied er, ein Zwischensemester in Göttingen einzulegen. Am 28. April 1860 schrieb er sich *„als der Rechte Beflissener"* unter der Matrikel 47990 Nr. 171 an der Georg-Augusts-Universität ein.[107]

Diesem Entschluss konnte sich auch der Vater nicht entgegensetzen, denn das „ackerbürgerliche" Göttingen[108], wo Ludwig Schroeder selbst studiert hatte, bot neben der Universität keine Reize, die von ernsthaften Studien hätten ablenken können. Zudem hatte die Georgia Augusta nicht den Ruf, eine „Bummeluniversität" zu sein, wie es anderen Hochschulen der damaligen Zeit vorgeworfen wurde.[109] In Göttingen wurden sogar die zweiwöchigen Semesterferien[110], die seit dem 18. Jahrhundert zwischen Ostern und Michaelis üblich waren, nicht wie andernorts zur Entspannung, sondern zur Beendigung der Lektionen genutzt. Seit jeher hatte man an der Leine den Ehrgeiz, eine Vorlesung gerade nicht über ein Jahr oder gar eine längere Zeit zu erstrecken. Allenfalls ein Semester sollte sie dauern. Schon 1748 hieß es daher, *„ein Göttingisches halbes Jahr ist ebenso lang und nützlich wie auf anderen Academien ein ganzes"*[111].

---

[103] *Weiland,* Georg Waitz, S. 5; *Böckenförde,* Die deutsche verfassungsgeschichtliche Forschung im 19. Jahrhundert, S. 99; *H. v. Srbik,* Geist und Geschichte I, S. 297.

[104] Friedrich Christoph Dahlmann (1785–1860) war Professor für Geschichte und Staatswissenschaft; vgl. zu seiner Person: *Hansen,* in: Wehler, Deutsche Historiker, S. 513–540.

[105] *Meinhardt,* Die Universität Göttingen, S. 46; *Baumgarten,* Professoren und Universitäten im 19. Jahrhundert, S. 40; *Weiland,* Georg Waitz, S. 8.

[106] *Lexis/Brunner,* Die deutschen Universitäten, S. 321.

[107] Abgangszeugnis Schroeders vom 29. Juli 1860; UA Göttingen Nr. 205/15; Matrikel der Universität Göttingen.

[108] *Meinhardt,* Die Universität Göttingen, S. 71.

[109] *Baumgarten,* Professoren und Universitäten im 19. Jahrhundert, S. 165.

[110] *Ebel,* Zur Geschichte der Juristenfakultät und des Rechtstudiums an der Georgia Augusta, S. 20, *Bandemer,* Heinrich Albert Zachariae, S. 7.

[111] *Ebel,* Zur Geschichte der Juristenfakultät und des Rechtsstudiums der Georgia Augusta, S. 21; vgl. hierzu auch *Brandl,* Zwischen Inn und Themse, S. 224.

Obwohl die erste große Blütezeit der juristischen und staatswissenschaftlichen Fakultät, die sie unter Johann Stephan Pütter erlebt hatte, schon vorüber war[112], genossen insbesondere die dortigen Staatswissenschaftler auch hiernach noch einen hervorragenden Ruf.[113] Göttingen zählte nach wie vor zur *„hohen Schule Europas für die gesammte Staatslehre, ja der europäischen Diplomatie".*[114]

In privatrechtlicher Hinsicht war die juristische Fakultät ebenfalls nicht im Schatten der eigenen Vergangenheit verblieben; auch zur Mitte des 19. Jahrhunderts lehrten dort große Juristen wie Emil Hermann[115] und Heinrich Albert Zachariae[116], bei dem Schroeder Staatsrecht hörte[117]. Daneben besuchte er „Nationalökonomie" bei Georg Hanssen.[118] Alles wurde aber überlagert von den legendären historischen Kollegien Georg Waitz'. Diese fanden jedes Semester in kleinem Kreis freitags oder, für eine zweite Abteilung, auch dienstags abends von sechs bis acht Uhr in der Wohnung des Professors statt.[119] Spätere berühmte Rechtslehrer wie der Freiburger Strafrechtler Karl Binding oder der Berliner Rechtshistoriker Heinrich Brunner hatten daran teilgenommen.[120] Auch ausländische Studenten strömten zu ihm. Der französische Historiker Gabriel Monod[121] urteilte: *„Wer mit der Geschichte des Mittelalters sich beschäftigen wollte, der mußte nach Göttingen gehen, um die wissenschaftliche Taufe zu empfangen"*[122]. Monod war es auch, der den Begriff der „Georgia Waitzia" anstelle von „Georgia Augusta" prägte.[123]

---

[112] Die Göttinger Universität, gegründet 1734, stand im 18. Jahrhundert zusammen mit Halle (gegründet 1694) an der Spitze der deutschen Hochschulen; vgl. *Gerth*, Bürgerliche Intelligenz um 1800, S. 34.

[113] Dies beruhte auf den Verbindungen der hannoverschen Herrscherfamilie zum englischen Königshaus.

[114] *Goldschmidt*, Rechtsstudium und Prüfungsordnung, S. 149.

[115] *Meinhardt*, Die Universität Göttingen, S. 63.

[116] Heinrich Albert Zachariae (1806–1875), vgl. *Starck*, Heinrich Albert Zacharie, Staatsrechtslehrer in reichsloser Zeit, S. 207–228; *Bandemer*, Heinrich Albert Zachariae – Rechtsdenken zwischen Restauration und Reformation.

[117] *Stutz* (ZRG GA 38 (1917), S. X) berichtet, dass Schroeder bei Karl Salomo Zachariae Staatsrecht hörte. Dieser hatte niemals in Göttingen gelehrt und war bereits 1843 verstorben. Es muss sich um ein Versehen handeln.

[118] Georg Hanssen (1809–1894), Professor für Ökonomie an der Universität Göttingen; *Stutz*, ZRG GA 38 (1917), S. X; Akte der Ehrenpromotion Richard Schroeder, UA Münster, Bestand 30 Nr. 159; Abgangszeugnis Richard Schroeder vom 29.07. 1860 UA Göttingen Nr. 205/15; *von Selle*, Die Georg-Augusts-Universität zu Göttingen, S. 293.

[119] *Waitz*, Georg Waitz, S. 30; Waitz sah diese historischen Übungen mehr und mehr als eine *„Hauptsache"* an; *Böckenförde*, Die deutsche verfassungsgeschichtliche Forschung im 19. Jahrhundert, S. 101; *Kluckhohn*, Zur Erinnerung an Georg Waitz, S. 14.

[120] *Stintzing/Landsberg*, Geschichte der deutschen Rechtswissenschaft, Bd. III/2, S. 541; *Waitz*, Georg Waitz, S. 93 ff.

[121] *Kluckhohn*, Zur Erinnerung an Georg Waitz, S. 19.

[122] *Waitz*, Georg Waitz, S. 54.

Waitz zählte „*zu den Männern, deren ganzer Wandel dafür sorgt, dass der deutsche Idealismus nicht untergehe*"[124]. Damit war er fast schon ideales Vorbild für den jungen Schroeder. Neben dem Interesse für deutsche Geschichte, insbesondere für die Rechtsgeschichte des Mittelalters, verband die beiden die Liebe zur Sprache. Waitz kleidete seine Vorlesungen in philologische Abhandlungen, was die Veranstaltungen für Schroeder noch einmal attraktiver machte. Stilistisch war sein mündlicher Vortrag „*frei von aller Rhetorik, frei von jenem Brustton der Überzeugung*"[125], mithin inhaltlich objektiv. Er wollte gerade nicht polarisieren; seine Stärke lag vielmehr in der Ruhe der objektiven Präsentation. Damit ermöglichte Waitz seinen Studenten, durch selbständiges Denken zu einer Überzeugung zu gelangen, anstatt Vorgefertigtes und vermeintlich Erwiesenes unkritisch zu übernehmen. Besonderen Wert legte er dabei auf das Studium der Quellen und Urkunden der deutschen Geschichte.[126]

Waitz' Methodik war vor allem dadurch geprägt, dass er, anders als viele seine Kollegen, die Geschichte als eigenes Forschungsgebiet anerkannte. Er sah sie als Instrument zum Verständnis der Gegenwart.[127] Dabei vermied er es, die Gegenwart an der Geschichte zu messen und wollte jedes einzelne Verhältnis unter beständiger Berücksichtigung der späteren Entwicklung gesondert feststellen.[128] Nur durch ständiges Hinterfragen und Durchleuchten sei die Wahrheit zu finden[129]: „*Ich halte daran fest, dass in aller Weise und von aller Seite danach gestrebt werden soll, dass unsere historische Wissenschaft von den Strömungen und Wünschen der Gegenwart unbeirrt bleibe*"[130]. Allerdings erkannte er, dass die Geschichte trotz allem gerade nicht zeitungebunden zu beurteilen sei, sondern auch aus ihrer eigenen Zeit heraus bewertet werden müsse.[131]

Zudem widmete er sich mit seiner „*Deutschen Verfassungsgeschichte*" ganz der von Eichhorn und in dessen Folge von Karl Anton Josef Mittermaier[132] gestellten Aufgabe, die deutsche Rechtsgeschichte insgesamt aufzuarbeiten. Unter Vernachlässigung der äußeren Verfassungsänderungen legte Waitz den Schwer-

---

[123] *Frensdorff*, ADB 40, S. 615.

[124] *Weiland*, Georg Waitz, S. 15.

[125] *Weiland*, Georg Waitz, S. 13.

[126] Quellenstudium und -kritik bestimmten letztendlich die geistige Haltung des modernen, wissenschaftlich arbeitenden Historikers, vgl. *Engel*, Die deutschen Universitäten und die Geschichtswissenschaft, S. 269.

[127] *von Selle*, Die Georg-August-Universität zu Göttingen, S. 296.

[128] *Roth*, ZRG I (1861), S. 20.

[129] *Waitz*, Georg Waitz, S. 54.

[130] *Böckenförde*, Die deutsche verfassungsgeschichtliche Forschung im 19. Jahrhundert, S. 101.

[131] *Böckenförde*, Die deutsche verfassungsgeschichtliche Forschung im 19. Jahrhundert, S. 101.

[132] *Hübner*, Karl Friedrich von Eichhorn und seine Nachfolger, FS Brunner, S. 818 ff.

punkt auf die sozialen, wirtschaftlichen und öffentlich-rechtlichen Zustände.[133] Seine Methodik war dabei gänzlich verankert in der historisch geprägten Lehre vom liberal-konstitutionellen Verfassungsstaat[134]: Waitz ging, ganz in der Tradition des organischen Liberalismus, unter Verneinung der Existenz eines germanischen Adels in der neuzeitlichen Begriffsbelegung[135] von einem konstitutionellen Aufbau der Germanen aus.[136] Die Freiheit des Volkes wurde seiner Ansicht nach dadurch gewährleistet, dass die sogenannten „principes", d.h. Beamte und Machthaber, ihre Stellung gerade nicht durch Geburt, sondern aufgrund einer Wahl erhalten hatten. Dies entsprach ganz der nationalpolitischen Auffassung der Germanisten des 19. Jahrhunderts von einem *„organischen Liberalismus"* und der politischen Wirklichkeit seiner eigenen Zeit.[137]

Konstruktiv hielt Waitz unbedingt an den Quellen fest: Lieber gestand er die Unvollständigkeit eines Textes ein, als dass er sie durch verfälschende Interpretation ergänzt hätte.[138] Juristische Konstruktion lehnte er im geschichtlichen Zusammenhang strikt ab und beschränkte sich ausschließlich auf die philologische Auslegung der Quellen.[139] Dieser Ansatz war der politischen Geschichte entlehnt. Als Historiker ging Waitz wie selbstverständlich von dem Bedeutungsgehalt bestimmter in den Quellen enthaltener Begriffe in ihrer zeitgenössischen Form aus.[140] Er verneinte die geschichtliche Entfaltung rechtlicher Wortbedeutungen, die sich ausschließlich im Wege der Verbindung zu früheren und späteren Epochen erkennen lasse. Vielmehr anerkannte er lediglich in der germanischen Urzeit einen Prozess, der sich in späteren Epochen entweder entwickelt

---

[133] *Hübner,* Karl Friedrich von Eichhorn und seine Nachfolger, FS Brunner, S. 824.

[134] Politisch war Georg Waitz 1848/49 in der Frankfurter Nationalversammlung hervorgetreten, der er zusammen mit seinen Kollegen Gustav Hugo und Heinrich Albert Zachariae als Mitglied der Casino-Partei angehört hat; *Kern,* Georg Beseler, S. 159; *Meinhardt,* Die Universität Göttingen, S. 63; *von Selle,* Die Georg-Augusts-Universität zu Göttingen, S. 295; *Kluckhohn,* Zur Erinnerung an Georg Waitz; S. 11; *Böckenförde,* Die deutsche verfassungsgeschichtliche Forschung im 19. Jahrhundert, S. 100.

[135] Wohl anerkannte er die Existenz einer privilegierten Schicht, die jedoch lediglich besonderes Ansehen und den Vorzug höheren Wehrgeldes genoss; *Waitz,* Deutsche Verfassungsgeschichte Bd. I, S. 79–84, insb. S. 82, S. 91.

[136] *Böckenförde,* Die deutsche verfassungsgeschichtliche Forschung im 19. Jahrhundert, S. 102; *Waitz,* Deutsche Verfassungsgeschichte Bd. I, S. 90 f, 110.

[137] *Böckenförde,* Die deutsche verfassungsgeschichtliche Forschung im 19. Jahrhundert, S. 133.

[138] *Hübner,* Karl Friedrich von Eichhorn und seine Nachfolger, FS Brunner, S. 824; Waitz schreibt zur Bedeutung des Adels: *„Worin sie denn bestand? ich weiß es mit Bestimmtheit nicht zu sagen, und alle Zeugnisse die uns zu Gebote stehen geben keine Antwort";* *Waitz,* Deutsche Verfassungsgeschichte Bd. I, S. 81.

[139] *Böckenförde,* Die deutsche verfassungsgeschichtliche Forschung im 19. Jahrhundert, S. 133; *Frensdorff,* ADB, Bd. 40, S. 623; *Srbik,* Geist und Geschichte, S. 297.

[140] *Böckenförde,* Die deutsche verfassungsgeschichtliche Forschung im 19. Jahrhundert, S. 104.

hatte oder zerfallen war.[141] Das grundlegende Anliegen der Verfassungshistoriker juristischer Prägung, aus dem Inhalt der Quelle Rückschlüsse auf staatliche und politische Konstruktionen zu ziehen, blieb dabei unbeantwortet: Die rechtsgeschichtliche Forschung geriet zu einem bloßen Berichten, das zudem noch der Gefahr der Verfälschung durch philologische Interpretation ausgesetzt war.[142]

Die Betonung des Urkundenwesens resultierte nicht zuletzt daraus, dass Waitz parallel zu Paul Roth als einer der ersten die Bedeutung der fränkischen Zeit anerkannte und damit die ältere Germanistik von Savigny, Eichhorn und Grimm, die sich auf das sächsische Recht konzentriert hatten, kritisierte.[143] Statt dessen stellte er die Erforschung der fränkischen Zeit auf eine breite wissenschaftliche Grundlage und betonte in diesem Zusammenhang auch die historische, insbesondere rechtsgeschichtliche Bedeutung der Urkunden. Im Vergleich zum sächsischen Recht fehlte es beim fränkischen Recht an einer der Lex Salica oder dem Sachsenspiegel entsprechenden Quellen[144], was den Urkunden einen zusätzlichen Bedeutungsschub gab.

In beiden Aspekten, sowohl in der Betonung der fränkischen Geschichte als auch der Urkunden prägte Waitz Schroeder. Immer wieder berief sich dieser auf den Lehrer, so in seiner „Geschichte des ehelichen Güterrechts": Es sei Waitz gewesen, der ihn von Anfang an auf die reichen Schätze aufmerksam gemacht habe, welche die Urkundensammlungen für die deutsche Rechtsgeschichte enthielten.[145] Damit habe er in ihm den Wunsch hervorgerufen, diese wissenschaftlich bislang vernachlässigten Bereiche genauer zu untersuchen.

Neben den universitären Veranstaltungen engagierte sich Schroeder auch gesellschaftlich. In seinem Göttinger Semester wohnte er bei der Burschenschaft Brunsviga.[146] Aufgrund seines fortgeschrittenen Studiums[147] sah man dort zunächst von einer Vollmitgliedschaft ab und billigte ihm lediglich den Status eines Konkneipanten[148] zu. Schroeder musste jedoch einen sehr guten Eindruck

---

[141] *Böckenförde,* Die deutsche verfassungsgeschichtliche Forschung im 19. Jahrhundert, S. 109.

[142] *Böckenförde,* Die deutsche verfassungsgeschichtliche Forschung im 19. Jahrhundert, S. 134; *Stintzing/ Landsberg,* Geschichte der deutschen Rechtswissenschaft, Bd. III/2, S. 539.

[143] *Sohm,* ZRG GA 1 (1880), S. 2; *Brunner,* Handbuch der Deutschen Rechtsgeschichte Bd. I, S. 22; *Roth,* ZfR I (1861), S. 19 f.

[144] Nach Sohm sah Homeyer die Beschäftigung mit Urkunden als überflüssig an; *Sohm,* ZRG GA 1 (1880), S. 2.

[145] Güterrecht I, S. X.

[146] Diese war am 02.07.1848 gegründet worden.

[147] Immerhin war er bereits im sechsten Semester und stand damit kurz vor dem Examen.

[148] Einem Konkneipanten werden, im Gegensatz zum Burschen, nicht sämtliche Rechte eines Mitgliedes der Burschenschaft verliehen; vielmehr ist er auf Teilrechte beschränkt.

hinterlassen haben. Als er Göttingen wieder zu Gunsten Berlins den Rücken kehrte, besann man sich bei Brunsviga und verlieh ihm im nachhinein das Band.[149] Schroeder blieb der Verbindung treu und besuchte das Haus in Göttingen auch im Alter häufig.

Schroeder blieb nur ein Semester in Göttingen, was aber angesichts des straffen Göttinger Lehrplanes ausreichte. Am 29. Juli 1860 verließ er Göttingen in Richtung Berlin,[150] wo im darauffolgenden Wintersemester die erste juristische Staatsprüfung anstand. Für eine baldige Rückkehr in die preußische Hauptstadt sprachen zudem persönliche Gründe. Bereits vor seiner Abreise nach Göttingen hatte Schroeder Anna Hugo, die älteste Tochter des Oberstleutnants a. D. Karl Hugo und dessen Gattin Luise Wilhelmine, geborene Poppe, kennen gelernt.[151] Die zunächst lose Freundschaft festigte sich im Herbst 1860 schnell.

Insgeheim dachte Schroeder wohl selbst schon an eine Hochzeit, wagte aber nicht, um Annas Hand anzuhalten. Wahrscheinlich fürchtete er, sie hierdurch angesichts seiner ungesicherten Vermögensverhältnisse in Verlegenheit zu bringen. Anna ihrerseits ersehnte einen Antrag geradezu, wollte jedoch das Thema nicht selbst ansprechen, da sich dies nicht schickte. So griff sie schließlich im Dezember 1861, kurz vor Weihnachten, zu einer List, um den jungen Mann aus der Reserve zu locken. Bei einem gemeinsamen Spaziergang äußerte sie beiläufig, sie wolle das elterliche Haus gerne verlassen, sehe allerdings keine andere Gelegenheit hierzu, als sich in einer anderen Stadt als Erzieherin zu verdingen. Hierauf rief Schroeder aus: *„Ach, Fräulein Hugo bleiben Sie doch noch einige Zeit hier"*, was sie mit einem scheinbar unschuldigen *„Warum?"* quittierte. Daraufhin musste sich der derartig in die Enge Getriebene offenbaren.[152] Noch im Januar 1862 fand die Verlobung statt. Zu einer baldigen Heirat kam es angesichts der finanziellen Verhältnisse des Bräutigams freilich noch nicht.

Schroeders Beziehung zu Anna zeichnete sich durch sehr viel Harmonie und Zuneigung aus. Mehrmals wöchentlich schrieb er an sein *„geliebtes Anning"*, wie er seine Braut zärtlich nannte. Einziger Streitpunkt zwischen den Verlobten schienen die unterschiedlichen politischen Ansichten: Anna war, wohl auch beeinflusst durch ihre im preußischen Militärdienst stehenden Brüder, konservativ,

---

[149] *Stucken,* Brunsviga Lebensbilder, S. 89.

[150] Im Abgangszeugnis von der Georgia-Augusta vom 29. Juli 1860 ist vermerkt, dass *„überall keine Beschwerde gegen ihn vorgekommen ist";* UA Göttingen Nr. 205/15.

[151] Heydemannsche Chronik, S. 48; Nachlass Schroeder, Dr. G. Wilstermann; Anna Hugo stammte aus einer französischen Emigratenfamilie; ihr Großvater väterlicherseits, Charles André Hugo, geboren 1768 in Frankfurt/Oder, war angeblich Justizrat gewesen. Die Großmutter väterlicherseits, Jeanne geborene Nobiling, kam 1774 in Prenzlau zur Welt; Auskunft Dr. H. Berger.

[152] Geschichten, von Vater erzählt, Nachlass Schroeder, Dr. G. Wilstermann; Schroeder an Anna Hugo, 19. Dezember 1864, Nachlass/Privatbriefe Dr. H. Berger.

Abbildung 3: Anna Schroeder, geborene Hugo (Quelle: Dr. H. Berger)

sogar *„reaktionär"*[153], wie Schroeder es nannte. Ihm, der durch die national-
demokratischen Gedanken seines Lehrers Fritz Reuter[154] geprägt war, dagegen
entsprach eher eine national-demokratische Gesinnung.[155] Als Mitglied der demokratischen Fortschrittspartei[156] kritisierte er nicht nur die preußische Politik,
sondern insbesondere auch den damaligen Ministerpräsidenten Otto von Bismarck[157]: *„... Meineidige minister tragen das heft unserer regierung in hän-
den, und ein tiefer druck, das gefühl der recht- und gesetzlosigkeit, ruht auf
dem lande [...] der ministerpräsident, herr von Bismarck, scheut sich nicht auszusprechen: ihr habt das recht, aber wir die macht, und macht geht vor
recht"*[158].

---

[153] Schroeder an Anna Hugo, 15. Juni 1863, Nachlass/Privatbriefe Dr. H. Berger.

[154] *Hückstädt,* Reisen zu Reuter, S. 108; *Töteberg,* Fritz Reuter, S. 25.

[155] Schroeder an Anna Hugo, 15. Juni 1863/12. Februar 1864, Nachlass/Privatbriefe
Dr. H. Berger.

[156] Gegründet Anfang Juni 1861; sie setzte sich für eine nationaldeutsche Politik
Preußens ein; *Gall,* Europa auf dem Weg in die Moderne, S. 51.

[157] Otto Graf von Bismarck-Schönhausen, seit 1871 Fürst von Bismarck.

1864 setzte sich Schroeder nachhaltig für den deutsch-dänischen Krieg um das Herzogtum Holstein ein: *„Es treibt uns das Blut ins Gesicht, wenn wir aus preussischen [...] offiziellen und offiziösen Kundgebungen vernehmen müssen, dass jene*[159] *Regierungen durchaus nicht daran denken, unsere schleswig-holsteinischen Brüder von den Dänen zu befreien"*[160].

III. Dissertation und Einführung in die wissenschaftliche Tätigkeit

Als Schroeder 1860 nach Berlin zurückkehrte, hatte er insgesamt sieben Semester und damit die für Preußen vorgeschriebene Mindeststudienzeit von drei Jahren studiert.[161] Der Weg zur ersten juristischen Staatsprüfung war damit frei. Bevor er diesen Schritt wagte, wollte er aber noch an einem Wettbewerb zum Thema *„ut agatur de dote secundum leges gentium germanicarum antiquissimas"*[162], den die Berliner Juristenfakultät für das Wintersemester 1860/61 ausgeschriebenen hatte[163], teilnehmen.

Als Gegenstand seiner Interpretation wählte er das eheliche Güterrecht zur Zeit der germanischen Volksrechte. Die Ausarbeitung teilte er in zwei große Abschnitte, von denen der erste den *„pretium empionis"*, d.h. den Brautpreis, der zweite die *„morgengaba"* behandelte. Schroeder gliederte die Arbeit nach den verschiedenen Volksrechten und folgte damit einem streng regionalen Aufbau. Neben der *„jure Langobardorum"* behandelte er die Rechte der Sachsen, Angelsachsen, Friesen, der Burgunder und Franken sowie der Alemannen und Bayern, um mit einem Überblick, *„generaliter de pretio emptionis agitur"* abzuschließen.[164]

Die Ausarbeitung war geprägt von einer gründlichen Auswertung der einschlägigen Quellen. Schroeder bediente sich dabei nicht lediglich der lateinischen Gesetzeswerke wie beispielsweise des Edictus Rothari, sondern zog auch

---

[158] Schroeder an Anna Hugo, 03. Februar 1863, Nachlass/Privatbriefe Dr. H. Berger.

[159] Entgegen der auf eine nationale Politik ausgerichteten Stimmung im Volk, der sich auch die deutschen Mittelstaaten anschlossen, nahm Preußen zunächst eine völlig andere Position ein und plädierte für eine Anerkennung Christians IX.; *Nipperdey*, Deutsche Geschichte Bd. 1 (1800–1866), S. 771.

[160] Schroeder an Anna Hugo, 05. Februar 1864, Nachlass/Privatbriefe Dr. H. Berger.

[161] *Goldschmidt*, Rechtsstudium und Prüfungsordnung, S. 183.

[162] *Stutz*, ZRG GA 38 (1917), S. XI; *Heymann* DJZ 1917, III/IV Sp. 206.

[163] Dieser stand unter dem Titel „Von der Bedeutung der Dos in den Volksrechten"; *Beyerle*, DBJ, S. 138.

[164] Schroeder unterscheidet zwischen dem Recht der Langobarden, der Franken, der Sachsen und Angelsachsen sowie der Alemannen, Burgunder und Wisigothen und schließt mit einer generellen Betrachtung ab.

germanische Urkunden wie den friesischen Brokmerbrief zur Untermauerung seiner Thesen heran. Ausgehend von den Kenntnissen, die er bei Waitz und Beseler erworben hatte, untersuchte er neben Rechtsbüchern und Gesetzen insbesondere Urkunden, die über die tatsächliche Rechtspraxis in der in Frage stehenden Epoche Aufschluss geben konnten.

Nach dem Motto *„Lehrstück ist kein Meisterstück"* reichte er die Arbeit ein und gewann auch prompt. Als einzige unter dreien wurde seine Interpretation als genügend angesehen. Nach Auffassung der Examinatoren, namentlich Beselers, der als Dekan der juristischen Fakultät für den Wettbewerb verantwortlich zeichnete, berücksichtigte Schroeder das angelsächsische Recht sowie die Eigenarten der einzelnen Volksrechte in besonders sorgfältigem Maße[165]. Gleichzeitig bescheinigte man ihm eine hervorragende Kenntnis der Anfänge der deutschen Rechtsgeschichte.

Es musste diese herausragende Preisarbeit gewesen sein, die Beseler endgültig für Schroeder einnahm. Er riet ihm, um die Promotion an der Berliner Juristenfakultät nachzusuchen und die Preisarbeit als Inauguraldissertation einzureichen. Sofern Schroeder die sonstigen erforderlichen Unterlagen[166] vorlegen könne, würde er, Beseler, den Antrag im zuständigen Ausschuss unterstützen und sich für die Anerkennung der Preisschrift als Doktorarbeit einsetzen. Diese Offerte ehrte Schroeder: In Berlin über die Rechte zu promovieren galt im 19. Jahrhundert als besonders anspruchsvoll.

„Die Anforderungen waren dort hoch, die Zahl der Doktoranden ganz gering, die Berliner Promotion fast eine Anwartschaft auf eine akademische Laufbahn"[167]. Beseler hielt Wort: „Unter Bezugnahme auf die ... von mir verfaßte Beurtheilung dieser Preisschrift glaube ich annehmen zu können, dass dieselbe von der Fakultät für geeignet gehalten werden wird, als Inauguraldissertation zu dienen und dass es darüber keines neuen Referates bedarf"[168].

Das Gesuch wurde ohne Gegenstimme angenommen.

Neben der druckfähigen Dissertationsschrift[169] war nach den Statuten zur Promotion die schriftliche Interpretation von mehreren Quellentexten erforderlich.[170] Zur Vorbereitung auf das anstehende Rigorosum übersandte Beseler dem Kandidaten am 27.10.1860 verschiedene Texte, welche die Professoren Homeyer, Stahl[171] und Rudorff ausgewählt hatten. Neben einer Passage des

---

[165] *Stutz*, ZRG GA 38 (1917), S. XI.

[166] Neben einem Lebenslauf waren die Zeugnisse der bisherigen Ausbildung einzureichen, insbesondere auch die Abgangszeugnisse anderer besuchter Universitäten.

[167] *Radbruch*, Der innere Weg, S. 75.

[168] Georg Beseler an die juristische Fakultät vom 19. Oktober 1860, Humboldt-Universität Berlin, Archiv.

[169] Schroeders Arbeit erschien 1863, d.h. zwei Jahre nach dem Rigorosum.

[170] *Köbler*, Wege deutscher Rechtsgeschichte, FS Kroeschell, S. 187; *Lexis/Fischer,* Die deutschen Universitäten Bd. I, S. 288.

Sachsenspiegels[172] musste Schroeder Sequenzen des Schmalkaldischen Vertrages auslegen. Am 22. Dezember 1860 reichte er seine Ausführungen ein. Stahl beurteilte die Interpretation zum Schmalkaldischen Vertrag als geeignet und stimmte für die Zulassung zur Promotion.[173] Homeyer wertete Schroeders Sachsenspiegelauslegung ebenfalls als der Promotion würdig: *„Die Arbeit zeigt Fleiß, Belesenheit und eigenes Urteil. "*[174]

Damit stand der mündlichen Prüfung nichts mehr entgegen. Als Termin wurde der 08.01.1861, nachmittags 6 Uhr in Beselers Wohnung festgelegt. Es prüften Heffter, Homeyer, Richter und Gneist[175]. Daneben wohnten dem Examen die Professoren Stahl, Rudorff und Heydemann sowie die Opponenten Dr. iur. A. Friedberg, R. von Below und J. Wilckens bei.[176] Nachdem man sich über die Textinterpretationen unterhalten und Schroeder die an ihn gerichteten Fragen in ausführlicher Form beantwortet hatte, schloss sich die Verteidigung der Dissertation sowie der sechs Thesen an. Auch dieser Prüfungsabschnitt verlief zur Zufriedenheit der Professoren.

Insgesamt promovierte Schroeder mit dem Prädikat *„magna cum laude "*[177]. Er war zu diesem Zeitpunkt 22 Jahre alt[178]. Als endgültiges Promotionsdatum wurde der 1. Februar 1861 festgesetzt.[179] Seine Arbeit übersandte er noch im gleichen Jahr dem damals in Greifswald lehrenden Rechtsprofessor August An-

---

[171] Friedrich Julius Stahl (1802–1861); vgl. zu seinem Leben und Wirken: *Kleinheyer/Schröder*, Juristen, S. 382–386; *Nipperdey*, Deutsche Geschichte 1800–1866, S. 379; *Hattenhauer*, Die geistesgeschichtlichen Grundlagen des deutschen Rechts, Rn. 425–431.

[172] Dies hatte Homeyer vorgeschlagen, Ldr. III 73 § 1: *„Nimt ein vri schephenbare wip einen bergelden ader einen lantsessen unde gewint se kindere bi im, de sint ir nicht ebenbortig an buze unde an wergelde, wen se haben ires vater recht unde nicht der muter. Dar umme en nehmen se der muter erbe nicht, noch nimandes, der ir mag von muterhalben iz."*

[173] Anmerkung Stahl zu Artic. Smalcald. Tractat. vom 28.12.1860, Humboldt-Universität zu Berlin, Archiv, Juristische Fakultät 222, Bl. 60 (RS).

[174] Anmerkung Homeyer zu Sachsenspiegel III 73 § 1 vom 28.12.1860, Humboldt-Universität zu Berlin, Archiv, Juristische Fakultät 222, Bl. 60 (RS).

[175] Rudolf von Gneist (1816–1895); vgl. zu seinem Leben und Wirken: *Kleinheyer/Schröder*, S. 155–160.

[176] Protokoll des Doktorexamens vom 08.01.1861, Humboldt-Universität zu Berlin, Archiv, Juristische Fakultät 222, Bl. 29.

[177] Humboldt-Universität Berlin, Archiv, Juristische Fakultät 222 Bl. 61; auf eine Anfrage der Königlich Preußischen Akademie der Wissenschaften vom 01.02.1908 hin erteilte das Sekretariat der Universität Heidelberg die Auskunft, dass Schroeder am 01.02. 1861 an der Universität Berlin promoviert wurde, Personalakte Richard Schroeder, Archiv der Universität Heidelberg.

[178] Damit lag er unter dem Durchschnittsalter von 23 Jahren; *Busch*, Die Geschichte des Privatdozenten, S. 46; vgl. hierzu *Eulenburg*, Der akademische Nachwuchs, S. 93, der von durchschnittlich von 24–25 Jahren ausgeht.

[179] *Schroeder*, Dissertation, Deckblatt.

schütz[180] mit der Bitte um Stellungnahme. Anschütz beurteilte die Dissertation als durchaus gelungen, merkte jedoch kritisch an, dass sich Schroeder zu sehr auf die Schrift eines anderen gestützt habe, dessen Werk eine *„ganz gewöhnliche Schularbeit"*[181] sei. Lobend hob er dagegen den Inhalt hervor: Hierbei handele es sich doch um ein sehr *„dankbares Thema"*. Es sei schon sonderbar, dass es bisher noch nicht in Anspruch genommen worden sei.

IV. Juristischer Vorbereitungsdienst und Militärzeit

Nach Bestehen der Doktorprüfung meldete sich Schroeder zum juristischen Vorbereitungsdienst in Preußen. Zugelassen wurde nur,

> „wer die juristischen studia auf einer königlichen Universität mit Nutzen absolvirt, beglaubigte Zeugnisse des Wohlverhaltens und des Fleißes beibringt und eine durch 1 oder 2 vom Präsidenten deputirte Räthe des Kollegs abgehaltene Prüfung gut bestanden hat"[182].

Einen solchen Abschluss, das sogenannte Auskultatorexamen[183], konnte Schroeder aber gerade nicht vorweisen. Allerdings kam ihm die in Preußen übliche Praxis, dem Studienabschluss die juristische Promotion[184] an einer preußischen Universität gleichzustellen[185], zugute. Diese Handhabung war zwar nicht ausdrücklich in den preußischen Ausbildungsordnungen vorgesehen, aber wohl geübte Regelung. Man ging davon aus, dass ein Rechtskandidat, der die als besonders anspruchsvoll geltende[186] Doktorprüfung an einer preußischen Universität gemeistert hatte, auch das Auskultatorexamen bestehen würde. Als preußischer J.U.D. konnte Schroeder somit die Zulassung zum juristischen Vorbereitungsdienst beantragen.[187]

---

[180] August Anschütz (1826–1874) war Professor der Rechte in Bonn, Greifwald und Halle an der Saale. Er war Vater von Gerhard Anschütz; vgl. *Anschütz/Pauly, Aus meinem Leben,* S. 3.

[181] Anschütz an Schroeder, UB HD Heidel.Hs. 3899.

[182] *Goldschmidt,* Rechtsstudium und Prüfungsordnung, S. 173.

[183] AGO II 4 §§ 1 ff.; vgl. auch *Bake,* Die Entstehung des dualistischen Systems der Juristenausbildung in Preußen, S. 137.

[184] Da aber die Berliner Universität ausschließlich zum doctor iuris utriusque, d.h. zum doctor iuris civilis et canonici, promovierte, konnten jüdische Juristen, die aufgrund ihres Glaubens diese Würde nicht erhalten konnten, abgelehnt werden. Auch Levin Goldschmidt (1829–1892), Begründer der modernen Handelsrechtswissenschaft in Deutschland, musste *„aus konfessionellen Gründen"* in Halle promovieren; *Goldschmidt,* Rechtsstudium und Prüfungsordnung, S. 267; vgl. zu Goldschmidt: *Lothar Weyhe,* Levin Goldschmidt, Ein Gelehrtenleben in Deutschland, Berlin 1996.

[185] Vgl. zur Kritik an dieser Praxis *Bekker,* Von deutschen Hochschulen, S. 210. Becker sah die Gefahr, *„daß die jungen Doktoren im allgemeinen schlechtere richterliche und Administrativ-Beamten ... werden";* auch Loersch erlangte auf diese Weise sein 1. juristisches Staatsexamen, vgl. *Stutz,* ZRG GA 38 (1907), S. X.

[186] *Radbruch,* Der innere Weg, S. 75.

Das zuständige Ministerium wies ihm zum 01.04.1861 eine Stelle als Auskultator am Berliner Stadtgericht zu. Die Auskultatur war dem eigentlichen Referendariat vorgeschaltet und war auf eine Dauer von anderthalb Jahren angelegt. Die Aufgaben waren vielfältig; der Kandidat hatte sich

„praktisch auszubilden durch Lesen von Akten, Erlernen der Registraturgeschäfte, Gegenwart bei den mündlichen Vorträgen, Ablesung der Relationen, Protokollführung, Vernehmen von Supplikationen u.s.f., wobei auf eine gute, leserliche Handschrift gesehen wird; überdies für sich die Prozeßordnung, das Provinzial- bzw. Statutar-Recht des Bezirks fleißig zu studieren"[188].

Den Abschluss bildete die zweite Staatsprüfung, die ausschließlich bei Gerichten erster Instanz, d.h. bei den für den Ausbildungsbezirk zuständigen Appellationsgerichten[189], erfolgte.[190] Sie bestand aus mehreren Teilprüfungen: Zunächst musste ein schriftliches Probereferat angefertigt werden.[191] Das sich anschließende mündliche Examen wurde von zwei Appellationsgerichtsräten in Anwesenheit eines Gerichtspräsidenten abgenommen. Es setzte sich zusammen aus einem Aktenvortrag, zu welchem dem Kandidaten zwei Tage Vorbereitungszeit gewährt wurden, sowie einer Prüfung über materielles und prozessuales Landrecht, „jedoch unter Vergleichung der gemeinrechtlichen Bestimmungen"[192]. Über Schroeders Erfolg hierbei ist nichts bekannt. Da er jedoch das Referendariat antrat, muss er das Examen erfolgreich abgelegt haben.

Parallel zum Berliner Auskultariat leistete Schroeder vom 01. April 1861 bis zum 31. März 1862 den Dienst als Einjähriger Freiwilliger bei der 4. Kompanie der „Maikäfer" des Garde-Füsilier-Regiments in der Berliner Chausseestraße ab. Das „Maikäfer"-Regiment war bekannt für das hohe gesellschaftliche Niveau seiner Mitglieder. Ihm gehörten auch Persönlichkeiten wie Lancizolle und Bethmann-Hollweg an.

Im April 1862 trat er als überzähliger Unteroffizier zur Reserve über.[193] Seit 1864 war er Mitglied der Provinzial-Landwehr ersten Aufgebots und wurde 1870 auch im Zuge des Deutsch-Französischen Krieges einberufen. Am eigentlichen Feldzug nahm er allerdings nicht teil.[194]

---

[187] *Stutz*, ZRG GA 38 (1917), S. XI.

[188] *Goldschmidt*, Rechtsstudium und Prüfungsordnung, S. 173.

[189] Die „Appellationsgerichte" entsprechen den heutigen Oberlandesgerichten, vgl. *Bake,* Die Entstehung des dualistischen Systems der Juristenausbildung in Preußen, S. 138.

[190] *Bake,* Die Entstehung des dualistischen Systems der Juristenausbildung in Preußen, S. 138.

[191] *Bake,* Die Entstehung des dualistischen Systems der Juristenausbildung in Preußen, S. 138.

[192] Regulativ vom 10.12.1849, Preuße. JMBl. 11 (1849), S. 491 ff.

[193] *Lenz,* Geschichte der Universität Berlin, Band II/1, S. 210; *Beyerle,* DBJ, S. 139; *Erler,* HRG Bd. IV, S. 1503; *Stutz,* ZRG GA 38 (1917), S. XII, Standesliste GLA KA 235/2496.

An das Auskultariat schloss sich das eigentliche Referendariat an. Nach knapp 18 Monaten beim Berliner Stadtgericht wechselte Schroeder am 15.09. 1862 an das Appellations- und Kreisgericht in Stettin. Zur gleichen Zeit war dort Otto Gierke ebenfalls als Referendar beschäftigt.[195]

Schroeder war in Stettin hauptsächlich mit Arbeiten aus dem Gebiet des Handels- und Seerechts betraut[196]:

„Hier [in Stettin, Anmerkung der Verfasserin] war ich ein Jahr lang besonders in See- und Handelsrechtssachen thätig, was mit Rücksicht auf das gerade damals in Kraft getretene deutsche Handelsgesetzbuch und das dadurch herbeigeführte Übergangsstadium ausserordentlich lehrreich war. Auch hat das Stettiner Kreisgericht, dessen Mitglied früher u. a. der jetzige Präsident des Bundes-Oberhandelsgericht, Pape, gewesen ist, sich von jeher durch grosse Tüchtigkeit ausgezeichnet"[197].

Er engagierte sich sehr und übernahm mehr Arbeiten, als er eigentlich musste: „... Wir haben im ganzen 24 Referate zu machen, u[nd; Ergänzung der Verfasserin] dies war mein 26tes, so dass ich nun so ziemlich ruhe habe"[198], schrieb er 1863 an seine Verlobte Anna.

Die preußischen Ausbildungsordnungen sahen die dritte und letzte juristische Staatsprüfung grundsätzlich nach mindestens 21 Monaten[199] Referendariat vor. Allerdings war eine Verkürzung des Vorbereitungsdienstes in begründeten Ausnahmefällen auf Antrag des Referendars möglich. Hierzu zählte auch die nachweisliche Absicht des Kandidaten, nach Beendigung der praktischen Ausbildung weder im Justizdienst noch als Advokat tätig zu sein, sondern als Dozent an die Hochschule zurückzukehren. In einem solchen Falle konnten die zu durchlaufenden Stationen und die jeweilige Einsatzdauer auf das absolut notwendige Minimum beschränkt werden.[200] Es ist anzunehmen, dass Schroeder, dem eine

---

[194] *Stutz*, ZRG GA 38 (1917), S. XII.

[195] Schroeder an Stutz vom 30.11.15, UA Zürich, Nachl. Stutz, 184.

[196] Lebenslauf Richard Schroeder, Januar 1871, Archiv der juristischen Fakultät der Universität Bonn.

[197] Lebenslauf Richard Schroeder, Januar 1871, Archiv der juristischen Fakultät der Universität Bonn.

[198] Schroeder an Anna Hugo, 03. Februar 1863, Nachlass/Privatbriefe Dr. H. Berger.

[199] Anweisung vom 12. August 1833, Jahrbücher Band 42, S. 146, mod. durch die Verordnung vom 22. Juni 1847; als Stationen waren vorgesehen: eine einjährige Tätigkeit beim Obergericht, mindestens drei Monate als Richter bei einem kleinen Untergericht oder vier Monate bei einem größeren Untergericht sowie weitere sechs Monate bei einem Untergericht oder bei einem Justizkommissarius, alternativer einer Verwaltungsbehörde; *Goldschmidt*, Rechtsstudium und Prüfungsordnung, S. 192; *Bake*, Die Entstehung des dualistischen Systems der Juristenausbildung in Preußen, S. 136.

[200] Auch Zitelmann berichtet, dass er, da er bereits „die feste Absicht hatte, als Dozent an die Universität zurückzukehren, aber nicht die ganzen vier Jahre bis zur Assessorprüfung warten wollte", den Antrag stellte, „einige Wegstrecken der Vorbildung auslassen und andere abgekürzt durchmachen zu dürfen". Zitelmann war wie

wissenschaftliche Laufbahn vorschwebte, von dieser Ausnahmeregelung Gebrauch machte: Er verließ Stettin schon zum 01. August 1863 und hatte damit lediglich zwölf statt der vorgeschriebenen 21 Monate an einem Obergericht verbracht.

V. Die Bonner Jahre (1863–1872): Weistumsforschung und Habilitation

1. Die Fortführung der Weistumsforschung Jacob Grimms

Während seiner Zeit an Berliner und Stettiner Gerichten hatte Schroeder sich nicht ausschließlich auf seine praktische juristische Ausbildung konzentriert, sondern parallel auf dem Gebiet der deutschen Rechtsgeschichte geforscht. Angesichts der erheblichen Arbeitsbelastung durch Auskultariat, Militärdienst und nicht zuletzt Referendariat konnte er ihr jedoch nur einen untergeordneten Teil seiner Zeit widmen.

Eine lediglich nebenberufliche Beschäftigung mit der Geschichte des Rechts befriedigte ihn zu diesem Zeitpunkt allerdings nicht mehr. Er hatte erkannt, dass der deutschen Rechtsgeschichte, der juristischen Schnittstelle zur allgemeinen Geschichte und zur Philologie, sein maßgebliches Interesse galt. Die praktischen Erfahrungen während des Auskultariats und des Referendariats, insbesondere die Zeit am Stettiner Appellations- und Kreisgericht, waren zwar sehr lehrreich für ihn gewesen; gefesselt hatte ihn die Arbeit dort aber nicht. Seine Leidenschaft hierfür war nicht vergleichbar mit der Faszination, die von der deutschen Rechtsgeschichte ausging: *„So wurde ich, obgleich auch die Rechtsdogmatik und die juristische Praxis mich in hohem Grade anzogen, doch nach Beruf und Neigung der Rechtshistoriker, der zwischen der juristischen und der philosophischen Fakultät steht und beiden mit gleicher Liebe anhängt"*[201]. Maßgeblich für diese Entscheidung war neben der Förderung durch Beseler die Zusammenarbeit mit dem großen Germanisten Jacob Grimm auf dem Gebiet der Weistumsforschung gewesen.[202]

Schroeder Referendar am Kreisgericht Stettin gewesen. Es ist daher anzunehmen, dass auch ein entsprechender Antrag Schroeders Erfolg hatte; vgl. *Planitz/Zitelmann,* Rechtswissenschaft in Selbstdarstellungen, Bd. I, S. 180.

[201] Sitzungsberichte der Heidelberger Akademie der Wissenschaften, Jahresheft 1910/11, S. XXIV.

[202] Das „Weistum" gehört zusammen mit der „Satzung" und dem „Rechtsgebot" zu den drei Grundformen des Gesetzes; es umschreibt das ungesetzte Recht und ist von der Satzung abzugrenzen, die von den Rechtsgenossen vereinbart wird; das Rechtsgebot wird im Gegensatz zum Weistum vom Herrscher oder der sonstigen Obrigkeit befohlen; auch für den nur gedachten Fall wurde das Recht gewiesen im Wege einer hypothetischen Urteilsfindung; *Ebel,* Geschichte der Gesetzgebung in Deutschland, S. 11, S. 15 ff.

Grimm war im Zuge seiner Forschungen zu den deutschen Rechtsaltertümern auf eine bis dahin eher stiefmütterlich, ja fast unbeachtete Gruppe von Rechtsquellen gestoßen, die Weistümer[203]. Er erhoffte sich viel von einer Katalogisierung[204]. Insbesondere versprach er sich einen Einblick in die tatsächliche Rechtspraxis des Spätmittelalters sowie der frühen Neuzeit[205], wie sie tatsächlich gelebt worden war: *„Große Freude macht mir die Sammlung der Weistümer, wodurch unserem alten Recht manch frischer Gewinn zuwachsen soll, sie führt recht in heimliche Schlupfwinkel des Volkslebens"*[206].

1840 wurde der erste Band der Weistümer unter der Schirmherrschaft der Bayerischen Akademie der Wissenschaften veröffentlicht.[207] In kurzem Abstand folgten zwei weitere Bände. Hiernach reduzierte die Akademie allerdings ihre Unterstützung und die Arbeiten mussten aus finanziellen Gründen für einige Zeit unterbrochen werden. Grimm, der seine Weistumsforschung teilweise aus eigenen Mitteln lebendig gehalten hatte, konnte die Belastungen nicht mehr allein schultern. Erst 1861 wurden wieder ausreichend Mittel bewilligt, und die Forschungen konnten fortgesetzt werden. Mittlerweile war Grimm jedoch aufgrund seines fortgeschrittenen Alters nicht mehr in der Lage, die Arbeiten allein durchzuführen. Zwar enthielt der vierte Band keine Weistümer aus neuen, noch nicht erforschten Gebieten, sondern lediglich Nachträge und Ergänzungen zu den bereits erschienenen Bänden; dennoch war Grimm auf fachkundige Unterstützung angewiesen. So setzte er sich mit dem Philologen Rudolf Hildebrand[208] und Richard Schroeder in Verbindung.[209] Beide nahmen das Angebot

---

[203] Weistum ist das durch mündliche Erklärung alter Männer als bestehend erwiesene Gewohnheitsrecht. Ihr Inhalt kann auf bewusster Setzung, Vereinbarung oder gewohnheitsmäßiger Anerkennung beruhen; in Anlehnung an ihre Entstehung werden sie als „bäuerliche Weistümer" bezeichnet. Sie beinhalten die Rechte und Pflichten zwischen den Grundherren und den ihnen unterworfenen Bauern im Spätmittelalter und in der frühen Neuzeit; vgl. *Kaufmann*, Deutsches Recht, S. 24 ff.; *Werkmüller*, Über Aufkommen und Verbreitung der Weistümer, S. 38; *Ebel*, Geschichte der Gesetzgebung in Deutschland S. 15 ff.; *Köbler*, Lexikon, S. 635.

[204] Vgl. zu Jacob Grimms Editionsplan und seiner Vorgehensweise; *Birr*, Ad fontes 2001, S. 39 ff.

[205] *„Was die Stadtrechte für die Städte, das sind die Weisthümer für das platte Land"*; so hatte Paul Roth 1861 diese Quellengruppe charakterisiert; *Roth*, ZfR I (1861), S. 19.

[206] Jacob Grimm an Karl Goedeke, abgedruckt bei *Gabriele Seitz*, Die Brüder Grimm, Leben, Werk, Zeit, München 1984, S. 108.

[207] Der Historischer Kommission der Bayerischen Akademie der Wissenschaften gehörte Jacob Grimm seit deren Gründung 1859 an; *Werkmüller*, Über Aufkommen und Verbreitung der Weistümer, S. 46.

[208] Rudolf Hildebrand (1824–1894), Professor für deutsche Philologie, zuletzt in Leipzig; vgl. zu Leben und Wirken *Wolff*, Rudolf Hildebrand, in: Zeitschrift für deutsche Philologie 28 (1896), S. 73–79.

[209] *Beyerle*, DBJ, S. 142; *Hübner*, Jacob Grimm und das Deutsche Recht, S. 93; *Jacob Grimm*, Vorbericht, Weisthümer Bd. IV, S. VI.

nur zu gerne an[210]. Unter Grimm, den Schroeder glühend verehrte, rechtsgeschichtlich forschen zu dürfen, erschien als besondere Ehre und Herausforde-
rung. Hinzu kam, dass die Erforschung der Weistümer in juristischer, historischer und philologischer Sicht erhebliche Anreize bot und damit Schroeders In-
teressengebiete in idealer Weise miteinander verband. Auch hatte Grimm bereits
beträchtliche Vorarbeiten geleistet und eine sehr umfangreiche Sammlung hergestellt, die er den beiden jungen Wissenschaftlern zur Bearbeitung übergab.

Als Grimm am 20.09.1863 starb, entschloss sich Schroeder, die Forschungen
selbständig weiterzuführen. Er hatte erkannt, dass die Weistümer einen schier
ungeheuren Schatz für die rechtsgeschichtliche Forschung bargen. Reich an An-
schaulichkeit, Lebendigkeit und Poesie boten sie ein Reservoir, das es zu er-
schöpfen galt.[211] Die Königlich Bayerische Akademie der Wissenschaften sagte
ihm hierbei finanzielle Unterstützung zu. Die Position des Herausgebers konnte
sie ihm allerdings nicht antragen, da die Redaktion von Publikationen nach den
Kommissions-Statuten stets bei einem Kommissionsmitglied liegen musste.
Hierfür wurde der Münchner Rechtsprofessor Georg Ludwig von Maurer[212]
ausgewählt, der aber die mühselige Arbeit der Quellenedition nicht selbst auf
sich nehmen wollte. Statt dessen zog er es vor, für das Vorhaben lediglich seinen Namen zur Verfügung zu stellen.[213] Die eigentliche Arbeit und damit die
Verantwortung für Werk und Inhalt übernahm Schroeder. Dies gab ihm Gelegenheit, den Fortgang der Arbeiten zu beeinflussen.[214] Zudem anerkannte er
von Maurers überragende Bedeutung für die deutsche Rechtsgeschichte.[215] Der
Umstand, dass diesem die Stellung des Herausgebers übertragen worden war,
schmerzte Schroeder wenig: Er sah es als

„ehrenvollen Auftrag, unter der oberleitung des verdienstvollsten kenners deutscher
weishtümer, des staats- und reichsrats von Maurer, die sammlung und bearbeitung
des materials weiter fortzuführen". Damit war ihm ein Vertrauen erwiesen worden,
„dem zu entsprechen, selbst mit rückstellung vielfacher anderer arbeiten, mir eine
heilige ehrenpflicht erschien"[216].

---

[210] Vgl. *Stutz*, ZRG GA 38 (1917), S. XXV; *Stintzing/Landsberg*, Geschichte der
deutschen Rechtswissenschaft, Bd. III/2, Bd. Noten III/2 S. 377; *Schroeder*, Weisthümer, Bd. VII, S. VIII.

[211] *Ebel*, Jacob Grimm und die deutsche Rechtswissenschaft, S. 25.

[212] Schroeder an Gonsenbach vom 14. October 1864, UB HD Heidel.Hs. 3899
hierin berichtet er, dass gemäß den Statuten der historischen Kommission stets ein
Mitglied der historischen Kommission die Oberleitung bei den Publikationen führen
müsse; *Stutz*, ZRG GA 38 (1917), XXV; *Stintzing/Landsberg*, Geschichte der deutschen Rechtswissenschaft, Bd. III/2, S. 898; *Kroeschell*, Badische Biographien NF Bd.
IV, S. 268.

[213] *Dickopf*, Georg Ludwig von Maurer, S. 153.

[214] Schroeder an Gonsenbach vom 14. 10 1864, UB HD Heidel.Hs. 3899.

[215] *Dickopf*, Georg Ludwig von Maurer, S. 153: so schreibt er an Maurer: *„Es ist
mir, hochgeehrter Herr Staatsrat, eine große Freude, unter der Leitung eines so ausgezeichneten, altbewährten Meisters der Rechtsgeschichte arbeiten zu dürfen".*

Aufgrund der vielfältigen neuen Weistümer, die Schroeder insbesondere in der Schweiz und im Elsass erschloss, kam er *„immer mehr in die Lage eines Fortsetzers (statt bloszen Herausgebers) des Grimmschen Werkes"*[217], wie er stolz bemerkte.

Schroeder war es schließlich, der die Sammlung der *„Weistümer"* mit zwei umfangreichen Textbänden, die 1866 und 1869 erschienen, zu einem erfolgreichen Ende brachte. Die Bearbeitung erfolgte zwar im Andenken an und in Ehrfurcht vor Jacob Grimm, doch scheute er nicht davor zurück, dessen Position zu analysieren und gegebenenfalls zu ergänzen. Auch fragte er bei anderen Persönlichkeiten wie dem Rechtshistoriker Gonsenbach oder dem damaligen Präsidenten des Schweizer Ständerates Welti um Mitwirkung bei der Erarbeitung der schweizerischen Weistümer an[218]. Zunächst beschäftigte ihn aber das Zusammentragen der bereits von Grimm gesammelten Urkunden sowie allgemeiner Unterlagen. Neben dessen Sohn Hermann war es insbesondere Professor Gonsenbach, der noch entsprechende Papiere verwahrte. Schroeder archivierte zudem das im Grimmschen Nachlass befindliche Material und glich es mit den bereits veröffentlichten Bänden der Weistümer ab.[219]

Mit der Fortsetzung der Arbeiten an den Grimmschen Weistümern hatte Schroeder sogleich auch eine entscheidende Neuerung eingeführt: Anders als die ersten vier, von Grimm edierten Bände enthielt der fünfte Band ein alphabetisches Verzeichnis der Weistümer, das *„nicht blosz die wirklich abgedruckten, sondern auch die blosz angeführten umfaszt"*[220].

Der siebte und letzte Band barg schließlich keine Weistümer mehr, sondern war ein reines Namens- und Sachregister. Schroeder arbeitete sechs volle Jahre an seiner Erstellung. Erst 1878 konnte er ihn veröffentlichen. Mit dem Ergebnis war er dennoch nicht zufrieden:

> „Auf der einen seite möchte er [der Verfasser, Anmerkung der Verfasserin] nach beendeter jahrelanger pein mit dem schreiber der bekannten Berliner schwabenspiegelhandschrift ausrufen: „ach got wie fro ich was, do dies buches ein ende was!", auf der andern seite fienge er am liebsten noch einmal von vorne an, denn darüber besteht ihm kein zweifel, dass die arbeit eine höchst unvollkommene geblieben ist"[221].

Es schmerzte ihn wohl, dass sachliche und sprachliche Verständnisschwierigkeiten ihn an einer gründlicheren Erarbeitung des Registers hinderten. Dennoch

---

[216] *Schroeder,* Vorrede Weisthümer Bd. V, S. III.

[217] Schroeder an Anna Hugo, 03. November 1865, Nachlass/Privatbriefe Dr. H. Berger.

[218] Schroeder an Gonsenbach vom 06. Juni 1864, UB HD Heidel.Hs. 3899; Schroeder an Anna Hugo, 26. October 1865, Nachlass/Privatbriefe Dr. H. Berger.

[219] Schroeder an Gonsenbach vom 06. Juni 1864, UB HD Heidel.Hs. 3899.

[220] *Schroeder,* Vorrede Weisthümer Bd. V, S. VIII.

[221] *Schroeder,* Vorrede Weisthümer Bd. VII, S. III.

erschien es ihm wichtiger, das Gesamtwerk zügig fertig zu stellen und mittels des Registerbandes einer breiteren Öffentlichkeit zugänglich zu machen. Schließlich hatte er Grimm sein Wort gegeben, *„hier [bei der „lauen Aufnahme", die die Weistümer bis dato erfahren hatten] die helfende hand anzulegen"*[222].

Mit seinem Register hatte Schroeder den Schlüssel zu einem riesigen rechtshistorischen Wissenshort geschaffen. Dies wird noch deutlicher, wenn man die umfangreiche Grimmsche Weistumssammlung mit anderen Sammlungen der damaligen Zeit vergleicht.[223] Nur sehr wenige wiesen eine aussagekräftige Registratur auf, was ihre Nutzung erheblich erschwerte.[224] Der eigentliche Sinn solcher Sammlungen, namentlich die Erleichterung der wissenschaftlichen Rechtsquellenforschung wurde durch deren Umfang wieder ad absurdum geführt. Erst ein Registerband konnte diesem Mangel abhelfen;[225] ohne einen solchen, so urteilte Roth schon 1861, sei die *„sehr umfangreiche Sammlung derselben [sc. der Weistümer, Anmerkung der Verfasserin] noch schwer zu benützen"*[226]. Kritisiert wurde allerdings, dass selbst bei diesem Verzeichnis, das von einem Juristen erstellt worden sei, der Rechtswissenschaftler zu kurz komme, da es nicht nach präzisen rechtlichen Gesichtspunkten gearbeitet sei. Für Hans Fehr war dies unverständlich, waren die Weistümer doch in erster Linie Rechtsquellen, *„die erst in der Hand eines Juristen wertvoll werden"*[227].

Mit dem Abschluss des letzten Bandes 1878 war Schroeders Arbeit aber noch nicht getan. Die Gesamtedition war, wohl auch und gerade aufgrund des Registers, derart erfolgreich, dass bereits 1880 eine neue Auflage erforderlich wurde. Jacob Grimms Sohn Heinrich bat Schroeder erneut, bei der Einarbeitung der Nachbesserungen, die sich im Laufe der Bearbeitung nachfolgender Bände ergeben hatten, mitzuwirken.[228]

Für die Überarbeitung des Glossars versuchte Schroeder 1881 den Grazer Rechtsprofessor Anton Schönbach zu gewinnen[229]. Dieser schien zwar überaus geschmeichelt, *„an der Beendigung eines Werkes von Jacob Grimm mitzuarbeiten, denn dies ist für einen Germanisten gewiß ungemein verlockend"*[230]. Den-

---

[222] *Schroeder,* Vorrede Weisthümer Bd. VII, S. IV.

[223] Hans Fehr merkt sogar an, dass *„jeder, der sich dauernder mit diesem Quellenkreis beschäftigt, den Herausgebern den Vorwurf unvollständiger und unvollkommener Arbeit nicht ersparen kann";* vgl. *Fehr,* Die Rechtsstellung der Frau und der Kinder in den Weistümern, S. V.

[224] *Fehr,* Die Rechtsstellung der Frau und der Kinder in den Weistümern, S. V.

[225] *von Wretschko,* Hist. Vjs. 18 (1916–1918), S. 349.

[226] *Roth,* ZfR I (1861), S. 19.

[227] *Fehr,* Die Rechtsstellung der Frau und der Kinder in den Weistümern, S. V.

[228] Heinrich Grimm an Schroeder vom 13. November 1880, UB HD Heidel.Hs. 3899.

[229] Anton Schönbach an Schroeder vom 28.01.1881, UB HD Heidel.Hs. 3899.

noch lehnte er zu Pfingsten 1881 ab, weshalb Schroeder selbst die Erstellung übernehmen musste.

2. Habilitation an der Friedrich-Wilhelms-Universität in Bonn

Da Schroeders Begeisterung nach wie vor der Germanistik und der Philologie galt, erschien die universitäre Laufbahn eine durchaus gangbare Lösung. Dies setzte indes die Habilitation als zusätzliche Prüfung für die Erteilung der Lehrerlaubnis an Universitäten voraus.[231] Ohnehin hatte er sich zum Ziel gesetzt, die Forschungen zum ehelichen Güterrecht, die er bereits in seiner Dissertation angeschnitten hatte, ausführlicher fortzusetzen. Noch während des Referendariats entstand die *„Geschichte des ehelichen Güterrechts zur Zeit der Volksrechte"*, der erste Teil seiner späteren großen *„Geschichte des ehelichen Güterrechts"*[232].

Das Ergebnis schien Schroeder durchaus als Habilitationsschrift geeignet. Doch an welcher deutschen Hochschule sollte er sich hiermit bewerben? Schroeders Gedanken kreisten, wie schon vor Beginn seines Studiums, um Bonn. Die dortige Friedrich-Wilhelms-Universität hatte noch immer einen ausgezeichneten Ruf und nahm unter den preußischen Hochschulen nach Berlin und noch vor Göttingen und Halle den zweiten Platz ein.[233]

So bat er am 05. August 1863 in Bonn um *„Zulassung zur Habilitation als Privatdocent des deutschen Privatrechts und der deutschen Rechtsgeschichte"*[234]. Nach den Statuten der Friedrich-Wilhelms-Universität konnte dem Gesuch allerdings nur stattgegeben werden, wenn die erforderlichen Unterlagen vollständig beigefügt waren; neben dem positiven Votum der Studienuniversität und einem Lebenslauf des Kandidaten umfassten diese auch eine gedruckte Habilitationsschrift. Letztere Anforderung konnte Schroeder Anfang August 1863 noch nicht erfüllen, da seine Ausarbeitung zum Thema *„Geschichte des ehelichen Güterrechts"* zwar schon fertiggestellt, allerdings noch nicht gedruckt war. Angesichts dieser Unvollständigkeit seiner Unterlagen bat er das zuständige Gremium um Nachsicht. Eine Drucklegung vorab hätte die Entscheidung über

---

[230] Anton Schönbach an Schroeder vom 28.01.1881, UB HD Heidel.Hs. 3899.

[231] Seit Ende des 18. Jahrhunderts hatte sich die Habilitation als Voraussetzung für eine Professur durchgesetzt; vgl. *McClelland,* Deutsche Hochschullehrer als Elite, 1815–1850, S. 30; *Emundts-Trill,* Die Privatdozenten und Extraordinarien der Universität Heidelberg 1803–1860, S. 25 ff.

[232] Schroeder an Anna Hugo, 03. Februar 1863, Nachlass/Privatbriefe Dr. H. Berger.

[233] *Baumgarten,* Professoren und Universitäten im 19. Jahrhundert, S. 223; vgl. zur Rheinischen Friedrich-Wilhelms-Universität in Bonn: *von Rönne,* Die höheren Schulen und die Universitäten des preußischen Staates, Bd. II, S. 433–439.

[234] Zulassungsgesuch Schroeder vom 05. August 1863, Archiv der juristischen Fakultät der Universität Bonn.

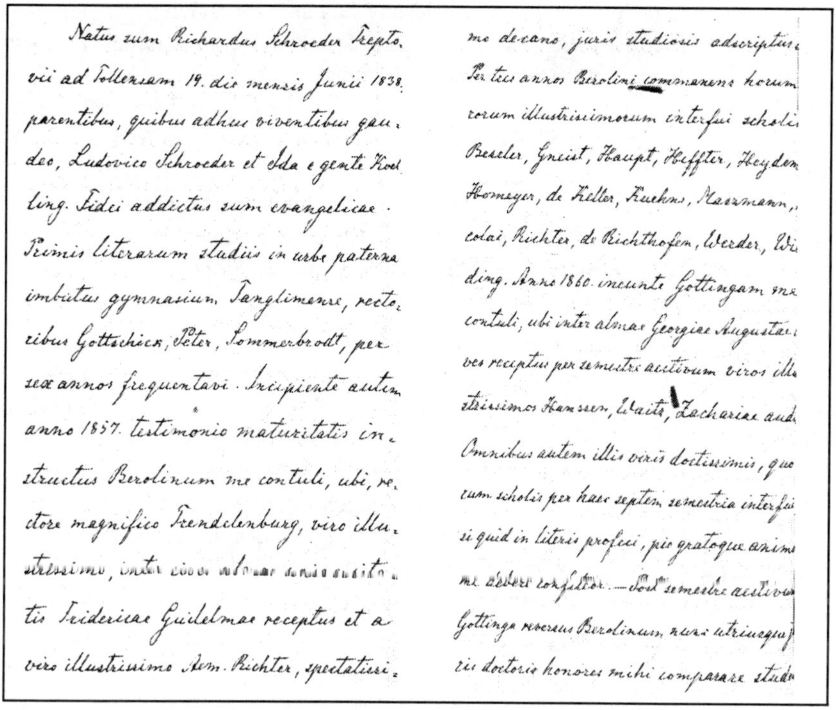
Natus sum Richardus Schroeder Trepto-
viae ad Tollensam 19. die mensis Junii 1838.
parentibus, quibus adhuc viventibus gau-
deo, Ludovico Schroeder et Ida e gente Koel-
ling. Fidei addictus sum evangelicae.
Primis literarum studiis in urbe paterna
imbutus gymnasium Anclamense, recto-
ribus Gottschick, Peter, Sommerbrodt, per
sex annos frequentavi. Incipiente autem
anno 1857. testimonio maturitatis in-
structus Berolinum me contuli, ubi, re-
ctore magnifico Trendelenburg, viro illustrissimo, inter cives almae universita-
tis Fridericae Guilelmae receptus et a
viro illustrissimo Aem. Richter, spectatissi-
mo decano, juris studiosis adscriptus.
Per tres annos Berolini commorans horum
virorum illustrissimorum interfui scholis:
Beseler, Gneist, Haupt, Heffter, Heydem.,
Homeyer, de Keller, Kuehns, Massmann, Ni-
colai, Richter, de Richthofen, Werder, Wi-
ding. Anno 1860. ineunte Gottingam me
contuli, ubi inter almae Georgiae Augustae cives receptus per semestre aestivum viros illu-
strissimos Hanssen, Waitz, Zachariae audi-
vi. Omnibus autem illis viris doctissimis, quo-
rum scholis per haec septem semestria interfu-
i, si quid in literis profeci, pio gratoque animo
me debere confiteor. Post semestre aestivum
Gottingae reversus Berolinum, ne utriusque juris doctoris honores mihi comparare studu-

Abbildung 4: Handgeschriebener Lebenslauf Schroeders
(Quelle: Universitätsarchiv Bonn)

sein Gesuch schließlich bis in das kommende Wintersemester hinein verzögert und ihm damit die Möglichkeit genommen, die anstehenden Ferien sinnvoll zur Ausarbeitung der Habilitationsvorträge zu nutzen.[235] Der Fakultätsrat gab deshalb dem Antrag schon vier Tage nach Einreichung der sonstigen Unterlagen statt, zumal Schroeder eine Abschrift seiner Arbeit vorlegen und den Nachweis der Drucklegung erbringen konnte.[236]

So konnte er Bonn schon kurz darauf wieder in Richtung Treptow verlassen, um sich dort in familiärer und entspannter Atmosphäre ganz der Vorbereitung auf das anstehende Wintersemester zu widmen.

Im Herbst 1863 nach Bonn zurückgekehrt, fand Schroeder sich schnell in den Universitätsbetrieb ein. Zunächst standen die Habilitationsvorträge an: Zum ei-

---

[235] In Preußen waren zur Habilitation eine wissenschaftliche Ausarbeitung sowie zwei Vorträge erforderlich, wobei der Schwerpunkt auf der schriftlichen Arbeit lag; vgl. *Paulsen,* Die deutschen Universitäten, S. 128.

[236] Schroeder an Anna Hugo, 20. Juni 1863, Nachlass/Privatbriefe Dr. H. Berger.

nen musste er vor Studenten eine Vorlesung halten, zum anderen vor den Mitgliedern der rechtswissenschaftlichen Fakultät über ein juristisches Problem referieren, welches sodann in einem Kolloquium erörtert wurde. Als mögliche Vortragsthemen schlug er *„Die heimatrechtliche Stellung der Freigelassenen und Aldionen im langobardischen Rechte"*, alternativ *„Der Grundsatz des Sachsenspiegels: Wo das Kind frei ist und echt, da behält es seines Vaters Recht"*[237] vor. Der Fakultätsrat entschied sich mehrheitlich für letzteres. Diese Wahl kam Schroeder sehr entgegen, hatte doch bereits seine Berliner Dissertation das Familienrecht der germanischen Stämme im weiteren Sinne zum Gegenstand gehabt.

Unter dem Titel *„Zur Lehre von der Ebenbürtigkeit nach dem Sachsenspiegel"*[238] sprach er vor dem Fakultätsrat über den Rechtssatz *„Svar't kint is vri unde echt, dar behalt it sines vader recht"* (Ssp I 16 § 2). Hierbei setzte er sich eingehend mit der Rechtsstellung eines Kindes in Abhängigkeit von der elterlichen Rechtsstellung sowie der Bedeutung der unebenbürtigen Ehe auseinander.[239] Am 28. Oktober 1863 hielt er schließlich die öffentliche Vorlesung zum Thema *„Die Verfestung und die Reichsacht im deutschen Mittelalter"* vor Bonner Studenten[240]. Beide Referate verliefen zur vollen Zufriedenheit des Fakultätsrates.

Im Oktober 1863 konnte dann auch die mittlerweile gedruckte Habilitationsschrift bewertet werden. *„Die Anordnung"*, so schrieb Dekan Walter, sei *„gut und lichtvoll gewählt"*[241]. Was allerdings den Inhalt betraf, stieß Schroeder mit seinen Thesen bei den Bonner Rechtsprofessoren auf Kritik: Walter war in einigen Aspekten ebenso wie sein Kollege Bluhme grundlegend anderer Auffassung. *„In Ansehung der meta und der mundium scheint (mir) der Verfasser weder darin Recht zu haben, dass er die Begriffe zur Zeit der Rothari für identisch hält, noch darin, dass er sie zu Liutprand zu ganz verschiedenen Dingen machen will"*[242] urteilte Bluhme. Insgesamt wurde die Arbeit jedoch für *„in vollem Umfang genügend"*[243] erklärt.

Mit der gedruckten Habilitationsschrift sowie den zwei Vorträgen hatte Schroeder die Bonner Habilitationsvoraussetzungen erfüllt. Die juristische Fa-

---

[237] Zulassungsgesuch Schroeder vom 05. August 1863, Archiv der juristischen Fakultät der Universität Bonn.

[238] Abgedruckt in: ZRG III (1864), S. 461–480.

[239] Zur Lehre von der Ebenbürtigkeit nach dem Sachsenspiegel, ZRG III (1864), S. 470 f.

[240] *Stutz*, ZRG GA 38 (1917), S. XII; Anzeige Schroeders vom 23. Oktober 1863.

[241] 3. Umlauf in Sachen Habilitation Richard Schroeder, Anmerkung Bluhme vom 12. Oktober 1863, Archiv der juristischen Fakultät der Universität Bonn.

[242] 3. Umlauf in Sachen Habilitation Richard Schroeder, Anmerkung Bluhme vom 12. Oktober 1863, Archiv der juristischen Fakultät der Universität Bonn.

[243] *Stutz*, ZRG GA 38 (1917), XII.

kultät verlieh ihm die „*venia legendi*", d.h. das Recht, an der Fakultät als Privatdozent zu lehren.[244] Parallel nahm man ihn in den erweiterten akademischen Lehrkörper der Universität Bonn auf, was ihn zum Abhalten von Lehrveranstaltungen berechtigte, aber nicht verpflichtete.[245] Dabei handelte es sich um eine allgemeine, d.h. unbeschränkte Lehrbefugnis, während Schroeder lediglich um die Habilitation als „*Privatdocent des deutschen Privatrechts und der deutschen Rechtsgeschichte*" nachgesucht hatte; zumindest theoretisch hatte er damit die Möglichkeit, ein breiteres Spektrum an kolleggeldpflichtigen[246] Vorlesungen zu halten. Dies war wichtig, denn als Privatdozent bezog er kein festes Gehalt, sondern konnte nur auf ausreichende Einkünfte aus den Vorlesungen hoffen[247, 248]. Je mehr Fächer er vertreten durfte, desto größer waren die Aussichten auf eine ausreichende finanzielle Versorgung.

Da allerdings auch Ordinarien nur ein recht knappes Grundgehalt erhielten, waren diese ebenfalls darauf erpicht, die von den Studenten stark frequentierten und damit rentablen Pflichtveranstaltungen zu halten.[249] Angesichts ihrer Stellung genossen sie bei der Verteilung der Vorlesungen ein Vorrecht. Insoweit hatte ein Privatdozent eher geringe Chancen, eine kolleggeldpflichtige Hauptveranstaltung zu halten und musste sich statt dessen mit den weniger gut besuchten und deshalb weniger begehrten Fächern und Übungen in Nebengebieten begnügen. Da die Einkünfte aus den Vorlesungen mit der Zahl der teilnehmenden Studenten zudem von Semester zu Semester schwankten, waren die Einnahmen recht unsicher und Schroeder blieb weiterhin auf die finanzielle Unterstützung des Vaters angewiesen.

Mit der Annahme als Privatdozent war der erste Schritt in Richtung einer akademischen Laufbahn getan. Jedoch blieb es vorerst bei der vagen Hoffnung

---

[244] *Ringer,* Die Gelehrten, S. 39; *Paulsen,* Die deutschen Universitäten, S. 95; *von Ferber,* Die Entwicklung des Lehrkörpers an den deutschen Universitäten und Hochschulen 1864–1954, S. 79.

[245] *von Ferber,* Die Entwicklung des Lehrkörpers an den deutschen Universitäten und Hochschulen von 1864–1954, S. 79; *Jastrow,* Die Stellung des Privatdozenten, S. 2; *Lexis/Paulsen,* Die deutschen Universitäten, S. 60.

[246] Die Bestimmung des Kolleghonorars war dem einzelnen Dozenten überlassen oder wurde durch Absprache in der Fakultät normiert. Die billigste einstündige Vorlesung kostete in der Regel 4–5 Mark, die billigste vierstündige nicht unter 15–20 Mark; vgl. *Busch,* Die Geschichte des Privatdozenten, S. 97.

[247] *Ringer,* Die Gelehrten, S. 42.

[248] Noch bei ihrer Gründung gewährte die Berliner Universität auch Privatdozenten ein Gehalt. Später meinte man, „*daß Privatdozenten nach der trefflichen deutschen Gewohnheit sich ohne Gehalt zu Lehrern qualifizieren*" müssten; vgl. *Busch,* Die Geschichte des Privatdozenten, S. 21.

[249] Die Mehrzahl der Vorlesungen beanspruchten die Ordinarien für sich. So lasen Anfang des 20. Jahrhunderts an den juristischen und theologischen Fakultäten die ordentlichen Professoren durchschnittlich drei Viertel aller Vorlesungen; vgl. *Eulenburg,* Der akademische Nachwuchs, S. 59.

auf eine Beförderung zum besoldeten Extraordinarius und Ordinarius. Eine solche erforderte schließlich den Nachweis hervorragender wissenschaftlicher Leistungen. Zudem musste sich der Kandidat als Dozent bewährt haben, denn nur dann konnte er damit rechnen, dass die vorschlagsbefugte Stelle der Universität auf ihn aufmerksam wurde und eine entsprechende Empfehlung bei dem zuständigen Minister einreichte.[250]

Schroeder ging mit Feuereifer an die Arbeit. Noch im Wintersemester 1863/64 hielt er sein erstes Repetitorium[251] zum Deutschen Recht unter besonderer Berücksichtigung des Sachsenspiegels.[252] Das Interesse seitens der Studenten war jedoch gering. Lediglich vier Teilnehmer meldeten sich an.[253] Allerdings muss Schroeder in dieser Veranstaltung seine wissenschaftlichen und didaktischen Fähigkeiten bewiesen haben, denn in den darauffolgenden Semestern stieg die Zahl derer, die bei ihm hören wollten, stetig an. Im Sommersemester 1864 las er sodann das erste Mal die *„Deutsche Rechtsgeschichte"*; in den darauffolgenden Semestern bot er jeweils *„Deutsches Privatrecht"* und *„Handelsrecht"* an.

Daneben hielt Schroeder auch nicht kolleggeldpflichtige Übungen ab. Damit hoffte er, seinen Bekanntheitsgrad bei der Studentenschaft zu steigern und mittels überdurchschnittlichem Engagements auch die Aufmerksamkeit des Fakultätsrates zu erregen. So plante er im Wintersemester 1863/64 ein kostenloses *„Repetitorium des deutschen Rechts nach Anleitung und mit Zugrundelegung des Sachsenspiegels"*[254]. Dies sollte sich von anderen Repetitorien vor allem dadurch unterscheiden, *„dass statt der gangbaren Lehrbücher der Sachsenspiegel selbst zugrunde gelegt und dadurch die systematische Reihenfolge mehrfach unterbrochen würde. Dies würde eine größere Selbsttätigkeit der Zuhörer erfordern, keineswegs aber mich zu Vorlesungen über die einschlägigen Themen veranlassen"*[255]. Der Antrag wurde aber vom Fakultätsrat abgelehnt, da der Sachsenspiegel Inhalt einer eigenen entgeltpflichtigen Vorlesung war; diese durfte

---

[250] *Paulsen,* Die deutschen Universitäten, S. 223.

[251] Das Repetitorium war gedacht als Vorbereitung auf die Prüfung; *Butz,* Die Juristenausbildung an den preußischen Universitäten Berlin und Bonn zwischen 1810 und 1850, S. 231.

[252] *Stutz,* ZRG GA 38 (1917), S. XII.

[253] Als er das Kolleg jedoch aus Zeitgründen gegen Ende des Semesters verdoppeln musste und zusätzlich zur üblichen Stunde (Sonnabends von 9–10 Uhr) auch Donnerstag abends um 8 Uhr las, fand sich auch *„mein fünfter Zuhörer, der des Morgens um 9 immer nicht aus dem Bette kommen konnte"*, ein; Schroeder an Anna Hugo, 12. Februar 1864, Nachlass/Privatbriefe Dr. H. Berger.

[254] Antrag Schroeders vom 17. Oktober 1863 auf Zulassung der Vorlesung privatissime und gratis, Archiv der juristischen Fakultät der Universität Bonn.

[255] Antrag Schroeders vom 17. Oktober 1863 auf Zulassung der Vorlesung privatissime und gratis, Archiv der juristischen Fakultät der Universität Bonn.

nach den Universitätsstatuten gerade nicht gratis angeboten werden.[256] Indes gestattete man Schroeder unter der Prämisse, dass der Sachsenspiegel nicht schwerpunktmäßig behandelt würde, die Veranstaltung unter dem Titel „*Repetitorium über die deutsche Rechtsgeschichte*" zu halten.[257]

Insgesamt brachte Schroeder sich gut in den Bonner Lehrbetrieb ein und vermied es diplomatisch, den Ordinarien ihre Vorrechte streitig zu machen. Statt dessen beschränkte er sich trotz seiner allgemeinen Lehrbefugnis zunächst auf diejenigen rechtsgeschichtlichen sowie handelsrechtlichen Vorlesungen, die ihm offiziell angetragen wurden.[258] Entsprechend gering war sein Auskommen. So bewarb er sich parallel an anderen deutschen Universitäten in der Hoffnung, auf diese Weise einen Ruf zu erhalten. 1865 strebte er an, als Professor nach Tübingen wechseln zu können. Dieses Vorhaben zerschlug sich allerdings, denn die Schwaben gaben Meibom den Vorzug.[259]

Daneben war zur gleichen Zeit ein germanistischer Lehrstuhl an der Rostocker Universität vakant: „*Auch ich würde eine Stelle in Rostock überaus gern annehmen*"[260], schrieb Schroeder im Oktober 1865 seiner Braut. Allerdings war er sich durchaus bewusst, dass „*die Stellen in Rostock sehr gut sind*", weshalb „*die Fakultät ihr Augenmerk eher auf einen Professor, als auf einen Privatdocenten richten*"[261] würde. Der Wechsel nach Rostock scheiterte schließlich an dem Umstand, dass Boehlau, der bislang dort behelfsweise Strafrecht gelesen hatte, tatsächlich aber Germanist war, auf den freigewordenen Lehrstuhl wechselte.[262] Damit musste Rostock nunmehr eine Lücke im strafrechtlichen und nicht mehr im germanistischen Bereich füllen.

Allerdings bot sich alsbald in Bonn die Möglichkeit zum wissenschaftlichen Aufstieg. Im Januar 1866 wurde er ausdrücklich aufgefordert, das Preußische Allgemeine Landrecht, eines der wichtigsten Fächer, zu lesen.[263] Professor

---

[256] Dies wurde damit begründet, dass die Universität einen bestimmten Prozentsatz der Kolleggelder beanspruchte, die bei einer Gratisveranstaltung gerade nicht anfielen.

[257] Votum Walters vom 27. Oktober 1863, Archiv der juristischen Fakultät der Universität Bonn.

[258] Im Sommersemester 1864 hielt Schroeder ein „*Repetitorium des deutschen Handels- und Wechselrechts*" sowie ein „*Repetitorium des deutschen Lehnsrechts*". Bereits im darauffolgenden Wintersemester las er reguläre Vorlesungen wie das „*Seerecht*", eine „*Erklärung des Sachsenspiegels*" sowie das „*Lehnsrecht*". Letzteres wurde in diesem Semester gleich doppelt angeboten, da auch sein Bonner Kollege Professor Ricolovius eine entsprechende Veranstaltung abhielt.

[259] Schroeder an Anna Hugo, 26. October 1865, Nachlass/Privatbriefe Dr. H. Berger.

[260] Schroeder an Anna Hugo, 26. October 1865, Nachlass/Privatbriefe Dr. H. Berger.

[261] Schroeder an Anna Hugo, 26. October 1865, Nachlass/Privatbriefe Dr. H. Berger.

[262] Schroeder an Anna Hugo, 03. November 1865, Nachlass/Privatbriefe Dr. H. Berger.

[263] *Stutz*, ZRG GA 38 (1917), S. XIII.

Achenbach, der das Fach bis dahin allein angeboten und eifersüchtig über dieses Privileg gewacht hatte, war als Geheimer Oberberg-Rat nach Berlin in das Handelsministerium berufen worden.[264] Als er zum 01. April 1866 endgültig aus dem Lehrbetrieb ausgeschieden war und kein anderer Professor Anspruch auf das Allgemeine Preußische Landrecht erhoben hatte, fiel die Vorlesung provisorisch Schroeder zu.

VI. Die Lehrtätigkeit Schroeders

1. Schroeder in Bonn

a) Der Aufstieg zum Ordinarius

Mittelbar brachte ihn dies dem Professorenstuhl wieder etwas näher: Mit dem Ausscheiden Achenbachs war zudem eine Stelle als ordentlicher Professor frei geworden. Auf die Position des Privatdozenten, die Schroeder zu diesem Zeitpunkt noch innehatte, folgte in der Hierarchie aber zunächst das Extraordinariat. Es untergliederte sich in besoldete und unbesoldete außerordentliche Professoren;[265] letztere wurden insbesondere dann ernannt, wenn eine besoldete Stelle nicht vakant war, der Kandidat sich aber durch besondere Leistungen hervorgetan hatte und dieser Umstand gewürdigt werden sollte.[266]

Schroeder hatte in den vergangenen drei Jahren emsig für die Universität gearbeitet, was auch seinen Fachkollegen nicht verborgen geblieben war:

„Die bisherigen Leistungen, besonders die litterarischen des genannten Privatdocenten [Schroeder, Anmerkung der Verfasserin] fanden die rühmlichste Anerkennung, und es gab die feste Zuversicht zu erkennen, dass die Vorlesungen desselben auch über solche Zweige des deutschen Rechts, welche derselbe bisher öffentlich zu lesen noch nicht Gelegenheit und Zeit gefunden hat, der Wissenschaft und unserer Universität zur Förderung gereichen würde“[267].

Besonders der Direktor der Bonner Universität, Hartstein, setzte sich nachhaltig für ihn ein und zerstreute die Bedenken des Ministers gegen Schroeders Jugendlichkeit und wenig ausgeprägtes Kirchgängertum: *„Ohne Hartstein wäre*

---

[264] Schroeder an Anna Hugo, 03. November 1865/11. Dezember 1865, Nachlass/ Privatbriefe Dr. H. Berger.

[265] *Eulenburg*, Der akademische Nachwuchs, S. 120; vgl. hierzu auch *von Rönne*, Die höheren Schulen und die Universitäten des Preußischen Staates, Bd. II, S. 495.

[266] *Paulsen*, Die deutschen Universitäten, S. 96; damit knüpfte das Extraordinariat an die noch im 17. Jahrhundert durchaus übliche Bedeutung als Warterecht auf ein Ordinariat an; vgl. *Busch*, Die Geschichte des Privatdozenten, S. 109; *von Ferber*, Die Entwicklung des Lehrkörpers an den deutschen Universitäten und Hochschulen 1864– 1954; S. 103.

[267] Votum der juristischen Fakultät an den Kurator der Universität, Herrn Beseler, vom 11. Januar 1866, Archiv der juristischen Fakultät der Universität Bonn.

meine Sache verloren gewesen, denn der Ministeri, der als ein grosser Pinsel bekannt ist, hat sich daran gestoszen, dasz ich keinen Bart habe und meinen Taufschein nicht an der Stirn trage"[268]. Nach ministerialer Bewilligung stimmte dem Vorschlag auch die Fakultät, *„auch Sell"*, wie Schroeder betonte, zu.[269] Am 14. Mai 1866 wurde er somit zunächst zum unbesoldeten außerordentlichen Professor ernannt. Als Gegenstand seiner Antrittsvorlesung wählte er das Thema *„de iuris germanici vertigiis quae insunt quaebusdam medii aevi carminibus epicis"*. Noch ungewöhnlich für die damalige Zeit las Schroeder auf deutsch statt in Latein: Er hatte um Genehmigung hierfür gebeten, da sowohl das deutsche Recht als auch deutsche Gedichte Gegenstand der Vorlesung seien. Letztere ließen sich aber in Latein nicht in angemessener Form darstellen.[270]

Als unbesoldeter Extraordinarius bezog Schroeder immer noch kein regelmäßiges Einkommen. Allerdings waren seine Vorlesungen mit durchschnittlich insgesamt 50 bis 60 Zuhörern sehr gut besucht, was ihm eine recht verlässliche Einnahmequelle bescherte. Um seine Börse aufzubessern, unterrichtete er zudem Handelsrecht an der Kölner Juristenfakultät[271]. Daneben las er seit dem Wintersemester 1866/67 *„Landwirthschaftsrecht"*, *„Staatsrecht für Landwirthe"* und *„Landesculturgesetzgebung"*[272] für angehende Landwirte an der Königlich Landwirtschaftlichen Akademie Bonn-Poppelsdorf.[273] Auch diese Stellung hatte er von Professor Achenbach auf dessen ausdrückliche Empfehlung übernommen.[274]

Schroeder sollte fast 20 Monate als unbesoldeter Extraordinarius in Bonn tätig sein. Zum 01. Januar 1868 erfolgte schließlich seine Ernennung zum besoldeten außerordentlichen Professor. Er war zu diesem Zeitpunkt 29 Jahre alt. Mit einer Summe von 500 Talern bezog er sein erstes festes Gehalt.[275] Hinzu kamen noch Wohnungszulage[276] sowie die Vorlesungshonorare[277] der Studen-

---

[268] Schroeder an Anna Hugo, 19. Januar 1866, Nachlass/Privatbriefe Dr. H. Berger.

[269] Schroeder an Anna Hugo, 11. Januar 1866, Nachlass/Privatbriefe Dr. H. Berger.

[270] Antrag Schroeders vom 16. April 1867; Archiv der juristischen Fakultät der Universität Bonn; ein solcher Antrag war notwendig, da an den juristischen Fakultäten der preußischen Universitäten erst 1876 durch Ministerialerlass die deutsche Sprache für die mündliche Prüfung verbindlich festgelegt wurde; vgl. hierzu *Paulsen*, Geschichte des gelehrten Unterrichts, S. 738.

[271] Schroeder an Anna Hugo, 24. November 1865, Nachlass/Privatbriefe Dr. H. Berger.

[272] Vorlesungsverzeichnis Landwirtschaftliche Akademie Bonn-Poppelsdorf, UA Bonn.

[273] Diese bestand seit 1847 als landwirtschaftliche Lehranstalt, wurde 1861 zur Akademie erhoben, 1920 in eine selbständige Landwirtschaftliche Hochschule umgewandelt und 1934 siebte Fakultät der Universität Bonn; vgl. *Schneemelcher*, 150-Jahr-Feier der Rheinischen Friedrich-Wilhelms-Universität zu Bonn, S. 22.

[274] Schroeder an Anna Hugo, 11. Dezember 1865, Nachlass/Privatbriefe Dr. H. Berger; hierfür erhielt er 900 Mark, Standesliste GLA KA 235/2496.

ten.[278] Zudem durfte er nunmehr drei statt zwei entgeltpflichtige Veranstaltungen[279] halten.

Mit der Beförderung zum besoldeten außerordentlichen Professor hatte er die vorletzte Stufe der akademischen Leiter erklommen. Es blieb noch die Berufung zum Ordinarius, die schließlich zum 12. März 1870 erfolgte.[280] Der Vorschlag hierfür kam allerdings nicht, wie es üblich gewesen wäre, von seinen Kollegen, sondern vom königlichen Kurator der Universität. Dieser hatte sich an die juristische Fakultät gewandt, sie möge ein Votum hinsichtlich Schroeders Eignung zum ordentlichen Professor abgeben, damit es dann beim zuständigen Minister eingereicht werden könne. Offenbar hatte der Kurator das wissenschaftliche Potential und das außerordentliche Engagement, aber auch die finanziellen Nöte des jungen Mannes erkannt und wollte einer möglichen Abberufung durch eine andere Universität zuvorkommen.[281]

Zwar war auch das Kollegium der Auffassung, dass es den eigenen Interessen durchaus entspräche, wenn

> „die pekuniäre Lage des Professor Schroeder in dem Maße verbessert würde, dass er, unter Aufgabe seiner bisherigen Stellung zu der landwirtschaftlichen Akademie Bonn-Poppelsdorf, seine Kräfte ausschließlich der Universität und den akademischen Vorträgen an derselben zu widmen in den Stand gesetzt würde. Dagegen sind wir in Ansehung seiner Beförderung zum ordentlichen Professor zwar gerne bereit, seine Würdigkeit für dieselbe in vollem Maaße zurückzugeben, wir vermögen aber nicht, eine solche Beförderung in der gegenwärtigen Zeit als den Interessen und Bedürfnissen unserer Fakultät entsprechend anzuerkennen. Denn während ein Zuwachs an Lehrkräften uns dadurch nicht zu Theil würde, müßten wir vielmehr besorgen, dass die von uns wiederholt beantragte Berufung eines älteren bewährten Germanisten dadurch verhindert würde. Daß aber für die wichtigen germanistischen Fächer und namentlich für das deutsche Privatrecht eine genügende Vertretung durch Prof. Schroeder allein gesichert sei, können wir um so weniger annehmen, als

---

[275] 1869 ist ein Gehalt von 500 Talern die unterste Stufe eines Ordinariats; die meisten ordentlichen Professoren erhielten bis zu 1000 Talern; *Bekker*, Von deutschen Hochschulen, S. 75.

[276] Aufstellung der bekleideten Dienststellen, Personalakte PA 2256 der Universität Heidelberg, UA HD.

[277] Die den Professoren neben dem festen Gehalt zufließenden Gelder aus Honoraren und Examinationsgebühren konnten erheblich schwanken: mancher Professor erhielt nicht einmal 50 Taler jährlich, andere hingegen 5.000 bis über 10.000 Taler; *Bekker*, Von deutschen Hochschulen, S. 75 f.

[278] Zur Zusammensetzung des Professorengehalts siehe *Paulsen*, Die deutschen Universitäten, S. 106; *Gerth*, Bürgerliche Intelligenz um 1800, S. 35.

[279] Mit Ausnahme des Wintersemesters 1864/65, in welchem er parallel zu Prof. Ricolovius „Lehnsrecht" las.

[280] *Beyerle*, DBJ, 139; *Stutz*, ZRG GA 38 (1917), S. XIII; *E. Eck* vom 04.04.1870, UB HD Heidel.Hs. 3899.

[281] Einen Ruf hatte Schroeder bereits von der Universität Zürich erhalten; Archiv der juristischen Fakultät der Universität Bonn.

erfahrungsgemäß die Frequenz der Studierenden aus denjenigen Semestern, in welche die germanistischen Vorträge fallen, hier in der letzten Zeit zurückgegangen ist. Sollten aber beide Fragen nicht trennen lassen, und eine Gehaltsvermehrung für den Prof. Schroeder nicht anders erreicht werden können als durch seine gleichzeitige Beförderung zum Ordinarius, dann wird nach unserer Ansicht eine Lösung darin zu suchen sein, dass durch seine Verlegung an eine andere Universität zugleich die Erfüllung unseres Antrags auf Berufung eines älteren Germanisten ermöglicht werde"[282].

Die Bonner hätten mithin lieber zusätzlich zu dem jungen und engagierten Extraordinarius einen *„älteren, bewährten Germanisten"* als Mitglied ihrer Fakultät gesehen. Der Fakultätsrat war jedoch lediglich zur Abgabe von Vorschlägen und Voten berechtigt, die Entscheidungskompetenz in Ernennungsfragen lag dagegen allein bei dem für die Universitäten zuständigen Minister. Somit kam dem Votum keine allzu große Bedeutung zu, denn dem Minister oblag es lediglich, die Argumente der Fakultäten zu prüfen; folgen musste er ihnen jedoch nicht.[283] Aufgrund der nachdrücklichen Unterstützung durch den Bonner Universitätskurator ließ der Minister schließlich die Bedenken der juristischen Fakultät außer Acht und ernannte Schroeder zum ordentlichen Professor der Rechte in Bonn.[284]

Durch die damit verbundene Erhöhung seiner festen Bezüge auf 4200 Mark[285] konnte Schroeder die Tätigkeit an der Landwirtschaftlichen Akademie aufgeben und sich ganz den universitären Vorlesungen widmen. Seine Lieblingsveranstaltung war nach wie vor die deutsche Rechtsgeschichte. Die Aufgabe der Vorlesung sah er darin, *„zu entwickeln die historische Entwicklung des gegenwärtigen Rechtszustandes. [...] Hieraus ergibt sich auch die Darstellung des Staatsrechts, der deutschen Verfassung, Rechtsquellen, Privatrecht, Strafrecht, Prozeßrecht. Kriegsrecht entzieht sich dem speziell nationalen Charakter und wird nur gelegentlich berührt"*[286]. Ergänzend hielt er die *„Erklärung des Sachsenspiegels"*[287]. Im Sommersemester 1871 las er zudem *„Deutsche Verfas-*

---

[282] Votum der juristischen Fakultät vom 13. Dezember 1869, Archiv der juristischen Fakultät der Universität Bonn.

[283] Zwischen 1817 und 1882 wurden 27,4% der Juristen, Theologen und Mediziner gegen oder ohne Fakultätsvoten berufen, zwischen 1882 und 1900 waren es nur noch 10,2%; *Thomas Nipperdey*, Deutsche Geschichte Bd. III (1866–1918), S. 572; *Ringer*, Die Gelehrten, S. 43; *vom Brocke*, Hochschul- und Wissenschaftspolitik in Preußen und im Deutschen Kaiserreich 1882–1907, S. 89; *Lexis/Paulsen*, Die deutschen Universitäten, S. 48.

[284] Aufstellung der bekleideten Dienststellen, Personalakte PA 2256 der Universität Heidelberg, UA HD.

[285] Dieser Ablauf war an deutschen Universitäten durchaus üblich, wurden doch von den 1355 zwischen 1817 und 1900 ernannten Professoren nicht weniger als 322 ohne oder gegen den Vorschlag der jeweiligen Fakultät berufen; *Ringer*, Die Gelehrten, S. 43; *Paulsen*, Die deutschen Universitäten, S. 101.

[286] Vorlesungsmitschrift Sommersemester 1892, Heidel.Hs., Bd. 3477, S. 1.

sungsgeschichte". Es war das einzige Mal, dass er sie getrennt von der deutschen Rechtsgeschichte behandelte. Anlass war wohl die gerade erfolgte Reichsgründung im Januar 1871, die eine detaillierte Auseinandersetzung mit den verfassungsrechtlichen Gegebenheiten und deren historischen Wurzeln erforderlich erscheinen ließ.

Schroeders rechtshistorische Veranstaltungen hatten allgemein einen aktuellen Bezug. So ging er bei der Behandlung des deutschen Mittelalters auch auf die territoriale Ausbreitung des Deutschen Reiches von 1871 ein: Detailliert erläuterte er die Aufteilung des Frankenreiches in einen später französischen und deutschen Teil und zeichnete daneben die Entwicklung der Königreiche Hoch- und Niederburgund nach. Mit der damals hochaktuellen Frage um Elsass und Lothringen und dem holsteinisch-dänischen Streit um die Grafschaft Schleswig setzte er sich ebenso auseinander wie mit der Ausdehnung der Deutschen über Elbe und Oder:

> „Die Bevölkerung in Deutschland hatte auch fremde Nationalitäten: [...] im (Südwesten) provenzalische, in einem Theile Lothringens französische, im Osten slawische ... Am stärksten war die deutsche Kolonisation im N.O. (Nordosten): hier waren es ganz besonders Westfalen und Niederländer, die zuwanderten. Die heutigen Pommern und Mecklenburger sind eingewanderte Westfalen, die Brandenburger eingewanderte Niederländer. In Mitteldeutschland sind Thüringer und Hessen kolonisierend"[288].

Mit Ausnahme des Sommersemesters 1865, in welchem er ausschließlich die deutsche Rechtsgeschichte las, hielt Schroeder in Bonn stets auch handelsrechtliche Vorlesungen.[289] Die intensive Beschäftigung mit dem Handelsrecht ist um so ungewöhnlicher, als dieses Fach in den sechziger Jahren des 19. Jahrhunderts noch keinen gefestigten Platz in der juristischen Ausbildung hatte, sondern vielmehr sporadisch angeboten wurde. Schroeder hatte sich aber während seines Referendariats in Stettin vertieft mit aktuellen see- und handelsrechtlichen Themen beschäftigen können. Die hierbei erworbenen Kenntnisse verarbeitete er nunmehr in seinen Vorlesungen, denen insoweit an der Rheinischen Friedrich-Wilhelms-Universität eine allseits beachtete Vorreiterrolle[290] zukam.

Schroeder variierte sein handelsrechtliches Veranstaltungsspektrum und nahm sich mitunter ungewöhnlicher Einzelthemen wie des *„Seerechts des Kriegs und des Friedens"*[291] an. Daneben bot er in Bonn erstmals das an seinen späteren

---

[287] Wintersemester 1864/65 sowie 1865/66.

[288] Sommersemester 1892, Heidel.Hs., Bd. 3477.

[289] Schroeder an Anna Hugo, 26. October 1865, Nachlass/Briefe Dr. H. Berger; Vorlesungsverzeichnisse der Friedrich-Wilhelms-Universität Bonn.

[290] Zur Entwicklung des Handelsrecht, vgl. *Goldschmidt*, Zeitschrift für das gesammte Handelsrecht I, S. 1 ff.

[291] Sommersemester 1867.

Wirkungsstätten so häufig gelesene „Handels-, See- und Wechselrecht" an. Sein erster Versuch diesbezüglich scheiterte allerdings im Sommersemester 1866 kläglich, da sich lediglich ein Zuhörer fand, „offenbar", wie Schroeder enttäuscht konstatierte, „weil das Ansehen eines Privatdocenten nicht hinreichte, um eine bis dahin unbekannte Privatvorlesung einzuführen."[292] Zusammen mit einem anderen Privatdozenten an der Bonner Juristenfakultät, Hugo Loersch[293], mit dem er seit Göttinger Studienzeiten eng befreundet war, wagte er, das „Handelsrecht" in das „Privat- und Lehensrecht" zu integrieren. Auf diese Weise wollte er den Studenten das neue Gebiet näher bringen. Da sowohl das Privat- als auch das Lehnsrecht Pflichtvorlesungen waren, konnte so der Besuch auch der Veranstaltung „Handelsrecht" gewissermaßen erzwungen werden.

Nachdem Schroeder und Loersch diese kombinierte Vorlesung über zwei Jahre abwechselnd gehalten hatten, trennten sie die Themengebiete wieder. Die List fruchtete: In den folgenden Semestern war auch die Einzelveranstaltung Handelsrecht gut besucht.

Neben Handelsrecht und Rechtsgeschichte vertrat Schroeder in Bonn das deutsche Privatrecht. Auch hier war er bemüht, sein Angebot durch ungewöhnliche Themen und aktuellen Bezug aufzulockern. So hielt er zwar regelmäßig die Grundveranstaltung „Deutsches Privat- und Lehensrecht"[294], las daneben aber auch „Heutiges deutsches Pfand- und Hypothekenrecht"[295] oder die „Quellen des hessischen und hannoverschen Privatrechs"[296]. Letzteres erscheint recht ungewöhnlich, da es sich bei Bonn um eine preußische Universität handelte. Zieht man allerdings in Betracht, dass in Bonn nicht nur Landeskinder studierten, sondern sich auch vielfach Studenten aus dem benachbarten Hessen und Hannover einschrieben, wird dieser Umstand verständlich. Parallel hielt er weiterhin klassische Veranstaltungen wie „Deutschrechtliche Übungen"[297] oder „Übungen im Privat- und Handelsrecht".

---

[292] Antrag Schroeders vom 09. November 1866 auf Zulassung der Vorlesung „Handels-, See- und Wechselrecht"; Archiv der juristischen Fakultät der Universität Bonn.

[293] Konrad Hugo Hubert Loersch (1840–1907), Professor in Bonn; Entdecker und Bearbeiter der Urkunden zum „Ingelheimer Oberhof"; vgl. zu seiner Person: Stutz, ZRG GA 28 (1907), S. VII–XXII; Stintzing/Landsberg, Geschichte der deutschen Rechtswissenschaft, Bd. III/2, Bd. Noten 3,2, S. 377.

[294] Ab dem Wintersemester 1869/70 hieß diese Veranstaltung „heutiges deutsches Privat- und Lehensrecht"; Archiv der juristischen Fakultät der Universität Bonn.

[295] Wintersemester 1870/71.

[296] Wintersemester 1867/68.

[297] Wie beispielsweise im Wintersemester 1869/70.

b) Wissenschaftliches und außeruniversitäres Engagement

Interessante Betätigungsfelder fand Schroeder auch außerhalb der Universität. Schon 1867 wurde er Mitglied des Historischen Vereins für den Niederrhein und engagierte sich bei der Aufarbeitung der Heimatgeschichte.[298] Daneben unterstützte er die Gesellschaft für rheinische Geschichtskunde, der er auch noch lange Jahre nach seinem Fortgang aus Bonn treu blieb.[299] Als Professor hatte er in diesen Kreisen eine angesehene Stellung inne: Die deutschen Gelehrten übten damals in sozialer und kultureller Hinsicht einen nicht zu unterschätzenden Einfluss auf das gebildete und gesellschaftliche Leben in Deutschland aus. Gerade nichtuniversitäre Gruppierungen wie die historischen Vereine, die sich an die von den Professoren ausgehende Auffassung von Bildung und Kultur anlehnten, hatten regen Zulauf.[300]

Bei einer solchen Veranstaltung lernte Schroeder auch Heinrich Brunner kennen, der damals Professor in Lemberg war.[301] Brunner war Mitglied des sogenannten Bonner „Bärenklubs", einer wissenschaftlichen Vortragsgesellschaft, bei der Schroeder während seiner Zeit als Bonner Privatdozent sprach. Brunner reiste ausschließlich mit dem Ziel an, Schroeder zu hören.[302]

In juristischer Hinsicht betätigte sich Schroeder ebenfalls außeruniversitär. 1868, 1870 und 1891 nahm er an den Tagungen des Deutschen Juristentages teil, bei denen er als Gutachter und Referent für das Familiengüterrecht auftrat.[303] Dieses hatte angesichts des in Aussicht stehenden Bürgerlichen Gesetzbuches erhebliche Aktualität. Parallel schrieb er an der Fortsetzung seiner *„Geschichte des ehelichen Güterrechts",* welche die Geschichte des mittelalterlichen ehelichen Güterrechts in Süddeutschland, der Schweiz sowie in Franken behandelte.

Daneben erarbeitete er zusammen mit Loersch und später Reifferscheid eine Sammlung der *„Urkunden zur Geschichte des deutschen Privatrechts".* Sie ent-

---

[298] *Stutz,* ZRG GA 38 (1917), S. XXVI; vgl. auch Mitgliederverzeichnisse des Vereins für die Geschichte des Niederrheins, veröffentlicht in Annalen des historischen Vereins für den Niederrhein, insbesondere die alte Erzdiöcese Köln, bsp. dreißigstes Heft, Köln 1876, S. 245.

[299] So bittet Schroeder Karl Lamprecht, sich für die Aufnahme der Heidelberger Zangemeister und Wille in die Gesellschaft für rheinische Geschichtekunde einzusetzen, Schroeder an Lamprecht vom 18. Oktober 1889, Heidelberg, Heid Hs Bd. 3899.

[300] Vgl. *Johannes Müller,* Die wissenschaftlichen Vereine und Gesellschaften Deutschlands im 19. Jahrhundert; Bibliographie ihrer Veröffentlichungen seit ihrer Gründung bis auf die Gegenwart, Erste Lieferung, Berlin 1883; *Ringer,* Die Gelehrten, S. 78, 82 ff.

[301] *Köbler,* Lexikon der europäischen Rechtsgeschichte; Artikel zu „Brunner, Heinrich".

[302] Schroeder an Stutz vom 24.11.15, UA Zürich, Nachl. Stutz, 184.

[303] *Kroeschell,* Badische Biographien, NF Bd. IV, S. 268.

sprang *„dem eigenen Bedürfnisse der Herausgeber bei ihrer Tätigkeit als Lehrer des Deutschen Rechts"*[304].

Schroeder hatte bereits erste Erfahrungen in der Zusammenstellung rechtsgeschichtlicher Urkunden durch seine Mitarbeit an den Grimmschen Weistümern gesammelt; die Arbeit an der *„Geschichte des ehelichen Güterrechts"* hatte darüber hinaus sein Bewusstsein für die erhebliche Bedeutung einer möglichst vollständigen Berücksichtigung der deutschen Rechtsquellen geschärft. In Loersch fand er einen verlässlichen Partner zur Bewältigung dieser Aufgabe: *„Die Gleichheit der wissenschaftlichen Interessen und die Dankbarkeit gegenüber unserem gemeinsamen Lehrer Georg Waitz"* sowie die tiefe Freundschaft ließ die beiden Männer gut zusammenarbeiten. Das Ergebnis war ein Werk, bei dem *„schließlich keiner mehr sagen konnte was von dem Inhalt er als sein besonderes geistiges Eigentum betrachten könne"*[305].

Loersch und Schroeder hatten erkannt, wie hilfreich die Veranschaulichung des theoretisch vermittelten Unterrichtsstoffes anhand praktischer Fälle im Bereich der privatrechtlichen Vorlesungen gewesen war und wie *„fruchtbringend"* sich das Studium der Urkundenschätze erwiesen hatte. Schon Eichhorn hatte auf die Notwendigkeit einer solchen Aufstellung hingewiesen, da *„gerade ein großer Theil des vorhandenen Vorraths noch völlig unbenutzt"* sei: *„Unser Reichthum an Urkunden ist nehmlich für den Gebrauch ein Hinderniß geworden. [...] Es möchte daher eine sehr verdienstliche Arbeit seyn, eine Urkundensammlung anzulegen, die bloß für das Privatrecht berechnet wäre"*[306]. Diese Hilfsmittel wollten sie auch für die rechtsgeschichtlichen Vorlesungen und Übungen nutzen, um sich gerade nicht mehr nur auf den theoretischen Vortrag zu beschränken.[307]

Anders als noch zu Eichhorns Zeiten waren Quellen nunmehr leicht zugänglich, da sie in größerer Vollständigkeit als früher gesammelt worden waren. In Abgrenzung zu früheren Urkundensammlungen[308] beschränkten Loersch und Schroeder sich aber auf die Zeit vom fränkischen Reich bis zur Rezeption (die jüngste der insgesamt 303 Urkunden stammte aus dem Jahr 1500); sie zogen Rechtsquellen aus den verschiedensten Teilen des deutschsprachigen Raumes

---

[304] Vorwort zu den „Urkunden zur Geschichte des deutschen Privatrechts", 3. Aufl., S. III.

[305] Vorwort zu den „Urkunden zur Geschichte des deutschen Privatrechts", 3. Aufl., S. III.

[306] *Eichhorn*, ZfgR I (1815), S. 144.

[307] Urkunden, Vorrede, S. VII; Neben den beiden Rechtswissenschaftlern Schroeder und Loersch arbeitete der Deutschphilologe Alexander Reifferscheid an den deutschen Texten mit.

[308] Hierbei sind insbesondere Johann Sichard, der 1530 einige Volksrechte edierte, und Friedrich Lindenbruch, der 1557 eine umfangreichere Sammlung veröffentlichte, zu erwähnen; gegen Mitte des 19. Jahrhunderts hatte zudem Kraut einen *„Grundriss des deutschen Privatrechts"* für den Gebrauch bei Vorlesungen veröffentlicht.

heran und veranschaulichten so das gesamte System des älteren deutschen Privatrechts. Zudem behandelten sie ausschließlich konkrete Rechtsfälle *„aus dem Gebiete der freiwilligen wie der streitigen Gerichtsbarkeit"*[309]: Mit Ausnahme einiger Literaturangaben zum weiterführenden Studium enthielt die Sammlung *„überhaupt nichts Abstractes"*. Lediglich zur Arbeitserleichterung wurde eine systematische sowie eine geographische Gliederung beigefügt. Das Buch brachten sie Waitz *„zur fünfundzwanzigjährigen Jubelfeier seiner historischen Übungen"*[310] dar.

Schroeder und Loersch waren von dem Erfolg der Sammlung so überzeugt, dass sie sogar eine Urkundensammlung für das öffentliche Recht planten. Tatsächlich erlebte die Urkundensammlung eine zweite (1888) und sogar noch eine dritte, erweiterte und ergänzte Auflage (1912).[311] Nach dem Tod von Reifferscheid und Loersch konnte Schroeder das Arbeitsaufkommen der dritten Auflage nur noch durch die Unterstützung seines Schülers Leopold Perels schultern[312]. Eine vierte Auflage erschien nicht mehr, ebenso wenig wie die Sammlung von geschichtlichen Urkunden für das öffentliche Recht.

c) Persönliche Verhältnisse

Die finanzielle Besserstellung, die der berufliche Aufstieg an der Universität mit sich brachte, eröffnete Schroeder auch privat neue Perspektiven. Als Extraordinarius konnte er es sich endlich leisten, seine Anna nach mehr als vierjähriger Verlobungszeit am 18. Mai 1866 zu heiraten. Das Einkommen war gering[313], und die junge Ehefrau musste sehr sparsam wirtschaften, um allen Anforderungen zu genügen, zumal die kleine Familie rasch wuchs: Am 16. Oktober 1870 wurde Ludwig Karl Paul geboren; ihm folgte Gertraud am 23. September 1871 und Pauline[314] am 17. September 1872[315].

---

[309] Urkunden, Vorrede, S. VII.

[310] Urkunden, Vorrede, S. VII.

[311] Sie erfreute sich großer Beliebtheit und wird auch noch in neuester Zeit herangezogen; vgl. z.B. *Kroeschell*, Deutsche Rechtsgeschichte II, 7. Auflage, S. 117; Urkunden aus der nachfolgenden Epoche der Rezeption wurden anschließend in der Sammlung *„Quellensammlung zur neueren Privatrechtsgeschichte Deutschlands"* von W. Kunkel und G. Thieme 1936 veröffentlicht.

[312] Urkunden, 3. Auflage, Vorwort, S. III; *von Wretschko*, Hist. Vjs. 18 (1916–1918), S. 350; *Weizsäcker*, Ruperto Carola 13/14, S. 49.

[313] Schon 1865 rechnete Schroeder seiner Anna vor: *„Von letzterer [der historischen Kommission, Anmerkung der Verfasserin] habe ich vom nächsten Herbst an auf 2 Jahre ungefähr 800 Taler zu erwarten, das macht also 400 Taler auf das Jahr, dazu 200 Taler aus den Vorlesungen, 150 mindestens aus den Handelsrechtsvorlesungen in Köln, ich habe dann also eine Einnahme von etwa 750 Talern, [...] und darauf hin wird Papa sich gegen unsere Hochzeit nichts einwenden, zumal die Ernennung zum Professor dann unmittelbar bevorsteht"*; Schroeder an Anna Hugo, 24. November 1865, Nachlass/Privatbriefe Dr. H. Berger.

Ludwig, der nach seinem Großvater, dem Justizrat, benannt worden war, schlug nicht die akademische Laufbahn ein, sondern wurde Offizier.[316] Die Töchter heirateten beide: Gertraud ehelichte 1893 den Heidelberger Professor Dr. Hermann Wunderlich und zog nach Berlin, wo Wunderlich am Grimmschen Wörterbuch mitarbeitete.[317] Pauline vermählte sich mit dem Leipziger Arzt Dr. Heinrich Dreydorff; die Ehe wurde später geschieden.[318]

Finanzielle Belastungen kamen auch von anderer Seite. Fünf Jahre nach dem Tod von Ida Schroeder am 12. März 1864 folgte ihr Ludwig Schroeder am 11. Juni 1869. Nahm Richard Schroeder der Verlust seiner Mutter schon sehr mit[319], so traf ihn der Tod des Vaters noch wesentlich härter. Ludwig Schroeder, dessen ausgeprägtes Gespür für soziale Gerechtigkeit so manches Mal in fast schon naive Hilfsbereitschaft abgeglitten war[320], hatte wenig wirtschaftliche Umsichtigkeit bewiesen.[321] Zudem konnte er sinnvolle Investitionen nicht von reinen Spekulationen unterscheiden. Der Einsatz des gesamten Familienvermögens in eine Eisenbahngesellschaft, die die Strecke Stralsund – Treptow – Neubrandenburg – Berlin bauen sollte, dann aber alsbald insolvent wurde, hatte ihn ruiniert. Wirtschaftlich am Ende, beging er Selbstmord.[322]

Schroeder verwand weder den Tod noch die Schmach, die sein Vater mit dem Suizid auf die Familie geladen hatte.[323] Er blieb zeitlebens nach Kräften

---

[314] Teilweise ist Pauline auch als „Paula" registriert, vgl. Heydemannsche Chronik, S. 48; Nachlass Schroeder, Dr. G. Wilstermann.

[315] Vgl. Aufenthaltsanzeige des Würzburger Stadtarchivs vom 24.04.1873; Stadtarchiv Würzburg.

[316] Heydemann Chronik, S. 48; Nachlass Schroeder, Dr. G. Wilstermann.

[317] Schroeder freute diese Mitarbeit seines Schwiegersohnes an dem Grimmschen Wörterbuch sehr, konnte er doch dessen Leidenschaften für die Quellen nur zu gut nachvollziehen; vgl. Schroeder an Stutz vom 09.10.1902, UA Zürich, Nachl. Stutz, 184.

[318] Heydemannsche Chronik, S. 48; Nachlass Schroeder, Dr. G. Wilstermann.

[319] Die innige Liebe zu seiner Mutter kommt in seinen privaten Briefen an Anna Hugo zum Ausdruck, vgl. Schroeder an Anna Hugo, 20. Juni 1863, Nachlass/Privatbriefe Dr. H. Berger.

[320] So förderte er Fritz Reuter, indem er unter anderem dessen Roman „Läuschen und Rimels" mit einer Summe von 200 Talern vorfinanzierte, und dessen Frau Luise, geborene Kuntze, ein Klavier bezahlte, damit sie Unterricht erteilen und so zum Familieneinkommen beitragen konnte; *Gaedertz,* Im Reiche Reuters, S. 44.

[321] Häufig wurden seine Gutmütigkeit und Loyalität ausgenutzt: „*Deine Mitteilungen über die verwickelten und vertrackten Nachlassenschaftsverhältnisse Deines lieben, mir unvergeßlichen Vaters haben mich nicht allein sehr interessiert, sondern mit großer Entrüstung erfüllt. Wie ist es möglich, daß ein Mann wie der Herr v. M., dem, wie ich weiß, Dein Vater als alten Universitätsfreund sehr viele wesentliche Geldhilfe geliehen hat, nicht frei und offen erklärt: das und das bin ich dem Justizrat Schroeder schuldig, und statt dessen den Weg eines faulen Kompromisses einschlägt. Und nun Wienke und Rodb.! Es ist schmählich!*" Fritz Reuter an Schroeder von 1871; Landeshauptarchiv Schwerin, 10.9-S/15 Nachlass Schröder, Richard.

[322] *Hückstädt,* Reisen zu Reuter, S. 33.

bemüht, das Ansehen seiner Familie wiederherzustellen, und verwendete große Teile seines Einkommens darauf, die Schulden des Vaters zu tilgen. Damit die Familie nicht ehrlos dastehe, nahm er auch persönliche Einschränkungen hin und verlangte ebensolche von seiner jungen Familie.

2. Dozent in Würzburg

a) Tätigkeit als Professor

Auf eine Besserung seiner finanziellen Situation konnte er hoffen, als ihn 1872 ein Ruf aus Würzburg erreichte. An der dortigen rechts- und staatswissenschaftlichen Fakultät war der Lehrstuhl Felix Dahns, der nach Breslau gewechselt hatte, vakant geworden.[324] Dahns Aufgabengebiet am Main hatte neben germanistischen Fächern auch Rechtsphilosophie und Völkerrecht umfasst. Als es darum ging, einen Nachfolger zu finden, erkannte der Fakultätsrat, dass eine Fortführung in der bisherigen Form nicht möglich war; die Verbindung von Rechtsgeschichte, deutschem Recht, Rechtsphilosophie und Völkerrecht in einem Lehrstuhl war einzigartig im Deutschen Reich und allein auf Felix Dahn abgestimmt. So entschied man, die Professur lediglich für die germanistischen Fächer auszuschreiben und Rechtsphilosophie sowie Völkerrecht anderweitig zu verteilen.[325] Als mögliche Kandidaten zur Neubesetzung zog der Fakultätsrat Schroeder, Sohm und Gierke in Betracht. Von Thöl, Kraut, Roth, Anschütz oder Homeyer, ebenfalls anerkannte Germanisten, sah man teils aufgrund des vorgerückten Alters, teils aus anderen Gründen ab.

„Schroeder", so urteilten die Würzburger, „etwa 36 Jahre alt, ist Ordinarius in Bonn, ein stiller, lediglich auf seine Studien gekehrter, liebenswürdiger Character und zählt zu den beliebtesten Dozenten der rheinischen Universität. Von ihm stammen, ausser verschiedenen kleinen Schriften, nicht nur die beiden letzten Bände von Grimm's berühmten Weisthümern, sondern auch die in bereits zwei starken Bänden

---

[323] Angesichts dessen wird der Selbstmord in den Nachrufen auf Richard Schroeder verschwiegen. Den plötzlichen Tod des Vaters erklären sie mit Krankheit, die auf den Sohn übergeht, mit der Abwicklung einer Erbschaftsangelegenheit; *Stutz*, ZRG GA 38 (1917), S. XIV, spricht z.B. von *„einer nicht geringen Schuldenlast, die davon herrührte, daß er sich, bereits unter Einwirkung der Krankheit, bei der Abwicklung einer Erbschaftsangelegenheit nicht genügend vorgesehen habe";* Beyerle, DBJ, S. 140, übergeht dies völlig und erwähnt lediglich den Schuldenstand.

[324] Dort übernimmt er den Lehrstuhl von Laband, der nach Straßburg gewechselt war; vgl. Telegramm von Dr. Sacher an den Staatsminister von Lutz vom 04.7.1872, Akten des Rektorats der Universität Würzburg N.P 713, vom 01. Juli 1872, Archiv des Rektorats und Senats der Universität Würzburg Nr. 822; *Dahn*, Erinnerungen Bd. IV/2, S. 10; *Schroeder*, NJW 1986, S. 1235.

[325] Akten des Rektorats der Universität Würzburg N.P 713, vom 01. Juli 1872, Archiv des Rektorats und Senats der Universität Würzburg Nr. 822.

vorliegende und allgemein als ganz ausgezeichnet anerkannte Geschichte des deutschen ehelichen Güterrechts"[326].

Nachdem Sohm kurz zuvor einen Ruf der Universität Straßburg angenommen hatte und deshalb den Würzburgern absagen musste, verblieb die Wahl zwischen Schroeder und Gierke. Letzterer war zwar grundsätzlich bereit, nach Würzburg zu wechseln[327], allerdings sei seine Gesundheit *„feldzugsbedingt"* sehr angegriffen. Würzburg habe jedoch ein *„höchst schlechtes Klima"* für die Art von Nervenleiden, die ihn quäle.[328] Somit *„blieb nur Schroeder übrig".* Die Fakultät beschloss *„mit derselben Einstimmigkeit, welche alle ihre bisherigen Verhandlungen in diesem Betreffe characterisirte, den öffentlichen ordentlichen Professor allein für die erledigte Professor in Vorschlag zu bringen"*[329]. Schließlich wäre *„jeder, der nach ihm [Schroeder, Anmerkung der Verfasserin] hätte erwähnt werden können, ohne irgend Jemand dabei zu nahe zu treten, hinter Schroeder bedeutend zurückgestanden [...]."* *„Schroeder"*, vereinigte nach Auffassung der Würzburger, *„die Eigenschaften eines eminenten Dozenten und Gelehrten mit denen des reinsten Charakters und der liebenswürdigsten Collegialität und die bedeutendsten Autoritäten des Faches, ein Beseler, Rotti und Andere wiesen mit der größten Entschiedenheit auf ihn als dem richtigsten, den wir berufen konnten, hin"*[330].

Hinzu kam, *„dass seine Anforderungen wieder von sich als im Verhältnisse zu den Mitteln der Universität und den in ähnlichen Fällen bisher stets bewilligten Gehältern über das rechte Maß zu gehen scheinen und dass, wie sich aus seiner nachfolgenden Bemerkung noch ergeben wird, Schroeder offenbar eine starke Neigung hat, hierher zu kommen".*

Schroeder war, wenngleich *„unter Vorbehalt späterer Entscheidung"* bereit, dem Würzburger Ruf zu folgen, zumal dies Gelegenheit bot, der *„großen Bonner Geselligkeit mit ihren Zauberfesten und den Riesengesellschaften von 40 und mehr Personen"* zu entfliehen.[331] Zwar genoss er die Gemeinschaft mit anderen und feierte gern; die großen rheinischen Feste waren jedoch mit erheblichen finanziellen Belastungen verbunden, die der dreifache Vater, der auch

---

[326] Akten des Rektorats der Universität Würzburg N.P 713, vom 01. Juli 1872; Archiv des Rektorats und Senats der Universität Würzburg Nr. 822.

[327] Außerordentliche Professoren und höher eingestufte Gymnasiallehrer hatten gegen Ende des 19. Jahrhunderts durchschnittlich mit 5000 Mark auszukommen, ordentliche Professoren verdienten zwischen 6000 und mehr als 40000 Mark, was allerdings staatliches Grundgehalt und Kolleggelder umfasste; *Ringer,* Die Gelehrten, S. 43.

[328] Akten des Rektorats der Universität Würzburg N.P 713, vom 01. Juli 1872, Archiv des Rektorats und Senats der Universität Würzburg Nr. 822.

[329] Akten des Rektorats der Universität Würzburg N.P 713, vom 01. Juli 1872, Archiv des Rektorats und Senats der Universität Würzburg Nr. 822.

[330] Akten des Rektorats der Universität Würzburg N.P 713, vom 01. Juli 1872, Archiv des Rektorats und Senats der Universität Würzburg Nr. 822.

[331] *Stutz,* ZRG GA 38 (1917), S. XIV.

noch den väterlichen Schuldenberg abzutragen hatte, nur schwer schultern konnte. So übernahm er zum Sommersemester 1873 den Würzburger Lehrstuhl[332] mit einer Anfangsbesoldung von 3000 Mark.[333] Sein Aufgabengebiet umfasste neben dem deutschen Privatrecht unter Einschluss des Handels-, Wechsel- und Lehnsrechts die Rechtsgeschichte.[334]

An der gesamten Würzburger Universität herrschte zu jener Zeit ein sehr kollegiales Klima:

„Daß in Würzburg Fröhlichkeit und Humor blühten, war kein Wunder. Die freundliche Stadt mit dem prächtigen Schlosse, dem lieblichen Flusse, den schönen Glacis-Anlagen und den rebenbekränzten Bergen, die behagliche unterfränkische Bevölkerung und die alte Tradition des Krummstabes waren wohl geeignet, die an und für sich schon heitere Stimmung der akademischen Gesellschaft zu verstärken."[335]

Schroeder brachte sich vortrefflich ein und war bald als umgänglicher Kollege anerkannt. Wie in Bonn war er auch in Würzburg bei den Studenten beliebt. Sein Würzburger Schüler Eduard Rosenthal[336] berichtete, dass es „außer dem gediegenen Pandektisten Regelsberger [...] und den glänzenden Vorlesungen des [...] Joseph von Held der liebenswürdige Germanist Richard Schroeder [war, Ergänzung der Verfasserin], der mich nachhaltig beeinflußte"[337].

Insgesamt ging es Schroeder mehr darum, ein guter Lehrer zu sein und wissenschaftlich zu arbeiten als prestigeträchtige Posten innerhalb und außerhalb der Universität zu besetzen. Der Forschungsdrang beeinflusste auch die Gestaltung seiner Vorlesungen. Damit entsprachen seine Veranstaltungen durchaus dem Stil seiner Zeit, nach dem man in Ablehnung der insbesondere von Preußen forcierten sogenannten „nützlichen Erkenntnis" das wissenschaftliche Element betonte.

Die „nützliche Erkenntnis" hatte sich im Laufe des 18. Jahrhunderts, ausgehend von der Universität Halle, entwickelt.[338] Ihre Verfechter, allen voran der preußische Staat, wollten die praxisorientierte Ausbildung der Studenten zum Primärziel der Hochschule erheben, um auf diese Weise staatstreue und ortho-

---

[332] *Stutz*, ZRG GA 38 (1917), S. XIV.

[333] Eine Erhöhung auf 7920 Mark zuzüglich einer Wohnungszulage erfolgte am 27. Juni 1878; Schreiben des Staatsministeriums des Innern für Kirchen und Schulangelegenheiten, Dr. von Lutz vom 18.10.1872, Archiv des Rektorats und Senats der Universität Würzburg Nr. 822; Held an Schroeder im Juli 1872, UB HD Heidel.Hs. 3899.

[334] Personalverzeichnis der Universität Würzburg, Sommersemester 1873.

[335] *Baumgarten*, Professoren und Universitäten im 19. Jahrhundert, S. 204.

[336] Eduard Rosenthal (1853–1926); Rosenthal lehrte deutsche Rechtsgeschichte und Staatsrecht an der Universität Jena; die Anregungen hierzu erhielt er von Schroeder; *Planitz/Rosenthal*, Rechtswissenschaft in Selbstdarstellungen, Band 3, S. 218; *Hübner*, ZRG GA 47 (1927), S. IX–XXI.

[337] *Planitz/Rosenthal*, Rechtswissenschaft in Selbstdarstellungen, Bd. 3, S. 215.

[338] *Ringer*, Die Gelehrten, S. 99.

doxe Pastoren, Kanzleibeamte und Domänenverwalter zu erziehen[339]. Der wissenschaftlichen Forschung sollte dagegen allenfalls eine Nebenrolle zufallen. Damit war von den klassischen Disziplinen insbesondere die Jurisprudenz gefährdet, durch Regierungen beeinflusst zu werden. Anders als Theologie, Medizin oder Philosophie erwuchs sie unmittelbar aus dem staatsbildenden Instinkt, da das Bedürfnis, aus einem anarchischen Zustand einen gesetzlichen zu schaffen, Grundlage rechtswissenschaftlicher Studien war und ist.[340]

Besonders in der zweiten Hälfte des 19. Jahrhunderts regte sich in der deutschen Bildungselite Widerstand gegen diese rein praktische Universitätsausrichtung: Man wollte die deutsche Hochschule gerade nicht zum bloßen Objekt der Nützlichkeit der Regierungen herabsinken lassen. Es stand an, die Freiheit der Lehre und der Wissenschaft zu verteidigen und die Unabhängigkeit von staatlichen Restriktionen zu bewahren. Jede durch einen großen Anteil theoretischer Ausführungen geprägte Vorlesung war damit verdächtig, sich den obrigkeitlichen Weisungen entgegenzustemmen.

Angesichts dessen müsste man annehmen, dass sich auch Schroeder bewusst auf eine sehr forschungsintensive Haltung zurückgezogen hätte, um den staatlichen Bestrebungen entgegenzuwirken. Schließlich hätte er sich, insbesondere aufgrund der Praxisrelevanz des von ihm vertretenen Handelsrechts und des deutschen Rechts, den Vorgaben seiner jeweiligen Regierung beugen müssen. Die Struktur seiner Veranstaltungen zeigt aber, dass er sich durchaus auch mit aktuellen und damit praxisrelevanten Problemen und Themenkomplexen auseinander setzte und sich nicht nur auf abstrakte Abhandlungen zurückzog; gerade in seinen Vorlesungen über das eheliche Güterrecht verschmolzen praxisnahe Ausbildung und theoretische Grundlagen.[341] Den Praxisbezug sah Schroeder allerdings mehr als Erfüllung seiner pädagogischen Aufgabe, denn als Befolgung eines obrigkeitlichen Befehls zur Ausbildung orthodoxer Staatsdiener: Als vornehmsten Auftrag eines Hochschullehrers verstand er die Vermittlung praktischer juristischer Kenntnisse, was auch die Behandlung von dem Staat unliebsamen Fragen einschloss[342]. Daneben durfte seines Erachtens aber auch die An-

---

[339] *Ringer,* Die Gelehrten, S. 103; *Spranger,* Fichte, Schleiermacher und Steffens über das Wesen der Universität, S. XII.

[340] Vgl. hierzu *Schleiermacher,* Gelegentliche Gedanken über Universitäten in deutschem Sinn, Von den Fakultäten, abgedruckt in: Die Idee der deutschen Universität, S. 258.

[341] Dies lag einmal daran, dass Schroeder zu jener Zeit als Gutachter für die Kommission mit dem Entwurf des Bürgerlichen Gesetzbuches beschäftigt war. Zum anderen lieferte er aufgrund seiner güterrechtlichen Kenntnisse die theoretische Grundlage für weitere Diskussionen und Forschungen unter den Studenten.

[342] So behandelt er auch hochaktuelle Fragen wie die Bedeutung Elsass' und Lothringens sowie den holsteinisch-dänischen Streit um die Grafschaft Schleswig; Vorlesungsmitschrift Sommersemester 1892, Heidel.Hs., Bd. 3477.

leitung der Studenten zum wissenschaftlichen Arbeiten nicht vernachlässigt werden.

Damit vertrat er die unter den Professoren des ausgehenden 19. Jahrhunderts vorherrschende Auffassung von den Aufgaben der Universität.[343] Erklärtes Ziel war daneben die Einbindung der Studenten in die wissenschaftlichen Studien.[344] Die Hochschule sollte gerade nicht Schule, sondern höhere Bildungsanstalt sein und aktiv der Forschung dienen. Sie bei ihrem wissenschaftlichen Fortschritt zu leiten, war Aufgabe der Professoren. Schroeder richtete seine Vorlesungen, Praktika und Übungen an diesem Ideal aus, orientierte sich aber nicht an den herausragenden, sondern an den durchschnittlichen Studenten und passte sich deren Lerntempo an.[345] Daneben legte er gehörigen Wert auf Übungen und Praktika; schließlich bildeten diese den „Übergang zum Eintritt in das thätige Leben", da sich der Studierende „hineindenken müsse in die Lage eines Anwaltes oder eines Richters, und sich unter der Leitung des Lehrers vertraut machen [müsse] mit den Arbeiten dieser"[346].

Auch in Würzburg war die deutsche Rechtsgeschichte Schwerpunkt von Schroeders Vorlesungstätigkeit. Anders als sein Vorgänger Dahn las er sie[347] im Frühjahr statt im Herbst und hielt ergänzend die „Erklärung deutscher Rechtsquellen"[348] oder die „Geschichte der deutschen Rechtsquellen"[349], so dass die Sommersemester ein deutliches rechtsgeschichtliches Gepräge aufwiesen. Doch auch in den Wintersemestern beschäftigte er sich intensiv mit der Historie. Vereinzelt behandelte er mitunter recht exotische Themen wie „Deutsche Rechtsalterthümer in der Germania des Tacitus"[350]. In den Wintersemestern fanden daneben regelmäßig die „Übungen in der Erklärung dt. Rechtsquellen" sowie die „Exegetischen Übungen in der dt. Rechtsgeschichte, für Anfänger" oder die „Erklärung dt. Rechtsquellen, verbunden mit exegetischen Übungen"[351] statt, die auf den rechtsgeschichtlichen Vorlesungen des vorangegangenen Sommersemesters aufbauten.

Parallel zur deutschen Rechtsgeschichte bot er im Frühjahr handelsrechtliche Veranstaltungen an. Mit zunehmender Semesterzahl und aufgrund der reichsweit gefestigten Anerkennung seiner Fachkompetenz stieg auch Schroeders Selbstbewusstsein, und er wagte Veränderungen seines Vorlesungsplanes. 1875 versuchte

---

[343] Vgl. *Bekker*, Von deutschen Hochschulen, S. 20.
[344] *Ringer*, Die Gelehrten, S. 99.
[345] *Röpke*, Die Würzburger Juristenfakultät 1815–1914, S. 177.
[346] *Bluntschli*, Hallesche Jahrbücher 1839, Sp. 1960.
[347] Mit Ausnahme des Sommersemesters 1881.
[348] Sommersemester 1881.
[349] Sommersemester 1876.
[350] Wintersemester 1877/78.
[351] Vorlesungsverzeichnis der Universität Würzburg.

er sogar eine Ausgliederung des Seerechts in eine eigene Veranstaltung. Dies wurde von den Würzburger Studenten aber nicht angenommen, und so kehrte Schroeder schon im Sommersemester 1877 zu der ursprünglichen Vorlesungsstruktur *„Handels-, Wechsel- und Seerecht"* zurück. Diese verband er mit praktischen Übungen, in welchen die Studenten zur aktiven Teilnahme an der Diskussion aufgefordert wurden.[352]

Die Wintersemester waren hingegen deutschrechtlich geprägt.[353] In seinen ersten Würzburger Jahren las er ausschließlich Klassiker wie das *„Deutsche Privat- und Lehensrecht"*. Aber auch hier wagte er Veränderungen und modifizierte die Gewichtung der Veranstaltungen. 1877 bot er die Vorlesung *„Deutsches Privatrecht mit Ausschluss des Ehe- und Lehensrechts"* an, während er in den folgenden Semestern wieder *„Deutsches Privatrecht"* las.[354] Den Stoff des Lehnsrechts und des Eherechts verarbeitete er in einer separaten Veranstaltung. Das Eherecht, insbesondere das eheliche Güterrecht, war ein wichtiges Element seines Vorlesungs- und Forschungsplanes. Das Civil- und Landrecht allerdings, so hatte man Schroeder schon vor seiner Ankunft in Würzburg mitgeteilt, sollte nicht zu seinem Tätigkeitsfeld gehören, da es bereits von Professor Wirsing abgedeckt würde.[355]

Nach einem mit insgesamt fünf Veranstaltungen überaus reichhaltigen Halbjahr 1876/77 ging Schroeders Vorlesungsangebot in den Folgesemestern merklich zurück. Zusätzlich zu den eigenen Verpflichtungen übernahm er ab dem Sommersemester 1877 die kirchenrechtlichen Veranstaltungen seines erkrankten Kollegen von Albrecht.[356] Entsprechend weniger Zeit blieb ihm für eigene außerplanmäßige Projekte. Als von Albrecht im Wintersemester 1878 endgültig aus dem Lehrbetrieb ausscheiden musste, beschloss die juristische Fakultät, dessen kirchenrechtliche Verpflichtungen vollends auf Schroeder zu übertragen. Begründet wurde die Maßnahme insbesondere damit, dass das Kirchenrecht mit dem deutschen Recht und der Rechtsgeschichte durchaus harmoniere, Schroeders Vorlesungsangebot mithin homogen bliebe.[357]

---

[352] Dies hatte schon Friedrich Karl von Savigny gefordert: die Studenten hätten *„alles vorgetragene nicht geradezu zu glauben, sondern zu prüfen"*; Savigny, Juristische Methodenlehre, S. 70 ff.

[353] Lediglich in den Wintersemestern 1880/81 und 1881/82 las Schroeder sie außerplanmäßig.

[354] Vorlesungsverzeichnis der Universität Würzburg.

[355] Held an Schroeder, im Juli 1872, UB HD Heidel.Hs. 3899.

[356] N.9.83, Bericht der rechts- und staatswissenschaftlichen Fakultät der Universität Würzburg, 21. Januar 1879.

[357] *„Seine übrigen Nominalfächer, im besonderen das deutsche Recht und die Rechtsgeschichte berühren sich ja ohnedies notorisch"* heißt es in der Begründung der Würzburger juristischen Fakultät.

Schroeder passte die kirchenrechtliche Veranstaltung bald dem eigenen Stil an und kombinierte sie mit seinen sonstigen Vorlesungen.[358] 1880 bot er „*Kirchenrecht mit Ausschluss des Eherecht*" an. Die historischen Wurzeln des Kirchenrechts integrierte er in seine rechtsgeschichtlichen Vorlesungen[359] und verband kirchliches und privates Ehegüterrecht in einer eigenen Veranstaltung „*Familiengüterrecht*"[360].

Über das Abhalten von Vorlesungen hinaus wurde von Schroeder erwartet, dass er auch universitäre Ämter übernehme. Da er Verpflichtungen grundsätzlich sehr gewissenhaft zu erledigen pflegte, waren solche Posten für ihn stets mit einem hohen Zeit- und Arbeitsaufwand verbunden. Seine Kraft wollte er jedoch lieber in seine Forschung und unmittelbar in seine Studenten investieren. Indes konnte er sich nicht völlig den Universitätsämtern verschließen, denn ein solches Verhalten hätte leicht als Affront gewertet werden können[361]. So nahm er 1876 die Wahl zum Dekan an. In dieser Position setzte er viel daran, die Bedeutung der Würzburger juristischen Fakultät und deren Ruf in wissenschaftlichen Kreisen durch eine bedachte und umsichtige Berufungspolitik zu stärken. Gerade bei der Auswahl geeigneter Kandidaten bewies er eine glückliche Hand und schreckte auch nicht vor ungewöhnlichen Berufungen zurück. Für das seit zwei Jahren verwaiste zivilprozessuale Würzburger Ordinariat empfahl er den nicht habilitierten Richter Dr. Josef Kohler.[362]

Die Besetzung von Lehrstühlen durch Praktiker bzw. Nichthabilitierte hatte zur damaligen Zeit an der Würzburger Universität im Vergleich zu anderen Hochschulen bereits eine gewisse Tradition.[363] Dennoch bedurfte es auch hier einer eingehenden Begründung, weshalb man gerade diesem Kandidaten den Vorzug vor einem Habilitierten geben sollte. Schroeder argumentierte im Falle Kohler, dass dessen Berufung „*der Universität einen Zuwachs verschaffen wird,*

---

[358] Aufgrund der erst am 21. Februar 1879 erteilten offiziellen Lehrerlaubnis fand die Vorlesung im Sommersemester 1879 noch in dem von Professor von Albrecht bisher gehaltenen Umfang statt.

[359] Die Veranstaltung „*Einführung in die Quellen des deutschen Rechts*" hieß ab dem Wintersemester 1879/80 „*Einführung in die Quellen des deutschen und des kanonischen Rechts*"; Vorlesungsverzeichnisse der Universität Würzburg.

[360] Vorlesungsverzeichnis der Universität Würzburg.

[361] 1875/76 war er Mitglied der Honoratiorenkommission und hatte diese Position bis zum Sommersemester 1877 inne. Auch gehörte er vom Sommersemester 1877 bis Sommersemester 1878 und dann wieder vom Wintersemester 1878 bis zum Sommersemester 1881 dem Akademischen Rat der Universität an, ohne aber jemals den Vorsitz anzustreben. Das Amt des Dekans der juristischen Fakultät bekleidete er im Wintersemester 1876/77 und im darauffolgenden Sommersemester. 1878 wurde er zum Prodekan gewählt; vgl. Personalverzeichnis der Universität Würzburg.

[362] Vgl. zu seinem Werk *Grossfeld/Theusinger*, RabelsZ 64, S. 696 ff.

[363] Zwischen 1850 und 1869 waren im Fach Rechtswissenschaften lediglich 16,9 % der Ordinarien bzw. Extraordinarien nicht habilitiert; vgl. *Busch*, Die Geschichte des Privatdozenten, S. 106.

auf welchen sie allem Vermuten nach in nicht zu ferner Zukunft mit Stolz blicken kann"[364]. Mit dieser Einschätzung sollte er recht behalten. Kohler avancierte noch während seiner Würzburger Zeit zu einem der führenden Deutschrechtler.[365] Die beiden Männer verband, auch nachdem beide Würzburg verlassen hatten, eine tiefe Freundschaft.

Zusammen mit Dahn, Kohler, dem Kirchen- und Völkerrechtler Meurer sowie dem Professor für römisches Recht von Burkhardt zählte Schroeder zu den bedeutendsten Professoren an der Würzburger Juristenfakultät im ausgehenden 19. Jahrhundert.[366] Hier entstanden viele seiner Einzelwerke, allen voran seine Untersuchungen zum ehelichen Güterrecht.[367] Mit der Geschichte der Franken[368] beschäftigte er sich in Würzburg ebenfalls eingehend.

b) Der Würzburger „Amselprozeß"

Doch auch außerhalb seiner universitären Verpflichtungen trat Schroeder juristisch hervor. 1879 bat ihn sein Kollege Carl Semper, Professor für Zoologie und vergleichende Anatomie in Würzburg, um die Verteidigung in einem Prozess. Semper hatte Teile seines Gartens mit Farnkräutern und Alpenpflanzen gestaltet und dabei den im Nachbargarten brütenden Amseln ungewollt einen Wühlplatz geschaffen. Um der Vogelplage, die sich auf seinem Grundstück ausbreitete und seine Setzlinge zerstörte, Herr zu werden, hatte er seinen Gärtner beauftragt, *„Netze zu stellen, um womöglich die alten Thiere wegzufangen und so die Familien zu zersprengen"*[369]. Eine darin gefangene junge Amsel wollte Semper am gegenüberliegenden Mainufer wieder freigelassen haben, was seine

---

[364] *Spendel,* Josef Kohler S. 19; *Baumgart,* Lebensbilder bedeutender Würzburger Professoren, S. 184; *Baumgart,* 400 Jahre Universität Würzburg, S. 473.

[365] Vgl. zu Person und Werdegang Josef Kohlers: *Spendel,* Josef Kohler, Heidelberg 1983; *Baumgart,* 400 Jahre Universität Würzburg, S. 473; *Schücking,* Juristisches Literaturblatt – Festnummer zum XXVI. Deutschen Juristentag 137, Band XIV/7, S. 160 f.; *Grossfeld/Theusinger,* RabelsZ 64, S. 697.

[366] *Süß,* Kleine Geschichte der Würzburger Julius-Maximilians-Universität, S. 106.

[367] Zur Geschichte des ehelichen Güterrechts in Deutschland, ZfR X (1872), S. 426–450; Geschichte des ehelichen Güterrechts, Bd. II/2 (1870), Bd. II/3 (1874); Gutachten über die Gesetzgebungsfrage: *„Ist es wünschenswerth und ausführbar, das eheliche Güterrecht für ganz Deutschland durch ein einheitliches Gesetz zu codificiren und auf welcher Grundlage?",* in: Verhandlungen des 12. Deutschen Juristentages, Bd. I, S. 29–40, Berlin 1874; Das eheliche Güterrecht Deutschlands in Vergangenheit, Gegenwart und Zukunft; in: von Holtzendorffs und Onckens, Deutsche Zeit- und Streitfragen Bd. IV, Heft 59 1875, S. 489–528.

[368] Die Herkunft der Franken, Historische Zeitschrift 43 (NF 7) (1880), S. 1–65; Die Ausbreitung der salischen Franken, zugleich ein Beitrag zur Geschichte der deutschen Feldgemeinschaft, in: Forschungen zur Deutschen Geschichte Band XIX (1879), S. 137–172; Die Franken und ihr Recht, Weimar, 1881.

[369] *Günther,* Der Professor, die Amseln und die Presse, S. 69; *Semper,* Mein Amselprozeß, S. 5.

Nachbarn allerdings bestritten: Sie verklagten ihn wegen des *„Vergehens des strafbaren Eigennutzes, begangen durch Jagdfrevel"*. Der sich hieran anschließende Gerichtsstreit, in welchem Schroeder als Sempers Verteidiger auftrat, wurde als „Amselprozeß" bekannt.

Schroeder bestritt die von der Gegenseite geltend gemachte Verletzung eines fremden Jagdrechts durch Semper. Der Garten des Professors sei umfriedetes Besitztum, zudem unterliege die Amsel als nicht jagdbares Wild nicht der Schonzeit.[370] Daneben nenne das bayerische Vogelschutzgesetz gerade nicht die Amsel, sondern lediglich „Drossel" und „Ziemer" als schutzwürdig. Durch die parallele Verwendung der Bezeichnungen „Drossel" und „Ziemer" werde deutlich, dass der Begriff „Drossel" gerade nicht die Gattung umschreiben könne. Entsprechend sei auch die Amsel nicht erfasst, zumal der Ziemer noch weit eher als Drossel zu qualifizieren sei. Mithin könne das Gesetz lediglich auf die Spezies „Singdrossel" abstellen.[371] Diese Interpretation belege auch das Grimmsche Wörterbuch.

Nach Vorlage von Jagd- und ornithologischen Gutachten folgte das Schöffengericht dieser Argumentation und sprach Semper frei.[372] Das in nächster Instanz angerufene Landgericht schloss sich dem an. Die Urteile entfachten eine beispiellose Pressekampagne, die sich nicht nur gegen Semper, sondern auch gegen Schroeder richtete:

> *„Oh pfui – Als sein Vertheid'ger hat fungirt*
> *Professor Schroeder, Doktor des Privatrechts*
> *Ein Rechtsverdreher, welcher nur docirt,*
> *das Jus vom Standpunkt schnöden Separatrechts;*
> *Von diesem Standpunkt hat er auch bewiesen*
> *Grad Semper hat ein Recht auf Amselschießen"*.[373]

Kritisiert wurde vor allem, dass sowohl der herangezogene Gutachter Rindfleisch als auch Schroeder zu Sempers universitärem Freundeskreis zählten: Es stelle für den Angeklagten einen unendlichen Vorteil dar, *„wenn seine guten Freunde Professoren sind, die man als Vertheidiger und Experten aufnehmen kann"*[374].

---

[370] *Semper*, Mein Amselprozeß, S. 11; *Günther*, Der Professor, die Amseln und die Presse, S. 69.

[371] *Baldamus*, Der Würzburger Amselprozeß und die Amsel, S. 28.

[372] *Semper*, Mein Amselprozeß, S. 14.

[373] Frankfurter Laterne vom 10. Januar 1880, zitiert bei: *Semper*, Mein Amselprozeß, S. 25; ebenso: *Günther*, Der Professor, die Amseln und die Presse, S. 71.

[374] *Semper*, Mein Amselprozeß, S. 23; vgl. zum engen Kontakt von Schroeder und Rindfleisch; Schroeders Briefe an seine Frau Anna; 20./22./25. October 1871; Nachlass/Privatbriefe Dr. H. Berger.

Diese sich in Artikeln und Schmähkritiken entladende Wut der Masse, die sich zum Zwecke des Vogelschutzes auf den Plan gerufen sah, muss Schroeder sehr berührt haben. In Reaktion auf einen besonders provokativen Artikel schrieb er:

„Je größer unsere Achtung vor Ihrer Zeitschrift ist, umsomehr Gewicht müssen wir darauf legen, dass die von nichtswürdiger Tendenzsucht erfundenen Lügen, die durch wer weiß welche Canäle auch in ernste Blätter übergegangen sind und zu unserem grossen Bedauern auch Sie in die Irre geleitet haben, nunmehr ihre Widerlegung finden.[...]. Sie hat mit bewunderswürdigem Geschick jene wahrheitswidrige Darstellung in alle möglichen auswärtigen Blätter hinübergespielt. Nachdem auch Ihre „Gefiederte Welt" so wider Willen zu einem Werkzeug dieses Gesindels – ich finde wirklich kein anderes Wort – geworden ist, glaube ich mit Bestimmtheit annehmen zu dürfen, dass Sie eine Ehre darein setzen werden, Ihre Leser darüber, dass Sie das Opfer einer Mystification geworden sind, aufzuklären ..."[375].

c) Das eheliche Güterrecht im Bürgerlichen Gesetzbuch

aa) Die erste Kommission zur Erarbeitung eines Bürgerlichen Gesetzbuches für das Deutsche Reich

Schon vor der Errichtung des zweiten Deutschen Kaiserreiches 1871 hatte es vielfach Ansätze zur Vereinheitlichung des Rechtssystems gegeben. Nach dem gescheiterten Versuch von 1848 war ein Jahr später ein allgemeines Handelsgesetzbuch sowie eine einheitliche Wechselordnung von den Mitgliedstaaten des Deutschen Bundes beschlossen worden. Ein einheitliches Privatrecht stand hingegen weiterhin aus.

Die Verfassung von 1871 sah zwar eine Reichskompetenz für das Obligationenrecht, nicht aber für das gesamte Zivilrecht vor[376]. Gerade dies war Anliegen der liberalen Fraktion im Reichstag, die insoweit von der Regierung unterstützt wurde.[377] Insbesondere die Nationalliberale Partei unter der Führung von Johannes Miquel[378] und Eduard Lasker[379] setzte sich für eine Ausdehnung auf

---

[375] *Baldamus*, Der Würzburger Amselprozeß und die Amsel, S. 29.

[376] Vgl. Art. 4 Ziffer 13 der Verfassung des Deutschen Reiches vom 16. April 1871.

[377] *Schulte-Nölke*, NJW 1996, S. 1705; gegen eine Erweiterung der Reichskompetenz auf das Zivilrecht stimmten zunächst Bayern, Sachsen und Württemberg, *Binding*, AcP 56 (1873) S. 49.

[378] Johannes von Miquel (1828–1901); vgl. zu seinem Leben und Wirken *Kleinheyer/Schröder*, Juristen, S. 498.

[379] Eduard Lasker (1829–1884); vgl. zu seinem Leben und Wirken *Kleinheyer/Schröder*, Juristen, S. 492; *Laufs*, Eduard Lasker, ein Leben für den Rechtsstaat, Göttingen 1984.

das gesamte bürgerliche Recht und die Gerichtsverfassung ein.[380] Der Vorschlag wurde am 20. September 1873 durch den Reichstag gebilligt.

Angesichts der im Reich vorherrschenden nationalen Stimmung dauerte es nicht lange, bis der Bundesrat[381] eine Vorkommission zur Erschaffung eines Bürgerlichen Gesetzbuches einberief.[382] Diese bestand aus fünf Richtern.[383] Ihre Aufgabe war es, die Ziele der einzusetzenden Kommission zu formulieren, d.h. *„den Umfang der an sich feststehenden Aufgabe im Allgemeinen zu begrenzen und den Weg zu bezeichnen [...] auf welchem die Lösung derselben am sichersten, am besten und am schleunigsten zu erreichen sein dürfte"*[384]. Dabei sollte der *„Gesammtbestande der innerhalb des Deutschen Reiches geltenden Privatrechtsnormen"* auf seine *„Zweckmäßigkeit, innere Wahrheit und folgerichtige Durchführung"* untersucht werden. Des weiteren wollte man die Grundlagen des gemeinen Civilrechts und des deutschen Privatrechts sowie die *„richtige Formgebung und Anordnung der höchstmöglichen Sorgfalt"* berücksichtigt wissen.[385]

Am 22. Juni 1874 beschloss der Bundesrat die Einrichtung der ersten ordentlichen Kommission[386]. Dieser oblag die Bestimmung der materiellen Grundsätze des zu erarbeitenden Gesetzes sowie der Redakteure.[387] Obwohl Schroeder aufgrund seiner Arbeiten zum ehelichen Güterrecht[388] durchaus als Familienrechtsredakteur geeignet gewesen wäre, wurde er nicht vorgeschlagen. Statt

---

[380] Miquel hatte schon 1867 die Reichskompetenz für *„die gemeinsame Gesetzgebung über das Bürgerliche Recht, das Strafrecht und das gerichtliche Verfahren"* gefordert; *Laufs*, JuS 73, S. 742 (Rede vom 20.03.1867, abgedruckt bei *W. Schultze/F. Timme* (Hrsg.): Johannes von Miquels Reden I, 1911, S. 218 ff.); *Jakobs/Schubert*, Materialien zur Entstehungsgeschichte des BGB/Einführung, S. 27.

[381] Der Bundesrat war für die Erarbeitung von Gesetzen zuständig. Der Bundestag hatte gem. Art 23 der Verfassung lediglich das Recht, Gesetze vorzuschlagen.

[382] Diese sollte ein Gutachten *„über Plan und Methode für die Aufstellung eines Entwurfes zum Bürgerlichen Gesetzbuch"* erarbeiten; vgl. *Jakobs/Schubert*, Materialien zur Entstehungsgeschichte des BGB, Einführung, S. 163 ff.; vgl. hierzu *Vierhaus*, Die Entstehungsgeschichte des Entwurfs eines Bürgerlichen Gesetzbuches für das Deutsche Reich, S. 44 ff.

[383] Levin Goldschmidt, Franz Kübel, Hermann von Schelling (der den durch Krankheit verhinderten eigentlich vorgesehenen Präsidenten des Paderborner Appellationsgerichtes Meyer ersetzte), Ludwig Ritter von Neumayr, Anton von Weber; *Schroeder*, JuS 2000, S. 1047; *Köbler*, Rechtsgeschichte und Gesetzbuch, S. 272.

[384] *Jakobs/Schubert*, Materialien zur Entstehungsgeschichte des BGB/Einführung, Gutachten der Vorkommission vom 15. 04.1874, S. 170.

[385] *Jakobs/Schubert*, Materialien zur Entstehungsgeschichte des BGB/Einführung Gutachten der Vorkommission vom 15.04.1874, S. 170 f.

[386] Die Anzahl war von ursprünglich neun auf elf Personen hochgesetzt worden, um die Präsenz und den Einfluss der Einzelstaaten in der Kommission zu gewährleisten; vgl. *Schäfer*, Die Entstehung der Vorschriften des BGB über das persönliche Eherecht, S. 42.

[387] *Schmid*, Die Entstehung der güterrechtlichen Vorschriften im Bürgerlichen Gesetzbuch, S. 40.

seiner fiel die Wahl auf Betreiben des Kommissionspräsidenten Heinrich Eduard Pape[389] auf den Auricher Obergerichtspräsidenten Gottlieb Planck[390].[391]

Neben den Redaktoren hatten die Gutachter erhebliche Bedeutung. Sie verfügten zwar nicht über Entscheidungsgewalt, arbeiteten jedoch den Redaktoren zu und konnten so auf Gehalt und Struktur des Bürgerlichen Gesetzbuches gestaltend einwirken. Vorschläge für die Posten wurden von den Redaktoren beim Kommissionspräsidenten eingereicht. Planck empfahl für das Familienrecht Richard Schroeder und Karl Binding[392]: Es sei notwendig, *„dass ein mit dem fraglichen Rechtsinstitut und den sonst in Betracht kommenden Verhältnissen vertrauter hervorragender Jurist um die möglichst baldige Ausarbeitung eines Gutachtens und Gesetzentwurfes [...] ersucht werde"*[393]. Papes Reaktion kam umgehend: Er lehnte sowohl Schroeder als auch Binding ab und sprach sich stattdessen für das Kommissionsmitglied Paul von Roth aus. Bei einer anderweitigen Entscheidung liege *„die Besorgniß nahe, dass sein [sc. von Roths, Anmerkung der Verfasserin] Übergehen ein gewisses Aufsehen erwecken und von ihm vielleicht als eine, seinem wohl verdienten Ruf beeinträchtigende Zurücksetzung empfunden könnte werden"*[394]. Diese, wenngleich sehr diplomatische Begründung traf bei Planck auf Unverständnis. Gegen eine Berufung von Roths sei anzuführen, dass nach den Kommissionsbestimmungen nur Redakteure, nicht jedoch einfache Mitglieder mit Hilfsarbeiten für ein Redaktionspensum beauftragt werden durften.[395] Auch wünsche er als verantwortlicher Redakteur

---

[388] Mit der Veröffentlichung der zweibändigen *„Geschichte des ehelichen Güterrechts"* hatte er sich bereist einen Namen gemacht; vgl. zur Entstehungsgeschichte des BGB: *Friedrich Endemann,* Einführung in das Studium des Bürgerlichen Gesetzbuches, Erster Band, Berlin 1898; *Eisenhardt,* Deutsche Rechtsgeschichte, S. 404 ff.

[389] Heinrich Eduard Pape (1816–1888); zur Biographie Papes: *Brümmer,* ADB, Band 52, S. 750–756; *Schubert,* Die Entstehung der Vorschriften des BGB über Besitz und Eigentumsübertragung, Berlin 1966, S. 19 f.

[390] Gottlieb Planck (1824–1910), zur Biographie Plancks: *Schroeder,* JuS 2000, S. 1046–1051; *ders.,* Vom Sachsenspiegel zum Grundgesetz, S. 137–160; *Schäfer,* Die Entstehung der Vorschriften des BGB über das persönliche Eherecht, S. 44 ff.; *Schubert,* Die Entstehung der Vorschriften des BGB über Besitz und Eigentumsübertragung, S. 20 f.

[391] *Jakobs/Schubert,* Materialien zur Entstehungsgeschichte des BGB/Einführung, S. 41; *Schäfer,* Die Entstehung der Vorschriften des BGB über das persönliche Eherecht, S. 43; *Schubert,* Die Entstehung der Vorschriften des BGB über Besitz und Eigentumsübertragung, S. 19; *Vierhaus,* Die Entstehungsgeschichte des Entwurfs eines Bürgerlichen Gesetzbuches für das Deutsche Reich, S. 59 f.

[392] Protokoll der zweiten Konferenz vom 9.11.1874, abgedruckt bei *Jakobs/Schubert,* Materialien zur Entstehungsgeschichte des BGB/Einführung, S. 238 f.

[393] Anfrage Plancks an Pape, Protokoll der zweiten Konferenz vom 9.11.1874, abgedruckt bei *Jakobs/Schubert,* Materialien zur Entstehungsgeschichte des BGB/Einführung, S. 239.

[394] Antwort Papes auf die Anfrage Plancks vom 15.11.1874, Protokoll der zweiten Konferenz vom 09.11.1874, abgedruckt bei *Jakobs/Schubert,* Materialien zur Entstehungsgeschichte des BGB/Einführung S. 239 f.

„jetzt vorzugsweise den Professor Dr. Schroeder mit der Aufgabe betraut zu sehen"[396]. Für ihn spreche schließlich, dass er aufgrund seiner umfangreichen Studien und seiner *„Geschichte des ehelichen Güterrechts"* ein ausgewiesener Kenner der Materie sei. Angesichts dieses heftigen Widerstandes akzeptierte Pape Plancks Vorschlag und ernannte zusätzlich den Obergerichtsrat Braun und Planck selbst zu Gutachtern für das Familiengüterrecht.[397]

Ziel der Kommission war es, ein einheitliches Zivilgesetzbuch für das Deutsche Reich zu schaffen. Dabei strebte man gerade nicht die Konstruktion neuer Regelungen an, sondern sann darauf, aus dem bereits geltenden Recht ein einheitliches System zu schmieden.[398] Um sich ein präzises Bild von den möglichen Varianten eines Ehegüterrechts zu verschaffen, wollte man zunächst für jedes der drei in Deutschland gültigen Hauptsysteme[399] ein eigenes Gesetz entwickeln lassen. Jeder Entwurf sollte dabei unter der Prämisse stehen, dass das behandelte System das gesetzliche werde. Parallel hierzu waren die Gutachter gehalten, eine Bewertung abzugeben. Während Planck die Verwaltungsgemeinschaft und Braun die allgemeine Gütergemeinschaft erarbeiteten, fertigte Schroeder einen Vorschlag für das System der partikulären Gütergemeinschaft.[400]

bb) Das *„Gutachten über das System der partikularen Gütergemeinschaft"* und seine Bedeutung für das Bürgerliche Gesetzbuch

Schroeder arbeitete zunächst den Bedeutungsgehalt der verschiedenen Güterrechtssysteme heraus. Nach der beigefügten Statistik lebten 14 Millionen Menschen nach dem Recht der partikulären Gütergemeinschaft.[401] Zusammen mit denen, die der allgemeinen Gütergemeinschaft sowie Mischformen bzw. Modi-

---

[395] *Schmid*, Die Entstehung der güterrechtlichen Vorschriften im Bürgerlichen Gesetzbuch, S. 46; Protokoll der 4. Konferenz vom 21.11.1874, abgedruckt bei *Jakobs/ Schubert*, Materialien zur Entstehungsgeschichte des BGB/Einführung, S. 240 f.

[396] Protokoll der 5. Konferenz vom 28.11.1874, abgedruckt bei *Jakobs/Schubert*, Materialien zur Entstehungsgeschichte des BGB/Einführung, S. 241.

[397] Der zusammen mit Schroeder vorgeschlagene Professor Karl Binding wurde abgelehnt, da er einerseits die Einführung eines einheitlichen Systems befürwortete und sich andererseits weniger intensiv als Schroeder mit dem ehelichen Güterrecht beschäftigt hatte; vgl. *Schmid*, Die Entstehung der güterrechtlichen Vorschriften im Bürgerlichen Gesetzbuch, S. 46.

[398] *Schäfer*, Die Entstehung der Vorschriften des BGB über das persönliche Eherecht, S. 57.

[399] Dies waren die Verwaltungsgemeinschaft, die allgemeine Gütergemeinschaft sowie die partikuläre Gütergemeinschaft, auch Errungenschaftsgemeinschaft, vgl. Protokolle, 21. Deutscher Juristentag, III. Bd., S. 274; einen sehr guten Überblick über die Ende des 19. Jahrhunderts existenten güterrechtlichen Systeme bietet *Stobbe*, Handbuch des deutschen Privatrechts Bd. IV, S. 131 ff.

[400] Protokolle, 21. Deutscher Juristentag, III. Bd., S. 274.

fikationen unterworfen waren, bestimmte ein gütergemeinschaftliches System den Güterstand von zwei Dritteln der Bevölkerung des Deutschen Reiches. Schon deshalb, so meinte Schroeder, könne in der Frage nach dem gesetzlichen Güterstand nur zwischen der allgemeinen und der partikulären Gütergemeinschaft entschieden werden. Gegen erstere spreche aber, dass diese in den die Verwaltungsgemeinschaft befürwortenden Kreisen *„auf erheblichen Widerstand stoßen würde"*[402], da sie hierzu fast schon entgegengesetzt ausgerichtet sei. Insoweit blieb nur die partikuläre Gütergemeinschaft.

Es existierte jedoch keine reichseinheitliche partikuläre Gütergemeinschaft; vielmehr gliederte sie sich in 41 verschiedene Regionalordnungen.[403] Am bedeutendsten waren die Rechtsordnungen, die noch die reine Mobiliargemeinschaft[404], bzw. die Errungenschaftsgemeinschaft aufwiesen sowie diejenigen, die beide Systeme in ihrer ursprünglichen Form kombinierten. Aufgrund der erheblichen Unterschiede der herangezogenen Rechtsquellen dürfe man aber lediglich *„von dem vermittelnden Systeme ausgehen"*[405]. Dies schlösse von vornherein auch die reinen Formen der Mobiliar- und der Errungenschaftsgemeinschaft aus. Hinzu komme, dass die beschränkte Mobiliargemeinschaft bzw. die mit beschränktem Mobiliarerbrecht verbundene Errungenschaftsgemeinschaft, wie sie etwa das bayerische Landrecht vorsah, die Nachteile der reinen Güter-

---

[401] Dem folgte die Gruppe der im Recht der allgemeinen Gütergemeinschaft lebenden Personen. Dies waren ca. 11,4 Millionen. 11,3 Millionen Menschen unterfielen dem Recht der Gütertrennung, wovon 900 000 Menschen nach dem römischen Dotalrecht, ansonsten dem System der Verwaltungsgemeinschaft lebten; vgl. Gutachten, S. 5, abgedruckt bei *Schubert,* Materialien zur Entstehungsgeschichte des BGB/Familienrecht Bd. III, S. 851.

[402] Hierbei führte Schroeder an, dass eine allgemeine Gütergemeinschaft nicht mehr zeitgemäß sei, da dieses Systeme auch eine Gemeinschaft der Schulden umfasse und die *„Frau in einer nach den heutigen wirtschaftlichen und sozialen Verhältnissen doppelt empfindlichen Weise in die Hand des Mannes"* ausgeliefert würde. Gutachten, S. 21; abgedruckt bei *Schubert,* Materialien zur Entstehung des BGB/Familienrecht III, S. 867.

[403] So regelte beispielsweise die *Memminger Gerichts- und Proceßordnung von 1751,* dass im Falle der zweiten Ehe, sollten aus der ersten Ehe Kinder hervorgegangen sein, die Errungenschaftsgemeinschaft als gesetzliches Recht gelte. Hinzu kamen noch die Verhältnisse zu anderen Rechten. So nennt Schroeder beispielsweise das Recht des Deutschordens am Neckar und an der Tauber, das *„nur für etwa 150 Seelen in Mittelfranken"* Geltung beansprucht, führt aber gleichzeitig aus, dass subsidiär das ALR gelte; vgl. Gutachten, S. 9, abgedruckt bei *Schubert,* Materialien zur Entstehungsgeschichte des BGB/Familienrecht III, S. 855.

[404] Hierbei sind zu nennen: Das friesische, das flämische und das nordfranzösische Recht, der Code Civil und das badische Landrecht, das jütische Lov und das Stadtrecht von Apenrade; die Mobiliargemeinschaft zeichnet sich dadurch aus, dass es sich im Grunde genommen um eine allgemeine Gütergemeinschaft unter dem gesetzlichen Vorbehalt der Immobilien handelt; vgl. *Jakobs/Schubert,* Materialien zur Entstehungsgeschichte des BGB/Die Beratung des BGB, §§ 1297–1563, S. 370.

[405] Gutachten, S. 15; abgedruckt bei *Schubert,* Materialien zur Entstehungsgeschichte des BGB/Familienrecht III, S. 860 f.

rechtsformen[406] nicht aufweise. Die Errungenschaftsgemeinschaft mit beschränkter Mobiliargemeinschaft habe zudem vermittelnden Charakter und somit große Chancen, in den von der allgemeinen Gütergemeinschaft und der
Verwaltungsgemeinschaft beherrschten Gebieten als Kompromiss akzeptiert zu
werden.

Wenngleich die Verwaltungs- und die Errungenschaftsgemeinschaft für
Schroeder nicht als gesetzliche Güterstände in Betracht kamen, so anerkannte er
dennoch deren eigenständige Bedeutung. Angesichts des erheblichen Anteils der
Bevölkerung, die nach diesen beiden Systemen lebte, müssten auch sie in einem
Bürgerlichen Gesetzbuch Berücksichtigung finden.[407] Erreicht werden könne
dies durch Wahlgüterstände, die fakultativ neben das gesetzliche System treten
sollten. Dabei dürfe die Vereinbarung eines Wahlgüterstandes nicht durch For-
malien oder durch zusätzliche Kosten behindert werden; schließlich seien Ver-
waltungs-, allgemeine und partikuläre Gütergemeinschaft gleichberechtigte, geschichtlich hergebrachte Systeme. Auch erfordere der Grundsatz der Privatautonomie hier völlige Gleichbehandlung. Schroeder schlug insoweit den Abschluss
einer güterrechtlichen Vereinbarung „in öffentlich beglaubigter Form"[408] vor,
was kostengünstiger und weniger verwaltungsintensiv sei als der ebenfalls mögliche gerichtliche oder notarielle Abschluss.[409] Der Mangel an Öffentlichkeit
und positiver Bestimmung der Erklärung könne durch die Einrichtung eines Gü-
terstandsregisters[410] kompensiert werden.

Schroeder hielt sich inhaltlich nicht streng an die rechtsgeschichtlich überlieferten Vorgaben, sondern versuchte vielmehr, auch aktuelle Rechtsentwicklungen in Maßen zu berücksichtigen. So sah er vor, nur denjenigen Teil des Mobi-
liarvermögens dem Gesamtgut zuzuschlagen, „welches vorzugsweise dem Interesse der Ehegatten und der Familie dient und wegen seiner schnelleren
Abnutzung auch während der Ehe beständig ergänzt und verbessert zu werden
pflegt"[411]. Damit werde auch die Erfassung von Kapitalien wie „Werthpapiere,

---

[406] Genannt sei beispielsweise die Eingliederung des Eigentums in die Mobiliargemeinschaft; Gutachten, S. 15, abgedruckt bei *Schubert,* Materialien zur Entstehungsgeschichte des BGB/Familienrecht III, S. 860 f.

[407] Gutachten, S. 21, abgedruckt bei *Schubert,* Materialien zur Entstehung des
BGB/Familienrecht III, S. 867.

[408] Gutachten, S. 21, abgedruckt bei *Schubert,* Materialien zur Entstehung des
BGB/Familienrecht III, S. 867.

[409] Alternativ wäre an den Abschluss einer Güterstandsvereinbarung vor dem Zivil-
standsbeamten, vor dem auch die Ehe geschlossen werde, zu denken. Dies sahen beispielsweise die Gesetze des Großherzogtums Hessen vor. Jedoch fehle es bei dieser
Variante sowohl an der Öffentlichkeit als auch an der erforderlichen positiven Bestimmung; Gutachten, S. 21.

[410] Diese sollten „zur Registrirung aller Erklärungen über die Ausschließung der
gesetzlichen oder Errichtung allgemeiner Gütergemeinschaft" dienen. Gutachten,
S. 22, abgedruckt bei *Schubert,* Vorentwürfe der Redaktoren zum BGB/Familienrecht
III, S. 868.

Schiffe und Betriebsmaterial für Gewerbetreibende" erforderlich. Anders als noch zu germanischer Urzeit oder während des Mittelalters hätten diese mittlerweile überragende Bedeutung für die Absicherung der Familie und könnten insoweit gerade nicht mehr dem Sondergut zugeordnet werden. Dem verstärkten Auftreten der Geldwirtschaft einschließlich der Herausbildung der verschiedenen Finanz- und Finanzierungsinstrumente im Laufe des Mittelalters müsse Rechnung getragen werden.

Grundsätzlich war Schroeder bemüht, das gegenwärtige Recht in die Tradition der germanischen Rechte im Sinne der germanisch-fränkisch-deutschen Entwicklungslinie zu stellen, und anerkannte ein Anpassungsbedürfnis an geänderte gesellschaftliche und wirtschaftliche Rahmenbedingungen; Umstrukturierungen der gesetzlichen Überlieferungen erschienen ihm notwendig, um das Recht der jeweiligen Epoche zu erfassen. Allerdings dürften lediglich bereits gesellschaftlich und sozial gefestigte Änderungen der historischen Rechtsregeln herangezogen werden; eine „vorauseilende" Modifikation an mögliche gesellschaftliche Erscheinungsformen sei dagegen unbedingt zu vermeiden. Den Vorzug verdiente nach seiner Auffassung im Zweifel immer die historische Kontinuität.

Gerade deshalb empfahl sich nach Schroeders Auffassung das System der partikulären Gütergemeinschaft als gesetzliches Güterrechtssystem. Es weise gegenüber der Verwaltungsgemeinschaft eine größere Verbreitung auf und sei dieser auch deshalb überlegen, weil es den wirtschaftlichen Verhältnissen der Gegenwart weit eher entspreche. Zudem spreche gegen die Verwaltungsgemeinschaft, dass diese auf dem Grundgedanken der ehelichen Vormundschaft, *„und zwar der nießbräuchlichen Vormundschaft"*, basiere. Mit der Beseitigung der Geschlechtsvormundschaft sei aber jeder Grund für eine Beibehaltung der Vormundschaft durch den Mann entfallen: *„Der Mann ist nach der heutigen Auffassung nicht mehr der Vormund seiner unmündigen Frau, sondern beide Ehegatten sind gleichberechtigte Genossen, nur die Leitung innerhalb dieser Genossenschaft und bis zu einem gewissen Grade die Vertretung derselben nach außen steht dem Manne zu"*[412].

An der unbedingten Außenvertretung der Ehegatten durch den Mann und die Verwaltung des ehelichen Vermögens durch diesen müsse hingegen festgehalten werden. Auch dieses Erfordernis erfasse die partikuläre Gütergemeinschaft in erheblich besserem Maße als die Verwaltungsgemeinschaft. Insoweit könne auch an den historisch überlieferten Vorgaben festgehalten werden, wohingegen die Verwaltungsgemeinschaft in ihren Grundprinzipien – namentlich der ehelichen Vormundschaft – umzugestalten sei.

---

[411] *Schroeder*, Gutachten, S. 15, abgedruckt bei *Schubert*, Vorentwürfe der Redaktoren, Familienrecht III, S. 861.

[412] *Schroeder*, Gutachten, S. 21, abgedruckt bei *Schubert*, Vorentwürfe der Redaktoren, Familienrecht III, S. 866.

cc) Der „Entwurf eines Gesetzes über das eheliche Güterrecht"

(1) Die Regelungen, betreffend das gesetzliche
und vertragliche Güterrecht

Ausgehend von diesem Gutachten skizzierte Schroeder ein Gesetz[413], wobei er sich parallel an einem aus dem Jahr 1840 stammenden „*Entwurf eines Gesetzes über die eheliche Gütergemeinschaft für das Königreich Württemberg nebst Motiven*"[414] orientierte. Entsprechend der Vorgaben der Kommission setzte er sich für ein Einheitssystem ein, was dem von ihm ursprünglich favorisierten Regionalsystem entgegenstand.

Der erste Abschnitt des Entwurfs bestimmt die „*Gemeinschaft der Errungenschaft und des beweglichen Vermögens*" zum gesetzlichen Güterstand. Hiernach führt Schroeder die Zusammensetzung des ehelichen Vermögens aus „Vorbehaltsgut"[415], „Sammtgut"[416] und „Sondergut"[417] in ihren Bestandteilen aus. Hinsichtlich des Sonderguts[418] (§ 3) sei problematisch, dass für die einzelnen Partikularrechte bei Vermögenswerten, die ein Ehegatte von Dritten als Geschenk erhalten habe, höchst unterschiedliche Regelungen bestünden. Diese seien meist aus der Notwendigkeit der Zeit erwachsen, wohingegen das geplante Bürgerliche Gesetzbuch dem Einheits- und Einheitlichkeitspostulat untergeordnet sei. Schroeder empfahl deshalb, die Schenkung, ungeachtet der jeweiligen Konstel-

---

[413] Das vertragliche Güterrecht umfasst 12, der gesetzliche Güterstand 40 Paragraphen.

[414] Protokolle der 2. Konferenz vom 09.11.1874 sowie der 5. Konferenz vom 28.11.1874, abgedruckt bei *Jakobs/Schubert,* Materialien zur Entstehungsgeschichte des BGB/Einführung, S. 238 f. sowie 241 f.

[415] Das Vorbehaltsgut kann nur bei Erwerb mittels Erbschaft, Vermächtnis oder Schenkung entstehen und nur, wenn der Erblasser/Schenker die Entstehung zur Zuwendungsbedingung gemacht hat, § 2 des Entwurfes. Dabei führt er aus, dass solches, anders als ALR II 1 § 206 und Art. 20 § 1 des Oldenburger Entwurfes nicht gesetzlich, sondern nur durch vertragliche Vereinbarung entstehen kann. Motive zu § 2 Einwurf eines Gesetzes über das eheliche Güterrecht, S. 33, abgedruckt bei *Schubert,* Vorentwürfe der Redaktoren, Familienrecht III, S. 879.

[416] Dieses solle vorbehaltlich der Bestimmungen zum Sonder- und Vorbehaltsgut aus dem beweglichen ehelichen Vermögen bestehen. In § 6 des Entwurfes erfolgt schließlich eine genaue Aufzählung, was zur ehelichen Errungenschaft im Sinne des § 5 des Entwurfes zu zählen ist.

[417] Hierunter falle alles unbewegliche Vermögen zum Sondergut, was gerade nicht zum Vorbehaltsgut deklariert worden war, § 3. Ergänzend greift hierzu § 4 Platz, welcher in enumerativer Aufzählung Gegenstände nennt, die dem unbeweglichen Vermögen gleichzustellen sind.

[418] Hinsichtlich des Sondergutes sind in Anlage I die bisher geltenden Regelungen in den wichtigsten Partikularrechten wie dem Bayerischen Landrecht, dem Württembergischen Landrecht aufgeführt. Entsprechende Regelungen finden sich auch in ALR II. 1 §§ 402. 403 sowie in CC §§ 1402, 1404 f.; die Bezeichnung „*Sondergut*" sei, anders als „*privatives*" oder „*persönliches Vermögen*" in der Literatur am geläufigsten.

lation, grundsätzlich als Möglichkeit zur Schaffung von Vorbehaltsgut zuzu-
lassen und *„die Entscheidung ausschließlich in die Hand des Richters zu legen"*[419]. Ähnlich argumentierte er zum *„Sammtgut"*:

> „Die in der Theorie längst gebräuchliche Bezeichnung des gemeinschaftlichen Ver-
> mögens der Ehegatten als „Sammtgut" empfiehlt sich zur Einführung in die Sprache
> des Gesetzes vornehmlich deswegen, weil sie zugleich das rechtliche Verhältnis an
> den zum Sammtgute gehörigen Sachen andeutet: es ist das von jeher in diesem
> Sinne im deutschen Recht anerkannte und erst in neuerer Zeit gröblich mißverstan-
> dene Eigenthum zur gesamten Hand, d.h. nicht das von den Theoretikern des 18.
> Jahrhunderts aufgestellte und erst von Hasse beseitigte unmögliche *condominium
> plurium in solidum*, sondern ein Miteigenthum im Sinne des römischen *condomi-
> nium*, nur dass für die Dauer der persönlichen Gemeinschaft auch in der vermögens-
> rechtlichen Gemeinschaft alle Antheilsrechte suspendirt bleiben und eine Quoten-
> theilung erst bei Auflösung der Gemeinschaft auftritt."[420]

Hier wird Schroeders Motivation zur Verwendung des Begriffs „Sammtgut"
deutlich. Die Definition entspricht der im alten ehelichen Güterrecht herrschenden Auffassung. Durch die Fixierung dieser traditionellen Definition sollten die
im Laufe des 18. Jahrhunderts entstandenen, seiner Auffassung nach verfäl-
schenden Theorien beseitigt und das wahre Recht herausgefiltert werden[421].

Besonderes Augenmerk ist auf § 13 Absatz 1 des Entwurfes zu richten, der
die Verfügungsbefugnis betreffend das Vermögen der Ehefrau regelt. Dem mit
der Verwaltung des Sondergutes der Ehefrau betrauten Ehemann wollte Schroeder nicht die Stellung eines Vormundes, sondern die eines allgemeinen Ober-
haupts der ehelichen Genossenschaft einräumen. Ansonsten hätte jede Veräußerung von Sondergütern die mitnutzungsberechtigte Ehefrau in Mitleidenschaft
gezogen. Ähnliche Regelungen hatten schon das ALR in II. 1 §§ 205, 377, der
Code Civil in §§ 1421, 1428 sowie verschiedene andere Partikularrechte vorgesehen.[422] Die Konstruktion sei auch nicht identisch mit dem *„System der gesammten Hand"*, wonach der Ehemann bei Verfügungen über das eigene Sondergut an die Genehmigung der Ehefrau gebunden war. Da die allgemeine Verwaltungsgemeinschaft dies nicht vorsehe, sondern von der alleinigen freien
Verfügungsgewalt des Ehemannes über das gesamte Vermögen ausgehe, könne
die Einführung einer Genehmigung der Ehefrau für eigenbezogene Verfügungen
bei der Bevölkerung auf Unverständnis stoßen. Schon die Genehmigung der

---

[419] Motive zu § 3, S. 33, abgedruckt bei *Schubert*, Vorentwürfe der Redaktoren,
Familienrecht III, S. 879.

[420] Motive zu § 5, S. 35, abgedruckt bei *Schubert*, Vorentwürfe der Redaktoren,
Familienrecht III, S. 881.

[421] Motive zu § 5, S. 35, abgedruckt bei *Schubert*, Vorentwürfe der Redaktoren,
Familienrecht III, S. 881.

[422] Motive zu § 13, S. 40 f., abgedruckt bei *Schubert*, Vorentwürfe der Redaktoren,
Familienrecht III, S. 886.

Ehefrau bei ehemännlichen Verfügungen über ihr eigenes Sondergut stelle einen Bruch mit diesen Regelungen dar.

Schroeder gedachte, durch seinen Vorschlag einer Diskussion von vornherein die Schärfe zu nehmen, um ein einheitliches Familiengesetz nicht zu gefährden.

Mehrere Wahlgüterstände[423] rundeten den Entwurf ab. Eine vertragliche Änderung des ehelichen Güterstandes sollte sogar jederzeit zur flexiblen Gestaltung der vermögensrechtlichen Verhältnisse möglich sein. Lediglich die Vereinbarung des Güterstandes nach römischem Recht oder nach einem bestimmten Land- oder Statuarrecht wurden ausgeschlossen. Die erforderlichen Güterrechtsregister sollten nach dem Vorbild des Handelsgesetzbuches, des Code de Commerce[424] sowie der Einführungsgesetze einzelner Staaten[425] errichtet werden.[426] Sinn dieser Vorschrift war es, die Grundzüge individueller Vereinbarungen gesetzlich zu verankern und damit die Interessen Dritter abzusichern.[427] Entsprechend dürfe auch ein während der Ehe geschlossener Vertrag, der den Ausschluss der gesetzlichen Gütergemeinschaft, die Begründung allgemeiner Gütergemeinschaft oder die Aussetzung des vorbehaltenen Gutes vorsehe, dritten Personen gegenüber keine Wirkung entfalten.[428] Andernfalls würden Dritte in Mitleidenschaft gezogen und das ginge *„über das im Interesse der Rechtssicherheit Zulässige voraus"*[429].

Insgesamt lief der Entwurf auf größtmögliche Rechtseinheit unter gleichzeitiger Berücksichtigung individueller Interessen hinaus.[430]

---

[423] Die Ehegatten sollten ihre vermögensrechtlichen Verhältnisse auch abweichend von dem gesetzlichen Leitsystem mittels notariell beglaubigtem Ehevertrag bzw. Erklärung vor dem Standesbeamten regeln können, sofern diese gleichzeitig mit der Eheschließung erfolgte.

[424] Vgl. §§ 67 ff. Code de Commerce.

[425] Motive zu § 46–48 Einwurf eines Gesetzes über das eheliche Güterrecht, S. 54, abgedruckt bei *Schubert,* Vorentwürfe der Redaktoren, Familienrecht III, S. 900; vgl. die Einführungsgesetze zum HGB für Baden, §§ 10–17, Elsass-Lothringen, §§ 6 ff., Hannover, § 4, Lippe, § 2, Lübeck, § 3, Mecklenburg, § 9, Oldenburg, § 4, Preußen, §§ 20, 40 ff., Sachsen-Meiningen, § 6 sowie Schleswig-Holstein, § 8.

[426] Ausdrücklich bezieht er sich auf den Oldenburger Entwurf, wonach ein dem Handelsregister nachzubildendes Eheregister vorgeschlagen wird. Entwurf des Gesetzes für das Herzogtum Oldenburg, betreffend das eheliche Güterrecht, Oldenburg 1872.

[427] Motive zu § 41–45 Einwurf eines Gesetzes über das eheliche Güterrecht, S. 54, abgedruckt bei *Schubert,* Vorentwürfe der Redaktoren, Familienrecht III, S. 900; hierbei beruft sich Schroeder auch auf ALR II 1 §§ 412 ff.

[428] § 49 Satz 2, Einwurf eines Gesetzes über das eheliche Güterrecht, S. 31, abgedruckt bei *Schubert,* Vorentwürfe der Redaktoren, Familienrecht III, S. 877.

[429] Motive zu § 49 Einwurf eines Gesetzes über das eheliche Güterrecht, S. 54, abgedruckt bei *Schubert,* Vorentwürfe der Redaktoren zum BGB/Familienrecht III, S. 900 f.

[430] Als Vorlage diente auch hier wieder der französische Code Civil. CC § 1390: *„Den Ehegatten ist es nicht mehr erlaubt, in allgemeinen Ausdrücken die Überein-*

(2) Der Einfluss des Gutachtens auf die Kommission

Schroeder war von der Güte seines Entwurfes überzeugt, zumal er glaubte, in den Verhandlungen des deutschen Juristentages und in der einschlägigen Literatur eine Front gegen die Verwaltungsgemeinschaft ausmachen zu können:

„Die Verwaltungsgemeinschaft, für die Planck ursprünglich so voreingenommen war, ist jetzt glücklich beseitigt, sie wird keinesfalls Prinzipalrecht, sondern behält nur ihre Bedeutung, wo die Gütergemeinschaft vertragsmäßig ausgeschlossen ist; höchstens erhält sie ein bestimmt abgegrenztes geographisches Gebiet, wie Roth und ich das früher vorgeschlagen haben, wie aber vom Reichstag schwerlich zugelassen werden möchte"[431].

Von der allgemeinen Gütergemeinschaft, die er in seiner „Geschichte des ehelichen Güterrechts" als germanische Grundform herausgearbeitet hatte, war er angesichts der gravierenden Unterschiede zur Gütertrennung abgerückt. Er hatte eingesehen, dass sie sich als allgemeingültiger gesetzlicher Güterstand nicht werde durchsetzen können. Gerade in den Gebieten, in denen bis zur Entstehung des BGB die Verwaltungsgemeinschaft oder die Gütertrennung als gesetzliche Partikularsysteme vorgeherrscht hatten, sei sie den Menschen schwer vermittelbar, da sie im scharfen Gegensatz zu den bisherigen Regelungen stehe. Anders verhielt es sich dagegen mit der partikulären Gütergemeinschaft. Diese hatte mehr vermittelnden Charakter, da sie Elemente der Gütertrennung und der Verwaltungsgemeinschaft enthalte, zumal mit insgesamt mehr als 25 Millionen Menschen[432] mehr als doppelt so viele Menschen im Deutschen Reich nach einem System der Gütergemeinschaft als nach dem System der Gütertrennung lebten. Dass insoweit der Kontinuitätsaspekt zu Gunsten von Praktikabilitätsaspekten verdrängt wurde, nahm Schroeder in Kauf, da mit der partikulären Gütergemeinschaft zumindest eine verwandte Form zur Disposition stand.[433]

---

kunft zu treffen, daß ihre gesellschaftliche Verbindung nach einer der Gewohnheiten, Gesetze, oder Lokalstatuen bestimmt werden soll, die vormals die verschiedenen Theile des französischen Gebietes beherrschten, und die durch das gegenwärtige Gesetzbuch abgeschafft sind" („Les epoux ne peuvent plus stipuler d'une manière générale que leur association soit reglée par l'une des coutumes, lois ou statuts locaux qui régissauent ci-devant les diverses parties du territoire français et qui sont abrogés par le présent Code"); Stern, Der Code Civil mit den Abänderungen durch Reichs- und bayerisches Landesrecht, II. Aufl., Kaiserslautern 1891.

[431] Brief Schroeders an Ferdinand von Martitz, zitiert bei Stutz, ZRG GA 38 (1917), S. XXXIV.

[432] 14 Millionen Menschen lebten nach dem System der partikulären Gütergemeinschaft, 11,4 Millionen nach der allgemeinen Gütergemeinschaft; vgl. Gutachten, S. 5, abgedruckt bei Schubert, Familienrecht Teil III, S. 851.

[433] In konsequenter Befolgung des germanisch-fränkischen Kontinuitätsgedanken hätten dagegen die Gütertrennung als urgermanisches Güterrecht aus historischer Sicht den Vorzug verdient. Für die Gütergemeinschaft sprach hingegen lediglich die Verbindung zur jüngsten Rechtsgeschichte.

Er war zuversichtlich, Planck, der mit der endgültigen Entscheidung betraut war, während einer Unterredung in Berlin endgültig von der partikulären Gütergemeinschaft in der von ihm vorgesehenen Form überzeugen zu können[434]: *„Die Zeiten, wo man die Verwaltungsgemeinschaft als das einzig berechtigte System, alles andere dagegen für eine durch lauter Mißverständnisse und Willkürlichkeiten entstandene Afterbildung ansah, die man möglichst auszurotten bestrebt sein müsse, liegen längst hinter uns"*[435].

Allerdings hatte Schroeder nicht mit dem Einfluss gerechnet, den Brunner und Gierke auf Planck hatten. Durch ihre stringente Argumentation konnten sie Planck wieder für die Verwaltungsgemeinschaft gewinnen: Für diese spreche, dass sie, anders als die partikuläre Gütergemeinschaft die Vermögensmassen tatsächlich getrennt belasse; ihre Vereinigung in der Hand des Ehemannes sei rein äußerlicher Natur und entspreche damit den gesellschaftlichen Veränderungen, die auf ein Mitspracherecht der Ehefrau zielten. Die insoweit sehr ähnliche Errungenschaftsgemeinschaft unterliege dagegen aus Zweckmäßigkeitsgesichtspunkten.[436]

Das überzeugte Planck und er votierte in den folgenden Kommissionssitzungen nicht für die partikuläre Gütergemeinschaft, sondern für die Verwaltungsgemeinschaft als gesetzlich verankertes Güterrechtssystem.[437] Damit hatte sich Schroeder mit seinem Vorschlag einer partikulären Gütergemeinschaft in der Form der Errungenschaftsgemeinschaft mit beschränkter Mobiliargemeinschaft nicht durchsetzen können.

dd) Der 12. Deutsche Juristentag: *„Ist es wünschenswerth und ausführbar, das eheliche Güterrecht für ganz Deutschland durch ein einheitliches Gesetz zu codificiren und auf welcher Grundlage?"*

Schroeders Berufung zum Kommissionsgutachter hatte dazu geführt, dass sich der 12. Deutsche Juristentag für sein Urteil interessierte.[438] Das in Planung

---

[434] *Stutz*, ZRG GA 38 (1917), S. XXXIII.

[435] *Schroeder*, Gutachten, abgedruckt bei *Schubert*, Vorentwürfe der Redaktoren, Familienrecht III, S. 863.

[436] Motive zu dem Entwurfe eines Bürgerlichen Gesetzbuches für das Deutsche Reich, Bd. IV, S. 159 f.; *Derleder*, KJ (00), S. 5.

[437] Motive zu dem Entwurfe eines Bürgerlichen Gesetzbuches für das Deutsche Reich, Bd. IV, S. 133.

[438] Der deutsche Juristentag war 1860 auf Betreiben Franz von Holtzendorffs von der juristischen Gesellschaft zu Berlin ins Leben gerufen worden und hatte sich zum Ziel gesetzt, *„die Einheit Deutschlands auf dem Gebiete des Rechts nach Kräften zu fördern"*; *Olshausen*, Der deutsche Juristentag, S. 17; *Conrad*, Der deutsche Juristentag 1860–1994, S. 10; *Neukamp*, Die Bedeutung des Deutschen Juristentages für die Rechtsentwicklung im Deutschen Reiche, S. 152; im deutschen Juristentag waren die 1846 ins Leben gerufenen Germanistentage aufgegangen.

befindliche Bürgerliche Gesetzbuch beherrschte auch hier die Diskussionen und Beiträge. Mehrere Güterrechtsexperten, darunter Euler, Agricola, Schroeder und Binding waren eingeladen, zum Thema *„Ist es wünschenswerth und ausführbar, das eheliche Güterrecht für ganz Deutschland durch ein einheitliches Gesetz zu codificiren und auf welcher Grundlage?"*[439] Gutachten zu erstatten.

Anders als noch in seinem Kommissionsgutachten, in welchem er sich für ein Einheitssystem mit einem Regel-Ausnahme-Verhältnis der wichtigsten Güterrechtssysteme ausgesprochen hatte, votierte Schroeder nunmehr für die Kodifikation eines Regionalsystems mit der partikulären und der allgemeinen Güter- sowie der Verwaltungsgemeinschaft als gesetzlich gleichrangigen Güterrechtssystemen.[440] Gegen ein Einheitssystem spreche, dass keines der drei Systeme ein überwiegendes Herrschaftsgebiet besäße;[441] vielmehr verteilten sich die Systeme *„fast völlig gleichmäßig über das Reich"*[442]. Da sie sich aber schon im 12. Jahrhundert als vorherrschend herausgebildet hätten und auch gegenwärtig noch für fast 90% der Deutschen geltendes Recht darstellten[443], müssten eben alle Berücksichtigung in einem Bürgerlichen Gesetzbuch finden. Entscheidend für die Anwendbarkeit sei dabei die Vertragsfreiheit, gelte doch der Satz *„Willkür*[444] *bricht Landesrecht".* Schon die Ehe als Quelle des Güterrechts verbiete eine starre Gebundenheit.[445]

---

[439] Abgedruckt in „Verhandlungen des Zwölften Deutschen Juristentages", Berlin 1874 Bd. I, S. 2940.

[440] Das römische Dotalsystem wurde nicht berücksichtigt. Schon Runde hatte 1841 argumentiert, dass das römische Dotalsystem durch ein *„deutschthümliches System"* ersetzt werden müsse. Dies sei notwendig, da die geringe Zahl der unter diesem System lebenden Personen ohnehin die Tendenz zu *„Ehepacten"* begünstige; vgl. *Runde,* Deutsches eheliches Güterrecht, § 185, S. 394 f.; *Jakobs/Schubert,* Materialien zur Entstehungsgeschichte des BGB/Die Beratung des Bürgerlichen Gesetzbuches, §§ 1363–1372, Vorschlag 1, Vorlage Nr. 11/ 1876 von Planck, S. 367; *Schmid,* Die Entstehung der güterrechtlichen Vorschriften im Bürgerlichen Gesetzbuch, S. 45.

[441] Es bestünde nicht einmal ein beispielsweise einheitliches bayerisches Recht; *Vocke,* Gemeines eheliches Güter- und Erbrecht in Deutschland, S. 3, S. 25; *Bezold,* Krit. Vjs. XVI (1874), S. 291.

[442] Gutachten, abgedruckt in Verhandlungen des 12. Deutschen Juristentages, Bd. I, S. 39; ebenso argumentiert *Paul von Roth,* Zeitschrift für vergleichende Rechtswissenschaft I (1878), S. 46.

[443] Lediglich 4,69 Millionen der mehr als 41 Millionen Deutschen nicht nach einem dieser drei Hauptsysteme; vgl. Gutachten, abgedruckt in Verhandlungen des Zwölften Deutschen Juristentages, Bd. I, S. 29 ff.

[444] Mit Willkür ist hier nicht ungesetzliches Verhalten, sondern das Recht der Vertragsautonomie gemeint.

[445] *Stutz,* ZRG GA 38 (1917), S. XXXIII; Gierke argumentierte später, als der erste Entwurf des Bürgerlichen Gesetzbuches, der das Einheitssystem vorsah, dass *„der Entwurf so, wie er vorliegt, noch nicht das fertige deutsche Gesetzbuch sein kann. [...] In der Form muß er volkstümlicher werden, im Inhalt deutscher und sozialer. Bestimmungen, wie [...] die Verödung des deutschen Familienrechts, wie ich sie im vierten Buch finde, das Zerreißen der Einheit der Familie und ein allgemein aufgezwungenes eheliches Güterrecht, das die ganze Errungenschaftsgemeinschaft in allen*

Dieser Aspekt sei „*das Lebensprinzip des deutschen ehelichen Güterrechtes von der ältesten Zeit bis auf die Gegenwart gewesen, immer war es in erster Reihe den Ehegatten überlassen, ihren individuellen Bedürfnissen entsprechende Bestimmungen zu vereinbaren, und das Gesetz trat erst ein, wenn und soweit keine vertragsmäßige Regelung erfolgt war*"[446]. Eine gesetzliche Einheit wäre lediglich eine relative, da sie immer unter der Prämisse etwaiger individueller Vereinbarungen stünde.[447] Deshalb könne man es auch gleich bei einem Regionalsystem belassen. In dieser Frage wurde Schroeder von Brunner, Gierke und Binding unterstützt, die sich alle gegen eine strikte Vereinheitlichung des Ehegüterrechts aussprachen.

Wenngleich die Gutachter sich auf das Regionalsystem verständigten, wurden auf dem 12. Deutschen Juristentag auch Gegenstimmen laut. Mit der Kritik musste sich insbesondere Schroeder auseinandersetzen, der zusätzlich als Referent auftrat. Zwar war er ursprünglich lediglich als Gutachter vorgesehen gewesen, doch durch die kurzfristige Absage des ursprünglichen Referenten, Oberappellationsgerichtsrat Becker aus Oldenburg, war eine Lücke entstanden, welche die Organisatoren des Juristentages füllen mussten. Warum allerdings ausgerechnet Schroeder und nicht etwa eine neutrale Person ausgewählt wurde, die eingereichten Gutachten kritisch zu hinterfragen, ist nicht bekannt.

Auch als Referent votierte Schroeder zunächst für das Regionalsystem. Er hatte jedoch erkannt, dass die von ihm vertretene Reinform mit mehreren gleichberechtigt nebeneinander anwendbaren Güterrechtssystemen praktisch nicht zu realisieren war. Vielmehr sah er, wie schon in seinem Gutachten ausgeführt, die Notwendigkeit eines gesetzlichen Güterrechtssystems, dem die anderen als Wahlgüterstände unterzuordnen waren.[448] Da es ihm jedoch lediglich darum ging, die historisch geprägten Güterstände möglichst weitgehend in das Bürgerliche Gesetzbuch einfließen zu lassen, widersprach ein System von Grund- und Wahlgüterständen auch nicht seiner ursprünglichen Idee eines Regionalsystems. Der vermittelnde Charakter der partikulären Gütergemeinschaft[449], die die Elemente der Gütertrennung und der Verwaltungsgemeinschaft vereine, empfehle diese als gesetzlichen Güterstand; für die allgemeine Güter-

---

Ständen dem Manne zuweist und der Frau keinen Anteil daran gibt […] darf meines Erachtens in dem Entwurf nicht bleiben"; Conrad, Der Deutsche Juristentag 1860– 1994, S. 31; *Gierke,* Verhandlungen des 23. Deutschen Juristentages, II, S. 455; *Binding,* AcP 56 (1873), S. 52. Hierhin unterstützte ihn Paul von Roth, der sich aber später, ebenso wie Schroeder, für das Einheitssystem einsetzte; *Roth,* Zeitschrift für vergleichende Rechtswissenschaft I (1878), S. 41.

[446] Gutachten, abgedruckt in Verhandlungen des 12. Deutschen Juristentages, Bd. I, S. 40.

[447] Gutachten, abgedruckt in Verhandlungen des 12. Deutschen Juristentages, Bd. I, S. 40; *Olshausen,* Der deutsche Juristentag, S. 214; in diesem Sinne auch *Binding,* AcP 56 (1873), S. 52.

[448] Protokolle, 12. Deutscher Juristentag, Bd. III, S. 46.

gemeinschaft spreche zwar die einfache Handhabung[450], sie sei aber in den von der Gütertrennung geprägten Gebieten nur schwer vermittelbar. Die Verwaltungsgemeinschaft lehnte er vollends ab: Die Ehe stünde nicht unter der Vormundschaft des Ehemannes, sondern sei vielmehr eine Gemeinschaft mit nach außen hervortretender Vertretungsbefugnis des Mannes.[451] Die Vormundschaft sei dagegen mit der Stellung der Frau im 19. Jahrhundert nicht mehr vereinbar; dem entspreche eher die Gütergemeinschaft mit Verwaltungsrecht des Mannes.

Schroeder unterlegte dies auch mit rechtsgeschichtlichen Argumenten. Es sei das höchste Ziel rechtshistorischer Forschungen, Richtung zu geben für die erforderliche Umgestaltung des öffentlichen und insbesondere des deutschen Privatrechts.[452] Die geschichtlichen Entwicklungen des ehelichen Güterrechts würden das für das Deutsche Reich beste Recht herausfiltern. Dies alles spreche für die partikuläre Gütergemeinschaft.

Sein Gegenreferent Albrecht setzte sich indessen für das Einheitssystem mit der Verwaltungsgemeinschaft als gesetzliches System ein: Neben rein pragmatischen Gründen besteche der Gedanke der nationalen Rechtseinheit. Regionale Besonderheiten könnten durch gesetzlich definierte Wahlgüterstände berücksichtigt werden. Schroeder stimmte er darin zu, dass die Vormundschaft des Mannes über die Frau überholt sei. Der Schutz, den sie für die Ehefrau biete, rechtfertige aber dennoch ihre Einführung, zumal die Vermögensverwaltung durch den Mann[453] *„etwas Nobles [habe], was die Vertrauensstellung, die die Frau dem Manne giebt, anerkennt und man sollte nicht so ohne Weiteres über das System hinweggehen"*[454].

Daneben wollte er die Ehefrau aber für die Schulden ihres Gatten mithaften lassen, sofern sie ihm ihr Vermögen zur freien Verfügung anvertraut habe.[455] Eine tatsächliche Bevormundung sollte dadurch ausgeschlossen werden, dass die Frau bei fest auf ihren Namen angelegtem Vermögen selbst entscheiden könne, ob und was sie zu den Geschäften ihres Gatten geben wolle. Damit habe sie eine, wenngleich beschränkte, Kontrollmöglichkeit. Der althergebrachte Satz

---

[449] Protokolle, 12. Deutscher Juristentag, Bd. III, S. 47; ebenso *Binding,* AcP 56, S. 70; *von Gerber*, Betrachtungen über das Güterrecht der Ehegatten nach deutschem Rechte I, S. 319.

[450] Protokolle, 12. Deutsche Juristentag, Bd. III, S. 47.

[451] Protokolle, 12. Deutsche Juristentag, Bd. III, S. 46.

[452] *Roth,* ZfR I (1861), S. 14.

[453] Albrecht gab allerdings zu, dass der Ehemann, sofern die Erträgnisse aus den beiden Vermögen nicht ausreichen sollten, aus seinem eigenen Kapitalvermögen zuschießen musste; *Albrecht,* 12. Deutscher Juristentag, Bd. III, S. 53.

[454] *Albrecht,* 12. Deutscher Juristentag, Bd. III, S. 53.

[455] Eine a priori Haftung des gesamten Vermögens der Ehefrau für die Schulden ihres Mannes lehnte auch Albrecht ab. Dies sei Element der allgemeinen Gütergemeinschaft, die er gerade nicht favorisiere.

des deutschen Ehegüterrechts, „*Frauenvermögen vermehrt und vermindert sich nicht*", sei nicht mehr haltbar, entstamme er schließlich einer Zeit, in welcher der Konkurs des Ehemannes noch unbekannt gewesen sei. Zudem beziehe er sich ohnehin bloß auf das Innenverhältnis zwischen den Eheleuten.[456] Darüber hinaus habe die Ehefrau mittelbar an den Vorteilen Anteil, da sie „*die Ansprüche an das Leben, die materiellen wie die geistigen, in höherem Maße befriedigt sehen*" und auch „*ihre Kinder besser erziehen*" könne. Ein ähnlicher Schutz müsse für die Gläubiger gelten, denen somit ein Minimum an Haftungsmasse sicher sei.

Den Ausführungen von Schroeder und Albrecht folgte eine lebhafte Diskussion[457], wobei sich schnell eine breite Mehrheit für das Einheitssystem herausbildete.[458] Umstritten blieb hingegen, ob hierbei die Verwaltungsgemeinschaft oder die partikuläre Gütergemeinschaft mit beschränkter Mobiliargemeinschaft zum gesetzlichen System erhoben werden sollte. Für letztere wurde angeführt, dass die Mobiliar- und Errungenschaftsgemeinschaft des rheinisch-französischen Rechts auch Elemente der Verwaltungsgemeinschaft enthalte. Es handele sich insoweit nicht um eine reine Gütergemeinschaft, sondern um eine mit verschiedenen anderen ehelichen Güterrechtssystemen verbundene, dadurch beschränkte und modifizierte Gemeinschaft.[459] Dagegen spreche allerdings, dass auch in den Gebieten der Gütergemeinschaft keine außerordentliche Vorliebe für diese Güterrechtsform bestehe. Sie werde vielmehr massenhaft, „*namentlich von Kaufleuten und von denen, bei denen das Vermögen gerade einen Unterschied zwischen den Eheleuten begründet*", ausgeschlossen.[460] Insoweit gebe es gerade keine historische Rechtsüberzeugung[461], die berücksichtigt werden müsse.

Schroeder versuchte, die partikuläre Gütergemeinschaft in einem Schlusswort zu verteidigen. Die Anregung, drei Systeme zu kodifizieren, wobei eines gesetzlich, die anderen fakultativ auszugestalten seien, widerspreche keineswegs einem einheitlichen Recht. Dies sei vielmehr den Franzosen nachempfunden, die als „*Einheitsmacher*" par excellence gälten. Was die Wahl des vorherrschenden Systems anginge, so sei der Streit akademischer Natur. Schließlich decke sich sein Vorschlag dem Prinzip nach mit Albrechts Ansinnen, da beide die Mithaf-

---

[456] Die Ehefrau soll vielmehr, sofern sich ihr Vermögen verringere, einen Ausgleich von ihrem Gatten verlangen können, nicht aber mit dessen Gläubigern im Insolvenzfalle konkurrieren müssen.

[457] Hieran waren unter anderen der Würzburger von Seel, Dr. Rau aus München, Dr. Meyer sowie Justizrat von Wilmowski, beide aus Berlin stammend, sowie der Nürnberger Rechtsanwalt Dr. Beckh beteiligt.

[458] Das einheitliche Güterrecht wird allgemein als eine der großen Errungenschaften des Bürgerlichen Gesetzbuches angesehen; *Schmoeckel*, NJW 1996, S. 1071.

[459] *von Seel*, 12. Deutscher Juristentag, Bd. III, S. 71.

[460] *von Wilmowsky*, 12. Deutscher Juristentag, Bd. III, S. 68.

[461] *Beckh*, 12. Deutscher Juristentag, Bd. III, S. 73.

tung der Frau für die Schulden des Mannes beschränken wollten und eine Vormundschaft zumindest dem Grunde nach ablehnten. Aufgrund des offensichtlichen Missverständnisses sei er aber bereit, seinen Antrag dahingehend abzuändern, dass das gesetzliche System *„eine beschränkte Mithaftung der Frau für die Schulden des Mannes"* enthalten müsse.[462]

Schroeder unterlag dennoch in der Abstimmung.[463] Jedoch wurde in das Protokoll aufgenommen, dass auch nach Albrechts Ansicht *„die Frage, ob eine subsidiäre Codification der andern Systeme, insbesondere des Systems der allgemeinen Güter- und der Errungenschaftsgemeinschaft notwhendig sei, eine offene bleibe"*[464].

Bei der zwei Tage später stattfindenden zweiten Plenarsitzung sprach Schroeder sich erneut für die partikuläre Gütergemeinschaft aus: Das zuvor beschlossene Güterrechtssystem sei gerade nicht mehr mit der klassischen Verwaltungsgemeinschaft vergleichbar. Vielmehr handele es sich aufgrund der Modifikationen eher um die partikuläre Gütergemeinschaft, nur mit anderem Namen.[465]

„Ein System soll das allgemeine gesetzliche System für ganz Deutschland sein, soll überall dort eintreten, wo kein Ehevertrag vorliegt, und als dieses System ist nun festgestellt worden durch Majoritätsbeschluß der Versammlung das System der *Verwaltungsgemeinschaft,* aber mit einer Modifikation von so großer Bedeutung, dass man nach meiner unmaßgeblichen Ansicht das System kaum noch Verwaltungsgemeinschaft nennen kann; es neigt sich das, was die Versammlung beschlossen hat, vielmehr der particulären Gütergemeinschaft zu"[466].

Auch in der zweiten Abstimmung unterlag Schroeder: Die partikuläre Gütergemeinschaft in der von ihm favorisierten Form wurde trotz seiner Vermittlungsversuche endgültig zu Gunsten der Verwaltungsgemeinschaft abgelehnt.

Während des 13. Deutschen Juristentages ging es sodann um die Frage, ob es den Ehepartnern gestattet sein sollte, statt des gesetzlichen auch andere Güterrechtssysteme vertraglich zu vereinbaren.[467] Grundlage der Diskussion war ein Gutachten des Straßburger Kammer-Präsidenten Petersen[468], der sich hierfür eingesetzt hatte.[469]

---

[462] 12. Deutscher Juristentag, Bd. III, S. 78.

[463] Vgl. hierzu *Planck,* in: Schubert, Vorentwürfe der Redaktoren zum BGB, Familienrecht, Abschnitt I Titel 2 Nr. III, Vermögensverhältnisse bei den Ehegatten, Allgemeine Begründung § 3; *Schmid,* Die Entstehung der güterrechtlichen Vorschriften im Bürgerlichen Gesetzbuch, S. 45.

[464] *Rau,* 12. Deutscher Juristentag, S. 80.

[465] 12. Deutscher Juristentag, Bd. I, S. 304.

[466] 12. Deutscher Juristentag, Bd. I, S. 304.

[467] *Olshausen,* Der deutsche Juristentag, 33.

[468] Vgl. *Petersen,* „Ist es wünschenswert, in einem gemeinsamen bürgerlichen Gesetzbuch für Deutschland neben dem einheitlichen System des ehelichen Güterrechts noch subsidiäre Systeme für die Privatautonomie aufzustellen?", in: Verhandlungen des 13. Deutschen Juristentages, Bd. I, S. 1–12.

Schroeder und Brunner sprachen sich indessen gemeinsam gegen eine völlige Freigabe aus und beantragten, dass *„neben dem System des gesetzlichen Güter-rechts sämtliche übrigen Hauptsysteme des deutschen ehelichen Güterrechts zur Ergänzung genereller Eheverträge dispositiv zu normiren"* seien, *„vertrags-mäßige Bestimmungen, durch welche die Vermögenshaftung des gesetzlichen Güterrechts Dritten gegenüber beschränkt ist"*, von der Eintragung in ein öf-fentliches Register abhängig zu machen seien.[470] Sie waren der Auffassung, dass die Bevölkerung, die bisher gerade nicht nach dem als gesetzlich gewähl-ten Gütersystem gelebt habe, andernfalls zum Abschluss von Eheverträgen ge-radezu gezwungen werde, wolle sie das bisherige Recht aufrechterhalten.[471] Dies führe unweigerlich zu einer Zersplitterung des ehelichen Güterrechts. Um die dadurch bedingte Unsicherheit zu vermeiden, könne man die Möglichkeit, das gesetzliche Güterrechtssystem vertraglich auszuschließen, gänzlich unters-agen oder die existenten Hauptsysteme als Wahlgüterstände definieren.[472] Ehe-verträge mit anderweitigem Inhalt dürften daneben aber nicht zugelassen wer-den. Was die Interessen Dritter anging, zu deren Lasten Eheverträge potenziell wirken konnten, sei eine Orientierung am Handelsrecht geboten, das eine Haf-tungsbeschränkung auf nur einen Teil des Vermögens vorsehe: Wenn sich schon die Parteien einer Handelsgesellschaft ihre Gesellschaftspartner nach wirtschaft-lichen Gesichtspunkten aussuchen könnten, müsse dies erst recht für eine Ehe gelten, die schließlich auf Zuneigung beruhe.[473] Analog den handelsrechtlichen Vorschriften sei somit ein Eheregister anzulegen, in das Abänderungen des ge-setzlichen Güterstandes eingetragen werden müssten. Dann käme es lediglich noch auf den guten bzw. bösen Glauben des Dritten an, ob das Vermögen der Frau gänzlich auch für die Schulden des Mannes hafte.[474]

Nach lebhaften Diskussionen wurde dieser Antrag schließlich mehrheitlich angenommen.[475] Damit hatte sich Schroeders ursprünglicher Vorschlag in sei-

---

[469] *Petersen*, Gutachten, 13. Deutscher Juristentag, Bd. I, S. 12.

[470] *Brunner*, Protokolle, 13. Deutscher Juristentag, Bd. II, S. 83.

[471] *Brunner*, Protokolle, 13. Deutscher Juristentag, Bd. II, S. 86.

[472] *Brunner*, Protokolle, 13. Deutscher Juristentag, Bd. II, S. 85.

[473] Brunner argumentierte pragmatisch: *„Wenn wir dem Handelsgesellschafter ge-statten, Commanditist zu sein, warum sollen wir der Frau nicht gestatten, sich als Commanditistin hinzustellen? Warum soll die Frau nicht sagen können: Ich hafte blos mit dem Theil meines Vermögens und darüber hinaus nicht?"*, Brunner, Protokolle, 13. deutscher Juristentag, Bd. II, S. 90; diese Linie unterstrich Schroeder noch, indem er herausstellte: *„Die Frau associirt sich aber bekanntlich in der Regel nicht mit dem Geldbeutel des Mannes, (Heiterkeit), sondern sie associirt sich mit dem Manne, und das Verhältniß, das zwischen ihnen entsteht, ist ein auf Zeit ihres Lebens binden-des Verhältnis"*; Protokolle, 13. Deutscher Juristentag, Bd. II, S. 89.

[474] Protokolle, 13. Deutscher Juristentag, Bd. II, S. 91; für eine Beschränkung der Freiheit der Ehegatten, Änderungen des gesetzlichen Güterrechts durchzuführen, hatte sich bereits 1841 Runde ausgesprochen; vgl. *Runde*, Deutsches eheliches Güterrecht, § 187, S. 397.

nen Grundzügen doch durchgesetzt. Das Votum beeinflusste schließlich die Kommission des Bürgerlichen Gesetzbuches: Neben der Verwaltungsgemeinschaft als gesetzlichen Güterstand ließ man die Gütertrennung, die allgemeine Gütergemeinschaft, die Errungenschaftsgemeinschaft sowie die Mobiliar- und Errungenschaftsgemeinschaft als subsidiäre Systeme zu.[476]

ee) Schroeders Auffassung zum ehelichen Güterrecht seiner Zeit

Dem Urteil von Klaus Schmid, Schroeder habe in güterrechtlichen Fragen seine Ansichten sehr häufig gewechselt und sei schon deshalb unterlegen, ist nur bedingt zuzustimmen.

Zwar ist zuzugeben, dass Schroeder in absoluto zunächst die partikuläre Gütergemeinschaft favorisierte; letztlich schloss er sich aber den Anhängern der Verwaltungsgemeinschaft, wenngleich in stark modifizierter Form, an. Es ist ebenfalls nicht zu bestreiten, dass er zunächst ein Regionalsystem unter strikter Ablehnung des Vereinheitlichungsgedankens befürwortete, sich dann aber für ein homogenes eheliches Güterrecht, wenngleich unter Einbeziehung von fakultativen Wahlgüterständen, einsetzte.

Indes ist zu beachten, dass seine Thesen zum Teil durch die Vorgaben der Kommission zur Erschaffung eines Bürgerlichen Gesetzbuches für das Deutsche Reich bestimmt waren. Insgesamt behielt Schroeder hinsichtlich des von ihm bevorzugten Güterrechtssystem einen festen Standpunkt: Ihm ging es allein darum, in das geplante Bürgerliche Gesetzbuch ein historisch begründetes Recht zu integrieren. Unter dieser Vorgabe war er auch bereit, Kompromisse in seiner Auffassung einzugehen. Hierzu befähigte ihn nicht nur sein immenser Wissensschatz auf dem Gebiet des ehelichen Güterrechts, der es ihm erlaubte, den Gehalt der verschiedenen güterrechtlichen Systeme voneinander abzugrenzen, sondern auch sein stets um Ausgleich bemühtes freundliches Wesen. Rigoros zeigte er sich lediglich, wenn das geschichtlich begründete Recht nicht genügend Beachtung zu finden drohte.

Anders fällt die Bewertung bezüglich seiner ursprünglichen Ablehnung einer Vereinheitlichung des ehelichen Güterrechts aus. Forderte er noch zu Beginn des 12. Juristentages, die drei einflussreichsten ehelichen Güterrechtssysteme gleichberechtigt nebeneinander beizubehalten, ließ er sich in dessen Verlauf durch die überwältigende Zustimmung für seinen Gegner in der Argumentation vom Gegenteil überzeugen, jedoch nicht ohne den Hinweis, man wolle im Grunde doch das Gleiche.

---

[475] Protokolle, 13. Deutscher Juristentag, Bd. II, S. 137.
[476] Gutachten, 21. Deutscher Juristentag, Bd. II, S. 167.

Die vorangegangenen Darstellungen zeigen, dass Schroeders Gedanken hinsichtlich des ehelichen Güterrechts auf festen Vorstellungen beruhten. Erst aus deren Modifikation entwickelten sich schließlich die vermeintlichen Änderungen in seiner Auffassung.

d) Persönliche und gesellschaftliche Verhältnisse

Neben beruflichen Herausforderungen erwies sich die Zeit von Schroeders Würzburger Professur auch in anderer Hinsicht als förderlich; seine kleine Familie wuchs: Auf Ludwig, Gertraud und Pauline folgten Hugo Paul Eduard[477], Karl Friedrich Ulrich[478] und schließlich Ida Emilie[479].[480]

Hugo studierte Medizin in Heidelberg, Berlin und Göttingen. Nach Abschluss seiner Ausbildung ging er als Arzt nach Mexiko, um sich für eine verbesserte medizinische Versorgung der dortigen Bevölkerung einzusetzen. Er heiratete die deutsche Krankenschwester Helene Grote, mit der er vier Kinder hatte. Am 02. Oktober 1938 starb er in Mexiko City.[481] Karl wurde Diplom-Ingenieur in Berlin und Eisleben und kam schließlich als Dozent an die Handelshochschule Mannheim; parallel war er für die Badische Anilin- und Sodafabrik (BASF) tätig. Ida heiratete 1909 den Gerichtsassessor Alfred Berger, mit dem sie nach Stettin und schließlich nach Uelzen zog.[482]

Schroeder bewies einen ausgeprägten Familiensinn. Selbst mit vier Schwestern und inmitten zahlreicher Onkel und Tanten aufgewachsen[483], ließ er seinen Kindern viel Liebe und Verständnis zukommen.[484] Zwar war er als Vater streng auf gute Erziehung bedacht, doch anerkannte er auch, wenn seine Kinder ihn auf kluge Weise überlisteten. Als Karl einmal nicht so rechte Lust dazu verspürte, den Vater zum sonntäglichen Kirchgang zu begleiten, sondern lieber spielen wollte, erklärte er: *„Vater, in der Bibel steht doch, sechs Tage sollst Du arbeiten und am siebten sollst Du ruhen"*[485], um sich auf diese Weise vor der Pflicht zu drücken. Schroeder beeindruckten die Scharfsinnigkeit und Bibel-

---

[477] Geboren am 08.06.1874.

[478] Geboren am 26.04.1877.

[479] Geboren am 15.11.1880.

[480] Aufenthaltsanzeige R. Schroeder der Stadt Würzburg vom 24. April 1873, Standesliste GLA KA 235/2496.

[481] Brunsviga Lebensbilder, Hugo Schroeder, S. 135.

[482] Heydemannsche Chronik, S. 49; Nachlass Schroeder, Dr. G. Wilstermann.

[483] Allein sein Vater hatte acht Geschwister, von denen sieben das Erwachsenenalter erreichten.

[484] Vgl. den Brief an seinen *„süssen kleinen Ludwig"*, den er dem Kind zu dessen ersten Geburtstag schreibt: *„Dein Turco freut sich auch sehr auf den Ludwig, und dein Schaukelpferd ebenso";* Schroeder an seinen Sohn Ludwig, 15. October 1871, Nachlass/Privatbriefe Dr. H. Berger.

[485] Geschichten, von Vater erzählt; Nachlass Schroeder, Dr. G. Wilstermann.

kenntnis seines Sohnes sehr. Jedenfalls gab er nach und besuchte mit Ludwig allein den Gottesdienst.

Insgesamt war der Ton, der im Hause Schroeder herrschte, sehr herzlich. Die Kinder wuchsen im Bewusstsein der Zuneigung ihrer Eltern und nicht in Furcht vor ihnen auf. So antwortete Ludwig keck, als er sich gerade von einer schweren Krankheit erholt hatte, auf den erleichterten Ausruf seines Vaters *„Mein lieber Jung, was hätten wir angefangen, wenn Du uns gestorben wärst?"*, *„Schad' nix, machen wir einen neuen Ludwig"*[486].

Neben seiner universitären Lehrtätigkeit engagierte sich Schroeder auch im sozialen und gesellschaftlichen Bereich. Als gläubiger und praktizierender Protestant brachte er sich aktiv in der Würzburger Kirchengemeinde ein.[487] Daneben hielt er Vorträge im Verein für Volksbildung, einem Vorläufer der heutigen Volkshochschulen.[488]

3. Der Wechsel nach Straßburg und Göttingen

a) Straßburg

Ostern 1882 stand ein weiterer Umzug an.[489] Nachdem die Straßburger Universität ihm mehrere, immer verlockendere Angebote unterbreitet hatte, nahm Schroeder den Ruf ins Elsass schließlich an. Die Straßburger stellten ihm neben einer erheblich höheren Besoldung auch fachliche Anreize in Aussicht. Da ein Bedürfnis für die *„Ergänzung der germanistischen Lehrkräfte"* bestand, war er *„an erster Stelle ... in Vorschlag gebracht"*[490]. Schroeder sollte insbesondere *„das deutsche Privatrecht und deutsche Rechtsgeschichte"* lesen *„und dem an der Universität bestehenden germanistischen Seminar Ihre besondere Tätigkeit"* zuwenden. *„Außerdem wäre es erwünscht, wenn Sie nach Bedürfniß auch noch andere Fächer, z.B. für das preußische Civilrecht, ergänzend eintreten wollten"*[491]. Diese Ausdehnung der Lehrbefugnis kam Schroeder sehr entgegen,

---

[486] Geschichten, von Vater erzählt; Nachlass Schroeder, Dr. G. Wilstermann.

[487] Während der britischen und amerikanischen Angriffe auf Würzburg in den letzten Tagen des Zweiten Weltkrieges sind die kirchlichen Unterlagen verbrannt; Auskunft evangelische Pfarrgemeinde Würzburg, Telefonat vom 20.02.2003.

[488] *Beyerle*, DBJ, S. 14.

[489] In die *„wunderschöne Stadt"*, an die damals noch junge Reichsuniversität, habe ihn sein vaterländisches Herz gelockt, berichtet *Beyerle*, DBJ, 139; *Röpke*, Die Würzburger Juristenfakultät 1815–1914, S. 111.

[490] Abschrift des Schreibens des Kurators der Universität Straßburg Unterstaatssekretär Ledderhose vom 19.10.1881, Akten des Rektorats der Universität Würzburg N.P 713, vom 01. Juli 1872.

[491] Schreiben des Kurators der Universität Straßburg, Unterstaatssekretär Ledderhose, vom 29.10.1881, Archiv des Rektorats und Senats der Universität Würzburg Nr. 822.

Abbildung 5: Schroeder, um 1880 (Quelle: Dr. G. Wilstermann)

konnte er hierdurch doch sein Vorlesungsangebot flexibler gestalten und sich intensiver mit neuen Themen beschäftigen. Daneben gab ihm die Vereinbarung die Aussicht auf lukrative Pflichtvorlesungen.

Würzburg verließ er allerdings ungern[492]:

„Obenan steht mir da das Gefühl der patriotischen Pflicht. Dazu kommen die für meine Privatverhältnisse leider sehr zu berücksichtigenden finanziellen Erwägungen. Ich muß mir sagen, dass es meinerseits eine nicht zu rechtfertigende Selbstüberhebung sein würde, wenn ich bei den gegenwärtig bestehenden finanziellen Verhältnissen unserer Hochschule Anspruch auf eine Zulage erheben wollte. Eine solche würde den Interessen unserer Universität gegenwärtig nicht entsprechen, da es gerade in meinem Fache eine große Anzahl hervorragender Kräfte gibt, welche die

---

[492] Noch weniger lieb war den Würzburgern sein Fortgang. An einem Abschiedsmahl zu Ehren Schroeders vom 04. März 1882 nahmen mehr als 55 Honoratioren der Universität Würzburg teil.

von mir bekleidete Stellung voll und ganz auszufüllen in der Lage sein und ein sehr viel geringeres Gehalt beanspruchen würden"[493].

Schroeder hatte das Gefühl, den Würzburgern, die ihn so freundlich aufgenommen hatten, mit einem Weggang Unrecht zu tun. Angesichts der Schuldgefühle, die ihn deswegen plagten, engagierte er sich sehr bei der Suche nach einem passenden Nachfolger auf seinen Lehrstuhl. So empfahl er zunächst seinen Freund Otto Gierke, der zu diesem Zeitpunkt noch in Breslau lehrte. Doch dieser lehnte erneut, wie schon 1872, mit Hinweis auf das Würzburger Klima ab.[494] Also schlug Schroeder Hugo Boehlau vor, mit welchem er schon seit Bonner Zeiten in engem brieflichen Kontakt stand.[495] Boehlau war auch bereit, neben deutschem Recht und Rechtsgeschichte Kirchen- und Eherecht zu lesen, hegte jedoch Bedenken, den Maßstäben, die Schroeder in Würzburg gesetzt hatte, gerecht werden zu können.[496] Die Zweifel zerstreute dieser aber in seiner freundlichen Art recht schnell, und Boehlau führte sich dank Schroeders freundlicher Fürsprache gut in Würzburg ein.

Die Universität Straßburg war, nachdem sie von 1681 bis 1871 unter französischer Herrschaft gestanden hatte, seit der Annexion Elsass-Lothringens durch das Reich infolge des Krieges von 1870/71 wieder deutsch.[497] Um sie auch wissenschaftlich und organisatorisch wieder dem deutschen Reich einzuverleiben, wollte man eine Universität nach preußischem Vorbild schaffen und erreichen, dass *„die durch eine glänzende Vergangenheit ausgezeichnete hohe Schule zu Straßburg in ihrer früheren einheitlichen Gestaltung als Universität wieder ins Leben trete"*[498]. Im Deutschen Reich sah man das Elsass und die dortige Hochschule[499] als Prestigeobjekte an, die vollständig in das Deutsche Reich zu integrieren keine Kosten und Mühen gescheut werden durften.[500]

---

[493] Schreiben Schroeders vom 01. November 1881, Archiv des Rektorats und Senats der Universität Würzburg Nr. 822.

[494] Gierke an Schroeder vom 04. November 1881, UB HD Heidel.Hs. 3899.

[495] Boehlau an Schroeder vom 29. November 1881, UB HD Heidel.Hs. 3899.

[496] Boehlau an Schroeder vom 16. Januar 1882, UB HD Heidel.Hs. 3899.

[497] *Nebelin*, Die Reichsuniversität Straßburg als Modell und Ausgangspunkt der deutschen Hochschulreform, S. 63; *Jonas/Gerard/Denis/Weidmann*, Strasbourg, Introduction; *Lenel*, Die Universität Straßburg, S. 14; *Du Moulin-Eckart*, Geschichte der deutschen Universitäten, S. 441 ff.

[498] *Brentano*, Elsässer Erinnerungen, S. 50; H. Boehlau gratuliert ihm zur Berufung auf den *„Kampf- und Ehrenposten unserer Wissenschaft"* in Straßburg; Boehlau an Schroeder vom 29. November 1888, UB HD Heidel.Hs. 3899.

[499] So fragte der Straßburger Historiker Treitschke: *„Ist es müßige Spielerei, einen Gedanken auszusprechen, der einem Gelehrten sich unwillkürlich aufdrängt? Warum sollte Straßburgs ehrwürdige Hochschule, wiederhergestellt nach schimpflicher Verstümmelung, für deutsche Gesittung am Oberrhein nicht ebenso segensreich wirken, wie Bonn gewirkt hat für den Niederrhein?"*, vgl. *Lenel*, Die Universität Straßburg, S. 12.

Abbildung 6: Schroeder und G. F. Knapp (Quelle: Dr. H. Berger)

Diese Aufgabe übernahm der badische Staatsminister Freiherr von Roggenbach; zusammen mit Friedrich Althoff[501] leitete er die erforderlichen Umstruk-
turierungsmaßnahmen ein. Hierzu gehörte auch, den Lehrkörper zu überprüfen
und ungeeignete Besetzungen gegebenenfalls auszutauschen.[502] Wenngleich an

---

[500] Der Hochschuletat für Straßburg war 1876 nach Berlin und Leipzig der dritt-
höchste im Deutschen Reich; *Baumgarten,* Professoren und Universitäten im 19. Jahrhundert, S. 61; Betrug das Jahreseinkommen eines Lehrstuhlinhabers in Berlin 1872
4.800 Mark und in Göttingen 4.000 Mark, so setzte Roggenbach das Gehalt in Straßburg auf 7.500 Mark fest; *Nebelin,* Die Reichsuniversität Straßburg als Modell und
Ausgangspunkt der deutschen Hochschulreform, S. 65; *Brentano,* Elsässer Erinnerungen S. 52; *Weigle,* Die Staatsrechtslehrer an der Universität Heidelberg im 19. Jahrhundert, S. 87; *Laband,* Lebenserinnerungen, S. 92.

[501] Er war von 1871 bis 1882 Verwaltungsbeamter, dann Professor für französisches
und modernes Zivilrecht in Straßburg; zwischen 1882 und 1908 war er verantwortlich
für das höhere Bildungswesen in Preußen; vgl. zu seiner Person: *Arnold Sachse,* Friedrich Althoff und sein Werk, Berlin 1928; *vom Brocke,* Hochschul- und Bildungspolitik
in Preußen und im Deutschen Kaiserreich 1882–1907, S. 9–118.

den meisten Straßburger Fakultäten das Gros der Professoren übernommen und damit eine gewisse Kontinuität erreicht werden konnte, war dies an der juristischen Fakultät fachbedingt nicht möglich. Hier war vielmehr der Austausch des gesamten Lehrkörpers von Nöten. Zur Neubesetzung wurden Größen der deutschen Juristenfakultäten in das Elsass berufen[503], unter anderem aus Freiburg der Strafrechtler Binding[504] sowie der Kirchenrechtler und Rechtshistoriker Rudolf Sohm[505]. Aus Prag kam für das deutsche Recht Heinrich Brunner[506], Paul Laband[507] folgte für das Staatsrecht aus Königsberg.[508] Die nach Straßburg berufenen Professoren waren mit durchschnittlich 39 Jahre – an preußischen Universitäten war der Professor im Mittel dagegen 59 Jahre, in Berlin sogar 62 Jahre alt[509] – jung und hochqualifiziert.

Abgesehen von den finanziellen Anreizen schienen die sonstigen Lehrumstände im Elsass jedoch nicht die besten zu sein. Insbesondere Laband warnte Schroeder vor den Straßburger Lebensbedingungen:

„Dazu kommt die Häßlichkeit der Stadt und der nächsten Umgegend, wofür der Trost, dass einige Meilen von hier die reizendsten Gebirgsthäler und Aussichtspunkte sich befinden, für den arbeitsamen Mann, der mit seiner Zeit sparsam sein muß, eine unzulängliche Entschädigung bietet. Die collegialen Verhältnisse an der Universität sind im Allgemeinen gute; und fehlt es leider nicht ganz an Ansätzen zur Bildung von Cliquen, wodurch immer die große Gefahr hervorgerufen wird, dass die sachlichen Interessen gegenüber den persönlichen Rücksichten und Neigungen zu kurz kommen."[510]

---

[502] *Jonas/Gerard/Denis/Weidmann,* Strasbourg, Introduction, S. 15; *vom Brocke,* Hochschul- und Bildungspolitik in Preußen und im Deutschen Kaiserreich 1882–1907, S. 27, 30; *Westphalen,* Karl Binding, S. 65; dass Straßburg in der Tat ein preußisches Prestigeobjekt war, belegt auch der Ausspruch Althoffs: *„Für Straßburg tun wir unser Bestes"; Brandl,* Zwischen Inn und Themse, S. 231.

[503] Roggenbach konnte die Lehrstühle auch deshalb so hochkarätig besetzen, weil für die Besoldung der Professoren erhebliche Mittel zur Verfügung standen. So erhöhten die Straßburger Schroeders Besoldung auf 8100 Mark zzgl. einer Funktionszulage von 1500 Mark; Aufstellung der bekleideten Dienststellen, Personalakte PA 2256 der Universität Heidelberg, UA HD.

[504] Karl Binding (1841–1920); vgl. zu seinem Leben und Werk: *Westphalen,* Karl Binding.

[505] Rudolph Sohm (1841–1917); vgl. zu seinem Leben und Werk: *Kleinheyer/Schröder,* Juristen, S. 374–377.

[506] Heinrich Brunner (1840–1915); vgl. zu seinem Leben und Werk: *Kleinheyer/Schröder,* S. 469.

[507] Paul Laband (1838–1918); vgl. zu seinem Leben und Werk: *Kleinheyer/Schröder,* S. 238–242.

[508] *Mayer,* Die Kaiser-Wilhelms-Universität Straßburg, S. 19; *Brentano,* Elsässer Erinnerungen, S. 52; *Nebelin,* Die Reichsuniversität Straßburg als Modell und Ausgangspunkt der deutschen Hochschulreform, S. 65.

[509] *vom Brocke,* Hochschul- und Bildungspolitik in Preußen und im Deutschen Kaiserreich 1882–1907, S. 31.

[510] Laband an Schroeder vom 16. November 1881, UB HD Heidel.Hs. 3899.

Was Laband wenig schmeichelhaft mit „*Cliquenbildung*" umschrieb, wertete Brentano, der ebenfalls 1882 nach Straßburg gekommen war, dagegen positiv als fachübergreifenden „*regen Zusammenschluß unter den Professoren*"[511]. Jedoch sei die Zahl der Studierenden in Straßburg im Vergleich zur Anzahl der Professoren nicht allzu hoch[512], ein Umstand, welcher angesichts der Kolleggelder auch Auswirkungen auf das Einkommen der Lehrenden hatte.

Ungeachtet der negativen Stimmen nahm Schroeder den Straßburger Ruf an. Wie auch schon in Bonn und Würzburg bot er unter anderem Veranstaltungen im Deutschen Recht und in der Deutschen Rechtsgeschichte an. Letztere vertraten auch Laband und Sohm[513], mit denen sich Schroeder im Vorlesungszyklus abwechselte.[514] Seine Veranstaltungen basierten dabei nicht auf einem in jedem Semester gleich verlaufenden Plan: Legte er einmal[515] den Schwerpunkt seiner deutschrechtlichen Übungen auf die Lex Alemannorum und die Lex Burgundiorum sowie spätere Rechtsquellen des Elsass und der Schweiz, beschäftigte er sich ein anderes Mal[516] eingehender mit der Erklärung des Sachsenspiegels.

Daneben las er auch Handelsrecht und das Preußische Allgemeine Landrecht.[517] Parallel bot er 1883 und 1884 Wechselrecht, im Sommersemester 1884 zusätzlich Seerecht[518] an. Zudem war er bemüht, den recht starren Vorlesungsplan des Studenten durch besondere Veranstaltungen aufzulockern: Die „*Entstehung und Ausbildung der Landeshoheit in den deutschen Fürstenthümern*" oder die „*Geschichte der deutschen Wehrverfassung bis zur Wiederherstellung der allgemeinen Wehrpflicht*"[519] zählten zu einmaligen Straßburger Veranstal-

---

[511] *Brentano*, Elsässer Erinnerungen, S. 56.

[512] Laband an Schroeder vom 16. November 1881, UB HD Heidel.Hs. 3899; *Laband*, Lebenserinnerungen, S. 76; er berichtet, dass er in seinem ersten Semester in Straßburg neun Hörer gehabt habe, die Zahl später auf über 50 angestiegen sei.

[513] Sohms Wunsch, auch nach Schroeders Berufung weiterhin die Deutsche Rechtsgeschichte zu lesen, war Schroeder schon in der ersten Straßburger Anfrage mitgeteilt worden.

[514] Vorlesungsverzeichnisse der Kaiser-Wilhelms-Universität Straßburg, SS 1882 bis WS 1884/85.

[515] Wintersemester 1884/85.

[516] Sommersemester 1884.

[517] So hielt er regelmäßig germanistische Übungen sowie ein „*deutschrechtliches Praktikum mit Anleitung zum selbständigen wissenschaftlichen Arbeiten*" ab; Vorlesungsverzeichnis der Kaiser-Wilhelms-Universität Straßburg, Sommersemester 1883, 1884.

[518] Dies beruhte wahrscheinlich auf seiner Mitarbeit am von W. Endemann herausgegebenen „Handbuch des deutschen Handels-, See- und Wechselrechts", das 1883 erschienen war. Schroeder hatte hierzu die seerechtlichen Kapitel über Bodmerei, Haverei, Bergung und Hülfeleistung in Seenot sowie über die Pfandrechte an Schiff und Ladung verfasst.

[519] Vorlesungsverzeichnis der Kaiser-Wilhelms-Universität Straßburg, Wintersemester 1883/84.

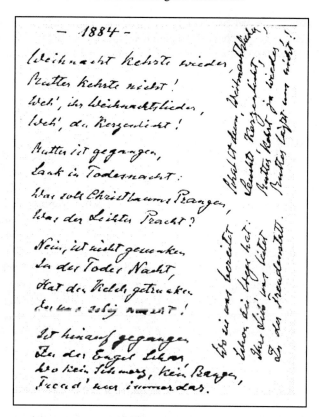

Abbildung 7: Handschriftliches Gedicht von Schroeder, Weihnachten 1884
(Quelle: Dr. G. Wilstermann)

tungen. Um die Studenten zu einer Teilnahme zu ermutigen, waren diese Vorlesungen ausdrücklich als „gratis" gekennzeichnet.[520]

Schroeder engagierte sich sehr und reiste auch an benachbarte Universitäten, um die dortigen Kollegen bei den Staats- und Doktorexamina zu unterstützen. Bei einer solchen Gelegenheit sollte in Colmar ein gewisser Christian Meurer[521] geprüft werden. Schroeder war nach der Korrektur von dessen Referendararbeit sehr beeindruckt und empfing den jungen Mann, als sich dieser angesichts der bevorstehenden Examinierung vorstellen wollte, schon im Gang mit der Frage: „Nicht wahr, Sie wollen sich habilitieren? Wir sind nicht gewohnt,

---

[520] „Gratis" bedeutete, dass die Teilnahme hieran verpflichtet nicht zur Entrichtung von Kolleggeldern.

[521] Planitz/Meurer, Rechtswissenschaft in Selbstdarstellungen, Bd. 3, S. 125–149.

solche Referendararbeiten zu bekommen "[522]. Damit hatte er Meurers geheimste Wünsche offen ausgesprochen. Tatsächlich erarbeitete sich Meurer später eine Position als führender Kirchen- und Völkerrechtler und lehrte unter anderem in Würzburg. Er machte keinen Hehl daraus, dass Schroeder bei seiner Berufswahl eine entscheidende Bedeutung gespielt hatte.[523] Die beiden blieben zeitlebens freundschaftlich verbunden.

Trotz der hervorragenden wissenschaftlichen Rahmenbedingungen und der guten Grundvergütung, welche die Straßburger Universität bot, wurde Schroeder im Elsass nicht heimisch. Ihm fehlte der freundliche Zuspruch durch Studenten und Kollegen, dem er in Bonn und Würzburg begegnet war.[524] Hinzu kam, dass es auch mehr als zehn Jahre nach der Annexion Elsass-Lothringens durch das Deutsche Reich noch nicht zu einer Harmonisierung zwischen der elsässischen und der deutschen Bevölkerung, die sich nach 1871 dort angesiedelt hatte, gekommen war. Die Mehrheit der zugezogenen Deutschen wurde nicht müde, die Erinnerung an den Triumph von 1870/71 mit einer gewissen Überheblichkeit aufrechtzuerhalten. Dem stand ein großes Misstrauen auf französischer Seite gegenüber.[525] Laband äußerte bereits vor Schroeders Ankunft: *„Die Lebensverhältnisse hier sind nicht in allen Beziehungen angenehm, da zwischen der eingewanderten und der einheimischen Bevölkerung auch immer noch eine Kluft besteht, die breiter und tiefer ist, als sie wohl annehmen"*[526]. Hinzu kamen Spannungen mit der Reichsregierung. Diese wollte die Straßburger Hochschule nun zu einer Provinzialuniversität abstufen, woraufhin mehrere angesehene Professoren das Elsass geradezu fluchtartig verließen.[527] Dies alles erwies sich für den harmoniebedürftigen Pommern als ernsthaftes Problem.

Auch in familiärer Hinsicht stand die Straßburger Zeit unter keinem guten Stern. Am 11. März 1884 starb Anna an den Folgen einer fehlgeburtsbedingten Unterleibsoperation.[528] Der Tod seiner Frau traf Schroeder tief:

„Ich bin, in schwerstem Leid befangen, des Trostes und der Teilnahme so bedürftig [...] So hat Gott mir geholfen, das Schwerste zu tragen, aber das Heimweh nach der verlorenen Freundin hat er mir damit nicht genommen; die Wunde heilt nur

---

[522] *Planitz/Meurer*, Rechtswissenschaft in Selbstdarstellungen, Bd. 3, S. 130.

[523] *Planitz/Meurer*, Rechtswissenschaft in Selbstdarstellungen, Bd. 3, S. 130.

[524] *Stutz*, ZRG GA 38 (1917), S. XVI.

[525] *Hoche*, Straßburg und seine Universität, S. 19.

[526] Laband an Schroeder vom 16. November 1881, UB HD Heidel.Hs. 3899.

[527] Rudolf Sohm wanderte nach Leipzig ab, Kußmaul emeritierte und kehrte nach Heidelberg zurück, Brentano nahm einen Ruf an die Wiener Universität an. Lediglich Laband, der Straßburg immer kritisiert hatte, blieb; er lehnte sogar einen Heidelberger Ruf ab; *Weigle*, Die Staatsrechtslehrer an der Universität Heidelberg im 19. Jahrhundert, S. 87.

[528] *Molitor*, Pommersche Lebensbilder Bd. I, S. 289, Nachlass Schroeder, Dr. Wilstermann; Gespräche Dr. H. Berger.

durch die Zeit und die liebende Anteilnahme der Mitmenschen, die uns zeigt, dass wir nicht alleine stehen"[529].

Noch im Dezember 1884 hatte er den Verlust nicht einmal annähernd verarbeitet.[530]

b) Göttingen

Der Tod der Gattin mochte den letzten Auslöser für Schroeder gegeben haben, Straßburg zu verlassen. Als ihn 1884 ein Ruf der Göttinger Universität auf den Lehrstuhl Heinrich Thöls erreichte, nahm er ohne Umschweife an.[531]

An der Göttinger juristischen Fakultät hatte man sich fast einstimmig auf Schroeder als ersten Kandidaten verständigt.[532] Zwar war der Wechsel für ihn finanziell mit Einbußen verbunden[533], denn die hannoversche Landesuniversität konnte mit der Großzügigkeit der Straßburger nicht mithalten. Allerdings waren auch die Lebenshaltungskosten an der Leine niedriger, was das geringere Gehalt etwas abfederte.[534]

Jedoch überwogen die positiven Aspekte eines Wechsels nach Göttingen. Schroeder hatte das eigene Studiensemester an der Georgia Augusta noch in sehr guter Erinnerung. Auch schien ihm die kleine Leinestadt nach Annas Tod für die Erziehung der Kinder geeigneter als das große Straßburg.[535] Hinzu kam der Reiz, inmitten einer aufstrebenden Schule zu lehren. Männer wie Rudolf von Ihering[536], Ferdinand Frensdorff, Ludwig von Bar, Robert von Hippel, Johannes Merkel und Richard Eduard John[537] hatten dort in den 80er Jahren des

---

[529] Schroeder an Beseler aus Straßburg vom 17.03.1884; BA Koblenz.

[530] Briefnachlass Schroeder, UB HD Heidel.Hs. 3899; vgl. auch den Brief an seine Geschwister vom 18. März 1884, den er nur wenige Tage nach Annas Tod schrieb: *„wie entsprachen wir beide einander und verstanden einander in jedem Zuge, selbst in den kleinsten Dingen, selbst wo wir uns bekämpften"*; Nachlass/Privatbriefe Dr. H. Berger.

[531] Ursprünglich hatte man geplant, sich in handelsrechtlicher Hinsicht mit Regelsberger *„zu begnügen";* vgl. Loersch an Schroeder vom 17. Oktober 1884, UB HD Heidel.Hs. 3899.

[532] So schreibt Adolf Fick, ein ehemaliger Würzburger Kollege am 04.11.1884: *„Also mit Göttingen ist die Sache doch noch nicht ganz im Rein. Ich hatte Ihnen schon definitiv gratulieren zu können geglaubt. Nun gratulieren kann man freilich doch, da offenbar die Wahl ganz in Ihrer Hand liegt.",* UB HD Heidel.Hs. 3899.

[533] Seine Besoldung betrug dort zwar 8400 Mark und lag damit um 300 Mark über dem Salär, das ihm die Straßburger gezahlt hatten. Die Funktionszulage war mit 540 Mark allerdings erheblich geringer; Aufstellung der bekleideten Dienststellen, Personalakte PA 2256 der Universität Heidelberg, UA HD.

[534] Regelsberger an Schroeder vom 15. Oktober 1884, UB HD Heidel.Hs. 3899.

[535] Sein bereits in Göttingen lehrender Kollege Regelsberger urteilte, *„daß die Erziehung der Kinder in einer Stadt wie Göttingen leichter scheint als in einer großen";* Regelsberger an Schroeder vom 15. Oktober 1884, UB HD Heidel.Hs. 3899.

Abbildung 8: Schroeder in Göttingen, um 1885 (Quelle: Dr. H. Berger)

19. Jahrhunderts Lehrstühle inne.[538] Durch die besondere Zuwendung Althoffs hatte sich Göttingen in kurzer Zeit von einem *„rückständigen Landstädtchen und einer etwas zerknitterten Landesuniversität"* wieder in eine Hochburg der Wissenschaft verwandelt.[539]

---

[536] *Meinhardt,* Die Universität Göttingen, S. 80; Rudolf von Ihering war von 1872–1892 Professor in Göttingen.

[537] *Ebel,* Zur Geschichte der Juristenfakultät und des Rechtstudiums an der Georgia Augusta, S. 5; *Meinhardt,* Die Universität Göttingen, S. 81.

[538] Vorlesungsverzeichnisse der Georg-August-Universität Göttingen.

[539] *Brandl,* Zwischen Inn und Themse, S. 218, der Göttingen als das „Leine-Athen" bezeichnete; auf Althoffs Betreiben wurde an der Göttinger juristischen Fakultät neben der Einrichtung des juristischen und des staatswissenschaftlichen Seminars auch der Aufbau des Seminars für Versicherungswissenschaft und die Sammelstelle für

Fachlich kam hinzu, dass gerade Schroeders bevorzugtes Forschungsgebiet, die deutsche Rechtsgeschichte, in Göttingen tief verwurzelt war. Eichhorn, auf dessen Betreiben das Fach in die Reihe der juristischen Vorlesungen aufgenommen worden war[540], hatte an der Leine gelehrt, ebenso die Brüder Jacob und Wilhelm Grimm sowie Gustav Hugo:[541] *„Die deutsche Rechtsgeschichte hat – mit Namen wie Wilhelm Eduard Albrecht, Karl Friedrich Eichhorn, Wilhelm Theodor Kraut, Jacob Grimm, Ferdinand Frensdorff, Richard Schroeder, Konrad Beyerle – an der Georgia Augusta ihre traditionsreichste Stätte"*[542].

Schroeder zog es somit an einen insoweit geschichtsträchtigen Ort. Dieser Umstand hatte auch Einfluss auf sein eigenes Werk: In Göttingen brachte er das erste Drittel seines großen Lehrbuchs der *„Deutschen Rechtsgeschichte"* zu Papier. Daneben veröffentlichte er eine ganze Reihe kleinerer rechtsgeschichtlicher Aufsätze, darunter auch einen Artikel über das *„Weichbild"*, mit dem er 1886 zu einer Festschrift[543] anlässlich des fünfzigjährigen Doktorjubiläums von Georg Waitz beitrug. Wie sein großer Lehrer legte Schroeder die Symbolik und Entwicklung der Marktzeichen in den verschiedenen Regionen, insbesondere im nordöstlichen Frankreich, Luxemburg und Belgien dar[544] und ging detailliert auf die Bedeutung des Kreuzes und der Fahne ein.

Die deutsche Rechtsgeschichte blieb auch in Göttingen sein liebstes Thema. Bislang waren die rechtshistorischen Vorlesungen dort abwechselnd von Frensdorff, Mayer und Dorm angeboten worden. Turnusgemäß wäre Dorm im Wintersemester 1885/86 an der Reihe gewesen, doch verzichtete er zu Gunsten Schroeders, der gerade in Göttingen eingetroffen war.[545] Diese Haltung Dorms zeugt von dem hervorragenden zwischenmenschlichen Klima an der Georgia Augusta. Ferdinand Regelsberger, den Schroeder noch aus Würzburger Tagen kannte und der mittlerweile ebenfalls in Göttingen lehrte, bestätigte dies: *„Die Kollegen sind mir durchgängig sehr freundlich entgegengekommen, die wärmste Aufnahme hatte ich aber von Ihering zu erfahren, der der Frische des Geistes nach der jüngste unter den Kollegen ist"*[546]. Auch Schroeder gegenüber zeigte

---

Volkswirtschaftskunde verwirklicht; vgl. *Sachse*, Friedrich Althoff und sein Werk, S. 240.

[540] *Borsdorff*, Wilhelm Eduard Albrecht, S. 435; *Ebel*, Zur Geschichte der Juristenfakultät und des Rechtsstudiums an der Georgia Augusta, S. 29.

[541] *Ebel*, Zur Geschichte der Juristenfakultät und des Rechtsstudiums an der Georgia Augusta, S. 28 f.

[542] *Ebel*, Zur Geschichte der Juristenfakultät und des Rechtsstudiums an der Georgia Augusta, S. 16.

[543] Georg Waitz erlebte die Veröffentlichung der Festschrift nicht mehr; er starb, als das Werk bereits zum Teil gedruckt war. Entsprechend reagierte der Verleger und veröffentlichte die Sammlung als Gedenkschrift; vgl. *Waitz*, Historische Aufsätze, Vorrede.

[544] *Schroeder*, Weichbild, vgl. insb. S. 313.

[545] Frensdorff an Schroeder vom 22.12.1884, UB HD Heidel.Hs. 3899.

sich Ihering äußerst aufgeschlossen. Die beiden Männer schätzten sich bald sehr: *„Ein prächtiger Mensch ist auch Schröder; bei den Studenten findet er den größten Beifall"*[547]. Zusammen mit Regelsberger trat Schroeder schließlich in die Redaktion der von Ihering gegründeten *„Jahrbücher für die Dogmatik des heutigen römischen und deutschen Privatrechts"*[548] ein.[549]

Gesundheitlich erwies sich der Wechsel nach Göttingen allerdings als neuerlicher Fehlschlag. Hatte sich Schroeder durch seinen Fortgang aus Straßburg Entspannung und Ruhe sowie Ablenkung von Annas Tod erhofft, so sollten seine Erwartungen enttäuscht werden. An der Leine erkrankte er selbst im Frühjahr 1887.[550] Es muss sich um eine schwerere Krankheit, vermutlich Typhus[551], gehandelt haben, von der sich er sich nur schleppend erholte.

Insoweit hatte sich die Leinestadt in Schroeders persönlichem Empfinden von einer sehr negativen Seite gezeigt. Um so mehr freute es ihn, als ihn zum Sommersemester 1888 eine Anfrage des badischen Unterrichtsministeriums hinsichtlich eines Wechsels an die Heidelberger Juristenfakultät erreichte. Hier sollte er die Nachfolge Gierkes antreten, der nach nur vier Jahren[552] einem Ruf nach Berlin auf den Lehrstuhl seines Doktorvaters Gustav Homeyer gefolgt war.[553] Gestalteten sich die Verhandlungen über Schroeders Berufung zunächst noch schwierig[554], so waren im Juli 1887 sämtliche Fragen gelöst: Erstmals zum Sommersemester 1888 sollte er in Heidelberg Vorlesungen halten.

---

[546] Regelsberger an Schroeder vom 15. Oktober 1884, UB HD Heidel.Hs. 3899.

[547] Von Ihering an Bülow, 20. Juni 1885; Rudolf von Ihering in Briefen an seine Freunde, S. 390.

[548] Vgl. zu dieser Zeitschrift *Losano,* Studien zu Ihering und Gerber, S. 64 ff.

[549] *von Ihering,* Jahrbücher für die Dogmatik Bd. I, S. 4; Rudolf Ihering hat diese 1857 zusammen mit C.F. von Gerber mit dem Ziel gegründet, die produktive Rechtswissenschaft (Der Begriff „Produktive Rechtswissenschaft" bedeutete aber insbesondere rechtsschöpferische Systematik und damit die Anknüpfung an Savignys Theorie vom *„wissenschaftlichen Recht"; Wilhelm,* Zur juristischen Methodenlehre im 19. Jahrhundert, S. 89) zu fördern (*von Ihering,* Jahrbücher für die Dogmatik Bd. I, S. 3). Hierzu zählt er auch die Rechtsgeschichte, *„wenn gleich der gewählte Name für letztere weniger passend erscheinen dürfte".*

[550] Lehrbuch, Vorwort; *Molitor,* Pommersche Lebensbilder Bd. I, S. 289.

[551] Brunner schreibt am 11. Juli 1887 an Schroeder, er habe *„mit Sorge und Betrübnis vernommen, daß Sie (Schroeder) einen Typhus durchzumachen hatten";* UB HD Heidel.Hs. 3899.

[552] Dieser hatte erst 1884 den verwaisten Lehrstuhl Achilles Renauds übernommen; Achilles Renaud (1819–1884), war in Bern ordentlicher Professor gewesen, bevor er 1848 nach Gießen und schließlich 1851 nach Heidelberg berufen wurde. In Heidelberg hatte er bis zu seinem Tod 1884 den Lehrstuhl für deutsches Privatrecht, Handels- und Wechselrecht, Zivilprozessrecht und französisch-badisches Zivilrecht inne. Außerdem tat er sich als Rechtshistoriker hervor; *Stintzing/Landsberg,* Geschichte der deutschen Rechtswissenschaft, Bd. III/2, S. 634 f.

[553] *Kleinheyer/Schröder,* Juristen, S. 146; *Wolf,* Große Rechtsdenker: Otto von Gierke, S. 689; *Wolgast,* Die Heidelberger Universität, S. 118.

4. Endstation Heidelberg: Schroeders Wirken in der Neckarstadt

a) Der Ruf nach Heidelberg

Heidelberg lockte nicht nur mit dem süddeutschen Wesen seiner Einwohner.[555] Die Neckarstadt war auch ein Symbol für Jugend und Leichtigkeit, Naturverbundenheit und Lebendigkeit.[556] Damit verkörperte sie das, wonach sich der lebensfrohe Pommer nach dem Tod seiner Frau und den eigenen körperlichen Rückschlägen sehnte.

Ferner zeichnete sich Heidelberg durch ein hervorragendes wissenschaftliches Niveau aus. Die Ruperto Carola, so hieß es, sei die *„klügste"* und *„geistig anspruchvollste Universität"*, da hier eine *„spezifische Offenheit, Liberalität und Modernität"* herrsche.[557] Diesen Ruf hatte man sich im Laufe des 19. Jahrhunderts beharrlich erarbeitet. Organisatorische Maßnahmen wie das 13. Reorganisationsedikt von 1803 und eine streng leistungsbezogene Berufungspraxis[558] ließen die badische Hochschule neben Berlin, München, Leipzig und Bonn zu einer der führenden Universitäten im deutschsprachigen Raum aufsteigen.[559] Anders als beispielsweise das im benachbarten Königreich Württemberg gelegene Tübingen war Heidelberg auch moderner sowie wissenschaftlicher ausgerichtet und galt noch in seiner Umbruchsphase 1820 als *„Universität hauptsächlich für Juristen und von Juristen"*[560]. Diese Tendenz verstärkte sich im Verlauf des 19. Jahrhunderts sogar noch. Als Schroeder 1887 berufen wurde, lehrten in Heidelberg bereits wieder rechtswissenschaftliche Größen wie Georg Jellinek, Georg Meyer, Ernst Immanuel Bekker und Heinrich Buhl.[561]

---

[554] So hatte es am 19. Juni 1887 noch geheißen, dass die Heidelberger zwei Tage nach der Anfrage an Schroeder die Fächerkombination des zu besetzenden Lehrstuhls zu dessen Ungunsten ändern wollten; vgl. *Blaurock*, Rechtswissenschaft in Göttingen, S. 321.

[555] Auch Dietrich Schäfer (1845–1929) berichtet: *„Im badischen „Ländle" konnte man leichter in der Bevölkerung aufgehen; man stieß dort selten auf Gegnerschaft gegen Norddeutsche, überhaupt gegen Landfremde";* Schäfer, Mein Leben, Berlin und Leipzig 1926, S. 218.

[556] *Baumgarten*, Professoren und Universitäten im 19. Jahrhundert, S. 169; *Jansen*, Professoren und Politik, S. 32; *Gothein*, Eberhard Gothein, S. 140; *Pfaff*, Heidelberg, S. 96.

[557] *Jansen*, Professoren und Politik, S. 32.

[558] *Baumgarten*, Professoren und Universitäten im 19. Jahrhundert, S. 121.

[559] *Baumgarten*, die Geistes- und Naturwissenschaften an der Universität Göttingen 1866–1914, S. 43; *Hinz*, Ruperto-Carola, S. 206; *Classen/Wolgast*, Kleine Geschichte der Universität Heidelberg, S. 35; *Pfaff*, Heidelberg, S. 186; *Schroeder*, JuS 1986, S. 919 ff.

[560] Robert Mohl, zitiert bei *Wolfgang Kaschuba*, Deutsche Bürgerlichkeit nach 1800, Kultur als symbolische Praxis, S. 24.

[561] *Küper*, Der Heidelberger Strafrechtslehrer Karl von Lilienthal, S. 382; *Dickel*, Die Heidelberger juristische Fakultät, S. 58 ff.; *Wolgast*, Die Universität Heidelberg,

Daneben hatte die Rechtsgeschichte in der Neckarstadt eine hervorragende Tradition. Carl Eduard Zachariae von Lingenthal[562], dessen Vater Carl Salomo[563], Siegmund Zimmern[564] und Heinrich Zoepfl hatten hier geforscht[565]. Angesichts dieser Umstände fiel es Schroeder umso leichter, den Heidelberger Ruf anzunehmen. Sein Kollege Brunner beglückwünschte ihn zu dem Wechsel und offenbarte, *„Heidelberg wäre die einzige Universität, die ich allenfalls mit Berlin vertauschen möchte"*[566].

Abgesehen von den fachlichen Anreizen gab das badische Angebot dem Witwer und sechsfachen Vater, der noch immer die väterlichen Schulden abtrug, Gelegenheit, seine finanzielle Situation zu verbessern. Zwar war er bei Annahme der Göttinger Professur gewillt gewesen, *„nicht mehr von hier zu scheiden. Allein ich bin ohne jedes Vermögen und habe für sechs Kinder zu sorgen"* rechtfertigte er seine Entscheidung für Heidelberg gegenüber dem Kurator der Georgia Augusta, *„und so durfte ich den großen pekuniären Vorteilen, die mir die Heidelberger Stellung bietet, nicht entsagen"*[567].

Die Göttinger Universität war allerdings dafür bekannt, dass sie ihren Professoren die Annahme anderweitiger Lehraufträge nicht leicht machte.[568] Man erwartete vielmehr, dass gewöhnliche Rufe abgelehnt wurden, mindestens jedoch, dass der Berufene später zurückkehrte und die Georgia Augusta mit dem auswärtig gesammelten Erfahrungsschatz förderte. Dem versuchte Schroeder da-

---

S. 118; *Classen/Wolgast*, Kleine Geschichte der Universität Heidelberg, S. 74; *Du Moulin-Eckart*, Geschichte der Deutschen Universitäten, S. 64.

[562] Carl Eduard Zachariae von Lingenthal (1812–1894); dieser lehrte von 1836–1844 in Heidelberg; *Drüll*, Heidelberger Gelehrtenlexikon 1802–1932, S. 307 f.

[563] Carl Salomo Zachariae (seit 1842: von Lingenthal) (1769–1843); er war von 1807 bis zu seinem Tode Professor in Heidelberg; *Köbler*, S. 649.

[564] Sigmund Wilhelm Zimmern (1796–1830); dieser war Professor für Rechtsgeschichte und Strafprozessrecht an der Ruperta Carola von 1818–1825; *Drüll*, Heidelberger Gelehrtenlexikon 1802–1932, S. 311.

[565] *Dickel*, Die Heidelberger juristische Fakultät, S. 62; *Marcks*, Die Universität Heidelberg im 19. Jahrhundert, Festrede zur Hundertjahrfeier ihrer Wiederbegründung durch Karl Friedrich, Heidelberg 1903, S. 40.

[566] Brunner an Schroeder vom 11.07.1887, UB HD Heidel.Hs. 3899.

[567] So schreibt er am 28.06.1887 an den Kurator der Universität Göttingen, Geheimer Regierungsrath Dr. iur. et. phil. von Warnstedt: *„Um ... der königlichen Staatsregierung und meinen Kollegen nach Maßgabe meiner Kräfte ein Zeichen meiner dankbaren Gesinnung und meiner Anhänglichkeit an unsere Universität zu geben, habe ich mir bei der badischen Regierung die Erlaubniß ausgewirkt, dem Rufe nach Heidelberg erst zu Osten k.(ommenden) J.(ahres; Ergänzungen der Verfasserin) folge leisten zu dürfen, so daß ich in der glücklichen Lage bin, hier (d.h. in Göttingen, Anmerkung der Verfasserin) während des bevorstehenden Wintersemesters noch in alter Weise meinen Amtspflichten zu genügen";* UA Göttingen.

[568] Alois Brandl berichtet, es sei ihm geraten worden, sich bald einen Bauplatz für ein eigenes Haus und einen Begräbnisplatz für die ganze Familie zu erwerben; *Brandl*, Zwischen Inn und Themse, S. 231.

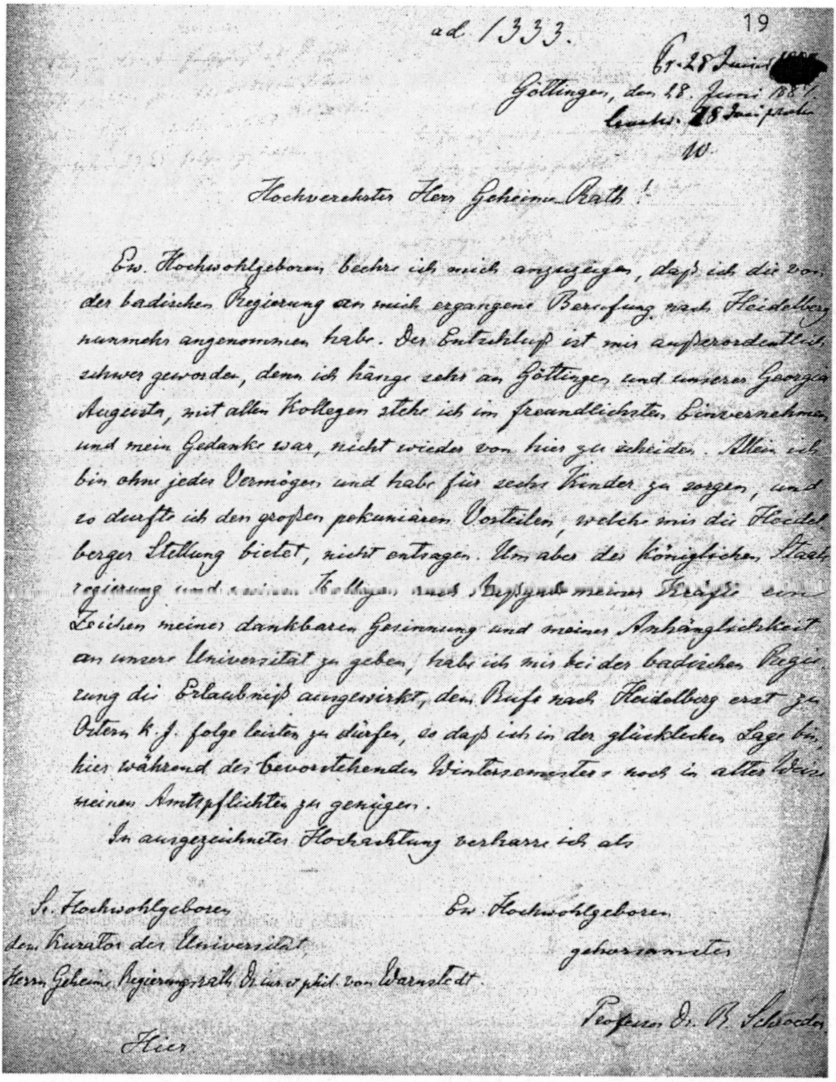

Abb. 9: Schroeder an den Kurator der Universität Göttingen, 1887
(Quelle: Universitätsarchiv Göttingen)

durch zu begegnen, dass er den badischen Ruf erst zu Ostern 1888 annahm und bis dahin den Göttingern noch zur Verfügung stand.[569] Angesichts dieses Entge-

---

[569] Schroeder an von Warnstedt vom 28.06.1887, UA Göttingen.

genkommens schied man in bestem Einvernehmen, obwohl die Göttinger „*ihren*" Schroeder nur ungern und schweren Herzens ziehen ließen. Auf seinen Lehrstuhl folgte Victor Ehrenberg[570], der auch Schroeders Sitz in der Redaktion der Iheringschen Jahrbücher für Dogmatik übernahm.[571]

Als Zeichen der Anerkennung und zur Würdigung seiner Verdienste um die Göttinger Universität wurde Schroeder am 26. März 1888 mit dem preußischen Roten Adlerorden Vierter Klasse ausgezeichnet.[572] Zudem verlieh man ihm 1893 anlässlich des 100. Geburtstags von Karl Lachmann den philosophischen Doktorhut ehrenhalber.[573] Auf diesem Wege verwirklichte sich letzten Endes der Traum des Abiturienten Schroeder von einem juristischen und einem philosophischen Doktortitel.

Heidelberg war allerdings nicht die einzige Universität, die sich 1887 um Schroeder bemüht hatte. Auch Breslau richtete einen Ruf an ihn. Dem dortigen Dekan Wlassak erschien er von allen Germanisten als am ehesten geeignet, den germanistischen Lehrstuhl zu besetzen. Zwar hatte Schroeder zu diesem Zeitpunkt den Badenern bereits zugesagt; dieser Umstand hinderte Wlassak jedoch nicht anzufragen, ob er nicht nunmehr, anstatt von Göttingen nach Heidelberg zu wechseln, einem Ruf nach Breslau folgen wolle. Für Breslau spreche schließlich „*die Größe der Stadt und die hier in Aussicht stehende größere Lehrwirksamkeit*"[574]. Schroeder blieb jedoch bei seiner Entscheidung. Wie schon 1872, als ihn kurz nach Annahme des Würzburger Rufs weitere Angebote erreicht hatten, hielt er sich auch 1887 an seine einmal erteilte Zusage und widerstand der finanziellen Verlockung, die eine größere Hörerschaft in Breslau bedeutet hätte.

Mit großherzoglichem Erlass vom 31. Juli 1887 wurde er mit Wirkung zum 01.04.1888 zum Professor für Deutsches Recht, Handelsrecht und Rechtsgeschichte an die Universität Heidelberg berufen.[575] Seine Besoldung betrug an-

---

[570] *Planitz/Ehrenberg*, Rechtswissenschaft in Selbstdarstellungen Bd. I, S. 76.

[571] *Planitz/Ehrenberg*, Rechtswissenschaft in Selbstdarstellungen Bd. I, S. 76; *Blaurock*, Rechtswissenschaft in Göttingen, S. 321; Ehrenberg an Schroeder vom 05. November 1885, UB HD Heidel.Hs. 3899.

[572] Diese Ehrung wurde ihm zwar, wie er selbst in einer Anfrage an den badischen Großherzog schreibt, noch aufgrund seiner Leistungen an der Göttinger Georgia-Augusta zuteil, doch fand der eigentliche Akt der Verleihung schon zu Heidelberger Zeiten statt; Standesliste, GLA KA 235/2496, Schreiben Schroeders an den Staatsminister Dr. Nokk, Präsident des Großherzoglichen Ministeriums der Justiz, der Kultur und des Unterrichts in Karlsruhe, vom 16. April 1888, GLA KA 235/2496.

[573] *Stutz*, ZRG GA 38 (1917), S. XVIII; vgl. auch die Anzeige Schroeders an das akademische Direktorium zur Verleihung der phil. Doktorwürde am 07.03.1893; UA HD.

[574] Wlassak an Schroeder vom 19. Oktober 1887, UB HD Heidel.Hs. 3899.

[575] Vgl. Schreiben des akademischen Direktoriums der Universität Heidelberg vom 21. Juli 1887, PA 2256 Universität HD, und Schreiben des Ministeriums der Justiz, des

fangs 9400 Mark, zuzüglich eines Wohngeldzuschusses der II. Dienstklasse in Höhe von 500 Mark.[576] Hinzu kamen noch Hörergelder. Parallel zu seiner Übernahme in den badischen Staatsdienst erfolgte auch die Ernennung zum *„Geheimen Hofrat"*[577]. Dies war eine große Auszeichnung, erhielten doch nur besonders verdienstvolle bzw. loyale Professoren persönliche Titel.[578]

Schroeder lebte sich in Heidelberg gut ein: Hier schien er die Ruhe zu finden, die er seit Annas Tod vergeblich gesucht hatte. Gegenüber späteren Rufen anderer Hochschulen blieb er standhaft. Als ihm 1894 die Bonner Juristenfakultät den germanistischen Lehrstuhl anbot – offenbar bevorzugte man dort noch immer erfahrene Germanisten – antwortete er freundlich, aber bestimmt:

„Herzlichen Dank für Ihre freundliche und mich sehr ehrende Anfrage, der ich in jüngeren Jahren gern entsprochen haben würde. Nun bin ich aber genug umhergezogen und einigermaßen ruhebedürftig. Auch hält Heidelberg mich so fest, dass ich von hier mich nicht trennen könnte, selbst wenn es einem Tausch mit meinem lieben Bonn gelten sollte, an dem meine schönsten und glücklichsten Erinnerungen haften. Dazu kommt die große Lehrwirksamkeit, die sich mir hier bietet. Im deutschen Privatrecht habe ich eine tägliche Präsenz von etwa 100 Zuhörern und 112 haben sich bei mir eingeschrieben."[579]

b) Lehrer in Heidelberg

Schroeder avancierte in Heidelberg endgültig zu einer Größe der deutschen Rechtsgeschichte. Mag man auch nicht von der Begründung einer Heidelberger Rechtshistorischen Schule durch ihn sprechen, so setzte er doch sich und der Ruperto Carola mit seinem überaus erfolgreichen *„Lehrbuch der Deutschen Rechtsgeschichte"* ein wissenschaftliches Denkmal.[580] Zusammen mit dem Romanisten Otto Karlowa, den er noch aus Bonner Zeiten kannte[581], prägte er die Heidelberger Rechtsstudenten in rechtsgeschichtlicher Hinsicht.

Kultus und des Unterrichts vom 31.07.1887, PA 2256 Universität HD; Akten des Verwaltungsrathes der Generalwitwen- und Brandkasse, Schreiben vom 21.07.1887; *Weigert,* Die Rektoren der Ruperto-Carola zu Heidelberg und die Dekane ihrer Fakultäten, S. 54.

[576] Später wurde der Wohngeldzuschuss auf 1138,50 Mark erhöht; Akten des Verwaltungsrathes der General-Witwen- und Brand-Kasse vom 25. Juli 1887 an die juristische Fakultät der Universität Heidelberg, GLA KA.

[577] Akten des Verwaltungsrathes der Generalwitwen- und Brandkasse, Schreiben vom 21.07.1887; GLA KA.

[578] *Ringer,* Die Gelehrten, S. 44.

[579] Schroeder an die Bonner juristische Fakultät vom 24. Mai 1894, UB HD Heidel.Hs. 3899.

[580] *Hinz,* Ruperto-Carola, S. 165.

[581] Schroeder an Anna Hugo, 04. August 1863/12. Februar 1864/26. Juni 1864, Nachlass/Privatbriefe Dr. H. Berger.

Zu seinen wohl bekanntesten Heidelberger Schülern gehörte Konrad Beyerle[582], der bei ihm zum doctor iuris promovierte und sich danach bei Ulrich
Stutz habilitierte. Beyerle spezialisierte sich wie Schroeder auf die deutsche
Rechtsgeschichte und führte damit die von Beseler reichende Linie von Rechtshistorikern fort: *„Ich darf Sie meinen Lehrer nennen und in Ihnen einen war-*
men Förderer und väterlichen Freund verehren"[583], schrieb er, als er Schroeder
den sechsten Band seiner *„Deutschrechtlichen Beiträge"* zum fünfzigsten Doktorjubiläum darbrachte. Über Beyerle setzte sich Schroeders Lehre zu Heinrich
Freiherr von Minnigerode sowie Johannes Bärmann, der wiederum Lehrer von
Karl Otto Scherner war, fort.[584]

Daneben gehörten Eugen Rosenstock-Huessy[585] sowie Hellmuth Graf Molt-
ke[586] zu denen, die von Schroeder in Heidelberg gefördert wurden. Rosenstock[587]
promovierte bei ihm zum Thema Herzogsgewalt und Friedensschutz. Nach einer
Zeit als Privatdozent in Breslau wandte er sich 1919 von der Hochschule ab
und gründete zusammen mit Hugo Sinzheimer und Ernst Michel die „Akademie der Arbeit". 1922 kehrte er an die Universität zurück und wurde in Breslau
Professor für Soziologie und Rechtsgeschichte. 1933 emigrierte er in die Vereinigten Staaten von Amerika und lehrte bis 1957 unter anderem an der Harvard
University und dem Dartmouth College in New Hampshire.

Auch Otto Gönnewein, Schroeders Nachfolger als Leiter des Deutschen
Rechtswörterbuchs, erlebte ihn noch als Heidelberger Dozent.[588] Rudolf His,
der in Basel bei Andreas Heusler promoviert hatte, habilitierte sich schließlich
in Heidelberg unter Schroeder zum Thema *„Domänen der römischen Kaiser-*
zeit"[589] und betreute seinerseits wiederum Erich Molitor sowie Gustav Klemens
Schmelzeisen.[590]

Auch Leopold Perels, der ebenfalls bei Schroeder promovierte und sich habilitierte, verdient Erwähnung.[591] Anders als die meisten von Schroeders Schülern

---

[582] Konrad Beyerle (1872–1933); vgl. hierzu insb. *Laufs,* Konrad Beyerle in: Gestalten und Problem katholischer Rechts- und Soziallehre, S. 21; *Stutz,* ZRG GA 54
(1934), S. XXV–XLIV; *Köbler,* Wege deutscher Rechtsgeschichte, FS Kroeschell,
S. 195.

[583] *Beyerle,* Vorwort zu Deutschrechtliche Beiträge, Sechster Band, S. V.

[584] *Köbler,* Wege deutscher Rechtsgeschichte, FS Kroeschell, S. 209/214/227.

[585] Eugen Rosenstock-Huessy (1888–1973); *Thieme,* ZRG GA 106 (1989), S. 1–11.

[586] Dieser hörte im Sommersemester 1911 *„deutsche Rechtsgeschichte"* und im
darauffolgenden Wintersemester *„deutsches Privatrecht"* bei Schroeder.

[587] Nach seiner Hochzeit mit der Schweizerin Margrit Huessy nannte er sich Rosenstock-Huessy; *Thieme,* ZRG, GA 106 (1989), S. 3; *Stiefel/Mecklenburg,* Deutsche Juristen im amerikanischen Exil, S. 54.

[588] *Reicke/Schneider,* Otto Gönnewein zum Gedächtnis, S. 6.

[589] *Köbler,* Wege deutscher Rechtsgeschichte, FS Kroeschell, S. 194; *Köbler,* Lexikon der europäischen Rechtsgeschichte, S. 234; *Schmidt,* ZRG GA 61 (1941), S. XVI.

[590] *Köbler,* Wege deutscher Rechtsgeschichte, FS Kroeschell, S. 201/211.

beschäftigte sich Perels vorwiegend mit seerechtlichen statt mit rechtshistorischen Forschungen. Zusammen mit Eberhard Freiherr von Künßberg[592] war er maßgeblich an dem Wörterbuch der deutschen Rechtsgeschichte beteiligt und arbeitete an der von Loersch und Schroeder veröffentlichen Sammlung der *„Urkunden zur Geschichte des deutschen Privatrechts"* in ihrer dritten Auflage mit.[593] Nachdem er 1912 zum außerordentlichen Professor in Heidelberg ernannt worden war, vertrat er Schroeder auch in Vorlesungen und Übungen.[594]

Als Universitätslehrer gelang es Schroeder, die Studenten durch seine *„Fähigkeit der anschaulichen Darstellung verbunden mit oft drastischem Witz"* zu fesseln. Dennoch war er, maßgeblich aufgrund seines *„vornehmen und schlichten Wesens"*, kein begeisternder Redner.[595] Seine Stärke lag vielmehr darin, den oft spröden Stoff ausdrucksvoll aufzubereiten und auf diese Weise das Interesse seiner Studenten zu wecken.

Die *„Deutsche Rechtsgeschichte"* gehörte auch in Heidelberg zu Schroeders liebsten Veranstaltungen. Er unterteilte die Vorlesung in zwei Abschnitte, namentlich die *„Verfassung und Rechtsquellen"* sowie das *„Privatrecht, Strafrecht und Gerichtsverfahren"*. Auf eine allgemeine Darstellung der Lebensbedingungen und Zustände[596] der einzelnen Perioden mit vielerlei etymologischen und philologischen Anmerkungen[597] folgten staatsrechtliche Abhandlungen.[598] Immer wieder betonte er die Bedeutung der öffentlichen und Privaturkunden für die weitere Entwicklung des geschriebenen Rechts. Daneben legte er besonderen Wert auf die Herausbildung deutscher Rechtsinstitute und Gegebenheiten wie beispielsweise die Entwicklung des Grundeigentums, die Entstehung von Dörfern, Rittergütern und Städten. Im Rahmen der mittelalterlichen Rechtsquellen ging er auf neue Formen, wie beispielsweise das Aufkommen der Rechtsbücher oder der Landrechte bzw. -gesetze ein.

---

[591] *Gönnewein,* ZRG GA 72 (1955), S. 458 f.; *Weizsäcker,* Ruperto-Carola 13/14, S. 49.

[592] *Laufs,* Eberhard Freiherr von Künßberg, Badische Biographien NF Bd. III, S. 163 ff.

[593] *Gönnewein,* ZRG GA 72 (1955), S. 458.

[594] *Weizsäcker,* Ruperto-Carola 13/14, S. 49.

[595] *Molitor,* Pommersche Lebensbilder Bd. I, S. 291.

[596] Betreffend die germanische Urzeit behandelte er hierbei die Kultur, den Handel und die Schrift der Germanen, in der Darstellung über die Franken setzt er sich mit der Herkunft und Herausbildung der germanischen Stammesrechte auseinander.

[597] In dem Kapitel über die germanische Urzeit thematisiert er die Herkunft des Wortes „Recht", Vorlesungsmitschrift Sommersemester 1892, UB HD Heidel.Hs. 3477, S. 7.

[598] So enthält die fränkische Periode ein Kapitel über die *„Gründung und Ausbreitung des fränkischen Reiches";* Vorlesungsmitschrift Sommersemester 1892, UB HD Heidel.Hs. 3477.

Seine neuzeitlichen Untersuchungen fielen im Vergleich zu seinen fränkischen und mittelalterlichen Ausführungen dagegen spärlich aus. Dies mag darauf beruhen, dass sich Schroeder bei seinen Forschungen hauptsächlich mit der fränkischen Zeit und dem deutschen Mittelalter beschäftigte, die neuzeitliche Periode aber äußerst selten Gegenstand von Einzelabhandlungen war und auch erst sehr spät Eingang in sein *„Lehrbuch der Deutschen Rechtsgeschichte"* fand.

Ferner zeichneten sich seine rechtsgeschichtlichen Vorlesungen durch ein umfängliches allgemeingeschichtliches Gepräge aus.[599] Immer wieder griff er rein historische und philologische Themenkomplexe auf. Dies störte die Gesamtheit der Vorlesung nicht, sondern rundete sie vielmehr ab. Insgesamt war seine *„Deutsche Rechtsgeschichte"* außerordentlich gut besucht. Lediglich die Semester der Jahre 1914 bis 1917, die ein kriegsbedingter Schwund der Hörerzahlen kennzeichnete, waren schwächer frequentiert. Ausgehend von 30 Zuhörern im Jahr 1888 stieg die Anzahl seiner Studenten im Sommersemester 1903 bis auf 142 und betrug zwischen 1892 und 1912 nie weniger als 70 Zuhörer.[600]

Ab dem Wintersemester 1900/01 las Schroeder die *„Grundzüge und Geschichte des deutschen Privatrechts"* als Ausgleich zu der klassischen Vorlesung der deutschen Rechtsgeschichte, die im Sommersemester stattfand. Daneben vermittelte er weiterführende Themen, so z. B. die *„Erklärung des Sachsenspiegels und anderer Rechtsbücher"*[601] in separaten Veranstaltungen und bot darüber hinaus *„Handels-, See- und Wechselrecht"*, bzw. *„Handels-, Wechsel- und Schifffahrtsrecht"* an. Ab dem Wintersemester 1906/07 ergänzte er die Veranstaltung um den Bereich des *„Versicherungsrechts"*. Auch gehörten das *„Recht der Handelsgesellschaften"*[602], das *„Recht der Wertpapiere"*[603] sowie ein *„Handelsrechtliches Praktikum"*[604] bzw. *„Handelsrechtlichen Übung"*[605] zu seinem Programm.[606]

---

[599] Schroeder behandelt eingangs des das deutsche Mittelalter betreffenden Abschnittes den Zerfall des großen Frankenreiches in die später deutschen und französischen Gebiete sowie die besondere Bedeutung von Schleswig und Holstein, Vorlesungsmitschrift Sommersemester 1892, UB HD Heidel.Hs. 3477.

[600] Vgl. Anhang, Verzeichnis der Vorlesungen von Richard Schroeder an der Ruprecht-Karls-Universität Heidelberg, Sommersemester 1888 bis Wintersemester 1916/17.

[601] Wintersemester 1889/90, 1894/95, 1901/02 sowie Sommersemester 1898 und 1910. Einmalig geblieben ist dagegen seine im Wintersemester 1899/00 durchgeführte *rechtsgeschichtliche Übung*. Dies mag an der mit 20 Studenten für Schroeder relativ geringen Teilnehmerzahl gelegen haben.

[602] Wintersemester 1892/93 sowie 1895/96.

[603] Wintersemester 1890/91, 1891/92 sowie 1894/95.

[604] Sommersemester 1896 und 1897.

[605] Sommersemester 1894 sowie Wintersemester 1896/97.

[606] Ab dem Wintersemester 1912/13 beschränkte er sich allerdings auf den Allgemeinen Teil des Handelrechts, wobei er seit dem Sommersemester 1899 auch verein-

Abbildung 10: Schroeder auf der Heidelberger Schlossbrücke (Quelle: Dr. H. Berger)

Parallel beschäftigte sich Schroeder fast ebenso intensiv mit deutschrechtlichen Themen. Auch diese Vorlesungen waren mit durchschnittlich jeweils 60 Zuhörern sehr gut besucht. Dadurch bedingt hatte er allerdings kaum Gelegenheit, sich intensiver dem einzelnen Studenten zu widmen.[607] Um dennoch den Interessierteren unter seinen Hörern die gebührende Aufmerksamkeit schenken zu können, bot er neben den klassischen Vorlesungen auch *„Deutschrechtliche Übungen"*, bzw. *„Übungen im deutschen Privatrecht"* an. Hier ergab sich für ihn ein engerer Kontakt zu seinen Schülern, als dies im Rahmen des normalen Vorlesungsbetriebes möglich gewesen wäre.

Nachdem feststand, dass zum 01.01.1900 das Bürgerliche Gesetzbuch für das Deutsche Reich in Kraft treten sollte, stellte Schroeder sein Vorlesungsrepertoire ab dem Sommersemester 1899 um. Bereits 1897 war er zusammen mit Otto Karlowa und Ernst Immanuel Bekker durch großherzogliches Dekret beauftragt worden, das Bürgerliche Recht an der Universität Heidelberg zu lesen[608], nach-

---

zelt das Urheber- bzw. *„Urheber- und Verlagsrecht"* las; Vorlesungsverzeichnis der Universität Heidelberg.

[607] Seine erste *„deutschrechtliche Übung"* fand im Sommersemester 1889 mit elf Teilnehmern statt. Diese Zahl stieg zwar im Wintersemester 1912/13 auf 31, ging aber nie darüber hinaus; UA HD, Quästur Richard Schroeder.

dem er schon im vorangegangenen Wintersemester 1896/97 ein Kolleg über die *„Einführung in das B.G.B. Buch 3 bis 5"*[609] gehalten hatte. Neben *„Deutschem Bürgerlichen Recht, Familien- und Erbrecht"* las er hiernach vereinzelt auch *„Sachenrecht"*.

Die Umstellung brachte jedoch einen erheblichen Arbeitsaufwand mit sich. 1900 musste Schroeder sogar die Anfrage seines engen Freundes Ulrich Stutz, der ihn als Redakteur der Savigny-Zeitschrift für Deutsche Rechtsgeschichte um einen Aufsatz gebeten hatte, ablehnen: Zu umfangreich war das Arbeitsaufkommen, das sich durch die Einführung des Bürgerlichen Gesetzbuches angehäuft hatte:

> „Und ähnlich, fürchte ich, wird es gegenwärtig den meisten Fachgenossen ergehen. Die völlige Umwälzung unserer Vorlesungen war doch eine harte Nuß, an der wir noch längere Zeit zu knacken haben werden. Sachen-, Familien- und Erbrecht des BGB habe ich nun schon dreimal gelesen und bin mit dem Schwersten durch, aber die übrigen Teile, wenn man auch nicht über sie liest, wollen doch auch studiert sein"[610].

c) Universitäres und außeruniversitäres Engagement

Neben seiner intensiven Lehrtätigkeit brachte sich Schroeder auch anderweitig in die Heidelberger Universität ein. So war die Erweiterung des privatrechtlichen Seminars auf alle juristischen Fächer, insbesondere auf das deutsche und das öffentliche Recht im Jahr 1890 auf das unermüdliche Engagement der Professoren Bekker und Schroeder zurückzuführen.[611]

Zudem festigte Schroeder mit dem *„Lehrbuch der Deutschen Rechtsgeschichte"* nicht nur endgültig seinen Ruf als Koryphäe auf diesem Gebiet,[612] sondern verhalf auch der Rechtsgeschichte an der juristischen Fakultät Heidelberg wieder zu Bedeutung. Zusammen mit Georg Jellinek und Ernst Immanuel Bekker gehörte er zu den bedeutendsten Rechtslehrern der damaligen Ruperto Carola.[613]

---

[608] Schreiben 13135 des Ministeriums der Justiz, des Kultus und Unterrichts vom 19.07.1897, GLA KA 235/2496.

[609] Schroeder an Brunner vom 10. März 1897, Archiv des Deutschen Rechtswörterbuchs, HAW.

[610] Schroeder an Stutz vom 09.08.1899, UA Zürich, Nachl. Stutz, 184.

[611] Sie kämpften um eine angemessene finanzielle und personelle Ausstattung des privatrechtlichen Zweigs. Das privatrechtliche Seminar hatte bis dato lediglich ein Schattendasein neben dem herausragenden staatswissenschaftlichen Seminar gefristet; *Riese*, Die Hochschule auf dem Wege zum wissenschaftlichen Großbetrieb, S. 208.

[612] *Beyerle*, DBJ, 139.

[613] *Anschütz/Pauly*, Aus meinem Leben, S. 75.

Ab 1911 engagierte er sich beim *„Deutschen Hochschullehrertag"*[614], der seit 1907 regelmäßig zusammenkam und über die Missstände und Ungleichheiten des Promotionswesens im Deutschen Reich sowie eine allgemeine Reform des Hochschulwesens beriet. Aber auch über das „Kartell", wie man die Bestrebungen des Kreises um den Verantwortlichen Althoff zur Ausdehnung des Promotionsrechts kritisch bezeichnete, wurde diskutiert[615]. Preußen hatte den Technischen Hochschulen bereits 1899 gegen den Widerstand mancher Fakultät das ius promovendi[616] zuerkannt.[617] Auch in Heidelbergs universitären Kreisen war ein heftiger Streit über diese Ausdehnung des Promotionsrechts entbrannt: Die Mehrheit des Großen Senats lehnte sie ab, da es sich gerade nicht um eine Universität im eigentlichen Sinne handele.[618] Nur diese habe aber von jeher das Recht gehabt, den Doktortitel zu verleihen. Es gebe auch keinen Grund, die Regelung nunmehr zu ändern. Schroeder sah dies anders. Zusammen mit vier weiteren Senatsmitgliedern stimmte er dafür, der neu gegründeten Technischen Hochschule in Karlsruhe das Promotionsrecht zu verleihen. Er drang hiermit aber nicht durch und musste sich vorerst der Mehrheit des großen Senats beugen.

Daneben arbeitete Schroeder intensiv an rechtsgeschichtlichen Aufsätzen. Er war bemüht, sämtliche existenten Meinungen in Betracht zu ziehen und objektiv der eigenen gegenüberzustellen. 1902 verschob er sogar eine eigene Veröffentlichung in der Savigny-Zeitschrift für Rechtsgeschichte, da er einen dort bereits zur Edition angenommenen Aufsatz von Brunner und Vinogradoff zum gleichen Thema noch nicht gelesen und berücksichtigt hatte.[619] Eine gründliche Recherche sowie die Beachtung aller Ansichten erschien ihm wichtiger als die pünktliche Abgabe des eigenen Werkes.

Symptomatisch für seinen Arbeitseifer ist ein Brief aus dem Jahr 1903, den er an seinen Kollegen Stutz richtete: *„Ich hatte keine Ferien, drei Wochen jurist. Examen in Karlsruhe, 608 Prüfungsarbeiten zu beurteilen, dann Wörter-*

---

[614] Diese Institution hat sich aus den 1898 von Friedrich Althoff angeregten vertraulichen Rektorenkonferenzen, den *„Konferenzen deutscher Unterrichtsverwaltung in Hochschulangelegenheiten"* entwickelt.

[615] *Riese*, Die Hochschule auf dem Wege zum wissenschaftlichen Großbetrieb, S. 329; *vom Brocke*, Hochschul- und Bildungspolitik in Preußen und im Deutschen Kaiserreich 1882–1907, S. 79.

[616] Das ius promovendi stand nur den Universitäten zu und war ursprünglich Ausfluss des Korporationsprinzips vgl. hierzu *Ewald Horn*, Die Disputationen und Promotionen an den Deutschen Universitäten, S. 102 ff.

[617] Unterstützend wirkte dabei die Vorliebe Kaiser Wilhelms II. für die moderne Technik; vgl. zu der Entwicklung des Promotionsrechts an den Technischen Hochschulen *Manegold*, Universität, Technische Hochschule und Industrie, S. 349–300; *Ringer*, Die Gelehrten, S. 54.

[618] *Riese*, Die Hochschule auf dem Wege zum wissenschaftlichen Großbetrieb, S. 305.

[619] Schroeder an Stutz vom 17.10.1902, UA Zürich, Nachl. Stutz, 184.

buchkommission in Heidelberg, dann Historikertag, dann Kollegbeginn. Ich bin ganz alle. Aber gleich nach Pfingsten bin ich wieder daran"[620]. Ein Augenleiden, wohl eine Verdunkelung *„auf dem Glaskörper infolge starker Überarbeitung*"[621], hinderte ihn allerdings ab 1900 daran, sich intensiver dem Schreiben zu widmen.[622]

Schroeder war Rechtshistoriker mit Leib und Seele. Seine ganze Leidenschaft galt der Rechts- und der Landesgeschichte. Politisch stand er den Deutschnationalen nahe. Im Herzen war er aber Pommer geblieben, wenngleich ihn die Liebe zur Philologie und seine Begeisterung für die Geschichte aus seinem Stammland fortgeführt hatten. Ein Freund aus Göttinger Tagen beschrieb ihn als *„wohltätiges Mittel- und Bindeglied zwischen Nord und Süd"*, *„als Bindeglied zwischen den Fakultäten, zwischen denen das Band ohnedies nicht so eng geschlungen ist"*[623]. Mit Optimismus und Humor verstand er es, Kollegen und Studenten für sich einzunehmen.

In Heidelberg war Schroeder über 50 Lehrsemester tätig. Anlässlich seiner 25-jährigen Universitätszugehörigkeit übersandte ihm die juristischen Fakultät 1913 ein Blumenbouquet samt der Visitenkarten aller Mitglieder. Diese Geste der Anerkennung rührte ihn, der zu dieser Zeit im schweizerischen Baden kurte, zutiefst,

„denn auch mir zwar die Erinnerung an fünfzig wunderschöne Semester, die ich in unserem geliebten Heidelberg nun schon doziert habe, fest im Gedächtnis geblieben, aber den Tag meines Eintrittes in den Dienst der Ruperto Carola hatte ich vergessen, auch war ich nicht auf den Gedanken gekommen, dass andere es wissen und Notiz davon nehmen könnten. So war ich denn am 04. April aufs äußerste überrascht, als der Briefbote mir zwei inhaltsschwere Briefe brachte, in deren einem mir unser Prorektor im Namen der Universität, in dem zweiten aber unsere liebe, durch Sie vertretene Fakultät die wärmsten Glückwünsche zu meinem Heidelberger Vierteljahrhundert aussprach."[624]

d) Das Familienleben in Heidelberg

In Heidelberg bewohnte Schroeder zunächst ein Haus in der Ziegelhäuser Landstraße 19 allein mit seinen Kindern, bis er nach elfjährigem Witwerstand am 04. April 1895 wieder heiratete. Er ehelichte Frieda Saunier[625], die Witwe

---

[620] Schroeder an Stutz vom 10. Mai 1903, UA Zürich, Nachl. Stutz, 33/184.

[621] Schroeder an Stutz vom 08.10.1906, UA Zürich, Nachl. Stutz, 184.

[622] *„Aber meine Arbeitskraft wird durch die Rücksicht auf die Augen sehr beeinträchtigt"*, schreibt er noch 1906 an seinen Kollegen Stutz; Schroeder an Stutz vom 19.11.1906, UA Zürich, Nachl. Stutz, 184.

[623] Heinrich Kühn an Schroeder, undatiert, dem Inhalt nach aufgrund der Verweisung auf den Tod von Anna Schroeder aber auf das Jahr 1884 zu datieren, UB HD Heidel.Hs. 3899.

[624] Schreiben vom 27.02.1913, Personalakte PA 790 der Universität Heidelberg.

seines Verlegers und Vetters Paul Saunier[626]. Frieda brachte ihren eigenen Sohn Albert[627] sowie fünf weitere Kinder aus der ersten Ehe ihres verstorbenen Mannes mit. Alle wurden von Schroeder freundlich aufgenommen:[628] Je mehr Leben im Haus war, desto lieber war es ihm.

Großen Wert legte er auf ein geordnetes Familienleben und verteidigte die Seinen, ob leiblich oder angeheiratet, in väterlicher Manier. Seine jüngste, noch ledige Tochter Ida schützte er einmal *„ungeachtet seines Alters und des Mißverhältnisses der Kräfte ritterlich und mutig"*[629], als diese von zwei jungen Männern belästigt wurde. Im nachhinein belächelte er den Vorfall, da die beiden die *„gut germanistischen"* Namen seiner Gegner in wissenschaftlicher Hinsicht, Brunner und Gaupp, trugen:[630] *„Nun sitzt auch der andere Germanist, der „Brunner" unter Schloß und Riegel. Ich bin mit den beiden noch nicht konfrontiert worden, vermute aber, dass „Brunner" der eigentliche „Held der Szene" gewesen ist. Man sollte ein Lustspiel darüber schreiben"*[631]. Seine Söhne Karl und Hugo, die beide auch in Heidelberg studierten, waren zudem echte Haudegen. Schroeder musste sie in seiner Eigenschaft als Rektor der Universität wegen studentischer Streiche in den Karzer stecken und sich gleichzeitig als Vater vor der entsprechenden Kommission rechtfertigen.[632]

Das Schroedersche Haus war Gästen gegenüber stets geöffnet. So berichtete ein Mitglied der Heidelberger Burschenschaft Allemannia, dass die *„öfteren Einladungen zum Mittagessen in Vater Schroeders Familie"* immer ein besonderes Vergnügen gewesen seien. Insbesondere an die Nachmittagskaffeestunden, zu denen Schroeder *„in unverfälschtem Mecklenbörger Plattdütsch aus seinem Landsmann Fritz Reuter vorlas"*[633], erinnerte man sich gern.

Schroeder genoss die Geselligkeit. Die Erinnerung an seine Göttinger Studentenzeit pflegte er, indem er sich aktiv beim Altherrenverband der Burschen-

---

[625] *Molitor*, Pommersche Lebensbilder, S. 289; *Stutz*, Nachruf, S. 127; Personalakte Schroeder, UA HD (PA 790): Frieda Sofie Klara Wilhelmine Saunier wurde am 13. August 1852 in Ansbach als Tochter des Regierungsdirektors a.D. von Forster und seiner Gattin Helene, geb. Freiin von Ebner-Eschenbach geboren. Sie war seit 1886 Witwe und starb am 26.02.1930; *Drüll*, Heidelberger Gelehrtenlexikon, S. 246, Heiratsschein vom 12.01.1917, Akte des Verwaltungsrathes der Generalwitwen- und Brandkasse, GLA KA.

[626] Heiratsschein, PA 2256 der Universität Heidelberg, UA HD; Heydemannsche Chronik, Nachlass Schroeder, Dr. G. Wilstermann, S. 49.

[627] Geboren am 11. Januar 1880.

[628] Schroeder zu seinem Heiratsvorhaben; PA 2256 der Universität HD; Standesliste, GLA KA 235/2496.

[629] *Stutz*, ZRG GA 38 (1917), S. XXIV.

[630] *Stutz*, ZRG GA 38 (1917), S. XXIV.

[631] Schroeder an Stutz vom 20.11.1907, UA Zürich, Nachl. Stutz, 184.

[632] Erinnerungen eines Allemannen, im Besitz Dr. G. Wilstermann, S. 33.

[633] Erinnerungen eines Allemannen, im Besitz Dr. G. Wilstermann, S. 34.

Abbildung 11: Schroeder mit Tochter Ida, um 1900 (Quelle: Dr. H. Berger)

schafter einbrachte. Unter seinem Vorsitz fand an jedem ersten Mittwoch des Monats um 20:30 Uhr das Ortsgruppentreffen im „Weißen Bock" in der Großen Mantelgasse statt.[634] Bei den Heidelberger Burschenschaften Allemannia und Frankonia war er gern gesehener Gast beim Kommers oder anderen festlichen Anlässen. Häufig hielt er Ansprachen und war insbesondere wegen seiner Damenreden berühmt. Einmal soll sogar der badische Großherzog Friedrich seinen Ferienantritt nur deshalb verschoben haben, um noch einer Schroederschen Rede beiwohnen zu können.[635]

Besonders die Kneipabende und anderweitigen studentischen Veranstaltungen waren ihm wichtig. Zusammen mit seinen Söhnen Hugo, welcher wie er selbst Göttinger Brunsvige war, und Karl, der der Berliner Verbindung „Cimbria" angehörte, nahm er an so mancher Abendveranstaltung der Allemannia oder der Frankonia teil. Dabei pflegten er und Hugo sich stets mit einem „Prost Schroeder", „Prost Schroeder" gegenseitig zuzutrinken.[636] Die Franken genossen seine Gesellschaft sogar so sehr, dass sie ihm ein Gedicht widmeten:

> So oft ich steh' im Saale hier,
> Naht dieser liebe Gast sich mir,
> In zahllos festlich heitren Stunden,
> Hab' ich mit Versen ihn umwunden,

---

[634] Vgl. z.B. Jahrbuch der deutschen Burschenschaft 1903, S. 224.
[635] Heydemannsche Chronik, S. 52; Nachlass Schroeder, Dr. G. Wilstermann.
[636] Erinnerungen eines Allemannen, im Besitz Dr. G. Wilstermann, S. 33.

Gewickelt ihn in Reim und Witze,
Vom Fuße bis zur Nasenspitze,
Die Harfe fast entzweigeleiert,
Und hab begeistert ihn gefeiert:
Als Hochschullehrer, Humoristen,
Als Generalsynode-Christen,
Als Ausschuss-Gründer und Berater,
Als Damen-Redner, Massenvater,
Ich hätte fast gesagt: „Mormonen",
Als treuen Hausfreund der Franconen,
Als scharfen Rechtsgeschichte-Deuter,
Als Schauljung von oll' Fritzing Reuter,
Als Burschenschafter, als Brunsvigen,
Als Feind politischer Intriguen,
Als Fakultätshaupt, als Prorektor,
Als Sport-, Spiel-, Bazarfest-Prorektor,
Als Schrecken aller Doktoranden,
Die nicht des Jusses Kniffe kannten,
Als Liebling aller Fakultäten,
Als der Kommers-Fidulitäten
Erbeingesessenen Meister-Präses,
Als Steuerzahler – Ach Herrchäses! –
Im Schlaf-, Haus-, Bratenrock, Talar
Ich dein getreuer Barde war.

Nun möchte ich gern dir auch was schenken,
Ich tat es lang und scharf bedenken
Und kam zum Schluß: Mein lieber Sohn,
Die beste Gabe hast Du schon
Das ist Dein goldener Humor,
Verloren ist, wer den verlor,
Den halte fest, mein lieber Schroeder,
Den Nebelspalter, Sorgentöter,
Solang die Lebenssonne scheint,
Sei er uns all der beste Freund![637]

e) Die zweite Kommission zur Erarbeitung eines Bürgerlichen Gesetzbuches
für das Deutsche Reich

Auch während seiner Heidelberger Zeit engagierte sich Schroeder bei den Vorarbeiten am Bürgerlichen Gesetzbuch. Als am 04.12.1890 auf Betreiben des ehemaligen preußischen Justizrates von Schelling eine neue Kommission eingesetzt wurde, stellte sich wieder die Frage nach geeigneten Kommissionsmitgliedern und Redakteuren.[638] Für Schroeder bot sich damit die erneute Möglichkeit, Kommissionsmitglied zu werden. Die Chancen standen gut, da er schon bei der

---

[637] Besitz Dr. Gerhard Wilstermann.

ersten Kommission als Gutachter tätig gewesen war und entsprechende Erfahrungen aufweisen konnte.

Vorschläge zur Besetzung der neuen Kommission kamen zunächst von den Einzelstaaten. Schließlich sollte die Neueinsetzung auch auf eine Verständigung zwischen den größeren Bundesregierungen hinwirken, die eifersüchtig über ihren Einfluss auf die Gesetzgebung wachten. Insbesondere das Großherzogtum Baden, in dessen Kandidatenreihe Schroeder wegen seiner Heidelberger Professur fiel, tat sich schwer. In einer vertraulichen Debatte des Justizausschusses unter dem Vorsitz des preußischen Staatssekretärs Otto von Oehlschläger schlug Baden als mögliche Kandidaten den Freiburger Professor Albert Gebhardt[639] sowie Richard Schroeder vor.[640] Da von Oehlschläger rasch eine arbeitsfähige Gruppe zusammenstellen wollte, um möglichst schnell ein einheitliches bürgerliches Gesetz für das Deutsche Reich zu realisieren, präferierte er zunächst Schroeder: Dieser *„sei vorzuziehen, da er Germanist sei und der Entwurf von den Germanisten vorzugsweise angefochten worden sei"*[641]. Damit spielte er auf die harsche Kritik an, die dem ersten Entwurf, vornehmlich von Gierke, entgegengeschlagen war.[642]

Mit der Berufung Schroeders glaubte von Oehlschläger, germanistischen Einwänden schon im voraus begegnen zu können. Gierke selbst lehnte er als Kommissionsmitglied ab: *„Von Dr. Gierke, dem Hauptgegner, sei zu befürchten, dass seine Mitwirkung zu einer Förderung der Berathungen nicht dienen werde, weil er gerne und sehr viel rede ... wenn ein anderer namhafter Germanist bezeichnet werden kann, so dürfte wohl auf diesen die Wahl sich lenken"*[643]. Die Parteinahme des Vorsitzenden für Schroeder erwuchs mithin nicht der Überzeugung von dessen Person und Fähigkeiten, sondern war rein pragmatischer Natur. So ließ er sich auch nur allzu leicht umstimmen, als Schroeders *„wissenschaftlicher Rang"* als *„nicht allgemein anerkannt"*[644] kritisiert wurde. Insbesondere im Reichsjustizamt meinte man, Schroeder sei *„mehr Philologe als Jurist"*[645] und deshalb für die Kommission ungeeignet. Von Oehlschläger sah

---

[638] Die erste Kommission hatte am 30.03.1889 ihre Arbeit beendet; *Jakobs/Schubert*, Materialien zur Entstehungsgeschichte des BGB/Einführung, S. 53.

[639] Dieser war schon Mitglied der ersten Kommission gewesen; vgl. *Jakobs/Schubert*, Einführung S. 73 f.

[640] *Jakobs/Schubert*, Materialien zur Entstehungsgeschichte des BGB/Einführung, Bericht von Stieglitz, S. 340.

[641] Diese Kritik beruhte darauf, dass der Entwurf als *„undeutsch"*, weil unter dem erheblichen Einfluss der Romanistik entstanden, kritisiert wurde; *Jakobs/Schubert*, Materialien zur Entstehungsgeschichte des BGB/Einführung, Bericht von Stieglitz, S. 340; *Wesenberg/Wesener*, Neuere deutsche Privatrechtsgeschichte, S. 189.

[642] *Behn*, ZRG GA 99 (1982), S. 137.

[643] *Behn*, ZRG GA 99 (1982), S. 136.

[644] *Jakobs/Schubert*, Materialien zur Entstehungsgeschichte des BGB/Einführung, S. 56.

seine Ernennung deshalb wohl auch nicht mehr als aussichtsreich an, germanistische Gegenargumente von vornherein zu entkräften. So distanzierte er sich und votierte schließlich doch für Gierke, der zwar Nationalökonom sei, aber auch als *„bedeutendster Germanist"* gelte.[646] *„Für Schroeder interessierte sich niemand"*[647]. Das badische Justizministerium stellte sich ebenfalls gegen ihn: Schließlich sei er *„naturgemäß mit den speziell badischen Verhältnissen weniger vertraut als es wünschenswerth erscheint"*, Gebhard hingegen *„ein genauer Kenner des badischen bzw. französischen Zivilrechts [...] und mit dem Entwurfe und dessen Entstehungsgeschichte auf das Genaueste vertraut"*[648]. *„Schroeders Bedeutung als Germanist"* sei dagegen vollständig anzuerkennen. Zudem könne man ihn nicht von seinen Hochschulverpflichtungen freistellen, da er *„zum großen Schaden der Universität in Heidelberg von keinem zu ersetzen"* sei.

Durch die erneute Ablehnung ließ sich Schroeder aber nicht entmutigen. Es blieb ihm genügend Raum, sich auf andere Weise mit dem ehelichen Güterrecht auseinander zu setzen. So verlegte er[649] sich wieder mehr auf rechtshistorische Untersuchungen, verfolgte aber die Arbeiten zum ehelichen Güterrecht des Bürgerlichen Gesetzbuches weiterhin interessiert. Im Rahmen der deutschen Juristentage sowie in Aufsätzen setzte er sich zudem kritisch mit den aktuellen Vorschlägen auseinander.

Als sich der 21. Deutsche Juristentag 1891 erneut mit dem ehelichen Güterrecht beschäftigte, wurde über die Frage diskutiert, ob nicht die deutsche eheliche Verwaltungsgemeinschaft in ihrer historischen Ausprägung dem im Entwurf fixierten System des ehemännlichen Nießbrauchs überlegen sei.[650] Bislang war eine romanistische Gestaltung des sächsischen Bürgerlichen Gesetzbuches

---

[645] Bericht von Heller vom 25.11.1890 über die Sitzung des Justizausschusses des Bundesrates vom 25.11.1890, abgedruckt bei *Jakobs/Schubert*, Materialien zur Entstehungsgeschichte des BGB/Einführung S. 348.

[646] Nach einigen Auseinandersetzungen über Person und Qualifikation Gierkes, dem Rudolf Sohm entgegengestellt wurde, entschied man sich schließlich für Gierke und nahm Sohm als zwölftes nichtständiges Mitglied der Kommission auf; vgl. Bericht von Heller vom 04.12.1890 über die Sitzung des Justizausschusses des Bundesrates am 03.12.1890 und des Plenums am 04.12.1890, abgedruckt bei *Jakobs/Schubert*, Materialien zur Entstehungsgeschichte des BGB/Einführung S. 352.

[647] Bericht von Heller vom 04.12.1890 über die Sitzung des Justizausschusses des Bundesrates am 03.12.1890 und des Plenums am 04.12.1890, abgedruckt bei *Jakobs/Schubert*, Materialien zur Entstehungsgeschichte des BGB/Einführung S. 352.

[648] *Behn*, ZRG GA 99 (1982), S. 137.

[649] Andere Rechtswissenschaftlicher taten dies ebenfalls; so widmete sich Gierke nach seiner Tätigkeit für die Kommission ab 1890 wieder mehr seinem germanistisch-historischen Werk, Max Weber wandte sich der Soziologie zu und Rudolf Sohm dem Kirchenrecht; vgl. zu dieser Entwicklung *Dilcher*, Das Gesellschaftsbild der Rechtswissenschaft und die soziale Frage, S. 60 ff.

[650] *Olshausen*, Der deutsche Juristentag, S. 44.

vorgesehen.[651] Auch hierzu nahm Schroeder als Gutachter Stellung.[652] Wie schon 1875 und 1876 kritisierte er den vorgesehen gesetzlichen Güterstand, der sich zwar Verwaltungsgemeinschaft nenne, inhaltlich aber *„im Anschlusse an das engherzige, durch und durch undeutsche und unpraktische System des ehemännlichen Nießbrauchs"*[653] stehe. Dem ehemännlichen Nießbrauch stünde das in weiten Teilen des Deutschen Reiches[654] übliche Mobiliarveräußerungsrecht des Ehemannes entgegen. Auch sei die Gleichstellung des ehemännlichen Nutzungsrechts mit den Vorschriften des Nießbrauchs nicht gerechtfertigt.[655] Seine Position, in der er von Gierke und Brunner unterstützt wurde, wollte Schroeder allerdings nicht als erneuten Angriff gegen das gesetzlich fixierte Hauptsystem verstanden wissen. Vielmehr hielt er es für seine moralische Verpflichtung, sich an die Beschlüsse der vorangegangenen Juristentage zu halten.[656]

Der 21. deutsche Juristentag folgte seinem Urteil dennoch fast einstimmig und sprach sich für eine Änderung des gesetzlichen Güterstandes aus. Das System des ehemännlichen Nießbrauchs sollte im Sinne der deutschen Verwaltungsgemeinschaft ausgestaltet werden.[657] Auch im Entwurf für das Bürgerliche Gesetzbuch fand dieser Ansatz seinen Niederschlag und wurde durch ein bloßes Verwaltungs- und Nutzungsrecht des Ehemannes im Sinne einer lediglich familienrechtlichen Befugnis ersetzt.

---

[651] *Beyerle,* DBJ, S. 144.

[652] Neben dem Landgerichtsrat Brühl erstattete Schroeder ein Gutachten *„Bedarf das System des gesetzlichen Güterstandes in dem Entwurfe des B.G.B.s einer grundsätzlichen Abänderung und in welcher Richtung?",* abgedruckt in: 21. Deutscher Juristentag, Bd. I, S. 167–171 (Schroeder) bzw. S. 172–205 (Brühl).

[653] Gutachten, 21. Deutscher Juristentag Bd. I, S. 167.

[654] Schroeder argumentierte, dass in sieben Achteln des Deutschen Reiches das Mobiliarveräußerungsrecht des Ehemanns immer noch Bestand habe; Gutachten, 21. Deutscher Juristentag Bd. I, S. 168.

[655] Dies sei *„eine unwürdige, Chicanen und Processen ausgesetzte Stellung, die mit dem Wesen der Ehe nach deutscher Auffassung nicht vereinbar"* sei. Die durch das Nutzungsrecht verliehene Stellung gleiche der des Eigentümers; Gutachten, 21. Deutscher Juristentag Bd. I, S. 171.

[656] *„Meine Herren! Das müssen wir auf uns nehmen. Wir können nicht noch einmal rütteln an unseren Beschlüssen. Ich meine, wir sind es der Ehre des Juristentags schuldig, daß wir einen einmal gefaßten, wenn auch für viele jetzt schmerzlichen Beschluß nicht umstoßen, am Hauptsystem dürfen wir nicht ändern, und darum trete ich nun meinerseits dem Principalantrage des Herrn Referenten und des Herrn Jacobi in der ursprünglichen Form sowie in der amendirten Form entgegen."* Protokoll, 21. Deutscher Juristentag Bd. III, S. 275.

[657] Protokoll, 21. Deutscher Juristentag III, S. 287 f., *Olshausen,* Der deutsche Juristentag, S. 217.

f) Die Herausgabe der Sammlung der Oberrheinischen Stadtrechte

Neben seinem Engagement an der Hochschule bewies Schroeder im außeruniversitären Bereich ein lebhaftes Interesse an der badischen Geschichte. Schon in Bonn, Würzburg und Göttingen hatte er sich für die regionale Rechtsgeschichte engagiert. Als 1887 sein Wechsel nach Heidelberg bekannt wurde, schlug der Heidelberger Professor Winkelmann der Badischen Historischen Kommission die Aufnahme Schroeders vor.[658] Diese Empfehlung wurde einstimmig aufgenommen, so dass er dem Verein noch im gleichen Jahr und damit noch vor der eigentlichen Übernahme seines Heidelberger Lehrstuhls[659] beitreten konnte.[660]

Die Badische Historische Kommission war im März 1883 durch Großherzog Friedrich zur *„Förderung aller wissenschaftlichen und künstlerischen Bestrebungen seines Landes"* eingerichtet und finanziell ausgestattet worden[661]. Es handelte sich um eine recht exklusive Vereinigung, die im Jahre ihres 25-jährigen Bestehens lediglich 18 ordentliche und 7 außerordentliche Mitglieder zählte.[662] Auch Gierke hatte ihr bis zu seiner Berufung an die Universität Berlin 1888 angehört.[663]

An der siebten Plenarsitzung vom 09. bis 10. November 1889 nahm Schroeder erstmals teil und besuchte fortan regelmäßig die Veranstaltungen. War seine Arbeitszeit noch bis 1889 mit der Edition der ersten Auflage seines *„Lehrbuches der Deutschen Rechtsgeschichte"* vollends ausgefüllt, drängte es ihn nach dessen Fertigstellung zu neuen Aufgaben. Da er sich auch für die Volksrechte seiner neuen Wahlheimat Heidelberg und deren Umgebung interessierte, regte er bald eine Sammlung der Badischen Stadtrechte und Weistümer an. Insbesondere der enge Kontakt zu dem Breslauer Archivrat Dr. Alois Schulte, der ebenfalls Mitglied der Badischen Historischen Kommission war, hatte diese Idee in ihm reifen lassen.[664] Im Rahmen der zehnten Plenarsitzung am 7. November 1891

---

[658] VI. Plenarsitzung der badischen HK vom 4./5. November 1887, GLA KA 449/234 S. 161.

[659] *Schaab*, Geschichte in Heidelberg, S. 185.

[660] VI. Plenarsitzung der badischen HK vom 4./5. November 1887, GLA KA 449/234 S. 161.

[661] Neue Badische Nachrichten vom 10. November 1908, GLA KA 449/18; vgl. hierzu auch *von Below*, Die deutsche Geschichtsschreibung von den Befreiungskriegen bis zu unseren Tagen, S. 90.

[662] Kölnische Volkszeitung vom 17. November 1908, GLA KA 449/18.

[663] Mitteilungen der Badischen HK, Bericht über die VI. Plenarsitzung, ZGO NF III/1 (1888), m2.

[664] 1889 berichtete Alois Schulte freudig von der Entdeckung einer Urkunde über das Stadtrecht von Radolfszell aus dem Jahre 1100, welches Aufschluss über die Stadtrechtsgeschichte gab; Alois Schulte an Schroeder vom 25.10.1889, UB HD Heidel.Hs. 3899.

stellte Schroeder schließlich zusammen mit Dr. Wiegand und Dr. Baumann den Antrag auf „*Herstellung einer kritischen Ausgabe der Stadtrechte und Weistümer des Oberrheins*". Dabei wollte er „*das gesamte Rechtsmaterial der einzelnen Städte in möglichster Vollständigkeit bis zum 16. Jahrhundert zusammenstellen*", wobei diese zeitliche Grenze nicht ausschließe, „*dass stellenweise, wo das ältere Material dürftiger ist, auch auf jüngere Quellen zurückgegriffen würde*"[665]. Eine solche Forschungsarbeit falle als Heimatforschung in den Aufgabenbereich der Badischen Historischen Kommission. Als Beispiel führte er die Bearbeitung der Stadtrechte insgesamt durch Frensdorff für die Monumenta Germaniae an.[666]

Nachdem die Badische Historische Kommission dem Antrag stattgegeben hatte, bemühte sich Schroeder, die Arbeiten in geregelte Bahnen zu lenken. 1892 gewann er Dr. von Freydorf für die Vorarbeiten.[667] Hatte er ursprünglich geplant, die Stadtrechte und Weistümer des Oberrheins als Ganzes zu bearbeiten, so musste Schroeder bald feststellen, dass sich das Vorhaben nicht in der vorgesehenen Weise verwirklichen ließ. 1894 beantragte er deshalb, „*mit der Edition des Überlinger Stadtrechts im Laufe des Jahres 1894 voranzugehen, und dadurch vor der Öffentlichkeit darzuthun, dass die Sache überhaupt im Flusse sei*"[668]. Diese sollte unter die Leitung von Dr. Baumann gestellt werden.[669]

Zunächst wollte Schroeder die Ausgabe der Stadtrechte in Angriff nehmen[670], auf die dann die Veröffentlichung der Weistümer folgen sollte.[671] Im Laufe der Arbeiten zu den oberrheinischen Stadtrechten bemühte er sich fortlaufend um qualifizierte Mitarbeiter und verpflichtete 1894 den Züricher Rechtshistoriker Georg Cohn zur Edition der Überlinger Quellen. Die Bearbeitung des Wimpfener und des Wertheimer Stadtrechts übernahm er selbst. Schon bald erkannte er, dass die Arbeiten angesichts der Fülle der zu verwertenden Materialien Jahre in Anspruch nehmen würden. Um aber das Interesse an den Forschungen aufrechtzuerhalten und deren Fortgang zu dokumentieren, beabsichtigte er, das Wimpfener Stadtrecht von 1509 vorab gesondert herauszugeben.

---

[665] *Schroeder*, ZRG GA 19 (1898), S. 211; *Koehne*, Vorwort Oberrheinische Stadtrechte, 1. Abt., S. III.

[666] X. Plenarsitzung der BHK vom 7. November 1891, GLA KA 449/234 S. 269.

[667] XI. Plenarsitzung der badischen HK vom 11./12. November 1892, GLA KA 449/234 S. 291.

[668] XII. Plenarsitzung der badischen HK vom 24. Oktober 1893, GLA KA 449/234 S. 322.

[669] Bericht über die XII. Plenarsitzung, ZGO NF IX (1894), m4.

[670] X. Plenarsitzung vom 07. 11 1891, GLA KA 449/234 S. 269; ZGO NF VII (1891), m11.

[671] Dies wurde erst 1910 verwirklicht; *Kollnig*, Heidelberger Jahrbücher XXVIII, 1984, S. 99.

Am 22. Oktober 1895 konnte Schroeder der Badischen Historischen Kommission berichten, *„dass von der in Aussicht genommenen fränkischen Abteilung bisher die Stadtrechte von Wertheim, Freudenberg, Wimpfen und Neubronn bearbeitet und veröffentlicht"* seien. Von der schwäbischen Abteilung stehe zudem die Herausgabe des von Professor Cohn unter Mitwirkung von Dr. Hoppeler bearbeiteten Stadtrechts von Überlingen in naher Aussicht.[672]

1896 konnten dann schließlich die ersten beiden Hefte des ersten Bandes unter dem Titel *„Oberrheinische Stadtrechte"* mit Teilen der fränkischen Rechte veröffentlicht werden. Anlässlich der 14. Plenarsitzung 1895 kündigte Schroeder an, dass er an der fränkischen Abteilung weiter arbeiten werde, hierfür jedoch in Teilbereichen auch die Rechte von Speyer und Gelnhausen heranziehen müsse,

„da mit den Rechten dieser Städte eine Reihe von Gemeinwesen bewidmet war, welche erst späterhin sich ein eigenes Recht schufen"[673]. „... Ich habe Wertheim, Freudenberg und die Wimpfener Stadtrechtsgruppe so gut wie fertig und denke im Mai den Druck zu beginnen. Aber den Gesamttitel „Badische Stadtrechte" können wir nicht gebrauchen, schon wegen des Elsasses nicht, außer Wimpfen muß ich Heilbronn, Speier und verschiedene andere nichtbadische Stadtrechte heranziehen, wir müssen auch nach dem Titel frei Bewegung haben."

Hilfesuchend wandte er sich an Alois Schulte: *„Sind Sie einverstanden, wenn wir sagen: „Oberrheinische Stadtrechte" und dann nur im Vorworte die nähere Beziehung auf Baden-Elsaß ausführen?"*[674].

1897 erschien das dritte Heft zu den fränkischen Rechten, das noch vollständig aus Schroeders Feder stammte. An dem 1898 veröffentlichten vierten Band hatte er zwar noch maßgeblich mitgearbeitet, die redaktionelle Leitung aber bereits auf seinen Kollegen Dr. Koehne übertragen, der die Arbeiten auch in den Folgejahren weiterführen sollte.[675]

Was die oberrheinischen Weistümer anging, so hatte Schroeder bald erkannt, dass anhand der Fülle des Materials, das allein im badischen General-Landesarchiv verwahrt wurde, an eine auch nur ansatzweise Erarbeitung vorerst nicht zu denken war. Vielmehr erschien es notwendig, die vorhandenen Quellen zunächst vollständig zu registrieren.[676] Da die Badische Historische Kommission auch finanziell mit der Herausgabe der Stadtrechte durchaus ausgelastet war, suchte er nach neuen Möglichkeiten, die oberrheinischen Weistümer zu edieren. Kurzfristig dachte er sogar an die Gründung einer eigenen Kommission: *„... Ich*

---

[672] Georg Cohn an Schroeder vom 24. 05.1895, UB HD Heidel.Hs. 3899.

[673] XIV. Plenarsitzung, ZGO NF XI (1896), m4.

[674] Schroeder an Schulte vom 11. März 1895, in Kopie enthalten in UB HD Heidel.Hs. 3899.

[675] XVI. Plenarsitzung der BHK, ZGO NF XIV (1899), S. 4.

[676] XIV. Plenarsitzung der BHK, ZGO NF XI (1896), m5.

*denke, dass wir für die Weistümer eine besondere Kommission, unabhängig von
der Stadtrechtskommission, bilden müssen, der Sie und Beyerle neben Krieger
unbedingt angehören müssen"*[677], schrieb er 1891 an seinen Kollegen Stutz.

Eine Möglichkeit zur Veröffentlichung bot sich, als 1909 die Heidelberger
Akademie der Wissenschaften aus der Taufe gehoben wurde. Als Gründungsmitglied unternahm Schroeder den Versuch, die badischen Weistümer und Dorfrechte als deren Projekt durchzusetzen. Zusammen mit sieben weiteren Kommissionsmitgliedern gelang es ihm, die philosophisch-historische Klasse für
sein Vorhaben zu begeistern. 1911 konnten die Arbeiten, die auf drei Jahre angesetzt waren, unter Carl Brinkmann aufgenommen werden. Allerdings mussten
bereits 1913 die Erwartungen an eine rasche Beendigung zurückgeschraubt werden.[678] 1917 zog sich die Heidelberger Akademie der Wissenschaften partiell
aus dem Projekt zurück, förderte es aber bis 1922 finanziell.[679]

g) Redakteur der Savigny-Zeitschrift für Rechtsgeschichte

Schroeders Anerkennung nicht nur in juristischen Fachkreisen führte schließlich auch dazu, dass er Zusendungen und Anfragen von nichtjuristischer Seite
erhielt. So warb auch der Philologe Friedrich Kluge[680] um seine Mitarbeit in
der in Aussicht genommenen *„Zeitschrift für Lexikographie"*[681]. Parallel zu seinen Arbeiten am *„Lehrbuch der Deutschen Rechtsgeschichte"*, der Edition *der
„Oberrheinischen Stadtrechte"* sowie seiner Lehrtätigkeit an der Universität
Heidelberg war er ab 1886 zudem als Redakteur der *„Zeitschrift der Savigny-
Stiftung für Rechtsgeschichte"*[682] tätig.[683]

Die Edition der Savigny-Zeitschrift wurde für Schroeder zur Herzensangele-
genheit. Unablässig stand er in Kontakt mit den Größen des deutschen Rechts
und der deutschen Geschichte und warb für die Zeitschrift. 1886 gelang es ihm,
Heinrich Brunner für die Redaktionsarbeit zu gewinnen, der schrieb:

---

[677] Schroeder an Ulrich Stutz vom 14. November 1900, UA Zürich Nachl. Stutz
184.

[678] *Kollnig,* Heidelberger Jahrbücher XXVIII, 1984, S. 101.

[679] *Wennemuth,* Wissenschaftsorganisation und Wissenschaftsförderung in Baden,
S. 299.

[680] Friedrich Kluge (1856–1926) war Ordinarius für deutsche Philologie u. a. in
Freiburg im Breisgau und Herausgeber des nach ihm benannten Etymologischen Wörterbuchs; Brockhaus Bd. 2 (1923).

[681] Friedrich Kluge an Schroeder vom 22.11.1899, UB HD Heidel.Hs. 3899.

[682] Die Savigny-Zeitschrift für Rechtsgeschichte wird seit 1880 als Nachfolgepe-
riodicum der 1815 von Friedrich Carl von Savigny gegründeten *„Zeitschrift für die
geschichtliche Rechtswissenschaft"* (vgl. hierzu *Rückert,* Geschichtlich, praktisch,
deutsch, S. 107 ff.) veröffentlicht; *Thieme,* ZRG GA 78 (1961), S. XII ff.; *ders.,* ZRG
GA 100 (1983), S. 1 ff.; *Erler,* HRG Bd. IV, Sp. 1323 ff.

[683] *Stutz,* ZRG GA 38 (1917), S. LIV.

„Ich werde dieser Aufforderung, ab dem nächsten Jahrgang in die Redaktion der germanistischen Abteilung einzutreten mit Vergnügen nachkommen und werde es mir zur Ehre rechnen der Redaktion einer Zeitschrift anzugehören, welche seit langen Jahren das leitende Organ der germanistischen Rechtwissenschaft ist und als solches eine ununterbrochene segensreiche Wirksamkeit ausgeübt hat"[684].

Die beiden Männer schätzten einander sehr. Brunner war geehrt, Schroeders Redaktionskollege zu werden, *„da uns eine weitgehende Übereinstimmung in den Zielen und der Methode der germanistischen Forschung verbindet"*[685]. Mit ihm wie auch später mit Ulrich Stutz arbeitete Schroeder außerordentlich kollegial zusammen: *„Bei Arbeiten, die von Ihnen oder von Brunner gebilligt werden, dürfen Sie ein- für allemal auf meine stillschweigende Zustimmung rechnen, ohne dass es einer Rückfrage bedarf"*[686] schrieb er noch 1901 an Stutz.

Im Zusammenhang mit seiner Tätigkeit bei der Savigny-Zeitschrift korrespondierte Schroeder jedoch nicht nur mit deutschen Wissenschaftlern. Vielmehr suchte er auch den Kontakt zu französischen und englischen Kollegen, um ein möglichst umfassendes Bild der deutschen Rechtsgeschichte zu erhalten. Hierin zeigt sich, dass Schroeder die deutsche Rechtsgeschichte nicht nur aus deutscher Sicht begreifen wollte, sondern auch Meinungen und Auffassung ausländischer Autoren zu Rate zog, um, entsprechend der Waitzschen Methode, das Erforschte immer von neuem zu hinterfragen.[687]

Schroeder war es ein Anliegen, das Ansehen der Savigny-Zeitschrift zu steigern. Mitarbeitern und Autoren gegenüber ließ er es allerdings häufig an Autorität und Nachdruck mangeln, wodurch sich der Umfang der Zeitschrift in den Jahren 1886 bis 1897 merklich verringerte. Hatten schon die schwierigen Verhältnisse und das geringe Interesse für rechtsgeschichtliche Studien dazu geführt, dass das Vorgängerperiodicum, die Zeitschrift für deutsche Rechtsgeschichte, mangels Beiträgen immer weiter geschrumpft war[688], so gelang es auch Schroeder nicht, vermehrt Beiträge zu organisieren. Dies lag insbesondere daran, dass er nur allzu nachgiebig war, wenn eine versprochene Frist nicht eingehalten werden konnte oder ein zugesagter Aufsatz trotz mehrmaligen Anmahnens nicht eingesandt wurde.[689] Die hierdurch entstehenden Lücken versuchte

---

[684] Brunner an Schroeder vom 18.11.1886, UB HD Heidel.Hs. 3899.

[685] Brunner an Schroeder vom 18.11.1886, UB HD Heidel.Hs. 3899.

[686] Schroeder an Ulrich Stutz vom 11. Juni 1901, UA Zürich, Nachl. Stutz, 184.

[687] So ist ein Brief der *„Nouvelle Revue Historique de Droit Français et Étranger"* aus dem Jahre 1891 erhalten, in welchem der Redakteur die fehlende Übersendung der Zeitschrift an Schroeder bedauert; vgl. Cardis an Schroeder vom 22.2.1891, UB HD Heidel.Hs. 3899.

[688] *„Die Zeitverhältnisse waren den rechtshistorischen Studien nicht günstig, der Mangel an Beiträgen für die Zeitschrift führte zu einer Verzögerung ihres Erscheinens und brachte überhaupt ihre ganze Fortexistenz in Gefahr"*; Thieme, ZRG GA 78 (1961), S. XIV.

[689] Bader nennt Schroeders Stil *„duldsam-lässig"*; Bader, Ulrich Stutz, S. 12/556.

er durch eigene Beiträge zu füllen, um diese Schwäche nicht publik werden zu lassen.

Im privaten Kreis äußerte sich Schroeder in deutlicheren Worten, falls etwas oder jemand sein Missfallen erregt hatte. Insbesondere die rechtsgeschichtliche Methode von Philipp Heck[690] kritisierte er:

> „Ich stimme Ihnen[sc. Ulrich Stutz, Anmerkung der Verfasserin] und Brunner darin bei, dass wir uns diesen Macher nicht ganz vom Halse halten können, ihm aber unübersteigliche Grenzen für seine Makulatur ziehen müssen, denn ein Schuttablagerungsplatz ist unsere Zeitschrift nicht. Die durch und durch dilettantische Sudelei von Gutjahr darf von uns mit keiner Silbe berücksichtigt werden. Heck würde ein Buch darüber schreiben"[691].

Heck galt als einer der herausragenden Vertreter der Interessenjurisprudenz und war als Zivilrechtler überaus anerkannt. Seine rechtshistorischen Arbeiten, in welchen er ebenfalls eine Interessenabwägung des historischen Gesetzgebers vorzunehmen suchte, fanden hingegen weniger Zuspruch,[692] Anders als Schroeder und Brunner sah er den Interessenkonflikt als die historische Wurzel einer Norm, aus dem ihr geschichtlicher Sinn zu bestimmen sei.[693] Dabei stellte er historisch-philologisches und juristisches Denken auf eine Stufe und vernachlässigte darüber die Bedeutung von Raum und Zeit in der geschichtlichen Entwicklung.[694] Ferner schenkte er der germanischen Urzeit kaum Beachtung, weil die aus dieser Zeit überlieferten Originalquellen nach seiner Auffassung keine rein rechtlichen Ansätze zuließen.[695] Damit stand er in klarem Gegensatz zu Schroeder, aber auch Brunner,[696] die sich ganz auf die Herleitung der deutschen Rechtsgeschichte aus dem urgermanischen Recht stützten.

1897 übergab Schroeder schließlich die Redaktionsleitung an Ulrich Stutz. Letztlich zwang ihn wohl ein Augenleiden,[697] das ein mit intensivem Lesen

---

[690] Philipp Heck (1858–1943), vgl. zu seinem Leben und Wirken: *Kleinheyer/ Schroeder,* Juristen, S. 183–187; *Bader,* ZRG GA 77 (1944), S. 539–545; *Schoppmeyer,* Heinrich, Juristische Methode als Lebensaufgabe – Leben, Werk und Wirkungsgeschichte Philipp Hecks, Tübingen 2001.

[691] Schroeder an Ulrich Stutz vom 19.11.1906, UA Zürich, Nachl. Stutz, 184.

[692] Vgl. *Coing,* System, Geschichte und Interesse in der Privatrechtswissenschaft, S. 113.

[693] *Coing,* Die juristischen Auslegungsmethoden, S. 214.

[694] *Bader,* ZRG GA 77 (1944), S. 541.

[695] Bader kritisiert Hecks rechtsgeschichtliche Methodik: „*Wenn Hecks Arbeitsweise diejenige der Rechtshistoriker insgesamt geworden wäre, müßte sich eine Kluft zwischen der allgemeinen Geschichtsforschung und der rechtsgeschichtlichen Forschung auftun*"; *Bader,* ZRG GA 77 (1944), S. 541.

[696] Hecks Hauptfehler nach Meinung von Schroeder liegt darin, dass er der Rechtsgeschichte zuviel Logik abfordere; vgl. zu Hecks Auffassung und seiner Stellung zur Rechtsgeschichte insbesondere *Coing,* System, Geschichte und Interesse, S. 110 ff.

[697] Wohl um eine Verdunkelung „*auf dem Glaskörper infolge starker Überarbeitung*"; Schroeder an Ulrich Stutz vom 08.10.1906, UA Zürich, Nachl. Stutz, 184.

einhergehendes Redigieren erheblich erschwerte, sich aus der aktiven Redaktionsarbeit zurückzuziehen.[698] In beratender Funktion[699] blieb er der Savigny-Zeitschrift aber erhalten. 1910 berichtete Stutz von einer in Berlin stattfindenden Feier der Zeitschrift:

> „Als ich in Berlin bei der Brunner-Feier die Glückwünsche unserer Redaktion überbrachte und ausführte, wie ausgezeichnet das Verhältnis und wie völlig ungetrübt das Verständnis die ganzen 13 Jahre über gewesen sei, die ich unserer Redaktion anzugehören die Ehre habe, sagte ich etwa folgendes: Das ist nicht allein dem Umstande zuzuschreiben, dass der Sprecher, dem die Führung der Geschäfte obliegt, einer jüngeren Generation angehört und sich dessen immer bewußt blieb, dass er die Ehre hatte, mit den Männern zusammen zu arbeiten, auf deren Schultern er mit dem, was er erprobt und erreicht hat, steht, und dessen Lehrer der eine, dessen wohlwollende, freundlich … Und es schreibt sich nicht bloß dann her, dass die beiden an Alter und Verdienst Zeit überragende Mitglieder der Redaktion den jüngeren Stürmern und Drängern […] haben schalten und walten lassen. Das hat […] seinen Grund darin, dass der „Seniorchef" unserer Firma unser Richard Schroeder ist, der mit seiner Herzensgüte, mit seiner unwiderstehlichen Liebenswürdigkeit und mit seinem […] Humor etwas anderes hat aufkommen lassen."[700]

h) Das Wörterbuch der Deutschen Rechtsgeschichte

aa) Die Aufnahme der Arbeit beim „Deutschen Rechtswörterbuch"

Zu der Entscheidung, die Tätigkeit als Herausgeber der Savigny-Zeitschrift aufzugeben, trug neben den gesundheitlichen Problemen auch Schroeders Berufung in die Kommission zur Ausarbeitung eines Wörterbuches der deutschen Rechtssprache der Königlich Preußischen Akademie der Wissenschaften bei.[701]

Ein solches Projekt stand ganz im Zeichen der Zeit; die zweite Hälfte des 19. Jahrhunderts war geprägt von Nationalstolz. Hiermit einher ging eine erwachende Liebe zur deutschen Philologie; Wörterbücher erfreuten sich wachsender Beliebtheit. Neben dem großen *„Deutschen Wörterbuch"* der Gebrüder Grimm und Kluges *„Etymologischem Wörterbuch der deutschen Sprache"*[702] erschienen Moritz Heynes *„Deutsches Wörterbuch"* (1890–1895) und Hermann Pauls *„Deutsches Wörterbuch"* (1897) sowie Mundartwörterbücher wie das

---

[698] Schroeder an Stutz vom 17.06.1908, UA Zürich, Nachl. Stutz, 184.

[699] Als 1910/11 die kanonistische Abteilung aus dem germanistischen und romanistischen Bereich herausgenommen und der Leitung von Professor Werminghoff in Königsberg unterstellt wird, wendet sich dieser voll Ehrerbietung an Schroeder und bittet ihn um Unterstützung bei dieser neuen Aufgabe; Werminghoff an Schroeder vom 16.10.1910, UB HD Heidel.Hs. 3899; *Erler,* HRG Bd. IV, Sp. 1324.

[700] Stutz an Schroeder vom 09.11.1910, UB HD Heidel.Hs. 3899.

[701] *Stutz,* ZRG GA 36 (1915), S. LIII.

[702] *Dickel/Speer,* Deutsches Rechtswörterbuch, S. 20, *Laufs,* Jahrbuch HAW 1986, S. 126.

Schweizerdeutsche Wörterbuch, das so genannte „*Schweizerische Idiotikon*" (1881). Auch in rechtshistorischen Kreisen trug man sich mit dem Gedanken, ein Wörterbuch der Deutschen Rechtssprache herauszugeben: „*Alle Rechtsregel erscheint in der Form der Sprache; Recht und Sprache sind innig miteinander verbunden; sie bilden als Stoff und Form eine unlösbare Einheit, und die Ergründung der Rechtssprache, mit deren Auslegung alle Rechtswissenschaft jederzeit beginnen muß, ist das vorzüglichste Mittel zum Verständnis des Rechts*"[703].

Die Idee hierzu stammte ursprünglich von Brunner.[704] Der Plan der britischen Selden Society, ein „*Dictionary of Law Terms*" zu veröffentlichen, ließ in ihm den Wunsch nach einem entsprechenden Werk für den deutschen Sprachraum keimen:[705]

„Wenn man die Zersplitterung der Deutschen Rechtsentwicklung mit der verhältnismäßigen Geschlossenheit der englischen vergleicht, wenn man die Mannigfaltigkeit der deutschen Mundarten erwägt und die Notwendigkeit, bei Erklärungen deutscher Rechtswörter auf die übrigen germanischen Rechte Rücksicht zu nehmen, wird man zugeben müssen, dass uns ein terminologisches Rechtswörterbuch wahrlich noch dringender nötig wäre als unseren englischen Stammesvettern"[706].

Diese Zersprengung beruhte auf der untrennbaren Verknüpfung der deutschen Rechtssprache mit der neuhochdeutschen Schriftsprache. Auf der anderen Seite hatte sie aber ebenso viele Wurzeln in den Mundarten, da das Neuhochdeutsche gerade nicht der Dichtung, sondern der Urkundensprache der Kanzleien entsprungen war.[707] Karl von Amira griff Brunners Vorschlag auf und setzte sich, ebenso wie der Volkskundler und Sprachgermanist Karl Weinhold, für die Verwirklichung des Projektes ein.[708]

Schon Ende 1896 richtete die Philosophisch-Historische Klasse der Königlich Preußischen Akademie der Wissenschaften eine „*Commission für das Wörterbuch der älteren deutschen Rechtssprache*" ein, die Aufbau und Inhalt des Vorhabens in seinen groben Zügen festsetzen sollte.[709] Unter dem Vorsitz Brunners

---

[703] *Heymann*, ZRG GA 46 (1926), S. 574.

[704] Von Schwerin bemerkt allerdings in einem Nachruf auf Karl von Amira, dass von Amira parallel entsprechende Gedanken gehegt hatte; *von Schwerin*, ZRG GA 51 (1931), S. XLIII; *Heymann*, ZRG GA 46 (1926), S. 574; *Blesken*, Forschungen und Fortschritte 41/6, S. 181.

[705] *Brunner*, ZRG GA 14 (1893), S. 165; *Heymann*, ZRG GA 46 (1926), S. 575.

[706] *Brunner*, ZRG GA 14 (1893), S. 165.

[707] *Borchling*, ZRG GA 54 (1934), S. 269; vgl. hierzu auch *Hattenhauer*, Zur Geschichte der deutschen Rechts- und Gesetzessprache, S. 5 ff.

[708] *Lindig*, JuS 1986, S. 922; *Laufs*, Das Deutsche Rechtswörterbuch, Akademie-Journal 2, S. 7; *Blesken*, Forschungen und Fortschritte 41/6, S. 182; *von Künßberg*, Zeitschrift für Deutschkunde 1930, S. 386.

[709] Finanziert wurde das Unternehmen von der Hermann und Elise geb. Heckmann Wentzel-Stiftung.

gehörten ihr Koryphäen wie Ferdinand Frensdorff, Otto Gierke und Karl von Amira an. Daneben waren Ernst Dümmler, damals Leiter der Monumenta Germaniae historicae und in dieser Position Nachfolger von Georg Waitz[710], und Karl Weinhold berufen. Auch Schroeder war unter den Teilnehmern der ersten Kommission.[711] Die Mitglieder stammten mithin sowohl aus dem rechtshistorischen als auch aus dem historischen und philologischen Lager.[712] Damit hatte man die Ausrichtung des Wörterbuchs von vornherein festgelegt: Es sollte weder ein rein juristisches noch ein rein sprachwissenschaftliches Werk werden. Vielmehr war geplant, aus der Synthese der verschiedenen Disziplinen etwas Neuartiges zu schaffen, das den genannten Wissenschaftszweigen, darüber hinaus Wirtschaftswissenschaftlern und Volkskundlern, gleichberechtigt dienen sollte.[713] Den Rechts-, Verfassungs-, Sozial- und politischen Historikern, aber auch den Juristen und Sprachforschern[714], die bei ihrer Arbeit unweigerlich immer wieder auf erklärungsbedürftige Wörter stießen, sollte ein Buch zur Hand gegeben werden, welches den spezifisch rechtlichen Bedeutungsgehalt von Begriffen gänzlich erfasste.[715]

Ziel war die Auffrischung der deutschen Rechtssprache mittels Säuberung von „gekünstelten Übersetzungen lateinischer Rechtsausdrücke nach dem Muster Windscheids"[716]. Auf diesem Wege sollte auch die lebende Rechtssprache „befruchtet" und verbessert werden. Damit war es auf eine Verschmelzung von Fach- und Dialektwörterbuch auf dem Gebiet des Rechts angelegt, indem es die ältere deutsche Rechtssprache unter Einschluss der rechtlich relevanten Bedeutungen des Allgemeinwortschatzes von der Zeit Ulfilas[717] bis gegen Ende des 18. Jahrhunderts erfasste.[718] Nicht der germanische, sondern der deutsche Wort-

---

[710] *Sbrik,* Geist und Geschichte vom Deutschen Humanismus bis zur Gegenwart, Band I, S. 303; *Blesken,* Heidelberger Jahrbücher XIV, S. 174.

[711] *Brunner,* Sitzungsberichte der Berliner Akademie der Wissenschaften, 1897 1. Halbband, S. 84.

[712] *Lindig,* JuS 1986, S. 922; *Blesken,* Heidelberger Jahrbücher XIV, S. 174; *Anonym,* RNZ vom 17.03.1967, S. 3.

[713] *Lindig,* JuS 1986, S. 923; *Anonym,* RNZ vom 17.03.1967, S. 3.

[714] Preußische Akademie der Wissenschaften, Deutsches Rechtswörterbuch 1933, Archiv des Deutschen Rechtswörterbuchs; *Blesken,* Forschungsberichte, S. 99.

[715] *Dickel/Speer,* Deutsches Rechtswörterbuch, S. 22; 1942 urteilte Fehr, es sei „eine unschätzbare Fundgrube für jeden Gelehrten"; *Fehr,* ZRG GA 75 (1942), S. XLIII.

[716] *Blesken,* Heidelberger Jahrbücher XIV, S. 192.

[717] Gemeint ist die Zeit seit Beginn der schriftlichen Aufzeichnung im sechsten Jahrhundert; *Laufs,* Akademie-Journal 2, S. 8.

[718] Das Ende des 18. Jahrhunderts stellt eine Zäsur in der deutschen Rechtssprache dar: man ging damals dazu über, dass frei von jeglicher Form, das gelte, was gewollt und gemeint sei, unabhängig davon, wie es sprachlich ausgedrückt wurde; *Stammler,* DR Band CLXIV (1915), S. 473; *Anonym,* RNZ vom 17.03.1967, S. 3; *Borchling,* ZRG GA 54 (1934), S. 275; *Bartsch,* Zur Geschichte der deutschen Rechtssprache,

schatz war entscheidend. Dies schloss zwar die skandinavischen und gotisch-burgundischen Rechtsquellen aus, gestattete aber die Heranziehung von nieder-ländischen, Schweizer und österreichischen Urkunden und Texten[719]. Daneben ging es von Anfang an darum, Besuchern Auskunft zu erteilen und individuelle Anfragen zu beantworten.[720] Die Arbeiten sollten zunächst in dem Zusammen-tragen und Archivieren des Materials bestehen, auf die dann die Verarbeitung der Sammlung folgen sollte.[721]

Vor dem Hintergrund eines solchen juristisch-philologisch-historischen Ge-meinschaftsprojekts erschien Schroeder als Idealbesetzung der Position des wis-senschaftlichen Leiters. Mittlerweile 58 Jahre alt und arbeitsam wie eh' und je, erklärte er sich „zur Übernahme der Hauptarbeit dieses Riesenwerkes be-reit"[722]. Ihm war das Wörterbuchprojekt der deutschen Rechtssprache schon vor Aufnahme der Arbeiten zur Herzenssache geworden. Und tatsächlich: Die verantwortliche Akademie der Wissenschaften in Berlin übertrug ihm Anfang 1897 die Leitung und bestimmte Brunner zum Vorsitzenden der entscheidungs-befugten Kommission.[723] Schroeder war aufgrund seines immensen Wissens über die deutsche Geschichte und Dichtung bestens geeignet, die Leitung zu übernehmen. Schließlich musste der „Schatz" der deutschen Rechtssprache nicht nur aus Rechts- sondern auch aus Profanquellen gehoben werden.[724]

Mit dem Wörterbuch der deutschen Rechtssprache eröffnete sich Schroeder ein neues Tätigkeitsfeld, das weniger organisatorische Fähigkeiten als vielmehr tiefgreifende rechtsgeschichtliche und philologische Kenntnisse erforderte: Es ging um das Sammeln von Rechtsquellen und Rechtsdenkmälern. Hierauf war er schon aufgrund seiner Werke der „Geschichte des ehelichen Güterrechts", des „Lehrbuchs der Deutschen Rechtsgeschichte" und nicht zuletzt durch die zusammen mit seinem Bonner Kollegen Loersch herausgegebene Sammlung der „Urkunden zur Geschichte des deutschen Privatrechts" hervorragend vorbe-reitet. Daneben war er in lexikographischer Hinsicht erfahren, hatte er doch das Register der Grimmschen Weistumssammlung in „Sisyphosarbeit" erstellt.[725]

S. 420; *Laufs,* Akademie-Journal 2, S. 8; Preußische Akademie der Wissenschaften, Deutsches Rechtswörterbuch 1933, Archiv des Deutschen Rechtswörterbuchs.

[719] *Blesken,* Heidelberger Jahrbücher XIV, S. 177; *Brunner,* Sitzungsberichte der Berliner Akademie der Wissenschaften, 1897 1. Halbband, S. 84.

[720] *Laufs,* Jahrbuch HAW 1986, S. 121.

[721] *Brunner,* Sitzungsberichte der Berliner Akademie der Wissenschaften, 1897 1. Halbband, S. 87.

[722] Grabrede von Künßbergs für Richard Schroeder; *Brunner,* Sitzungsberichte der Berliner Akademie der Wissenschaften, 1897 1. Halbband, S. 84; *Stutz,* ZRG GA 36 (1915), S. 493.

[723] *Kiesow,* RJ 18 (2000), S. 7; *Heymann,* ZRG GA 46 (1926), S. 576.

[724] *von Künßberg,* ZGO NF XXXII (1917), S. 333.

[725] *Blesken,* Heidelberger Jahrbücher XIV, S. 173.

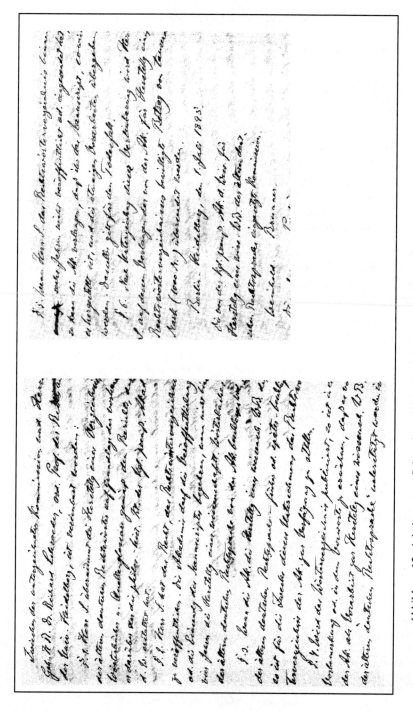

Abbildung 12: Arbeitsvertrag Schroeders mit der Redaktion des „Wörterbuchs der deutschen Rechtssprache"
(Quelle: Archiv des Deutschen Rechtswörterbuchs, Akademie der Wissenschaften, Heidelberg)

bb) Schroeder und das „Deutsche Rechtswörterbuch"

Ursprünglich war vorgesehen, das Deutsche Rechtswörterbuch in Berlin am Sitz der Königlich Preußischen Akademie der Wissenschaften zu errichten. Da Schroeder als Professor der Heidelberger Universität aber örtlich gebunden war, wurde gleich zu Anfang der Arbeiten eine Außenstelle in der Neckarstadt eingerichtet.[726]

Schroeders Hauptaufgabe als Schriftleiter bestand darin, die ihn von vielen Seiten erreichenden Beiträge zu sichten und zu koordinieren. Da er auch für die Sammlung der Rechtsquellen verantwortlich war, regte er die Edition eines Rechtswörterverzeichnisses an: Nur so seien die Rechtswörter *„gegenüber dem sonstigen Wortvorrath"* abzugrenzen.[727] Wissenschaftlich betätigte er sich bei der Verfassung der Artikel über das Weichbild sowie der Artikel „absicare", „achasius" und „adfatimare".

Schroeder machte sich mit Feuereifer ans Werk.[728] Lediglich die Einführung des Bürgerlichen Gesetzbuches für das Deutsche Reich und die dadurch bedingte Umstellung des Vorlesungsbetriebs hielten ihn davon ab, sich noch mehr einzubringen.[729]

Die Bereitschaft der rechtshistorischen und philologischen Fachwelt, mit Artikeln zu dem Projekt beizutragen, war in den ersten beiden Jahren noch sehr gering. Um das Engagement etwas anzutreiben entschied die Kommission im Jahre 1900, einen *„Aufruf zur Mitarbeit an einem Wörterbuch der deutschen Rechtssprache"* an die Öffentlichkeit zu richten.[730] Die Resonanz hierauf war überwältigend: Schroeder wurde von allen Seiten mit Beiträgen fast überflutet, so dass er sich bald vorkam wie *„der Zauberlehrling, der die Geister nicht mehr beschwören konnte, so stürmten die Schätze der Rechtssprache auf ihn ein"*[731]. Anfragen zur Mitarbeit erreichten ihn nicht nur aus dem Deutschen Reich, sondern auch aus den angrenzenden deutschsprachigen Ländern.

---

[726] Diese bestand de facto bis 1945, de iure bis 1959. Seitdem wird sie von der Heidelberger Akademie der Wissenschaften betreut; *Speer,* Akademie-Journal 2/98, S. 11.

[727] *Brunner,* Sitzungsberichte der Berliner Akademie der Wissenschaften, 1897 1. Halbband, S. 86.

[728] Ulrich Stutz berichtet, dass dieser in der Heidelberger Universitätsbibliothek ein Rechtswörterarchiv mit mehr als einer Million Zetteln einrichtete, weist aber gleichzeitig darauf hin, dass dies wohl auch auf Eberhard Freiherr von Künßberg zurückzuführen war, da Schroeder selbst nicht gerade als Organisator bekannt war; *Stutz,* ZRG GA 38 (1917), S. LIII.

[729] Schroeder an Brunner vom 10. März 1897, Archiv des Deutschen Rechtswörterbuchs.

[730] *Brunner,* Handschriftliche Ausarbeitung des Aufrufs vom 10. Mai 1900, UB HD Heidel.Hs. 3899.

[731] *von Künßberg,* ZGO NF XXXII (1917), S. 333.

Diese Ausdehnung über die politischen Grenzen Deutschlands hinaus war auch im Sinne der Kommission, die sich schließlich dem deutschen Sprachraum als solchem verschrieben hatte. Insbesondere Eugen Huber, Professor für Rechtsgeschichte an der Universität von Bern, beteiligte sich rege und versorgte Schroeder reichlich mit Arbeiten betreffend den Schweizer Raum.[732] Hubers Engagement war es auch zu verdanken, dass schon 1900 eine *„schweizerische Commission zur Förderung des Deutschen Rechtswörterbuchs"* zur Unterstützung und Beschleunigung der Sammel- und Verzettelungsarbeiten gegründet wurde.[733] Das Schweizer Beispiel machte Schule, und schon 1903 wurde ein *„österreichisches Komitee zur Förderung des deutschen Rechtswörterbuchs"* gebildet. Hier wirkten unter anderem Ernst von Schwind, Theodor von Inama-Sternegg und Otto von Zallinger mit; daneben brachte sich Felix Liebermann ein, indem er dem Deutschen Rechtswörterbuch 1903 3000 Exzerptenzettel zu angelsächsischen Gesetzen und Rechtsbüchern lieferte.[734]

Verbesserungsvorschlägen von außen stand Schroeder stets wohlwollend und offen gegenüber. So regte beispielsweise Friedrich Kluge an, auch eventuelle Synonyma einer eingehenderen Untersuchung zu unterziehen:

> „Wenn ich eine Frage noch aufwerfe, so möchte ich Ihre Blicke noch auf die ev. Synonyma hinlenken. Mir ist es immer von der größten Wichtigkeit erschienen, dass man ein Wort mit seinen synonymen konfrontiert. Hat Oberdeutschland eine andere Bezeichnung für „Marktrecht"? Warum hat das ndd-md.[735] Wort den Sieg davongetragen, warum ist es die maßgebende Bezeichnung geworden?"[736]

Einer solch umfassenden Aufgabe, als welche sich die Schriftleitung des Deutschen Rechtswörterbuchs offenbart hatte, war eine Einzelperson nicht gewachsen. Schroeder wurde vielmehr von Anfang an durch qualifizierte Mitarbeiter unterstützt. Auch seine zweite Ehefrau Frieda Schroeder-Saunier sowie seine unverheirateten Töchter aus erster Ehe beteiligten sich an den Verzettelungsarbeiten.[737] Frieda war dabei in erster Linie damit beschäftigt, mittels einer

---

[732] Huber übersandte Schroeder vier Zettelsammlungen. Die letzte enthielt 3418 Zettel und war damit kleiner ist als die vorangegangenen Sendungen, Handschriftenabteilung Universität Heidelberg, Heidel.Hs. 3899; vgl. auch einen Brief Eugen Hubers an Schroeder vom 26.05.1900, Archiv des Deutschen Rechtswörterbuch.

[733] Einige Jahre später kam es zur Gründung des *„Österreichischen Comité zur Förderung des Deutschen Rechtswörterbuchs"* unter dem Vorsitz des Wiener Rechtshistorikers Ernst Freiherr von Schwind; *Blesken,* Heidelberger Jahrbücher XIV, S. 177; *Brunner,* Sitzungsberichte der Königlich Preußischen Akademie der Wissenschaften zu Berlin, 1901 Band I, S. 94; *ders.,* ZRG GA 27 (1904) S. 476.

[734] *„Wien hat in Zeit von drei Wochen ungefähr 30000 Zettel geschickt, von denen aber mindestens 5000 verlorene Liebesmüh sind",* schrieb Schroeder 1903 an Eberhard Freiherr von Künßberg, Heidel.Hs. 3900 I 3; *Heymann,* ZRG GA 46 (1926), S. 578.

[735] Gemeint ist wohl das „niederdeutsch-mittelalterliche" Wort.

[736] Kluge an Schroeder vom 27.02.1899, UB HD Heidel.Hs. 3899.

[737] *Blesken,* Forschungen und Fortschritte 41/6, S. 182.

Abbildung 13: Richard Schroeder, um 1900
(Quelle: Archiv des Deutschen Rechtswörterbuchs,
Akademie der Wissenschaften, Heidelberg)

Hektographiermaschine ausreichend Zettelvordrucke für die Arbeit der Exzerptoren zu erstellen.[738] Daneben übernahm sie selbst Exzerptaufträge und unterstützte Schroeder in der Anfertigung von Quellenauszügen.

Arbeitete ihm in den ersten drei Jahren lediglich Rudolf His zu, so gingen ihm hiernach wechselnd stets zwei Assistenten, darunter Gustav Wahl, August Elsässer, Eberhard Freiherr von Künßberg[739] und Leopold Perels[740] zur Hand.

---

[738] *Hoffmann,* Innenansichten der Forschungsarbeit an der Akademie, S. 104.

[739] Lebenslauf von Künßbergs, Personalakte Künßberg PA 4708 der Universität Heidelberg, UA HD; zu seinem rechtshistorischen und philologischen Wirken u. a. *Laufs,* Badische Biographien NF Bd. III, S. 163 ff.; *ders.,* NDB 13, S. 226 f.; *Schmidt-Wiegand,* Studien zur historischen Rechtswortgeographie, S. 16–27, München 1978; *Fehr,* ZRG GA 62 (1942), S. XLIII–LVIII; *Klauser,* In memoriam Eberhard Freiherr von Künßberg, Ruperto-Carola 29, S. 98 f.; *Bader,* Historisches Jahrbuch 61 (1941), S. 475 ff.; Freiherr von Künßberg wollte 1904 gerade in den österreichischen Staatsdienst eintreten, als ihn Schroeder für das Wörterbuch gewinnen konnte. Fehr beschreibt das Zusammentreffen der beiden Männer wie folgt: *„Eben im Begriffe, in den österreichischen Staatsdienst zu treten, erschien als deus ex machina Richard Schroeder in Wien. Dieser gewann ihn für das deutsche Rechtswörterbuch, für das er bereits einige Arbeiten geleistet hatte";* Fehr, ZRG GA 62 (1942), S. LV; vgl. auch *Borchling,* ZRG GA 54 (1934), S. 271; *Schmidt-Wiegand,* Heidelberger Jahrbücher XXVI (1982), S. 51.

[740] *Heymann,* ZRG GA 46 (1926), S. 577; Schroeder an Stutz vom 21.04.1913, UA Zürich, Nachl. Stutz, 184; *Schroeder,* Bericht der Commission für das Wörterbuch der deutschen Rechtssprache für das Jahr 1900, S. 95; *Stutz,* ZRG GA 36 (1915), S. 493;

von Künßberg wirkte von 1904 bis 1911 als Schroeders Assistent[741], danach als wissenschaftlicher Mitarbeiter und trat schließlich 1913 in die Wörterbuchkommission ein. Parallel übernahm er schrittweise die Leitungsaufgaben, insbesondere täglich anfallende Kleinarbeit.[742] Die Oberleitung verblieb allerdings bis 1917 bei Schroeder. Als er starb, hinterließ er eine große Lücke, die von Künßberg aber zu füllen vermochte.[743]

Schroeder hatte für die Herstellung des Gesamtwerkes insgesamt 12 Jahre angesetzt, von denen er acht für die Sammelarbeit und vier für die Ausarbeitung vorgesehen hatte.[744] Wie sehr sollte er sich täuschen: Nach zehn Jahren, in welchen nicht einmal der Buchstabe A vollständig hatte bearbeitet werden können, äußerten die Initiatoren und Redaktionsmitglieder *„bescheiden die Hoffnung, vielleicht den Anfang noch zu erleben"*[745]. Umso mehr freute es ihn, als seine Arbeitsgruppe anlässlich seines 70. Geburtstages 1908 einen kleinen Band mit Teilen der bisherigen Arbeiten zum Buchstaben *„A"* veröffentlichen konnte. Dem Büchlein fehlte jedoch die Handschrift des großen Meisters:

> „Den Mitarbeitern, die ihren Leiter an seinem siebzigsten Geburtstag mit ihr begrüßen wollten, hat gerade darum der Leiter gefehlt. Wird erst einmal der Wörterbuchtext selbst unter seiner Leitung ausgearbeitet und bringen die Verfasser die nötigen Opfer an Selbstverleugnung, so muß es gelingen, die jetzt noch fühlbaren Unebenheiten unter den Teilen zum Besten des Ganzen auszugleichen"[746].

1908 beschloss die Kommission, zunächst eine Stammliste der Rechtswörter von *„A"* bis *„Am"* anzulegen. Die hierdurch verursachte Mehrarbeit fing ein

---

insgesamt zu Schroeders frühen Mitarbeitern am Deutschen Rechtswörterbuch, *Blesken,* Forschungen und Fortschritte 41/6, S. 182.

[741] 1910 hatte er sich habilitiert; *Schmidt-Wiegand,* Studien zur historischen Rechtswortgeographie, S. 16; *Klauser,* In memoriam Eberhard Freiherr von Künßberg, Ruperto-Carola, S. 98.

[742] *Blesken,* Heidelberger Jahrbücher XIV, S. 174; *Schmidt-Wiegand,* Eberhard von Künßberg und die Dialektologie, S. 16; *Fehr,* ZRG GA 62 (1942), S. LV; *Heymann,* ZRG GA 62 (1942), S. 575.

[743] *Roethe,* ZRG GA 39 (1918), S. 383; als von Künßberg 1941 starb, übernahm Alfred Loch bis zu seinem Tod 1949 die Leitung des deutschen Rechtswörterbuches; *Blesken,* Heidelberger Jahrbücher XIV, S. 174; *Fehr,* ZRG GA 62 (1942), S. XLIII ff.

[744] *Borchling,* ZRG GA 54 (1934), S. 270.

[745] Grabrede Eberhard von Künßbergs, Nachlass Schroeder im Besitz Dr. Wilstermann; das Deutsche Rechtswörterbuch entpuppte sich als ein Jahrhundertprojekt. 1897 nahmen Schroeder und seine Mitarbeiter noch an, die Arbeit schnell vollenden zu können. Als 1914 die erste Million Zettel erstellt und kein Ende der Arbeiten in Sicht war, setzte man sich moderatere Ziele. 1932 hoffte Ernst Heymanns, der Brunner als Kommissionsvorsitzender gefolgt war, *„daß das gesamte Werk in absehbarer Zeit durch den Leiter der Arbeiten, Herrn von Künßberg, zu Ende geführt werden kann".* 1967 dachte man noch, das Deutsche Rechtswörterbuch bis zum Jahr 2000 zu vollenden, 1996 erkannte man, dass *„rund 58%"* der Arbeit getan und in *„etwa 35 Jahren"* alles fertiggestellt sei; *Kiesow,* RJ 18 (2000), S. 8; *Anonym,* RNZ vom 17.03.1967, S. 3.

[746] *von Amira,* ZRG GA 29 (1908), S. 383.

weiterer ständiger Mitarbeiter, Dr. Ferdinand Bilger, auf.[747] 1912 war es dann schließlich soweit: Das erste reguläre „Quellenheft" konnte veröffentlicht werden, 1914 kam dann die erste eigentliche Lieferung des Wörterbuchs heraus.[748] Es sollte die einzige bleiben, die Schroeder erleben durfte.

Schroeder blieb bemüht, für das Wörterbuch der deutschen Rechtssprache Autoren und Korrektoren zu finden. Bei jeder sich ihm bietenden Gelegenheit sprach er Kollegen auf eine mögliche Mitarbeit an. Auch den Marburger Professor Edward Schroeder gewann er zur Durchsicht einer umfänglichen Menge von Quellen, so unter anderem der gesamten vorhöfischen Literatur des 12. Jahrhunderts einschließlich des Rolandliedes, der Rother geistlichen Sammelhandschriften, des Sachsenspiegels sowie des oberhessischen Wörterbuchs von Crecetius[749]. Allerdings war nicht jeder so emsig, den Fortgang des deutschen Rechtswörterbuchs nach Kräften zu unterstützen: Als man 1908 einen zweiten Aufruf zur Beteiligung an der Artikelarbeit startete, gingen auf 300 verschickte Exemplare lediglich drei Antworten ein.[750] Derart ernüchtert entschied man, auf auswärtige Unterstützung gänzlich zu verzichten und die Arbeiten allein auf die Heidelberger Mitarbeiter zu beschränken. Neben einem erheblich geringeren zeitlichen und finanziellen Aufwand hatte dies auch den Vorteil einer einheitlichen Bearbeitung.[751]

Das „Deutsche Rechtswörterbuch" ist deutlich von Schroeders Methodik geprägt. War zunächst vorgesehen, lediglich Rechtsquellen unter gleichzeitiger Heranziehung von sogenannten Profanquellen zu erfassen, so dienten bald historische und dichterische Werke „im weitesten Maße" der Erarbeitung der Artikel.[752] 1905 verfasste er mit seinen sogenannten „Grundsätzen" ein Schema zum Aufbau der Wortartikel. Schroeder orientierte sich offensichtlich an seiner „Geschichte des ehelichen Güterrechts" und dem „Lehrbuch der Deutschen Rechtsgeschichte" und entwickelte die hierin enthaltenen Ansätze zur etymologischen Erfassung eines Rechtswortes weiter. Das Muster sah eine philologische Einleitung zu verschiedenen Wortformen vor, gefolgt von Ausführungen zu Herkunft und Entwicklung des Stichwortes im allgemeinen Sprachgebrauch sowie zu Gebrauch und Bedeutungsgehalt der besprochenen Begriffe. Den Abschluss eines jeden Wortartikels sollten Verweise auf eventuelle Zusammensetzungen und Synonyma sowie weiterführende Literaturangaben bilden.[753] Dieser Aufbau wird bis heute in seinen Grundzügen beibehalten.

---

[747] *Schroeder,* Bericht der Kommission für das Wörterbuch der deutschen Rechtssprache für das Jahr 1907, ZRG GA 29 (1908) S. 482.

[748] *Borchling,* ZRG GA 54 (1934), S. 271; *Stutz,* ZRG GA 16 (1915), S. 493.

[749] Edward Schroeder an Schroeder vom 16. Mai 1897, UB HD Heidel.Hs. 3899.

[750] *Heymann,* ZRG GA 46 (1926), S. 579.

[751] *Heymann,* ZRG GA 46 (1926), S. 579.

[752] *Stammler,* DR Band CLXIV (1915), S. 474.

[753] *Borchling,* ZRG GA 54 (1934), S. 273.

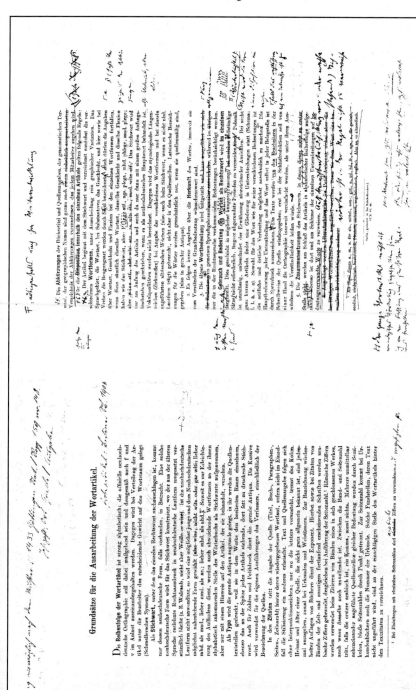

Abbildung 14: Anweisung zur Ausarbeitung der Wortartikel
(Quelle: Archiv des Deutschen Rechtswörterbuchs, Akademie der Wissenschaften, Heidelberg)

Seine Zeitgenossen beurteilten die Arbeiten am Wörterbuch der Deutschen Rechtssprache äußerst positiv: Sie biete *„den sprachlichen Schlüssel zu den älteren deutschen Rechtsquellen"* und könne *„damit eines der wichtigsten Hilfsmittel zum Verständnis der Grundlagen unseres Rechts überhaupt"* geben.[754] Felix Liebermann schrieb:

> „So muß ich denn nicht ganz so vollkommen wie ich gewollt + gesollt hätte sagen, dass ich täglich bei jedem neuen Artikel des Rechtswörterbuches für die Germanistik im Allgemeinen bei Ihnen mir Rats hole + immer aufs neue staune, welche Parallelen aus meinen Angelsachsen längst in Ihre Scheuer eingeheimst worden sind"[755].

Schroeders Mitarbeit am *„Deutschen Rechtswörterbuch"* war sehr gewissenhaft. Der Erfassung des juristischen Wortschatzes widmete er die letzten zwanzig Jahre seines Lebens. Dies ging allerdings zu Lasten seiner sonstigen wissenschaftlichen Arbeit wie auch seiner Lehrtätigkeit an der Universität Heidelberg.

i) Mitglied im Redaktionsausschuss der Neuen Heidelberger Jahrbücher

Schroeders editorische Tätigkeit beschränkte sich nicht auf das Deutsche Rechtswörterbuch, die Badischen Weistümer oder die eigenen Werke zur deutschen Rechtsgeschichte bzw. dem ehelichen Güterrecht. Schon kurz nach seiner Ankunft in Heidelberg brachte er dem philosophisch-historischen Verein lebhaftes Interesse entgegen. Es handelte sich hierbei um eine von Levin Goldschmidt, Paul Laband und Johann Caspar Bluntschli 1863 gegründete exklusive Vereinigung, die sich der Förderung des wissenschaftlichen Verkehrs zwischen der Universität und der gebildeten Heidelberger Kreise verschrieben hatte.[756] Bei den Zusammenkünften wurden historische bzw. philosophische Vorträge gehalten. An einer solchen Veranstaltung teilnehmen oder gar selbst sprechen zu dürfen, erschien als Auszeichnung. Schroeder hielt dort insgesamt vier Reden: *„Über einen mittelalterlichen Territorialstreit zwischen Mecklenburg und Lübeck"* (9.7.1888), *„Die deutsche Kolonisation des nordöstlichen Deutschlands im Mittelalter"* (4.2.1889), *„Über die Rolandsäulen"* (25.11.1889) sowie über *„Fehde und Friedlosigkeit im germanischen Recht"* (13.11.1890).

Als der Verein am 03.11.1890 beschloss, eine halbjährlich erscheinende Zeitschrift mit dem Titel *„Neue Heidelberger Jahrbücher"* herauszugeben, ließ es sich Schroeder nicht nehmen, an diesem Vorhaben mitzuwirken. Zusammen mit Moritz Cantor, Friedrich von Duhn, Bernhard Erdmannsdörffer, Karl Hartfelder, Adolf Hausrath[757], Gustav Koester, Adolf von Oechelhäuser, Max von Wald-

---

[754] *Heymann*, DJZ, 1909, Sp. 1510.

[755] Felix Liebermann an Schroeder vom 09.12.1907, UB HD Heidel.Hs. 3899.

[756] Chronik des Vereins, Neue Heidelberger Jahrbücher I (1890), S. 5; *Jansen*, Professoren und Politik, S. 41; *Wundt*, Erlebtes und Erkanntes, S. 235 ff.

berg und Karl Zangemeister bildete er den ersten Redaktionsausschuss[758] und veröffentlichte gleich im ersten Band einen Beitrag zum Thema *„Die Landeshoheit über die Trave"*. Auch danach beteiligte er sich rege und arbeitete unter anderem den zuvor gehaltenen Vortrag zum Thema *„Arno, Erzbischof von Salzburg, und das Urkundenwesen seiner Zeit"* schriftlich aus.

Insgesamt war das geistige Leben im Heidelberg der damaligen Zeit von einem ganz besonderen Stil. Dort wirkten die *„Sterne des Gelehrtenhimmels"*, und die akademische Geselligkeit wurde durch *„Lebensstil, Anschauungen und gesellschaftliche Gepflogenheiten dieser Generation geisteskräftiger älterer Geheimräte geprägt"*[759]. Zwischen allen Geistesrichtungen fand ein reger Austausch statt, eine Strömung, die man, wie Gustav Radbruch analysierte, *„halb ernst, halb spöttisch, den „Heidelberger Geist" nannte ..."*[760].

j) Sonstige soziale und gesellschaftliche Betätigungen und Bestätigungen

Als Mitglied der Heidelberger akademischen Kreise war Schroeder, nicht zuletzt wegen seiner beachtlichen Leistungen, geachtet, und man zollte ihm erheblichen Respekt. Die sozialen und politischen Anerkennungen, mit denen er geehrt wurde, häuften sich seit der Übernahme des Heidelberger Lehrstuhls. Nachdem er schon 1887 zum Geheimen Hofrat ernannt worden war, folgte 1899 der Titel Geheimer Rat II. Klasse.[761] Zusätzlich wurde ihm 1891 das Ritterkreuz 1. Klasse mit Eichenlaub des Ordens vom Zähringer Löwen verliehen.[762] 1914 erhielt Schroeder schließlich den Stern zum Kommandeurskreuz mit Eichenlaub des Ordens vom Zähringer Löwen[763], und 1912 ehrte ihn der bayerische König angesichts seiner Verdienste zu Würzburger Zeiten mit dem königlich bayerischen Maximiliansorden für Wissenschaft und Kunst.[764] Diese Auszeichnungen

---

[757] Dieser hatte 1863 zusammen mit Wilhelm Wundt den historisch-philosophischen Verein gegründet.

[758] Vorwort Neue Heidelberger Jahrbücher Bd. I (1891), S. 4.

[759] *Weber*, Max Weber, S. 239.

[760] Radbruch schreibt weiterhin: *„Ich glaube nicht, daß zu jener Zeit an irgendeiner anderen deutschen Universität ein Miteinanderdenken der verschiedenen Geister in diesem Grade bestand"*; *Radbruch*, Der innere Weg, S. 87; vgl. zum Heidelberger Geist *Wennemuth*, Wissenschaftsorganisation und Wissenschaftsförderung in Baden, S. 71.

[761] Erlass des Großherzogs Friedrich von Baden vom 24. Dezember 1899, GLA KA 235/2496.

[762] Dem folgte 1903 die Verleihung des Kommandeurskreuzes II. Klasse vom Zähringer Löwen und 1908 das Kommandeurskreuz Zweiter Klasse des Ordens vom Zähringer Löwen mit Eichenlaub; Schroeder an den Präsidenten des Justiz- und Kultusministeriums, GR Dr. Nokk, vom 29. April 1894, Standesliste, GLA KA 235/2496; Verleihungsschreiben Nr. 14415 vom 17. November 1908, GLA KA 235/2496.

[763] Registratur-Notiz, GLA KA 235/2496.

bedeuteten dem Pommern, der im Süden Wurzeln geschlagen hatte, aber nicht viel. Weit wichtiger waren ihm die akademischen Ehrungen. Insbesondere die Akademien der Wissenschaften, die seit Ende des 19. Jahrhunderts eine wahre Gründungswelle erlebten, bemühten sich um ihn. 1892 nahm ihn die Bayerische Akademie der Wissenschaften in München auf, 1895 folgte die Ernennung zum auswärtigen Mitglied in der *„litterarisch-historisch-philosophischen Klasse"* der königlichen Akademie in Amsterdam.[765] Auf Vorschlag Brunners[766] trat er 1900 zusammen mit von Amira und von Inama-Sternegg[767] als korrespondierendes Mitglied der *„philosophisch-historischen Classe"* der Königlich Preußischen Akademie der Wissenschaften in Berlin bei. Brunner hatte in seiner Empfehlung für Schroeder dessen herausragende Fähigkeiten auf dem Gebiet der deutschen Rechtsgeschichte, insbesondere seine *„umfassende Kenntnis der Quellen und der Litteratur, die er in seinen Arbeiten mit ... zutreffender Hervorhebung des Wesentlichen verwertet"*, gewürdigt. *„Sein Lehrbuch der Deutschen Rechtsgeschichte ist zur Zeit die stoffreichste und brauchbarste Gesammtdarstellung, die wir besitzen".*[768]

Durch die Aufnahme in die Preußische Akademie der Wissenschaften, gerade aufgrund Brunners Engagement, fühlte sich Schroeder besonders geehrt: *„Ich habe in der That mich recht sehr über dieselbe gefreuet und mit doppeltem Vergnügen an dem Jubelfeste teilgenommen"*[769].

Am 24. Juni 1909 nahm ihn schließlich die neu gegründete Heidelberger Akademie der Wissenschaften[770], eine Stiftung von Heinrich Lanz[771], in ihre histo-

---

[764] Obwohl der Maximiliansorden für Wissenschaft und Kunst für akademische Leistungen verliehen wurde, hatte er auch eine gewisse politische Bedeutung; Heidelberger Tageblatt vom 20.12.1913, Personalakte PA 2256 der Universität Heidelberg; Die Akten des bayerischen Staatsarchivs (MK 8612) hierzu sind verbrannt (Auskunft des bayerischen Staatsarchivs Telefonat vom 10.03.2003; Schreiben des großherzoglichen badischen Ministeriums der Justiz und des Auswärtigen an das Ministerium des Kultus und des Unterrichts vom 30. November 1912, GLA KA 235/2496; In Bezug auf Baden handelte es sich um eine auswärtige Auszeichnung, welche nur mit Genehmigung des Großherzogs getragen werden durfte. Diese wurde erteilt; Karlsruher Zeitung vom 19. Dezember 1912 Nr. 348, GLA KA 235/2496.

[765] Anzeigeschreiben vom 16. Mai 1895 an das Akademische Direktorium der Universität Heidelberg, PA 2256, UA HD.

[766] Brunner leitete das Ressort der Rechts- und Staatswissenschaften ab 1901 als Nachfolger Alfred Pernices.

[767] Die Abstimmung erfolgte mit schwarzen und weißen Kugeln, wobei letztere Zustimmung, erstere Ablehnung symbolisierten. Schroeder erhielt 30 weiße und zwei schwarze Kugeln.

[768] Kgl. Preußische Akademie der Wissenschaften, Akte R. Schroeder II–III, 175; *Scheel,* Die Berliner Akademie der Wissenschaften, S. 139.

[769] Schroeder an Stutz vom 12.04.1900, UA Zürich, Nachl. Stutz, 184.

[770] Diese war 1909 mit einem Stiftungsvermögen von einer Million Mark gegründet worden und zählt damit zu der späteren Generation von Wissenschaftsakademien; *Wennemuth,* Die Heidelberger Akademie der Wissenschaften, S. 383.

risch-philosophische Klasse auf.[772] Neben Troeltsch, Gothein, Gradenwitz, Schöll, Wilhelm, Braune, von Duhn und Windelband gehörte Schroeder zur ersten Mitgliedergeneration. Satzungsmäßig war die Mitgliederzahl der mathematisch-naturwissenschaftlichen wie auch der philosophisch-historischen Klasse auf jeweils 10 Personen beschränkt[773]. Schroeder und sein Kollege Otto Gradenwitz[774] waren zu jener Zeit die einzigen Juristen, die aufgenommen wurden.[775]

Rechtswissenschaft, Philosophie und Nationalökonomie waren als systematische Wissenschaften der geisteswissenschaftlichen Klasse der Akademie zugeordnet. Jedoch herrschte in der Akademie die allgemeine Auffassung vor, dass Vertreter gerade dieser Disziplinen, die für eine Mitgliedschaft vorgesehen waren, sich nicht durch fachspezifisches Wissen, sondern vielmehr durch ihre wissenschaftlich-historischen oder philologischen Arbeiten qualifizieren müssten.[776] Die Akademie war insoweit besonders stolz, mit Schroeder einen Mann zu ihren Mitgliedern zählen zu dürfen, der *„in seiner Person und in seiner Tätigkeit seit langem die fruchtbare Vermittlung zwischen den Studien der deutschen Rechtsgeschichte und der politischen Geschichte darstellt"*[777]. Allerdings arbeitete Schroeder aufgrund der *„zahlreichen, von früherer Zeit her auf mir lastenden Aufgaben"*[778] nicht aktiv an den Sitzungsberichten mit. Dennoch war er unermüdlicher Initiator einer Reihe von Projekten wie beispielsweise die Edition eines Verzeichnisses der badischen Weistümer und Dorfrechte oder des Wörterbuches des deutschen Bürgerlichen Gesetzbuches.[779]

---

[771] Karl Lanz, Sohn des 1905 verstorbenen Firmengründers Heinrich Lanz *„war bestimmt worden, eine Million zu stiften und da hatten wir eine Akademie: denn zu einer solchen gehören dieselben drei Dinge wie zum Kriegführen"*, schrieb *Gradenwitz,* in: Die Rechtswissenschaft in Selbstdarstellungen, Bd 3, S. 57; die Stiftung Heinrich Lanz ermöglichte 1909 schließlich die Gründung der Akademie, nachdem ein erster Versuch 1886 am Votum de Philosophen Kuno Fischer gescheitert war; *Wennemuth,* Die Heidelberger Akademie der Wissenschaften, S. 383; *Wennemuth,* Wissenschaftsorganisation und Wissenschaftsförderung in Baden, S. 75 ff.

[772] *Stutz,* ZRG GA 38 (1917), S. XXIII; Schreiben des Staatsministers der Justiz Nr. B 8151 vom 24. Juni 1909, GLA KA 235/2496; Mitgliederverzeichnis der HAW, philosophisch-historische Klasse 1909, GLA KA 235/4003

[773] Jahresheft 1909/1910, Sitzungsberichte der Heidelberger Akademie der Wissenschaften, S. VII.

[774] Otto Gradenwitz (1860–1935), vgl. zu seinem Leben und Werk: *Kleinheyer/ Schröder,* Juristen, S. 480; *Kaser,* NDB Bd. 6, S. 702 f.

[775] Gradenwitz berichtet, dass Schroeder zu dem Zeitpunkt seiner Berufung schon *„betagt und für die Akademie wenig portiert"* gewesen sei; *Planitz/Gradenwitz,* Rechtswissenschaft in Selbstdarstellungen, Bd. 3, S. 57.

[776] *Wennemuth,* Wissenschaftsorganisation und Wissenschaftsförderung in Baden, S. 178.

[777] Sitzungsberichte der HAK, Jahresheft 1910/11, S. XXIII.

[778] Sitzungsberichte der HAK, Jahresheft 1910/11, S. XXV.

[779] *Wennemuth,* Wissenschaftsorganisation und Wissenschaftsförderung in Baden, S. 300.

Ganz anderer akademischer Natur war die philosophische Ehrendoktorwürde, die ihm 1909 die Georg-August-Universität Göttingen verlieh.[780] Auch die staatswissenschaftliche Fakultät der neu gegründeten Universität Münster[781] trug ihm als einem der ersten die Ehrendoktorwürde an:[782] *„Unter den zahlreichen Fest- und Ehrengaben, die mir zu meinem siebzigsten Geburtstag zugegangen sind, ... Ihr hohes Ehrengeschenk die erste Stelle ein[nimmt] ..."*[783] schrieb er zurück. Zu seinem Geburtstag widmete ihm auch die rechts- und staatswissenschaftliche Fakultät der Universität Zürich eine Festschrift unter der Federführung von Stutz,[784] auf die Schroeder antwortete: *„Mit ganz außerordentlicher Freude habe ich Ihre prächtige Dedikation empfangen, gelesen, sowie sofort für meine hoffentlich noch zu erlebende DRG 6 ausgezogen"*[785].

Neben seiner wissenschaftlichen Tätigkeit blieb Schroeder bis ins hohe Alter auch kirchlich engagiert. 1904 wurde er durch großherzogliches Dekret zur Beantwortung kirchenrechtlicher Fragen in die Generalsynode der evangelisch-protestantischen Kirche des Großherzogtums Baden berufen.[786] Im Rahmen der elften Sitzung referierte er als Mitglied des Verfassungsausschusses und Berichterstatter zum Patronatsrecht.[787] Bei den Sitzungen der Badischen Generalsynode lernte er auch den Theologen Adolf Schmitthenner kennen, der ihn zum Beitritt zur Landeskirchlichen Vereinigung bewegen konnte.[788] Daneben war er Mitglied der Heidelberger Kirchengemeindevertretung, an deren Gemeindeleben er aktiv teilnahm.

---

[780] *Stutz*, ZRG GA 38 (1917), S. XVIII.

[781] Diese ging auf einen Antrag des Professors Schreuer zurück, vgl. Antrag des Professors Schreuer vom 31. Mai 1908, enthalten in der Akte der Ehrenpromotion R. Schroeder, UA Münster, Bestand 30 Nr. 159.

[782] Vor Schroeder hatten lediglich vier andere Personen diese Ehrung erhalten. Dies waren Bernhard Fürst von Buelow und Konrad von Studt (25.10.1902), Wilhelm Thomsen (30.09.1904) sowie Adolf Wagner (20.03.1905); E-Mail-Auskunft des Archivs der Universität Münster vom 04.03.2003.

[783] Schroeder erhielt fast 500 Glückwunschadressen anlässlich seines Geburtstages. Dankesschreiben Schroeders vom 18.07.1908 an die rechts- und staatswissenschaftliche Fakultät der Universität Münster, Akte der Ehrenpromotion Richard Schroeder, UA Münster, Bestand 30 Nr. 159.

[784] Sein Kollege Friedrich Meili beschäftigte sich darin mit den hauptsächlichen Entwicklungsperioden des Internationalen Strafrechts seit der mittelalterlich-italienischen Doktrin, Zürich 1908.

[785] Schroeder an Stutz vom 19.08.1908, UA Zürich, Nachl. Stutz, 184.

[786] *„Trauerfeier für Geh. Rat Schroeder"*, in: Heidelberger Tageblatt vom 06.01. 1917, PA 2256 UA Heidelberg.

[787] Verhandlungen der ordentlichen Generalsynode des Jahres 1904 in der evangelisch-protestantischen Kirche des Großherzogtums Baden, Karlsruhe 1905, S. 346–350.

[788] *Stutz*, ZRG GA 38 (1917), S. X.

k) Politische Betätigung

Politisch war Schroeder ein „*rechtsgerichteter Liberaler burschenschaftlicher Prägung mit einem Schuß Demokratie*"[789]. Kommentierungen des politischen Tagesgeschehens sind jedoch lediglich in seiner privaten Korrespondenz bekannt. Nach außen bekundete er seine Überzeugungen dagegen weniger. Selbst aus seiner Studentenzeit ist keine entsprechende Aktivität überliefert.[790] Um so mehr verwundert es, dass er 1914 und nochmals 1916 zu den Kriegsereignissen öffentlich Stellung bezog. Dieses Verhalten ist jedoch am Vorabend und während des ersten Weltkrieges symptomatisch für die Gelehrtenkreise des deutschen Reiches der damaligen Zeit. Die Gründe hierfür zu erforschen, bedarf einer Skizzierung der deutschen Gelehrtenpolitik, um auch Schroeder in die Gesamterscheinung des politisch engagierten deutschen Gelehrtentums einordnen zu können.

Die politische Betätigung deutscher Professoren stand zu Beginn des ersten Weltkrieges am Ende einer langen Tradition deutscher Gelehrtenpolitik. Im 19. Jahrhundert war sich das Volk mehr und mehr seiner politischen Macht bewusst geworden. Man hatte erkannt, dass Politik nicht zwangsläufig ausschließlich Sache von Hof und Regierung, von ständischen und kirchlichen Institutionen war, sondern dass sie insbesondere die Bürger betraf.[791] Gerade das Bildungsbürgertum, allen voran die Professoren, entwickelten politische Tendenzen:[792] Romantisch verklärt hielt man kulturell-historische Gemeinsamkeiten hoch und träumte von der politischen Einheit.[793] Das Hambacher Fest von 1832, die Erhebung der Göttinger Sieben 1837[794] sowie das sogenannte Frankfurter „Professorenparlament"[795] von 1848/49 stechen hierbei hervor.[796] Mit der nationalen Einigung,

---

[789] *Beyerle*, DBJ, S. 140.

[790] *Bader*, ZRG GA 95 (1978), S. 201 Fn. 41.

[791] *Nipperdey*, Deutsche Geschichte Band I (1800–1866), S. 186; *Schnabel*, Deutsche Geschichte im 19. Jahrhundert Bd. II, S. 204.

[792] Fichte argumentierte sogar, dass keine Ausbildung so sehr die Voraussetzungen zur Entwicklung politischer Fähigkeiten liefern könne wie gerade die wissenschaftliche; vgl. *Schwabe*, Die deutschen Professoren und die politischen Grundfragen des ersten Weltkrieges, S. 17; *Meinecke*, HZ 125 (1922), S. 249; Hochschullehrer wie Friedrich Christoph Dahlmann, Robert Mohl oder Karl Theodor Welcker verkörpern zu Beginn des 19. Jahrhunderts den politisch engagierten Professor; *Schwabe*, Wissenschaft und Kriegsmoral, S. 10; *Töpner*, Gelehrte Politiker und politisierende Gelehrte, S. 16; *Nipperdey*, Deutsche Geschichte, Bd. I (1800–1866), S. 479; *Schnabel*, Deutsche Geschichte im 19. Jahrhundert Bd. II, S. 205.

[793] Vgl. zum Ganzen, insb. zu den politischen Bewegungen: *Nipperdey*, Deutsche Geschichte, Band I, S. 286–319; ebenso *Schöllgen*, Historisches Jahrbuch 105 (1985), S. 455 ff.

[794] Man empfand die Bestrebungen der deutschen Fürsten nach 1815, eine rein persönliche Herrschaft und damit unvorhersehbare Politik einzurichten als einen Bruch der stillschweigenden Vereinbarung, die sich am Modell des Rechts- und Kulturstaates orientiert hatte; vgl. *Ringer*, Die Gelehrten, S. 117.

die der deutsch-französische Krieg von 1870/71 ermöglicht hatte, wurde zwar das Hauptziel dieser Bewegung erreicht. Damit war jedoch die politische Einheit Ergebnis des Machtstaatsgedankens und der Realpolitik preußischer Prägung[797] und gerade nicht der liberalen bzw. nationalen Bestrebungen. Sie wurde vielmehr über die Köpfe ihrer einstigen geistigen Führer hinweg vollzogen. Entsprechend gab es hiernach *„nichts mehr zu diskutieren, sondern nur noch zu verehren"*[798].

Die Mehrheit der zumeist politisch engagierten deutschen Professorenschaft passte sich in die neuen staatlichen Gefüge ein und akzeptierte auch deren Grundlagen. Das Zweite deutsche Kaiserreich basierte primär auf einem Rechtsstaat, der sich, aufbauend auf den Konzeptionen von Thomasius, Kant und Wolff, im 19. Jahrhundert entwickelt hatte und der begrifflich mit dem deutschen Kulturstaat[799] gleichgesetzt werden sollte. Hierbei bildeten sich die Universitäten sogar zum Träger eines politischen Konservatismus heraus.[800] Diese Entwicklung trieb die seit dem ausgehenden 18. Jahrhundert bestehende Differenzierung zwischen ratio und voluntas, d.h. zwischen Gelehrten und Regierenden[801], zu einem neuen Höhepunkt. Es war nicht mehr vereinbar, zugleich Politiker und Wissenschaftler zu sein; die aktive politische Betätigung erschien sogar angesichts der radikalen Fundamente der neueren Parteien eines Universitätsprofessors unwürdig und mit dem Beamtenstatus unvereinbar.[802]

---

[795] Die in der Frankfurter Paulskirche tagende Nationalversammlung wurde gemeinhin als „Professorenparlament" bezeichnet, obwohl dieser Berufsstand lediglich 8% der Abgeordneten ausmachte. Zahlreicher vertreten waren Juristen, die 31%, zusammen mit Staats- und Gemeindebeamten sogar 51% stellten; *vom Brocke*, Professoren als Parlamentarier, S. 62; *Töpner*, Gelehrte Politiker und politisierende Gelehrte, S. 18; *Schnabel*, Deutsche Geschichte im 19. Jahrhundert Bd. II, S. 198/206.

[796] Hierzu trugen die Germanisten bei, die in der Erforschung der eigenen Geschichte ihr eigenes Wesen suchten; *Böckenförde*, Die deutsche verfassungsgeschichtliche Forschung im 19. Jahrhundert, S. 75.

[797] *Bleuel*, Deutschlands Bekenner, S. 30, 33; *Vondung*, Zur Lage der Gebildeten in der wilhelminischen Zeit, S. 29; *Mommsen*, Das Ringen um den nationalen Staat, S. 17.

[798] *Bleuel*, Deutschlands Bekenner, S. 33; insbesondere im Südwesten verstummte man, nachdem die Ziele erreicht waren; *Meinecke*, HZ 125 (1922) S. 260/262.

[799] Nach Auffassung der deutschen Gelehrten sollte der Staat auf kulturellen und ethischen Zielen aufbauen und sozialen Konflikten durch Harmonie begegnen; *Ringer*, Die Gelehrten, S. 125.

[800] *Westphalen*, Karl Binding, S. 434 f.; *Mommsen*, Das Ringen um den nationalen Staat, S. 33; *Vondung*, Zur Lage der Gebildeten in der wilhelminischen Zeit, S. 31; *Ringer*, Die Gelehrten, S. 108, 113 f.; *Habermas*, Die deutschen Mandarine, S. 464; *Rothacker*, Mensch und Geschichte, S. 10.

[801] *Jansen*, Professoren und Politik, S. 86.

[802] Einen belebenden Versuch unternahmen nur wenige, wie von Treitschke, von Ihering und von Gierke; vgl. *Töpner*, Gelehrte Politiker und politisierende Gelehrte, S. 18.

Man konzentrierte sich auf die Erarbeitung der theoretischen Grundlagen der Politik, überließ die Umsetzung dagegen den Politikern.[803]

Als bloße „geistige Diener"[804] einer betont deutschen Politik nahmen die Gelehrten immer mehr eine apolitische Stellung ein: Teilnahmslos oder zuweilen sogar ablehnend standen sie den parlamentarischen Auseinandersetzungen gegenüber.[805] Der Idealismus, der sie noch zur Mitte des 19. Jahrhunderts angetrieben hatte, war verschwunden.[806] Insbesondere die Juristen zogen sich überproportional zurück. Nur noch wenige publizierten politische Schriften, die Mehrheit widmete sich demonstrativ fachlich-dogmatischen Detailproblemen.[807]

Auf der anderen Seite wurde versucht, durch Gründung politischer Vereine den Schein des professoralen Einflusses auf Politik und Staatsentwicklung zu wahren.[808]

Der Kriegsbegeisterung, die das Deutsche Reich am Vorabend des ersten Weltkrieges erfasst hatte, konnten sich aber auch die Gelehrten nicht entziehen. 1914 wurde eine Erklärung der Hochschullehrer des Deutschen Reiches veröffentlicht, die 3016 Professoren und damit fast 70 % der deutschen Gelehrten, unterzeichnet hatten;[809] unter ihnen war auch Schroeder.[810] Es galt, das Vater-

---

[803] *Schwabe,* Wissenschaft und Kriegsmoral, S. 12; *Bleuel,* Deutschlands Bekenner, S. 55; *Paulsen,* Die deutschen Universitäten, S. 325; nach Max Weber sollte sich die Wissenschaft frei von Werten halten. Ihre Aufgabe sei es, Kausalitäten zu erforschen; *Meinecke,* HZ 125 (1922), S. 273; gerade Heidelbergs Professoren unterschieden streng zwischen den eigenen politisch-sozialen Pflichten und dem, was von der „Masse" des Volkes erwartet wurde; *Jansen,* Professoren und Politik, S. 91.

[804] *Habermas,* Die deutschen Mandarine, S. 461.

[805] 1912 waren noch sieben Hochschullehrer Reichstagsabgeordnete, d.h. 1, 7 % der gesamten Abgeordneten, vgl. *vom Bruch,* Wissenschaft, Politik und öffentliche Meinung, S. 59; weitere 13 Professoren hatten kandidiert, vgl. *vom Brocke,* Professoren als Parlamentarier, S. 56; *Vondung,* Zur Lage der Gebildeten in der wilhelminischen Zeit, S. 29; *Bleuel,* Deutschlands Bekenner, S. 54; *Schwabe,* Die deutschen Professoren und die politischen Grundfragen des ersten Weltkrieges, S. 15.

[806] Die Geburtsjahrgänge von 1827–1862 waren stark vertreten. Von diesen betätigten sich an der Universität Heidelberg lediglich 11 % regelmäßig, lediglich 17 % überhaupt politisch; vgl. *Jansen,* Professoren und Politik, S. 26; *vom Bruch,* Wissenschaft, Politik und öffentliche Meinung, S. 58; *ders.,* Politiker als Parlamentarier, S. 55.

[807] Hier war vor allem der traditionelle deutsche Professor vertreten, den Kurt Tucholsky als „ein stilles, manchmal tiefes Gewässer", umschrieb, „zerstreut" und „weltfremd"; *Tucholsky,* Professoren, Gesammelte Werke, Band I, 1960, S. 290 f. Ausnahmen sind lediglich Zorn, Schücking, Jellinek, von Liszt, von Calker; *vom Bruch,* Wissenschaft, Politik und öffentliche Meinung, S. 75; *Dilcher,* Das Gesellschaftsbild der Rechtswissenschaft und die soziale Frage, S. 65.

[808] *Schwabe,* Wissenschaft und Kriegsmoral, S. 12; *vom Brocke,* Professoren als Parlamentarier, S. 68.

[809] Neben an der Front befindlichen Dozenten fehlten lediglich einige liberal-demokratisch Gesinnte. Von der Heidelberger Juristenfakultät hatten sogar 71 % unterschrieben; lediglich Gradenwitz, Endemann, Preisigke und Schönborn trugen die Resolution nicht mit; *Jansen,* Professoren und Politik, S. 113; *Schwabe,* Die deutschen Professo-

land mit den „*Waffen des Geistes*" zu unterstützen;[811] man war der Auffassung, dass der Krieg den Deutschen letztlich sogar „*aufgenötigt*" worden sei.[812] Anders als ausländische, vorherrschend britische Publizisten sahen die deutschen Professoren gerade keinen Gegensatz zwischen Militär und Kultur in Deutschland und wehrten sich gegen die Behauptung, die deutsche Wissenschaft habe sich den Generälen untergeordnet: „*In dem deutschen Heere ist kein anderer Geist als in dem deutschen Volke, denn beide sind eins, und wir gehören dazu*"[813]. Insoweit sei der Krieg gerade nicht nur Kulturvernichter, sondern vielmehr, wie die Geschichte lehre, Kulturbringer.[814] Damit wurde allerdings verkannt, dass die politische Zurückhaltung der Professoren in den Jahrzehnten vor dem ersten Weltkrieg eine unkritisierte und damit weitgehend ungehinderte Ausbreitung des Militarismus in Deutschland ermöglicht hatte.

Die nach außen zu Tage tretende Einigkeit betraf allerdings lediglich den Widerstand gegen die „*Verunglimpfung Deutschlands*"[815]. In Detailfragen war die Professorenschaft in zwei große Lager, die Annexionisten[816] und die Gemäßigten,[817] gespalten. Dieser Gegensatz entlud sich schließlich am 25.11.1916, als im Heidelberger Tagblatt eine Sympathiebekundung für Bethmann-Holl-

---

ren und die politischen Grundfragen des ersten Weltkrieges, S. 71; *Schäfer*, Mein Leben, S. 167.

[810] *Jansen*, Professoren und Politik, S. 401.

[811] *Meyer*, Vaterlandsliebe, Parteigeist und Weltbürgerthum, Deutsche Zeit- und Streitfragen 108 (1893), S. 517 ff.

[812] *von Gierke*, Krieg und Kultur, abgedruckt bei *Böhme*, Aufrufe und Reden, S. 66; zur kulturhindernden Wirkung des Krieges: *von Below*, Die deutsche Geschichtsschreibung von den Befreiungskriegen bis zu unseren Tagen, S. 121.

[813] Erklärung deutscher Hochschullehrer, abgedruckt bei *Böhme*, Aufrufe und Reden, S. 49.

[814] *von Gierke*, Krieg und Kultur, S. 67; Marcks zeigt auf, dass in der Geschichte des Krieges gerade nicht Zufälligkeit und Laune geherrscht haben. „*stets waren die inneren Kräfte, die Kräfte der Wirtschaft und der Gesellschaft, an diesen großen Reibungen der Staatengesellschaft, an dieser Entfaltung der einzelnen Staaten handelnd und bestimmend beteiligt*"; *Marcks*, Wo stehen wir? Die politischen, sittlichen und kulturellen Zusammenhänge des Krieges, S. 80 ff.

[815] Karl Vossler, Brief von 1919, zitiert bei: *Wehberg*, Wider den Aufruf von 93, Berlin 1922, S. 13.

[816] Die Annexionisten forderten eine Ausweitung des deutschen Territoriums. Sie wollten die Reichsregierung schwächen und mittels Massenpetitionen plebiszitär-direkt auf die deutsche Politik einwirken. Dabei peitschten sie das Volk geradezu in die Vorstellung, einem deutschen Sieg stünde nichts entgegen, eine Haltung, die Bethmann-Hollweg als „*Missbrauch der Siegesstimmung zu unzeitiger Aufstellung ausschweifender Kriegsziele bezeichnete*"; vgl. von *Bethmann-Hollweg*, Betrachtungen zum Weltkriege, 2. Teil: Während des Krieges, S. 26.

[817] Die Gemäßigten gaben sich mit dem status quo ante zufrieden und strebten innenpolitische Reformen an. Sie wollten die verfassungsmäßigen Rechte der Exekutive wahren und sie insbesondere von populären und sogar parlamentarischen Einflüssen unabhängig halten; *Schwabe*, Wissenschaft und Kriegsmoral, S. 128/179; *ders.*, Die deutschen Professoren und die politischen Grundfragen des ersten Weltkrieges, S. 111;

weg[818] veröffentlicht wurde, den die Gemäßigten unter der Führung von Hans Delbrück[819] unterstützten.[820] Auch Schroeder unterschrieb, zusammen mit fast 75 % der Heidelberger Juristenfakultät.[821]

Schroeders private Korrespondenz zeigt, dass ihn die Kriegsumstände und die Bewertung der deutschen Position tatsächlich sehr aufwühlte:

> „Ja, wir leben in einer großen, gewaltigen Zeit, und ich danke Gott, dass ich sie erleben durfte. Dies heilige Feuer der Begeisterung und Erhebung unseres gesamten Volkes, um Gottes Gericht an den Frevlern zu vollstrecken, erinnert es nicht geradezu an das erste Pfingstfest der jungen Christenheit? Und wie ein kunstreiches Uhrwerk von Meisterhand vollzieht sich bei uns alles, was nötig ist, um das große Gottesgericht an den Frevlern zu vollstrecken, die einzig durch Menschenhand, Lug und Trug, schamlose Selbstsucht und haßerfüllte Rachsucht zusammengeschmiedet sind. Ich bin, wie wohl unser ganzes Volk, von Anfang an, voller Zuversicht gewesen, und sie bewährt sich ja von Tage zu Tage mehr"[822].

Es wird deutlich, wie sehr auch er von der kriegsverherrlichenden Euphorie ergriffen war: *„Für uns, die am Kampfe nicht teilnehmen können, heißt es jetzt, auch über Wenigem getreu zu sein"*[823]. Schon deshalb wollte er weiterhin und noch emsiger als zuvor an der neuen Auflage der *„Deutschen Rechtsgeschichte"* arbeiten.

VII. Das Ende

Der Wille, sein *„Lehrbuch"* auf einem aktuellen Stand zu halten, trieb Schroeder auch in den Kriegstagen an; doch die Schwächeanfälle häuften sich. Schon im Wintersemester 1907/08 war sein vielgerühmter[824] Tatendrang plötzlich verebbt; damals hatte er sich ausschließlich auf die klassische Vorlesung verlegt und die arbeitsintensiveren[825] Übungen und Repetitorien ganz gestrichen.

Töpner, Gelehrte Politiker und politisierende Gelehrte, S. 20; *Bleuel*, Deutschlands Bekenner, S. 89.

[818] Vgl. zur Ära Bethmann Hollweg (1909–1917); *Huber*, Deutsche Verfassungsgeschichte seit 1789, S. 318–329.

[819] 1848–1992; ordentlicher Professor für neuere Geschichte in Berlin; Nachfolger Treitschkes; zu seiner Person und seinem Werk: *Töpner*, Gelehrte Politiker und politisierende Gelehrte, S. 125–141.

[820] *Jansen*, Professoren und Politik, S. 401.

[821] Für die Kriegsresolution von 1914 stimmten mit insgesamt 3016 Unterzeichnern 70 % der deutschen Gelehrten (*Jansen*, Professoren und Politik, S. 113), für die Kundgebung aus dem Jahr 1916 73 %.

[822] Schroeder an Stutz vom 23.08.1914, UA Zürich, Nachl. Stutz, 184.

[823] Schroeder an Stutz vom 23.08.1914, UA Zürich, Nachl. Stutz, 184.

[824] Loersch schrieb ihm noch 1902: *„wenn nicht, Gott sei Dank, mein Charakter von Jugend auf so angelegt wäre, daß Neid einer meiner geringsten Fehler ist, wahrlich, ich könnte neidisch werden, vor allem auf Ihre Arbeits- und Schaffenskraft";* Loersch an Schroeder, 11. November 1902, UB HD Heidel.Hs. 3899.

Seine Gesundheit war zu diesem Zeitpunkt bereits sehr angegriffen. Zwar wollte er 1912/13 und 1914 wieder die Durchführung von Übungen zur Regel werden lassen; beide Male musste er jedoch die Veranstaltungen abbrechen. 1914 wurde er sogar während einer Vorlesung von einem Schwindelanfall gepackt. Der eilig herbei gerufene Arzt diagnostizierte neben einer nicht ausgeheilten Bronchitis einen schon länger an ihm zehrenden Nierenschwund.[826] Schroeder erkannte, dass er seine Veranstaltungen nicht bis zum Semesterende würde halten können und beantragte die Freistellung. Im Januar 1914 übernahm schließlich sein Schüler Dr. Perels seine Vorlesungsverpflichtungen.[827]

Nach der Genesung hielt er nur wenige Vorlesungen, darunter die *„Deutsche Rechtsgeschichte"* und die *„Geschichte und Grundzüge des deutschen Privatrechts"*, die ihm leicht von der Hand gingen. Gleichwohl plante er, noch einige Zeit am Katheder zu stehen. Am 08. Juli 1914 äußerte er anlässlich einer von ihm empfangenen Ehrung[828], er sehe die Auszeichnung als *„Anerkennung dafür, dass ich, als Senior des Heidelberger Lehrkörpers, noch unentwegt meinen akademischen Pflichten nachzukommen bestrebt bin"*[829], und glaubte sich sogar schon wieder stark genug, den gewohnten Duktus von mindestens drei Vorlesungen pro Semester aufnehmen zu können.[830]

Doch blieb Schroeder geschwächt. 1916 reduzierte er erneut aus eigenem Antrieb seine universitären Verpflichtungen und bot lediglich die *„Geschichte und Grundzüge des deutschen Privatrechts"* sowie eine Vorlesung zum *„Handelsrecht I allgemeiner Teil mit Handelsrecht im engeren Sinne (HGB I–III) und Wechsel- und Schutzrecht"* an. Allerdings kam die Entscheidung sich zu schonen zu spät, zumal sie eher halbherzig war: Ohne Rücksicht auf seine stark angeschlagene Gesundheit arbeitete er weiter an verschiedenen Projekten wie dem Deutschen Rechtswörterbuch und nicht zuletzt der Neuauflage seines *„Lehrbuchs der Deutschen Rechtsgeschichte"*. Zudem brachte er sich bei der Heidelberger Akademie der Wissenschaften ein und wurde noch am 23. Mai 1916

---

[825] Eulenburg urteilt sogar, dass der durch Praktika und Übungen individualisierte und persönliche Unterricht von den offiziellen Lehrkräften einer Universität nicht mehr bewältigt werden könne, da er die Kräfte eines einzelnen Mannes bei weitem überrage; vgl. *Eulenburg,* Der akademische Nachwuchs, S. 62.

[826] *Stutz,* ZRG GA 38 (1917), S. LVIII.

[827] Schreiben des Ministeriums des Kultus und des Unterrichts Nr. A 608 vom 22. Januar 1914, gerichtet an den Engeren Senat der Universität Heidelberg, GLA KA 235/2496.

[828] Er erhielt den Stern zum Kommandeurskreuz mit Eichenlaub des Ordens vom Zähringer Löwen verliehen.

[829] Dankesschreiben vom 08. Juli 1914 an das Ministerium des Kultus und des Unterrichts, GLA KA 235/2496.

[830] Dabei kam ihm entgegen, dass die Zuhörerzahlen kriegsbedingt erheblich zurückgegangen und mit maximal 41 Studenten nicht mit den Vorkriegszahlen vergleichbar waren.

in eine Kommission gewählt, die eine Geschichte der Heidelberger Universität zu veröffentlichen plante.[831] Gesundheitlich überfordert musste er schließlich im Wintersemester 1916/17 wiederum Dispens von der Übernahme der Dekanatsgeschäfte beantragen.[832]

Die kriegsbedingten Aufregungen, insbesondere die Sorge um seinen an der Front kämpfenden Sohn Ludwig waren Schroeders ohnehin angegriffener Gesundheit nicht zuträglich. Mehrfach musste er längere Vorlesungspausen einlegen und sich zur Kur in die Schweiz begeben. Als er 1916 nach Heidelberg zurückgekehrt war, nahm er die Arbeit zwar wieder wie gewohnt auf. Doch bald musste er einsehen, dass seine Kräfte geschwunden waren. Wiederholt ereilten ihn Schwindel, die wahrscheinlich auf *„Überarbeitung und seelischer Erregung"* beruhten.[833] Letztlich riss ihn der Tod aus der Lehrtätigkeit.[834]

Am 03.01.1917 um 2 Uhr morgens starb Richard Carl Heinrich Schroeder in Heidelberg im Alter von 78 Jahren. Er wurde am 06. Januar 1917 auf dem Heidelberger Bergfriedhof beigesetzt. Anlässlich seines Todes erreichten die Universität Heidelberg Kondolenzschreiben aus Wissenschaft und Politik[835].[836] In Fachzeitschriften wurden, für das Kriegsjahr 1917 sehr ausführlich, Nachrufe publiziert.[837]

---

[831] Sitzungsberichte der Heidelberger Akademie der Wissenschaften, Jahresheft 1916, S. V.

[832] Schreiben des Ministeriums des Kultus und des Unterrichts vom 27. Juni 1916 an das Dekanat der juristischen Fakultät der Universität Heidelberg, GLA KA 235/ 2694.

[833] Sterbeurkunde Nr. 14 vom 05.01.1917, Verwaltungsrath der Generalwitwen- und Brandkasse, GLA KA; Frieda Schroeder-Saunier an Stutz vom 06.01.1917, UA Zürich, Nachl. Stutz, 184.

[834] *Beyerle*, DBJ, 139.

[835] Zum Beispiel rechts- und staatswissenschaftliche Fakultät der Universität Freiburg, 05.02.1917; Dr. Riesser, ord. Professor der Universität Berlin, 05.01.1917; Dekanat der rechts- und staatswissenschaftlichen Fakultät der kaiserlich-königlichen deutschen Karl-Ferdinands-Universität Prag, 16.02.1917; akademischer Senat der K. B. Julius-Maximilians-Universität Würzburg, 05.01.1917; großherzogliche Badische technische Hochschule Fridericiana, 05.01.1917, Rheinische Friedrich-Wilhelms-Universität Bonn, 05.01.1917 (irrtümlich ist auf dem Schreiben das Jahr 1916 angegeben); Kaiser-Wilhelms-Universität Straßburg, 08.01.1917; Georg-August-Universität Göttingen, 10.01.1917; Telegramm des Großherzogs Friedrich vom 04.01.1917; Kondolenzschreiben des Geheimen Kabinettrates Ihrer Königlichen Hoheit der Großherzogin Luise vom 06.01.1917; des Ministeriums des großherzoglichen Hauses der Justiz und des Auswärtigen vom 05.01.1917; des großherzoglichen Amtsvorstandes vom 04.01. 1917, des Stadtrates der Kreishauptstadt Heidelberg vom 05.01.1917.

[836] Seine Witwe Frieda gab nach seinem Tod das Wohnhaus in der Ziegelhäuser Landstraße 19 auf und zog in die Erwin-Rohde-Straße 5. Am 28.12.1921 übersiedelte sie nach Dermbach/Feldabahn; E-Mail-Auskunft des Stadtarchivs Heidelberg vom 04.03.2003, Fragebogen zur Nachprüfung der Hinterbliebenenbezüge der Gemeinde Dermbach vom 06.03.1923.

Die Heidelberger Akademie der Wissenschaften traf der Verlust ihres engagierten Mitgliedes schwer: *„Richard Schroeder, der hochangesehene germanistische Rechtslehrer, in dessen kraftvoller und humorreicher Persönlichkeit nord- und süddeutsches Wesen aufs glücklichste gepaart waren"*[838]. Auch die Badische Historische Kommission verlor mit ihm, *„der als Gelehrter allseitig in höchstem Ansehen stand und im persönlichen Verkehr durch sein kerniges, grundgütiges Wesen und nie versiegenden Humor alle Herzen gewann"*[839], ein tatkräftiges Mitglied. Auf seinen Lehrstuhl folgte ihm noch 1917, von der Universität in Halle kommend, der Schweizer Hans Fehr[840], der Heidelberg aber schon 1925 wieder zu Gunsten der Universität Bern verließ. Die dadurch vakant gewordene Position besetzte Heinrich Mitteis, der der Neckarstadt bis 1934 treu bleibt.[841]

Erst nach Schroeders Tod wurde mit Satzung vom 14. März 1918 das Institut für Geschichtliche Rechtswissenschaft an der Universität Heidelberg, jedoch zu Ehren Theodor Mommsens, gestiftet.[842] Die Rechtsgeschichte an der Universität Heidelberg, um die Schroeder sich so verdient gemacht hatte, erhielt nunmehr endlich eine eigene Einrichtung.

Richard Schroeder war eine bedeutende Persönlichkeit, *„deren Kardinaltugenden Güte, ein mit Frohsinn selten gepaarter Lebensernst und beharrlicher Fleiss gewesen sind"*[843]. Kaum schöner konnte daher ein Abschiedswort lauten als das, welches von Künßberg ihm mitgab: *„Wo er war, schien die Sonne"*[844].

---

[837] *„Soweit es überhaupt jetzt während der schweren Kriegszeit möglich ist, Nachrufe zu bringen, können diese nur in ganz knappem Rahmen gefaßt sein. Ich habe es mir aber zu Pflicht gemacht, und es gereicht mir zur besonderen Befriedigung, für die Worte des Gedenkens und Dankens an Ihren Herrn Gemahl einen ausnahmsweise großen Umfang zur Verfügung zu stellen;* Otto Liebmann an Frieda Schroeder vom 01. 02. 1917, UB HD Heidel.Hs. 3899.

[838] Sitzungsberichte der Heidelberger Akademie der Wissenschaften, Jahresheft 1917, S. VI.

[839] Personalien badische HK, ZGO NF XXXII (1917), S. 144.

[840] Hans Fehr (1874–1961), vgl. zu seiner Person; *Bader,* ZRG GA 80 (1963), S. XV–XXXIII.

[841] *Anschütz,* Aus meinem Leben, S. 265; *Brun,* Leben und Werk des Rechtshistorikers Heinrich Mitteis, S. 49.

[842] *Hinz,* Ruperto-Carola, S. 225.

[843] *Beyerle,* DBJ, S. 147.

[844] *von Künßberg,* ZGO NF XXXII (1917), S. 334.

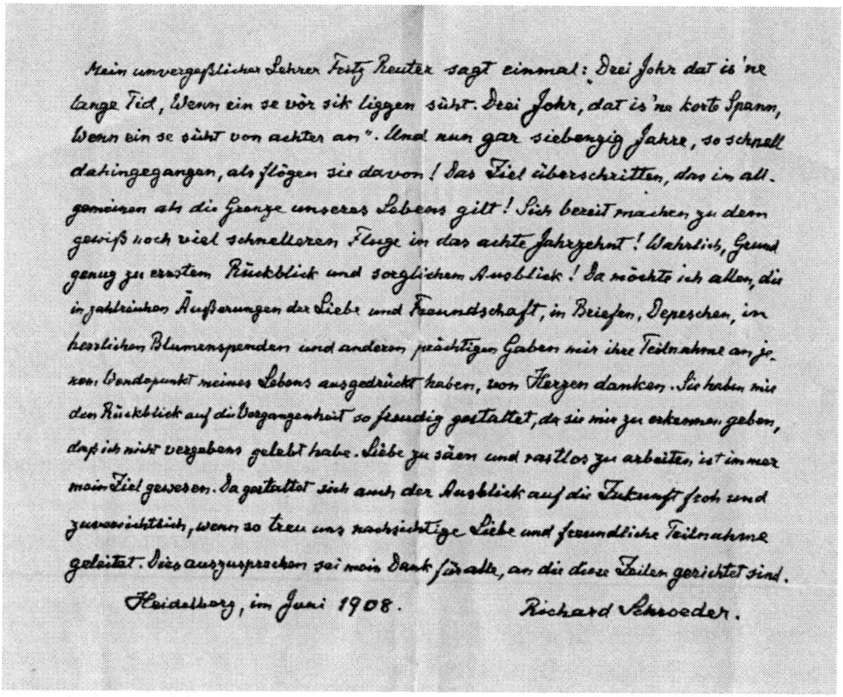

Mein unvergeßlicher Lehrer Fritz Reuter sagt einmal: Dree Johr dat is 'ne lange Tid, wenn ein se vör sik liggen süht. Dree Johr, dat is 'ne korte Spann, wenn ein se süht von achter an". Und nun gar siebenzig Jahre, so schnell dahingegangen, als flögen sie davon! Das Ziel überschritten, das im all-gemeinen als die Grenze unseres Lebens gilt! Sich bereit machen, zu dem gewiß noch viel schnelleren Fluge in das achte Jahrzehnt! Wahrlich, Grund genug zu ernstem Rückblick und sorglichem Ausblick! Da möchte ich allen, die in zahlreichen Äußerungen der Liebe und Freundschaft, in Briefen, Depeschen, in herrlichen Blumenspenden und anderen prächtigen Gaben mir ihre Teilnahme an je-nem Wendepunkt meines Lebens ausgedrückt haben, von Herzen danken. Sie haben mir den Rückblick auf die Vergangenheit so freudig gestaltet, da sie mir zu erkennen geben, daß ich nicht vergebens gelebt habe. Liebe zu säen und rastlos zu arbeiten, ist immer mein Ziel gewesen. Da gestaltet sich auch der Ausblick auf die Zukunft froh und zuversichtlich, wenn so treu uns nachsichtige Liebe und freundliche Teilnahme geleitet. Dies auszusprechen sei mein Dank für alle, an die diese Zeilen gerichtet sind.

Heidelberg, im Juni 1908.   Richard Schroeder.

Abbildung 15: Dankesbrief Schroeders, 1908 (Quelle: Dr. H. Berger)

C. Schroeders Forschung und ihre Auswirkungen auf zeitgenössische und zukünftige Rechtswissenschaft und Rechtsgeschichtsforschung

I. Überblick über Schroeders Werke

Schroeders Gesamtwerk zeichnet sich durch eine immense Vielfältigkeit aus. Die wissenschaftlich sehr positive Fülle stellt sich aber als Hindernis dar, wenn es darum geht, Kategorien zu bilden. Zur Gliederung seiner zahlreichen Veröffentlichungen bietet sich zunächst ein Überblick über Inhalt und Ausrichtung seiner Abhandlungen an.

Allgemein sind seine Arbeiten durch die Liebe zur deutschen Sprache und Geschichte charakterisiert: Kaum ein Beitrag enthält nicht auch etymologische Ansätze. Jede Untersuchung behandelt zudem, sei es im Kern oder in Nebenbereichen, die allgemeine deutsche Geschichte.

Dies vorausgeschickt, gestaltet sich eine Einteilung schwierig, sollen Wiederholungen vermieden werden. Insoweit kann lediglich versucht werden, die Schriften, thematisch nach Schwerpunkten geordnet, in rechtshistorische und -dogmatische Rubriken zu gliedern. Hinzu kommt, dass Schroeders Gesamtwerk mehrheitlich nicht aus größeren Monographien, sondern aus einer Vielzahl kleinerer Aufsätze besteht. Die *„Geschichte des ehelichen Güterrechts"* sowie das *„Lehrbuch der Deutschen Rechtsgeschichte"* stellen neben einigen wenigen anderen, kaum über Aufsatzumfang hinausgehenden Schriften die einzigen größeren Werke dar.

Rechtshistorisch fesselten ihn besonders das Recht der Franken und Sachsen sowie das eheliche Güterrecht. Daneben befasste er sich mit den unterschiedlichsten Spezialthemen wie den Rolandsäulen oder der deutschen Kaisersage. Bestimmend tritt aber sein überragendes *„Lehrbuch der Deutschen Rechtsgeschichte"* hervor. Die wenigen dogmatischen Schriften, die Schroeder daneben veröffentlichte, spielen im Vergleich zu den rechtshistorischen Untersuchungen sowohl in Anzahl als auch im individuellen Umfang eine eher untergeordnete Rolle.

II. Die „Geschichte des ehelichen Güterrechts" (1863–1874)

1. Entstehungsgeschichte

Die „Geschichte des ehelichen Güterrechts" ist neben dem „Lehrbuch der Deutschen Rechtsgeschichte" Schroeders umfangreichste Einzelveröffentlichung. Schon bei den Recherchenarbeiten zu seiner Dissertation hatte er sich intensiv mit den güterrechtlichen Instituten des „Muntschatzes"[1] und der „Morgengabe"[2] beschäftigt. Seine Forschungen hierzu waren jedoch sehr oberflächlich geblieben, da eine Vertiefung den Rahmen der Doktorarbeit gesprengt hätte. Schroeder empfand diese Beschränkung als unbefriedigend, sogar einengend und wollte die begonnenen Untersuchungen ausweiten, zumal er bei seinen Recherchen zu den Grimmschen Weistümern auf bislang von der Fachwelt unberücksichtigte güterrechtliche Quellen gestoßen war. Zudem stand die Thematik in ihrer Gesamtheit noch immer fast unbearbeitet im Raum: Es existierten zwar kleinere Abhandlungen zu einzelnen Stammesrechten und Epochen; bis auf Rundes 1841 erschienenes „Deutsches eheliches Güterrecht"[3] fehlte es allerdings an einer aufschlussreichen Gesamtdarstellung.[4]

Das eheliche Güterrecht war seit jeher eine eher stiefmütterlich behandelte Materie der rechtsgeschichtlichen und -dogmatischen Forschung: Bis in die erste Hälfte des 19. Jahrhunderts hinein verliefen die Forschungen hierzu in ruhigen Bahnen[5], da das Rechtsgebiet wie kaum ein anderes unter dem Partikularismus gelitten hatte[6] und deshalb als äußerst schwierig zu bearbeiten galt.[7] Gerade im Bereich des ehelichen Güterrechts hatte sich das römische Recht mit

---

[1] *Köbler*, Lexikon der europäischen Rechtsgeschichte zum Begriff „Heiratsgut".

[2] Spätestens seit dem Frühmittelalter Bezeichnung für eine Gabe (meist) des Mannes an die Frau nach der Hochzeitsnacht. Sie wird vom Ehemann verwaltet; *Köbler*, Lexikon der europäischen Rechtsgeschichte.

[3] *Runde*, Deutsches eheliches Güterrecht, 1841. Der Schwerpunkt dieses Werks liegt auf dem Oldenburgischen Recht und erfasst gerade nicht die Gesamtheit des in deutschen ehelichen Güterrechts.

[4] Lediglich der von *Hasse* 1818 veröffentlichte Aufsatz „Skizze des Güterrechts der Ehegatten nach einigen der ältesten Teutschen Rechtsquellen", ZfgR IV (1818) 60–111, ist zu erwähnen. Allerdings deutet schon der Titel Unvollständigkeit und Kürze des Werkes an.

[5] Als Beispiele sind zu nennen: *Scherer*, Die verworrene Lehre der ehelichen Gütergemeinschaft systematisch bearbeitet (1799); *Hasse*, Skizze des Güterrechts der Ehegatten nach einigen der ältesten Teutschen Rechtsquellen, in ZfgR IV (1818), S. 60–111; *Runde*, Deutsches eheliches Güterrecht (1841); *Philipps*, Die Lehre von der ehelichen Gütergemeinschaft (1830).

[6] Güterrecht I, S. VI; vgl. auch *Roth*, Krit. Vjs. 10 (1868), S. 169; *Beseler*, Volksrecht und Juristenrecht, S. 103; ebenso *Runde*, Deutsches eheliches Güterrecht, S. III; so gilt auch heute noch dem Rechtshistoriker das Ehegüterrecht als bevorzugtes Beispiel für die Differenziertheit des deutschen historischen Rechts; *Brauneder*, Studien II, Entwicklung des Privatrechts, S. 122.

seinem vereinheitlichenden Charakter nicht durchsetzen können, so dass es, ähnlich wie beim Erwerb dinglicher Rechte, bei der für die deutschen Gebiete typischen Rechtszersplitterung geblieben war. Zudem hatte es den Modernisierungsbestrebungen des 19. Jahrhunderts weitgehend standgehalten;[8] eine Vereinheitlichung wie im Bereich des Handelsrechts schien aufgrund der erheblichen partikularrechtlichen Unterschiede nicht realisierbar, zumal die Wissenschaft nicht einmal einig war hinsichtlich der historischen Entwicklung der verschiedenen Güterrechtssysteme. Als nachgewiesen galt lediglich, dass die Gütertrennung aus der Gütergemeinschaft[9] als dem germanischen Urgüterrecht hervorgegangen war.

Diese These wurde erst in den fünfziger Jahren von Cropp in Frage gestellt. Nach dem Studium von Hamburger Quellen war er zu der Erkenntnis gelangt, dass *„eine Reihe von Statuten, namentlich die auf dem sächsischen Recht beruhenden, sich nicht in das System der Gütergemeinschaft einreihen ließen"*[10]. Dem schloss sich unter anderem[11] Carl Friedrich von Gerber[12] an, der die Gütereinheit als Wurzel der urgermanischen Güterrechtssysteme[13] identifizierte. Sie bilde *„den Gegensatz zu Gütergezweitheit"* hebe, *„andererseits die bloss wirtschaftliche Verbindung im Gegensatz der im Worte Gütergemeinschaft liegenden Eigenthumsgemeinschaft"*[14] hervor. Aus einem ganzheitlichen und gerade nicht regional oder thematisch begrenzten Ansatz heraus lasse sich dennoch kein anderer Schluss ziehen. Von Gerbers Theorie traf auf den heftigen Widerstand von Roths, der ihm lediglich darin zuzustimmen vermochte, dass die bisherige For-

---

[7] Bezeichnend ist auch der Titel des Werkes von *Scherer*, „Die verworrene Lehre der ehelichen Gütergemeinschaft systematisch bearbeitet", das 1799/1800 erschien; *Bähr*, ABR I (1889), S. 233; Güterrecht I, S. VI.

[8] *Wesenberg/Wesener*, Neuere deutsche Privatrechtsgeschichte, S. 184.

[9] Nach der mittelalterlichen Gütergemeinschaft wurde das Vermögen oder bestimmte Vermögensmassen der Eheleute vereinigt; hieran stand beiden Ehegatten Miteigentum zur gesamten Hand zu; *Ennen,* Frauen im Mittelalter, S. 102.

[10] *Roth*, Über Gütereinheit und Gütergemeinschaft, in: JbgDR III (1859), S. 314.

[11] Verschiedene Ansätze verfolgten in der Folgezeit ähnliche Theorien. So unterschieden Runde, Wolff und Hillebrand zwischen der äußeren bzw. formellen und der inneren bzw. materiellen Gütergemeinschaft, während insb. Gerber, Bluntschli, Beseler, Gengler und Walter Bezeichnungen wie *„Gütereinheit, Güterverbindung, geeintes Ehegut, Mundialsystem"* vorschlugen; vgl. *Roth*, Über Gütereinheit und Gütergemeinschaft, in: JbgDR III (1859), S. 314.

[12] Carl Friedrich Wilhelm von Gerber (1823–1891); zu Leben und Wirken: *Kleinheyer/Schröder*, Juristen, S. 478; *Schmidt-Radefeldt*, Carl Friedrich Wilhelm von Gerber, 2003.

[13] *Roth*, JbgDR III (1859), S. 314; *von Gerber*, Betrachtungen über das Güterrecht der Ehegatten nach deutschem Rechte I, S. 313 ff.; *Kroeschell*, Zielsetzung und Arbeitsweise der Wissenschaft vom gemeinen deutschen Privatrecht, S. 270.

[14] Von Gerber hatte den Begriff „Gütereinheit" geprägt. Nach Paul Roth war dieser zuerst von Puchta in dessen 1848 erschienenen Vorlesungen gebraucht worden (*Roth*, Krit. Vjs. X (1868), S. 170). Hiergegen verwehrte sich von Gerber, vgl. *von Gerber*, Betrachtungen über das Güterrecht der Ehegatten nach deutschem Rechte II, S. 347.

schung[15], die sich vornehmlich auf einzelne güterrechtliche Themenkomplexe beschränkt hatte, äußerst lückenhaft sei;[16] hierunter habe die wissenschaftliche Aufarbeitung des güterrechtlichen Gesamtsystems zweifelsohne gelitten. Von Roth plante aber, zunächst die bislang vernachlässigten Partikulärrechte vollständig zu erforschen, bevor er sich einer Gesamtaufarbeitung des Themenkomplexes widmen wollte.[17] Bei umgekehrtem Vorgehen sei von Gerbers These nur ein „weiterer Beleg dafür [...], dass wir noch nicht in der Lage sind, das ältere Recht zu critisiren, da wir dasselbe erst kennen lernen müssen"[18].

Nach von Gerbers Vorstoß war es erst wieder Schroeder, der sich 1861 der Erarbeitung des Gesamtsystems des ehelichen Güterrechts annahm. Seine früheren bruchstückhaften Untersuchungen wollte er nunmehr „auf das ganze Gebiet des ehelichen Güterrechts"[19] ausdehnen und „unter Abwerfung der partikularrechtlichen Besonderheiten ein vollständiges System des gemeinen deutschen ehelichen Güterrechts"[20] für die Zeit der Volksrechte erforschen. In diesem Vorhaben unterstützten ihn Grimm ebenso wie Beseler durch konstruktive Kritik und wohlgemeinte Anregungen.[21]

Voller Eifer stürzte sich Schroeder in die Arbeit. Den Großteil seiner spärlichen Freizeit verbrachte er in den Berliner Bibliotheken und Archiven, einerseits mit der Grimmschen Weistumsforschung beschäftigt, andererseits auf den Spuren des ehelichen Güterrechts. Diese beiden Aufgaben ergänzten sich inhaltlich sehr gut, waren doch alle Rechtsquellen aus germanischer Zeit ihrer Grund-

---

[15] Dies beruhe aber darauf, dass sie sich fast ausschließlich an „den Quellen des sächsischen Rechts" (Roth, Krit. Vjs. X (1868), S. 169) orientiert hatte, während bei den kleineren Rechten noch nicht einmal „der Versuch einer Bearbeitung" (Kraut, Schroeder, Geschichte des ehelichen Güterrechts; GGA II, 1868, S. 1643) vorliege. Gerade das süddeutsche Recht war das „Stiefkind der Juristen" gewesen, da seine Bearbeitung „zu dornenvoll" sei; es fehle an einem „bestimmten Mittelpunkt [...], an dem sich, wie im Norden am Sachsenspiegel, die Forschung anlehnen könne"; Kraut, Schroeder, Geschichte des ehelichen Güterrechts; GGA II, 1868, S. 1643.

[16] Die ersten Rechtsquellen in Deutschland und Frankreich waren die Volksrechte. Dabei war nach dem Personalitätsgrundsatz das Recht nicht geographisch gebunden. Erst nach der Völkerwanderung setzte sich der Grundsatz der Territorialität durch; vgl. Stobbe, Geschichte der deutschen Rechtsquellen Bd. I, S. 5 ff., 266 ff.; Schroeder/ von Künßberg, Lehrbuch der Deutschen Rechtsgeschichte, 6. Aufl., S. 246 ff., 707 ff.; Ebel, Geschichte der Gesetzgebung in Deutschland, S. 29 ff., 42 ff., 57 ff.

[17] „... so tritt uns daher im Privatrecht wie in der Verfassungsgeschichte die Nothwendigkeit von Specialforschung entgegen. Unsere Wissenschaft bedarf noch wie zu Eichhorns Zeit der Durchforschung, nicht der Anordnung des Erforschten"; Roth, ZfR I (1861), S. 27.

[18] Roth, JbgDR III (1859), S. 358.

[19] Güterrecht I, S. V.

[20] Güterrecht I, S. VI.

[21] Jacob Grimm stand dem jungen Mann im besonderen zur Seite; Güterrecht I, Vorrede, S. XII; Schroeder an Anna Hugo, 04. August 1863, Nachlass/Privatbriefe Dr. H. Berger.

form nach Weistümer.[22] 1863 konnte er seine Arbeit zur Zeit der Volksrechte abschließen; sie war als Habilitationsschrift Jacob Grimm gewidmet.

Noch während seiner Recherchearbeit hatte Schroeder erkannt, dass er es bei der Bearbeitung der germanischen Volksrechte nicht belassen durfte: Zu vielfältig waren die Materialien aus späteren Perioden, auf die er im Zuge seiner Recherchen gestoßen war, als dass er seine Forschungen hätte abbrechen können[23]. So reifte die Idee, eine Darstellung *„von der ältesten Zeit bis auf die Gegenwart"*[24] einschließlich einer dogmatischen Übersicht des gegenwärtigen Rechts zu veröffentlichen, zumal, so glaubte Schroeder, auch *„das dringende Bedürfnisz eines solchen Werkes allgemein anerkannt"* sei.[25]

Angespornt durch die rasche Fertigstellung des ersten Bandes – dieser konnte nach nur zwei Jahren veröffentlicht werden[26] – war er optimistisch, das mittelalterliche Ehegüterrecht ähnlich zügig zu bearbeiten: Immerhin hatte er hierzu *„bereits ein ansehnliches Material gesammelt"*[27]. Über seiner Begeisterung vergaß Schroeder allerdings, dass er parallel eine *„umfangreiche akademische Lehrtätigkeit und die Herausgabe des 5. Bandes der Weisthümer"*[28] übernommen hatte, die ihn zeitlich sehr in Anspruch nahmen. So sollte es noch bis 1868 und damit mehr als fünf Jahre dauern, bis auch nur der erste Abschnitt des zweiten Bandes erscheinen konnte.[29] Er war den *„Freunden F. P. Bremer, Otto Karlowa, K. Wassermeyer"*[30] gewidmet.

Die Veröffentlichung der zweiten Abteilung fiel zudem in die unruhige Phase des deutsch-französischen Krieges am Vorabend der deutschen Reichsgründung

---

[22] *Ebel*, Geschichte der Gesetzgebung in Deutschland, S. 31.

[23] Güterrecht I, S. VII.

[24] Güterrecht I, S. V.

[25] Güterrecht II/3, S. IV; Runde hatte in seinem 1841 erschienen Werkes auch darauf hingewiesen, dass das *„deutsche eheliche Güterrecht [...] mehr, vielleicht wie irgend ein anderer Gegenstand des deutschen Privatrechts, einer neuen historisch-dogmatischen Grundlage, in den meisten deutschen Ländern, einer gesetzlichen Bestimmung"* bedürfe; vgl. *Runde*, Deutsches eheliches Güterrecht, Vorrede, S. V.

[26] Güterrecht I S. XII; dies hatte schon Loersch an Schroeder bewundert: *„wenn nicht, Gott sei Dank, mein Charakter von Jugend auf so angelegt wäre, daß Neid einer meiner geringsten Fehler ist, wahrlich, ich könnte neidisch werden, vor allem auf Ihre Arbeits- und Schaffenskraft";* Loersch an Schroeder, 11. November 1902, UB HD Heidel.Hs. 3899.

[27] Güterrecht I, S. VII.

[28] Güterrecht II/1, S. XI.

[29] Die zeitliche Verzögerung bemängelten auch seine Kollegen, anerkannten aber das daneben absolvierte Arbeitspensum; vgl. *Kraut*, Schroeders Geschichte des ehelichen Güterrechts II/1, GGA 1868, S. 1642; in einem Brief an seine Verlobte Anna berichtet Schroeder, dass der Verleger der „Geschichte des ehelichen Güterrechts", sein Onkel Saunier, bereits den zweiten Band angemahnt hatte; Schroeder an Anna Hugo, 01. Dezember 1865; Nachlass/Privatbriefe Dr. H. Berger.

[30] Güterrecht II/1.

1871.[31] Auch Schroeder, der Reserveoffizier war, rief man im Rahmen der allgemeinen Mobilmachung ein.[32] Um zeitlich nicht noch weiter ins Hintertreffen zu geraten, war er gezwungen, einige Druckbögen *„auf dem Zeughaus eines rheinischen Landwehrbataillons"* Korrektur zu lesen.[33] Die Publikation der dritten Abteilung[34] im Jahr 1874 wurde dagegen lediglich durch den rufbedingten Umzug[35] nach Würzburg verzögert.

Von dem Vorhaben, das Ehegüterrecht von der Zeit der Volksrechte bis zum gegenwärtigen Recht darzustellen, nahm Schroeder nach der Vollendung des zweiten Bandes offiziell Abstand. Formal begründete er diese Entscheidung damit, dass zwischen dem Ende des Mittelalters und der Gegenwart keine entscheidende materielle Entwicklung stattgefunden habe,[36] eine Erforschung mithin keine neueren Erkenntnisse zutage fördern könne: *„Die heutigen Rechtsnormen sind von unbedeutenden Modificationen abgesehen, dieselben wie vor fünf-oder sechshundert Jahren"*[37]. Die Rezeption des römischen Rechts sowie die darauf aufbauende neuere Entwicklung des deutschen Rechts hätten lediglich die *„äußere Geltung des aus dem Mittelalter überlieferten Güterrechts, nicht aber deren innere Gestalt berührt"*[38]. Dies zeige schon der stark ausgeprägte Partikularismus im ehelichen Güterrecht.

Tatsächlich erkannten aber Schroeder und sein Verleger, dass die juristische Praxis dem Werk nur geringe Beachtung entgegenbrachte:[39] Das Buch verkaufte sich schleppend, denn obwohl es ausgezeichnet fundiert war und ein hervorragendes wissenschaftliches Niveau hatte, bewerteten Advokaten und Gerichte seine Bedeutung für den alltäglichen Gebrauch eher gering: *„Bis jetzt hat mein Werk das Schicksal aller rechtshistorischen Monographien getheilt, von der Praxis im wesentlichen unbeachtet gelassen zu bleiben"*[40], stellte er schon

---

[31] Dies anerkannte auch Kraut: *„schneller, als man es bei den vielfachen Publicationen des Verfassers in der neueren Zeit und während man ihn emsig mit dem Register zu Grimm's Weisthümern beschäftigt glaubte, zu hoffen wagte, hat er mit der Herausgabe der zweiten Abt. des zweiten Teils von dem ... Werke uns erfreut"*; Kraut, Schroeder: Geschichte des ehelichen Güterrechts, GGA 1872, S. 302.

[32] Zu den eigentlichen Kampfhandlungen wurde er allerdings nicht herangezogen; vgl. *Stutz*, ZRG GA 38 (1917), S. XII.

[33] Daneben erwähnt er die Veröffentlichung des sechsten Weistumsbandes, Güterrecht II/2, S. XIV.

[34] Sie war seinem *„theuren Lehrer Georg Beseler als Zeichen inniger Verehrung und Dankbarkeit"* gewidmet; Güterrecht II/2.

[35] Schroeder hatte dort eine Professur angenommen.

[36] Güterrecht II/3, S. X.

[37] Güterrecht II/3, S. X.

[38] *Sohm*, GGA (1874), S. 677; Gutachten Schroeder; Verhandlungen des 12. Deutschen Juristentages, Bd. I, S. 29.

[39] *Stutz*, ZRG GA 38 (1917), S. XXXII.

[40] Güterrecht II/3, S. XI.

1873 resigniert fest. So waren es letztlich wirtschaftliche Gründe, die Schroeder dazu zwangen, sein ursprüngliches Ziel einer Gesamtgeschichte des ehelichen Güterrechts einschließlich einer Darstellung der Dogmatik des zeitgenössischen Rechts aufzugeben.

Indes kündigte er im Vorwort zur letzten Abteilung eine dogmatische Darstellung des gegenwärtigen Rechts an. Diese sollte allerdings nicht Bestandteil der „*Geschichte des ehelichen Güterrechts*", sondern separat und ohne äußere Verbindung zu der großen Abhandlung erscheinen. Eine Erfassung der 1873 im Deutschen Reich gültigen Güterrechtssysteme in Hinblick auf deren historische Entstehung war schon deshalb hinfällig, weil sich mit den Vorarbeiten zum Bürgerlichen Gesetzbuch ein künstlich geschaffenes einheitliches Ehegüterrecht bereits abzeichnete. Aufgrund der absehbaren Entwicklung erschien es Schroeder sinnvoller, auf eine eingehende Darstellung der güterrechtlichen Partikularrechte bis zu den siebziger Jahren des 19. Jahrhunderts zu verzichten und statt dessen zu gegebener Zeit das neue Güterrecht nach dem Bürgerlichen Gesetzbuch dogmatisch darzustellen. Hierzu war er auch aufgrund seiner Stellung als Gutachter der Kommission zur Erschaffung eines Bürgerlichen Gesetzbuches für das Deutsche Reich und der Deutschen Juristentage hinreichend qualifiziert.

2. Aufbau und Inhalt

a) Band I: Die Zeit der Volksrechte

Die „*Geschichte des ehelichen Güterrechts*" besteht aus zwei Bänden. Ersterer behandelt die Zeit der Volksrechte. Auf eine kurze Einleitung zur Geschlechtsvormundschaft, den Muntbrüchen und der Konkurrenz der verschiedenen Rechte folgt eine Darstellung der Bestandteile des ehelichen Vermögens; Kapitel zu Muntschatz und Morgengabe sowie eine knappe Darstellung zur Aussteuer schließen sich an.[41] Hinsichtlich des Muntschatzes und der Morgengabe grenzt Schroeder die verschiedenen Volksrechtsgruppen voneinander ab: Er unterteilt nach langobardischem und fränkischem Recht sowie der Gruppe der burgundischen, sächsischen und angelsächsischen bzw. der alemannischen, bayerischen, westgotischen und thüringischen Rechte.

Frühere Untersuchungen zu Morgengabe und Muntschatz gaben Schroeder Anlass, sich intensiver mit der Frage nach dem Güterrechtssystem in seiner urgermanischen Reinform auseinanderzusetzen. Erste Anhaltspunkte hierfür sah er

---

[41] Gemeint ist die Zuwendung der zur angemessenen Einrichtung eines Haushalts gehörenden Gegenstände an die Tochter bei Verheiratung; *Köbler,* Lexikon der europäischen Rechtsgeschichte; sie ist in urgermanischer Zeit nicht zu verwechseln mit der dos, d.h. der Mitgift, die der Mann an seine Gattin zahlte; vielmehr handelt es sich hierbei um eine Heimsteuer, auch Vatergut genannt (langob. faderfio); *Meyer,* FS Heymann, S. 8.

in der Tatsache, dass das burgundische, alemannische und westgotische Recht die Morgengabe unverändert als einfaches Geschenk des Mannes an seine Frau einordneten. Hingegen wiesen das langobardische, fränkische, angelsächsische und sächsische Recht Modifikationen dieses Instituts auf. Sukzessive wurden Morgengabe und Muntschatz[42] vermischt. Die Folge war die Entstehung des Gesamtguts, in dem die Vermögen der Ehegatten aufgegangen war, sowie die Einführung einer gegenseitigen Schuldenhaftung.[43]

Nach Schroeder war der Muntschatz damit gerade nicht seit jeher, wie die herrschende Meinung annahm, in sämtlichen Rechten als Teil der dos[44] an die Braut herausgegeben worden.[45]

Als Ursache der, nach seiner Ansicht verfehlten, herrschenden Interpretation identifizierte Schroeder fremde, d.h. nichtgermanische Einflüsse auf die Volksrechte sowie die Darstellung des germanischen Rechts durch den römischen Schriftsteller Tacitus. Tacitus hatte als einer der Ersten die Rechte der Germanen genauer untersucht und sie aus der Perspektive eines auswärtigen Beobachters unter Heranziehung der Werke römischer Literaten wie Caesar, Livius oder Plinius maior beschrieben. Sein Werk „Germania" gilt noch heute als, wenngleich kritisch zu hinterfragende, so doch wichtigste Geschichtsquelle für die urgermanische Zeit.[46]

Anhand neu entdeckter germanischer Urkunden konnte Schroeder nachweisen, dass Tacitus mit der Bezeichnung „dos"[47] allgemein den Ausgleich für den Verlust der vormundschaftlichen Rechte dargestellt hatte:[48] *„Wir können daher unter der Dos des Tacitus entweder nur die Morgengabe verstehen oder wir müssen ihm einen kleinen Irrthum zur Last legen".* Die „Germania"[49] belege

---

[42] Unter Muntschatz ist das eigentliche Heiratsgut zu verstehen; dagegen umfasst der Begriff der Morgengabe eine Gabe des Mannes an die Frau nach der Hochzeitsnacht.

[43] Dies spricht er erstmals ersten Band der Geschichte des ehelichen Güterrechts, S. 101, an: *„die eheliche Gütergemeinschaft, deren ersten Keim wir hier von uns haben, ..."*; Eheliches Güterrecht I, S. 101; Motive zu dem Entwurfe eines Bürgerlichen Gesetzbuches für das Deutsche Reich, Bd. IV, S. 147.

[44] Die dos war kein Kaufpreis, weswegen die geläufige Bezeichnung der germanischen Ehe als „Kaufehe" irreführend ist; sie stellte vielmehr eine Ablösung des personalrechtlichen Gewaltverhältnisses der Familie über die zu verheiratende Frau dar; *Ennen,* Frauen im Mittelalter, S. 35; *Köstler,* ZRG GA 63 (1943), S. 120; *Mikat,* Dotierte Ehe, rechte Ehe, S. 412 ff., insb. S. 417; *Meyer,* FS Heymann, S. 5 ff.

[45] *Eichhorn,* Deutsche Staats- und Rechtsgeschichte Bd. I, § 62, insb. § 62b.

[46] Zu Tacitus' Germania, vgl. *Köbler,* S. 191.

[47] Güterrecht I, S. 82.

[48] Güterrecht I, S. 83.

[49] Tacitus, Germania 18: *„Dotem non uxor marito, sed uxori maritus offert. Intersunt parentes ac propinqui; probant munera, non ad delicias muliebres quaesita, nec quibus nupta comatur, sed boves et frenatum equum et scutum cum framea gladioque. In haec munera uxor accipitur, atque invicem ipsa armorum aliquid viro affert. Hoc*

lediglich, dass in frühgermanischer Zeit der Muntschatz als obligatorischer Brautkaufpreis im Sinne einer Ablösung vormundschaftlicher Rechte noch separat an den Vormund hatte geleistet werden müssen. Die sittlich verpflichtende Morgengabe hingegen war der Frau seit jeher nach der ersten gemeinsamen Nacht zu übergeben.

Schroeder arbeitete heraus, dass die beiden Institute erst später zu einer einheitlichen obligatorischen Gabe des Mannes an seine Gattin verschmolzen waren, um so der Absicherung der Ehefrau für den Todesfall ihres Gatten Rechnung zu tragen:[50] Dagegen trat die Bedeutung der Auslösung aus dem familienrechtlichen Gewaltverhältnis immer weiter in den Hintergrund. Der gezahlte Betrag fiel jedoch zusammen mit dem sonstigen Vermögen der Frau der Verwaltung des Mannes zu, so dass an die Stelle der tatsächlichen Übergabe schließlich ein bloßer Anspruch trat. Nach und nach ging man zudem angesichts der erbrechtlichen Regelungen[51] dazu über, der Witwe einen Anspruch auf einen bestimmten Betrag aus dem Nachlass ohne gesonderten Nachweis zuzugestehen.[52] Diese Entwicklung überlagerte den ursprünglichen Absicherungsgedanken; übrig blieb lediglich ein quotenmäßige Belastung des ausschließlich dem Mann zustehenden Vermögens[53], aus dem sich erst später ein gemeinschaftliches Vermögen der Ehegatten entwickeln sollte.

Daneben hatte nach Schroeders Auffassung das Einwirken der christlichen Kirche[54] auf das germanische Eherecht zur Verwischung der Grundlagen geführt; die Kirche hatte sich vehement gegen das – missverstandene – germanische Institut des *„Brautkaufs"*[55] gewehrt. Auch hier waren wiederum Tacitus' Schilderungen der germanischen Zustände Grundlage der Fehlinterpretation.

---

maximum vinculum, haec arcana sacra, hos conjugales deos arbitrantur. Ne se mulier extra virtutem cogitationes extraque bellorum casus putet, ipsis incipientis matrimonii auspiciis admonetur.: venire se laborum pericolorumque sociam, idem in pace, idem in proelio passuram ausuramque. Hoc jnucti boves, hoc paratus equus, hoc data arma denuntiant. Sic vivendum, sic pereundum; accipere se quae liberis inviolata ac digna reddat, quae nurus accipiant rursusque ad nepotes referantur"; Güterrecht I, S. 24.

[50] Güterrecht I, S. 24; für die germanische Zeit will Schroeder eine solche Pflicht mit Ausnahme der kirchlichen Gesetzgebung gerade nicht akzeptieren, vgl. Güterrecht I, S. 110.

[51] Danach war die Witwe nach den Regeln der urgermanischen Gütertrennung bei Tod des Gatten zur sofortigen Herausgabe des Vermögen des Verstorbenen an dessen Erben verpflichtet; hierbei geriet sie oftmals in Beweisschwierigkeiten hinsichtlich ihrer Ansprüche.

[52] Dies führte schon *Eichhorn* aus, Deutsche Rechts- und Staatsgeschichte Bd. I, § 62 (S. 152).

[53] An einem gemeinschaftlichen Vermögen fehlte es allerdings weiterhin.

[54] Vgl. zur christlichen Eheauffassung und dem kirchlichen Recht, auch in Abgrenzung zum germanischen Eherecht: *Ennen*, Frauen in Mittelalter, S. 44 ff.; *Weinhold*, Die Deutschen Frauen in dem Mittelalter, S. 355.

[55] Der Muntschatz sei Ausgleich für den Rechtsverlust und an den Vormund zu entrichten, vgl. Güterrecht I, S. 83.

Unter dem Eindruck des Konsensbegriffs der Ehe und der damit verbundenen Wahrung des Persönlichkeitsrechts der Frau hatte man stattdessen eine Dos nach römischem[56] und jüdischem[57] Vorbild befürwortet.[58] Dies stand aber im Gegensatz zum germanischen Muntschatz als „Brautkaufpreis". Insbesondere das jüdische Recht, das statt der Zahlung an den bisherigen Vormund eine Leistung an die Braut selbst vorsah, war mit der germanischen dos, die auf eine Ablösung aus dem bisherigen familienrechtlichen Gewaltverhältnis gerichtet war, unvereinbar.

Ließ man diese römischen und christlichen Einflüsse außer Betracht, so meinte Schroeder, den Muntschatz tatsächlich als den Preis für die Braut identifiziert zu haben, der an den Vormund zur Ablösung der vormundschaftlichen Rechte geleistet werden musste.[59] Er nennt die Zahlung der Geldsumme noch „Kaufpreis" (erst spätere Forschungen haben ergeben, dass es sich hierbei lediglich um eine Ablösungssumme gehandelt hatte und die Eheschließung ein personenrechtlicher Vertrag gewesen war). Damit konnte Schroeder endgültig widerlegen, dass die Gütergemeinschaft der Grundtypus des germanischen Ehegüterrechts gewesen war.

Der nachfolgende Abschnitt zur Aussteuer ist im Vergleich zu den beiden vorangegangenen Kapiteln sehr gestrafft und weniger differenziert. Schroeder geht hier auf das *„Erbrecht der Weiber"* sowie das *„Faderfio der Langobarden"* als Sonderformen ein und handelt die Aussteuer nach den übrigen Volksrechten in einem einzigen Abschnitt ab.

Die sich anschließenden Kapitel zum *„Schicksal des ehelichen Vermögens"* bauen auf der Unterscheidung zwischen Muntschatz, Morgengabe und Aussteuer auf. Hinsichtlich der Verhältnisse während bestehender Ehe unterscheidet Schroeder lediglich zwischen Veräußerung, Erwerbungen und Verwaltung; der Abschnitt zu den Verhältnissen nach Trennung der Ehe ist dagegen differenzierter ausgestaltet. Schroeder nennt hier den jeweiligen Tod der Ehepartner als Eheauflösungsgründe. Der Ehescheidung ist ein kurzes Kapitel gewidmet.

---

[56] Das altrömische Recht sah vor, dass die vom Hausvater der Frau dem Ehemann grundsätzlich gegebene, der Unterhaltssicherung dienende Mitgift nach dem Tode der Frau oder einer auf ihrer Seite schuldlosen Scheidung aus dem Vermögen des Mannes an den ursprünglichen Geber zurückfallen sollte; *Köbler,* S. 107 f.

[57] Gerade das jüdische Recht sah die Dos nicht als Zahlung an den Vormund, sondern als eine mit der Eheschließung verbundene Gabe des Bräutigams an die Braut an; Güterrecht I, S. 80.

[58] Güterrecht I, S. 79.

[59] Güterrecht I, S. 82; *Ennen,* Frauen im Mittelalter, S. 35; Güterrecht I, S. 111; hierauf bezieht sich auch *Ennen,* Frauen im Mittelalter, S. 102.

b) Band II: Die Zeit des Mittelalters

Der zweite Band behandelt in drei Teilbänden das Ehegüterrecht des Mittelalters. Schroeder gliedert regional nach den süddeutschen und schweizerischen, den fränkischen sowie den norddeutschen und niederländischen Rechten.

Die zu verarbeitenden Quellen waren jedoch zu vielschichtig, als dass man sie hätte einheitlich untersuchen können. Anfangs hatte Schroeder geplant, die Darstellung nach rein zeitlichen Gesichtspunkten zu gliedern, um dann mit einer dogmatischen Darstellung des ehelichen Güterrechts zur Mitte des 19. Jahrhunderts zu schließen. Ein solches Vorgehen bot sich an, weil er auch die germanische Periode in ihrer Gesamtheit erforscht hatte und sich eine nach außen einheitliche Untersuchung des mittelalterlichen ehelichen Güterrechts daran unmittelbar hätte anschließen können.

Ein chronologischer Aufbau ging jedoch mit der Unterteilung eines homogenen Zeitraums einher, was wiederum die Gefahr barg, etwaige Verbindungslinien zwischen verschiedenen Güterrechtssystemen zu verdecken.[60] Eine Gliederung nach geographischen Gesichtspunkten konnte die Besonderheiten des mittelalterlichen Güterrechts dagegen weitaus besser erfassen, wie schon verschiedene bereits veröffentlichte Abhandlungen zu regionalen Ehegüterrechten gezeigt hatten: Genannt seien das 1866 erschienene Werk zum *„fränkischen ehelichen Güterrecht"* des Grazer Rechtsprofessors Georg Sandhaas oder die 1867 veröffentliche Untersuchung *„Das eheliche Güterrecht des Sachsenspiegels und der verwandten Rechtsquellen"* von Ferdinand von Martitz.[61] Mittels einer Unterteilung nach Regionen konnte zudem ein größerer Zeitraum in seiner Gesamtheit betrachtet werden, was die Herausarbeitung der Entwicklung der Güterrechtssysteme erheblich erleichterte.

Der Gliederung nach den verschiedenen Vermögensbestandteilen folgte Schroeder auch in der ersten Abteilung zu den süddeutschen und Schweizer Rechten: Zur Morgengabe treten Heimsteuer, Leibgedinge und Widerlegung als weitere Themenkomplexe. Die sich anschließenden Ausführungen zum Schicksal des ehelichen Vermögens sind mit Kapiteln zu den Verfügungsrechten von Frau und Mann, zu den Verfügungen zur gesamten Hand sowie zu den Rechtsgeschäften unter Ehegatten differenziert ausgestaltet. Gerade im Bereich der be-

---

[60] Diese regionale Zersplitterung war maßgeblich bedingt durch das Aufkommen und die rasante Entwicklung der Stadtrechte einschließlich der damit verbundenen Tochterrechte sowie den dadurch bedingten Übergang von Tausch- zu Geldwirtschaft; vgl. hierzu *Dilcher*, Bürgerrecht und Stadtverfassung im europäischen Mittelalter, S. 76 f.

[61] Daneben sind noch *Albert Hänel* (Die eheliche Gütergemeinschaft in Ostfalen in: ZRG GA 1 (1880), S. 272–344), und *Alfred Agricola* (Die Gewere zu Rechter Vormundschaft als Princip des sächsischen ehelichen Güterrechts, 1869) besonders zu erwähnen.

stehenden Ehe hatte sich das eheliche Güterrecht im Mittelalter erheblich wei-
terentwickelt.

Schroeder arbeitete heraus, dass die süddeutschen und Schweizer Rechte bereits hinreichend homogene Regelungen für die ehelichen Verhältnisse enthalten
hatten, die weithin auf eine grundsätzliche Vormundschaft über die Frauen hi-
nausgelaufen waren; lediglich in österreichischen Gebieten verzeichnete er zahlreiche Ausnahmen.[62] Demgegenüber waren die Bestimmungen zur Auflösung
der Ehe nicht einheitlichen Grundsätzen unterworfen, wie sich aus der Untersuchung des Deutschen- und Schwabenspiegels, des schwäbisch-alemannischen,
bayerischen und österreichischen Rechts sowie des Augsburger und Brünner
Rechts ergab.

Gänzlich anders erfolgt die Erfassung des fränkischen Rechts in der zweiten
Abteilung: Hier stehen nicht die verschiedenen Vermögensbestandteile, sondern
die Aufteilung nach gesetzlichem und vertraglichem Güterrecht im Vordergrund. Ersteres dominiert, zum Vertragsrecht folgen lediglich knappe Ausführungen. Schroeder konzentrierte sich auf die gesetzlichen Vorgaben, denn
schließlich gehörten die Rechtsaltertümer, mit welchen er sich zur Erfassung
des Vertragsrechts zwangsläufig eingehender hätte beschäftigen müssen, gerade
„nicht in die Rechtsgeschichte, und für diese ist noch gar vieles zu tun"[63].

Er hielt diese Aufteilung für das fränkische Recht für ergiebiger als die Gliederung nach Vermögensbestandteilen: „Ich wollte, ich hätte diese Methode
schon bei der vorigen Abtheilung angewendet, dann würde sie mir weniger misfallen als dies leider jetzt geschieht"[64]. Mit der gewählten Anordnung ging
auch eine regionale Gruppierung des fränkischen Rechts einher. Es ist wahrscheinlich, dass sich Schroeder an Sandhaas'[65] Abhandlung zum fränkischen
ehelichen Güterrecht orientierte[66]. Hierfür sprechen die zeitliche Folge der
Werke – Sandhaas' Buch erschien 1866, Schroeder veröffentlichte die zweite
Abteilung aber erst 1870 – und die zahlreichen inhaltlichen Verweise auf Sandhaas[67] sowie die Titel der einzelnen Abschnitte. Die augenfällige Parallele zwi-

---

[62] Güterrecht II/1, S. 94.

[63] Güterrecht II/2, S. XIII.

[64] Güterrecht II/2, S. XIII.

[65] Sandhaas hatte das fränkische Ehegüterrecht vollständig darstellen wollen, ver-
starb aber noch während der Arbeiten und hinterließ ein unvollendetes Werk; vgl. *Siegel*, Vorwort Georg Sandhaas, Fränkisches eheliches Güterrecht, S. IV.

[66] Hier zeigt sich deutlich, dass er nicht starr an einer einmal gewählten Darstellungsweise festhält; vielmehr ist er Aufbaualternativen gegenüber aufgeschlossen: „In
der äußeren Anordnung ist insofern eine Veränderung eingetreten, als das gesetzliche
eheliche Güterrecht in den Vordergrund gestellt und das vertragsmäßige demselben
als zweites Buch angehängt ist. Ich wollte, ich hätte diese Methode schon in der vor-
herigen Abtheilung angewendet, dann würde sie mir weniger misfallen als dies jetzt
leider geschieht. Viel Unklarheit und Unsicherheit wäre vermieden worden."; Güterrecht II/2, S. XIII.

schen beiden Werken erfährt auch dadurch keine Einschränkung, dass Sandhaas nach „*östlichem"*, „*mittlerem"* und „*westlichem"* Franken gliedert, während Schroeder in „*ober- und mittelrheinische"*, „*mittelfränkische"* und „*nieder- rheinische"* Gebiete unterteilt.

Innerhalb des gesetzlichen Güterrechts findet sich die Einteilung nach den Verhältnissen während der Ehe und nach deren Auflösung wieder, die Schroe- der schon im ersten Band sowie in der ersten Abteilung des zweiten Bandes verwendet hatte. Erstmals differenziert er zwischen beerbter und unbeerbter, d.h. kinderloser Ehe.

Gerade für die Verhältnisse bei Auflösung einer unbeerbten Ehe arbeitet er eine bedeutsame Entwicklung hin zu einem ausschließlichen gegenseitigen Erb- recht der Ehegatten heraus. Ausgangspunkt hierfür war die ursprüngliche altri- buarische Drittelung, die in einer Aufteilung in zwei Drittel Schwertteil[68] und ein Drittel Kunkelteil[69] bestand. Schroeder zeigt anhand verschiedener Einzel- rechte wie beispielsweise des Straßburger Rechts oder des Saarbrücker Land- rechts, wie weit die Ausdehnung der Errungenschaftsgemeinschaft bereits im Mittelalter fortgeschritten war. Hinsichtlich eines Hofrechts stellt er fest: „*Es fehlte also nur noch die Anerkennung des gesetzlichen Leibzuchtrechts*[70] *der Frau und des Eigenthums des überlebenden Ehegattens an der Fahrniss, um das Wormser Hofrecht auf den klassischen Stand des Mittelalters zu stellen"*[71].

Die Ausführungen zur beerbten Ehe sind nach dem Recht in Köln, in Lothringen oder Mittel- bzw. Ostfranken und Hessen gegliedert. Bereits im Mit- telalter waren die vermögensrechtlichen Verhältnisse zwischen den Abkömm- lingen aus erster Ehe und dem neuen Ehepartner des Überlebenden sowie zwischen den Nachkommen verschiedener Ehen sehr detailliert geregelt. Neben dem Verfangenschaftsrecht[72] und dem Kindteilsrecht sind es vor allem die sich

---

[67] So bezieht er sich schon im Vorwort auf Sandhaas; Güterrecht II/2, S. VIII.

[68] Auch Speerteil; bei der Auflösung insbesondere der Gütergemeinschaft durch Tod eines Ehegatten wird nach vielen Rechten das Gesamtgut zwischen dem überle- benden Ehegatten und den Erben des verstorbenen Ehegatten geteilt; der beim Vortod des Mannes auf die Mannesseite entfallende Teil heißt Schwert- oder Speerteil; *Ogris*, HRG Bd. IV, Sp. 1574.

[69] Auch Spindelteil; es handelt sich hierbei um den beim Vortod der Ehefrau auf die Frauenseite entfallenden Anteil am Gesamtgut zwischen dem überlebenden Ehe- gatten einer Gütergemeinschaft und den Erben des verstorbenen Ehegatten; *Ogris*, HRG Bd. IV, Sp. 1574.

[70] Unter Leibzucht oder Leibgedinge ist ein Rechtsgeschäft zu verstehen, in dem eine Person sich zur Überlassung einer Nutzung auf Lebenszeit gegenüber einem Men- schen verpflichtet. Die Leibzucht begründet ein (dingliches) Nutzungsrecht an einem nutzbaren Gegenstand (bsp. Hof, Haus, Lehen, Berechtigung). Im Familienrecht dient sie der Versorgung des überlebenden Ehegatten; *Köbler*, Lexikon der europäischen Rechtsgeschichte.

[71] Güterrecht II/2, S. 50.

später entwickelnde Einkindschaft[73] und das Grundteilsrecht, denen Schroeder besondere Aufmerksamkeit widmet.

Eingangs des Kapitels zur beerbten Ehe übt er Kritik an Sandhaas, der die gesetzliche Einkindschaft als gleichberechtigtes Institut neben das Verfangenschafts- und Kindteilsrecht gesetzt hatte. Schroeder verwirft die Einordnung der Einkindschaft in das Gefüge des mittelalterlichen Güterrechts: Sandhaas' *„wesentlich dogmatisch gehaltene Darstellung"* erscheint ihm *„vom historischen Standpunkte aus verfehlt"*; er habe *„neben den Quellen unserer Periode massenhaft solche aus dem 16., 17., ja 18. Jahrhundert benutzt und sonach zwar ein vollständiges, nicht aber ein reines Bild des mittelalterlichen fränkischen Rechts gegeben"*[74]. Durch die vermehrte Heranziehung jüngerer Quellen sei es Sandhaas verborgen geblieben, dass die Einkindschaft erst im 16. Jahrhundert aufgetreten war. Dieses habe aber bereits Beseler in seinem *„Deutschen Privatrecht"* nachgewiesen. Aus mittelalterlicher Zeit sei dagegen kein Nachweis erhalten. Ähnliche Bedenken äußert Schroeder gegen das *„Grundtheilsrecht"*, das in der fränkischen Zeit *„erst sporadisch"*[75] vorkomme.

Sandhaas' Schlussfolgerungen bewogen Schroeder schließlich dazu, statt der ursprünglichen systematischen Anordnung *„trotz der hierdurch notwendig werdenden Wiederholungen die einzelnen Rechte gruppenweis für sich zu betrachten"*. Nur so sei es möglich, *„die uns hier entgegengetretenen Verhältnisse aus denen der vorigen Periode zu entwickeln und juristisch zu construiren"*[76] und Fehlinterpretationen, wie sie sich aus der Heranziehung epoche- oder auch ortsfremder Rechtsquellen ergeben könnten, zu vermeiden. Dieser Aufbauwechsel ermöglichte es ihm zugleich, aus dem Zusammenspiel der unterschiedlichen Systeme sowie der zeitlichen Folge neue Erkenntnisse zur Entwicklung und Verbreitung der ehelichen Güterrechtssysteme zu gewinnen.

---

[72] Im hochmittelalterlichen Ehegüterrecht Süddeutschlands tritt in der Errungenschafts- und Fahrnissgemeinschaft beim Tod eines Ehegatten Verfangenschaft der Liegenschaften zugunsten der ehelichen Kinder ein. Der überlebende Ehegatte darf sie nutzen und verwalten, bei seinem Tod fallen sie an die Kinder; *Köbler*, Lexikon der europäischen Rechtsgeschichte; Schroeder definiert das Wesen der Verfangenschaft als die *„Leibzucht des überlebenden Ehegatten"*, verbunden mit dem *„Eigenthume der Kinder an dem gesammten ehelichen Immobiliarvermögen"*; *Schroeder*, Krit. Vjs 17 (1875), S. 78.

[73] Einkindschaft ist die vertragliche Gleichstellung von Kindern aus zwei Ehen eines Elternteils. Dabei vereinbaren die Ehegatten der zweiten Ehe mit den Kindern der vorangegangenen Ehe, dass die Kinder unter Verzicht auf ihr Erbrecht am Vermögen der verstorbenen ersten Ehegatten zugunsten der oder des neuen Ehegatten ein Erbrecht gegen diesen bzw. diese erhalten; *Köbler*, Lexikon der europäischen Rechtsgeschichte; *Vocke*, Gemeines eheliches Güter- und Erbrecht in Deutschland, S. 99.

[74] Güterrecht II/2, S. 81.

[75] Güterrecht II/2, S. 82.

[76] Güterrecht II/2, S. 82.

c) Juristisches Prinzip und Historischer Zusammenhang

Neben der rechtsgeschichtlichen Erfassung des Inhalts der verschiedenen Güterrechtssysteme widmete sich Schroeder im Rahmen seiner Ausführungen zum fränkischen Ehegüterrecht erstmals der Ermittlung des juristischen Prinzips und des historischen Zusammenhangs. Diese dogmatische Erfassung der Besonderheiten des fränkischen Ehegüterrechts ist zugleich der Schwerpunkt der zweiten Abteilung des zweiten Bandes.

Die Erfassung eines juristischen Prinzips und des historischen Zusammenhangs klingt bereits im ersten Band sowie in der ersten Abteilung des zweiten Bandes durch Querverweise und die dogmatische Gruppierung der Rechtsquellen an. Aber erst in der zweiten Abteilung fasste Schroeder die vorab herausgearbeiteten Unterschiede zwischen den Verhältnissen bei bestehender Ehe und nach deren Auflösung sowie zwischen beerbter und kinderloser Ehe in dogmatischer Hinsicht zusammen und zeichnete den historischen Zusammenhang grob nach.

Damit geht er über die ähnlich aufgebauten früheren Untersuchungen insbesondere von Roth oder Euler hinaus und folgt der Linie einer produktiven Rechtswissenschaft. Diese war durch von Ihering und von Gerber parallel entwickelt worden; letzterer[77] hatte herausgearbeitet, dass die Rechtsgeschichte nicht mehr auf die Erläuterung des gegenwärtigen Rechts ausgerichtet sein dürfe; vielmehr sei dessen Selbstentfaltung bereits so weit fortgeschritten, dass *„alle Stoffe des Rechts"* in die Bahnen der rein begrifflichen und systematischen Bearbeitung hineingeführt werden müssten.[78] Von Gerber hatte in seinem *„Wissenschaftlichen Princip des gemeinen deutschen Privatrechts"*[79] den Fortschritt der Germanistik zur abstrakten Dogmatik und zum *„geschlossenen wissenschaftlichen System"* gefordert.[80] Damit maß er aber auch der Rechtsgeschichte eine neue, eigenständige Bedeutung zu. Der in den partikulären

---

[77] Verständlich aus Sicht der germanistischen Romantiker erscheint daher der Ausspruch, von Gerber habe als *„böser Arzt mit seiner ,Pandektenkur die deutsche Seele im Deutschen Recht getötet"';* *Wieacker,* Die Ausbildung einer allgemeinen Theorie des positiven Rechts im Deutschland des 19. Jahrhunderts, FS Michaelis, S. 362; *Björne,* Deutsche Rechtssysteme im 18. und 19. Jahrhundert, S. 243.

[78] *Böckenförde,* Die Historische Rechtsschule und das Problem der Geschichtlichkeit des Rechts, S. 24; *Schlosser,* Das „wissenschaftliche Prinzip" der germanistischen Privatrechtssysteme, S. 505 f. (*von Gerber,* System des deutschen Privatrechts, 1. Auflage, S. XIV/XV).

[79] *von Gerber,* Das Wissenschaftliche Princip des gemeinen deutschen Privatrechts, 1846.

[80] Damit war das deutsche Privatrecht wie das Pandektenrecht als geschlossene positive Rechtsordnung gegliedert, die ebenfalls durch das methodische Darstellungsprinzip von System und Begriff konstruiert war; *Wieacker,* Die Ausbildung einer allgemeinen Theorie des positiven Rechts im Deutschland des 19. Jahrhunderts, FS Michaelis, S. 361; *Wilhelm,* Zur juristischen Methodenlehre im 19. Jahrhundert, S. 88 ff.

Rechtsquellen zerstreut liegende Stoff müsse wissenschaftlich aufbereitet werden, um das partikularrechtliche Detail zu einem allgemeingültigen systematisch-juristischen Prinzip zusammenzusetzen: *„Der Germanist hat aus der reichsten Fülle des Materials zu abstrahieren und den Reingehalt zu ermitteln"*[81]. Dem stand die rein historische Methode gegenüber, die nur ein *„geschichtliches Princip"* habe.[82]

Schroeder schloss sich von Gerbers Ansätzen an; auch er wollte das geschichtliche Recht um seiner selbst willen erfassen und ihm nicht lediglich eine dienende Funktion zukommen lassen. Die eigentliche Bedeutung eines Rechtssatzes ergab sich für Schroeder somit maßgeblich aus seiner Entwicklung und dem historischen Zusammenhang. Daneben stützte er sich auf die Arbeiten Agricolas. Dieser hatte argumentiert, dass einzelne alte Rechtssätze für das zeitgenössische Recht durchaus an Bedeutung verloren haben könnten, *„sofern und soweit sie Glieder eines ganzen Rechtsorganismus waren und als solche nachgewiesen werden"*[83]. Dies verhindere jedoch nicht, dass sie ihrem Sinn nach noch wirken könnten, da der *„Geist, der sie erzeugt und getragen hat"*[84] in anderen Rechtsinstituten fortleben könne. Rechtsgedanken ergänzten sich schließlich gegenseitig mittels innerlicher Durchdringung. Nur über eine ganzheitliche Betrachtung konnte das Wesen eines Rechtssatzes und damit auch des zeitgenössischen Rechts erkennbar werden. Diese Methodik förderte die Verbindungen zwischen verschiedenen Rechtssystemen zutage und machte Verstrickungen unterschiedlicher Institute deutlich. .

Die Analyse des Zusammenspiels der verschiedenen Rechte und Rechtsgruppen war für Schroeder entscheidend, um das juristische Prinzip des mittelalterlichen fränkischen Güterrechts zu verstehen und einzuordnen. Damit zielt sein Ansatz auf die Existenz eines ungeschriebenen gemeinen deutschen Rechts, das sich in den einzelnen Partikularrechten niedergeschlagen hatte.[85] Gerade das Postulat einer ganzheitlichen Erfassung auch des ehelichen Güterrechtssystems ist bestimmend. Entgegen von Gerber, der ein solches ableugnete, schloss sich Schroeder in diesem Punkt Beseler und Eichhorn an, die ein deutsches Privatrecht als subsidiäres Recht zu den Partikularrechten anerkannt hatten:[86]

---

[81] *von Gerber*, System des deutschen Privatrechts, S. 19.

[82] *von Gerber*, Zur Theorie der Reallasten I, S. 219.

[83] *Agricola*, Gewere, S. VI.

[84] *Agricola*, Gewere, S. VI.

[85] Dies hatte auch Eichhorn vertreten, ZfgR I (1815), S. 129; *Kern*, Georg Beseler, S. 451 ff.; *Beseler*, System des gemeinen deutschen Privatrechts, § 1.

[86] In diesem Sinne auch *Bezold*, Krit.Vjs. XVI (1874), S. 289. Das Postulat eines gemeinen deutschen Privatrechts, d.h. die Tatsache, dass es ein in ganz Deutschland geltendes einheitliches Recht gegeben habe, wird zumindest für den Bereich des Mittelalters, auch heute nur von wenigen Autoren wie Klaus Luig bestritten; vgl. hierzu *Gudian*, Ius Commune II, S. 33 ff.; vgl. *Kern*, Georg Beseler, S. 451; *Thieme*, HRG I, Sp. 1506–1510.

„Allein kein einziges von allen Deutschen Particularrechten hat ein abgesondertes für sich bestehendes Daseyn, und keines von ihnen kann es haben, weil kein Deutsches Land durch Volkseigenthümlichkeit und Geschichte jemals ganz von dem übrigen Deutschland getrennt gewesen ist"[87].

Hierbei besonders aufschlussreich sind Schroeders Ausführungen zur Immobiliarerrungenschaft bei unbeerbter Ehe. Die fränkische Errungenschaftsgemeinschaft[88] trat ihm zufolge nicht erst von Todes wegen ein, sondern musste auch in früher Zeit schon während der Ehe bestanden haben. Mit dieser These stellte er sich gegen die „ältere Doctrin", die die allgemeine Gütergemeinschaft erstmals erst gegen Ende des Mittelalters durch den Übergang der Städte von der Natural- zur Geldwirtschaft als nachgewiesen angesehen hatte.[89]

Seine Auffassung beruhte auf einer genauen Analyse der Volksrechte, zum anderen aber auch auf verschiedenen späteren süddeutschen Rechten. Schroeder machte sich hierbei die epoche- und gebietsübergreifende Analogie zunutze, die er zuvor aufs Schärfste bekämpft hatte. Er arbeitete heraus, dass die Errungenschaftsgemeinschaft Grundlage für das sich vornehmlich im süddeutschen Raum entwickelnde System „zur gesammten Hand"[90] gewesen[91] sein musste.

Aus dem Institut der Immobiliarerrungenschaft und der wirklichen Eigentumsgemeinschaft bei fahrender Habe, d.h. Mobilien, in den verschiedenen Epochen leitete er schließlich die partikuläre[92] Gütergemeinschaft ab: Diese sei allerdings schon in fränkischer Zeit in die allgemeine Gütergemeinschaft übergegangen. Hierfür spreche, dass nach verschiedenen Rechten – genannt werden Wimpfen, Augsburg, Biedenkopf, sowie das „Bairische Landrecht" und das Münchner Stadtrecht – das gesamte eheliche Vermögen ungeteilt auf den überlebenden Ehegatten übergegangen sei; *„Was wäre das anders als die allgemeine Gütergemeinschaft, auch wenn man sich, bei der geringen Abstractionsfähigkeit jener Zeit, damals theoretisch noch nicht klar über die Sache gewesen sein mag?"*[93] Entweder die Errungenschaftsgemeinschaft oder die gesetzliche

---

[87] *Eichhorn*, ZfgR I (1815), S. 125.

[88] Die Errungenschaftsgemeinschaft ist wahrscheinlich die älteste Form der beschränkten Gütergemeinschaft. Nur der Erwerb, d.h. die Errungenschaft fiel in das gemeinschaftliche Vermögen, ansonsten bestand Gütertrennung. Die vermögensrechtlichen Verhältnisse der Ehegatten sollten von der Eheschließung unberührt bleiben. Die ehelichen Lasten sind ausschließlich durch das während der Ehe Erworbene zu bestreiten. Erst bei Erschöpfung dieser Einkünfte bestand Zuschusspflicht beider Ehepartner; *Ogris*, HRG Bd. I, Sp. 1004.

[89] Diesen Gedanken greift er später nochmals auf; *Schroeder*, Eheliches Güterrecht, S. 19.

[90] Entgegen der Gütereinheit konnten die Ehegatten hierbei nur mit gesamter Hand über die Immobilien disponieren; vgl. *Roth*, Krit. Vjs. X (1868), S. 176.

[91] Eheliches Güterrecht II/2, S. 16, S. 177; diesen Gedanken aufgreifend Güterrecht II/3, S. 295 f.

[92] Hinsichtlich der durch Erbschaft oder Schenkung erworbenen Immobilien verneinte Schroeder eine Eigentumsgemeinschaft; Güterrecht II/2, S. 175 f.

Leibzucht hätten schließlich dazu geführt, dass sich aus der partikulären eine allgemeine Gütergemeinschaft entwickeln konnte.[94] Genauer ließ sich der Inhalt der Quellen nicht deuten, wollte man eine weitergehende Interpretation vermeiden.

Hinsichtlich der fränkischen beerbten Ehe nahm Schroeder Gütergemeinschaft an, die er aus der fränkischen Verfangenschaft[95] ableitete.[96] Es handelte sich hierbei um einen verhältnismäßig jungen Güterstand, der sich nicht in den Rechtsbüchern finde, sondern erstmals in der Badischen Landgerichtsordnung von 1495 beschrieben werde.

Schroeder ging davon aus, dass er sich aus einem gewohnheitsrechtlichen Niederschlag[97] von Eheverträgen entwickelt habe. Er vertrat die Auffassung, die Verfangenschaft beruhe auf dem Gedanken des Eigentums der Kinder, verbunden mit einem Leibzuchtrecht, d.h. Besitz und lebenslanges Nutzungsrecht, des überlebenden Elternteils.[98] Insbesondere die Privaturkunden[99] ließen eine andere Interpretation nicht zu.[100]

Mit der Heranziehung von Urkunden beschritt Schroeder den Weg, den schon Eichhorn als den einzig richtigen zur Erforschung der Landesgeschichte angesehen hatte: *„Denn ohne diese Hülfsmittel*[101] *ist es unmöglich, die Eigenthümlichkeiten der Particularrechte in ihrem historischen Zusammenhang aufzufassen ..., denn selbst das Verständnis des geschriebenen Landrechts, besonders*

---

[93] Güterrecht II/2, S. 179.

[94] Güterrecht II/2, S. 178.

[95] *Erler,* HRG Bd. V, Sp. 697.

[96] Hierüber herrschte in der juristischen Literatur Streit: einige sahen die von Tacitus' umschriebene „Dos" als der langobardischen Meta entsprechende technische Gabe an. Dos, Morgengabe und Muntschatz seien mithin voneinander unabhängig gewesen (*Beseler,* Die Lehre von den Erbverträgen Bd. I, S. 197–200; *Walter,* Deutsche Rechtsgeschichte, § 463 ff.; eine Einzelauffassung bejaht dies zwar für die Frühzeit, die alte Dos sei aber erst später mit dem Muntschatz zur langobardischen Meta verschmolzen Andere wollten Dos und Muntschatz nicht wesentlich unterscheiden, sondern letzteren als Teil der Brautgabe ansehen (*Eichhorn,* Deutsche Staats- und Rechtsgeschichte Bd. I, §62 b). Kraut urteilt, „dos" wurde nicht technisch, sondern willkürlich zur Beschreibung von Morgengabe oder Muntschatz gebraucht (*Kraut,* Die Vormundschaft nach den Grundsaetzen des deutschen Rechts 1, 171 f., 298–318, insb. S. 310/315; *Waitz,* Deutsche Verfassungsgeschichte Bd. I, S. 199).

[97] Dagegen konnte Mayer-Homberg nachweisen, dass sich die fränkische Verfangenschaft aus dem Beispruchsrecht der Erben entwickelt hatte *Mayer-Homberg,* Studien zur Geschichte des Verfangenschaftsrechts, I. Band, S. 94; vgl. zu dem Meinungsstreit: *Meyer,* ZRG GA 34 (1913), S. 611.

[98] Güterrecht II/2, S. 190.

[99] Vgl. zum Begriff der Privaturkunde, insbesondere in Abgrenzung zur öffentlichen Urkunde: *Trusen,* Gelehrtes Recht im Mittelalter und in der frühen Neuzeit, S. 203 ff.

[100] Güterrecht II/2, S. 176.

[101] Gemeint sind die Urkunden.

der älteren Quellen bleibt ohne jenes Hülfsmittel gewöhnlich unvollständig"[102]. Dabei machte er sich aber auch die regionalen Rechtsunterschiede zunutze, um seine These zu untermauern. Hatte man sich früher ausschließlich auf Texte der jeweiligen Rechtssphäre beschränkt, so gelang es Schroeder, mittels Analogiebildung den wirklichen Nachweis seiner Mutmaßungen zu erbringen.

Seine Thesen sind bis heute unwiderlegt und dienten als Grundlage für die weiterführenden Forschungen auf dem Gebiet des ehelichen Güterrechts.[103]

Der Aufbau der dritten Abteilung des zweiten Bandes gleicht dem der zweiten Abteilung: Das gesetzliche Güterrecht steht auch hier im Vordergrund, gefolgt von knappen Ausführungen zum vertraglichen Güterrecht. Daneben unterscheidet Schroeder zwischen sächsischem und friesischem Recht. Letzterem kommt dabei eher die Rolle eines Anhangs zu. Da es *„in meinem bisherigen wie in meinem gegenwärtigen Wirkungskreise zu sehr an literarischen Hilfsmitteln [fehlte], um das friesische Recht mit gleicher Vollständigkeit wie die der übrigen Stämme behandeln zu können"*[104], sah er sich jedoch zu keiner eingehenderen Erforschung imstande. Die enge Verwandtschaft mit dem altwestfälischen Recht sowie der Umstand, dass *„die allgemeine Gütergemeinschaft des flämisch-niederrheinischen Rechts unter dem vereinten Einflusse* beider *Rechte entstanden ist"*[105], machten eine – wenngleich skizzenhafte – Erfassung des friesischen Rechts dennoch notwendig. Dabei fällt auf, dass Schroeder sich zunächst den Verhältnissen bei Eheauflösung widmet und erst dann auf die Verhältnisse während der Ehe eingeht. Diese Reihenfolge basiert auf von Martitz' Werk[106] *„Eheliches Güterrecht des Sachsenspiegels"*. Von Martitz hatte diese recht ungewöhnliche Gliederung damit begründet, dass der Sachsenspiegel als Grundlage des damaligen sächsischen Landrechts die ehelichen Vermögensverhältnisse nur für den Fall der Auflösung der Ehe bespreche, ansonsten aber zum Güterrecht schweige. Deshalb sei das Güterrecht von Todes wegen als gesetzlich geregeltes System *„viel weniger bestritten"*[107], weshalb es einen *„sicheren Ausgangspunkt"*[108] auch für das Güterrecht bei bestehender Ehe ge-

---

[102] *Eichhorn,* ZfgR I (1815), S. 135.

[103] *Stutz,* ZRG GA 38 (1917), S. XXVIII; vgl. hierzu *Friedberg,* Recht der Eheschließung in seiner geschichtlichen Entwicklung, 1865, Nachdruck 1965; Verlobung und Trauung, 1876; *Sohm,* Das Recht der Eheschließung aus dem deutschen und canonischen Rechte geschichtlich entwickelt, 1875; Trauung und Verlobung, 1876; *Mikat,* Schranken der Vertragsfreiheit im Ehegüterrecht 1984, S. 205; *Brauneder,* Die Entwicklung des Ehegüterrechts in Österreich, 1973; *Possel-Dölken,* Das westfälische eheliche Güterrecht des 19. Jahrhunderts, 1978.

[104] Güterrecht II/3, S. X.

[105] Güterrecht II/3, S. X.

[106] *von Martitz,* Das eheliche Güterrecht des Sachsenspiegels und der verwandten Rechtsquellen, S. 90.

[107] Güterrecht II/3, S. XII.

[108] Güterrecht II/3, S. XII.

währe. Hierauf aufbauend ließ sich auch das vertragliche Güterrecht als Ausnahmeregelung analysieren.

Das juristische Prinzip des nordischen ehelichen Güterrechts ist Schwerpunkt der Untersuchungen. Schroeder ging davon aus, dass das genossenschaftliche Element Ursprung der ehelichen Güterverhältnisse gewesen sei, *„freilich nur in Betreff des Immobiliarvermögens"*, wie er einschränkend hinzufügte. Erst später sei das dem fränkischen[109] und süddeutschen Recht innewohnende Prinzip der eheherrlichen Vormundschaft abgelöst worden.[110] In einer Fußnote verteidigte er sich, er habe dieses Verhältnis früher *„vielleicht nicht hinreichend klar"* als gesamte Hand im weiteren Sinne bezeichnet: Der Ehemann sei aber namentlich hinsichtlich der Liegenschaften gerade nicht Träger der Gemeinschaft im Sinne eines Vormundes, sondern lediglich Verwalter im Rahmen des Systems zur gesamten Hand und damit bloßer Vertreter der ehelichen Genossenschaft gewesen.

Diesem Aspekt des fränkischen Rechts stellte Schroeder das ostfälisch-sächsische Recht gegenüber, bei dem die nießbräuchliche Vormundschaft des Mannes die einzige Grundlage der ehelichen Güterverhältnisse bei bestehender Ehe gebildet habe.[111] Entgegen Cropp, Euler, Agricola und von Gerber wollte er die eheliche Gütergemeinschaft aber gerade nicht auf eine Gemeinschaft von Todes wegen beschränken.[112] Die Auffassung, dass die *„Gütergemeinschaft in unserem Sinne"*, d.h. die wahre Gütergemeinschaft, die sich auch auf das Verhältnis unter Lebenden erstreckte, sich erst nach dem Ende des Mittelalters unter dem Einfluss des römischen Rechts entwickelt haben sollte, lehnte er als *„unnatürlich und gezwungen"*[113] ab. Beinahe süffisant schreibt er: *„Seit Cropps Ausführungen gegen Hasse*[114] *ist es fast zum Dogma geworden, dass das lübische Recht (als Hauptrepräsentant der westfälischen Stadtrechte) auch bei beerbter Ehe keine wahre Gütergemeinschaft, sondern nur eine solche von Todes wegen gekannt habe".* Schroeder gelangte zu dem Ergebnis, *„dass für Unbefangene kein Zweifel möglich ist: Verwaltungsgemeinschaft bei kinderloser Ehe, dage-*

---

[109] Schroeder führte in seiner späteren Untersuchung „Das eheliche Güterrecht Deutschlands in Vergangenheit, Gegenwart und Zukunft" aus, dass sich das fränkische eheliche Güterrecht nebst Verfangenschafts- und Theilrecht *„aus Gründen, die sich unserer Beurtheilung größtentheils entziehen"* schon im frühen Mittelalter über ganz Süddeutschland ausgedehnt hatte, *Schroeder*, Eheliches Güterrecht, S. 14.

[110] Güterrecht II/3, S. 295.

[111] Güterrecht II/3, S. 297.

[112] Güterrecht II/3, S. 298.

[113] Güterrecht II/3, S. 299.

[114] Schroeder verweist hier auf Cropps Werk von 1823, das dieser in den Heidelberger Jahrbüchern veröffentlicht hatte (Heidelberger Jahrbücher (1823), S. 119–123) und der sich *Pauli* (Abhandlungen I, 91; II, 5. 138 f. 152) sowie *Eichhorn* (Deutsche Staats- und Rechtsgeschichte Bd. II, § 370; Deutsches Privatrecht § 298) angeschlossen hatten.

gen, in Erweiterung der altsächsischen Errungenschaftsgemeinschaft, allgemeine Gütergemeinschaft, wenn und solange Kinder vorhanden sind"[115].

Daneben thematisierte er die juristische Konstruktion der eheherrlichen Vormundschaft: Diese sei bedeutsam sowohl für die Verwaltungsgemeinschaft, für die sie *„geradezu die juristische Form abgibt und nur ihren Inhalt mehr oder weniger der genossenschaftlichen Idee entnimmt"*[116], als auch für die Gütergemeinschaft, die *„hier und da (...) geradezu zu einer Vermehrung der dem Manne zustehenden Vertretungsbefugnisse"* geführt habe. Erstmals geht er auf die Gütertrennung ein.[117] Sie beruhe auf dem Gedanken, dass die Eheschließung die Vermögensverhältnisse der Ehegatten grundsätzlich unberührt lasse.[118] Nach Schroeder war sie auf dem sogenannten *„altsächsischen System"* erwachsen, nach dem sich das eheliche Vermögen nach Beendigung der Ehe wieder in seine wesentlichen Bestandteile auflöst, d.h. *„kaum eine Spur der während der Ehe vorhanden gewesenen Gemeinschaft übrig lässt"*[119]. Die süddeutschen Rechte hätten diesem alten sächsischen System allerdings schon im Mittelalter nicht mehr entsprochen. Hier sei man vielmehr, wie Schroeder anhand des Deutschen- bzw. Sachsenspiegels nachweisen konnte, dem System zur gesamten Hand mit Verfangenschaft gefolgt.[120]

Im Ergebnis stimmte er damit früheren Forschungsergebnissen zu;[121] zeigte jedoch anhand schwäbisch-alemannischer bzw. bayerischer Urkunden, dass das System der gesamten Hand nicht erst seit dem Schwaben[122]- bzw. Deutschenspiegel, sondern bereits im 11. Jahrhundert praktiziert worden war.[123] Sofern das System der gesamten Hand in Urkunden aus dem 11. bis 13. Jahrhundert in der Wissenschaft keine Beachtung gefunden habe, beruhe dies entweder auf einer *„Nachlässigkeit des Schreibers"* oder sei auf besondere Konstellationen wie *„echte Not- bzw. Eheverträge"* zurückzuführen.[124] Keinesfalls könne diesem

---

[115] Güterrecht II/3, S. 308.

[116] Güterrecht II/3, S. 325.

[117] Motive zu dem Entwurfe eines Bürgerlichen Gesetzbuches für das Deutsche Reich, Bd. IV, S. 156; *Ogris*, HRG Bd. 1, Sp. 1876; *Kroeschell*, Zielsetzung und Arbeitsweise der Wissenschaft vom gemeinen deutschen Privatrecht, S. 270.

[118] Jeder Ehegatte bleibt Alleineigentümer seines eingebrachten und des in der Ehe von ihm erworbenen Vermögens. Bei der reinen Gütertrennung ist nicht nur das Eigentum, sondern sind auch Nutzung und Verwaltung streng getrennt. Der Ertrag der beiderseitigen Arbeit soll, wie auch bei der ehelichen Errungenschaftsgemeinschaft, zum Bestreiten der ehelichen Lasten verwendet werden. Hierzu wird Vermögen der Ehefrau unter die Verwaltung des Ehemannes gestellt.

[119] Güterrecht II/3, S. 1.

[120] Güterrecht II/1, S. 115; *Kraut*, Schroeder: Geschichte des ehelichen Güterrechts II/1, GGA 1868, S. 1646; *Roth*, Krit. Vjs. X (1868), S. 171/174.

[121] U.a. *Roth*, JbgDR III, 313–358 (S. 317).

[122] Der Schwabenspiegel wird erstmalig 1276 urkundlich erwähnt.

[123] Güterrecht II/1, S. 116 ff.; vgl. hierzu *Roth*, Zeitschrift für vergleichende Rechtswissenschaft I (1878), S. 71.

Umstand aber entnommen werden, dass das System der gesamten Hand noch nicht existiert habe.

Neben inhaltlichen Aspekten kritisierte Schroeder auch die Bezeichnungen *„Gütereinheit"* bzw. *„Gütertrennung"*, die bislang in der wissenschaftlichen Literatur zur Abgrenzung der beiden Systeme verwendet worden waren. Der Umstand, dass die Substanz beider Vermögen tatsächlich getrennt waren und lediglich eine einheitliche Verwaltung durch den Ehemann ausgeübt worden sei, komme darin nicht genügend zum Ausdruck. Besser geeignet sei der Begriff *„Verwaltungsgemeinschaft"*[125].

Dieser Ansicht schlossen sich in der Folgezeit immer mehr rechtsgeschichtliche Forscher an, so dass sich der Vorschlag bald gegenüber der älteren Terminologie durchgesetzt hatte. Der Begriff der Verwaltungsgemeinschaft konnte sich dennoch im deutschen Recht nicht halten. Er ging mit der Weiterentwicklung des ehelichen Güterrechts, letztlich mit der Feststellung der Gleichberechtigung der Frau Mitte des 20. Jahrhunderts unter.

3. Die Urkundenexegese in der „Geschichte des ehelichen Güterrechts"

Kennzeichnend für die *„Geschichte des ehelichen Güterrechts"* ist die ausgeprägte Urkundenarbeit; sie ist bestimmendes Merkmal der Untersuchung.

Zwar war die Auslegung von rechtlichen Quellen schon früher anerkanntes Mittel zur Kenntnisgewinnung in rechtsgeschichtlichen wie auch dogmatischen Untersuchungen. Die empirische Erforschung eines rechtlichen Sachverhalts bzw. eines rechtlichen Instituts zur Mitte des 19. Jahrhundert hatte sich allerdings noch nicht durchsetzen können. Ursprünglich war man bestrebt gewesen, das gegenwärtige Recht im Sinne der historischen Rechtsschule Savignys aus der Geschichte heraus darzustellen und hatte sich vornehmlich auf Gesetzestexte wie beispielsweise die Lex Salica sowie Rechtsbücher der entsprechenden Epoche beschränkt.[126] Die eigenständige Bedeutung von Privaturkunden für die rechtshistorische Forschung wurde hingegen erst im Laufe des 19. Jahrhunderts

---

[124] Güterrecht II/1, S. 119.

[125] *Sohm,* Schroeders Geschichte des ehelichen Güterrechts, GGA 1874, S. 680; *Stutz,* ZRG GA 38 (1917), S. XXVIII; *Stobbe,* Handbuch des Deutschen Privatrechts IV, S. 159 Fn. 1, der einen Überblick über die Vertreter der verschiedenen Bezeichnungen gibt; kritisch ist anzumerken, dass die Verwaltungsgemeinschaft nicht die strenge Gütertrennung umschreibt, sondern vielmehr die am häufigsten vorkommende Form der Gütertrennung mit Verwaltung, gelegentlich auch Nutzung des Frauengutes durch den Mann; *Ogris,* HRG 1, Sp. 1877.

[126] Vgl. bsp. *Hasse,* ZfgR IV (1818), S. 64 ff., der sich insbesondere auf den Sachsen- und Schwabenspiegel sowie das römische Recht zur Erläuterung des deutschen ehelichen Güterrechts stützt.

erkannt:[127] „*Zahlreiche Probleme der deutschen Rechtsgeschichte, bezüglich deren die bloß aus Rechtsaufzeichnungen schöpfende Controverse sich festgefahren hat*", seien „*nur im Wege methodischer Urkundenforschung ihrer Lösung näher zu bringen*"[128]. Zwar fehlte die Urkunde[129], da sie Schriftlichkeit voraussetzt, noch in germanischer Zeit[130], doch schon in der merowingischen und verstärkt in der karolingischen Periode traten sowohl Königs- als auch Privaturkunden auf.[131] Gegenüber den starren Gesetzestexten, die lediglich den Idealfall der Rechtsanwendung skizzierten, bargen sie bedeutsame Hinweise auf das praktische Verfahren.

Schroeder machte sich diese Vorgehensweise von Anfang an zunutze. Schon im ersten Band seiner „*Geschichte des ehelichen Güterrechts*" griff er auf Urkunden zurück und beschränkte sich gerade nicht auf Gesetze oder Rechtsbücher.[132] Darüber hinaus berücksichtigte er nicht nur allgemein be- und anerkannte Quellen, sondern auch „*ungedruckte, wie das vom Dr. Lörsch zur Herausgabe vorbereitete Schöffenbuch des Ingelheimer Oberhofs, ferner das von demselben seitdem herausgegebene Achener Schöffenrecht aus dem Anfange des 15ten Jahrhunderts ...*"[133]. Eine Urkunde aus dem 9. Jahrhundert diente ihm dazu, das Eigentum der Witwe an der Dos[134] zu belegen. Ebenso zog er einen Brief Theodorichs an den Thüringerkönig Hermanfried[135] heran.

Die Grundlage von Schroeders Forschung bilden demnach die unmittelbaren Quellen der jeweils zu untersuchenden Periode und Region; Schroeder war der

---

[127] Dies ist vornehmlich zurückzuführen auf die Grimmschen Forschungen zu den Weistümern sowie die verstärkte Aufarbeitung und Sammlung der Rechtsquellen. Als Monographien aus dieser Zeit zum Urkundenwesen sind zu nennen *H. Brunner*, Zur Rechtsgeschichte der römischen und germanischen Urkunde; Band 1 (1880); *Hübner*, Gerichtsurkunden der fränkischen Zeit (1891); *H. Bresslau*, Handbuch der Urkundenlehre für Deutschland und Italien (1889); *Trusen*, Gelehrtes Recht im Mittelalter und in der frühen Neuzeit, S. 638; *Trusen* nennt hier unter anderem folgende Werke: *E. Spangenberg*, Die Lehre vom Urkundenbeweis in Bezug auf alte Urkunden, Heidelberg 1827; *Günther*, De documenti notione recte constituenda, Lips 1832; *Joachim Mynsinger*, Comm. In tit. De foide instr. Lib. II Decr. (Helmstedt 1582; Marburg 1602).

[128] *Brunner*, Zur Rechtsgeschichte der römischen und germanischen Urkunde, Bd. I, S. VII.

[129] Vgl. zur Urkunde *Köbler*, Lexikon der europäischen Rechtsgeschichte (*Köbler*, DRG 6).

[130] *Bresslau*, Handbuch der Urkundenlehre für Deutschland und Italien, I/1, S. 476.

[131] Nach Köbler beträgt die Zahl der merowingischen Urkunden etwa 700. Aus der ottonisch-salischen Periode sind ca. 3000, aus der karolingischen Periode ca. 10000 Urkunden erhalten; *Köbler*, Lexikon der europäischen Rechtsgeschichte, S. 594.

[132] Vgl. beispielsweise Eheliches Güterrecht I, S. 38.

[133] *Kraut/Schroeder*, Geschichte des ehelichen Güterrechts, GGA 1872, S. 303.

[134] Eheliches Güterrecht I, S. 66.

[135] Eheliches Güterrecht I, S. 74; daneben sind aus der germanischen Urzeit zu nennen: Eheliches Güterrecht I, S. 109; S. 117; S. 160; I, S. 167 Fn. 2.

Ansicht, nur hieraus könne man authentische Rückschlüsse auf das wahre Recht und seine Anwendung ziehen. Die Verwendung epoche- oder kulturferner Quellen oder gar Sekundärliteratur barg seines Erachtens dagegen die Gefahr von Missinterpretationen, wodurch die wahren, ursprünglichen Institute eines Rechts verdeckt würden. Fehler könnten auf diese Weise über Generationen weitervermittelt und erhärtet werden; als Negativbeispiel führt er Tacitus' Germania an. Dabei biete allein die Konzentration auf die unmittelbaren Texte die Möglichkeit, ein Institut bis zu seinen Wurzeln zurückzuverfolgen. Insbesondere jüngere, allgemeine Literaturquellen und Interpretationen lehnte Schroeder zunächst ab:

> „Ich brauche wol nicht erst zu sagen, dasz ich überall unmittelbar aus den Quellen geschöpft habe [...]. Ich habe zunächst jedes einzelne Stammesrecht für sich einzig nach den Quellen ohne jede Berücksichtigung der Literatur durchgearbeitet, um möglichst auf eigenen Füszen zu stehen"[136].

Diese puristische Auslegung geht auf die ältere historische Schule Savignyscher Prägung zurück, die ebenfalls nur die epocheunmittelbaren Quellen zur Interpretation zugelassen hatte. Statt der Auslegung müsse man „nach Art eines Naturforscher zu Werke gehen [...]" und „auf dem Wege der Beobachtung sich die ihm ursprünglich fremden Zustände" aneignen.[137]

Dennoch war Schroeder gezwungen, von den strengen Vorgaben der ausschließlichen Verwendung unmittelbarer Originaltexte abzurücken, da ihn bestehende Lücken in der Quellenlage, insbesondere aus der Zeit der Volksrechte dazu zwangen, auf die Interpretation zurückzugreifen: „Leider besitzen wir über diese Zwischenzeit kein einziges Quellenzeugnisz, sonst würden wir sehen, wie man im Lauf der Zeit der Frau ein gröszeres Recht auf die von ihrem Mann gegebene Meta einzuräumen [...] sich gewöhnte"[138]. Erst später akzeptierte er auch eine „historische Kombination"[139], die schon Beseler befürwortet hatte, und gestattete damit, ganz im Sinne einer wissenschaftlichen Interpretation, die Heranziehung epochefremder rechtlicher Quellen. Schroeder bedauerte sogar, „von diesem Hilfsmittel bei früherer Gelegenheit aus kritischer Rigorosität zu wenig Gebrauch gemacht zu haben"[140]. Damit stellte er sich vollends gegen die puristischen Auffassungen Savignys.

Die Abkehr von der grundsätzlichen Ablehnung epochefremder Rechtsquellen ist bei Schroeder wie auch vormals bei Beseler, eigentlich das Ergebnis

---

[136] Güterrecht I, Vorrede, S. VIII.

[137] *Beseler*, Volksrecht und Juristenrecht, S. 109.

[138] Eheliches Güterrecht I, S. 40; ebenso S. 42: „dieselbe Veränderung [...] müssen wir nun aber auch bei der Wiederverheiratung annehmen".

[139] *Klemann*, Rudolf von Ihering und die Historische Rechtsschule, S. 111.

[140] *Schroeder*, Zur Geschichte des ehelichen Güterrechts, in: Krit. Vjs. 17 (1875), S. 77.

einer Not; die naturgemäße Unvollständigkeit der Quellen zwang sie geradezu zur Interpretation, wollten sie sich nicht nur auf die Darstellung des Einzelfalls beschränken, sondern allgemeingültige Grundsätze aus ihnen ableiten: „... *wo die Quellen aus lauter Bruchstükken bestehen", müsse „durch „Construction und Reconstruction" die fehlende Verbindung hergestellt werden"*[141]. Allerdings lehnte Schroeder, wie später auch Felix Dahn, weiterhin die *„Einbildungs-, Gestaltungs-, Ahnungs- und Zusammenschließungskraft auf dem Boden der Forschung"* ab.

Konsequent folgt der zweite Band der *„Geschichte des ehelichen Güterrechts"* ausschließlich der Methode der historischen Kombination von Quellenexegese und wissenschaftlicher Interpretation; über die Verwendung epochefremder Rechtsquellen hinaus stützt Schroeder seine Thesen schließlich auch auf mittelalterliche Literatur wie das Nibelungenlied, die er, wie er es schon früher getan hatte, auf ihren rechtlichen Gehalt hin untersucht.[142]

4. Einordnung der „Geschichte des ehelichen Güterrechts" als Arbeit auf der Grenze zwischen genetisch-historischer und systematischer Rechtsgeschichte

Die *„Geschichte des ehelichen Güterrechts"* ist durch die verschiedenen dogmatischen und rechtsgeschichtlichen Strömungen in der germanistischen Forschung des 19. Jahrhunderts gekennzeichnet.

Die juristische Germanistik beruhte auf der von Friedrich Carl von Savigny theoretisch begründeten und philosophisch auf der Volksgeistlehre Herders[143] basierenden *„Historischen Rechtsschule";* danach war das Recht geschichtlich verwurzelt und stand wie auch der Volksgeist in einer übergreifenden historischen Kontinuität[144]. Weil aber die meisten ursprünglichen Formen des wahren, des „nationalen" Rechts später verschwunden waren,[145] sah man sich gezwun-

---

[141] *Kern*, Georg Beseler, S. 380; Beselers Schüler Otto von Gierke ging es schließlich darum, die geschichtliche Forschung und deren *„Versenkung in das volksthümliche Rechtsbewusstsein der Gegenwart"* zu erfassen, um auf diese Weise das Recht der Vergangenheit mit dem Recht der Gegenwart zu verbinden; *Janssen*, Otto von Gierkes Methode der geschichtlichen Rechtswissenschaft, S. 191; dies wird besonders deutlich in der „Rechtsgeschichte der deutschen Genossenschaft", die 1868 als erster Band des „deutschen Genossenschaftsrechts" erschien.

[142] Schroeder an Anna Hugo, 12. Februar 1864, Nachlass/Privatbriefe Dr. H. Berger.

[143] Zum Volksgeist, vgl. *Welker*, HRG Bd. V, Sp. 986–990; zur Ausgestaltung durch Hegel; *Jakobs*, Die Begründung der geschichtlichen Rechtswissenschaft, S. 120 ff.

[144] Von Savigny stellte diese These der Naturrechtslehre des 18. Jahrhunderts entgegen, nach der jedes Zeitalter seine Welt und damit sein Recht willkürlich hervorbringe; *Bader*, Recht-Geschichte-Sprache, Historisches Jahrbuch 93 (1973), S. 2 ff.; *Köbler*, Lexikon der europäischen Rechtsgeschichte, zur historischen Rechtsschule (S. 235); *Dilcher/Kern/Kern*, ZRG GA 101, S. 5; *Schmidt-Wiegand*, Jacob Grimm und das genetische Prinzip in Rechtswissenschaft und Philologie, S. 2; *Jakobs*, Die

gen, zur Ermittlung des dogmatischen Gehalts des gegenwärtigen Rechts *„jeden gegebenen Stoff bis zu seiner Wurzel zu verfolgen, um so sein organisches Princip zu entdecken, wodurch sich von selbst das, was noch leben hat, von demjenigen absondern muß, was schon abgestorben ist und nur noch der Geschichte angehört"*[146]. Die Herleitung war damit zwangsläufig historisch, denn das Recht als Bestandteil der Gesamtkultur einer Nation sowie ihrer Geschichte konnte nur durch diese erschlossen werden.[147]

In diesem Sinne war die Geschichte des Rechts nur Hilfswissenschaft und hatte gerade keinen Selbstzweck;[148] sie diente der Dogmatik im Sinne einer Begründung und Erklärung des gegenwärtigen durch das vergangene Recht.

Eine bedeutende Strukturänderung erfuhr die rechtshistorische und -dogmatische Forschung mit der Veröffentlichung von Eichhorns *„Deutschem Privatrecht"* (1823) und seiner *„Deutschen Staats- und Rechtsgeschichte"* (1808).

Eichhorn wollte die historische Untersuchung *„nicht bei der Geschichte der bedeutendsten Thatsachen [...], durch welche das Wesen eines Rechtsinstituts im Allgemeinen bestimmt worden ist"* belassen, sondern statt dessen die *„Bildungsgeschichte bis in die Entstehungsgeschichte der Eigenthümlichkeiten der Particularrechte"*[149] verfolgen. In seinem *„Deutschem Privatrecht"* gliederte er erstmals die privatrechtlichen Normen germanisch-deutschen Ursprungs systematisch nach modernen Prinzipien.[150] Dem stand der Gedanke einer rein rechtsgeschichtlichen Forschung gegenüber, die ebenfalls auf Eichhorn zurückzuführen war. Mit seiner *„Deutschen Staats- und Rechtsgeschichte"* hatte er erstmals

---

Begründung der geschichtlichen Rechtswissenschaft; *Böckenförde,* Die historische Rechtsschule und das Problem der Geschichtlichkeit des Rechts, S. 12.

[145] Hierdurch dürfe man sich aber nicht abschrecken lassen: *„Denn der nationale Grund dieser Formen, die Richtung, woraus sie hervor giengen, überlebt die Formen selbst, und es ist nicht vorher zu bestimmen, wie viel von altgermanischen Einrichtungen, wie in der Verfassung so im bürgerlichen Recht, wieder erweckt werden kann. Freylich nicht in Buchstaben, sondern dem Geiste nach, aber den ursprünglichen Geist lernt man nur kennen aus den alten Buchstaben"; Savigny,* Vom Beruf unserer Zeit für Gesetzgebung und Rechtswissenschaft, S. 118; *Savigny,* ZfgR I (1815), S. 7.

[146] *Savigny,* Vom Beruf unserer Zeit für Gesetzgebung und Rechtswissenschaft, S. 117.

[147] *Rothacker,* Mensch und Geschichte, S. 29; *Savigny,* Vom Beruf unserer Zeit für Gesetzgebung und Rechtswissenschaft, S. 12; *Gierke,* Die historische Rechtsschule und die Germanisten, S. 7.

[148] *Senn,* Rechtshistorisches Selbstverständnis im Wandel, S. 31; ebenso *Mitteis,* Rechtswissenschaft im Rahmen der Kulturgeschichte, S. 678; danach ist die geschichtliche Rechtswissenschaft *„Schau der Rechtswissenschaft in ihrer Totalität unter historischen Aspekten, eine historische fundierte Rechtslehre, die ..., historisches, dogmatisches und rechtspolitisches Denken miteinander verbindet".*

[149] *Eichhorn,* ZfgR 1815, S. 135.

[150] *Dilcher,* JuS 85, S. 934; die Idee der dogmatischen Rechtskonstruktion griff Albrecht in seinem Werk *„Gewere"* auf; *Borsdorff,* Wilhelm Eduard Albrecht, S. 443.

die Geschichte der Verfassung, der gesellschaftlichen Zustände und der Rechtsquellen historisch-genetisch und nach Epochen geordnet dargestellt. Im Gegensatz zur geschichtlich-dogmatischen Forschungsausrichtung,[151] die die Geschichte zwecks Gewinnung geltender und anwendbarer Normen und Rechtsfiguren auslegt, erfasst die reine Rechtshistorie das Recht im Strom seiner Entstehung.[152]

Der Unterschied wurde mit dem verstärkten Aufkommen von Begriffsjurisprudenz und Positivismus[153] gegen Ende der fünfziger Jahre des 19. Jahrhunderts noch deutlicher. Markant ist insoweit die Gründung der *„Zeitschrift für Rechtsgeschichte"* durch Rudorff, Bruns, Roth, Merkel und Böhlau im Jahr 1861, die ausschließlich der Rechtsgeschichte und gerade nicht mehr der geschichtlichen Rechtswissenschaft gewidmet war.[154]

Schroeders *„Geschichte des ehelichen Güterrechts"* entstand mithin in einer Umbruchszeit, in der die historische Rechtsschule bereits im Abklingen begriffen war.[155] Es ist daher zu fragen, ob die *„Geschichte des ehelichen Güterrechts"* noch ein Werk der alten historischen Rechtsschule ist oder ob es bereits der deutschen Rechtsgeschichte – als eigenem wissenschaftlichen Forschungszweig innerhalb der Rechtswissenschaft – zugeordnet werden kann.

Auf den ersten Blick lässt die Betonung des juristischen Prinzips vermuten, dass es sich bei der *„Geschichte des ehelichen Güterrechts"* um eine rechtsdogmatische Untersuchung und damit der älteren historischen Rechtsschule zugehörige Untersuchung handelt. Die Kapitel *„Juristisches Prinzip und historischer Zusammenhang"* in der zweiten und dritten Abteilung des zweiten Bandes zeigen deutlich, dass Schroeder nicht die historische Entwicklung als solche, sondern das Zusammenspiel der verschiedenen Rechtssysteme in juristischer Hinsicht erfassen wollte; Ziel war die Erarbeitung eines Grundtenors, der den vorab historisch erfassten Rechten entsprach, verbunden mit dem zeitgenössischen Recht. Schroeder folgte hierin der Ansicht Eichhorns zur Ermittlung übergeordneter Rechtsregeln: *„Es soll nehmlich für jedes Deutsche Rechtsinstitut die rechtliche Idee aufgefunden werden, welche den Bestimmungen der Deutschen Particularrechte zum Grunde liegt, und aus dieser soll dann entwickelt werden, was als wesentliche (gemeinrechtliche) und zufällige (particuläre) Bestimmung in den Grundsätzen zu betrachten ist, die über ein solches Rechts-*

---

[151] Dilcher/Kern/*Dilcher*, ZRG GA 101 (1984), S. 23.

[152] Giaro verkennt die eigentliche Problematik, wenn er schreibt: *„die Rechtsdogmatik befasst sich mit dem geltenden, die Rechtsgeschichte mit dem nicht mehr geltenden Recht"; Giaro*, Ius Commune XXI, S. 6.

[153] Vgl. Dilcher/Kern/*Kern*, ZRG GA 101 (1984), S. 23 ff.; die Begriffsjurisprudenz erlaubt ein einheitliches Verfahren zur Behandlung des gesamten Rechtsstoffs, allerdings zum Nachteil des heimischen Rechts.

[154] Vgl. hierzu *Rückert*, Geschichtlich, praktisch, deutsch, S. 119 f.

[155] Vgl. zu der Entwicklung *Dilcher/Kern/Kern*, ZRG GA 101 (1984), S. 20 ff.

institut gelten"[156]. Hierzu müsse die Geschichte erforscht werden, da die Bestimmung nur von einem *„historischen Standpunkt aus möglich"*[157] sei.

Auch Franz Wieacker, nach dem die Germanistik des 19. Jahrhunderts neben dem Gesellschafts-, Wertpapier- und Seerecht auch das Familiengüterrecht als dogmatische Sonderdisziplin begründet hatte,[158] ordnet Schroeders Abhandlung als dogmatisches Werk ein. Ähnlich urteilt Karl Kroeschell: Die *„Geschichte des ehelichen Güterrechts"*, *„in der man diese Güterrechtssysteme gleichsam als reale Wesen entstehen und sich entwickeln sieht"*, gehöre zur germanistischen Privatrechtsliteratur des 19. Jahrhunderts.[159]

Tatsächlich hatte Schroeder ursprünglich geplant, die *„Natur der Sache"* des ehelichen Güterrechts historisch-empirisch zu belegen; er wollte auf dem Gebiet des ehelichen Güterrechts *„nicht nur als Historiker, sondern vor allem als Jurist"*[160] arbeiten; ihn interessierte weniger die – historische – Frage, welche konkreten geschichtlichen Gebilde durch die Rechtsinstitute rechtlich geregelt werden sollten:[161] Ziel der juristischen Arbeit sei schließlich das Verfassen dogmengeschichtlicher Werke, um das System des ehelichen Güterrechts von seinen Wurzeln bis zur Gegenwart in seinem geschichtlichen Gesamtablauf zu erforschen. Entsprechend ordnete er auch die ehegüterrechtlichen Arbeiten seines Kollegen von Roth in einem Nachruf dem deutschen Privatrecht und gerade nicht der Rechtsgeschichte zu.[162]

Ein Vergleich mit Beselers *„Lehre von den Erbverträgen"* fördert allerdings ein anderes Ergebnis zutage. Beseler stellte in seiner Abhandlung das zeitgenössische Recht der Erbverträge historisch-dogmatisch präzise dar, indem er hauptsächlich die geschichtlichen Wurzeln der Institute betrachtete und sich diese

---

[156] *Eichhorn*, ZfgR I (1815), S. 130.

[157] Dabei forderte Eichhorn, zur Ermittlung der Grundlagen eines deutschen Rechtsinstituts dürfe die historische Untersuchung *„nicht bei der Geschichte der bedeutendsten Thatsachen stehen bleiben, …, sie muss seine Bildungsgeschichte bis in die Entstehungsgeschichte der Eigenthümlichkeiten der Particularrechte verfolgen"*; *Eichhorn*, ZfgR I (1815), S. 134.

[158] *Wieacker*, Privatrechtsgeschichte der Neuzeit, S. 422; *ders.*, FS Michaelis, S. 360; *Thieme*, ZRG GA 80 (1962), S. 26.

[159] *Kroeschell*, Zielsetzung und Arbeitsweise der Wissenschaft vom gemeinen deutschen Privatrecht, S. 270.

[160] Güterrecht II/3, S. XI.

[161] *Otto Brunner*, Der Historiker und die Geschichte von Verfassung und Recht, HZ 209 (1969), S. 9; hier tritt der scharfe Gegensatz zwischen Historikern und Rechtshistorikern hervor: während erstere den Rechtshistorikern vorwarfen, die Geschichte mit juristischer Konstruktion und Definitionen von angeblich allgemeiner und zeitloser Gültigkeit zu überfrachten, Tatsachen in ein feststehendes Begriffssystem einzuzwängen und das soziale Substrat nicht zu berücksichtigen, kritisierten die Rechtshistoriker, die Historiker seien nicht in der Lage zu unterscheiden, oder klare Begriffe herauszubilden und „verabsolutierten" Modelle und Idealtypen; *Krause*, HZ 209 (1969), S. 18.

[162] ZRG GA 13 (1892) S. 253.

nutzbar machte. Die Geschichte – einschließlich der geschichtlichen Rechtsquellen – zog er ausschließlich zur Erläuterung des gegenwärtigen Rechts und
nicht um ihrer selbst willen heran[163]. Auch der Aufbau – den historischen Ein-
leitungskapiteln der einzelnen Abschnitte schließen sich Erläuterungen zu Begriff und Art sowie Wirkungen des jeweiligen Rechtsinstituts an – folgt einer
klaren dogmatischen Linie.[164]

Schroeder hingegen beschränkte sich innerhalb der einzelnen Abschnitte auf
die verschiedenen Ausformungen des Güterrechts einer bestimmten Epoche. Die
dogmatische Erfassung des gegenwärtigen Güterrechts war hingegen erst in einem Fortsetzungsband geplant: „*Was jetzt noch für das eheliche Güterrecht Not
thut, ist eine* dogmatische *Darstellung des heute in Deutschland geltenden
Rechts* …"[165].

Damit unterschied er sich deutlich von Beseler wie auch von Eichhorn. Insoweit weist die „*Geschichte des ehelichen Güterrechts*" auch Charakteristika
eines rechtshistorischen Werkes auf. Hinzu kommt, dass Schroeder selbst das
Werk der „*inneren Rechtsgeschichte*" zuordnete: Es handele sich um eine dogmen*geschichtliche* Darstellung, nicht lediglich um eine Beschreibung des äußeren Entwicklungsganges.[166] Den Anhängern der inneren Rechtsgeschichte als
Dogmengeschichte geht es jedoch gerade nicht um die bloße Darstellung, sondern um die Einordnung und Verbindung geschichtlicher Aspekte bestimmter
Rechtsinstitute:[167] Sie trennen das gültige, noch lebende Recht von dem älteren,
nicht mehr gültigen Recht als „antiquarisches" Wissen.[168] Dies wird belegt
durch die detaillierte Erfassung der historischen Grundlagen, wie sie insbesondere im ersten Band sowie in der ersten Abteilung des zweiten Bandes ihren
Ausdruck findet.

Hinzu kommt eine der Thematik inhärente Schwierigkeit; so urteilt Stobbe,
dass sich die Einordnung des Familiengüterrechts in eindeutige Kategorien generell schwierig gestalte. Aufgrund der fortdauernden Bedeutung des Sachsenspiegels und des ältesten Rechts gerade in diesem Bereich lasse sich eine trenn-

---

[163] Der Wert von Albrechts „Gewere" für die germanistische Rechtswissenschaft
liegt, wenngleich es gänzlich einer historischen Darstellung entbehrt, in der dogmatischen Aufarbeitung eines deutschrechtlichen Instituts; *Borsdorff,* Wilhelm Eduard Albrecht, S. 440. Dieses bietet sich deshalb gerade nicht als Beispiel an.

[164] Dagegen enthält Albrechts „Gewere", das schlechthin als erstes germanistisches
Werk gilt, keine Darstellung der geschichtlichen Rechtsentwicklung bzw. der Weiterentwicklung im Laufe des 19. Jahrhunderts, sondern suchte ausschließlich nach den
dogmatischen Zusammenhängen der Rechtsinstitute; vgl. *Borsdorff,* Wilhelm Eduard
Albrecht, S. 439.

[165] Eheliches Güterrecht II/3, S. XI.

[166] Eheliches Güterrecht II/3, S. XI.

[167] *Wieacker,* Zur Methodik der Rechtsgeschichte, FS Schwind, S. 359.

[168] *Otto Brunner,* Das Fach „Geschichte" und die historischen Wissenschaften, S. 21.

scharfe Abgrenzung nicht vornehmen.[169] Nach Stobbe ist die Zuordnung einer Rechtsquelle von deren methodischem Nutzen für die Darstellung des deutschen Privatrechts abhängig. Danach waren die ältesten Rechtsquellen, wie auch mittelalterliche Volks-, Stadt- und Landrechte sowie Formelsammlungen und Reichsgesetze für die Dogmatik selbst unbrauchbar, weil sie nicht in ausreichendem Maße auf das gegenwärtige Recht schließen ließen;[170] damit gehörten sie der reinen Rechtsgeschichte an. Für eine dogmatische Arbeit müsse man sich dagegen auf die neuere Kodifikation sowie die seit der Rezeption entstandenen Stadt- und Landrechte und das Gewohnheitsrecht konzentrieren.

Eine Zuordnung der „Geschichte des ehelichen Güterrechts" als rein rechtshistorisches bzw. historisch-rechtsdogmatisches Werk ist mithin problematisch, wenn nicht sogar unmöglich. Die Arbeit steht insoweit an der Grenze zwischen diesen beiden Forschungsrichtungen.

5. Die „Geschichte des ehelichen Güterrechts" im Urteil der Wissenschaft

Aufgrund der Verknüpfung von Historie und Dogmatik wurde Schroeders „Geschichte des ehelichen Güterrechts" von der Wissenschaft, anders als von der juristischen Praxis, sehr positiv aufgenommen; es sei

„eine Arbeit, die eines tüchtigen Gelehrten würdig ist, die Dir für Jahrhunderte in der Wissenschaft ein Andenken sichern wird. Du hast die schwierigste Aufgabe gelöst, die es innerhalb des deutschen Privatrechts gegeben hat und mit einer selbstlosen Hingebung, die die höchste Anerkennung verdient"[171].

Kraut und Sohm, welche die Arbeit in den „Göttingischen Gelehrten Anzeigen" rezensiert hatten, lobten insbesondere die äußerst gründliche Bearbeitung.[172] Kein Germanist könne sich der Lektüre entziehen, da aus dem Werk sehr viel zu lernen sei.[173] Auf Kritik stießen lediglich äußerer Aufbau und Formalitäten: Es mangele an „Columnen-Titeln" und „einer genaueren Übersicht der benutzten Werke mit ihren Titeln"[174]. Sohm bewertete die Aufteilung als unübersichtlich, zumal Schroeder „Glieder der einzelnen Rechtssysteme" zugunsten der verschiedenen systematischen Rubriken vernachlässige.[175]

---

[169] *Stobbe*, Handbuch des deutschen Privatrechts IV, S. 159.

[170] *Stobbe*, Handbuch des deutschen Privatrechts I/1, S. 62; vgl. hierzu auch *Scholze*, Otto Stobbe, S. 165.

[171] Weiding an Schroeder vom 27. Dezember 1873, UB HD Heidel.Hs. 3899.

[172] Vgl. *Kraut*, Schroeders Geschichte des ehelichen Güterrechts, GGA, 1872, S. 302.

[173] *Kraut*, Schroeders Geschichte des ehelichen Güterrechts, GGA, 1872, S. 310.

[174] *Kraut*, Schroeders Geschichte des ehelichen Güterrechts, GGA, 1864, S. 836.

[175] *Sohm*, Schroeders Geschichte des ehelichen Güterrechts, GGA, 1874, S. 679.

Inhaltlich meinte Kraut,

„die ganze Arbeit zeugt von einem sehr umfassenden und gründlichen Quellen-Studium, einer zweckmäßigen Benutzung der wichtigeren, besonders auch der französischen Literatur und einem mit Scharfsinn verbundenen selbständigen Urteil des Verfassers"[176]. Mit der „Geschichte des ehelichen Güterrechts" habe Schroeder „ein Gesammtbild von dem mittelalterlichen ehelichen Güterrecht in allen seinen Entwicklungsformen gegeben, wie wir es in gleicher Vollständigkeit und Klarheit auch nicht annähernd für irgend einen anderen Theil der mittelalterlichen Rechtsgeschichte besitzen"[177].

Es sei ihm gelungen, das eheliche Güterrecht „als einen soliden, wohlgegliederten Bau zusammenzufassen, und die Ableitung aus den Rechten der vorigen Periode, wenigstens in großen Zügen, festzustellen"[178].

Von Roths[179] Urteil fiel nicht minder positiv aus: Durch die „Geschichte des ehelichen Güterrechts" werde „reichlich hereingebracht, was bisher in der Forschung versäumt war"[180].

Stutz nannte die Abhandlung sogar die „Grundlage" aller späteren Arbeiten auf diesem Gebiet. Auch für die aufsehenerregenden Forschungen Friedbergs[181] und Sohms[182] zum Eheschließungsrecht sei sie richtungsweisend gewesen.[183] Schroeder sei zwar nicht so geistreich gewesen wie spätere Autoren, die seine Thesen kritisierten, doch habe er die Stammesrechte in ihrer Eigenart besser erfasst.

Ähnlich Stutz' beurteilte der Schroeder-Schüler Konrad Beyerle das Werk: Die „Geschichte des ehelichen Güterrechts" sei „bis heute noch nicht übertroffen", da es als einziges die Probleme des ehelichen Güterrechts in allen deutschsprachigen Gebieten erörtere. Damit bringe es „in eine der verworrensten und schwierigsten Materien des älteren deutschen Privatrechts Licht und ordnende Klarheit"[184].

---

[176] *Kraut*, Schroeders Geschichte des ehelichen Güterrechts, GGA, 1864, S. 832.

[177] *Sohm*, Schroeders Geschichte des ehelichen Güterrechts, GGA, 1874, S. 678.

[178] *Kraut*, Schroeder: Geschichte des ehelichen Güterrechts, GGA 1872, S. 306.

[179] Paul von Roth, der selbst eingehend auf dem Gebiet des ehelichen Güterrechts geforscht hatte, setzte sich bereits 1868 in einem Aufsatz zur „Gütereinheit und Gütergemeinschaft" intensiv mit Schroeders Forschungsergebnissen auseinander; vergleichend stellte er die Werke von Hänel, Sandhaas, Gosen und Schroeder zu diesem Thema zusammen; Krit. Vjs. X (1868), S. 169–186.

[180] *Roth*, Krit. Vjs. X (1868), S. 170.

[181] Emil Friedberg (1837–1910); zu seiner Person: *H.-J. Becker*, HRG Bd. II, Sp. 1274; *Friedberg*, Recht der Eheschließung in seiner geschichtlichen Entwicklung, 1865, Nachdruck 1965; Verlobung und Trauung, 1876.

[182] Rudolph Sohm (1841–1917); zu seiner Person: *Kleinheyer/Schröder*, S. 374 ff.; *Sohm*, Das Recht der Eheschließung aus dem deutschen und canonischen Rechte geschichtlich entwickelt, 1875; Trauung und Verlobung, 1876.

[183] *Stutz*, ZRG GA 38 (1917), S. XXVIII.

[184] *von Wretschko*, Hist. Vjs. 18 (1916–1918), S. 349.

Stobbe bekannte freimütig, er lehne sich in seinem *„Handbuch des deutschen Privatrechts" „hauptsächlich an Schroeder an, welcher mit erstaunlichem Fleiß ein außerordentlich reichhaltiges Material aus den verschiedenen Quellengebieten zusammengestellt hat"*[185]. Zugleich kritisierte er aber den Aufbau der Abhandlung nach Stämmen. Vereinfachender für das Verständnis des Lesers, insbesondere hinsichtlich der Übersichtlichkeit, wäre es gewesen, die Quellen dahingehend gruppenweise zusammenzufassen, wie sie *„in wesentlich übereinstimmender Art das eheliche Güterrecht regeln"*[186]. Bedauerlich sei, dass eine Untersuchung für die Zeit nach der Rezeption fehle.[187]

Beseler verlangte für Schroeders Arbeit sogar *„einen ehrenvollen Platz in unserer germanischen Literatur"*[188]. Noch 1985 verwies Paul Mikat in seiner Darstellung *„Schranken der Vertragsfreiheit im Ehegüterrecht"* vor allem auf die *„tiefschürfende Darstellung von Schroeder"*[189].

6. Das eheliche Güterrecht nach Schroeder und nach dem Bürgerlichen Gesetzbuch der Bundesrepublik Deutschland sowie dem Familiengesetzbuch der Deutschen Demokratischen Republik

a) Überblick

Neben seiner großen Monographie erwarb sich Schroeder durch verschiedene Gutachten, die er im Auftrag der Kommission für das Bürgerliche Gesetzbuch und verschiedener Deutscher Juristentage erstellte, einen Namen und beeinflusste Inhalt und Struktur des Gesetzeswerkes. Unerheblich ist insoweit, dass die von ihm bevorzugte Errungenschaftsgemeinschaft letztlich nicht zum gesetzlichen System erhoben, sondern lediglich als vertraglich zu vereinbarender Güterstand in die §§ 1519–1557 BGB aufgenommen wurde.

Das Familienrecht und damit das Ehegüterrecht des Bürgerlichen Gesetzbuches überdauerte den Ersten Weltkrieg und die Zeit der Weimarer Republik weitgehend unverändert. Erst nach 1945 kam es zu einer Neuordnung, bedingt durch die sich nunmehr auch im Privatrecht durchsetzende Angleichung der gesetzlichen Rechte und Pflichten von Mann und Frau. Inwieweit Schroeders Ansätze bei der Reform des gesetzlichen Ehegüterstandes im Zuge der Umstrukturierungen des BGB zumindest mittelbar Eingang fanden, ist im Folgenden darzustellen.

---

[185] *Stobbe*, Handbuch des deutschen Privatrechts Bd. IV, S. 73 Fn. 1.
[186] *Stobbe*, Handbuch des deutschen Privatrechts Bd. IV, S. 73 Fn. 1.
[187] *Stobbe*, Handbuch des deutschen Privatrechts Bd. IV, S. 74 Fn. 1.
[188] Georg Beseler vom 07. November 1873, UB HD Heidel.Hs. 3899.
[189] *Mikat*, Schranken der Vertragsfreiheit im Ehegüterrecht, S. 205 Fn. 35.

Auf das eheliche Güterrecht in den anderen Hauptgebieten des deutschen Sprachraums wie der Schweiz und Österreich, die ebenfalls Gegenstand der *„Geschichte des ehelichen Güterrechts"* waren, hatte Schroeder keinen Einfluss. Zum Zeitpunkt seines Wirkens existierten in diesen Staaten bereits einheitliche Gesetzeswerke mit homogenen güterrechtlichen Vorschriften; so sah das österreichische Allgemeine Bürgerliche Gesetzbuch (ABGB) bereits seit 1811 die Gütertrennung als gesetzliches System vor[190]. Sie wurde erst im Rahmen der großen Familienrechtsreform von 1978[191] zu einem gesetzlichen Auffangrecht herabgestuft, das nur bei Fehlen eines „Ehepaktes" greifen sollte.[192] Das Schweizer Zivilgesetzbuch (ZGB) enthält bis heute ähnliche Regelungen[193], sieht daneben aber noch die alleinige Verwaltung und Nutzung durch den Ehemann vor[194, 195].

---

[190] § 1237 des ABGB (1811) lautete: *„Haben die Eheleute über die Verwendung ihres Vermögens keine besondere Übereinkunft getroffen: so behält jeder Ehegatte sein voriges Eigenthumsrecht, und auf das, was ein jeder Theil während der Ehe erwirbt, und auf was immer für eine Art überkommt, hat der andere keinen Anspruch. Im Zweifel wird vermuthet, daß der Erwerb von dem Manne herrühre."* Schon vorher regelte der erste, 1786 erschienene Teil des ABGB, das sogenannnte „Josephinische Gesetzbuch", das Ehegüterrecht in Teilen; vgl. *Brauneder,* Studien II, Entwicklungen des Privatrechts, S. 114.

[191] BG vom 15.06.1978, BGBl. 1978/280; die Familienrechtsreform von 1978 erfasste neben dem Ehegattenerbrecht und dem Ehescheidungsrecht auch das Ehegüterrecht.

[192] *Koziol/Welser,* Grundriß des bürgerlichen Rechts, S. 170; Entgegen früherer Bestimmungen, die im Zweifel von der ehemännlichen Verwaltung ausgingen, weswegen das österreichische Recht auch *„verschämte Gütergemeinschaft"* (*Koziol/Welser,* Grundriß des bürgerlichen Rechts, S. 170) genannt wurde, ist diese Regelung nunmehr zu Gunsten des Gleichberechtigungsgedankens abgeschafft; es greift auch keine Vermutung, dass die Frau, solange sie nicht widersprochen habe, ihrem Mann die Vermögensverwaltung übertragen habe, § 1238 AGBG aF, oder dass der Erwerb im Zweifel vom Mann herrühre, § 1237 letzter Satz ABGB aF; vgl. *Bydlinski,* Zur Neuordnung des Ehegüterrechts, FS Schwind, S. 28 ff.

[193] Dies ist die sogenannte Güterverbindung, nach der einerseits Getrenntheit hinsichtlich der Eigentumsverhältnisse, andererseits aber auch Vereinigung, nämlich in bezug auf Verwaltung und Nutzung, besteht; *Tuor,* Das Schweizerische Zivilgesetzbuch, S. 173.

[194] Dies ist u. a. auch der Grund, warum in der Schweiz die Gütertrennung, bei der nicht nur die Vermögensmassen, sondern auch Verwaltung und Nutzung getrennt waren, nicht als subsidiäres Güterrechtssystem eingeführt wurde; *Tuor,* Das Schweizerische Zivilgesetzbuch, S. 172; vgl. hierzu auch *Brauneder,* Studien II, Entwicklung des Privatrechts, S. 131 ff.

[195] Entgegen der Regelungen in der Bundesrepublik Deutschland und der Bundesrepublik Österreich besteht aber hinsichtlich der Auswahl eines anderen Güterstandes nicht grundsätzlich freie Auswahl; vielmehr greift automatisch die Gütertrennung, falls dies „nötig" ist, um die Vermögensmassen auseinander zu halten oder die Verwaltungsrechte des Ehemannes zu beschränken. Daneben besteht die Möglichkeit, Gütertrennung bzw. Gütergemeinschaft vertraglich zu vereinbaren; *Tuor,* Das Schweizerische Zivilgesetzbuch, S. 179.

b) Das eheliche Güterrecht nach dem Verständnis Schroeders und
nach dem des Bürgerlichen Gesetzbuchs der Bundesrepublik Deutschland

Nach dem Ende des Zweiten Weltkrieges hielt der Gesetzgeber der Bundesrepublik Deutschland zunächst am Familienrecht des BGB einschließlich des Ehegüterrechts fest.[196] Erst 1958 kam es in Folge des Gleichberechtigungsgesetzes[197] zu grundlegenden Reformen, in deren Zuge die Zugewinngemeinschaft die Verwaltungsgemeinschaft als gesetzlichen Güterstand ablöste.[198]

Entscheidende Bedeutung kam dem Gedanken der Kontinuität zu. Inhaltlich wollte man an das bestehende Güterrecht anknüpfen und dieses lediglich modifizieren. Die Verwaltungsgemeinschaft als Güterstand mit Nutznießung und Verwaltung durch den Ehemann musste allerdings angesichts der vorangegangenen verfassungsgerichtlichen Entscheidung zur Gleichberechtigung aufgegeben werden; darüber hinaus hatte sich gezeigt, dass sie das für das eheliche Zusammenleben erforderliche Vermögen nicht ausreichend sicherte und der im Haushalt oder im Geschäft mitarbeitenden Ehefrau keine Teilhabe am Gewinn ihres Ehemannes gewährte.

Die Gütergemeinschaft war ebenfalls als gesetzlicher Güterstand ungeeignet, weil sie aufgrund ihrer Struktur als Vermögensgemeinschaft eine einheitliche Verwaltung erforderte, die notwendigerweise einem der Ehegatten zufallen musste. Wenngleich eine gesetzliche Regelung die Einigung der Ehegatten hierüber hätte vorsehen können, wäre diese Aufgabe zumindest in der Praxis in der Regel dem Ehemann zugefallen, weil dieser in den fünfziger Jahren des 20. Jahrhunderts durchweg noch alleiniger Empfänger des zum Familienunterhalt erforderlichen Einkommens war.[199] Damit wäre aber der Gedanke der Gleichberechtigung der Ehepartner unterlaufen worden.

Dagegen bot sich die Zugewinngemeinschaft als gesetzlicher Güterstand an; sie gewährte eine gewisse Kontinuität, da sie, ähnlich der Verwaltungsgemeinschaft auf dem Prinzip der Gütertrennung beruhte. Darüber hinaus bezog sie aber die Vorteile der Errungenschaftsgemeinschaft mit ein, indem sie die Güter-

---

[196] Die Verwaltungsgemeinschaft mit Verwaltung und Nutznießung durch den Ehemann blieb vorerst gesetzlicher Güterstand; *Palandt/Diederichsen,* Einführung vor § 1363, Rn. 1; *Thielmann,* Die Entwicklung des Familienrechts im Bundesgebiet mit Berlin (West) seit 1949, S. 20; *Derleder,* KJ 00, S. 4 f.

[197] *Palandt/Diederichsen,* Grundz. § 1363, Rn. 1; zur Entwicklung ausführlich: *Palandt,* 42. Aufl.; *Tiedau,* Juristische Grenzprobleme, S. 165; *Reinicke,* NJW 1957, S. 889; *Müller-Freienfels,* Kernfragen des Gleichberechtigungsgesetzes, JZ 1957, S. 686; *Finke,* JR 1957, S. 161; *Schröder,* JuS 1993, S. 621.

[198] *Ogris,* HRG Bd. I, Sp. 1877; *Derleder,* KJ 00, S. 11.

[199] Eine gemeinschaftliche Verwaltung schien deshalb nicht praktikabel, weil sie sehr leicht zu Streitigkeiten und damit zu einer Gefährdung der Ehe hätte führen können. Ebenfalls problematisch waren insoweit die Ideen der Schuldenhaftung und der Auseinandersetzung bei Beendigung des Güterstandes; *Finke,* JR 1957, S. 162.

trennung mit einem schuldrechtlichen, bei Beendigung des Güterstandes entstehenden Anspruch auf Zugewinnausgleich verband.[200] Damit verbunden war eine Abkehr von der Verwaltungsvorherrschaft des Ehemannes sowie dessen Nutznießungsvorrang in Bezug auf das gemeinsame Vermögen. Mittels des schuldrechtlichen Anspruchs konnte eine Teilhabe jedes Ehepartners an dem während der Ehe erzielten Erwerb des jeweils anderen gewährleistet werden. Praktisch bedeutete die Zugewinngemeinschaft damit eine eingeschränkte Gütertrennung für die Zeit des Güterstandes verbunden mit einem Ausgleich des während der Ehedauer erwirtschafteten Zugewinns.[201] Da auch die Zugewinngemeinschaft auf dem Gedanken der Gütertrennung basierte, konnten die bisherigen Regelungen weitgehend beibehalten und reformbedingte Reibungen möglichst gering gehalten werden.

Mit der Festschreibung der Zugewinngemeinschaft als gesetzlich vorherrschendes Güterrechtssystem wurde zudem die Errungenschaftsgemeinschaft überflüssig,[202] da deren charakteristische Merkmale bereits in dem Anspruch auf Zugewinnausgleich enthalten waren. Die entsprechenden Vorschriften wurden aufgehoben. Lediglich Gütergemeinschaft und -trennung blieben als subsidiäre Güterstände im BGB erhalten.[203]

Durch die Einbeziehung wesentlicher Elemente der Errungenschaftsgemeinschaft in das gesetzliche Gütersystem schien sich Schroeder mit seinen Ansichten durchgesetzt zu haben. Er war jedoch grundsätzlich von einem System der Gütergemeinschaft ausgegangen. Da sich aber die allgemeine Gütergemeinschaft in von Gütertrennung und Verwaltungsgemeinschaft geprägten Gebieten nicht würde durchsetzen können, hatte er sich für die partikuläre Gütergemeinschaft eingesetzt.[204] Hinsichtlich der Ausgestaltung orientierte er sich an den strengen Vorgaben der historischen Rechtsschule, wonach zur Begründung eines Instituts im Sinne einer „Wesensschau" auf dessen geschichtliche Wurzeln und damit auf frühere Gesetze zurückgegriffen werden müsse. Auch bei der partikulären Gütergemeinschaft sei die führende Stellung des Mannes nach dem Wesen der Ehe unaufgebbar und auch ehevertraglich unverzichtbar.[205] Lediglich eine eheliche Vormundschaft lehnte er als nicht mehr zeitgemäß ab. An der aus-

---

[200] *Reinicke,* NJW 1957, S. 889; *Westen,* Ehegüterrecht, S. 101; *Mitteis,* Familienrecht und Bonner Grundgesetz, S. 617.

[201] *Tiedau,* Juristische Grenzprobleme, S. 173; hierfür plädierte Heinrich Mitteis schon 1950; *Mitteis,* Familienrecht und Bonner Grundgesetz, S. 619.

[202] *Reinicke,* NJW 1957, S. 893; *Finke,* JR 1957, S. 167.

[203] *Finke,* JR 1957, S. 167; *Reinicke,* NJW 1957, S. 893.

[204] Diese hatte mehr vermittelnden Charakter, da sie Elemente der Gütertrennung und der Verwaltungsgemeinschaft enthielt, zumal ihr mit insgesamt mehr als 25 Millionen Menschen; 14 Millionen Menschen lebten nach dem System der partikulären Gütergemeinschaft, 11,4 Millionen nach der allgemeinen Gütergemeinschaft; vgl. Gutachten, S. 5, abgedruckt bei *Schubert,* Familienrecht Teil III, S. 851.

[205] Vgl. *Mikat,* Schranken der Vertragsfreiheit im Ehegüterrecht, S. 206.

schließlichen Verwaltung durch den Ehemann wollte Schroeder aber festhalten. Für eine explizite Absicherung der Ehefrau vor einem Missbrauch dieses Verwaltungsrechts durch den Ehemann sah er dagegen keine Notwendigkeit. Ein Schutz der Rechte der Frau auf Kosten des ehemännlichen Verwaltungsrechts sei mit der geschichtlichen Entwicklung des Ehegüterrechts nicht vereinbar, sondern gehe *„hinter alles, was in Deutschland jemals Rechtens gewesen ist, selbst weit hinter das sächs. B.G.B.*[206] *zurück"*[207]; schließlich sei der Ehemann kein „Schwindler" oder gar „Ausbeuter" der Frauen. Gegenseitige Kontrollrechte führten vielmehr dazu, das eheliche Leben zu vergiften. Ein Ausgleich der Rechte würde sich im Rahmen einer harmonischen – und dies sei schließlich die Regelfall – Ehe automatisch finden. Insoweit verbiete sich eine harte juristische Regelung zu Lasten einer historischen Ausgestaltung des Rechts.

Diese Motive unterscheiden sich grundlegend von denen des bundesdeutschen Gesetzgebers von 1958: Schroeder stimmte einer Angleichung der rechtlichen Interessen der Ehefrau nur insoweit zu, als diese mit den geschichtlichen Wurzeln des Ehegüterrechts vereinbar waren. Keinesfalls durfte aber der Wesensgehalt eines Güterrechtssystems verändert werden. Seine Auffassung von einem gesamtdeutschen Güterrecht war damit historisch geprägt. Entscheidende Bedeutung kam dem Aspekt zu, inwieweit das überlieferte Recht der einzelnen Regionen in die Grundstruktur des güterrechtlichen Systems des Bürgerlichen Gesetzbuchs Eingang fand. Dagegen waren Praktikabilitätsgesichtspunkte für Schroeder zunächst von untergeordneter Bedeutung. Ihm kam es vielmehr darauf an, das den existenten partikularrechtlichen Regelungen innewohnende germanische Element und das hierauf beruhende juristische Prinzip zu ermitteln, das dem neuen Güterrechtssystem zugrunde gelegt werden konnte.

Der Gedanke der Gleichberechtigung ist hiermit unvereinbar, denn er ist Ergebnis einer Entwicklung, die sich erst gegen Ende des 19. Jahrhunderts abzuzeichnen begann. Letztlich trugen die Erfahrungen eines Weltkrieges und der Zusammenbruch des Zweiten Deutschen Kaiserreiches entscheidend dazu bei, das allgemeine Wahlrecht für Frauen durchzusetzen und damit der Gleichberechtigung offiziell den Weg zu bahnen. Ob Schroeder sich für eine gleichberechtigte Verwaltung des ehelichen Vermögens durch beide Ehepartner hätte erwärmen können, wäre diese Entwicklung zu seinen Lebzeiten bereits so weit fortgeschritten gewesen, ist fraglich. Angesichts seiner Haltung, wonach der Grundgehalt eines güterrechtlichen Systems erhalten bleiben müsse, die Güterrechtssysteme aber durchweg schon geschichtlich bedingt auf einer Vorherr-

---

[206] Das Bürgerliche Gesetzbuch trat in Sachsen 1863 im Zuge der allgemein im 18. Jahrhundert vom Bürgertum geforderten gesetzlichen Regelung des Privatrechts in Kraft. Zuvor waren bereits in Frankreich (1804, Code Civil) und Österreich (1811, Allgemeines Bürgerliches Gesetzbuch) entsprechenden Kodifikationen verwirklicht worden; vgl. *Köbler*, S. 68.

[207] *Schroeder*, Familiengüterrecht, S. 24.

schaft des Ehemannes beruhten, ist anzunehmen, dass er sich dagegen ausgesprochen hätte.

Mit seiner streng historischen Betrachtungsweise zielte Schroeder auf die Schaffung eines BGB im Sinne der überlieferten germanischen Rechte. Dagegen strebte der bundesdeutsche Gesetzgeber eine zukunftsgewandte Anpassung an die veränderten gesellschaftlichen Rahmenbedingungen an. Damit stehen sich zwei vom Ansatz her unvereinbare Positionen gegenüber.

c) Das eheliche Güterrecht nach Schroeder und nach dem Familiengesetzbuch der Deutschen Demokratischen Republik

Die Entwicklung in der Deutschen Demokratischen Republik verlief ähnlich der Ausbildung des Familienrechts in der Bundesrepublik Deutschland. Jedoch wurden hier zwecks Überwindung des ideologischen Gegensatzes zwischen dem neuen sozialistischen Staat und dem auf bürgerlichen Grundsätzen beruhenden überkommenen BGB zunächst sämtliche Vorschriften des ehelichen Güterrechts für ungültig erklärt.[208] Gerade das patriarchalische Prinzip, das dem Mann das Entscheidungsrecht in allen das eheliche Leben betreffenden Angelegenheiten gab, widersprach den neuen, sozialistischen Anschauungen.[209] Auf die historischen Wurzeln der güterrechtlichen Bestimmungen wurde bewusst keine Rücksicht genommen.[210] Vorübergehend führte man das System der reinen Gütertrennung ein; die durch den Wegfall der bürgerlich-rechtlichen Vorschriften entstehende Lücke schloss das Oberste Gericht der Deutschen Demokratischen Republik mittels rechtsfortbildender Interpretation.[211]

Der 1954 vorgelegte familienrechtliche Entwurf der damaligen Justizministerin Hilde Benjamin[212] sah schließlich anstelle der Gütertrennung die Einführung der Errungenschaftsgemeinschaft vor,[213] wenngleich dieser Begriff aus ideologischen Gründen vermieden wurde.[214] Was die Ehegatten durch Arbeit oder mit Hilfe von Arbeitseinkünften erworben hatten, sollte – ganz im Sinne der sozia-

---

[208] *Göldner*, NJ 1965, S. 239; *Zieger*, Die Entwicklung des Familienrechts in der DDR mit Berlin (Ost), S. 51; *Westen*, Ehegüterrecht, S. 98.

[209] Vgl. *Feth*, Hilde Benjamin, S. 208.

[210] *Brauneder*, Studien II, Entwicklung des Privatrechts, S, 128.

[211] *Göldner*, NJ 1965, S. 239; *Benjamin*, NJ 1966, S. 1; *Granzow*, FamRZ 1965, S. 469.

[212] Hilde Benjamin (1902–1989); vgl. *Schroeder*, Vom Sachsenspiegel zum Grundgesetz, S. 201–227; *Feth*, Hilde Benjamin, eine Biographie, 1997.

[213] *Zieger*, Die Entwicklung des Familienrechts in der DDR mit Berlin (Ost), S. 48; *Wirsing*, Das eheliche Güterrecht der DDR, S. 12; *Seifert*, NJ 1965, S. 386; zu den gesellschaftlichen Grundlagen, *Benjamin*, NJ 1954, S. 351; dies., NJ 1965, S. 225–230.

[214] *Westen*, Ehegüterrecht, S. 103; *Wirsing*, Das eheliche Güterrecht der DDR, S. 155.

listischen Grundgedanken – zum gemeinsamen Vermögen gehören.[215] Angesichts der aktuellen wirtschaftlichen und politischen Entwicklungen rückte das Vorhaben zunächst in den Hintergrund. Erst 1965 erinnerte man sich im Zuge einer allgemeinen Reform des Zivil-, Straf- und Familienrechts[216] an das eheliche Güterrecht.[217] Aufbauend auf den ideologischen Grundsätzen der Deutschen Demokratischen Republik setzte sich Hilde Benjamin nunmehr für die Gütergemeinschaft als gesetzlichen Güterstand ein.[218] Die Idee des *„gemeinschaftlichen Eigentums und Vermögens"*[219], dem alles, was während der Ehe erwirtschaftet wurde, zufließen sollte, war prägend für den Plan, Rechte und Chancen, aber auch Pflichten der Ehepartner einander anzugleichen.[220] Das voreheliche Vermögen war dagegen als Sondergut weiterhin allein dem jeweiligen Ehegatten zugedacht.[221] Die Gütergemeinschaft des ehelichen Gemeinguts umfasste auch die Mobilien.[222] Insoweit entsprach das Vorhaben zumindest rein äußerlich dem Ansatz Schroeders, beruhte aber, ähnlich wie in der Bundesrepublik Deutschland, auf gänzlich anderen Prämissen.[223]

---

[215] *Wirsing*, Das eheliche Güterrecht der DDR, S. 12; *Göldner*, NJ 1965, S. 239; *Seifert*, NJ 1965, S. 387.

[216] *Wesel*, Geschichte des Rechts, Rn. 316 (S. 501); *Douma*, ZRG GA 111 (1994), 615; *Köbler*, Lexikon der europäischen Rechtsgeschichte, S. 147.

[217] *Wirsing*, Das eheliche Güterrecht der DDR, S. 19; *Benjamin*, NJ 1965, S. 225.

[218] Mit Wirkung zum 01.04.1966 wurde die allgemeine Gütertrennung abgeschafft; ab diesem Zeitpunkt galt in allen Ehen Gütergemeinschaft gem. §§ 13, 14 FGB; Hilde Benjamin hatte sich allerdings zunächst für die Zugewinngemeinschaft nach dem Vorbild des Bürgerlichen Gesetzbuches der Bundesrepublik Deutschland eingesetzt; *Wirsing*, Das eheliche Güterrecht der DDR, S. 137; *Feth*, Hilde Benjamin, S. 222.

[219] Um den sozialistischen Charakter des FGB gegenüber dem bürgerlichen Recht herauszustellen, vermied man die Begriffe des BGB. Bis zur Babelsberger Konferenz von 1958 waren aber bürgerliche Formulierungen wie Güterrecht, Güterstand etc. durchaus gebräuchlich; vgl. *Wirsing*, Das eheliche Güterrecht der DDR, S. 129.

[220] *Feth*, Hilde Benjamin, S. 206.

[221] *Wirsing*, Das eheliche Güterrecht der DDR, S. 155, vgl. zu den Eigentums- und Vermögensbeziehungen der Ehegatten nach dem FGB; *Hejhal*, NJ 1966, S. 293; *Göldner*, NJ 1965, S. 240; *Benjamin*, NJ 1966, S. 5.

[222] Das Gesamtgut umfasste alles, was durch Arbeit oder aus Arbeitseinkünften erworben wurde. Einzig die von den Ehegatten vor Eheschließung erworbenen Vermögensgegenstände sowie während der Ehe erlangte Geschenke, Auszeichnungen oder ererbte Gegenstände fielen nicht in das Gesamtgut; *Wirsing*, Das eheliche Güterrecht der DDR, S. 157/S. 180; *Granzow*, FamRZ 1965, S. 469.

[223] Wie der bundesdeutsche Gesetzgeber war aber auch die Legislative der Deutschen Demokratischen Republik von der Durchsetzung des Gleichberechtigungsanspruchs der Frau getrieben. Die Durchsetzung dieses Gedankens wurde hier aufgrund der erheblich tiefergehenden ideologischen Verflechtungen noch wesentlich vehementer verfolgt als in der Bundesrepublik Deutschland.

7. Ergebnis

Die „*Geschichte des ehelichen Güterrechts*" steht am Ende einer langen Reihe von Abhandlungen anderer Autoren zu der Frage nach dem ursprünglichen Güterrechtssystem sowie der geschichtlichen Herleitung des Gesamtsystems.[224]

Schroeder gelang es, erstmals das eheliche Güterrecht in seiner geschichtlichen Entwicklung umfassend darzustellen, indem er die Ende des 19. Jahrhunderts in Deutschland verbreiteten Güterrechtssysteme Verwaltungsgemeinschaft, Gütergemeinschaft und Gütertrennung auf ihren Ursprung hin untersuchte. Er beschränkte sich nicht darauf, die einzelnen Stammesrechte gesondert und isoliert voneinander zu erforschen, sondern ging von einem ganzheitlichen Ansatz aus. Zusätzlich stellte er sie einander vergleichend gegenüber, um auf diese Weise aus den Eigentümlichkeiten und unterschiedlichen Entwicklungen grundlegender Institute in den einzelnen germanischen Rechtsordnungen die Grundzüge des urgermanischen Rechts herauszuarbeiten. Diese Idee kommt besonders in dem in den letzten beiden Abteilungen des zweiten Bandes eingeführten Kapiteln „*Juristisches Prinzip und historischer Zusammenhang*" zum Ausdruck.

In dem Nebeneinander von historischer Aufarbeitung der Thematik und dogmatischer Erfassung der Ursprünge liegt zugleich das Problem der Einordnung der „*Geschichte des ehelichen Güterrechts*" in eindeutige Kategorien. Als Werk der Grenze zwischen historisch-dogmatischer und rein rechtshistorischer Forschung ist es Zeugnis der gewaltigen Umwälzungen, welchen die rechtsgeschichtliche Forschung in der zweiten Hälfte des 19. Jahrhunderts unterworfen war.

Aufgrund ihrer außerordentlichen Präzision bildeten Schroeders Forschungsergebnisse vielfach die Grundlage nachfolgender Untersuchungen auf dem Gebiet des ehelichen Güterrechts. Zusammen mit seinen später erschienenen dogmatischen Aufsätzen geben sie ein abschließendes Bild von der Entwicklung des ehelichen Güterrechts bis zum Ende des Mittelalters. Noch heute ist die „*Geschichte des ehelichen Güterrechts*" das einzige umfassende Werk zu dieser Thematik. Qualität und Reichweite sind trotz mehrerer anderweitiger Ansätze[225] unerreicht geblieben. Allenfalls die 1873 erschienene zweibändige Abhandlung von Heinrich Vocke[226] ist daneben zu erwähnen. Jedoch kann auch sie in dogmatischer und inhaltlicher Hinsicht nicht konkurrieren.

---

[224] *Kroeschell*, Zielsetzung und Arbeitsweise der Wissenschaft vom gemeinen deutschen Privatrecht, S. 270.

[225] Zu nennen sind unter anderem *Brauneder*, Die Entwicklung des Ehegüterrechts in Österreich, 1973; *Possel-Dölken*, Das westfälische eheliche Güterrecht des 19. Jahrhunderts, 1978.

[226] *Vocke*, Gemeines eheliches Güter- und Erbrecht in Deutschland, Nördlingen 1873.

Eine zweite Auflage erlebte die „*Geschichte des ehelichen Güterrechts*" mangels Resonanz auf Praktikerseite nicht. Erst 1967 erschien ein Neudruck der Ausgabe Stettin in zwei Bänden im Scientia Verlag Aalen.[227]

III. Deutsche Rechtsgeschichte

1. Einordnung Schroeders und Überblick

„*Die Jahrhundertwende*[228] *war die Heroenzeit der Germanistik*"[229]; so beschrieb noch 1955 Schultze-Lasaulx diese Epoche, in der neben Richard Schroeder Größen wie Heinrich Brunner oder Karl von Amira rechtsgeschichtlich forschten.

Zur genauen Erfassung des Gehalts und der Ausrichtung der rechtsgeschichtlichen Forschung wie sie Schroeder, Brunner und von Amira betrieben, muss bis zum Beginn des 19. Jahrhunderts zurückgegangen werden. Hier liegen die Wurzeln der deutschen Rechtsgeschichte. Eichhorn und von Savigny sowie die auf sie zurückgehende Unterscheidung zwischen Romanisten und Germanisten sind auch in Hinblick auf die Einordnung des Werks von Schroeder in die rechtsgeschichtliche Entwicklung unabdingbar.[230] Schroeder hat sich selbst immer als Germanist gesehen.[231] Die Geschichte der Deutschen war es, die ihn von klein auf interessierte: „*Sobald die Deutschen sich romanisieren lassen wie in Italien, Frankreich und Spanien verlor ihre Geschichte mein Interesse*"[232]. Entsprechend entwickelte sich auch sein berufliches Interesse;[233] nicht allgemein die Geschichte des Rechts auf deutschem Boden fesselte ihn, sondern die Stammesherkunft und das germanische Element. Das römische Recht ließ er dagegen fast vollkommen außer Acht.[234] Schon in seiner Dissertation und seiner Habilitationsschrift befasste er sich mit deutschrechtlich geprägten rechts-

---

[227] Titelnummer 203/01861.

[228] Gemeint ist der Übergang vom 19. zum 20. Jahrhundert.

[229] *Schultze-Lasaulx*, ZRG GA 72 (1955), S. XV; ebenso *Coing*, System, Geschichte und Interesse, S. 109.

[230] Während von Savigny gemeinhin als der Urvater der Romanisten gesehen wird, kann Eichhorn für sich die Begründung der rechtshistorischen Schule germanistischer Manier in Anspruch nehmen. Savigny wird allerdings die Trennung von Romanistik und Germanistik angelastet; *Gmür*, Savigny und die Entwicklung der Rechtswissenschaft, S. 38; *Hermann Kantorowicz*, Recht und Wirtschaft 1, 1912, S. 52.

[231] Hierbei ist insbesondere Heinrich Siegel zu nennen, der Schroeder unter anderen zusammen mit Beseler, Stobbe, Dahn, Brunner, Sohm und Gierke als die „*gegenwärtigen Träger und Hüter der Wissenschaft*", als „*Germanisten vom Fach*" bezeichnet; *Siegel*, Deutsche Rechtsgeschichte, S. 8, 10.

[232] *Stutz*, ZRG GA 38 (1917), S. IX.

[233] Wie später Heinrich Mitteis sah er die deutsche Rechtsgeschichte als Rechtsgeschichte des deutschen, durch Kultur und Sprache verbundenen Volkes an; *Mitteis*, Deutsche Rechtsgeschichte, S. 3.

historischen Fragestellungen. Insoweit verwundert es nicht, dass auch der Kern seiner Bearbeitungen auf diesem Gebiet zu finden ist.

Innerhalb der deutschen Rechtsgeschichte ist der Schwerpunkt von Schroeders Arbeiten weniger augenfällig. Dies liegt insbesondere daran, dass sein Hauptwerk, das „Lehrbuch der Deutschen Rechtsgeschichte", als umfassende Darstellung konzipiert ist. Sieht man diese Arbeit jedoch im Zusammenhang mit Schroeders sonstigen rechtshistorischen Werken, so erscheinen die Geschichte des fränkischen und sächsischen Rechts in der Zeit der Volksrechte sowie des Mittelalters als Kernthemen.

2. Ein Standardwerk: Das „Lehrbuch der Deutschen Rechtsgeschichte"

a) Das „Lehrbuch der Deutschen Rechtsgeschichte": Entwicklung und Beweggründe

Das „Lehrbuch der Deutschen Rechtsgeschichte" ist die Abhandlung, die das wissenschaftliche Ansehen Schroeders endgültig festigte. Neben der früheren „Geschichte des ehelichen Güterrechts" ist es sein eigentliches Lebenswerk. Es machte ihn fachübergreifend auch in Historikerkreisen bekannt und erhob ihn in den Rang eines allseits respektierten und geachteten Wissenschaftlers. Der ihm von Bewunderern zugedachte inoffizielle Titel „Der Heidelberger Schroeder"[235] beruht ebenfalls auf diesem Umstand. 1889 wurde es veröffentlicht und gehört damit zu seinen späteren Werken; umfassende Studien zur fränkischen und sächsischen Rechtsgeschichte waren ihm vorausgegangen.[236] Die überragende Bedeutung für Schroeders gesamtes rechtshistorisches Werk rechtfertigt es aber, das „Lehrbuch der Deutschen Rechtsgeschichte" an den Anfang der Darstellung und Erforschung der rechtsgeschichtlichen Untersuchungen zu stellen.

Seit Beginn des 19. Jahrhunderts war die deutsche Rechtsgeschichte in ihrer Gesamtheit mehr und mehr in den Mittelpunkt des wissenschaftlichen Interesses gerückt. Eichhorn und Runde gehörten zu den ersten, die das deutsche unabhängig vom römischen Recht und von der Dogmatik des gegenwärtigen deutschen Rechts in seiner gesamten geschichtlichen Entwicklung systematisch dargestellt

---

[234] Dies beachtete er nur insoweit, als es zur Erläuterung des germanischen und deutschen Recht erforderlich war.

[235] *Hinz,* Ruperto-Carola, S. 164; *Beyerle,* DBJ, S. 139/144.

[236] Die Ausbreitung der salischen Franken, zugleich ein Beitrag zur Geschichte der deutschen Feldgemeinschaft in: Forschungen zur Deutschen Geschichte XIX 1879, S. 137–172; Die Franken und ihr Recht, Weimar 1881; Die Gerichtsverfassung des Sachsenspiegels in: ZRG GA 5 (1884), S. 1–68; Weichbild in: Historische Aufsätze zum Andenken an Georg Waitz gewidmet, Hannover 1886, S. 306–323; Mitheilungen über Clevische Rechtsquellen des 15. Jahrhunderts; ZfR IX 1870, S. 421–476.

hatten.[237] Gerade Eichhorn, der sein Werk ganz auf Quellen aufgebaut hatte, forderte vehement eine eingehendere Beschäftigung mit dieser Thematik. Dem schloss sich von Gerber 1851 an: Bis jetzt gebe es

„keine Rechtsgeschichte, sondern nur Rechtsantiquitäten, es gab keine Darstellung des allmäligen Wachsens der Rechtsstoffe und der ihrer Entwicklung inwohnenden Ideen, sondern nur eine bunte Sammlung mit gleicher Berechtigung nebeneinander gestellter Notizen vom ältesten und neuesten Datum, es gab kein Bild mit historischer Perspektive, sondern nur eine verwirrte Schaustellung lebensvoller und lebloser Elemente, die dem Auge des Anschauenden in gleicher Entfernung entgegenstanden. Daher kein Urtheil, keine Freiheit, keine Herrschaft, sondern knechtische Unterwerfung unter den todten Buchstaben"[238].

Auch Ernst Immanuel Bekker rief, nachdem das von Beseler geplante systematische Handbuch der deutschen Rechtsgeschichte[239] 1860 gescheitert war,[240] nach einer „grözseren Arbeit", einer deutschen Rechtsgeschichte.[241] Ein kompaktes und dennoch die Gesamtheit der deutschen Rechtsgeschichte behandelndes Werk, das die Fülle der vorhandenen Literatur sowie die darin enthaltenen Ergebnisse, Meinungen und Streitstände in eine gewisse Ordnung brachte, fehlte damit weiterhin.[242]

Lediglich Abhandlungen zu Spezialgebieten wurden in der zweiten Hälfte des 19. Jahrhunderts veröffentlicht. Eichhorns „Deutsche Staats- und Rechtsgeschichte" blieb damit das grundlegende Standardwerk: „Eine ihm [sc. Eichhorn, Anmerkung der Verfasserin] annähernd ebenbürtige Leistung brachte die Germanistik zunächst nicht hervor"[243]. Offenbar scheute man sich, dem großen

---

[237] *Eichhorn*, Deutsche Staats- und Rechtsgeschichte; *von Gerber*, Über deutsches Recht und deutsche Rechtswissenschaft überhaupt II, S. 15; vgl. zu Eichhorns Werk: *Frensdorff*, ZRG GA 29 (1907), S. 6; *Sellert*, Aufzeichnung des Rechts und Gesetz, S. 70.

[238] *von Gerber*, Über deutsches Recht und deutsche Rechtswissenschaft überhaupt I, S. 9.

[239] Hierin sollten die verschiedenen Themenkomplexe von mehreren Autoren dargestellt werden; so war vorgesehen, dass Richter das Kirchenrecht, Planck das Prozessrecht und Beseler das Staatsrecht übernähme, während Wilda das Strafrecht, Merkel und Stobbe die Rechtsquellen bearbeiten sollten; vgl. hierzu *Scholze*, Otto Stobbe, S. 123 ff.; *Kern*, Georg Beseler, S. 498 ff.; *Hübner*, Karl Friedrich von Eichhorn und seine Nachfolger, FS Brunner, S. 834.

[240] Es hatte sich für den überaus wichtigen Bereich des Privatrechts kein Bearbeiter gefunden; lediglich die „Geschichte der Rechtsquellen" von Otto Stobbe wurde veröffentlicht.

[241] *Bekker*, ZRG GA 8 (1888), S. XIII.

[242] Es existierten lediglich die allgemeine Rechtsgeschichte in verschiedenen Regionen Deutschlands darstellende Monographien wie *Justus Möser*, Osnabrückische Geschichte von 1780; *G. von Wächter*, Geschichte, Quellen und Literatur des Württembergischen Privatrechts, erschienen 1839 oder *Chr. F. Stälin*, Wirtembergische Geschichte von 1841.

[243] *Hübner*, Karl Friedrich von Eichhorn und seine Nachfolger, FS Heinrich Brunner, S. 828.

Gelehrten nachzufolgen und das deutsche Recht in seiner geschichtlichen Entwicklung, ähnlich der großen „Deutschen Staats- und Rechtsgeschichte", darzustellen: „Jene begabtesten Rechtshistoriker der jüngeren Generation, die durch
ihre Einzelforschungen oder durch ihre Darstellungen einzelner Teilgebiete die
Wissenschaft über Eichhorn hinausführten, reizte eine schriftstellerische Zusammenfassung ihrer eigenen und fremder Ergebnisse nicht"[244]. Erforderlich blieb
somit eine historisch-genetische Darstellung des Entwicklungsgangs des Rechts
und der zugrundeliegenden Ideen, die über eine bloße Aneinanderreihung von
„Notizen", wie es noch Mittermaiers Grundriss gewesen war, hinausging.

Auch Schroeder lehnte es zunächst ab, ein Nachfolgekompendium zu Eichhorns Abhandlung zu verfassen, wenngleich er von verschiedenen Seiten, unter
anderem von seinem väterlichen Bonner Freund Althoff, eindringlich auf die
Notwendigkeit eines geeigneten Werkes hingewiesen worden war.[245] „Zu einer
solchen Aufgabe", so gab er später zu, „bei der es unter vielfachem Verzicht auf
eigene Untersuchung vor allem darauf ankam, die Gesamtergebnisse der Forschungen anderer zusammenzufassen, fehlte mir die Neigung und, wie ich
annahm, das Geschick"[246]. Wohl war ihm das Fehlen eines insbesondere aktuellen[247] Lehrbuches auch in den eigenen rechtsgeschichtlichen Vorlesungen aufgefallen. Je häufiger er die „Deutsche Rechtsgeschichte" las, desto offensicht-
licher und drückender wurde der Mangel: Während sich die rechtsgeschichtliche Forschung rasant weiterentwickelte, verharrte die Studienliteratur auf
einem veralteten Forschungsstand.[248]

Was Schroeder letztlich dazu bewog, dem Drängen nachzugeben, ist nicht
bekannt; er selbst äußerte sich hierzu weder im Vorwort des Lehrbuchs noch an
anderer Stelle. Die zusammen mit Loersch publizierten „Urkunden zur Geschichte des deutschen Privatrechts für den Gebrauch bei Vorlesungen und
Übungen" mögen jedoch, ebenso wie seine Untersuchungen zur „Geschichte

---

[244] Hübner, Karl Friedrich von Eichhorn und seine Nachfolger, FS Heinrich Brunner, S. 828.

[245] Beyerle, DBJ, S. 145; Lehrbuch, 4. Auflage, S. V; Althoff ist auch die vierte
Auflage des Lehrbuchs der Deutschen Rechtsgeschichte gewidmet.

[246] Lehrbuch, 4. Auflage, S. V.

[247] Komprimierte Gesamtdarstellungen, die für den universitären Gebrauch konzipiert waren, stammten fast ausschließlich aus der ersten Hälfte des 19. Jahrhunderts,
so z. B. Phillips, Deutsche Reichs- und Rechtsgeschichte zum Gebrauche bei akademischen Vorlesungen, 2. Auflage München 1850; Gengler, Deutsche Rechtsgeschichte
im Grundrisse, Erlangen 1850.

[248] Zu nennen sind Carl Joseph Anton Mittermaier, Grundriss zu Vorlesungen über
deutsche Rechtsgeschichte, Heidelberg 1824; Gustav Adolf Stenzel, Grundriss und Literatur zu Vorlesungen über deutsche Staats- und Rechtsgeschichte nach K. F. Eichhorn und mit steter Beziehung auf dessen deutsche Staats- und Rechtsgeschichte,
Breslau 1832; Gengler, Deutsche Rechtsgeschichte im Grundrisse, Erlangen 1849.

des ehelichen Güterrechts" und zur Geschichte des älteren fränkischen und sächsischen Rechts, ein erster Schritt in diese Richtung gewesen sein.

Erste Skizzen zu seinem „*Lehrbuch"* erarbeitete Schroeder, als er noch Professor in Würzburg war. Die zeit- und kräftezehrenden Wechsel nach Straßburg und an die Leine sowie die familiären Rückschläge verhinderten aber einen raschen Fortgang der Arbeiten. Erst in Göttingen selbst gelang es ihm, sich dem Vorhaben wieder intensiver zu widmen. Die bald folgende Übernahme des Heidelberger Lehrstuhls und den damit verbundenen neuen Aufgaben führten allerdings erneut zu einer längeren Unterbrechung; es dauerte bis 1889, bis die erste Auflage veröffentlicht werden konnte. Sie war Schroeders „*väterlichen Freunde Geheimrat Prof. Dr. Joseph von Held in Würzburg"*[249] als verspätete Festgabe zu dessen 1888 begangenem fünfzigjährigem Doktorjubiläum gewidmet.

b) Zielsetzung

Schroeders Ziel war ein Lehrbuch, das die Studenten der Rechtswissenschaft parallel zu den rechtsgeschichtlichen Vorlesungen als wissenschaftliches Nachschlagekompendium nutzen konnten. Dem interessierten Leser sollte zum weiterführenden Selbststudium ein ausführliches Literaturverzeichnis zu dem Themenkomplex zur Hand geben werden, damit zusätzlich auftretende Fragen im Selbststudium beantwortet werden konnten. Insoweit war das Werk auch darauf gerichtet, als Bibliographie rechtshistorischer Schriften zu dienen.

Über die Gruppe der Jurastudenten hinaus richtete sich die Abhandlung aber auch an Interessierte und Forscher anderer Wissenschaften, insbesondere der allgemeinen Geschichte. Dies hatte nicht nur eine bedeutend breitere Streuung des „*Lehrbuchs"* zur Folge, sondern förderte vor allen Dingen die Verbindung der verschiedenen Forschungsrichtungen; schließlich, so Schroeder, müsse sich die deutsche Rechtsgeschichte der Ermittlung der Kultur- und Rechtszustände des europäischen, insbesondere des germanischen Zweiges widmen.

Inhaltlich wollte Schroeder die gesamte Geschichte des deutschen Rechts von ihren Anfängen in der germanischen Urzeit bis zur Mitte des 19. Jahrhunderts möglichst kompakt, aber dennoch vollständig darstellen. Neben dem Staatsrecht sollten auch das Privat- und Strafrecht sowie das Gerichtsverfahren, die bislang meist Gegenstand separater Untersuchungen gewesen waren, behandelt werden.

c) Aufbau und Inhalt

Kernthema des „*Lehrbuchs"* ist die Entwicklung des deutschen Rechts, beginnend mit den germanischen Stämmen.[250] Die Darstellung der vor der Erobe-

---

[249] Lehrbuch, 1. Aufl.

rung Galliens durch Caesar liegenden Epoche vernachlässigte Schroeder hingegen; sie könne alleinig Aufgabe der vergleichenden Rechts- und Sprachwissenschaft sein, nicht aber Gegenstand einer deutschen Rechtsgeschichte, die ausschließlich die Rechtsgeschichte des deutschen Volkes, eigentlich des deutschen
Sprachraumes, umfasse.[251] Hinzu kam, dass aus dieser Zeit kaum Quellen zur
Verfügung standen.

Das „Lehrbuch" ist in vier große Kapitel gegliedert und behandelt in chronologischer[252] Reihenfolge die germanische Urzeit[253] die fränkische Periode[254],
das Mittelalter[255] und schließlich die Neuzeit[256]. Innerhalb der einzelnen Epochen bilden Verfassungsgeschichte sowie Rechtsquellen nach allgemeingeschichtlichen Abrissen zu den gesellschaftlichen und wirtschaftlichen Rahmenbedingungen die Schwerpunkte. Das Privat-, Straf- und Prozessrecht ist in die
jeweiligen Abschnitte zur germanischen Urzeit, zur fränkischen Periode und
zum Mittelalter integriert. „Angesichts des unmittelbaren Zusamenhangs dieser
Verhältnisse mit dem Rechtszustande der Gegenwart"[257] fehlen entsprechende
Ausführungen im Kapitel zur Neuzeit. Wie schon Eichhorn hielt Schroeder die
Beurteilung der eigenen Epoche aus rechtsgeschichtlicher Perspektive für problematisch und überließ sie der dogmatischen Forschung.

Den größten Teil des Lehrbuchs bilden die Ausführungen zum Frankenreich
und zum Mittelalter. Sie sind mit 600 Seiten weitaus detaillierter und umfang-
reicher als das nur 71 Seiten umfassende Kapitel zur germanischen Urzeit. Dabei geraten die Abschnitte zur Verfassung am ausführlichsten. Sogar die allgemeingeschichtlichen Einleitungskapitel sind schon eindeutig auf die Reichsbil-
dung und -form bezogen. Mit der Betonung der Verfassungsgeschichte steht
Schroeder in der Tradition von Eichhorn sowie Waitz.[258]

Die Neuzeit gerät, ähnlich der germanischen Urzeit, wieder oberflächlicher
und mit lediglich 120 Seiten sehr bündig. Die Bedeutung des Abschnitts liegt
eher in seiner bloßen Existenz: Anders als die meisten damaligen Autoren
rechtsgeschichtlicher Werke[259] brach Schroeder seine Darstellung nicht 1806
mit dem Ende des Alten Reiches ab, sondern behandelte auch die Zeit bis zur

---

[250] Mitteis, Deutsche Rechtsgeschichte, S. 3.

[251] Kaufmann, Deutsches Recht, S. 9.

[252] Diese auch als historisch bezeichnete Methode teilt den gesamten Stoff zunächst
nach Zeitabschnitten auf und gliedert dann innerhalb jedes Zeitabschnittes systematisch; Conrad, Deutsche Rechtsgeschichte Band I, S. XX.

[253] Lehrbuch, 1. Auflage, §§ 3–13, S. 8–87.

[254] Lehrbuch, 1. Auflage, §§ 14–37, S. 88–371.

[255] Lehrbuch, 1. Auflage, §§ 38–63, S. 372–716.

[256] Lehrbuch, 1. Auflage, §§ 64–90, S. 717–830.

[257] Lehrbuch, 1. Auflage, S. 2.

[258] von Moeller, Die Trennung der deutschen und der römischen Rechtsgeschichte,
S. 19.

Auflösung des Deutschen Bundes 1866. Damit versuchte er, an das zeitgenössische Recht anzuknüpfen, ohne aber über einen Ausblick auf die spätere Entwicklung nach dem Mittelalter hinauszugelangen.[260]

Die Kapitel zur germanischen Urzeit und zur Neuzeit dienen damit als Rahmen für die fränkische und mittelalterliche Periode: Sie legen die zeitlichen Eckpfeiler der deutschen Rechtsgeschichte fest und sind zugleich Grundlage des gegenwärtigen Rechts.

Im Gesamtaufbau des Lehrbuchs stechen die kurzen, jeder Periode vorangestellten allgemeingeschichtlichen Abrisse hervor.[261] Sie sollen dem Leser einen Überblick über die zu behandelnde Epoche und die damaligen Lebensumstände verschaffen, um das Recht der jeweiligen Zeit in seinem gesellschaftlichen Rahmen erfassen zu können.[262]

Ordnet man die deutsche Rechtsgeschichte unter diesem Gesichtspunkt in das Gesamtgefüge von Geschichte und Recht, so werden Schroeders Motive für die detaillierten allgemeingeschichtlichen Ausführungen verständlich: Seiner Ansicht nach konnte das Recht als Ausfluss der Lebensumstände der Menschen nur im Zusammenspiel mit den konkreten gesellschaftlichen und sozialen Gegebenheiten abgebildet und gemeinsam mit Religion und Sitte betrachtet werden. Wie vor ihm Arnold[263] anerkannte Schroeder die Wechselwirkung zwischen Sprache, Kunst und Wissenschaft einerseits und Recht, Staat und Wirtschaft andererseits.[264] Auch Beselers Lehre, wonach das Recht als Volksrecht letzten Endes auf den Lebensverhältnissen, Bedürfnissen und Charakteranlagen der Völker beruhe und sich deshalb nur zusammen mit diesen allgemeinen Aspekten des menschlichen Lebens und nur aus diesen heraus entwickeln könne, fließt hier ein.[265] Als historisch ausgerichteter Jurist erforschte Schroeder die Geschichte des Rechts nicht allein, um das geschichtliche Werden des gegenwärtigen Rechts zu verstehen, sondern auch, um den inneren Bau jener Verbände, deren Schicksal er beschrieb, kennen zu lernen.[266]

---

[259] Vgl. u. a. *Siegel*, Deutsche Rechtsgeschichte, Berlin 1886; *von Schulte*, Lehrbuch der Deutschen Rechts- und Reichsgeschichte, Stuttgart 1881.

[260] *von Moeller*, Die Trennung der deutschen und der römischen Rechtsgeschichte, S. 20.

[261] Lehrbuch, 1. Aufl. S. 8–28; 88–105; 372–452; 717–749.

[262] *Otto Brunner*, Das Fach „Geschichte" und die historischen Wissenschaften, S. 19; ähnlich *Bader*, Aufgaben und Methoden des Rechtshistorikers, S. 7 f.; in diesem Sinne auch *Buschmann*, Die Geschichtlichkeit des Rechts, S. 106.

[263] Arnold war es, der beispielhaft das Recht als einen Kulturfaktor unter vielen identifizierte. Deshalb müsse es mit parallelen Momenten wie Religion oder Wirtschaft verbunden gesehen werden.

[264] *Kroeschell*, Ein vergessener Germanist des 19. Jahrhunderts: Wilhelm Arnold, FS Krause, S. 265; *Arnold*, Cultur und Rechtsleben, S. 34 ff.

[265] Vgl. hierzu *Adickes*, Lehre von den Rechtsquellen, S. 3.

Großen Wert legte Schroeder auf die Erfassung der wirtschaftlichen Verhältnisse. Seines Erachtens war diese bei der bisherigen Erforschung der Rechtsgeschichte sehr vernachlässigt worden.[267] Selbst *„von Jugend auf mit Landleben und Landwirtschaft in engster Fühlung"* und als Referendar mit *„Handel und Schiffahrt unserer Küstenstädte"*[268] beschäftigt, hatte er sich intensiv mit den rechtlichen Besonderheiten der Wirtschaft auseinandergesetzt.

In der Betonung der Wirtschaftsgeschichte innerhalb der Rechtsgeschichte zeigt sich zugleich der Einfluss der Arbeiten Justus Mösers.[269] Schroeder, der Möser zeitlebens verehrt hatte, sah in ihm bereits einen *„echten Rechtshistoriker"*[270]. Anders als Heineccius, Grupen oder Dreyer habe Möser erkannt, dass Rechts- und Wirtschaftsgeschichte untrennbar miteinander verbunden seien:

> „Neben der rechtlichen Entwicklung" habe er „auch die Wirtschaftsgeschichte nicht unbeachtet lassen" können, „von der Erkenntnis ausgehend, dass Rechts- und Wirtschaftsgeschichte Hand in Hand gehen müssen, wenn sie greifbare Ziele erreichen und sich nicht bloß in leblosen Abstraktionen bewegen wollen. Ein Vorbild in dieser Richtung ist mir immer Justus Möser gewesen ..."[271].

Schließlich sei Rechtsgeschichte Kulturgeschichte unter juristischem Vorzeichen,[272] und zur Kulturgeschichte gehöre gerade die Wirtschaftsgeschichte. Mit

---

[266] Demgegenüber geht es dem Historiker um den Wandel des Volkes, dessen Schicksal und die Ordnungen im Ganzen, nicht lediglich um die *„historische Genesis des Rechts oder einzelner Rechtsinstitute"*; Otto Brunner, Moderner Verfassungsbegriff und mittelalterliche Verfassungsgeschichte, S. 5.

[267] Lehrbuch, 1. Aufl., S. 2.

[268] Schreiben vom 16. Juli 1908, Ehrenpromotionsakte der Universität Münster.

[269] Justus Möser (1720–1794) vgl. zu seinem Leben: *Schröder,* Möser als Jurist, S. 4 ff.; *Brünauer,* Justus Möser, Berlin 1933; *Rückert,* Historie und Jurisprudenz bei Justus Möser, FS Gagnér, S. 357–381; *Welker,* Bd. II, S. 589; Justus Möser gilt als der „Vorahner" der historischen Schule (*Schröder,* Justus Möser als Jurist, S. 3; *von Amira,* Grundriß des germanischen Rechts, S. 3; *Gmür,* Savigny und die Entwicklung der Rechtswissenschaft, S. 21 f.; *Meder,* Rechtsgeschichte S. 247). Als Praktiker (*Trojan,* Grundlegung der historischen Rechtsschule, S. 21; *Brünauer,* Justus Möser, S. 3) negierte er die Existenz einer geistigen Welt von Systemen, Postulaten und Theorien und wollte als Aufklärer seine Umwelt über deren eigene geschichtlich-politische und geistig-kulturelle Situation belehren. Das geltende Recht dürfe nicht geschichtslos betrachtet und beurteilt werden: zum Verständnis des Gegebenen sei ein Blick in die Vergangenheit nötig. Nur so könnten die rechtlichen und sozialen Verhältnisse, die Landesverfassung und das Schicksal des Landeseigentums erkannt und letztendlich beurteilt werden. Daneben hielt Möser das Volkstümliche und das politisch und rechtlich organisch Gewachsene hoch, übersah aber nicht die Notwendigkeit, sich mit Geschichte und Recht anderer Völker zu beschäftigen, um das Deutsche zu verstehen. Insoweit war er der Inbegriff eines *„echten deutschen Charakters und Patrioten"*; *Böckenförde,* Die deutsche verfassungsgeschichtliche Forschung im 19. Jahrhundert, S. 98.

[270] Zitiert bei *Welker,* Justus Möser als Staatsmann und Jurist, Bd. II, S. 589.

[271] Schreiben vom 16. Juli 1908, Ehrenpromotionsakte der Universität Münster.

[272] *Schönfeld,* Vom Problem der Rechtsgeschichte, S. 350.

der Erfassung der Wirtschaftsgeschichte in den allgemeingeschichtlichen Abrissen trennte Schroeder diese schon rein äußerlich von den weitaus erheblicheren idealen Aspekten der Rechtsgeschichte, namentlich der Ermittlung der eigentlichen Rechtsordnung.

Neben den allgemeingeschichtlichen Ausführungen ist es besonders der Entwicklungsgedanke in der deutschen Rechtsgeschichte, der das „Lehrbuch" durchzieht: Das zeitgenössische deutsche Recht ist über das fränkische mit dem germanischen Recht durch einheitliche Prinzipien untrennbar verbunden. Dieser Kontinuitätsaspekt zeigt sich deutlich in der ehemals sehr wichtigen Aufgabe der deutschen Rechtsgeschichte als historisch-dogmatischer Begründungsfaktor im Sinne der historischen Rechtsschule: Nur unter der Prämisse, dass die Geschichte als von bestimmten ununterbrochenen Rechtslinien von der Urzeit bis zur Gegenwart durchzogen war, konnte man die Historie zur Untermauerung des gegenwärtigen Rechts auch heranziehen.

Dieses sogenannte Kontinuitätsaxiom entwickelte sich seit der Mitte des 19. Jahrhunderts verstärkt weiter und führte schließlich dazu, dass die gesamte Rechtsgeschichte mit dem germanischen Recht zusammenhing.[273] Im „Lehrbuch" äußert sich dieser Gedanke in der Anerkennung eines germanischen Privatrechts. Dieses ist für Schroeder Grundlage des deutschen Rechts des Mittelalters[274] und über dieses des zeitgenössischen Rechts. Entsprechend breit sind die Ausführungen hierzu; dem Vertragsrecht sowie dem Gerichtsverfahren der urzeitlichen Periode widmete Schroeder sogar eigene Kapitel.[275] Die Entdeckung des deutschen Vertragsformalismus einschließlich seiner urgermanischen Wurzeln nennt er „eins der wichtigsten Ergebnisse der neueren germanistischen Wissenschaft"[276]. Hierin unterscheidet sich Schroeder von früheren Autoren wie Heinrich Zoepfl, der das Vertragsrecht für die älteste Zeit gänzlich übergangen und hinsichtlich des Gerichtsverfahrens fast schon lapidar festgestellt hatte, die „Nachrichten aus der Zeit vor den Volksrechten" seien „zu mangelhaft, als dass hieraus Grundsätze des Verfahrens in bürgerlichen Rechtsstreitigkeiten entnommen werden könnten"[277].

Innerhalb der Ausführungen zum germanischen Privatrecht konzentrierte Schroeder sich auf die Darstellung des ehelichen Güterrechts, in diesem Zusammenhang streift er das Vertragsrecht nur knapp. Diese Schwerpunktsetzung be-

---

[273] Ebenso von Gerber, System des deutschen Privatrechts, S. 14; Kroeschell, Die Germania in der deutschen Rechts- und Verfassungsgeschichte, S. 108.

[274] Kroeschell, Deutsche Rechtsgeschichte Band I, S. 50.

[275] Bedauernd merkt er an, dass es bislang an einer Darstellung des germanischen Privatrechts fehle.

[276] Lehrbuch, 1. Auflage S. 55 Fn. 35 mit sehr ausführlicher Übersicht zur entsprechenden Literatur.

[277] Zoepfl, Deutsche Rechtsgeschichte 2. Theil, 1872, S. 318.

ruht einerseits auf seinen umfassenden vorangegangenen Studien zu dieser Thematik, andererseits ist in der germanischen Urzeit die Sippe aber auch noch stark mit der engeren Familie verbunden. Über diesen Zwischenschritt ist auch das Ehegüterrecht bedeutsam, wie auch der von Beseler und Gierke[278] herausgearbeitete Gedanke der Genossenschaft zeigt. Im Interesse der Übersichtlichkeit seines Lehrbuchs geht Schroeder nicht detaillierter auf die dogmatischen Grundlagen der Genossenschaftstheorie ein, sondern verweist auf weiterführende Literatur.[279]

Das Kontinuitätsaxiom kommt ferner dadurch zum Ausdruck, dass Schroeder in späteren Kapiteln immer wieder auf frühere Epochen und parallel bestehende Rechtsordnungen anderer Völker zurückgreift[280] und auf diese Weise die in einer Epoche auftretenden Neuerungen deutlich herausstellt. Gleichzeitig veranschaulicht diese Methodik das Fortbestehen älterer Rechtsgedanken: Hinweise auf Grundsätze des gegenwärtigen Rechts ermöglichen es gerade dem juristisch vorgebildeten Leser, rechtshistorische Zusammenhänge zu verstehen.[281] Zudem tritt das gegenwärtige deutsche Recht als Ergebnis einer seit der germanischen Urzeit andauernden Entwicklung im „Lehrbuch" an vielen Stellen hervor.

Angesichts dieses grundlegenden germanistischen Gedankens erscheinen die häufigen Verweise auf das römische Recht zunächst verfehlt. Dies gilt umso mehr, als Schroeder in seiner „Geschichte des ehelichen Güterrechts" Ausführungen zum römischen Recht gänzlich ausspart.[282] Zur Darstellung der deutschen Rechtsgeschichte ist die Erfassung des römischen Rechts auf deutschem Boden aber auch für einen Germanisten unbedingt erforderlich. Schließlich beruhte das neuzeitliche Recht im Deutschen Reich maßgeblich auch auf der Rezeption des römischen Rechts. Entsprechend finden sich Hinweise auf das römi-

---

[278] Vgl. die mehrbändige Ausgabe von Gierkes, Das deutsche Genossenschaftsrecht, erstmals erschienen 1868.

[279] Angesichts der ansonsten bemerkenswerten Vollständigkeit der Literaturangaben ist allerdings unverständlich, warum Schroeder zum Vertragsrecht der germanischen Urzeit nicht Stobbes 1855 erschienenes und mit 307 Seiten recht umfangreiches Werk „Zur Geschichte des deutschen Vertragsrechts" (Vgl. hierzu Scholze, Otto Stobbe, S. 107–122) erwähnt. Die weiterführenden Hinweise beschränken sich auf wesentlich kürzere Darstellungen in allgemein rechtsgeschichtlichen Lehrbüchern.

[280] „Der rohe Zustand der arischen Zeit ... ragt gleich dem alten Geschlechterstaat (S. 14) mit vereinzelten Resten noch in unsere Periode hinein"; Schroeder, Lehrbuch 1. Auflage S. 50.

[281] Bei der Behandlung des Grundeigentums stellt er die Entwicklung der Flurverhältnisse bis in das 19. Jahrhundert dar; vgl. Lehrbuch, 1. Aufl., S. 197.

[282] Schroeder ging es gerade um die Ermittlung des Prinzips des deutschen Rechts aus seiner germanischen Wurzel heraus. Hierzu musste er es von römisch-rechtlichen Überkrustungen befreien. Aufgabe der Germanisten war es schließlich nachzuweisen, dass ein dem römischen Recht ebenbürtiges gemeines deutsches Privatrecht mit eigenen Begrifflichkeiten bestehe; Schroeder erwähnt das römische Dotalrecht lediglich in seinen Gutachten für die Kommission zur Erschaffung eines Bürgerlichen Gesetzbuches für das Deutsche Reich; Gutachten, S. 15/861.

sche Recht vermehrt in den neuzeitlichen Kapiteln. Aber schon im Abschnitt über die fränkische Zeit, insbesondere im Bereich des Finanzwesens, greift Schroeder auf römisch-rechtliche Grundlagen zurück,[283] um auf diese Weise die Eigenarten des germanischen Rechts herauszuarbeiten.[284]

Besondere Bedeutung kommt der Sprache selbst zu; Schroeder zieht sie zur Untermauerung der aus den Quellen gewonnenen Erkenntnisse heran:[285]

„Das Recht bezeichneten die Westgermanen als „Ehe" (alth alts. altfries. Êuua, alts. êo, êu, ags. â, œ, œw altfries. â, ê), d.h. ‚ewige Ordnung‘, während [hierfür; Ergänzung der Verfasserin] bei den Nordgermanen die auch den Angelsachsen, Friesen und Franken bekannte Bezeichnung ‚lag‘ gebräuchlich war"[286].

Dadurch gewinnt das „Lehrbuch" in philologischer Hinsicht erhebliche an Wert. Schroeder stützt sich jedoch nicht nur auf Parallelen zum Mittel- und Althochdeutschen, sondern nutzt auch Verwandtschaften mit anderen germanischen oder romanischen Sprachen wie dem Französischen: Bei den Sueben, so führt er aus, „mögen daher[aufgrund gewisser Eigentümlichkeiten ihrer Tracht wie ihres Dialekts]schon die Keime der Lautverschiebung, die gegen Ende des 6. Jahrhunderts den Übergang vom Germanischen zum Althochdeutschen herbeigeführt hat, vorhanden gewesen sein"[287].

Mit der Verquickung dieser beiden Elemente bewegt sich Schroeder in der Tradition einer mehr generellen Entwicklung in der deutschen Rechtsgeschichte. Schon Jacob Grimm[288] hatte sich dem ethnographischen Zusammenhang zwischen Recht und Sprache der germanischen, einschließlich der skandinavischen Stämme gewidmet.[289] Die Sprache zeige das gleiche Bild wie das

---

[283] Lehrbuch, 1. Aufl., S. 181.

[284] Gerade beim Finanzwesen stellt er die römische Besteuerung der Germanen heraus. Die römische Kopfsteuer ließ sich nicht durchsetzen, allerdings hätten die Germanen öffentliche Abgaben auch nicht generell abgelehnt: „eigentliche Besteuerung ließen sie sich nicht gefallen"; Lehrbuch, 1. Aufl., S. 188, S. 257 f., S. 261 f.

[285] Lehrbuch, 1. Aufl., S. 11; S. 199.

[286] Lehrbuch, 1. Auflage S. 11; ebenso noch 1973 Bader, Historisches Jahrbuch 93 (1973), S. 15.

[287] Lehrbuch, 1. Aufl., S. 9.

[288] Vgl. Grimms Reden „Über den Ursprung der Sprache" und „Über Etymologie und Sprachvergleichung" vor der philosophisch-historischen Klasse der Königlich Preußischen Akademie der Wissenschaften; abgedruckt in: Grimm, Reden in der Akademie, ausgewählt und herausgegeben von W. Neumann und H. Schmidt, Berlin 1984; mit den „deutschen Rechtsalterthümern" erarbeitete Grimm ein Gegenstück zu Eichhorns „Deutscher Staats- und Rechtsgeschichte"; vgl. Brunner, Handbuch der deutschen Rechtsgeschichte, S. 20; Mitteis, Recht und Dichtung, S. 683.

[289] Entgegen den vorherrschenden Ansätzen wollte er nicht das Neue aus dem Alten heraus erklären oder die geschichtlichen Wandlungen des Rechts von Epoche zu Epoche darstellen, sondern das Alte aus dem Alten selbst heraus erklären. Hierzu untersuchte er Tacitus’ Germania, mittelalterliche Urkunden sowie Weistümer auf ihren rechtshistorischen Gehalt; Kroeschell, Die Germania in der deutschen Rechts- und Verfassungsgeschichte, S. 96; von Amira, Grundriß des germanischen Rechts, S. 3;

sich im Volk entwickelnde Recht: Beide seien *„zugleich alt und jung"* und gerichtet *„auf altem undurchdringlichem Grund und auf dem Trieb, sich ohne Aufhören zu erfrischen und wiederzugebären"*[290]. Poesie, d.h. Sprache, und Recht gehörten zusammen, denn *„dass recht und poesie miteinander aus einem bette aufgestanden waren, hält nicht schwer zu glauben"*[291]. Noch zu Beginn des 20. Jahrhunderts hielt Hermann Kantorowicz fest, dass der Volksgeist *„am deutlichsten in der Vergleichung des Rechts mit der Sprache hervor"*[292] trete.

Gegen Ende des 19. Jahrhunderts war es insbesondere von Amira, der versuchte, mittels Analogiebildung zur Sprache *„alle Theile der germanistischen Rechtsgeschichte"* auf *„eine ganz neue Grundlage"*[293] zu stellen. Aus der Entwicklung der Stammessprachen ließen sich Zusammenhänge erkennen und Rückschlüsse auf das Recht selbst ziehen:[294] Je intensiver der gegenseitige Austausch von Rechtsbegriffen war und je mehr sich Fachausdrücke ähnelten, desto gleichartiger müssten auch die Rechte gewesen sein.[295] Nach dieser als Abstammungshypothese bezeichneten Methode konnte das älteste Recht nur mit Hilfe eines Stammbaums der germanischen Rechte aufgefunden werden, die insoweit gleichberechtigt nebeneinander stünden.[296]

Schroeder ging, ähnlich wie von Amira, ebenfalls von einem sprachgeschichtlichen Ansatz aus, zog diesen aber lediglich unterstützend heran. Wenngleich sich Parallelen zwischen Sprache und Recht nicht verleugnen ließen und zur Erforschung des Rechts sehr hilfreich seien, so könne die Sprache dennoch nicht mehr sein als ein bloßes Hilfsmittel innerhalb der deutschrechtsgeschichtlichen Forschung. Anders als von Amira, der eine selbständige Rechtsge-

---

Vonessen, Friedrich Karl von Savigny und Jacob Grimm, S. 85 ff.; *Lückerath,* Rechtsgeschichte und Geschichtswissenschaft, S. 25; vgl. zur Problematik des Zusammenhangs von Literatur und Recht *Mölk,* Akademie-Journal 1/96, S. 6.

[290] *Conrad,* ZRG GA 65 (1947), S. 280; *Grimm,* Über Alterthümer des deutschen Rechts, Kleinere Schriften Bd. 8, S. 547.

[291] *Grimm,* Von der Poesie im Recht, ZfgR 2 (1816), S. 29; *Dilcher,* JuS 85, S. 934, der darauf hinweist, dass Grimm die juristische Methodik Savignys zur Ermittlung eines genetischen Prinzips auf die Sprachwissenschaft übertrage; vgl. hierzu *Schmidt-Wiegand,* Jacob Grimm und das genetische Prinzip in Rechtswissenschaft und Philologie.

[292] *Hermann Kantorowicz,* HZ 108 (1912), S. 308.

[293] *von Amira,* Über Zweck und Mittel der germanischen Rechtsgeschichte, S. 27; vgl. hierzu *Rehfeldt,* Grenzen der vergleichenden Methode in der rechtsgeschichtlichen Forschung, S. 2 ff.

[294] *von Amira* nannte das Absterben des sprachlichen Funktionsgefühls, das Vereinfachen und Anlehnen der lautlichen Formen, das die Dehnbarkeit der mit Rechtswörtern verbundenen Begriffe förderte; Über Zweck und Mittel der germanischen Rechtsgeschichte, S. 26.

[295] Dies lasse sich nicht mit Hilfe gelegentlicher Inhaltsähnlichkeiten ermitteln. Vielmehr stimmen die Rechtsfamilien der älteren Zeit mit den Sprachfamilien überein; *von Amira,* Über Zweck und Mittel der germanischen Rechtsgeschichte, S. 26.

[296] *Thieme,* JZ 1975, S. 725.

schichte ausschließlich als Teil der Kulturgeschichte betrachtete und sie deshalb allein der historischen Fakultät zuordnen mochte,[297] beurteilte Schroeder die Verknüpfung von Rechtsgeschichte und Sprache aus einem mehr juristisch geprägten Blickwinkel. Die Bedeutung der Sprache für die Rechtsgeschichte sah er wesentlich kritischer als von Amira: *„Ein sehr wichtiges Hilfsmittel werden die sprachlichen Verhältnisse immer bilden, aber sie dürfen nicht überschätzt werden"*[298]. Damit unterscheiden sich die beiden Forscher jedoch lediglich in der Ausrichtung, nicht aber in der Methodik. Der Anteil philologischer Elemente am *„Lehrbuch"* schwoll dennoch im Laufe der Auflagen immer weiter an, wurde aber erst mit der Übernahme durch Eberhard Freiherr von Künßberg, einem Schüler von Amiras, zum prägenden Element.[299]

Neben den sprachwissenschaftlichen Elementen ist insbesondere das reiche Literaturverzeichnis zu erwähnen: Schroeder hatte auf eine vollständige Erfassung des wissenschaftlichen Schrifttums zur deutschen Rechtsgeschichte immense Mühen verwendet, um einerseits dem interessierten Leser eine tiefergehende Beschäftigung mit einem gewählten Themenkomplex zu ermöglichen, andererseits eine weitgehend vollständige Bibliographie zu schaffen. Jedem Epochekapitel sind allgemeine Angaben zu Literatur und Urkunden- bzw. Quellenangaben vorangestellt, die durch detaillierte Fußnotenverweise zu den einzelnen Themenkomplexen ergänzt werden. Damit ist das Lehrbuch *„eine wahre Fundgrube, namentlich auch für den Geschichtsforscher"*[300]. Nicht nur Juristen, sondern insbesondere Historiker zogen und ziehen es heran, *„teils wegen seines Quellen- und Literaturapparates, teils weil es so vortrefflich den neuesten Stand der Wissenschaft wiedergibt"*[301]. Es sei erstaunlich, so urteilten Zeitgenossen, *„wie sorgfältig Schr. [sc. Schroeder, Ergänzung der Verfasserin] arbeitete, wie leicht er die Forschungsergebnisse anderer zu verwerten verstand"*[302]. Damit entsprach das *„Lehrbuch"* gänzlich der ursprünglichen Konzeption Schroeders als fachübergreifendes Kompendium, das die Grundlagen bündig, aber vollständig darstellte und gleichzeitig Anhaltspunkte zum Selbststudium gab.

Mit dieser Zielsetzung war es auch vereinbar, Streitstände in der rechtsgeschichtlichen Forschung weitestgehend in die Fußnoten zu verbannen. Schroeder skizzierte sie in knappem Stil einer *„strengen, fast farblosen Sachlichkeit"*[303]. Einzelne Meinungen gab er möglichst neutral wieder[304] und be-

---

[297] *Simon,* Claudius Freiherr von Schwerin, S. 38.

[298] Die Ausbreitung der salischen Franken, S. 172.

[299] *Klauser,* In memoriam Eberhard Freiherr von Künßberg, Ruperto-Carola, S. 98.

[300] *von Wretschko,* Hist. Vierteljahrschrift 18 (1916–1918), S. 350; *Stutz,* ZRG GA 36 (1915), S. XLIV.

[301] *Stutz,* ZRG GA 36 (1915), S. XLIV; so fand gerade der geschichtliche Teil von Otto Gierkes vielbeachtetem *„Genossenschaftsrecht"* Eingang; vgl. z.B. Lehrbuch, 1. Aufl., S. 202 Fn. 40.

[302] *von Wretschko,* Hist. Vjs. 18 (1916–1918), S. 350.

schränkte sich auf sachliche Argumente: Das *„Lehrbuch"* solle *„allein durch den Inhalt des Gesagten wirken [...], nicht durch die Art, wie es gesagt wurde"*[305] überzeugen. Dies gelang ihm allerdings nicht durchweg: So nannte er Waitz' Auffassung, in germanischer Zeit habe eine regelmäßige Gerichtsbarkeit des Landesthinges in Strafsachen existiert, *„unberechtigt"*[306]; Lehmanns Versuch, die Quellenstellen auf die ursprüngliche Bedeutung zurückzuführen, sei *„sprachlich unmöglich"* da es sich um einen geradezu *„offensichtlichen"*[307] Schreibfehler handele.[308]

Insgesamt zeichnet sich das *„Lehrbuch"* jedoch durch ein hohes Maß an Überparteilichkeit aus, *„mit der Sie immer von neuem in Ihrem Lehrbuch jeden Fortschritt der Erkenntnis an seiner Stelle zur Geltung zu bringen wissen"*[309]. Durch Aufarbeitung, Gegenüberstellung und fachliche Bewertung vorhandener Schriften trug es entscheidend zur Verbreitung von Thesen bei und förderte hierdurch die deutsche Rechtsgeschichtsforschung selbst.[310]

d) Methodik der Darstellung im *„Lehrbuch der Deutschen Rechtsgeschichte"*

Hinsichtlich der grundlegenden Einteilung in vier Perioden orientierte sich Schroeder an Eichhorn[311], dessen *„Deutsche Staats- und Rechtsgeschichte"* gemeinhin als erste genetisch-historische Gesamtdarstellung der Materie gilt[312].

---

[303] *Stutz,* ZRG GA 38 (1917), S. LII.

[304] Als Beispiele seien genannt Lehrbuch 1. Auflage, S. 291 Fn. 226; S. 293 Fn. 233; S. 327 Fn. 435, S. 424 Fn. 19, S. 503 Fn. 6, S. 567 Fn. 230.

[305] *Stutz,* ZRG GA 38 (1917), S. LII.

[306] Lehrbuch, 1. Auflage, S. 35 Fn. 17.

[307] Lehrbuch, 1. Auflage, S. 80 Fn. 6; ebenso S. 107, Fn. 9.

[308] Darüber hinaus distanziert er sich von der Auffassung von Sybels: *„ich halte es für wahrscheinlich, dass auch die sächsischen Gaufürsten [...] ebenfalls erbliche Gaukönige gewesen sind";* S. 119 Fn. 76 spricht von einem „Grundfehler" eines Kollegen; neutraler S. 127 Fn. 14 *(„die entgegenstehende Ansicht [...] findet ihre Widerlegung in den Ausführungen von Sohm"),* S. 215 Fn. 45; neutraler S. 537 Fn. 65 *(„jedenfalls verdient der Gegenstand genauerer Untersuchung");* S. 561 Fn. 206 *(„von der umfangreichen, zum Teil aber jedes wissenschaftlichen Wertes baren Litteratur ...");* S. 590 Fn. 7 *(„Rolandsbilder, mit denen unwissenschaftliche Forschung so vielen Unfug getrieben hat");* S. 611 Fn. 13 *(„der Verfasser geht darin zu weit ...");* S. 615 Fn. 3 *(„bei Brock, a. a. O. findet sich die wunderliche Ansicht").*

[309] Sitzungsberichte der Heidelberger Akademie der Wissenschaften, Jahresheft 1910/11, S. XXIII.

[310] *von Wretschko,* Hist. Vjs. 18 (1916–1918), S. 350.

[311] Eichhorn gliederte seine Darstellung in vier Perioden: *„Älteste Geschichte der germanischen Völker bis zur festen Gründung des fränkischen Staates", „Geschichte der fränkischen Monarchie", Geschichte des Römischen Reiches deutscher Nation"* und die *„Entstehung und Geschichte des deutschen Staatensystems"; Eichhorn,* Deutsche Staats- und Rechtsgeschichte Bd. I, 1. Auflage 1808 S. 4 ff.

Nach verschiedenen Forschungsströmungen im 17. und 18. Jahrhundert[313] hatte er Anfang des 19. Jahrhunderts erstmals Staats- und Rechtsgeschichte miteinander verwoben, chronologisch dargestellt und neben der Verfassungs- und Quellengeschichte zudem das materielle Privat-, Straf- und Prozessrecht jeder Periode erfasst.[314]

Auch in Schroeders „Lehrbuch" ist das Recht kein freistehendes Gebilde, sondern mit der Staatsgeschichte verbunden. Anders als Eichhorn grenzte Schroeder die Epochen aber nicht jahresgenau ab,[315] sondern verwendete die noch für Eichhorn so *„wichtigen inneren oder äußeren Staatsveränderungen"*[316] als grobe Richtwerte bei der Periodeneinteilung; eingangs der das Mittelalter behandelnden Periode stellte er fest: *„Der Vertrag zu Verdun hatte nicht die völlige Auflösung des fränkischen Reiches bewirkt"*, so dass sich *„die Ausscheidung des französischen und deutschen Nationalstaates aus dem die verschiedensten Nationalitäten [...] nicht erst 887 oder 911, sondern 843 vollzo-*

---

[312] Vgl. statt vieler, *Kroeschell*, Deutsche Rechtsgeschichte I, S. 7; *Dilcher*, JuS 85, S. 934; die Einteilung folgte dabei den Vorgaben eines traditionellen Lehrbuch des Staatsrechts, in das die Rechtsgeschichte eingearbeitet wurde, um so die Verbindungslinien zwischen Rechts- und Staatsgeschichte, insbesondere auch zur politischen Geschichte darzustellen; *Brunner*, Handbuch der deutschen Rechtsgeschichte, S. 19; *Roth*, ZfR I (1861), S. 12 f.; *Dilcher*, Von der geschichtlichen Rechtswissenschaft zur Geschichte des Rechts, S. 117.

[313] Hierbei sind die sogenannte publizistische-historische sowie die juristisch-antiquarische Forschungsrichtung zu erwähnen. Während erstere unter B. G. Struve, H. C. von Senckenberg und J. Pütter mehr theoretische Ziele verfolgte, stellte die letztere auf praktische Ziele ab. Ihre Hauptvertreter sind Dreyer, Heineccius und Biener.

[314] Hierin schloss er sich der von Hugo für das römische Recht gewählten Darstellungsweise an; vgl. *Walter*, Deutsche Rechtsgeschichte, S. 4; *v. Moeller*, Die Trennung der deutschen und der römischen Rechtsgeschichte, S. 15; die Übernahme dieser Stoffgliederung war allerdings mehr ein „Produkt der Not" und Eichhorn selbst sah den gewählten Aufbau zunächst sehr kritisch: *„als aus der Vereinigung dieser beiden Disziplinen [sc. Der Geschichte des Reiches und des Reichsstaatsrechts] die deutsche Staats- und Rechtsgeschichte erwuchs, musste man ihr schon mit Rücksicht auf die Masse des unjuristischen Stoffes die historische Einteilungsmethode zu Grunde legen"* (*Brunner*, Handbuch der Deutschen Rechtsgeschichte, 2. Auflage 1906, S. 6); Georg Waitz beurteilte dies kritisch; die Geschichte des deutschen Rechts müsse *„ohne Staatsgeschichte zu sein, mit Rücksicht auf die politischen Veränderungen die Umwandlungen in den Rechtsgrundsätzen"* dargestellt werden. Diese Aufgabe sei aber durch *„Eichhorn in keiner Weise gelöst worden"* (*Waitz*, deutsche Verfassungsgeschichte Bd. II, S. 591 (zitiert bei *Walter*, Deutsche Rechtsgeschichte, S. 6)).

[315] So lässt Eichhorn die germanische Periode von 114 bis 534 n. Chr. andauern, an die sich dann die Geschichte der fränkischen Monarchie (von 534 bis 888) sowie die Geschichte des Römischen Reiches deutscher Nation (888 bis 1517) und die Entstehung und Geschichte des deutschen Staatensystems (1517 bis 1803) anschließen.

[316] Es sei eben immer noch eine *„deutsche Reichsgeschichte im alten Sinne"*, in der die *„Abschnitte, die sich mit dem bürgerlichen Recht, dem Prozessrecht und dem Strafrecht beschäftigen ... vollständig von der breiten Schilderung der politischen Verhältnisse erdrückt"* werden; *Hübner*, Karl Friedrich von Eichhorn und seine Nachfolger, FS Brunner, S. 808.

gen "[317]. Schroeder wandte sich von dem Eichhornschen Konzept des Primats der Staatsgeschichte ab, indem er die Verfassungsgeschichte zu Gunsten der eigentlichen Rechtsgeschichte auf ein Minimum begrenzte und dieser unterordnete.[318] Damit stellte er sich auch gegen Waitz, der die Rechtsgeschichte als der Verfassungsgeschichte untergeordnet angesehen hatte.[319]

Einhergehend mit den knapperen Ausführungen zur Verfassungsgeschichte reduzierte Schroeder auch den Anteil der politischen Geschichte im *„Lehrbuch"* und trennte sie von der eigentlichen Rechtsgeschichte.

Ein solches dogmatisches Vorgehen war zum Zeitpunkt des Erscheinens des *„Lehrbuchs"* noch nicht gefestigte Forschungsansicht, wenngleich selbst Eichhorn die enge Verzahnung von politischer Geschichte und Rechtsgeschichte als nicht sonderlich geglückt, doch als notwendig angesehen hatte: *„So steht die Geschichte der Rechte mit der Staatsgeschichte schon in so genauer Verbindung, dass diese gar nicht dargestellt werden kann, ohne manches aus jener zu entnehmen"*[320]. Erst zu Beginn der fünfziger Jahre des 19. Jahrhunderts begann man, sich zögerlich vom Dogma der Verfassungs- für die Rechtsgeschichte zu lösen. Es entwickelte sich eine systematische Darstellungsmethodik, nach der die politische Geschichte zur Erfassung der eigentlichen Rechtsgeschichte als nicht mehr erforderlich galt. Maßgeblich waren hierbei die Bearbeitungen von Zoepfl[321] und Walter[322], die die politische von der eigentlichen Rechtsgeschichte trennten, um einzelne Rechtsinstitute separat durch die Epochen hindurch darstellen zu können.

---

[317] Lehrbuch, 1. Auflage, S. 372.

[318] Eichhorns historischem Aufbau schlossen sich zur Mitte des 19. Jahrhunderts verschiedene Forscher wie G. Philipps mit seiner *„Deutsche Reichs- und Rechtsgeschichte zum Gebrauch bei Vorlesungen"* oder Gengler mit seiner *„Deutsche Rechtsgeschichte im Grundriß"* (Gengler verweist hinsichtlich der Einteilung der deutschen Rechtsgeschichte auf *Alex. Friedländer*, Juristische Encyclopädie, Heidelberg 1847 sowie *Wilda*, Strafrecht der Germanen, S. 1) an.

[319] Waitz' Untersuchung *„Das alte Recht der Salischen Franken"* ist einerseits als bloße erläuternde Beilage zu seiner Deutschen Verfassungsgeschichte verfasst, hebt andererseits lediglich die Aspekte hervor, *„welche für die politischen Verhältnisse von der größten Wichtigkeit sind"*; Waitz, Das alte Recht der Salischen Franken, S. 96.

[320] *Eichhorn*, Deutsche Staats- und Rechtsgeschichte Bd. I S. 2; Eichhorn sah als von der *„vollständigen Rechtsgeschichte"* erfasst an: *„1. die äußere Rechtsgeschichte, welche die Quellen des geschriebenen Rechts aufzählt, die Zeit ihrer Entstehung bestimmt, sie nach ihren Veranlassungen, Verfassern, Quellen, ihrem Geiste und ihrer Gültigkeit charakterisiert, und ihre nachherigen Schicksale, unter welcher auch ihre Bearbeitung gehört, erzählt; 2. die innere Rechtsgeschichte, welche sich mit den Begriffen und Säzen des positiven Rechts selbst, ihrem meist sehr rohen Anfange, ihrer allmäligen Verfeinerung und auch wohl ihrer nachherigen Verunstaltung, beschäftigt. Sie sieht bey den Quellen, deren die äussere Rechtsgeschichte erwähnt auf den Inhalt, aber sie bereichert sich auch noch sehr durch die Rücksicht auf die Wahrheiten, von deren Quellen die äussere Geschichte nichts weiß."* Hinsichtlich der inneren Rechtsgeschichte verweist Eichhorn auf Hugos *„Lehrbuch der Geschichte des römischen Rechts"*.

Diese Bestrebung war Ausfluss der Forderung der historischen Rechtsschule nach historischer Begründung der dogmatischen Strukturen des gegenwärtigen Rechts. Ein chronologischer Aufbau unter Einschluss der politischen Geschichte erschien für diesen Zweck dennoch ungeeignet. Statt dessen bot sich eine systematische Gliederung nach „innerer" und „äußerer" Rechtsgeschichte: Schließlich verfolgte man einen „*pragmatischen*" und nicht lediglich einen „*antiquarischen*" Zweck; ein solch ethnographischer[323] Ansatz habe darüber hinaus den Vorteil, die rechtsgeschichtlichen Fakten „*in das Recht der Gegenwart vorbereitend einleiten und anderen Theiles das tiefere Verständniss desselben vermitteln und erschliessen*"[324] zu können. Damit wurde die Rechtsgeschichte, selbst wenn sie Hauptzweck der Untersuchung war, nur noch als Hilfswissenschaft der rechtswissenschaftlichen Dogmatik gesehen. Dies nahm man jedoch in Kauf, war doch der bislang verfolgte chronologische Aufbau „*aus dem Standpunkt der historischen Kunst gar nicht eine Methode, sondern eine Registratur zu nennen*"[325].

Doch auch die systematische Darstellung der Rechtsgeschichte verwarf man Mitte der achtziger Jahre des 19. Jahrhunderts wieder: Sie vermochte die eigentliche Thematik ebenfalls nicht ausreichend zu erfassen. Insbesondere die starke Orientierung an der Dogmatik des zeitgenössischen Rechts und die augenfällige Einordnung der Rechtsgeschichte als bloße Hilfswissenschaft erfuhr harsche Kritik seitens der Forschung. Der zeitliche Abriss, der bislang den äußeren Rahmen für die wissenschaftlichen Ausführungen gebildet hatte, wurde vorübergehend durch eine formale Trennung von „innerer" und „äußerer" Rechtsgeschichte ersetzt. Besonders Heinrich Zoepfl tat sich hierbei hervor; er trennte die innere Rechtsgeschichte in die Geschichte des öffentlichen Rechts, des Privatrechts und des Zivilprozesses sowie des Strafrechts und des Strafprozesses.

---

[321] Zoepfls dreibändiges Werk erschien in vier Auflagen ab 1844. Mit seinem systematischen Aufbau hatte er sich an Ferdinand Walters „*Deutscher Rechtsgeschichte*" orientiert; *Walter*, Deutsche Rechtsgeschichte, Bonn 1853.

[322] Daneben nennt Siegel als maßgebliche rechtsgeschichtliche Kompendien *Walter*, Deutsche Rechtsgeschichte von 1853, *Philipp*, Deutsche Reichs- und Rechtsgeschichte von 1845, 4. Auflage 1859 und *von Schulte*, Deutsche Reichs- und Rechtsgeschichte von 1860, 4. Auflage 1881; *Siegel*, Deutsche Rechtsgeschichte, S. 12.

[323] Nach Zoepfl wird ethnographisch „*die Behandlungsweise genannt, wenn die Geschichte eines jeden einzelnen Rechtsinstitutes besonders in sich abgeschlossen und in zusammenhängender Entwicklung von seinem ersten Vorkommen an bis zu seinem Verfalle oder bis zu seiner heutigen Beschaffenheit dargestellt wird*"; Deutsche Rechtsgeschichte II/1, 2. Auflage, S. 3.

[324] „*Antiquarisch*" meint hierbei die elegante, schlichte Geschichtsbehandlung, d.h. die Stoffbewahrung ohne innere Notwendigkeit und entsprechenden wissenschaftlichen Zusammenhang; vgl. *Rückert*, Geschichtlich, praktisch, deutsch, S. 133; *Zoepfl*, Vorwort zur 2. Auflage der „Deutschen Volks- und Staatsgeschichte", S. XII.

[325] *Walter*, Deutsche Rechtsgeschichte, S. VII.

Ein chronologischer Aufbau erschien den meisten Forschern schließlich doch geeigneter, das Wesen der Rechtsgeschichte zu erfassen. Zoepfl habe, so die Mehrheit, mit seiner systematischen Stoffgliederung gezeigt, *„dass ihm der Sinn dafür, was eine Geschichte des Rechts geben soll, völlig abging"*[326].

Das neuerliche Konzept unterschied sich indes von der traditionellen chronologischen Systematik dadurch, dass die politische Geschichte nur noch insoweit behandelt wurde, wie sie zum Verständnis der Rechtsgeschichte zwingend erforderlich war. Anschaulich sind die Übergänge in der 1886 erschienenen *„Deutsche Rechtsgeschichte"* des Wiener Professors Heinrich Siegel dargestellt. Siegel schloss sich Zoepfls Aufteilung in „äußere" und „innere Rechtsgeschichte" an, behielt sich aber *„innerhalb der bezeichneten Rahmen ... freie Hand"* vor: *„Bald folgt sie der chronologischen, bald der synchronistischen*[327] *Methode, je nachdem es der Gegenstand für den Lehrzweck diensam erscheinen läßt"*[328].

Im Strom dieser Entwicklung findet sich das *„Lehrbuch der Deutschen Rechtsgeschichte"*. Schroeder gliedert chronologisch, allerdings unter klarer Abtrennung der reinen politischen Geschichte von der Staats- und damit von der tatsächlichen Rechtsgeschichte. Die eigentliche politische Geschichte hat im *„Lehrbuch"* keine Bedeutung mehr: Sie wird nur insoweit behandelt, *„wie sie zur Erklärung der Rechtsgeschichte unentbehrlich ist"*[329] und damit auf eine Hilfsfunktion unter Aberkennung eines eigenen Bedeutungsgehalts reduziert. Auf diese Weise gelingt Schroeder das, was Brunner als die Ermittlung eines reinen *„wissenschaftlichen Prinzips"* bezeichnete, namentlich die Befreiung der deutschen Rechtsgeschichte aus ihrer *„Zwitterstellung in der Reihe der reinen Rechtsdisziplinen"*[330].

Der skizzierte Aufbau des *„Lehrbuchs"* ist Ergebnis eines langen Prozesses. Schroeder hatte sich intensiv mit der Frage der richtigen Darstellung auseinandergesetzt und dabei sowohl praktische als auch wissenschaftliche Überlegungen einfließen lassen. Zunächst befürwortete er aus didaktischen Gründen eine systematische Gliederung: Eine *„Geschichte des deutschen Rechts nach seinen Haupttheilen"*[331] gegliedert – so glaubte er – werde von der Studentenschaft weitaus positiver aufgenommen als ein chronologisch aufgebautes Werk. Dieser Aspekt stellte einen bedeutsamen Faktor dar, war doch gerade die Vermittlung von Wissen und nicht allein die wissenschaftliche Aufbereitung des historischen

---

[326] *Hübner,* FS Heinrich Brunner, S. 831.

[327] Die synchronistische Methode meint eine vom Entwicklungsgedanken bestimmte und zusammenhängende Geschichte des Rechts; *Sellert,* JuS 1981, S. 801.

[328] *Siegel,* Deutsche Rechtsgeschichte, S. 12.

[329] Lehrbuch, 1. Aufl. S. 2.

[330] *Brunner,* Handbuch der Deutschen Rechtsgeschichte, Bd. I, S. 3.

[331] *Zoepfl,* Vorwort zur 2. Auflage der „Deutschen Volks- und Staatsgeschichte", S. XII.

Stoffs Zweck eines Lehrbuchs. Die Ordnung nach Themengebieten erschien Schroeder daher, insbesondere für den universitären Unterricht, sachdienlicher. In seinen rechtsgeschichtlichen Vorlesungen habe er schließlich die Erfahrung gemacht, dass *„der Zuhörer nur zu folgen vermag, wenn jene Partien [sc. das Privatrecht, das Strafrecht und das Gerichtsverfahren, Anmerkung der Verfasserin] ohne Rücksicht auf die Perioden der Verfassungs- und Quellengeschichte zusammenhängend vorgetragen werden"*[332].

Aber auch die Vorteile der synchronistischen Methode vermochte er anzuerkennen: Die chronologische Aufbereitung des Rechtsstoffes mache die gegenseitige Bedingung und Durchdringung von Rechtsinstituten eines Zeitalters deutlich. Damit beschränke sich dieser Ansatz nicht theoretisierend auf eine wissenschaftliche Frage, sondern erfasse das dogmatische Problem in seiner historischen Gesamtheit. Schroeder maß diesem Aspekt letztlich die größte Bedeutung zu: *„Dass die Sache ihre großen Bedenken hat, verhehle ich auch jetzt nicht"*[333], merkte er in der ihm eigenen Bescheidenheit an. Der Student, *„der vom Recht noch gar nichts weiß"*, könne *„gleichsam voraussetzungslos an die Rechtsgeschichte herantreten und sie dennoch völlig verstehen"*[334], wenn ihm die Geschichte des Rechts im Rahmen des allgemeingeschichtlichen Zusammenhangs dargeboten würde.

Darüber hinaus ermöglichte der synchronistische Ansatz auch eine nur begrenzte Beschäftigung mit der politischen Geschichte, was einen Bedeutungszuwachs für die eigentliche Rechtsgeschichte nach sich zog. Zudem konnte die Geschichte der Rechtsquellen auch äußerlich der jeweiligen Epoche zugeordnet werden, was die Trennung zwischen „innerer Rechtsgeschichte" als der Geschichte der Rechtsinstitute und „äußerer Rechtsgeschichte" bislang verhindert hatte.

Damit widersprach Schroeder den Darstellungen der meisten früheren Autoren, die *„jedem rechtsgeschichtlichen Werke eine eingehende Darstellung der gesamten Haupt- und Staatsaktionen als Reichs- oder Staatsgeschichte beizugeben pflegten"*[335]. Selbst Brunner unterschied in seinem parallel erschienenen Kompendium[336] noch zwischen „allgemeiner" und „besonderer Rechtsge-

---

[332] Lehrbuch, 1. Auflage, S. VI.

[333] Lehrbuch, 1. Auflage, S. VI.

[334] *Ehrenberg,* Die deutsche Rechtsgeschichte und juristische Bildung, S. 7.

[335] *Rietschel,* Schroeders Deutsche Rechtsgeschichte, Neue Jahrbücher V (1900) S. 208.

[336] *Brunner,* Handbuch der Deutschen Rechtsgeschichte, Bd. I, S. 7; Brunner kritisierte an Zoepfl „nicht den Einteilungsgrunde, durch den sie sich rechtfertigen will", sondern lediglich den Inhalt. So verweist er auf Puchta, der formuliert hatte: *„die Geschichte des Rechtes ... hat eine doppelte Richtung. Der Organismus entwickelt und verändert sich teils im Ganzen, teils in seinen Gliedern, so dass jedes Glied, da es ein ihm eigenthümliches, obwohl mit dem Ganzen wesentlich zusammenhängendes und*

schichte"; erstere enthielt dabei allgemeingeschichtliche Ausführungen, d.h. die „Entwicklung des Rechts in seiner Totalität"[337].

Im „*Lehrbuch*" kommt dagegen der Bruch mit der systematischen Gliederung wesentlich deutlicher zum Ausdruck: Schroeder behandelt ebenfalls Rechtsquellen sowie Privat-, Strafrecht und Gerichtsverfahren in eigenen Kapiteln, folgt aber nicht mehr den strengen Vorgaben der inneren Rechtsgeschichte als Geschichte der Rechtsinstitute. Die Geschichte des öffentlichen Rechts gerät bei ihm eher zur Verfassungsgeschichte der jeweiligen Periode, die „König" und „Reichstag" sowie „Gerichtsverfassung" und die „Stände" einheitlich darstellt. Sie bleibt dennoch einer juristisch geprägten Systematik unterworfen und ist als solche Gefüge von – juristischen – Normen und nicht lediglich Kulturgeschichte.[338] Jedes Lehrbuch der Rechtsgeschichte könne schließlich in „*jedem modernen dogmatischen Lehrbuch seine mehr oder weniger unmittelbare Fortsetzung*"[339] finden. Gerade die verfassungsrechtlichen Kapitel im Schroederschen Kompendium zeigen dies beispielhaft: Sogar „*Paul Labands Staatsrecht des Deutschen Reichs, das das „Historische" zugunsten des „Juristischen" mit besonderer Betonung zurückdrängt*" könne „*als eine freilich unverhältnismäßig gründliche Ausführung von Richard Schroeders Lehrbuch der Deutschen Rechtsgeschichte §§ 90 ff. betrachtet*"[340] werden.

Damit wird deutlich, dass die Selbständigkeit der deutschen rechtsgeschichtlichen Forschung, die sich aus ihrer Befreiung aus der Unterwerfung unter den Zwang der Erklärung des gegenwärtigen Rechts ergeben hatte, lediglich partieller Natur war: Theoretisch konnte sie immer noch zur Begründung des gegenwärtigen Rechts herangezogen werden.[341] Aber auch durch das Verschwinden der historischen Herleitung in rechtsdogmatischen Lehrbüchern wie eben in Paul Labands „*Staatsrecht des Deutschen Reiches*" wurde diese Aufgabenstellung aufrechterhalten und sogar noch ausgebaut.[342]

---

von ihm untrennbares Leben besitzt, auch seine eigene, aber mit der des Ganzen innig verwachsene Geschichte hat. So haben wir zwei Teile zu unterscheiden, die Geschichte des Rechts im Ganzen und die Geschichte der einzelnen Glieder des Rechts".

[337] *Brunner*, Handbuch der Deutschen Rechtsgeschichte, Bd. I, S. 7.

[338] Dies ist die Rechtsgeschichte zweifellos auch; *Schönfeld*, Vom Problem der Rechtsgeschichte, S. 340.

[339] *Schönfeld*, Vom Problem der Rechtsgeschichte, S. 341.

[340] *Schönfeld*, Vom Problem der Rechtsgeschichte, S. 341.

[341] Nach Landsberg bleibe die Rechtsgeschichte auch weiterhin eine Dienerin der Dogmatik, „sonst wird gerade jene Lebensader abgeschnitten, sie zum Antiquitätenkram, die Dogmatik zur Geschichtslosigkeit verdammt"; *Landsberg*, ZRG GA 27 (1906), S. 334.

[342] Hierfür spricht auch, dass Brunner den ersten Band des großen Werks von Otto von Gierke, dem „*Recht der Genossenschaft*", der ausschließlich die Geschichte der Genossenschaft zum Inhalt hatte, fast als eine „*Rechtsgeschichte unter dem Gesichtspunkt der Genossenschaft*" (*Brunner*, Grundzüge der deutschen Rechtsgeschichte, 1903, S. 3) darstellt.

Festzuhalten bleibt, dass die Darstellung der deutschen Rechtsgeschichte über den Umweg des systematischen Aufbaus zu einer modifizierten Erfassung der Thematik gelangte. Das „*Lehrbuch*" ist insoweit Musterbeispiel für die sich gegen Ende des 19. Jahrhunderts durchsetzende synchronistische Darstellungsmethodik.

e) Der Übergang zur juristischen Rechtsgeschichte

In der synchronistischen Darstellung des „*Lehrbuchs*" klingen bereits die erheblichen Umwälzungen an, denen die rechtsgeschichtliche Forschung des ausgehenden 19. Jahrhunderts unterworfen war. Böckenförde bezeichnet diese Phase als den „*Übergang zur „juristischen" Rechtsgeschichte*". Gemeint ist damit der Durchbruch des juristischen Denkens auch auf die verfassungs- und rechtsgeschichtliche Forschung mittels einer formalbegrifflichen Behandlung der Materie; die Rechtshistoriker der achtziger und neunziger Jahre des 19. Jahrhunderts wurden sich ihrer spezifischen juristischen Vorbildung wieder bewusst und gingen die Rechtsquellen entsprechend an. Anders als durch Eichhorn wurden rechtsgeschichtliche Entwicklungen jetzt nicht mehr bloß beschrieben, klassifiziert und geordnet, sondern mit juristischen Begriffen durchsetzt: „*Rechtsgeschichte*", so fasste es von Amira knapp zusammen, „*ist nicht bloß Geschichte, sondern auch Jurisprudenz*". Dies bedeutete, „*dass keine Geschichte möglich [ist] ohne juristisches Denken mit jenen scharfen Begriffen, wodurch die Wissenschaft sich die Welt der Rechtssätze unterwirft*"[343]. Einigkeit herrschte insoweit, als das vergangene Recht juristisch-begrifflich dargestellt sowie beurteilt und damit dem systematischen Rechtsbegriff der eigenen Zeit zwangsläufig unterworfen werden müsse.[344]

Insbesondere hinsichtlich der Rechtsquellen setzte sich die Erkenntnis durch, dass diese einer „*spezifisch juristischen Behandlungsweise*", d.h. einer juristischen Konstruktion bedurften; ansonsten würde gänzlich unjuristisch an „*rechtlich zufällige Merkmale und Äußerlichkeiten*"[345] angeknüpft. Dabei versuchte man, den Begriffen eine gewisse Elastizität der Interpretation zuzugestehen, um ihnen ein „wirklichkeitsgesättigteres" Gepräge zu geben.[346] Von Amira ging sogar davon aus, dass gerade aus der Beschäftigung mit der modernen

---

[343] Zitiert bei *Böckenförde*, Die deutsche verfassungsgeschichtliche Forschung im 19. Jahrhundert, S. 191 Fn. 67.

[344] *Böckenförde*, Die deutsche verfassungsgeschichtliche Forschung im 19. Jahrhundert, S. 192; *Sohm*, Von der deutschen Rechtswissenschaft, S. 43–46.

[345] *Heusler*, Institutionen des Deutschen Privatrechts Band I (1885), S. 4; *Böckenförde*, Die deutsche verfassungsgeschichtliche Forschung im 19. Jahrhundert, S. 186; *Kroeschell*, Zielsetzung u. Arbeitsweise der Wissenschaft vom gemeinen dt. Privatrecht, S. 26.

[346] *Mitteis*, Vom Lebenswert der Rechtsgeschichte, S. 73; *Coing*, System, Geschichte und Interesse, S. 109.

Dogmatik die besten Anregungen für historische Forschungen zu beziehen seien.[347]

Sohm und früher noch von Ihering[348] waren die vehementesten Vertreter des neuen Ansatzes[349]. Letzterer forderte neben der „rezeptiven" eine „produktive" Rechtsgeschichte und protestierte zudem heftig gegen die Vermengung von Rechtsdogmatik und Rechtsgeschichte, wie sie sich in der Folge der Lehre von der Historischen Rechtsschule herausgebildet hatte[350]. Ganz im Sinne der streng juristisch-begrifflichen Systematisierung des geschichtlichen Rechts wollte Sohm, neben von Roth, die Strukturen früherer Epochen mit Hilfe von rechtlichen Definitionen juristisch erfassen:

> „Seine [sc. Sohms, Anmerkung der Verfasserin] Unerbittlichkeit in der Begriffsbildung machte die Einsicht zum Gemeingut, dass Rechtsgeschichte nicht bloß Geschichte, sondern auch Jurisprudenz ist, d.h. dass keine Rechtsgeschichte möglich [ist] ohne juristisches Denken mit jenen scharfen Begriffen, wodurch die Wissenschaft sich die Welt der Rechtssätze unterwirft"[351].

Im Ergebnis unterwarf man die Rechtsgeschichte damit einer gänzlich unhistorischen Dogmatik, so dass die jungen Rechtshistoriker der neuen Generation selbstbewusst *„das mühsam von Eichhorn und Savigny errichtete Gebäude vollständig abbrachen und durch einen Neubau ersetzten, bei dem kein Stein auf dem anderen blieb"*[352].[353] Dabei wurde jedoch übersehen, dass die zur Umschreibung bestimmter Phänomene verwendeten Begriffe Ausdruck der gesellschaftlichen und politischen Gegebenheiten des 19. Jahrhunderts waren und des-

---

[347] *von Schwerin*, ZRG GA 51 (1931), S. XXXVI.

[348] Vgl. *Sohm*, Gerichtsverfassung, S. XVI f.; *von Ihering*, Gesammelte Aufsätze I, S. 1 ff.

[349] Dies ist umso erstaunlicher, als von Ihering als Schöpfer der „Interessenjurisprudenz" im scharfen Gegensatz zu Sohm als Hauptvertreter der „Begriffsjurisprudenz" steht; vgl. hierzu auch *Fehr*, ZRG GA 38 (1917), S. LX; für von Ihering war Dogmatik, was sich als Inhalt des Rechts über die Zeiten „abgelagert" hatte; *Fikentscher/Himmelmann*, Rudolph von Iherings Einfluss auf die Dogmatik und Methode des Privatrechts, S. 96, wobei Dogmatik den Gegensatz zur Historik des Rechts bildet.

[350] *Böckenförde*, Die deutsche verfassungsgeschichtliche Forschung im 19. Jahrhundert, S. 186; *ders.*, Die Historische Rechtsschule und das Problem der Geschichtlichkeit des Rechts, S. 26; *Senn*, Rechtshistorisches Selbstverständnis im Wandel, S. 38; *von Ihering*, Gesammelte Aufsätze, Band 1, S. 3/4 f.; *Giaro*, Ius Commune 21 (1994), S. 41.

[351] Zitiert bei *Böckenförde*, Die deutsche verfassungsgeschichtliche Forschung im 19. Jahrhundert, S. 191 Fn. 67; in gleiche Richtung geht die Charakterisierung von *Hans Fehr*, ZRG GA 38 (1917), S. LIX.

[352] *Roth*, Krit. Vjs. 16 (1874), S. 192; *Hübner*, Karl Friedrich von Eichhorn und seine Nachfolger, FS Brunner, S. 835.

[353] Neben Rudolf Sohm und Paul Laband waren es Andreas Heusler und Otto Gierke, die sich für eine modernere Aufarbeitung der deutschen Rechtsgeschichte einsetzten. FS Brunner, S. 835; *Böckenförde*, Die deutsche verfassungsgeschichtliche Forschung im 19. Jahrhundert, S. 199; in Ansätzen *Köbler*, Wege deutscher Rechtsgeschichte, FS Kroeschell, S. 185/188.

halb nicht ohne weiteres übertragen werden konnten. Beispielhaft sei die Definition der „Verfassung" angeführt. Materiell bezeichnet der Begriff eine juristische Absprache. In der Terminologie des 19. Jahrhunderts umfasste er hingegen die tatsächliche Teilhabe des Volkes an der Macht sowie die Sicherung der Grundrechte einzelner gegen den Staat.[354] Waitz oder Eichhorn verwenden ihn insoweit weniger methodisch und dogmatisch-juristisch als beispielsweise Sohm[355]. Fast schon bedenkenlos erfasst dieser in seiner Monographie „Die fränkische Reichs- und Gerichtsverfassung" rechtliche Aspekte der fränkischen Zeit mit induktiv gewonnenen juristischen Begriffen des 19. Jahrhunderts. Er war der Auffassung, auf diese Weise das vergangene Recht sogar besser darstellen zu können als die Zeitgenossen selbst.[356]

Auch das „Lehrbuch" weist die neuen Ideen in Ansätzen auf. Schroeder sah die Rechtsgeschichte nicht mehr allein historisch, sondern in einem systematisch-juristischen Kontext: Das Recht einschließlich der Verfassung in Abgrenzung zur politischen Geschichte muss seiner Ansicht nach juristisch begriffen werden. So orientiert sich auch die Gliederung des „Lehrbuchs" an den festen rechtlichen Definitionen, die der Terminologie des 19. Jahrhunderts entlehnt waren: Sie unterteilt für die germanische Urzeit in „Heeresverfassung" und „Gerichtsverfassung". So setzte sich Schroeder im Kapitel zur fränkischen Periode mit der „Rechtsbildung" sowie der Ausbildung von „fränkischen Reichsgesetzen" auseinander.[357] Diese begrifflich-juristische Rechtsgeschichte rügte Dahn, ein Vertreter der traditionellen Schule und der geschichtlichen Erforschung der Rechtsgeschichte, als „Rückschritt hinter Waitz und Eichhorn, weil in Willkür"; damit setzte er Schroeder mit Sohm gleich: Anders noch als Brunner, der „von geringen Dingen viel freier, welche ich für Fehler der Methode bei Ihnen und Sohm[358] halten muss", entfremde sich Schroeder der traditionellen Lehre; „Sohms und Ihre Ansichten müssen mit Nachdruck bekämpft werden.

---

[354] Das Wort taucht in der deutschen Sprache erstmals im 14. Jahrhundert auf; erst im Laufe des 19. Jahrhunderts wird ihm aber ein spezifischer juristischer Bedeutungsgehalt zuerkannt; vgl. zum Begriff der „Verfassung" *Pauly,* HRG Bd. V, Sp. 698 ff.; *Köbler,* Lexikon der europäischen Rechtsgeschichte.

[355] Vgl. *Sohm,* Gerichtsverfassung, S. XIII: „*Roth hat gezeigt, wie der Unterthanenverband [...] eine Grundlage [bildet], welche in neuester Zeit vom modernen Staat wieder zurückerobert worden ist. Die vorliegende Arbeit soll es versuchen, von dem Gebiet der Gerichtsverfassung aus den altdeutschen Staat als einen wirklichen Staat zu erweisen*".

[356] *Böckenförde,* Die deutsche verfassungsgeschichtliche Forschung im 19. Jahrhundert, S. 192; *Sohm,* Gerichtsverfassung Vorrede S. XVI f.; ähnlich *von Ihering,* Gesammelte Aufsätze Bd. I, S. 1 ff., insb. S. 3.

[357] Inhaltlich verweist er zwar auf die Werke insbesondere von Waitz wie auch von Eichhorn; vgl. bsp. Lehrbuch, 1. Auflage S. 29 Fn. 1; S. 33 Fn. 1, S. 106 Fn. 1, S. 143 Fn. 1.

[358] *Böckenförde,* Die deutsche verfassungsgeschichtliche Forschung im 19. Jahrhundert, S. 199.

Denn sie drohen, die herrschenden zu werden. [...] Wären Sie beide so unbedeutend wie so mancher Ihrer Nacheiferer, ich würde mich nicht so ereifert haben, Sie beide zu bekämpfen"[359].

Es bleibt zu klären, ob Schroeder in seinem methodischen Ansatz tatsächlich Sohm ähnelt oder ob vielmehr Parallelen zu Brunner auszumachen sind.

Sowohl Sohms als auch Brunners Werke sind der juristischen Rechtsgeschichte zuzuordnen. Im Gegensatz zu Sohm lehnte Brunner aber eine epocheübergreifende Verwendung von Begriffen ab: Indem man *„moderne Einteilungsrubriken und Begriffe, die selbst erst ein Ergebnis der historischen Entwicklung sind, in Perioden hineinträgt, denen sie völlig fremd waren"*, werde *„gegen das in der Rechtsgeschichte waltende Grundgesetz der Differenzierung der Rechtsinstitute"*[360] verstoßen. Brunner ging es also darum, mittels genauer juristischer Definitionen die Zeit der Vergangenheit zu beschreiben[361] und damit die geschichtlichen Verhältnisse sachgerecht zu erfassen. Die Rechtsgeschichte begriff er streng dogmatisch: Alles, was nicht in diesem Sinne erfasst werden könne, müsse man als *„totliegenden Stoff"*[362] ansehen. Aufgabe des Rechtshistorikers sei es somit, die in den Urkunden enthaltenen Formulierungen, die bereits eine Vorprägung enthielten, mit allen Mitteln moderner Hermeneutik zur Entfaltung zu bringen[363]. Statt moderne Begriffe zu übertragen, sollte der fragliche Begriff aus seiner Zeit, insbesondere aus dem Sachzusammenhang heraus, interpretiert werden. Mit dieser Auslegung der juristischen Rechtsgeschichte stand Brunner der von Waitz und Eichhorn vertretenen historisch geprägten Rechtsgeschichte näher als Sohm, der auch als Historiker völlig Jurist war.

Schroeder ist in seiner Ausrichtung weniger eindeutig: Einerseits bediente auch er sich, ebenso wie Sohm, intensiv juristischer Definitionen;[364] verwendete andererseits aber terminologisch vorbelastete Begriffe wesentlich behutsamer als Sohm. Damit steht er Brunner näher. So unterschied Schroeder zwischen der heutigen und einer früheren Sprache[365], sprach aber dennoch von ei-

---

[359] Felix Dahn an Schroeder vom 15.1.1888; UB HD Heidel.Hs. 3899.

[360] *Brunner*, Deutsche Rechtsgeschichte, Bd. I, S. 5.

[361] *Graus*, HZ 243 (1986) S. 551; Mitteis nennt diese Methode Brunners „juristisch-historische Analytik": „... was er und seine Schule von der Vorzeit tradierten, war nicht ein organisch gewachsener Wald mit allen seinen aufeinander bezogenen Funktionen, das waren gefällte, sauber geschichtete und entrindete Stämme"; *Mitteis*, Rechtgeschichte und Gegenwart, S. 507.

[362] *Mitteis*, Vom Lebenswert der Rechtsgeschichte, S. 48, derselbe Rechtsgeschichte und Gegenwart, S. 507; ursprünglich stammt dieser Ausspruch aber von *Brunner*, Die Landschenkungen der Merowinger und der Agilofinger, S. 2.

[363] *Mitteis*, Vom Lebenswert der Rechtsgeschichte, S. 48.

[364] Vgl. hierzu auch *Bader*, Zur rechtshistorischen Quellenlehre, S. 79; *Otto Brunner*, Land und Herrschaft, 2. Aufl., S. 133 ff.

[365] Verwiesen sei neben dem ausdrücklichen Bekenntnis hierzu in der Rezension zu Lehmanns *„Verlobung und Hochzeit nach den nordgermanischen Rechten des frühen*

nem „Privatrecht" zu urgermanischer, fränkischer oder mittelalterlicher Zeit oder von einem „Staat"[366]; ihm zufolge musste auch *„die unter ihren Fürsten zusammentretende Hundertschaftsversammlung als das ordentliche Gericht der altgermanischen Verfassung angesehen werden"*[367]. Indes führte er zusätzlich die tatsächlich in den Quellen verwendete Bezeichnung an,[368] um Verwechslungen, insbesondere hinsichtlich der epocheabhängigen Bedeutung vorzubeugen. Damit anerkannte Schroeder die spezifisch juristische Begriffsbelegung vergangener Epochen und überdeckte sie nicht mit modernen Definitionen. Er war vielmehr um eine getreue Erfassung der Besonderheiten der verschiedenen Epochen bemüht. Dies zeigt sich auch in der starken Betonung, die die Wirtschaftsgeschichte bei Schroeder erfährt. Der fast ausschließlich induktiv arbeitende Sohm schenkte dieser gesellschaftlichen Randerscheinung hingegen kaum Beachtung.[369]

Schroeders Beachtung der epochespezifischen Besonderheiten ist dennoch weniger konsequent als Brunners Ansatz, der die Termini einer Zeit trennscharf und damit juristisch voneinander abgrenzte. Seine Methodik gerät hingegen wesentlich historischer. Anders als Brunner, der die rechtsgeschichtliche Forschung durch übermäßige Betonung des juristischen Elements und dadurch bedingte Vernachlässigung der historischen Aspekte *„in eine gefährliche Isolierung"*[370] brachte, billigte Schroeder der Geschichte als solcher einen erheblichen eigenen Stellenwert zu. So interpretierte er auch nicht lediglich überlieferte Rechtsquellen, sondern fragte zudem nach der sogenannten *„Rechtswirklichkeit"*, d.h. der tatsächlichen Gültigkeit und Anwendung des damaligen Rechts einschließlich der Rechtstatsachen, des Lebensgefüges und damit auch der Sozialstruktur.[371] Entgegen Brunners scharfer Begrifflichkeit und fast über-

---

Mittelalters" (ZRG GA 6 (1885) S. 228; danach sei die Verwendung nichtjuristischer Begriffe, die weder in der älteren, noch in der heutigen Sprache eine rechtliche Färbung besäßen, nicht zu billigen) auf die vielfältigen Verweise auf frühere Rechtssprachen im *„Lehrbuch"*.

[366] Wobei Kern zutreffend darauf hinweist, dass das Mittelalter gerade kein Privatrecht oder keinen Staat kannte; *Kern,* HZ 120 (1919), S. 1.

[367] Lehrbuch, 1. Auflage, S. 35.

[368] Als Beispiele seien aus dem Kapitel zum fränkischen Privatrecht angeführt: *„die Ergebung in die Knechtschaft (obnoxiatio), ..., wurde durch einen Ergebungsakt von seiten des Knechts und einen Besitzergreifungsakt von seiten des Herrn vollzogen. Anders waren die Formen bei dem Vergeiselungsvetrage, da der Geisel zunächst nicht in die Knechtschaft, sondern nur in die Gewahrsam (custodia) des Empfängers gegeben wurde";* vgl. Lehrbuch, 1. Auflage S. 256.

[369] Vgl. hierzu *Fehr,* ZRG GA 38 (1917), S. LXII; ebenso *Kleinheyer/Schroeder,* S. 469.

[370] *Bader,* Heinrich Mitteis, S. 582/XIII.

[371] *Krause,* HZ 209 (1969), S. 17; *Otto Brunner,* Moderner Verfassungsbegriff und mittelalterliche Verfassungsgeschichte, S. 8; *ders.,* Land und Herrschaft, S. 116 ff., insbesondere S. 125; ähnlich *Bader,* Aufgaben und Methoden des Rechtshistorikers, S. 7 f./39 f.

mäßiger Betonung des juristischen Elements der Rechtsgeschichte, die die sozial- und kulturgeschichtlichen Bezüge des Rechts weitestgehend vernachlässigt hatte, legte Schroeder erheblichen Wert auf die Zusammenhänge zwischen Kultur, Sozial- und Rechtsgeschichte. Dadurch sind seine Argumentationslinien freilich weit weniger griffig als die vergleichbaren Passagen im Brunnerschen Lehrbuch.[372] Allerdings gelang ihm dadurch eine einzigartige Verquickung von juristischer Rechtsgeschichte mit historisch geprägten Ansätzen. Schroeder war eben, wenngleich er sich selbst immer als *„Jurist"* bezeichnete, doch auch zu einem erheblichen Anteil Historiker.

Festzuhalten ist, dass Schroeders *„Lehrbuch"* der „juristischen" Rechtsgeschichte zuzuordnen ist. Mittels dogmatischer Konstruktion gelang es ihm, geschichtliche Aspekte in rechtlicher Hinsicht genau zu begreifen und die Rechtsgeschichte juristisch zu erfassen. Diese Methodik anerkannte er aber nur insoweit, wie dadurch die Eigentümlichkeiten rechtlicher Begriffe innerhalb einer Epoche berücksichtigt werden konnten. Zur trennscharfen Erfassung eines Begriffs kombinierte er jedoch juristische Methodik mit der Authentizität der Quellen. Die von Sohm angewandte, meist *„beweislose"*[373] Argumentation, die sich ausschließlich auf die logische juristische Konstruktion[374] induktiv gewonnener Begrifflichkeiten statt auf die quellenmäßige Begründung einer These stützte, kann ihm somit nicht vorgeworfen werden. Sohm, der aus der Schule der Romanisten kam und dessen Verstand *„römisch geschult"*[375] war, steht vielmehr im Gegensatz zu dem rein germanistisch geprägten Schroeder. Insoweit ist Dahns Kritik an Schroeders Methodik nur zum Teil berechtigt.

f) Schroeders Quellenarbeit

Die von Schroeder im *„Lehrbuch"* unternommene Quellenarbeit zeichnet sich durch verschiedene Prinzipien aus, insbesondere die Heranziehung nichtjuristischer Quellen, die epocheübergreifende Analogiebildung sowie die Verwendung nichtgermanischer Rechtsquellen. Letztere wird gerade in den Kapiteln zur fränkischen und der mittelalterlichen Periode deutlich. Schroeder begründete dieses Vorgehen damit, dass *„die rechtlichen Zustände Frankreichs, Englands (seit der normannischen Eroberung) und wohl auch Spaniens"* vorwie-

---

[372] Diese allzu scharfe Begrifflichkeit, die mit einer Vernachlässigung der kultur- und sozialgeschichtlichen Bezüge des Rechts einhergeht, stößt in der Gegenwart zunehmend auf Kritik; vgl. *Kleinheyer/Schröder*, S. 469; *Bader*, ZRG GA 95 (1978), S. 186 ff.

[373] *Gierke*, Genossenschaftsrecht Band II, S. 17 Anm. 4.

[374] *Böckenförde*, Die deutsche verfassungsgeschichtliche Forschung im 19. Jahrhundert, S. 197.

[375] *Fehr*, ZRG GA 38 (1917), S. LXIII.

gend auf den Grundlagen des fränkischen Rechts beruhten und damit auch das mittelalterliche deutsche Recht beeinflusst hätten.[376]

Erheblich bedeutsamer in wissenschaftlicher Hinsicht ist jedoch die fach- und epocheübergreifende Quellennutzung. Schroeder stützte sich nicht allein auf juristische Quellen wie öffentliche oder private Urkunden. Vielmehr zog er, ähnlich Jacob Grimm[377] und Gebauer[378], auch rechtsfremde Quellen, etwa mittelalterlicher Literatur und insbesondere Prosa, heran[379]:[380] *„Wichtiger sind die mhd. Gedichte, für deren Verwendung im einzelnen die Heimat des Dichters massgebend sein musste"*[381]. Anders als Grimm, der nur auf die Heranziehung von Poesie abzielte und das ältere deutsche Recht durch eine gerade nicht fachlich-juristische Sprache, sondern durch Symbole, Handlungen oder Zahlen zu erfassen suchte,[382] erkannte Schroeder in den Quellen das juristische Gedankengut einer Zeit. Rechtsaltertümer und Poesie hatten für ihn lediglich die Funktion, den aus rein juristischen Quellen, wie Urkunden gewonnenen Gehalt zu untermauern. Mit dieser Methodik folgte er Walter, nach dem *„ohne die Angaben von Quellen eine historische Darstellung, sei sie auch noch so glänzend, nicht für Männer der Wissenschaft, sondern nur für Dilettanten Werth"*[383] habe.

Daneben erweiterte er das auszuwertende Material um epochefremde Quellen:[384] *„Diese Methode ist, vorsichtig angewendet, durchaus gestattet, wenn es*

---

[376] Lehrbuch, 4. Auflage, S. 2.

[377] *Ebel*, Jacob Grimm und die deutsche Rechtswissenschaft, S. 25.

[378] Vgl. *G. Gebauer*, Vestiga juris Germ. Antiqui in Cornelii Taciti Germania obvia, 1766; *Zoepfl*, Deutsche Rechtsgeschichte, 4. Aufl., S. 4; Gebauer hatte bereits Ende des 18. Jahrhunderts herausgearbeitet, dass sich in Dichtungen und Legenden häufig Sitten und Rechtsgewohnheiten einer Zeit widerspiegeln.

[379] So bedient er sich im Kapitel über die germanische Urzeit des Nibelungenliedes; Lehrbuch, 1. Aufl., S. 26, S. 28 Fn. 55; eine Verbindung zu fränkischer Zeit stellt er auf S. 35 (FN 16) her. Zudem zitiert er zum germanischen Privatrecht eine althochdeutsche Glosse (Lehrbuch S. 60 Fn. 64; S. 62 Fn. 78; ebenso Heranziehung von Literatur, S. 64 Fn. 90. Für die fränkische Zeit zitiert Schroeder Tacitus (Lehrbuch, 1. Auflage S. 115).

[380] Vgl. *„Beiträge zur Kunde des deutschen Rechts aus deutschen Dichtern überhaupt und aus den Dichtungen Konrads von Würzburg im besonderen"* (ZRG, VII 1868, S. 131–143); *„Corpus iuris germanici poeticum"* (Zeitschrift für dt. Philologie I, S. 257–272); dies anerkennt auch *Kraut*, Schroeder: Geschichte des ehelichen Güterrechts II/1, GGA 1868, S. 1645.

[381] Güterrecht II/1, Vorrede, S. X.

[382] Weniger um des Rechts, als um der Ermittlung der Gesamtkultur der Vergangenheit Willen untersuchte er die Rechtsgeschichte; *Dilcher*, Mittelalterliche Rechtsgewohnheit als methodisch-theoretisches Problem, S. 32 C 42/21; *ders.*, JuS 1985, S. 931–936; *Bader*, Historische Jahrbücher 74 (1955), S. 621 Fn. 4; *Wieacker*, Privatrechtsgeschichte der Neuzeit, 2., neubearbeitete Auflage S. 406.

[383] *Walter*, Deutsche Rechtsgeschichte, S. VI.

[384] Bei der epocheübergreifenden Analogiebildung handelte es sich um eine gegen Ende des 19. Jahrhunderts wohlgeübte Praxis der Erkenntnisgewinnung. Hierauf deu-

*sich, wie hier, um jüngere Zeugnisse über das Fortleben eines später abgestor-
benen Instituts (wie des Verfangenschaftsrechts) handelt"*[385]. Vielfach zwinge
allein schon die Lückenhaftigkeit des vorhandenen Stoffes hierzu: *"... Wo die
Quellen aus lauter Bruchstücken bestehen"*, müsse *"durch "Construction und
Reconstruction" die fehlende Verbindung hergestellt werden"*[386]. Gerade für die
germanische Urzeit, aus der bis auf Tacitus' Germania kaum schriftliche Zeugnisse des germanischen Rechtslebens überliefert seien, müsse auf jüngere Daten
zurückgegriffen werden.

Die Verarbeitung nichtjuristischer Quellen, wie Schroeder sie vorgenommen
hatte, wurde später von Bader und Freiherr von Künßberg wissenschaftlich per-
fektioniert;[387] letzterer zog volkskundliche Quellen heran, um aus ihnen Rückschlüsse auf rechtliche Entwicklungslinien zu ziehen.

g) Fortentwicklung des „Lehrbuchs der Deutschen Rechtsgeschichte"

Insgesamt erlebte das *„Lehrbuch"* sieben Auflagen. Jede einzelne sah Schroeder kritisch durch: *„Ich selbst weiß nur zu wohl, wie verbesserungswürdig sie
ist"*[388]. Sogar innerhalb einer Auflage korrigierte er die eigene Meinung aus
früheren Kapiteln.[389] Dies war auch erforderlich, da er, anders als die meisten
seiner Kollegen, nicht das gesamte Werk nach einer abschließenden Durchsicht,
sondern jeden fertiggestellten Abschnitt einzeln drucken ließ. Das Vorgehen
hatte zwar den Vorteil, dass die einzelnen Kapitel in sich geschlossen waren
und nicht durch später auftretende Meinungsstreitigkeiten wieder auseinander-
gerissen wurden; es ging aber zu Lasten der Aktualität des Gesamtwerkes.

Inhaltlich tauschte er sich mit Brunner aus[390] und übersandte diesem, den er
nicht als Konkurrenten, sondern als zu fördernden Mitbewerber ansah, sogar die

---

ten auch die von Schroeder angeführten Literaturverweise hin; Lehrbuch, 1. Auflage
S. 43.

[385] Vgl. *Schroeder*, Zur Geschichte des ehelichen Güterrechts, in: Krit. Vjs. 17
(1875), S. 77.

[386] Dahn an Schroeder vom 01.02.1888, UB HD Heidel.Hs. 3899; der Brief von
Schroeder an Dahn ist nicht erhalten; aus Dahns Reaktion ist jedoch zu entnehmen,
dass Schroeder eine auf Quellen fußende Auslegung förderte, sich aber gegen haltlose
Interpretation stemmte.

[387] Vgl. bsp. Rechtsgeschichte und Volkskunde in: Jahrbuch für historische Volkskunde 1925, Neubearbeitung 1965 von Pavlos Tzermias; vgl. hierzu auch *Bader*, Aufgaben und Methoden des Rechtshistorikers, S. 15/47.

[388] So schreibt Schroeder am 23.II.1902 an Ulrich Stutz: UA Zürich, Nachl. Stutz,
184.

[389] Vgl. Lehrbuch, 1. Aufl. S. 381.

[390] So schreibt Brunner: *„Wie mir Althoff erzählte, sind Sie mit einem Lehrbuch der
Deutschen Rechtsgeschichte zum Abschluss gekommen. Wann wird es erscheinen? Ich
interessiere mich lebhaft dafür, denn ich laboriere an einem Handbuch der D.R.G. für
Binding. Es soll drei Bände fassen. Vorläufig bin ich an Band I, germanische und*

ersten Druckbögen zur Berücksichtigung in dessen *„Deutscher Rechtsgeschichte"*. Schließlich war Schroeder die Aktualität und Vollständigkeit des Literaturverzeichnisses des eigenen Werkes selbst ein besonderes Anliegen. Jede ihm bekannt werdende neue Abhandlung arbeitete er ein. Selbst die Festschrift, die Stutz ihm, seinem *„Meister"*, namens der Universität Zürich zum 70. Geburtstag darbrachte, sah er weniger als Ehrung, denn als wissenschaftlichen Beitrag: *„Mit ganz außerordentlicher Freude habe ich Ihre prächtige Dedikation empfangen, gelesen, sowie sofort für meine hoffentlich noch zu erlebende DRG*[391] *6 ausgezogen"*[392].

Während die ersten vier Editionen weitgehend unverändert blieben, zeichnete sich die 1907 erschienene fünfte Auflage durch erhebliche Modifikationen aus: Neben einer deutlichen Erweiterung des Umfangs wies sie eine Aufteilung der Neuzeit in zwei Abschnitte auf, was die Fachwelt positiv aufnahm.[393] Daneben enthielt sie ein erweitertes Sach- und Wortregister und eine teilweise alphabetische Ordnung des Literaturverzeichnisses.[394]

Das Erscheinen der sechsten Auflage erlebte Schroeder nicht mehr: *„Sein ein und alles der letzten Jahre"*[395] konnte erst nach seinem Tod 1917 von Freiherr von Künßberg veröffentlicht werden, der die Arbeiten bewusst im Sinne des Verstorbenen weitergeführt hatte.[396] Dies geschah aus Pietät, aber wohl auch aufgrund von Meinungsverschiedenheiten mit den Erben des Verstorbenen, die sich strukturellen Änderungen des Lehrbuchs weitgehend widersetzt hatten.[397] So wies die 6. Auflage neben einigen redaktionellen Änderungen kaum Unter-

---

fränkische Zeit. Doch bin bis jetzt über den Deutschen Urwald noch nicht herausgekommen"; Brunner an Schroeder vom 24.2.1883, UB HD Heidel.Hs. 3899.

[391] Gemeint ist die *„Deutsche Rechtsgeschichte"*.

[392] Schroeder an Ulrich Stutz vom 19.08.1908, UA Zürich, Nachl. Stutz, 184.

[393] Diese Neuerung ging auf eine Anregung seines Freundes Bremer zurück, der vorgeschlagen hatte, die Französische Revolution als Grenze zu nehmen; His an Schroeder vom 27. Weinmonat 1907, UB HD Heidel.Hs. 3899; *Loening,* Juristisches Literaturblatt 20 (1908), S. 61; *Stutz,* ZRG GA 38 (1917), S. XLIX.

[394] *Loening,* Juristisches Literaturblatt 20 (1908), S. 61.

[395] Frieda Schroeder an Ulrich Stutz vom 06.01.1917, UA Zürich, Nachl. Stutz, 184.

[396] Vorwort *von Künßberg,* in: Lehrbuch der Deutschen Rechtsgeschichte, 6. Auflage; *Klauser,* In memoriam Eberhard Freiherr von Künßberg, Ruperto-Carola 29, S. 98; *„will man die Rg. als Schroeder herausgeben, d.h. in seinem Sinne, aus seinem Nachlass, so darf man sie jetzt nicht mehr teilen, darf die Spanne des Erscheinens der Teile nicht groß machen";* Brief Eberhard Freiherr von Künßberg an Verlagsanstalt Veit u. Cb. vom 22. Mai 1918, Heidel.Hs. 3900 III 30.

[397] Dies geht aus der Korrespondenz zwischen Eberhard Freiherr von Künßberg und dem Verlag Walter de Gruyter & Co. hervor, vgl. insbesondere Brief vom 16. November 1931, Heidel.Hs. 3900 III 30 sowie Korrespondenz der Kinder von Schroeder mit Freiherr von Künßberg, insbesondere vom 18.02.1917, Heidel.Hs. 3900 I 3.

schiede zur Vorauflage auf.[398] Die siebte und letzte Auflage erschien schließlich 1932, ebenfalls unter der Federführung von Künßbergs.

h) Die Entfaltung der deutschen Rechtsgeschichtsforschung im 20. Jahrhundert

1915 urteilte Ulrich Stutz: *„Unsere deutsche Rechtsgeschichte befindet sich seit fast einem Menschenalter in der beneidenswerten Lage, von denen, durch die sie zu einem guten Teil das wurde, was sie ist, auch als Ganzes dargestellt zu werden"*[399].

Mit der Rückkehr zum chronologischen Aufbau und der gleichzeitigen weitgehenden Abkehr von der politischen Geschichte fand die Transformation der rechtsgeschichtlichen Darstellung mit der Rechtshistorikergeneration um Schroeder ihren endgültigen Abschluss.[400] Erst die Eckhardtsche Studienreform[401] von 1935, welche die deutsche Rechtsgeschichte in *„Germanische Rechtsgeschichte"*[402] und *„Privatrechtsgeschichte der Neuzeit"*[403] unterteilte, bewirkte wieder eine Umstrukturierung. Damit war das Schroedersche Lehr-

---

[398] 1928 übernahm von Künßberg auch die Fortführung der von Schroeder in der Sammlung Göschen erschienenen *„Deutschen Rechtsgeschichte"*; Brief Verlag Walter de Gruyter an Freiherr von Künßberg vom 6.6.1928, Heidel Hs 3900.

[399] *Stutz*, ZRG GA 36 (1915), S. XXXV.

[400] *Senn*, Rechtshistorisches Selbstverständnis im Wandel, S. 36; dieser weist hierbei darauf hin, dass in Heinrich Brunners Deutscher Rechtsgeschichte dieser Aspekt im Imperfekt geschildert ist.

[401] Karl August Eckhardt war im Reichswissenschaftsministerium Referatsleiter; er berief zusammen mit dem Fachgruppenleiter Carl Schmitt eine Tagung der Hochschullehrer im BNSDJ ein, die am 20. und 21.12.1934 stattfand; *Klippel*, Entstehung und heutige Aufgaben der „Privatrechtsgeschichte der Neuzeit", FS Kroeschell, S. 153 f.; vgl. zur Eckhardtschen Studienreform *Schwab*, KJ 2 (1969), S. 66; hiernach war eine Unterteilung in Germanische bzw. Deutsche Rechtsgeschichte für das erste Studiensemester vorgesehen, während die historisch-dogmatische Vorlesung „Deutsches Privatrecht" ganz entfallen sollte. Damit hatte man sich gegen die historische Rechtswissenschaft und für eine Entwicklungsgeschichte des deutschen Rechts entschieden; ebenfalls zu den Auswirkungen der Unterteilung der Rechtsgeschichte, *Hedemann*, Privatrechtsgeschichte der Neuzeit – Ein Versuch, FS Hübner, S. 5 ff.; *von Schwerin*, Schriften der Akademie für deutsches Recht, Gruppe Rechtsgrundlagen und Rechtsphilosophie, Heft 7, 1938, S. 37 ff.; Zur Erneuerung des Bürgerlichen Rechts).

[402] Zutreffend weist Bader darauf hin, dass auch die „germanische Rechtsgeschichte", wie sie von 1935 bis 1945 vertreten wurde, nur dem Namen, nicht aber dem Inhalt nach „germanisch" sei, sondern immer noch deutsch; *Bader*, Die Einheit der Rechtsgeschichte, S. 267 Fn. 27.

[403] Die Privatrechtsgeschichte der Neuzeit umfasst dabei die Geschichte privatrechtlicher Ideen, Dogmen und Institutionen seit dem Mittelalter. Ihren Schwerpunkt bildet die Verwissenschaftlichung der Rechtspflege im Zuge der Rezeption des von mittelalterlichen Rechtsschulen Oberitaliens wiederentdeckten und bearbeiteten alten römischen Rechts; *Laufs*, JuS 1976, S. 65; vgl. hierzu ebenso *Klippel*, Entstehung und heutige Aufgaben der „Privatrechtsgeschichte der Neuzeit", FS Kroeschell, S. 145 ff.

buch im Aufbau wie auch in seiner inhaltlichen Aufbereitung überholt, da es die gesamte Rechtsgeschichte von der Ur- bis in die Neuzeit hinein einheitlich darstellte. Einzig Planitz'[404] „Germanische Rechtsgeschichte", die in den dreißiger Jahren des 20. Jahrhunderts veröffentlicht wurde, stand in wesentlichen Punkten – genannt seien der synchronistische Aufbau oder die Heranziehung epochefremder Quellen – noch in der Tradition des Schroederschen Lehrbuchs. Die Mehrheit der Forscher konzentrierte sich dagegen auf die Durchleuchtung der Rechtsgeschichte vor dem Hintergrund des nationalsozialistischen Gedankenguts sowie auf eine Rechtserneuerung im Sinne des germanischen Rechts.[405]

Erst nach dem Zusammenbruch des Dritten Reiches kam es wieder zu einer intensiveren Beschäftigung mit der deutschen Rechtsgeschichte; die neue Forschergeneration wollte keine germanische oder neuzeitliche, sondern eine „Deutsche Rechtsgeschichte" schreiben und auf diese Weise an die großen Hand- und Lehrbücher des 19. Jahrhunderts anknüpfen. Besonders Hermann Conrad[406] lehnte seine „Deutsche Rechtsgeschichte"[407] an Schroeders Werk an und gliederte synchronistisch.[408] In gleiche Richtung geht die erstmals 1949 als Grundriss veröffentlichte „Deutsche Rechtsgeschichte" von Heinrich Mitteis, die sich in den Folgeauflagen mehr und mehr zu einem kleinen Lehrbuch entwickelte.

Conrads und Mitteis' Werke erfassen das gesamte, jeweils gültige Recht bis in die Gegenwart hinein und suchen eine Verbindung zum gegenwärtigen Recht. Dagegen zielte die rechtsgeschichtliche Forschung und Darstellung, wie Schroeder sie betrieb, auf die Herausarbeitung eines geschichtlichen Zusammenhangs zu den Ursprüngen des deutschen Rechts:[409] Ihm ging es darum, unter Berück-

---

[404] Hans Planitz (1882–1954), vgl. Köbler, Lexikon der europäischen Rechtsgeschichte.

[405] Kroeschell, DRG III, S. 259; Schwab, KJ 2, S. 58 ff.

[406] Conrad hatte die zweite Auflage des ersten Bandes seiner Deutschen Rechtsgeschichte, die 1962 erschien, dem kurz zuvor verstorbenen Hans Planitz gewidmet.

[407] Conrads „Deutsche Rechtsgeschichte" ist das jüngste große Lehrbuch der Deutschen Rechtsgeschichte. Spätere Darstellungen wie die „Deutsche Rechtsgeschichte" von Eisenhardt oder Kroeschells dreibändige „Deutsche Rechtsgeschichte" haben mehr den Umfang von Grundrissen zur schnellen Vermittlung der wichtigsten rechtshistorischen Fakten; gleiches gilt für Fehr, Deutsche Rechtsgeschichte.

[408] Conrad nennt bei der Stoffeinteilung die Punkte „Germanische Zeit", „Fränkische Zeit", „Mittelalter" und „Neuzeit" und übernimmt damit die von Schroeder verwendete klassische Gliederung; die Gliederung in „äußere (allgemeine) und innere (besondere) Rechtsgeschichte" sei der älteren Lehre zuzurechnen und „in der neueren Lehre [...] aufgegeben" worden; Conrad, Deutsche Rechtsgeschichte I, S. XX; auch Fehr stellt in seiner Deutschen Rechtsgeschichte nicht die synchronistische Gliederung in Frage, sondern den von den einzelnen Perioden umfassten Zeitraum; Fehr, Deutsche Rechtsgeschichte, 6. Auflage, Vorrede S. VIII.

[409] Otto Brunner, HZ 209, S. 11.

sichtigung des Kontinuitätsgedankens die germanisch-fränkisch-deutsche Linie zu ergründen.

Die rechtsgeschichtliche Forschung nach 1945 musste dagegen von gänzlich anderen Rahmenbedingungen ausgehen: Eine Darstellung der rechtlichen Kontinuität von der Ur- bis in die Neuzeit war durch die Forschungen während des Dritten Reiches weitestgehend abgeschlossen. Zudem stand die Wissenschaft noch unter dem Schock der Glorifizierung des Germanentums, wie sie im Nationalsozialismus ad absurdum getrieben worden war.[410] Dagegen schien eine Verbindung der deutschen Rechtsgeschichte zum gegenwärtigen Recht unbelastet.

Nicht zu verwechseln ist diese neue Ausrichtung allerdings mit der Historischen Rechtsschule Savignyscher Prägung[411]: Die rechtsgeschichtliche Forschung nach Ende des Zweiten Weltkrieges war wesentlich emanzipierter als die historische Quellenforschung zu Beginn des 19. Jahrhunderts und ließ sich nicht mehr auf die Funktion einer Hilfswissenschaft beschränken. Statt dessen wollte sie als eigenständiger Ansatz erläuternde Hilfestellungen zum Verständnis des gegenwärtigen Rechts geben. Entscheidende Bedeutung kam dabei der Aufgabe zu, grobe Entwicklungslinien und die Verbindung unterschiedlicher humanwissenschaftlicher Fächer zu reflektieren[412]; damit ist sie zukunftsbezogen, während Schroeders Ansatz aufgrund seiner strengen Beachtung des Kontinuitätsaxioms der Vergangenheit des Rechts zugewandt ist.

Unabhängig von dieser grundsätzlichen Ausrichtung wandte man sich in Aufbaufragen wieder der Methodik zu, die sich gegen Ende des 19. Jahrhunderts als zweckmäßig herausgebildet hatte. Übernommen wurde der synchronistische Aufbau der „klassischen" deutschen Rechtsgeschichte, deren Ordnungs- und Abgrenzungskriterien sowie die ihr inhärente Methodik. Dagegen verzichtete man zunächst weitgehend auf eine Darstellung der kulturhistorischen Rahmenbedingungen und beschränkte sich vielmehr auf die nüchterne Erfassung des Rechts und seiner Entwicklung.

Erst in neuester Zeit erlebt die Erkenntnis, dass Rechts- und Kulturgeschichte untertrennbar zusammenhängen, mit den Arbeiten von Adolf Laufs eine Renaissance. Im Sinne einer Rechtswirklichkeit verbindet er Kultur- und Sozialgeschichte mit der Rechtsgeschichte[413] und betont in seinen „Rechtsentwicklun-

---

[410] Vgl. hierzu in Bezug auf die Heranziehung der Weistümer sowie anderer ländlicher Rechtsquellen; *Birr,* ad fontes 2001, S. 50 f.; *Messerschmidt,* KJ 88, S. 122 ff., insbes. S. 130; *Klippel,* Entstehung und heutige Aufgaben der „Privatrechtsgeschichte der Neuzeit", FS Kroeschell, S. 152 f.

[411] Savignys Ansatz ging von einer dienenden Funktion der Rechtsgeschichte für das zeitgenössische Recht aus.

[412] *Dilcher,* NJW 1996, S. 3259.

[413] Schon Georg von Below und Heinrich Zoepfl hatten auf die Bedeutung von biographischen Arbeiten als Quelle des Rechts hingewiesen; *von Below,* Die deutsche

gen in Deutschland" die Bedeutung von Juristen als den eigentlichen Trägern und Übermittlern des Rechts. Die Darstellung des Rechts anhand von Lebensläufen bedeutender Juristen gewinnt seit Anfang der achtziger Jahre des 20. Jahrhunderts immer weiter an Bedeutung. Insbesondere Bernd-Rüdiger Kern[414] und Klaus-Peter Schroeder[415], beide Schüler von Adolf Laufs, verdienen Erwähnung. Gerade Klaus-Peter Schroeders *„Rechtsgeschichte in Lebensbildern"* ordnet rechtshistorische Fakten repräsentativen Rechtspersönlichkeiten aus der jeweiligen Epoche zu und lässt so die Rechtswirklichkeit deutlich in den Vordergrund treten. Damit geht eine Historisierung der Rechtsgeschichte einher, die im Gegensatz zur mehr juristisch geprägten Rechtsgeschichte Sohmscher oder Brunnerscher Manier steht.

Dem ähnelt die von Wieacker Mitte des 20. Jahrhunderts entwickelte ideengeschichtliche Erfassung der Rechtsgeschichte; Wieacker wollte sich indes nicht darauf beschränken, eine *„wirkliche Gestalt vom einstigen Rechtsleben zu entwerfen"* und dieses *„feinfühlig und ausführlich"* zu beschreiben,[416] sondern außerrechtliches Gedankengut berücksichtigen und verwerten.[417] Mit dieser Ausrichtung steht er zwar Schroeders Methodik einer ganzheitlichen Erfassung des historischen Rechts nahe; sein Vorgehen ist jedoch wesentlich juristischer: Rechtsgeschichte darf nach Wieacker nicht neutral angegangen, sondern muss aus der spezifischen Perspektive des Juristen betrachtet werden.[418] Die Eigen-

---

Geschichtsschreibung von den Befreiungskriegen bis zu unseren Tagen, S. 124; *Zoepfl,* Deutsche Rechtsgeschichte, S. 4.

[414] Kerns Schriften beschränkten sich zwar auf seine Dissertation über Georg Beseler, allerdings hat er mehrere rechtsgeschichtliche Dissertationen biographischen Inhalts wie Bettina Scholzes Werk über Otto Stobbe, Susanne Schmidt-Radefeldts Arbeit über Carl Friedrich von Gerber oder Annett Böhms Schrift zu Arthur Philipp Nickisch betreut.

[415] *Klaus-Peter Schroeder,* Vom Sachsenspiegel zum Grundgesetz – Eine deutsche Rechtsgeschichte in Lebensbildern, München 2001; *ders.,* Felix Dahn – Rechtsgelehrter und Erfolgsautor, in: NJW 1986, S. 1234 f.; *ders.,* Gottlieb Planck (1825–1910) – „Ziehvater" des BGB, in: JuS 2000, S. 1046–1051; *ders.,* Eike von Repgow – Schöpfer des Sachsenspiegels; in: JuS 1998, S. 776–781; *ders.,* Robert von Mohl (1799–1875) – Staatsrechtslehrer und erster Reichsjustizminister Deutschlands, in: NJW 1998, S. 1518–1525; *ders.,* Adolf Wach (1843–1926) – ein „Klassiker" der modernen deutschen Prozessrechtswissenschaft, in: JuS 1997, S. 103–107; *ders.,* Der Dreißigjährige Krieg, das Alte Reich und Samuel von Pufendorf (1632–1694), in: JuS 1995, S. 959–965; *ders.,* Ulrich Zasius (1461–1535) – Ein deutscher Rechtsgelehrter im Zeitalter des Humanismus, in: JuS 1995, S. 97–102; *ders.,* Sebastian Brant (1458–1521) – Jurist, Humanist, Poet, in: NJW 1994, S. 1905–1911; *ders.,* Philipp Jacob Siebenpfeiffer und seine Zeit – ein rechtshistorisches Kolloquium in Homburg/Saar, in: NJW 1990, S. 1973; *ders.,* Karl Gottfried Nadler – Ein Poet und Advokat aus der Kurpfalz, in: NJW 1990, S. 1963–1966; *ders.,* Zwischen Pflicht und Neigung – Josef Victor von Scheffels Studien- und Praktikantenjahre, in: JuS 1986, S. 10–14.

[416] Diesen Ansatz greift Bader 1942 auf; *Bader,* Hist. Jb. 1942/43, S. 90 ff.; insb. S. 104 ff.

[417] *Bader,* Hist. Jb. 1942/43, S. 106.

[418] Vgl. hierzu *Wesel,* KJ 7 (1974), S. 340 ff.

ständigkeit der Rechtsgeschichte sowohl gegenüber der eigentlichen Geschichte als auch hinsichtlich der dogmatischen Jurisprudenz ergibt sich für ihn aus der Notwendigkeit der Rechtserfahrung.[419] Damit bekennt er sich zu der von Ihering und Sohm begründeten Forschungsrichtung; anders als Schroeder, der dem historischen und damit auch kulturgeschichtlichen Zusammenhang des Rechts erhebliche Bedeutung beimisst, zieht Wieacker kulturgeschichtliche Aspekte nur im begrenzten Maße heran.

Darüber hinaus stellt er die geisteswissenschaftlichen Voraussetzungen des Privatrechts unter Vernachlässigung der chronologischen Periodengliederung in Verflechtung mit dem Ganzen der europäischen Rechtskultur und gerade nicht begrenzt auf das deutsche Recht dar.[420] Folge ist die Verwischung des Gegensatzes zwischen Romanisten und Germanisten.[421]

Dagegen ist Schroeders Ansatz streng germanistisch und vernachlässigt das römische Recht weitgehend. Er ist Germanist, und diesen sei vorzuwerfen, *„dass sie in einer zu scharfen Betonung des nationalen Elements die gemeinsamen europäischen Bewegungen des nachrömischen Rechtes viel zu wenig als solche gekennzeichnet"*[422] hätten.[423] Schroeder kann sogar als germanistischer Germanist[424] eingeordnet werden; nicht nur die von ihm behandelte Materie des germanischen in Abgrenzung zum römischen Recht, auch seine Methodik der Stoffbearbeitung ist germanistisch. Im Gegensatz zu den mit römisch-rechtlichen Instrumentarien arbeitenden Romanisten – zu nennen sind hier insbesondere Sohm oder von Gerber – stützte sich Schroeder vornehmlich auf die Auswertung der deutschrechtlichen Quellen. Das römische Recht sowie römisch-

---

[419] *Wesel,* KJ 7 (1974), S. 341.

[420] *Wieacker,* Privatrechtsgeschichte der Neuzeit, S. 13; *Wolf,* Gedenkrede in memoriam Franz Wieacker, S. 36; vgl. zu diesem Ansatz auch *Hedemann,* Privatrechtsgeschichte der Neuzeit – Ein Versuch, FS Hübner, S. 15 f.; *Thieme,* HZ 209 (1969), S. 33.

[421] Vgl. hierzu auch *Laufs,* JuS 1976, S. 65.

[422] *Leonhard,* Das neue Gesetzbuch am Wendepunkt der Privatrechts-Wissenschaft, S. 26; der Ansatz, die Trennung zwischen römischer und deutscher Rechtsgeschichte aufzugeben, findet sich auch bei *von Moeller,* Die Trennung der deutschen und der römischen Rechtsgeschichte, Weimar 1905.

[423] In ähnliche Richtung geht die Forderung von Moellers nach einer Vereinigung von römischer und deutscher Rechtsgeschichte; *von Moeller,* Die Trennung der deutschen und der römischen Rechtsgeschichte.

[424] Mit Kern ist zwischen germanistischen Germanisten, germanistischen Romanisten, romanistischen Romanisten und germanistischen Romanisten zu unterscheiden, da sich die Begriffe „Germanist" und „Romanist" sowohl nach dem Gegenstand des zu behandelnden Stoffes als auch nach der Methode, den Stoff zu erfassen, bestimmen; *Kern/Dilcher/Kern,* ZRG GA 101 (1984), S. 16 f.; *ders.,* ZRG GA 100 (1983), S. 174 f.; die Germanisten sind demnach die Juristen die das deutsche Recht behandeln. Die germanistische Methodik zeichnet sich dabei durch Methodenvielfalt, Praxisbezogenheit, eine gewisse Begriffsfeindlichkeit sowie das Verständnis für das Leben und die Beobachtung des Lebens aus.

rechtliche Konstruktionsmodelle bemühte er nur insoweit, als es zum Verständnis und zur angestrebten Vollständigkeit der Ausführungen unbedingt erforderlich war. Eine Verbindung von römischer und deutscher Rechtsgeschichte im Sinne einer „Historia iuris" – das hätten schließlich die Erfahrungen des 18. Jahrhunderts gezeigt – erschien ihm dagegen fruchtlos. Die der Verkettung der unterschiedlichen Ansätze inhärente „dogmatische Brauchbarkeit"[425] verkannte er darüber jedoch. Hierfür spricht auch, dass man in Schroeders sonst so vollständigem Literaturverzeichnis Hinweise auf frühere Werke, die sich der Vereinigung von römischer und deutscher Rechtsgeschichte widmeten, vergeblich sucht.

Hinzu kommt, dass Wieackers „Privatrechtsgeschichte der Neuzeit" gerade nicht die deutsche Rechtsgeschichte seit ihren Anfängen darstellt, sondern sich zumindest thematisch auf die jüngere Epoche beschränkt.[426] Darüber hinaus geht er auch nicht mehr von einer nationalen, sondern von einer gesamteuropäischen Rechtsgeschichte aus.[427] Schroeder hingegen sah die Bedeutung der rechtsgeschichtlichen Forschung ausschließlich in der Herausarbeitung der germanisch-fränkisch-deutschen Linie. Die Entwicklung in anderen Staaten interessierte ihn nur am Rande und nur insoweit, als hierdurch Lücken in der germanischen, fränkischen oder deutschen Quellenlage geschlossen werden konnten. Aus einer allein auf das deutsche Recht und seine Entwicklung ausgerichteten Position heraus eine europäische Rechtsgeschichte zu schreiben, schien ihm daher unmöglich. Selbst die Anfrage, eine „Profanrechtsgeschichte des Mittelalters", wie er es entrüstet nannte, zu veröffentlichen, in der die rechtlichen Umstände nicht nur Deutschlands, sondern ganz Europas berücksichtigt würden, lehnte er empört ab: „Darauf könnte ich aber niemals eingehen, denn Frankreich, England, Spanien, Italien, Skandinavien und gar die slawischen und Balkangebiete liegen so sehr außerhalb meiner Arbeitskreise, dass ich darüber niemals etwas schreiben würde"[428].

Der Grund für diese rigorose Haltung liegt in der generellen Beurteilung des Rechts zu dieser Zeit: Das moderne Recht war im 19. Jahrhundert staatsgebunden; gemeinsam waren nur die römisch-rechtlichen Grundlagen. Entsprechend war auch die rechtshistorische Forschung zunächst nationale Geschichts- und Rechtsgeschichtsschreibung.[429] Die nationalgeschichtlich geprägte Schwerpunkt-

---

[425] *Landsberg,* ZRG GA 27 (1906), S. 335; *von Moeller,* Die Trennung der deutschen und der römischen Rechtsgeschichte, S. 43.

[426] Insgesamt spannt er aber argumentativ den Bogen vom corpus iuris civilis Justinians zur Gegenwart und erschließt diese Verbindung dem historischen Verständnis; *Dilcher,* Von der geschichtlichen Rechtswissenschaft zur Geschichte des Rechts, S. 114.

[427] Ebenso *Coing,* Europäische Grundlagen des modernen Privatrechts, S. 10 f.

[428] Schroeder an Stutz vom 09.05.1907, UA Zürich, Nachl. Stutz, 184.

setzung von Schroeder ist somit typisch. Sie tritt noch deutlicher zutage bei politisch engagierteren Wissenschaftlern wie Gierke oder Stobbe.

i) Das „Lehrbuch der Deutschen Rechtsgeschichte" in der Kritik seiner Zeit und heute

Ausführliche Rezensionen zu Schroeders „Lehrbuch" existieren, im Gegensatz zu Brunners „Deutscher Rechtsgeschichte" kaum. Dies liegt darin begründet, dass die wissenschaftliche Bedeutung von Lehrbüchern gegen Ende des 19. Jahrhunderts eher gering eingeschätzt wurde.[430]

Die wenigen vorhandenen Besprechungen beziehen sich fast ausschließlich auf die reichen Literaturverweise und umfassenden Quellenangaben. Solche Kritiken greifen jedoch zu kurz: Sie erfassen nur einen Teil der wirklichen Bedeutung des „Lehrbuchs". Wohl hebt sich Schroeders Werk gerade hierdurch von vielen vorangegangenen, parallel erschienenen und späteren Darstellungen ab, zumal die Fülle der Literatur in dieser Vollständigkeit bis heute kaum erreicht ist.[431] Doch ist damit seine Bedeutung keineswegs erschöpft. Schroeders „Lehrbuch" erhebt sich, wie ein Anonymus 1890 urteilte, in seiner Gesamtheit geradezu „achtungserbietend"[432] über das allgemeine Niveau hinaus.

Besonders das Literaturverzeichnis macht das „Lehrbuch" bis heute als Nachschlagewerk unentbehrlich.[433] Es verwundert somit nicht, dass Bader in seiner Besprechung von Planitz' und Buykens „Bibliographie der deutschen Rechtsgeschichte" Schroeders „Lehrbuch" in einem Satz mit Costas 1858 erschienener „Bibliographie der deutschen Rechtsgeschichte" oder dem großen „Dahlmann-Waitz"[434] erwähnt. Bader weist sogar auf die ursprüngliche Intention von Planitz und Buyken hin, Schroeders „Lehrbuch" als Bibliographie fortzuführen und dem modernen Stand rechtsgeschichtlichen Wissens anzupassen.[435]

Es ist das „Lehrbuch der Deutschen Rechtsgeschichte", das Schroeder zum endgültigen Durchbruch in der Rechts- und auch der Geschichtswissenschaft verhalf und ihm Anerkennung im Deutschen Reich und sogar weltweit ver-

---

[429] Vgl. hierzu Coing, Ius Commune I, S. 1, 26; ders., Europäische Grundlagen des modernen Privatrechts, S. 11 f.; zur Vorherrschaft des nationalen Rechtsbewusstseins noch in heutiger Zeit: Schulze, Vom Ius Commune bis zum Gemeinschaftsrecht, S. 7.

[430] Erler, HRG IV, Sp.1505.

[431] Hierauf verweisen Kroeschell, Deutsche Rechtsgeschichte I, S. 19, und Eisenhardt, Deutsche Rechtsgeschichte, Literaturverzeichnis.

[432] Anonymus, Literarisches Centralblatt 1890, S. 475.

[433] Vgl. hierzu Lückerath, Rechtsgeschichte und Geschichtswissenschaft, S. 27; Kroeschell, Deutsche Rechtsgeschichte I, S. 19.

[434] Bibliographie der wissenschaftlichen Literatur zur deutschen Geschichte, begründet von Dahlmann, fortgeführt von Waitz.

[435] Bader, ZRG GA 70 (1953), S. 331.

schaffte. Der „*Continental Legal History Series*", ein von juristischen Fakultäten der Universitäten der Vereinigten Staaten von Amerika herausgegebenes Kompendium, nennt Schroeder neben Brunner, von Stintzing und anderen als maßgeblichen Rechtshistoriker deutscher Sprache.[436] Dagegen sieht von Amira in der zweiten Auflage seines „*Grundrisses des germanischen Rechts*" von 1897 zunächst lediglich Brunner als beispielhaften Vertreter der synchronistischen Darstellungsmethodik. 1913 erwähnt er auch Schroeder.[437]

Gierke schrieb 1887 anlässlich der Berufung Schroeders nach Heidelberg: „*Mit Ihrer Rechtsgeschichte habe ich mich schon viel beschäftigt und bin hoch erfreut, dass wir endlich einmal ein ordentliches Lehrbuch haben werden. Doch geht die Bedeutung Ihrer Arbeit weit darüber hinaus, da sie ja fast durchweg selbständige Forschung bringt*"[438]. Betreffs der Entwicklung des „*Lehrbuchs*" merkte er an, dass „*Ihr Buch mit jeder Auflage an Übersichtlichkeit und Schärfe der Gliederung gewonnen hat*"[439]. Auch die Einarbeitung neuer Erkenntnisse sei Schroeder vorzüglich gelungen. Einzig bemängelte Gierke, dass er „*zu manchen neuesten Untersuchungen nicht mehr Stellung*"[440] nehme.[441]

Loersch urteilte:

„Jede Stichprobe, die ich mache, zeigt mir wieder aufs neue, wie Sie überall gefeilt, nachgetragen und alles berücksichtigt haben, was es zu berücksichtigen gab"[442]. Ebenso positiv beurteilte von Künßberg das „Lehrbuch": „Nicht nur Fachgenossen, sondern alle historisch Forschenden gewöhnten sich rasch daran, bei allen einschlägigen Fragen zunächst nach „dem Schroeder" zu greifen. Mit dem goldeswerten Mute zur Vollendung hat er das Buch geschrieben, ohne langes Grübeln auch die schwierigsten Fragen entscheidend oder doch anschneidend, durch reiche Literaturangaben die Nachprüfung erleichternd"[443].

Von Wretschko meinte sogar, das „Lehrbuch" „überragte alle seine Vorgänger an Vollständigkeit und Fülle des Gebotenen, an erstaunlicher Beherrschung der Quellen und überreichen Literatur, an anschaulicher, abgerundeter Zusammenfassung des Entwicklungsganges von der Urzeit bis in die letzten Jahre, wobei auch die neuzeitliche Gestaltung ausführliche Berücksichtigung findet"[444].

---

[436] A general Survey of Events, Sources, Persons and Movements in Continental Legal History, S. 333 ff.; ganze Passagen werden teils wortwörtlich aus Schroeders „*Lehrbuch*" zitiert.

[437] Vgl. *von Amira*, Grundriß des germanischen Rechts 2. Aufl., S. 3; 3. Auflage, S. 4.

[438] Gierke an Schroeder vom 30.07.1887, UB HD Heidel.Hs. 3899.

[439] Gierke an Schroeder vom 27. Oktober 1907, UB HD Heidel.Hs. 3899.

[440] Gierke an Schroeder vom 27. Oktober 1907, UB HD Heidel.Hs. 3899.

[441] Dies beruht aber darauf, dass er jeweils fertiggestellte Abschnitte zum Druck brachte, anstatt zunächst das Gesamtwerk fertig zu stellen.

[442] Loersch an Schroeder am 11. November 1902, UB HD Heidel.Hs. 3899.

[443] *von Künßberg*, ZGO NF XXXII (1932), S. 332.

[444] *von Wretschko*, Hist. Vjs. 18 (1916–1918), S. 350.

Loening beurteilte es als „das" Lehrbuch der Deutschen Rechtsgeschichte, hinter dem alle anderen weit zurückstehen müssten.[445]

„Dem Lernenden ebenso unentbehrlich wie dem Forscher ist es eines der Standardworks unserer rechtsgeschichtlichen Literatur geworden; und es hält sich auf dieser Höhe dank des unermüdlichen Fleiss, der umsichtigen und verständnisvollen Sorgfalt, mit der der Verfasser in jeder neuen Auflage aufs neue den gewaltigen Stoff durchgearbeitet hat, dank der umfassenden Gelehrsamkeit, mit der er in kritischer Auswahl die Ergebnisse der immer fortschreitenden Forschung seinem Werke zu gute kommen lässt"[446], wertete Harry Bresslau.

Molitor würdigte es als ein „Handbuch, das für jeden Rechtshistoriker das unentbehrliche Hilfsmittel" sei; trotz seiner „streng sachlichen, wissenschaftlich gedrängten Schreibweise" sei es „der großen Kunst der Darstellung gelungen, den ungeheuren Stoff anziehend und leicht lesbar zu gestalten"[447]. Hübner hob die „schlechthin vollständige Berücksichtigung der gesamten Forschung" und die „erstaunliche Vollständigkeit der Literaturangaben" hervor. Damit sei das Lehrbuch zu einem Standardwerk geworden, das „mit seinem Erscheinen sofort alle älteren Rechtsgeschichten verdrängte"[448]. Brunner meinte noch vor der tatsächlichen Veröffentlichung des Werkes, „Ihr Buch verspricht nach dem, was mir vorliegt, eine recht hübsche Arbeit zu werden"[449]. Es sei, so urteilte Stutz, „ein Meisterwerk an Stoffreichtum und Darstellungskunst"[450].

Dem steht Kerns harsche Kritik, die er kurz nach Schroeders Tod äußerte, weitgehend isoliert gegenüber: „Wer aus klassischen Werken wie Brunners Rechtsgeschichte die Rechtsanschauungen der betreffenden Zeit kennen lernen oder rekonstruieren wollte (wofür selbstverständlich eine solche Realiengeschichte gar nicht geschrieben ist) der würde zu einer wunderlich unzeitgemäßen Vorstellung kommen"[451]. Bezog sich diese Beurteilung zwar ausdrücklich auf Brunners „Deutsche Rechtsgeschichte", kann sie doch in ihrem Sinngehalt auf Schroeders „Lehrbuch" übertragen werden. Beide erschienen Kern nicht geeignet, das Recht einer vergangenen Zeit nachvollziehbar darzustellen und eine Anleitung zum wirklichen Verständnis zu bieten. Es handele sich vielmehr um „Realiengeschichten", also die Umschreibung von rechtlichen Umständen, die von den „Ideen" eines Rechts- und Verfassungslebens abzugrenzen seien.[452]

Kritisch merkte auch von Moeller an, dass durch die „erschreckende Vernachlässigung der Rechtsgeschichte der Neuzeit" die zeitgenössischen Lehrbü-

---

[445] *Loening,* Juristisches Literaturblatt 20 (1908), S. 61.
[446] *Bresslau,* Hist. Vjs. 3 (1900), S. 529.
[447] *Molitor,* Pommersche Lebensbilder I, S. 290.
[448] *Hübner,* Karl Friedrich von Eichhorn und seine Nachfolger, FS Brunner, S. 837.
[449] Brunner an Schroeder vom 18.11.1886; UB HD Heidel.Hs. 3899.
[450] *Stutz,* ZRG GA 36 (1915), S. XLIV.
[451] Einleitung zu *Kern,* HZ 120 (1919), S. 7.
[452] *Kern,* HZ 120 (1919), S. 1.

cher – exemplarisch nennt er Schroeders Lehrbuch – nichts anderes seien als *„Lehrbücher der Deutschen Rechtsgeschichte bis zum Ausgang des Mittelalters mit einem Ausblick auf die spätere Entwicklung"*[453]. Insbesondere die Vernachlässigung des neuzeitlichen Privat- und Strafrechts sowie des Gerichtsverfahrens wies er als *„Verstümmelung"* der deutschen Rechtsgeschichte zurück.[454] Es handele sich hierbei nicht um *„neue Gestaltungen"*[455] des bisherigen Rechts; schließlich wisse Schroeder *„so gut wie jeder andere, dass die Aufgabe, wenn wir [sc. die Rechtshistoriker, Anmerkung der Verfasserin] sie nicht tun, einfach ungetan liegen bleibt"*[456].

Dagegen lobte Köbler das erstaunliche wissenschaftliche Werk. Mit dem *„Lehrbuch"* sei erstmals ein Werk entstanden, das die deutsche Rechtsgeschichte kompakt, aber durchaus vollständig darstelle und das bis heute keinen würdigen Nachfolger gefunden habe: Seit Schroeder, so Köbler, sei es nicht mehr geglückt, *„auch nur die deutsche Rechtsgeschichte von ihren Anfängen bis zur Gegenwart in einem einzigen Werk zusammenzufassen. Möglich sind anscheinend nur noch Grundrisse, exemplarische Auswahl oder Auflösung der Einheit der Darstellung durch die Vielheit lexikalischer Artikel"*[457].

Stutz schließlich fasste die Beurteilungen in einem Nachruf auf Schroeder wie folgt zusammen:

„Und weiter steht Schroeders Deutsche Rechtsgeschichte unübertroffen da in der Allseitigkeit ihrer Anlage und Durchführung. Alle Gebiete deutscher Rechtsentwicklung und deutschen Rechtslebens der Vergangenheit, nicht minder alles, was darüber geforscht und ermittelt worden ist, hat er zu umspannen vermocht. Nichts war ihm zu klein und zu gering. Tatsachen, Quellen, Literatur findet der Leser bei ihm mit sonst nicht erreichter Vollständigkeit gewissenhaft verzeichnet und verwertet"[458].

j) Ergebnis

Das *„Lehrbuch der Deutschen Rechtsgeschichte"* ist Zeugnis einer generellen Bestrebung in der rechtswissenschaftlichen Forschung des ausgehenden 19. Jahrhunderts, zu einer eigenständigen Disziplin „Rechtsgeschichte" zu ge-

---

[453] *von Moeller*, Die Trennung der deutschen und der römischen Rechtsgeschichte, S. 20.

[454] *von Moeller*, Die Trennung der deutschen und der römischen Rechtsgeschichte, S. 76.

[455] Lehrbuch, 4. Auflage, S. 2.

[456] *von Moeller*, Die Trennung der deutschen und der römischen Rechtsgeschichte, S. 76.

[457] *Köbler*, Wege deutscher Rechtsgeschichte, FS Kroeschell, S. 239.

[458] *Stutz*, ZRG GA 38 (1917), S. L; in diesem Sinne auch *Kroeschell*, Deutsche Rechtsgeschichte I, S. 19, der das „Lehrbuch" als bis heute vorbildlich und unübertroffen bewertet.

langen: Aufbau und Inhalt leben von der Abkapselung der Rechts- von der politischen Geschichte sowie der *„Befreiung"*[459] der Rechtshistorie von lediglich dienenden Aufgaben für die praktische Rechtswissenschaft.

Anders noch als Siegel, Zoepfl oder auch Walter stellte Schroeder die Rechtsgeschichte nicht in antiquarischem Stil, sondern juristisch systematisiert, wenngleich im kulturgeschichtlichen Zusammenhang, dar. Damit ist er gerade nicht mehr der Epoche des *„Sammelns und Sichtens"*[460], welche die rechtsgeschichtliche Forschung der ersten Hälfte des 19. Jahrhunderts geprägt hatte, zuzuordnen.

Als genetisch-historische Darstellung der Entwicklung des Rechts von der germanischen Zeit bis zur Gegenwart steht das *„Lehrbuch"* in der Tradition von Eichhorns *„Deutscher Staats- und Rechtsgeschichte"* und in Parallele zu Brunners *„Deutscher Rechtsgeschichte"*. Hübner bringt es auf den Punkt, wenn er Schroeders *„Lehrbuch der Deutschen Rechtsgeschichte"* als *„an Stoffumfang kaum hinter Eichhorns Rechtsgeschichte zurückstehen(d)"*, diese in gleichmäßiger Durchführung aber übertreffend bezeichnet, gleichzeitig aber Brunners *„Deutsche Rechtsgeschichte"* als das Buch ausmacht, das *„dem Eichhornschen in die leitende Stellung nachzufolgen berufen ist"*[461].

Mit den Veränderungen im äußeren Aufbau stehen die inhaltlichen Modifikationen im Lehrbuch von Schroeder in unmittelbarem Zusammenhang. Besonders durch die Übernahme der Prinzipien der begrifflich-juristischen Rechtsgeschichte unter Berücksichtigung des geschichtlichen Denkens und der Aufrechterhaltung einer trotz allen juristischen Bezugs immer noch geschichtlichen Betrachtungsweise repräsentiert das *„Lehrbuch der Deutschen Rechtsgeschichte"* die rechtsgeschichtliche Forschung des ausgehenden 19. Jahrhunderts.

3. Die Geschichte des Rechts der Sachsen und Franken

a) Die Gerichtsverfassung des Sachsenspiegels

Mit der Erarbeitung des *„Lehrbuchs der Deutschen Rechtsgeschichte"* in engem Zusammenhang stehen Schroeders Forschungen auf dem Gebiet der sächsischen und fränkischen Rechtsgeschichte. Hiermit setzte er sich im Rahmen der Vorarbeiten zu seinem *„Lehrbuch"* intensiv auseinander. Insbesondere in den achtziger Jahren schrieb er mehrere Einzeluntersuchungen zu dieser Thematik; allein zur altsächsischen Gerichtsverfassung erschienen einige maßgebliche

---

[459] *Senn*, Rechtshistorisches Selbstverständnis im Wandel, S. 36.

[460] *Lückerath*, Rechtsgeschichte und Geschichtswissenschaft, S. 26.

[461] *Hübner*, Karl Friedrich von Eichhorn und seine Nachfolger, FS Heinrich Brunner, S. 837 f.

Aufsätze: 1884 veröffentlichte er *„Die Gerichtsverfassung des Sachsenspiegels"*[462], der 1885 eine Untersuchung *„Zur Kunde des Sachsenspiegels"*[463] und 1887 *„Der ostfälische Schultheiß und der holsteinische Overbode"*[464] folgten.

Inhaltlicher Schwerpunkt der Abhandlungen ist die sächsische Gerichtsverfassung unter besonderer Betonung der Zusammensetzung der Gerichte und der Bedeutung des Schultheißen im altsächsischen Recht[465]. Schroeder beschränkte sich auf die *„ordentliche öffentliche Gerichtsverfassung des sächsischen Landrechts"* des 13. Jahrhunderts und bezog lediglich ergänzend Stadtgerichte, nicht aber private, genossenschaftliche oder Landfriedensgerichte in die Erörterung mit ein. Räumlich grenzte er den Gegenstand seiner Untersuchung ein, indem er sich ausschließlich der *„Heimat des Sachsenspiegels, dem ostfälischen Sachsen"* widmete.[466]

Der Aufsatz *„Die Gerichtsverfassung des Sachsenspiegels"* ist ein wesentlicher Beitrag zur Ermittlung der Grundlagen der zeitgenössischen Gerichtszuständigkeit. Schroeder wies nach, dass die Grundlagen hierfür weitgehend auf den Neuerungen basierten, die die sächsische Gerichtsverfassung durch die fränkisch-karolingischen Modifikationen erfahren hatte. Zu noch früheren Verhältnissen fehlten dagegen weitgehend verlässliche Quellen, so dass mangels Originalurkunden die Wurzeln der Gerichtsverfassung nicht bis in die germanische Zeit zurückverfolgt werden könnten. Auch dem Sachsenspiegel sei nur zu entnehmen, dass das Amt des Schultheißen noch urgermanische, *„nationalsächsische"*[467] Züge aufweise. Durch vergleichende Interpretation gelangte Schroeder jedoch zu dem Ergebnis, dass das *„gewöhnliche Landgericht"* der fränkischen Periode in seiner Zusammensetzung dem *„Hundertschaftgericht"*[468] der urgermanischen Zeit weitgehend entsprochen hatte. Modifizierend habe sich lediglich ausgewirkt, dass sich die ostfälischen Landgerichte ihren *„aristokratischen Charakter"* bewahrt und *„mehr und mehr von ihren Kompetenzen an die Niedergerichte"* abgegeben hätten;[469] erstmals seien damit Anzeichen einer Gliede-

[462] *Schroeder,* Die Gerichtsverfassung des Sachsenspiegels; ZRG GA 5 (1884), S. 1–68.

[463] Zeitschrift für Rechtsgeschichte, ZRG GA 9 (1888), S. 52–63.

[464] Zeitschrift für Rechtsgeschichte, ZRG GA 8 (1887), S. 1–16.

[465] Thematisch schloss Schroeder hiermit an Untersuchungen vornehmlich des 18. Jahrhunderts an; vgl. hierzu die zusammenfassende Darstellung von *Landwehr,* Gögericht und Rügegericht, ZRG GA 83 (1966), S. 127 ff.

[466] Gerichtsverfassung, S. 2.

[467] Gerichtsverfassung, S. 2; hieran schließt sich eine weitere Veröffentlichung an: Schroeder *„Der ostfälische Schultheiß und der holsteinische Overbode"*, ZRG GA 7 (1886), S. 116; zur gesamten Thematik: *Mayer,* Deutsche und französische Verfassungsgeschichte vom 9. bis zum 14. Jahrhundert, Bd. I, S. 460 ff.

[468] Gerichtsverfassung, S. 47.

[469] Hieraus entwickelte sich schließlich die Zuständigkeit der ordentlichen Gerichte für das gemeine Landvolk, *„während von den Landgerichtsdingstühlen einer nach*

rung der Gerichtszuständigkeit nach Ständen bzw. Personen statt nach Sachen nachweisbar. Hierin sah Schroeder den größten Einfluss des sächsischen Rechts auf die Entwicklung der Gerichtsverfassung.[470]

Seiner Auffassung von der sächsischen Gerichtsverfassung einschließlich der Gogerichte[471] und ihrer Bedeutung für die Ausbildung der modernen Gerichtsverfassung schlossen sich Fehr[472], Meister[473] sowie in der neueren Zeit Schmeken[474] und Hömberg[475] an.

Den zweiten Schwerpunkt der Untersuchung bildet die Frage nach Existenz, Entstehungszeitpunkt und Funktion der sogenannten Schulzengerichte, d.h. der Gerichte, die unter der Aufsicht eines Schultheißen statt eines Grafen standen.[476] Einigkeit herrschte damals in der rechtsgeschichtlichen Forschung, dass in früherer Zeit sowohl Go- also auch Grafendinge, d.h. Go- und Grafengerichte bestanden hatten. Darüber hinaus hatte insbesondere Eichhorn die zusätzliche Existenz von Schultheißendingen bejaht.[477]

Diese „*traditionelle Dreiteilung der Gerichte in Grafending, Schultheißending und Goding*"[478] lehnte Schroeder ab:[479] Den Schulzen war nach seiner Auffassung das Amt des Richters erst in späterer Zeit zugestanden worden, ursprünglich sei die rechtsprechende Gewalt dagegen auf Grafen und Gografen beschränkt gewesen.[480] Der Sachsenspiegel, auf den sich Eichhorn maßgeblich gestützt hatte, gliedere zwar die Niedergerichte in ein Schultheißending für „*plechhaften oder biergelden*"[481] und ein Gografending für die Landsassen; als Rechtsquelle sei er jedoch einfach nicht zuverlässig.[482] Freilich seien seine An-

---

dem andern eingieng und in der Regel nur einer übrig blieb, der sich als landesherrliches Hofgericht zum ordentlichen Gericht für den Adel und zum Oberinstanzgericht für die übrige Bevölkerung gestaltete", Gerichtsverfassung, S. 54.

[470] Dies greift er auch in seinem „*Lehrbuch der Deutschen Rechtsgeschichte*" auf; Lehrbuch, 5. Aufl., S. 615 ff.

[471] Vgl. hierzu *Kroeschell*, Zur Entstehung der sächsischen Gogerichte, FS Hugelmann I, S. S. 295 ff.

[472] *Fehr,* Fürst und Graf im Sachsenspiegel, 1906.

[473] *Meister,* Ostfälische Gerichtsverfassung im Mittelalter, 1912.

[474] *Schmeken,* Die sächsische Gogerichtsbarkeit zwischen Rhein und Weser, Münster 1962.

[475] *Hömberg,* Westfalen und das Herzogtum Sachsen, 1963.

[476] Gerichtsverfassung, S. 58.

[477] Hierfür auch *Stobbe,* ZfdR 15 (1855), S. 97, 111.

[478] Gerichtsverfassung, S. 58.

[479] *Eichhorn,* Deutsche Staats- und Rechtsgeschichte Bd. II, §§ 302 ff.

[480] Gerichtsverfassung, S. 62.

[481] Ssp. III, 45, § 4; I, 2, § 3; III, 64, § 8; dazu auch *Stobbe,* ZfdR 15 (1855), S. 99, 112; der Begriff „biergelden" leitet sich von „bargildi" ab und meint „Zahler"; es handelt sich mithin um Freibauern, die den Grafenschatz zahlten, der Heer- oder Dingsteuer, aber auch Rodezins sein konnte.

gaben *„durchaus korrekt, aber sie sind unvollständig"*[483]; gerade deshalb verleiteten sie jedoch zu Fehlinterpretationen. Zudem sei bei der Übernahme der Thesen des Spieglers Vorsicht geboten, denn trotz *„ ungemeiner Zuverlässigkeit in allen positiven Angaben ist Eike von Repkow doch nicht selten der Gefahr geistreicher Phrasen und doktrinärer Spitzfindigkeiten auf Kosten der historischen Wahrheit unterlegen"*[484]. Schroeders Kritik bezog sich ausschließlich auf das Rechtsbuch selbst; dessen Autor, Eike von Repgow, zollte er dagegen höchsten Respekt. Seine Beurteilung berühre aber nicht die *„persönliche Hochachtung für den Mann und die Dankbarkeit für seine grossartige Leistung"*[485].

Der Nachweis der Fehlerhaftigkeit des Sachsenspiegels gelang Schroeder, weil er, entgegen der bisherigen Praxis in der rechtsgeschichtlichen Forschung, vom Sachsenspiegel unabhängige und bislang in der sächsischen Rechtsgeschichtsforschung weitgehend unbeachtete Quellen wie Urkunden[486] und Weistümer zur Untermauerung seiner Thesen heranzog[487] und sich gerade nicht mehr allein auf das Rechtsbuch stützte. Schließlich, so argumentierte er, handele es sich bei dem Rechtsbuch gerade nicht um ein Gesetz, sondern um die Sammlung und Kommentierung des sächsischen Rechts zu Beginn des 13. Jahrhunderts aus der Perspektive eines Privatmannes, die insoweit auf einer Stufe stehe mit privatrechtlichen Urkunden, die das Recht anwendeten.

Schroeder präzisierte seine These von der ursprünglichen Zweiteilung der Gerichte in dem später erschienen Aufsatz *„Zur Kunde des Sachsenspiegels"*: Die Dreiteilung der Gerichte, die auch Eichhorn übernommen habe, entspringe wohl von Repgows Hang zur *„abergläubischen Spielerei mit den Zahlen 2, 3 und 7"*[488] und dessen *„doktrinären Neigungen"*[489]: Sie tauche sogar dreifach auf[490], was deren Symbolkraft nur noch verstärke, die Glaubwürdigkeit des

---

[482] Gerichtsverfassung, S. 58; diese Auffassung vertritt auch *Mayer* in seinem 1899 erschienenen Werk: Deutsche und französische Verfassungsgeschichte vom 9. bis zum 14. Jahrhundert, Band I S. 461, ohne allerdings auf Schroeders Aufsatz bezug zu nehmen; vgl. hierzu auch *Stutz*, ZRG GA 38 (1917), S. XLII.

[483] Gerichtsverfassung, S. 66.

[484] Gerichtsverfassung, S. 56; diese Kritik greift auch Meister auf, nach dem Schroeder dem Spiegler „Erfindungssucht auf Kosten der historischen Wahrheit" vorwarf; *Meister,* Ostfälische Gerichtsverfassung im Mittelalter, S. 1.

[485] Zur Kunde des Sachsenspiegels, ZRG GA 9 (1888), S. 63; Schroeder mildert seine Kritik in der 5. Auflage seines Lehrbuchs der Deutschen Rechtsgeschichte, S. 678, 574 (Anmerkungen 101).

[486] Diese machen mehr als zwei Drittel des Gesamtaufsatzes aus; 46 von 68 Seiten entfallen hierauf.

[487] *Meister,* Ostfälische Gerichtsverfassung im Mittelalter, S. 9.

[488] Zur Kunde des Sachsenspiegels, ZRG GA 9 (1888), S. 61.

[489] Zur Kunde des Sachsenspiegels, ZRG GA 9 (1888), S. 62.

[490] Dem *„drierhande recht"*, das die Sachsen *„wider Karles willen"*; behielten, den drei Bannfällen, in denen dem Papst Gewalt über den Kaiser gegeben sein soll (Ssp. III, 57 § 1) sowie den drei stellvertretenden Richtern (Schultheiß als Richter über den

Rechtsbuchs hingegen schwäche. Aus den Urkunden, auf die Schroeder sich maßgeblich stützte, zieht er den Schluss, dass der Schultheiß zunächst *„regelmäßig den Gogerichten beigewohnt [habe], um in den der Zuständigkeit des Gografen entzogenen Strafsachen, später auch bei Auflassungen, den Vorsitz zu übernehmen"*[491]. Damit habe aber ursprünglich ein Hierarchieverhältnis unter der Führung des Gografen bestanden; erst später habe der Schultheiß dessen Amt mit erweiterten Kompetenzen übernommen, während der Gograf zum Unterbeamten herabgesunken sei. Insoweit setzte Schroeder die Funktion des sächsischen Schultheißen mit den Aufgaben des landrechtlichen Gografen[492] gleich. Der Schultheiß war nach seiner Ansicht Vorsitzender in der Gerichtsbarkeit des Grafen, bedurfte aber weiterhin dessen Bestätigung.

Mit seiner Auslegung der sächsischen Gerichtsverfassung und der Ablehnung eines urgermanischen Schulzengerichts rief Schroeder vielfach Kritik hervor;[493] angegriffen wurde vor allem die von vielen als ungerechtfertigt angesehene Beschränkung des Sachsenspiegels auf ein bloßes Interpretationsmittel:[494] Die Mehrheit der Forscher wollte nicht anerkennen, dass das Rechtsbuch als private Schrift auch Mängel und Lücken enthalte und aus diesem Grunde nur mit Vorsicht herangezogen werden könne.

Schroeder trat der Kritik 1886 mit der Untersuchung *„Der ostfälische Schultheiß und der holsteinische Overbode"*[495] entgegen: Erneut wies er darauf hin, dass die spätere Stellung des Schultheißen als Unter-Richter bei der Erforschung seiner ursprünglichen Funktionen außer acht bleiben müsse[496]. Das zeige auch die Parallele zwischen ostfälischem Schultheiß und holsteinischem Overboden[497]. Schließlich habe auch der Overbode erst im Laufe des 13. Jahrhunderts eigene richterliche Funktionen übernommen: *„Schultheiss und Overbode wurden zu Obergografen oder Centrichtern, um schließlich unter der übrigen Menge landesherrlicher Beamten zu verschwinden"*[498]. Sowohl der Sachsenspiegel als auch andere Rechtsquellen wie das Magdeburger Stadtrecht, das sächsische Weichbild und das Magdeburger-Breslauer Recht von 1261 stützten seiner Auffassung nach dieses Ergebnis.[499]

Grafen, Pfalzgraf über den König, Burggraf über den Markgrafen). Daneben existierten nach Eike von Repgow drei Gerichtstage, dreierlei Freiheit, drei kirchliche und drei staatliche Gerichte; zur Kunde des Sachsenspiegels, S. 61 f.; Ssp. I, 18 § 1; vgl. hierzu auch *Ishikawa*, Das Gericht im Sachsenspiegel, FS Kroeschell, S. 446 ff.

[491] Ostfälischer Schultheiß, S. 1 Fn. 1.

[492] Gerichtsverfassung, S. 58.

[493] Vgl. nur *Meister* „Ostfälische Gerichtsverfassung im Mittelalter", 1912.

[494] *Stutz*, ZRG GA 38 (1917), XLIII.

[495] Der ostfälische Schultheiß und der holsteinische Overbode, ZRG GA 7 (1886), S. 1–16.

[496] Ostfälischer Schultheiß, S. 2.

[497] Ostfälischer Schultheiß, S. 9.

[498] Ostfälischer Schultheiß, S. 16.

Diese Ansicht war ebenfalls zunehmender Kritik ausgesetzt und konnte die Gegenargumente, die sich schon gegen Schroeders ersten Aufsatz gerichtet hatten, nicht entkräften. Von Wrochems fasste 1908 in der Abhandlung *„Der Schultheiß in der Gerichtsverfassung des Sachsenspiegels"* die maßgeblichen Aspekte der sich immer weiter ausbreitenden Gegenauffassung zusammen: Dem Sachsenspiegel seien gerade nicht die von Schroeder gezogenen Schlüsse zu entnehmen; vielmehr stoße man *„auf Schritt und Tritt bei der Nachprüfung der Aufstellungen Schroeders über den Schultheißen des Sachsenspiegels auf Schwierigkeiten"*[500]. Zudem zeigten die Quellen des Harzgaus und der Grafschaft Seehausen, dass Schroeders Auffassung einerseits zu weit gehe, andererseits aber auch zu kurz greife.[501] Schroeder lasse allein den Vorsitz des Schultheißen über ein Gogericht ausreichen ließ, um dies in ein schultheißliches Gericht zu transformieren.[502]

Schroeder hielt noch einige Jahre an der Ablehnung eines urgermanischen Schulzengerichts fest: *„Was sich davon findet, beruht auf späterer Entwicklung"*[503]. Erst in der fünften Auflage des *„Lehrbuchs"* schloss er sich der mittlerweile herrschenden Meinung an und bemerkte ohne zusätzliche Begründung: *„Außerdem stand ihm [dem Schultheiß, Anmerkung der Verfasserin] das Niedergericht über die in der Grafschaft ansässigen Pfleghaften[504] zu"*[505].

b) Das fränkische Recht

Schroeders Abhandlungen zum älteren fränkischen Recht hatten erheblich mehr Einfluss auf die rechtsgeschichtliche Forschung. So bezeichnete ihn Alfons Dopsch als gerade jenen Rechtshistoriker, *„auf den die Forschung über die altfränkische Gerichtsverfassung hauptsächlich zurückgeht"*[506].

Als das wissenschaftliche Interesse an dieser Materie in den siebziger Jahren des 19. Jahrhunderts allgemein eine Renaissance erlebte[507], widmete sich auch

---

[499] Ostfälischer Schultheiß, S. 6.

[500] *von Wrochem,* Der Schultheiß in der Gerichtsverfassung des Sachsenspiegels, S. 17/383.

[501] Der Sachsenspiegel spreche lediglich von einem Biergeldengericht unter dem Vorsitz des Schultheißen, gebe aber keine näheren Auskünfte darüber, ob der Schultheiß auch bei Auflassungen den Vorsitz geführt habe; *von Wrochem,* Der Schultheiß in der Gerichtsverfassung des Sachsenspiegels, S. 19/385.

[502] *von Wrochem,* Der Schultheiß in der Gerichtsverfassung des Sachsenspiegels, S. 24/390.

[503] Lehrbuch, 4. Aufl., S. 562.

[504] Hierunter verstand man den grafenschatzpflichtigen Grundbesitzer als den nichtritterlichen Freien; vgl. Zur Kunde des Sachsenspiegels, ZRG GA 9 (1888), S. 60.

[505] Lehrbuch, 5. Aufl., S. 574; *Fehr,* Fürst und Graf S. 76 n. 3, S. 78 ff.; in diesem Sinne auch *Meister,* Ostfälische Gerichtsverfassung im Mittelalter, S. 10.

[506] *Dopsch,* Wirtschaft und Gesellschaft im frühen Mittelalter, S. 19.

Schroeder, nachdem er bereits während seines Studiums bei Waitz erhebliche Kenntnisse hatte sammeln können, wieder intensiver der Thematik.

Ursprünglich hatte er wohl geplant, eine große Monographie zum fränkischen Recht unter besonderer Berücksichtung der geschichtlichen Entwicklung zu verfassen,[508] um damit an Waitz' 1846 erschienene Untersuchung *„Das alte Recht der salischen Franken"*[509] anzuknüpfen. Warum das Vorhaben letztlich scheiterte, ist nicht bekannt; jedenfalls sah Schroeder sich, obwohl *„seit mehreren Jahren mit Studien über das ältere fränkische Recht beschäftigt [...] doch in absehbarer Zeit nicht in der Lage, meine Untersuchungen abzuschliessen und in einem einheitlichen Werk zu verarbeiten"*[510]. Wohl hielten ihn die intensiven Arbeiten zum *„Lehrbuch"* von einer Fortführung des Projekts ab.

So veröffentlichte er zunächst diverse kleinere Untersuchungen: 1879 erschien der Aufsatz über *„Die Ausbreitung der salischen Franken, zugleich ein Beitrag zur Geschichte der deutschen Feldgemeinschaft"*[511], gefolgt von einem Beitrag *„Über den Ligeris in der Lex Salica"*[512]. Im gleichen Jahr verfasste Schroeder Abhandlungen über *„Die Herkunft der Franken"*[513], die *„Untersuchungen zu den fränkischen Volksrechten"*[514] sowie über *„Die Ausbreitung des Weinbaus in Gallien bis zum Anfang des 7. Jahrhunderts"*[515]. 1880 untersuchte er schließlich *„Die niederländischen Kolonien in Norddeutschland zur Zeit des Mittelalters"*[516], 1881 folgte *„Die Franken und ihr Recht"*[517] und 1883 ein Aufsatz *„Über die fränkischen Formelsammlungen"*[518]. 1886 wurde endlich der

---

[507] *„Für die Weltrechtsgeschichte, d.h. für die Rechtsgeschichte der abendländischen Culturwelt, kommen nur zwei Rechte in Betracht: das römische Recht (mit seiner Fortentwicklung durch kanonisches und lombardisches Recht) und das fränkische Recht";* Sohm, ZRG GA 1 (1880), S. 1.

[508] Die Franken und ihr Recht, S. 1.

[509] Waitz hatte diese als Beilage zur Deutschen Verfassungsgeschichte veröffentlicht.

[510] Die Franken und ihr Recht, S. 1.

[511] Er wurde in der Reihe *„Forschungen zur Deutschen Geschichte"* der historischen Kommission der bayerischen Königlichen Akademie der Wissenschaften veröffentlicht; Forschungen zur Deutschen Geschichte, XIX 1879, S. 137–172.

[512] Forschungen zur Deutschen Geschichte, XIX 1879, S. 471–473.

[513] Hist. Zeitschrift, NF VII, S. 1–65.

[514] Festschrift zum 50jährigen Doktorjubiläum H. Thöls, Würzburg 1879, parallel erschienen in Richard Picks Monatsschrift für die Geschichte Westdeutschlands VI, 1880, S. 468–502.

[515] *Richard Picks* Monatsschrift für die Geschichte Westdeutschlands VI, 1880, S. 502–508.

[516] *Virchows* und *von Holtzendorffs* Sammlung gemeinverständlicher Vorträge, XV. Serie, Heft 347.

[517] Dieser wird gleichzeitig in der Germanistischen Abteilung der Savigny-Zeitschrift für Rechtsgeschichte XV (II), S. 1–82 und separat veröffentlicht.

[518] Über die fränkischen Formelsammlungen, ZRG GA 4 (1883) S. 75–112.

Beitrag „*Zur Kunde der deutschen Volksrechte*" und 1897 zwei Nachträge, die „*Neueren Forschungen zur fränkischen Rechtsgeschichte*"[519] veröffentlicht.

Die meisten Abhandlungen waren Untersuchungen über die frühe Entstehungsgeschichte des fränkischen Rechts sowie über die Ausdehnung des räumlichen Geltungsbereichs der sächsischen Gesetze. Insbesondere die Lex Salica, die Lex Ribuaria sowie die Lex Chamavorum bilden dabei die Forschungsschwerpunkte. Darüber hinaus behandelte Schroeder die Frage nach Privateigentum an Grund und Boden und grenzte sie zur strengen Feldgemeinschaft nach der Lex Salica sowie der salfränkischen Agrarverfassung ab. Gerade die Besonderheiten der Feldgemeinschaft, die dem parallel in romanischen Gebieten existenten Privateigentum der Provinzialen gegenüberstand, arbeitete er heraus. Zum Nachweis der Ungleichheiten zwischen den beiden Instituten zog er insbesondere fränkisch-merowingische Urkunden und Formelsammlungen heran, die ein von der Lex Salica stark abweichendes Bild vom Verhältnis von Privateigentum zu Ackerland zeichneten.[520] Letztlich konnte sich seiner Ansicht nach zwar das Privateigentum der Provinzialen durchsetzen, Reste der salischen Feldgemeinschaft meinte Schroeder dennoch im zeitgenössischen Recht erkennen zu können, was wiederum den Rückschluss auf das ursprüngliche Verbreitungsgebiet des fränkischen Rechts zulasse: Gerade „*solche Gebiete, welche das ganze Mittelalter hindurch von jenem System beherrscht erscheinen*" müssten auch in urgermanischer Zeit „*dem salischen Rechtsgebiete beizuzählen*" sein.[521] Hier tritt wieder das Kontinuitätsaxiom der deutschen Rechtsgeschichte hervor, das charakteristisch für Schroeders Arbeitsweise ist.

Die 1880 erschienene kurze Untersuchung über „*Die Ausbreitung des Weinbaus in Gallien bis zum Anfange des 7. Jahrhunderts*" schloss unmittelbar an die Ausführungen zur „*Ausbreitung der salischen Franken*" an. Neben dem Verbreitungsgebiet der salischen Feldgemeinschaft lasse auch die Ausdehnung des Weinbaus Rückschlüsse auf den Geltungsbereich der verschiedenen germanischen Volksrechte zu: „*Von besonderer Bedeutung für die Geschichte der fränkischen Volksrechte ist es, die Ausbreitung des Weinbaues nördlich der Loire festzustellen*"[522]. Die Lex Salica, die dem Schutze der Weinberge und der unfreien Weinbauern mehrere Bestimmungen gewidmet habe, könne im „*Gebiete zwischen Kohlenwald und Leye, das man gewöhnlich als Heimat des salischen Volksrechts ansieht*"[523] nicht entstanden sein. Der Weinbau sei dorthin erst in karolingischer und nachkarolingischer Zeit vorgedrungen. Damit meinte Schroeder eine geringere Ausdehnung der Lex Salica als die gefestigte For-

---

[519] HZ 78 (1896), S. 193–206; HZ 79 (1897), S. 224–238.
[520] Die Ausbreitung der salischen Franken, S. 148.
[521] Die Ausbreitung der salischen Franken, S. 151.
[522] *Weinbau*, S. 505.
[523] *Weinbau*, S. 506.

schungsmeinung annahm, nachgewiesen zu haben. Er konnte sich hiermit aber nicht durchsetzen. Bis heute wird dagegen der Bereich zwischen Kohlenwald (carbonaria silva) und Loire als Stammgebiet der Lex Salica angesehen[524].

Besonderer Erwähnung bedürfen daneben Schroeders Thesen zum Bodenregal des fränkischen Herrschers und zum fränkischen Dorfsystem, das er als Grundlage der salischen Agrarverfassung identifizierte.[525] Dagegen hatte sich von Inama-Sternegg für ein fränkisches Hofsystem als urgermanische Basis ausgesprochen: Königliches Eigentum sei darüber hinaus abzulehnen, da die Befugnisse des Herrschers sich aus dessen Schutzrechten abgeleitet hätten.[526] Das Hofsystem habe als ursalisches System Bestand und sei erst später durch das Dorfsystem abgelöst worden.[527]

Schroeder widersprach beiden Thesen: „*Was Inama für seine Auffassung beibringt, beweist nichts*"[528]. Ebenso wie das Bodenregal sei das königliche Eigentum dem salischen Recht eigen gewesen und schließlich in das Reichsrecht übergegangen.[529] Das salische Bodenregal beschränkte sich seiner Ansicht nach gerade nicht auf königliche Rodungsprivilegien; vielmehr sei eine vom König genehmigte Hofveräußerung grundsätzlich zulässig und habe nicht dem Widerspruchsrecht des Nachbarn unterlegen.[530] Aus dem sich hieraus ergebenden königlichen Obereigentum stehe der Gemeinde nur ein abgeleitetes Recht zu.[531] Darüber hinaus war nach Schroeder das Bodenregal ursächlich dafür, dass zwischen Römern und Franken keine Landteilung stattgefunden hatte.[532] Denn die römischen Provinzialen hätten ihren Grundbesitz und ihre Grundsteuer beibehalten, weshalb alles verlassene Land automatisch in die Hand des fränkischen Königs gefallen sei.

Heute wird allgemein angenommen, dass die frühe Zeit gerade kein Eigentum gekannt habe; der Schwerpunkt lag vielmehr auf der Nutzung durch Arbeit. Dem Sondernutzungsrecht der Familie an Haus und Hof kam damit besondere Bedeutung zu.[533] Insoweit konnte sich Schroeders Auffassung von einer

---

[524] *Schmidt-Wiegand,* HRG III, Sp. 1950; kritisch *Klaußen,* ZRG GA 56 (1936), S. 349.

[525] Die Franken und ihr Recht, S. 52.

[526] *von Inama-Sternegg: „in dem altsalischen Lande sass der freie Franke ebenso auf seinem eignen Grunde, wie der freie Ripuarier, der Alamanne innerhalb ihrer Volksgebiete",* Deutsche Wirtschaftsgeschichte bis zum Schluss der Karolingerperiode, S. 92.

[527] *von Inama-Sternegg,* Deutsche Wirtschaftsgeschichte bis zum Schluss der Karolingerperiode, S. 49 f.; 221 ff., 291 f.

[528] Die Franken und ihr Recht, S. 59.

[529] Die Franken und ihr Recht, S. 62.

[530] Die Franken und ihr Recht, S. 62.

[531] Die Franken und ihr Recht, S. 65.

[532] Die Franken und ihr Recht, S. 78.

frühen Form des Grundeigentums nicht durchsetzen. Spätere Forschungen haben ergeben, dass das Dorf- bzw. Hofsystem gerade nicht abgegrenzt auf spezifische Regionen bzw. Rechtssysteme beschränkt war, sondern allgemeine Gültigkeit beansprucht hatte.[534]

Der Aufsatz *„Über die fränkischen Formelsammlungen"* war, ebenso wie die Abhandlungen *„Neuere Forschungen zur fränkischen Rechtsgeschichte"* hingegen mehr Rezension als eigene Untersuchung. Intensiv setzte Schroeder sich mit der Ausgabe der Formeln des fränkischen Rechts auseinander, die Karl Zeumer[535] im Auftrag der Monumenta Germaniae historica[536] veröffentlicht hatte und ergänzte dessen Forschungsergebnisse durch zusätzliche Quellenhinweise.[537] In den *„Neueren Forschungen zur fränkischen Rechtsgeschichte"* unterzog er Brunners und Dahns Thesen[538] zum fränkischen Recht einer kritischen Analyse. Dahns Ansicht, *„dass die Salfranken im 7.–9. Jahrhundert massenhaft in Hessen usw eingewandert sind"*, bewertete Schroeder als *„billige Fiktion"*[539], stimmte jedoch Brunner darin zu, dass zwischen echtem und gebotenem Ding nach der Lex Salica unterschieden werden müsse; dessen Anschauungen vervollständigte er um zusätzliche Hinweise auf einschlägige Rechtsquellen.[540]

Einen Abschluss fanden Schroeders Forschungen zum älteren fränkischen Recht schließlich 1881 mit der Untersuchung *„Die Franken und ihr Recht"*. Es ist seine bei weitem umfassendste Arbeit zu dieser Thematik. Ziel war es, die Ergebnisse seiner Forschungen zum fränkischen Recht zusammenzuführen und zu ergänzen, um den *„Ausgangspunkt für den Stamm der Franken und sein Recht in möglichst abschliessender Weise"*[541] herauszuarbeiten: *„Es möge mir daher gestattet sein"*, so Schroeder in der Vorrede, *„was von meinen bisherigen Ergebnissen bei verschiedenen Gelegenheiten und an verschiedenen Orten bereits veröffentlicht wurde, hier übersichtlich zusammenzustellen und, soweit es auf Widerspruch gestoßen ist, weiter auszuführen und näher zu begründen"*[542]. Inhaltlich setzte er sich mit den zwischenzeitlich entwickelten Thesen von

---

[533] *Hagemann*, HRG I, Sp. 887.

[534] *Dopsch*, Wirtschaft und Gesellschaft im frühen Mittelalter, S. 18.

[535] Karl Zeumer wurde kurz nach Erscheinen von Schroeders Aufsatz „über die fränkischen Formelsammlungen" auf dessen Vorschlag von der juristischen Fakultät der Ruprecht-Karls-Universität Heidelberg zum Doktor der Rechte ehrenhalber promoviert; vgl. *Stutz*, ZRG GA 38 (1917), S. XLVII. Seine Formelsammlung ist im wesentlichen noch heute maßgeblich; *Kroeschell*, Deutsche Rechtsgeschichte I, S. 54.

[536] Über die fränkischen Formelsammlungen, ZRG GA 4 (1883), S. 75–112.

[537] Über die fränkischen Formelsammlungen, S. 101.

[538] *Dahn*, Könige der Germanen – Die Franken unter den Merowingern, Bd. 7.

[539] Neuere Forschungen I, S. 196.

[540] Neuere Forschungen I, S. 198.

[541] Die Franken und ihr Recht, S. 1.

[542] Die Franken und ihr Recht, S. 1.

Sohm, Müllenhoff und von Inama-Sternegg auseinander,[543] um auf diese Weise die eigenen Ansichten einer kritischen Analyse zu unterziehen und gegebenenfalls zu ergänzen bzw. zu revidieren.

Schroeders Forschungen zur fränkischen Rechtsgeschichte gehören, wenngleich sie teilweise noch zu seinen Lebzeiten widerlegt wurden, *„zu dem Abgeklärtesten und Besten, was von Schroeder und was überhaupt in monographischer Arbeit über das Recht der fränkischen Zeit geleistet worden ist"*[544]. Sie erreichten zwar bei weitem nicht den Umfang von Brunners herausragender *„Deutscher Rechtsgeschichte"*, deren zweiter Teilband ausschließlich dieser Thematik gewidmet ist, sind dieser inhaltlich aber durchaus vergleichbar.

c) Schroeders Rolandsforschung

Mit den Forschungen zum fränkischen Recht in engem Zusammenhang stehen Schroeders Ausarbeitungen zu den Rolandsäulen[545].

Erste Untersuchungen zu dieser Thematik waren bereits im 17. Jahrhundert veröffentlicht worden[546]. Aber erst zur Mitte des 19. Jahrhunderts rückten die Rolandsäulen wieder in das Zentrum des wissenschaftlichen Interesses. Maßgeblichen Einfluss auf diesem Gebiet gewann Zoepfl[547]. Schroeder kam erstmals im Rahmen seiner Weichbildforschung hiermit in Berührung; es dauerte schließlich bis 1890, bis eine größere Abhandlung anlässlich des 25-jährigen Bestehens des Vereins für die Geschichte Berlins[548], die ausschließlich den Rolandsäulen gewidmet war, erschien. 1896 veröffentlichte Schroeder die Abhandlung *„Marktkreuz und Rolandsbild"*, der 1902 eine Untersuchung zum neuen Berliner Roland an der Siegessäule und 1906 erneut ein Aufsatz folgte.

Schroeder vertrat verschiedene Thesen zu den Rolandsbildern. Zunächst verfocht er die Ansicht, sie seien Marktfreiheitsbilder gewesen, die sich aus den Marktkreuzen, den späteren ständigen Stadtkreuzen, entwickelt hätten. Als

---

[543] Die Franken und ihr Recht, S. 1/49.

[544] *Stutz*, ZRG GA 38 (1917), S. XLI.

[545] Zusammenfassend zu den Rolandstatuen einschließlich des geschichtlichen Kerns der Rolandsage; *Rempel*, Die Rolandstatuen, Herkunft und geschichtliche Wandlung.

[546] *Johann Gryphiander*, De Weichbildis Saxonicis siue Colossis Rulandinis urbium quarundam Saxonicarum commentarius historico-iuridicus, Frankfurt am Main 1625; zu seiner Auffassung der Rolande; vgl. *Heldmann*, Die Rolandsbilder Deutschlands in dreihundertjähriger Forschung und nach den Quellen, S. 6 ff.

[547] Eine sehr gute Darstellung der Forschungsergebnisse zur gesamten Rolandsforschung gibt *Heldmann*, Die Rolandsbilder Deutschlands in dreihundertjähriger Forschung und nach den Quellen, S. 1–60.

[548] Verein für die Geschichte Berlins, Dt. Zeitschrift für Geschichtswissenschaft, Band III, 1890, N 24, S. 249.

Marktzeichen[549] seien sie letztlich nichts anderes als ältere Stadtkreuze gewesen. Die ursprüngliche Bedeutung lebe in anderen Wahrzeichen des Königsbannes wie Hut, Fahne oder Strohwisch weiter, die als spezielle Marktsymbole zu Markttagen angebracht wurden.[550] Dies lasse sich auch sprachlich herleiten, denn die räumliche Verbreitung der Rolandsäulen decke sich

> „fast vollständig mit derjenigen des Wortes „Weichbild" und wenn es füglich keinem Zweifel unterliegen kann, dass die ursprüngliche Bedeutung dieses Wortes nichts Anderes gewesen ist als „Stadtbild" oder „Ortsbild", so ergiebt sich mit Nothwendigkeit, dass die Vorgeschichte der Rolandsäulen eben in diesen Stadt- oder Ortsbildern gesucht werden muß"[551].

Zeitlich anerkannte er die Rolande erst für das 13. Jahrhundert, da die zugänglichen Rechtsquellen aus früherer Zeit keinerlei Aussage über die Rolandsäulen enthielten.[552] Hier zeigt sich einmal mehr Schroeders strikte Orientierung an den Quellen

Indizien waren für Schroeder die räumliche Ausbreitung, die zunehmende Verfeinerung des Kunstverstandes und die mangelnde Kenntnis der Menschen von der wahren Bedeutung des Marktkreuzes: Schließlich seien immer häufiger neben dem kaiserlichen Handschuh als Zeichen des Marktprivilegs Symbole der gutsherrlichen Gerichtsbarkeit wie Galgen und Rad, dargestellt worden. Eine Deutung des Rolands als Symbolträger biete sich insoweit an, als seit der Zeit Karls des Großen nicht alle Marktzeichen Königsinsignien gewesen waren, wenngleich man sie mit landesherrlichen oder städtischen Wappen geschmückt hatte. Nach dieser These stellte der Roland Karl den Großen selbst als königlichen Waffenträger dar.[553] Dies belegten auch Forschungen ausländischer, insbesondere französischer Kollegen.[554]

Mit der Marktzeichentheorie folgte Schroeder Goldast und mittelbar auch Gryphiander, die in den Rolandsäulen Weichbilder, aber auch Königsbilder gesehen hatten.[555] Damit beschränkte er sich auf eine rechtlich orientierte Interpretation der Rolandsäulen. Entsprechend lehnte er die Spieltheorie von Karl

---

[549] Rolandsäulen, S. 23.

[550] Lehrbuch 1. Aufl., S. 590 Fn. 7; *Schroeder*, FS Weinhold, S. 118 ff.

[551] Rolandsäulen, S. 3.

[552] Vgl. hierzu *Platen*, Der Ursprung der Rolande, S. 130.

[553] Hiermit stehe auch die Bezeichnung als „Roland" in engem Zusammenhang, die auf den Dichter Stricker (1225–1250) zurückgehe: Dieser hatte den Roland in seiner Bearbeitung des Rolandliedes als den bevorzugten Waffenträger Karls des Großen dargestellt; Rolandsäulen, S. 26/28.

[554] Hierzu fragte er bei dem Brüsseler Vanderkinderen über das Weichbild sowie das Kreuz als Zeichen der städtischen Gerechtigkeit nach. Infolge eines Versehens blieb dies zunächst unbeantwortet; Vanderkinderen an Schroeder vom 4. Februar 1891, UB HD Heidel.Hs. 3899.

[555] Vgl. hierzu *Heldmann*, Die Rolandsbilder Deutschlands in dreihundertjähriger Forschung und nach den Quellen, S. 6 f.

Heldmann[556] und Franz Jostes[557] ab. Diese hatten angenommen, dass die Rolande nichts weiter seien als ehemals hölzerne, danach versteinerte Dreh- und Spielfiguren, die lediglich den in Norddeutschland verbreiteten ritterlichen Roland(pfingst)spielen dienten.[558]

Schroeders Kritik hieran fiel ungewöhnlich harsch aus: Heldmanns und Jostes' Forschungsergebnisse deutete er als *„frevelhaft erscheinenden Einbruch eines Historikers und eines Philologen, die für rechtsgeschichtliche Entwicklung kein Verständnis haben und uns mit ihrem bischen Krümelkrams belehren wollen ..."*[559] dar: Es fehle der Bezug zwischen Rolandsbild und Recht, was Schroeder nicht anzuerkennen vermochte; viel zu tief waren die Einordnung der Standbilder als Träger rechtlicher Symbole in ihm verwurzelt.

Der Interpretation Zoepfls, der für die Rolande eine generalisierende Position eingenommen und in ihnen sowohl Zeichen der Blutgerichtsbarkeit, des Marktrechts und -gerichts sowie der Immunität des Ortes[560] gesehen hatte, anerkannte er dagegen zumindest eingeschränkt: Die Deutung der Rolande als Symbole der Blutgerichtsbarkeit lehnte er jedoch zunächst als *„wertlos"*[561] ab. Zwar mochten sich an vielen Orten des Blutbannes Rolande befinden oder befunden haben und *„gerade vor Rolandsäulen [seien; Ergänzung der Verfasserin] Urtheile an Hals und Hand gefällt und vollstreckt worden"*; andererseits existierten aber ebenso viele Stätten, an denen dies nicht der Fall gewesen sei. Auch habe bei der überwältigenden Mehrzahl der Dingstätten ebenfalls nie ein Roland gestanden.[562] Damit verneinte Schroeder einen Zusammenhang mit der mittelalterlichen Blutgerichtsbarkeit .

Die Marktzeichentheorie wurde lange als nicht stichhaltig anerkannt. Erst als sich der Historiker Winkelmann in seiner *„Allgemeinen Verfassungsgeschichte"* Schroeders Auffassung anschloss, erlebte sie einen erheblichen Aufschwung.

---

[556] *Karl Heldmann,* Rolandspielfiguren, Richterbilder oder Königsbilder?, insbes. S. 131 ff., hierbei S. 133; *ders.,* Die Rolandsbilder Deutschlands in dreihundertjähriger Forschung und nach den Quellen, Halle 1904; kritisch *Rietschel,* Hist. Vjs. 8 (1905), S. 86 f.

[557] *Franz Jostes,* Roland in Schimpf und Ernst, in: Zeitschrift des Vereins für rheinische und westfälische Volkskunde I, 1904, S. 6–36.

[558] Der Name leite sich von „rollans" ab; *Stutz,* ZRG GA 38 (1917), S. XLV; *Jostes,* Zeitschrift des Vereins für rheinische und westfälische Volkskunde I, S. 17.

[559] Schroeder an Stutz vom 14.08.1906, UA Zürich, Nachl. Stutz, 184; gemeint waren die Ansätze des Geschichtsprofessors Karl Heldmann und Franz Jostes, die Rolandsbilder auf versteinerte Spielfiguren zu reduzieren.

[560] Vgl. hierzu *Heldmann,* Die Rolandsbilder Deutschlands in dreihundertjähriger Forschung und nach den Quellen, S. 14; *Zoepfl,* Deutsche Rechtsgeschichte Band II, 4. Auflage S. 292; *Zoepfl,* Alterthümer des deutschen Reichs und Rechts III, S. 60 ff., 64 ff., 67 ff., 83, 119 ff.

[561] Lehrbuch, 1. Auflage, S. 590 Fn. 7.

[562] Rolandsäulen, S. 22.

1905 urteilte Georg Sello, Schroeder sei sogar der einzige in Deutschland, der der Rolandforschung *„dasjenige wissenschaftliche, tatkräftig mitschaffende Interesse entgegenbringt, welches auch andere zur Forschung ermuntert und treibt"*[563].

Dennoch konnte sich diese These gegen die Ende des 19. Jahrhunderts verbreitete Auffassung von den Rolanden als Zeichen der hohen Gerichtsbarkeit[564] durchsetzen. Auch Schroeder anerkannte schließlich, dass seine strikte Deutung der Rolande als Marktzeichen zu einseitig war und die rechtliche Symbolträchtigkeit nicht vollends zu erfassen vermochte. *„Die Rolande, auf die er seine Beweisführung in erster Linie stützte"*, hätten *„zu den falschen Rolanden"* gehört[565]. Die Verbindung mit Elementen der sich ausbreitenden Gerichtsbarkeitstheorie[566] bot sich an, zumal auch der Roland in Halle als Wahrzeichen des Königs- wie auch des Marktbanns zu deuten sei.[567]

In der Verknüpfung von Königs- und Marktbann zeigen sich erste Ansätze einer generalisierenden Betrachtung der Rolandbilder durch Schroeder. Nur durch eine juristische Interpretation der Standbilder konnte er die Rolandsäulen als Zeichen königlicher Privilegien und damit des Rechts insgesamt erfassen. Damit kam er der zuvor als *„wertlos"* bezeichneten Auffassung von Zoepfl sehr nahe.

Eng verbunden mit dieser modifizierten Marktrechtstheorie sind die Ansätze von Rosenstock und Sello[568], welche die Rolandbilder als Stadtrechtszeichen ansahen. Ebenso besteht ein Zusammenhang mit der These, sie seien Sinnbild von Handelsvorrechten, wie etwa von Künßberg[569] oder noch in den vierziger Jahre des zwanzigsten Jahrhunderts W. Funk[570] annahmen. Gerade von Künßbergs Auffassung, die Rolande als Zeichen der Handelsvorrechte auszulegen, da sie vorwiegend an „Handelszentren"[571] aufgestellt waren, ist eng mit Schroeders Interpretation verwandt; beide gehen vom Standort des Rechtsgegenstandes als entscheidendes Indiz aus. Da sich die Handelszentren schließlich über die

---

[563] *Sello* an Schroeder vom 24. Oktober 1901, UB HD Heidel.Hs. 3899.

[564] Hierzu insbesondere *Rietschel*, HZ 89 (1902) S. 464; Rietschel gibt zu, dass es erst jetzt möglich sei, *„die Klippen zu meiden, an denen noch Schroeder bei seinen Rolandforschungen gescheitert ist"*. *Rietschel*, HZ 89 (1905), S. 458; kritisch *Heldmann*, Rolandspielfiguren, Richterbilder oder Königsbilder?, S. 105 ff.

[565] *Rietschel*, HZ 89 (1905), S. 458.

[566] ZRG GA 27 (1906), S. 462.

[567] *Goerlitz*, Der Ursprung und die Bedeutung der Rolandsbilder, S. 2.

[568] *Rosenstock*, Rathaus und Roland im deutschen Stadtrecht zwischen 1186 und 1250 (als Manuskript gedruckt).

[569] *von Künßberg*, FS Hans Fehr I, S. 135–141.

[570] Funk sieht allein im Roland von Halle eine Beziehung zur Gerichtsbarkeit; ansonsten liege, unter Zugrundelegung der Annahme, dass die Rolande mit der Marktfreiung zusammenhingen, *„der Schluß nahe, dass sie aus den Marktkreuzen entstanden sind"*; *Funk*, Alte deutsche Rechtsmale, S. 183; *ders.*, ZRG GA 65 (1947), S. 301.

[571] *Gathen*, Rolande als Rechtssymbole, S. 3.

alten Handelsstraßen aus dem Straßenmarkt entwickelt hatten, wird auch die Verbindung zu Rosenstock und Sello, die in den Rolandbildern Zeichen des Stadtrechts sahen, deutlich: Nicht nur entwickelten sich die Städte zumeist aus den alten Handels- und damit Marktplätzen. Auch ist die Auslegung des Wortes „Weichbild", das den Ausgangspunkt von Schroeders Forschungen bildete, die Wurzel beider Interpretationsströme. Interessant sind diese Zusammenhänge deshalb, weil sich mit Rosenstock bzw. von Künßberg ein Schüler bzw. ein enger Mitarbeiter Schroeders unter den Hauptvertretern dieser beiden Richtungen finden. Insoweit ist eine Beeinflussung Rosenstocks bzw. von Künßbergs durch Schroeder zu bejahen.

Schroeders Abhandlungen zu den Rolanden gehörten zu der *„wichtigsten wissenschaftlichen Literatur über den Ursprung der Bilder"*[572]. Nach einer Phase intensiven Forschens zu Beginn des 20. Jahrhunderts erlebte die Rolandforschung erst wieder 1933 mit der Machtergreifung durch die Nationalsozialisten einen neuen, wenngleich nationalistisch geprägten Aufschwung. Besonders Theodor Goerlitz[573] und Karl Hoede[574] setzten sich dabei eingehend mit Schroeders Auslegung auseinander und anerkannten seine Forschungsergebnisse zumindest insoweit, als die Rolandsäulen streng juristisch zu interpretieren seien. Dagegen lehnte Gathen Schroeders Thesen gänzlich ab; der Roland stehe mit dem Marktkreuz in keiner Verbindung, da es sich bei letzterem um ein *„abstrakt geometrisches Zeichen"*[575], beim Roland aber um eine menschliche Gestalt handele; eine solche Verbindung lasse sich auch anderweitig nicht nachweisen, zumal Schroeder nicht erklären könne, warum die ursprünglichen Zeichen des Marktbannes bei den Rolanden verschwunden seien und lediglich das Schwert, das auf die Gerichtsbarkeit hindeute, erhalten geblieben sei.[576]

Auf eine generalisierende Beurteilung unter besonderer Betonung der rechtlichen Bedeutung weisen auch die Werke von Goerlitz und Hoede, welche die Rolande nicht in ihrer Gesamtheit einer Bedeutung zuordnen, sondern regional nach den einzelnen Rolandbildern untergliedern.[577]

---

[572] *Platen,* Der Ursprung der Rolande, S. 128.

[573] Der Schüler von Konrad Beyerle, Goerlitz, meint die Unrichtigkeit der Schroederschen These, wonach die Rolande gerade nicht Zeichen der Gerichtsbarkeit gewesen seien, anhand des Haller Rolands nachgewiesen zu haben. Schroeder lasse bei seinen Forschungen leider *„das Hauptgebiet der Rolande, die Mark Brandenburg, unberücksichtigt"; Goerlitz,* Der Ursprung und die Bedeutung der Rolandsbilder, S. 2.

[574] Hoede setzte sich nachdrücklich dafür ein, dass es sich bei den Rolandsstandbildern um Zeichen der Gerichtsbarkeit, sogenannte Gerichtsrolande, handelte; vgl. hierzu *Paul Rehme,* ZRG GA 56 (1936), S. 534.

[575] *Gathen,* Rolande als Rechtssymbole, S. 67.

[576] *Gathen,* Rolande als Rechtssymbole, S. 69.

[577] Goerlitz unterteilt in die einzelnen Rolandsbilder; *Goerlitz,* Der Ursprung und die Bedeutung der Rolandsbilder; *Rempel,* Die Rolandsstatuen – Herkunft und geschichtliche Wandlung, Darmstadt 1989.

Heute wird allgemein angenommen, dass der Roland wirklich Roland sei und die Standbilder den epischen Helden in durchaus idealer Auffassung darstellen.[578] Ihre Bedeutung als Rechtssymbole in der Konsequenz der Karlslegende, die diesen als großen Gesetzgeber herausstellt, gilt als nachgewiesen. Schroeders These, in der sich *„bis zu einem gewissen Grade die beiden Hauptrichtungen, die in der Rolandsforschung einander gegenüberstehen vereinigt haben"*[579], bleibt damit anerkannt. Auch hat sich gezeigt, dass eine einzige spezifische Auslegung der Rolande angesichts der mannigfaltigen Ausgestaltungen gerade nicht möglich ist.

4. Sonstige rechtsgeschichtliche Arbeiten

Neben seinen beiden Hauptwerken sowie den zahlreichen Arbeiten zur Geschichte des sächsischen und fränkischen Rechts verfasste Schroeder auch vereinzelt Aufsätze zu besonderen rechtsgeschichtlichen Themen. Viele der Abhandlungen wurden in den siebziger und achtziger Jahren des 19. Jahrhunderts in der Savigny-Zeitschrift für deutsche Rechtsgeschichte veröffentlicht, deren Redakteur er damals war.

1870 erschienen die *„Mittheilungen über Clevische Rechtsquellen des 15. Jahrhunderts"*[580], zwei Jahre später die Fortsetzung, *„Weitere Mittheilungen über Clevische und verwandte Niederrheinische Rechtsquellen des 15. Jahrhunderts"*[581] und schließlich *„Die Erbsälzer zu Werl"*[582]. Nach einer längeren Pause folgte 1881 ein Aufsatz *„Zur Geschichte der deutschen Königswahl"*[583]. 1883 wurden Untersuchungen *„Über die Bezeichnung der Spindelmagen in der deutschen Rechtssprache"*[584] und zum *„Gesetzsprecheramt und Priesterthum bei den Germanen"*[585] veröffentlicht.

Einen wichtigen Beitrag zur rechtsgeschichtlichen Erforschung der germanischen Urzeit leistete Schroeder auch mit dem Aufsatz *„Gesetzsprecheramt und*

---

[578] Hierzu *Hoede,* Deutsche Rolande, S. 50; *Platen,* Der Ursprung der Rolande; *Trusen,* Artikel „Roland" in HRG IV, Sp. 1103.

[579] Namentlich die Marktzeichen- und Gerichtsbarkeitstheorie; *Goerlitz,* Der Ursprung und die Bedeutung der Rolandsbilder, S. 2.

[580] Diese verfasste er anlässlich seiner Erhebung zum Ordinarius durch die Rheinische Friedrich-Wilhelms-Universität Bonn; *Stutz,* ZRG GA 38 (1917), S. XIII.

[581] ZfR, X 1872, S. 188–258.

[582] ZfR, X 1872, S. 258–292.

[583] Der Grund hierfür liegt wohl darin, dass Schroeder in dieser Phase stark von seinen Forschungen zur *„Geschichte des ehelichen Güterrechts",* den Grimmschen Weistümern sowie seinen Vorlesungsverpflichtungen in Anspruch genommen wurde; Zeitschrift für Rechtsgeschichte, XV (II) 1881, S. 200.

[584] ZRG GA 4 (1883), S. 1–15.

[585] ZRG GA 4 (1883), S. 215–232.

Priestertum bei den Germanen", der mehr eine Diskussion der *„Untersuchungen über friesische Rechtsgeschichte"* von Richthofens sowie des Aufsatzes *„Das Alter des Gesetzsprecher-Amtes in Norwegen"* von Maurer war: Gerade dessen Untersuchungen seien *„bahnbrechend"*, *„weil sie den Nachweis erbracht haben, dass das Gesetzsprecheramt eine allgemeine Einrichtung der altnordischen Rechte gewesen ist."*[586] Schroeder ergänzte die Ansichten seiner Kollegen um sprachwissenschaftliche Argumente.[587] Insbesondere von Maurers Thesen stellte er neuere Literaturmeinungen wie die Auffassung Sohms gegenüber, *„die alamannischen und bairischen „iudices" seien ursprünglich gleich den gothischen, burgundischen und langobardischen Richtern selbsturteilende Richter gewesen, die erst der von den Franken eingeführte Graf in die bescheidenere Stellung blosser Gesetzeserklärer und Rechtsgutachter herabgedrückt habe"*[588]. Sohm hatte angenommen, dass insoweit *„dasselbe vom friesischen Gesetzgeber angenommen werden"* müsse, da eine *„völlige Übereinstimmung der vin asega, êsago und êsagara"*[589] bestehe. Dem widersprach Schroeder, der von einer Identität lediglich mit den nordischen *„lagmenn"*, *„lögmenn"* und *„lögsögumenn"* ausging; gerade dies beweise den gemeingermanischen Charakter des Gesetzsprecheramtes; hiervon sei der selbsturteilende Richter der Goten, Burgunder und Langobarden abzugrenzen, der sich als *„romano-germanische Afterbildung"* entpuppe.[590] Die etymologischen Verwandtschaften zeigten, dass das fränkische Recht *„in den Grundprinzipien"*[591] auf dem gleichen Ursprung wie das Recht der Angelsachsen beruhe[592].

Zu der Gruppe der sonstigen rechtsgeschichtlichen Arbeiten zählt auch der Aufsatz *„Die Landeshoheit über die Trave"*, den Schroeder aus Anlass der Gründung der *„Neuen Heidelberger Jahrbücher"* 1891 verfasste. Gegenstand der Untersuchung war eine aktuelle Entscheidung des Reichsgerichts in einem seit Jahrhunderten schwelenden Territorialstreit zwischen Lübeck und den beiden Landeshoheiten Mecklenburg[593].[594] Schroeder erforschte ausschließlich die

---

[586] Gesetzsprecheramt und Priestertum bei den Germanen, S. 216.

[587] Gesetzsprecheramt und Priestertum bei den Germanen, S. 217.

[588] Gesetzsprecheramt und Priestertum bei den Germanen, S. 226.

[589] Gesetzsprecheramt und Priestertum bei den Germanen, S. 226.

[590] Gesetzsprecheramt und Priestertum bei den Germanen, S. 226.

[591] Gesetzsprecheramt und Priestertum bei den Germanen, S. 227.

[592] Schroeder verweist auf den im angelsächsischen Recht existenten Ausschuss von zwölf Urteilern, deren Name *„lahmen, lagemanni"* die Herleitung aus dem Gesetzsprecheramt bezeuge; Gesetzsprecheramt und Priestertum bei den Germanen, S. 227.

[593] „Streitpunkt war die Landeshoheit über die untere Trave, die von Lübeck abwärts einen stromartigen Charakter trägt und vor ihrem Ausflusse in die Ostsee bei Travemünde zwei haffartige Buchten, die Pötenitzer Wiek und den Dassower See, bildet. Während der obere Lauf des Flusses teils von holsteinischem, teils von lübeckischem Gebiet eingeschlossen oder begrenzt ist, gehört an dem unteren Laufe das ganze linke Ufer zu Lübeck, das rechte Ufer dagegen von der Schlutuper Wiek bis

rechtshistorischen Grundlagen der Entscheidung, wobei er die Entstehung des Stromregals, auf das sich das beklagte Lübeck berief[595], einer genaueren Untersuchung unterzog; die dogmatische Besprechung überließ er anderen.

Als Ursache des Streits ermittelte er die Entwicklung der Territorialverfassungen sowie die damit verbundene Entstehung der Straßengerichtsbarkeit. Diese seien im Zuge des Aufstiegs königlicher Gaubeamter fürstlichen Ranges zu Landeshoheiten aus der Gerichtsverfassung hervorgegangen.[596] Die großen Land- und Heerstraßen einschließlich der Wasserstraßen waren dagegen, unabhängig von der Entwicklung der Hoheitsrechte in den angrenzenden Gebieten, stets staatliche Reichsstraßen gewesen. Zwar trete dieser Gedanke bei den Landstraßen schon im Laufe des 13. Jahrhunderts wieder zugunsten der landesherrlichen Gewalt zurück; ursprünglich sei das Stromregal gerade nicht den Fürsten verliehen worden.[597] Vielmehr blieben die *flumina navigabilia* Eigentum des Königs. Eine Verleihung an die Landesfürsten fand nur dann statt, wenn die *comitatus in flumine,* die Stromgerichtsbarkeit, den Stromzoll sowie das *conductus in* flumine, d.h. das Geleitrecht umfasst waren.[598] Gerade dies hatte Lübeck von Friedrich I. erhalten.[599]

Mit einer ähnlichen Thematik befasste sich Schroeder 1905 in der Abhandlung über *„Das Eigentum am Kieler Hafen"*. Wiederum war ein Urteil Grundlage der Untersuchung.[600] Als Kern des Problems identifizierte er den unter-

---

zur Mündung der Stepenitz in den Dassower See zu Meklenburg-Strelitz (Fürstentum Ratzeburg), von da an zu Schwerin, nur die Travemünde gegenüber gelegene Halbinsel Priwall, welche die Pötenitzer Wiek vom Meere trennt, gehört zu Lübeck"; Landeshoheit, S. 32; nachdem die beiden Mecklenburg beim deutschen Bundesrat auf Anerkennung ihrer Landeshoheit über die entsprechenden Wasserflächen gegen Lübeck gem. Art. 76 RV geklagt hatten, entschied das Reichsgericht (dieses hatte der Bundesrat durch Beschluss vom 6.10.1887 mit der schiedsrichterlichen Erledigung beauftragt) am 21. Juni 1890 wie folgt: „Die Hoheitsrechte an dem Dassower See, der Pötnitzer Wiek und an der Trave von der Schlutuper Bucht bis an ihre Mündung in die Ostsee, soweit ihr Überschwemmungsgebiet reicht, also bis an das feste, sie begrenzende Ufer, stehen der freien und Hansestadt Lübeck zu."

[594] Entscheidung des vierten Civilsenats des Reichsgerichts vom 21.06.1890.

[595] Lübeck berief sich auf eine Schenkung Kaiser Friedrichs I. von 1188 über die Hoheitsrechte der unteren Trave und des Überschwemmungsgebietes. Dagegen stellten die klagenden Mecklenburg den völkerrechtlichen Grundsatz, dass Wasserflächen demjenigen Staat zuzuteilen sind, zu welchem die Ufer gehören; Landeshoheit, S. 32. Das hatte das Reichsgericht abgelehnt, da das Völkerrecht nur greife, „wo nicht auf Grund älterer, wohlerworbener Rechte eine andere Abgrenzung der Hoheitsrechte stattgefunden hat"; Landeshoheit, S. 33.

[596] Bedingt durch diese Entwicklung und gefördert durch die zunehmende Abtretung königlicher Regalien an die Fürsten näherte sich die Landeshoheit der Staatsgewalt.

[597] Wie sich noch 1294 aus einem Hofgerichtsweistum König Adolfs ergibt.

[598] Landeshoheit, S. 37.

[599] Dies wurde 1204 durch Waldemar II. von Dänemark, 1226 durch Friedrich II, Rudolf I. und Adolf bestätigt.

schiedlichen Bedeutungsgehalt der lateinischen Begriffe „dominium" und „proprietas" in mittelalterlichen Urkunden. Das der Stadt Kiel gewährte Privileg spreche von „dominium", d.h. „Herrschaft", der technische Begriff für „Eigentum" im mittelalterlichen Latein sei aber „proprietas" gewesen.[601] Zur Untermauerung seiner These dienten ihm Urkunden aus den verschiedensten Rechtsbereichen.[602] Grund für die herrschende Verwirrung sei eine im Mittelalter durchaus übliche Verquickung des privatrechtlichen Eigentums mit grundherrlichen Rechten einschließlich den Lehnsverhältnissen gewesen.[603] Aus gleicher Zeit stammende Urkunden, welche deutlich auf eine Trennung von Herrschaft im Sinne von, mitunter beschränkter[604], Hoheit[605] und Privateigentum abstellten, belegten jedoch den bestehenden rechtlichen Unterschied. Somit war der Stadt Kiel lediglich die Landeshoheit, nicht aber das Privateigentum am Kieler Hafen verliehen worden.[606]

5. „Urkunden zur Geschichte des deutschen Privatrechts" und „Fränkische Rechte"

Neben wissenschaftlichen Untersuchungen publizierte Schroeder auch rechtsgeschichtliche Quellensammlungen. Die 1874 mit Loersch veröffentlichten *„Urkunden zur Geschichte des deutschen Privatrechts für den Gebrauch bei Vorlesungen und Übungen"* bildeten mit der Zusammenstellung der Weistümer den Anfang. 1895 wurden schließlich die im Auftrag der Badischen Historischen Kommission erarbeiteten *„Fränkischen Rechte"* als erste Abteilung der Oberrheinischen Stadtrechte veröffentlicht.

---

[600] Vgl. ZRG GA 26 (1905), S. 37. Die Stadt Kiel hatte in einer Klage gegen das deutsche Reich eine Entschädigung in Geld für das durch den Kriegshafen und militärische Anlagen in Anspruch genommene Gelände der Kieler Förde verlangt, da das fragliche Gebiet ihr, lediglich durch öffentlichen Gebrauch beschränkt, durch mittelalterliche Privilegien übereignet worden sei. Das Kieler Landgericht hatte der Klage erstinstanzlich stattgegeben, das Oberlandesgericht Kiel hatte die Klage abgewiesen.

[601] Lediglich in süddeutschen Urkunden habe sich das aus dem römischen Recht überlieferte „dominium" noch bis in das Mittelalter hinein erhalten und sei erst langsam von „proprietas" verdrängt worden, während niedersächsische Urkunden durchweg von „proprietas" sprächen; Kieler Hafen, S. 40.

[602] So z. B. ein Hofgerichtsurteil aus dem Jahre 1314 oder die Urkunde Kaiser Friedrichs II über die Errichtung des Herzogtums Braunschweig aus dem Jahre 1235.

[603] Kieler Hafen, S. 43.

[604] Kieler Hafen, S. 50; Schroeder führt hierzu als Beispiele das dominium directum als lehnsherrliche und das dominium utile als vasallitische Rechte an.

[605] Die häufigste Bedeutung von „dominium" sei Landeshoheit, landesherrliche Gewalt oder landesfürstliche Obrigkeit, was sich ebenfalls aus verschiedenen Urkunden (Belehnung des Dänenkönigs mit Schleswig durch Herzog Waldemar IV.); Kieler Hafen, S. 48.

[606] Kieler Hafen, S. 46 f.

Sowohl die *„Urkunden zur Geschichte des deutschen Privatrechts"* als auch die *„Fränkischen Rechte"* sind reine Rechtsquellensammlungen. Schroeders Verdienst beruhte auf der übersichtlichen und kompakten Zusammenstellung verschiedener Urkunden, mit der er einen wichtigen Beitrag zur Aufarbeitung der rechtsgeschichtlichen Quellen leistete.

6. Ergebnis

Schroeders rechtsgeschichtliches Werk ist repräsentativ für die Entwicklung der rechtsgeschichtlichen Forschung des ausgehenden 19. Jahrhunderts. Anhand verschiedener Charakteristika, die seine Untersuchungen immer mehr prägten, lässt sich der allgemeine Wandel in der rechtgeschichtlichen Forschung und Methodik deutlich nachvollziehen.

1905 schrieb Ernst von Moeller:

„Rechtshistoriker, die die Rechtsgeschichte nur nebenamtlich betrieben und die Ergebnisse ihrer rechtshistorischen Forschung zeitlebens nicht ohne Grund im Schreibtisch verwahrten oder überhaupt nicht zu Papier brachten, haben wir im 19. Jahrhundert genug gehabt. Wer Rechtshistoriker werden will, soll seine ganze Kraft in den Dienst der Rechtsgeschichte stellen und solchen Dogmatikern gegenüber, die die Rechtsgeschichte nur als Hilfsmittel für ihre Zwecke ansehen und nur ihresgleichen als „Juristen" betrachten, den nötigen Stolz auf seine Rechtsgeschichte besitzen und sich nicht, wie es immer wieder zum Schaden der Rechtsgeschichte aus hunderterlei Gründen geschehen ist, ihrer Anschauung unterwerfen"[607].

Schroeder betrieb die rechtsgeschichtliche Forschung um ihrer selbst willen, nicht als bloße Hilfswissenschaft. So hat er dieses Gebiet zusammen mit seinem Berliner Kollegen Brunner maßgeblich geprägt; *„zwei bahnbrechende Gelehrte, zwei Meister der deutschen Rechtsgeschichte"*[608] nannte Stutz sie 1917; sie seien verwandte Seelen in ihrer Begeisterung für die deutsche Rechtsgeschichte,

„echte Deutsche von trefflichem Charakter und edler, vornehmer Denkungsart, mannhaft und überzeugungstreu, voll Begeisterung und selbstlosem Empfinden für die Größe und Machtstellung des deutschen Volkes und die Wiedergeburt seines Rechts. Als Forscher von nicht ermüdender Arbeitskraft, größter Gewissenhaftigkeit und unbegrenzter Wahrheitsliebe wußten sie in nicht seltener Vereinigung juristischer und historisch-diplomatischer[609] Begabung und Schulung mit kritischem Blick die Quellen zu sichten, ihnen eine Fülle von Rechtsgedanken zu erlauschen und zu klarer und leichtfaßlicher Darstellung zu bringen"[610].

---

[607] *von Moeller*, Die Trennung der Deutschen und der Römischen Rechtsgeschichte, S. 69 f.

[608] *von Wretschko*, Hist. Vjs. 18 (1916–1918), S. 345.

[609] Mit dem Begriff „diplomatisch" ist nicht die Diplomatik im heute geläufigen Sinne umschrieben, sondern die Beschäftigung mit Urkunden, „Diplomen" im weitesten Sinne.

Gerade die für das rechtsgeschichtliche Lebenswerk von Schroeder so wichtige intensive Beschäftigung mit den Quellen wird hierin hervorgehoben.

Neben der Quellenarbeit ist die starke Herausbildung des sprachwissenschaftlichen Elements charakteristisch für Schroeders Rechtsgeschichtsforschung. Er verknüpfte nicht nur juristische und historisch-diplomatische Gesichtspunkte, sondern kombinierte diese traditionelle Methodik mit etymologischen Ansätzen, um durch die Verbindung von Rechtsgeschichte und Sprache seine Thesen auf eine breitere Basis zu stellen.

Das sprachwissenschaftliche Element ist in seinen Werken unterschiedlich stark ausgeprägt. Noch in der *„Geschichte des ehelichen Güterrechts"* griff Schroeder eher sporadisch auf etymologische Argumente zurück und zieht diese zumeist lediglich zur Illustration seiner Thesen heran.[611] Erst in späterer Zeit wird dieser Ansatz vorherrschendes Element seiner rechtsgeschichtlichen Arbeiten. Insbesondere die Abhandlungen zur Geschichte des fränkischen und sächsischen Rechts sowie das *„Lehrbuch der Deutschen Rechtsgeschichte"* zeugen hiervon.

Die von Schroeder praktizierte Heranziehung der Sprache zur Stützung rechtshistorischer Theorien bildete sich in der neueren rechtsgeschichtlichen Forschung immer weiter aus. Gerade Kroeschell hob die Bedeutung einer engen Kooperation mit anderen wissenschaftlichen Disziplinen, wie etwa der Sprachwissenschaft hervor[612] und sah die deutsche Rechtsgeschichte als untrennbar mit der Wort- und Begriffsgeschichte verbunden. Dabei stützte er sich auf die Ansätze der Onomasiologie, d.h. der Bezeichnungsforschung, und der Semasiologie, die auf die Ermittlung der Wortbedeutung ausgerichtet ist.[613]

Schroeders Forschungen auf dem Gebiet der Wortgeschichte bleiben hinter diesem ausgereiften Ansatz zurück;[614] ihm ging es lediglich darum, die Bedeutung des Rechts aus einem gemeinsamen Ursprung mit der deutschen Sprache

---

[610] *von Wretschko,* Hist. Vjs. 18 (1916–1918), S. 348.

[611] Zur Wortgeschichte der verschiedenen güterrechtlichen Begriffe Wittemon (Güterrecht I, S. 46), Reipus (Güterrecht I, S. 57), Achasius (Güterrecht I, S. 60), Dos, (Güterrecht I, S. 66), Morgengabe (Güterrecht I, S. 110).

[612] *Kroeschell,* Recht im Mittelalter – Verfassungsgeschichte und Rechtsgeschichte des Mittelalters, S. 366.

[613] Während die Onomasiologie, vom Begriff ausgehend, nach der Bezeichnung fragt, die diesem entsprechen, geht die Semasiologie von der Bezeichnung aus und fragt nach den Bedeutungen, die das Wort einschließt; *Kroeschell,* Recht im Mittelalter – Verfassungsgeschichte und Rechtsgeschichte des Mittelalters, S. 368; *Schmidt-Wiegand,* Historische Onomasiologie und Mittelalterforschung, Frühmittelalterliche Studien 9 (1975), S. 49–78.

[614] An die von der modernen Linguistik hervorgebrachte Unterscheidung zwischen Begriff und Bezeichnung sowie die Herausarbeitung des Dreiecks Wort – Bezeichnung – Sache (vgl. hierzu *Kroeschell,* Recht im Mittelalter – Verfassungsgeschichte und Rechtsgeschichte des Mittelalters, S. 368 ff.).

herzuleiten. Auf diesem Wege gedachte er die Verbindung des gegenwärtigen mit dem germanischen Recht wissenschaftlich zu untermauern.

Hatten noch Schroeders frühe Werke einen eher historisch-dogmatischen Charakter, so wandte er sich in den achtziger Jahren des 19. Jahrhundert mehr und mehr rein rechtshistorischen Arbeiten zu. Dieser Wandel in seiner wissenschaftlichen Ausrichtung setzte parallel zu seiner Tätigkeit als Gutachter für die Kommission zur Erschaffung eines Bürgerlichen Gesetzbuches für das Deutsche Reich und damit zu einer Zeit ein, in welcher die dogmatische Begründung der existenten althergebrachten deutschen Regionalgesetze endgültig an Bedeutung verlor.[615] Schroeder entfernte sich also zeitgleich mit der allgemeinen Entwicklung mehr und mehr von der klassischen Auffassung der deutschen Rechtsgeschichte als einer positivistischen und dogmatisch geprägten Rechtsdisziplin.

Gerade an dem Gegensatz zwischen der *„Geschichte des ehelichen Güterrechts"*, die weitgehend nach den historisch-begründenden Strukturen der Savignyschen Schule aufgebaut ist, und dem *„Lehrbuch der Deutschen Rechtsgeschichte"*, das die Rechtsgeschichte nicht mehr in der dienenden Funktion für das gegenwärtige Recht sieht, sondern sich auf eine bloße Darstellung der geschichtlichen und rechtlichen Zusammenhänge beschränkt, wird dies deutlich.

Auch die wissenschaftlichen Schwerpunkte Schroeders spiegeln diese Entwicklung wider. Mit Ausnahme des neuzeitlichen Kapitels im *„Lehrbuch der Deutschen Rechtsgeschichte"* beschränkte er sich auf die Zeit bis zum Einsetzen der Rezeption:

„Mit der Reception des Römischen Rechts gerät das Deutsche Rechtsleben zunächst in einen allgemeinen Verfall, die Rechtsentwicklung wird nun aus dem Volke in die Studirstuben der Gelehrten verlegt, welche für die wissenschaftliche Forschung des Interessanten und Lehrreichen viel, für uns, die wir das lebendige Recht zur Kunde bringen wollen, nicht das geringste bieten"[616].

In konsequenter Verfolgung des das ausgehende 19. Jahrhundert beherrschenden Kontinuitätsaxioms hob Schroeder die fränkische Periode sowie das Mittelalter hervor und verwies auf die Bedeutung des germanischen Rechts.

Die neuere rechtsgeschichtliche Forschung ist dagegen mehr um eine Überwindung dieser einseitig auf das germanische Element gerichteten Perspektive bemüht. Ansätze hierzu finden sich bei Schroeder nur vereinzelt.[617] Er war insoweit völlig in der Tradition des 19. Jahrhunderts verhaftet.

---

[615] *Senn*, Rechtshistorisches Selbstverständnis im Wandel, S. 36.

[616] Urkunden, Vorrede, S. VIII.

[617] Zu nennen ist hierbei insbesondere die Betonung des Einflusses des kirchlichen sowie des gelehrten Rechts auf das Strafrecht des Mittelalters; Lehrbuch, 1. Auflage, S. 707 f.

IV. Spätere dogmatische Arbeiten

1. Allgemeines

Der Schwerpunkt von Schroeders wissenschaftlicher Leistung liegt auf dem Gebiet der rechtsgeschichtlichen Forschung. Die Beschäftigung mit dem geltenden Recht und dessen dogmatische Erfassung stellt dagegen nur ein *„durch besondere persönliche Beziehungen veranlasstes Zwischenspiel in Schroeders literarischem Lebenswerke dar"*[618]. Thematisch beschränkte er sich auch hier auf das eheliche Güterrecht sowie das Handels- und Seerecht.[619]

2. Das eheliche Güterrecht

Seine mäßigen Erfolge bei den deutschen Juristentagen, die zögerliche Annahme seiner *„Geschichte des ehelichen Güterrechts"* durch die Praxis und die Verwertung seines Gutachtens durch die Kommission für das Bürgerliche Gesetzbuch hinderten Schroeder nicht daran, die Entwicklungen in diesem Bereich kritisch zu kommentieren.[620] Noch 1873 kündigte er im letzten Teilband seiner *„Geschichte des ehelichen Güterrechts"* an, *„eine dogmatische Darstellung des heute in Deutschland geltenden Rechts nach den Kategorien des Dotalrechts, der Verwaltungsgemeinschaft, der allgemeinen und der particulären Gütergemeinschaft, endlich des vertragsmässigen Güterrechts, verbunden mit einer statistischen Übersicht über die Verbreitung der einzelnen Systeme innerhalb Deutschlands"*[621] zu erarbeiten. Zwei Jahre später, 1875, erschien dann die Untersuchung über *„Das Güterrecht Deutschlands in Vergangenheit, Gegenwart und Zukunft"*.

Hier flossen seine Erfahrungen als Gutachter sowie die Arbeitsergebnisse der *„Geschichte des ehelichen Güterrechts"* zusammen. Schroeder erläutert seine Vorstellung von einer vorzugswürdigen Systematik für das Bürgerliche Gesetzbuch. Das römische Dotalsystem berücksichtigt er von Anfang an nicht, da es einerseits aufgrund seiner geringen Bedeutung im Vergleich zu den germanischen Güterrechtssystemen, andererseits aber wegen der dogmatischen Unterschiede nicht in ein deutschrechtlich geprägtes Bürgerliches Gesetzbuch, das auf dem Gedanken der Verbindung von germanischem, fränkischem und deutschem

---

[618] *Stutz*, ZRG GA 38 (1917), S. XXXVIII.

[619] Hiermit hatte sich Schroeder als Referendar und als Professor an seinen verschiedenen Wirkungsstätten eingehend beschäftigt.

[620] Zwar hatte der deutsche Juristentag mittlerweile die Stellung eines legislatorischen Ratgebers, der die Arbeit der Gesetzgebungsorgane anregte und sie unterstützte. Einen direkten Kontakt mit Kommission, Regierung oder Parlament gab es aber nicht. Der deutsche Juristentag erteilte lediglich Ratschläge oder sprach Empfehlungen aus, vgl. *Conrad*, Der Deutsche Juristentag 1860–1960, S. 7.

[621] Güterrecht, II/3, S. XI.

Recht beruhen sollte, passte. Damit forderte Schroeder, ähnlich wie Gierke, wenngleich weniger vehement als dieser, bei der Konstruktion des neuen Rechts die „*germanische Rechtsidee im heutigen Recht*"[622] besonders zu berücksichtigen. Für ihn war mithin lediglich zwischen der Verwaltungsgemeinschaft, der allgemeinen sowie der partikulären Gütergemeinschaft zu unterscheiden.

Für diese drei Güterrechtssysteme erarbeitete er „*übereinstimmende Grundsätze*", die sich allerdings an der geschichtlichen Entwicklung orientierten. So müsse in allen Systemen der Mann für die Dauer der Ehe als Verwalter und Besitzer des Frauenvermögens auftreten, wobei die Erträge des gesamten in der Hand des Mannes vereinigten Vermögens zur Bestreitung der ehelichen Lasten dienen sollten.[623]

In dem 1889 erschienenen Aufsatz „*Der Entwurf des Familiengüterrechts im Bürgerlichen Gesetzbuch*" unterzog Schroeder das geplante Familiengüterrecht auf 67 Seiten einer differenzierten Beurteilung. Vornehmlich kritisierte er, dass man sich „*geflissentlich von der deutschen als auch der römischen Rechtssprache ferngehalten habe und deshalb im Ausdruck oft recht farblos und wenig glücklich sei*"[624]. Auch war ihm die Verweisungstechnik ein Dorn im Auge: „*... § 1351*[625] *mit seinen unerträglichen Verweisungen auf Paragraphen, die theils wieder nichts als abermalige Verweisungen enthalten, theils dem § 1351 so wenig entsprechen, dass es oft langes Nachdenken erfordert, um herauszubringen, worin die „entsprechende Anwendung" zu suchen ist*"[626].

Ansonsten war seine Kritik mehr inhaltlicher Natur. Seine Ausführungen ordnete er den drei Themenkomplexen[627] unter, mit denen er sich bereits im Rah-

---

[622] Gierke hatte gefordert, den „*unvergleichen Wert*" der germanischen Rechtsidee „*für die Weiterbildung unseres Rechts im Geiste einer heilsamen sozialen Ordnung*" zu entschleiern, um auf diese Weise die „*große geistige Einheit*" der ungebrochenen Rechtsgedanken in ihrer schöpferischen Wirksamkeit „*aus dem innersten Kern des geltenden Rechts*" zu enthüllen; niemals dürfe die germanistische Rechtswissenschaft aufhören, „*daran zu arbeiten, daß unser Recht, wo es nicht deutsch ist, deutsch werde*"; *Gierke*, Deutsches Privatrecht Bd. I, S. VII; vgl. hierzu *Schlosser*, Das „wissenschaftliche Prinzip" der germanistischen Privatrechtssysteme, S. 508 f.; *Ring*, ABR I (1889) S. 193.

[623] Dem Ehemann gebührt über die gesamte fahrende Habe freie Verfügung, während die Frau in allen vermögensrechtlichen Dispositionen über ihr nichtvorbehaltenes Vermögen an die Genehmigung des Mannes gebunden ist; Eheliches Güterrecht Deutschlands, S. 31 f.

[624] Hierin stimmt er mit Gierke überein, wenngleich dessen Formulierungen („*kahle Abstraktionen*", „*dürrer Schematismus*", „*juristischer Kauderwelsch*") erheblich harscher sind; *Schwab*, ZNR 22 (2000), S. 330.

[625] § 1351 BGB in seiner Fassung vom 01.01.1900 lautet wie folgt: „*Wird die Ehe nach § 1350 von dem Ehegatten der früheren Ehe angefochten, so hat dieser dem anderen Ehegatten nach den für die Scheidung geltenden Vorschriften der §§ 1578 bis 1582 Unterhalt zu gewähren, wenn nicht der andere Ehegatte bei der Eheschließung wusste, daß der für tot erklärte Ehegatte die Todeserklärung überlebt hat.*"

[626] Familiengüterrecht, S. 38.

men der Verhandlungen mehrerer deutscher Juristentage sowie verschiedener Gutachten beschäftigt hatte.

Seine Thesen hatte Schroeder bereits vorab Planck zur Kenntnisnahme übersandt. Dieser war angesichts der harschen Kritik, welche ihm von anderer Seite[628] entgegengeschlagen war, dankbar, dass Schroeder *„trotz aller Ausstellungen, welche Sie gegen den Entwurf des Bürgerlichen Gesetzbuches im einzelnen machen, denselben doch als die geeignete Grundlage für die weitere Bearbeitung erachten."*[629] Nach Planck konnte *„eine solche Art der Kritik [...] nur fördernd für das große Werk sein, welches uns allen am Herzen liegt."*

Schroeder setzte sich maßgeblich dafür ein, die inneren ehelichen Verhältnisse weitgehend ungeregelt zu belassen: *„Je weniger das Gesetz über die inneren Verhältnisse unter den Ehegatten bestimmt, desto besser"*[630]. Allerdings sollte die Stellung der Ehefrau möglichst den *„heutigen sozialen Anschauungen"* angepasst werden; eine weitergehende Angleichung der Rechte als sie der Entwurf vorsah, meint er dagegen nicht vertreten zu können. Der Entwurf halte vielmehr *„die rechte Mitte"* und ginge gerade nicht so weit, wie es nach den Motiven und damit nach der geschichtlichen Entwicklung des ehelichen Güterrechts möglich gewesen wäre.[631]

Seinen Beifall fand insbesondere die Entscheidung der Kommission, die Regelung des französischen Code Civil, nach der Ehefrauen zu unentgeltlichen Erwerbungen der Genehmigung des Mannes bedurften, nicht zu übernehmen. Deutsche Ehefrauen unterschieden sich schließlich von den französischen doch erheblich, was ihre sittliche Reife angehe: *„Bei französischen Ehefrauen mochte es nöthig erscheinen, sie durch derartige Bestimmungen vor den Versuchungen*

---

[627] *1. „ob die Kodifikation auf Grund eines einheitlichen Systems für das ganze Reich zu erfolgen habe; 2. ob, für den Fall der Bejahung der ersten Frage, von einer gesetzgeberischen Behandlung der übrigen Güterrechtssysteme Abstand zu nehmen oder mit Rücksicht auf die unter allen Umständen aufrechtzuerhaltende Freiheit der Eheverträge die gesetzliche Normirung dieser Systeme zur Erleichterung der Eheverträge ins Auge zu fassen sei; 3. welches der verschiedenen Systeme sich am meisten dazu eigne, als gesetzliches System an die Spitze gestellt zu werden";* Schroeder, Familiengüterrecht, S. 1.

[628] Gemeint waren insbesondere die Kritiken von Gierke und Pfizer. Gierke schrieb: *„Zur Warnung von „Laien", die etwa noch den Glauben hegen, daß mindestens noch die Gesetze über die Familienverhältnisse auch für sie geschrieben seien, sollte man diesem Buch die letzte Zeile der Dante'schen Hölleninschrift vorsetzen: „Lasciate ogni speranza voi ch'entrate – ihr, die ihr hier eintretet, laßt alle Hoffnung fahren";* vgl. *Schäfer,* Die Entstehung der Vorschriften des BGB über das persönliche Eherecht, S. 66; *Gierke,* Der Entwurf eines bürgerlichen Gesetzbuches und das Deutsche Recht, S. 393. Pfizer hielt den ersten Entwurf für unannehmbar, vgl. *Schäfer,* Die Entstehung der Vorschriften des BGB über das persönliche Eherecht, S. 67; *Schwab,* ZNR 22 (2000), S. 328 ff.; *Schmoeckel,* NJW 1996, S. 1701 f.

[629] Gottlieb Planck an Schroeder vom 03. August 1889, UB HD Heidel.Hs. 3899.

[630] *Schroeder,* Familiengüterrecht, S. 11.

[631] *Schroeder,* Familiengüterrecht, S. 9.

freigebiger Verführer zu bewahren; bei deutschen Frauen bedarf es dessen nicht"[632].

Der Entscheidung der Kommission, eine modifizierte Verwaltungsgemeinschaft als gesetzliches System festzuschreiben, stand Schroeder sehr kritisch gegenüber. Insbesondere die Einschränkung des Verwaltungsrechts des Ehemannes bemängelte er. Die Verweisung auf die Vorschriften des Nießbrauchs sei verfehlt, ja darauf angelegt, das *„eheliche Leben zu vergiften"*[633]. Der Kommissionsentwurf stelle den Ehemann als *„Nutznießer und Verwalter zweiter Klasse"* dar. Hinzu komme noch das Veräußerungsverbot von verbrauchbaren Ehegütern ohne die Zustimmung der Ehefrau[634] oder die Regelung des die Verfügungsgewalt über Inhaberpapiere betreffenden § 1036,[635] die ebenfalls auf eine, nach Schroeder ungerechtfertigte Kontrollbedürftigkeit der Rechte des Ehemannes ausgerichtet seien. Aus dieser Rolle würde dann *„mit einem wahren Fanatismus der Logik"* der – falsche – Schluss gezogen, dass der Ehemann *„ein auf die Ausbeutung der Ehefrau bedachter Schwindler sei, gegen den jene gesichert werden muß"*[636]. Damit stelle man aber von vornherein auf eine nicht funktionstüchtige Ehe ab. Der Kommissionsentwurf sei geradezu *„engherzig"*, denn er gehe *„hinter alles, was in Deutschland jemals Rechtens gewesen ist, selbst weit hinter das sächs. B.G.B. zurück"*[637].

An der Idee eines deutschrechtlich geprägten allgemeinen deutschen Gesetzbuches hielt Schroeder auch in der 1896 veröffentlichten kurzen Abhandlung *„Das eheliche Güterrecht nach dem Bürgerlichen Gesetzbuch für das Deutsche Reich in seinen Grundzügen"* fest. Das nur 36 Seiten umfassende Büchlein war gedacht als knappe, *„anspruchslose"*[638] Einführung in das eheliche Güterrecht des Bürgerlichen Gesetzbuches. Schroeder gelang es dennoch, die Thematik zutreffend darzustellen. Die Abhandlung erreichte drei Auflagen, von denen die letzte 1900 erschien und mit 94 Seiten erheblich an Umfang gewonnen hatte.

---

[632] *Schroeder*, Familiengüterrecht, S. 12.

[633] *Schroeder*, Familiengüterrecht, S. 15/23; dem stimmte Planck zu. Allerdings ließe sich dies nicht unterdrücken, *„ohne entweder umständliche Lücken zu lassen oder in das eheliche Güterrecht selbst weitläufige Bestimmungen über das von jeder Einwirkung der Frau unabhängige Recht des Mannes aufzunehmen."*

[634] *Schroeder*, Familiengüterrecht, S. 24.

[635] *Schroeder*, Familiengüterrecht, S. 23.

[636] *Schroeder*, Familiengüterrecht, S. 15.

[637] *Schroeder*, Familiengüterrecht, S. 24.

[638] *Wolff*, Krit.Vjs. 45 (1904), S. 242.

3. Sonstige dogmatische Arbeiten, insbesondere das Handels- und Seerecht

Dogmatisch beschäftigte Schroeder neben dem ehelichen Güterrecht das Handels- und Seerecht. Sein Interesse hieran wird verständlich, wenn man sich die Bedeutung der Germanistik und damit der Rechtsgeschichtsforschung für das Handelsrecht vor Augen führt.[639] Ähnlich dem ehelichen Güterrecht waren das Handels- und Seerecht, das sich im 19. Jahrhundert als germanistische Sonderdisziplin innerhalb der rechtsdogmatischen Forschung herausgebildet hatte,[640] aufgrund ihrer partikulären Struktur[641] fast gänzlich von römischrechtlichen Einflüssen und damit auch von dem *„Filter der Abstraktionskraft der römischen Juristen"*[642] verschont geblieben[643].[644] So hielt auch *„das Handelsrecht in erheblichem Umfang die deutschrechtliche Art fest"*[645].

Zu dem 1883 erschienenen *„Handbuch des deutschen Handels-, See- und Wechselrechts"* von W. Endemann hatte Schroeder die seerechtlichen Kapitel zur Bodmerei, Haverei, *„Bergung und Hülfeleistung in Seenoth"* sowie zu den Pfandrechten an Schiff und Ladung verfasst. 1902 folgte die Untersuchung *„Der Eigenthumsübergang bei versendeten Sachen"*, die parallel in der *„Zeitschrift für Handelsrecht"*[646] sowie in einem Sonderdruck veröffentlicht wurde.

---

[639] Vgl. hierzu *Wieacker*, Privatrechtsgeschichte der Neuzeit, S. 422; ebenso *Köbler*, Die Wissenschaft des gemeinen deutschen Handelsrechts, Wissenschaft und Kodifikation des Privatrechts im 19. Jahrhundert I, S. 277–296; *Scherner*, Die Modernisierung des Handelsrechts im 19. Jahrhundert, S. 11.

[640] *Wieacker*, Privatrechtsgeschichte der Neuzeit, S. 422; *ders.*, Die Ausbildung einer allgemeinen Theorie des positiven Rechts im Deutschland des 19. Jahrhunderts, FS Michaelis, S. 360.

[641] Von den Schwierigkeiten in der Darstellung des ehelichen Güterrechts berichtet auch Stobbe; hier könne man sich gerade nicht auf die *„allen Partikularrechten gemeinsame, auf die ihnen zu Grunde liegende Struktur beschränken"*. Leben könne erst dann gewonnen werden, wenn die partikulären Bildungen gruppenweise zusammengestellt würden; *Stobbe*, Handbuch des deutschen Privatrechts Bd. I/1, S. 27.

[642] Dilcher/Kern/*Dilcher*, ZRG GA 101 (1984), S. 38.

[643] Goldschmidt führt in dem Einleitungsaufsatz zu der von ihm gegründeten „Zeitschrift für das gesammte Handelsrecht" aus, dass das römische Recht *„gar wenige dem Handelsverkehr eigenthümliche Rechtsinstitute enthält"*; Zeitschrift für das gesammte Handelsrecht I (1858) S. 5.

[644] Anschaulich fasst Gerhard Dilcher diesen Aspekt zusammen: *„die Eierschalen ihrer Entstehung in der mittelalterlichen Gesellschaft haften ihnen aufgrund ihrer größeren Konkretheit stärker an"*; Dilcher/Kern/*Dilcher*, ZRG GA 101 (1984), S. 38.

[645] *Schwerin/Thieme*, Grundzüge der deutschen Rechtsgeschichte, S. 257; *Wieacker*, Privatrechtsgeschichte der Neuzeit, S. 240, Fn. 52; kritisch zu den deutschrechtlichen Wurzeln des Handelsrechts: *Eisenhardt*, FS Peter Raisch, S. 51 ff.; vgl. hierzu ebenfalls *Rückert*, Handelsrechtsbildung und Modernisierung des Handelsrechts durch Wissenschaft zwischen ca. 1800 und 1900, S. 24 f.

[646] *Schroeder*, Der Eigenthumsübergang bei versendeten Sachen, Zeitschrift für Handelsrecht, Band LI.

Schroeder behandelte neben der Problematik von Besitzdiener und Besitzmittler nach dem neuen Bürgerlichen Gesetzbuch spezifisch handelsrechtliche Aspekte wie beispielsweise die Frachtgüter. Davon abgesehen existieren nur wenige dogmatische Arbeiten von Schroeder. Größtenteils sind sie in Festschriften oder anderen Ehrengaben für Freunde oder Kollegen enthalten.

1896 trug er mit einem Aufsatz „*Über eigentümliche Formen des Miteigentums im deutschen und französischen Recht*" zu einer Festgabe bei, welche die Heidelberger juristische Fakultät dem badischen Großherzog Friedrich zum siebzigsten Geburtstag darbrachte.[647] Gegenstand der Untersuchung war die geschichtliche Entwicklung des Miteigentums nach Wertbeträgen sowie des Stockwerkseigentums.[648]

V. Besprechungen wissenschaftlicher Werke, Miszellen, Nachrufe, Berichte

Neben der großen Zahl eigener wissenschaftlicher Untersuchungen widmete sich Schroeder seit den achtziger Jahren des 19. Jahrhunderts vermehrt der Besprechung wissenschaftlicher, insbesondere rechtshistorischer Werke. Aufgrund der Vielzahl der veröffentlichten Rezensionen kann hier nur eine kleine Auswahl vorgestellt werden. Als Herausgeber der Savigny-Zeitschrift für Rechtsgeschichte, aber auch schon zuvor war Schroeder der „*eifrigste unter den germanistischen Mitgliedern*"[649]. Hinzu kamen seine Bestrebungen, das „*Lehrbuch der Deutschen Rechtsgeschichte*" stets auf einem aktuellen wissenschaftlichen und hinsichtlich der Literaturangaben vollständigen Stand zu halten. Insbesondere kuriose Bearbeitungen, wie beispielsweise Schmidts „*Medicinisches aus deutschen Rechtsquellen*"[650] oder Kohlers Abhandlung über „*Shakespeare vor dem Forum der Jurisprudenz*"[651] reizten ihn. Hierzu führte Schroeder aus, die Arbeit enthalte „*einige ungemein reichhaltige und belehrende Ausführungen aus dem Gebiet der [...] vergleichenden Rechtswissenschaft*"[652]. Lehmanns „*Verlobung und Hochzeit nach den nordgermanischen Rechten des frühen Mit-*

---

[647] Neben Schroeder steuerten Ernst Immanuel Bekker, Georg Jellinek und Otto Karlowa Aufsätze bei.

[648] Stockwerkseigentum ist das besondere Eigentum an einem Teil eines Hauses. Im Gegensatz zum römischen Recht erscheint es im Mittelalter seit dem 12. Jahrhundert. Am Ende des 19. Jahrhunderts wird seine Neubildung ausgeschlossen. In der zweiten Hälfte des 20. Jahrhunderts tritt das Wohnungseigentum an seine Stelle; *Köbler*, S. 560; vgl. hierzu auch *Ackermann*, Über Stockwerkseigentum, Göttingen 1891; *Rainer*, ZRG RA 106 (1989), S. 327; *Putzer*, FS Hellbling 1971, S. 581.

[649] *Stutz*, ZRG GA 38 (1917), S. LIV.

[650] ZRG GA 17 (1896), S. 164 f.

[651] ZRG GA 6 (1885), S. 220 f.

[652] ZRG GA 6 (1885), S. 220.

telalters"[653] wertete er als besonders tiefgründig: *„Die vorliegende Arbeit zeigt ganz die exakte Methode Konrad Maurers ... dieselbe peinliche Sorgfalt im Eingehen auf die partikularrechtlichen Verschiedenheiten"*[654], kritisierte allerdings die Verwendung nichtjuristischer Begriffe wie „Hochzeit" zur Umschreibung der Eheschließungsakte; dies sei nicht zu billigen, da Hochzeit weder in der älteren, noch in der heutigen Sprache eine rechtliche Färbung besäße.[655]

1886 rezensierte er Darguns Aufsatz *„Mutterrecht und Raubehe und ihre Reste im germanischen Recht und Leben"*, der die Existenz einer Ehe ohne mundium bereits zur Zeit der Volksrechte belege.[656] Mit neun eng bedruckten Seiten gerät die Besprechung von Karl Lamprechts dreibändigem Werk *„Deutsches Wirtschaftsleben im Mittelalter"*, das 1885 und 1886 veröffentlicht wurde, sehr ausführlich.

Weit geringer ist hingegen die Anzahl der von Schroeder verfassten Nekrologe. Hervorzuheben sind die Würdigungen von Paul von Roth, Fritz Reuter[657], Heinrich Buhl[658] und Ferdinand Fabricius[659]. Daneben enthält die „Germanistische Chronik", in welcher die Todesfälle eines Jahres zusammengefasst wurden, einige kürzere Nachrufe.[660]

Der 1892 veröffentlichte Nekrolog auf Paul von Roth erhielt mit Sten Gagnérs Aufsatz über *„Zielsetzungen und Werkgestaltung in Paul Roths Wissenschaft"* sogar eine eigene Besprechung. Aus den liebevoll formulierten Zeilen spricht Schroeders Verehrung für den großen Wissenschaftler, dessen herausragende Arbeiten auf dem Gebiet des ehelichen Güterrechts er würdigt.[661]

Insgesamt zeichnen sich die Besprechungen wie auch die in den Nachrufen enthaltenen Beurteilungen des wissenschaftlichen Werkes seiner Kollegen durch erhebliche Zurückhaltung aus. Erich Molitor schreibt die fehlende Schärfe dem

---

[653] ZRG GA 6 (1885), S. 227–231.

[654] ZRG GA 6 (1885), S. 227.

[655] ZRG GA 6 (1885), S. 228.

[656] *Schroeder*, ZRG GA 7 (1886). S. 123.

[657] Hierbei handelt es sich allerdings um eine Selbstbiographie des Dichters, die einschließlich eines Briefes von Reuter an Schroeder, in welchem er den Auftrag zur Veröffentlichung erteilt, lediglich von Schroeder 1895 mitgeteilt wurde; Schroeder weist auch ausdrücklich darauf hin, dass die Veröffentlichung „zwar ohne mein Zuthun mit meinem Namen veröffentlicht wurde"; *Schroeder*, Eine Selbstbiographie von Fritz Reuter, S. 18.

[658] Zeitbilder, Sonntagsbeilage zur Pfälzischen Presse Nr. 12 vom 21.04.1907.

[659] ZRG GA 34 (1913), S. 738 f.

[660] So ZRG GA 8 (1887); ZRG GA 11 (1890), S. 260 f.; ZRG GA 12 (1891), S. 147 f.; ZRG GA 15 (1894), S. 195 f.; ZRG GA 16 (1895), S. 277 f.; ZRG GA 17 (1896), S. 195 f.; ZRG GA 18 (1897), S. 208–210.

[661] *Gagnér*, Zielsetzungen und Werkgestaltung in Paul Roths Wissenschaft, FS Krause, S. 278.

lebensfrohen Geist, dem weichen Gemüt sowie dem erheblichen Einfühlungs-vermögen von Schroeder zu, das durch den Einfluss von Fritz Reuter sowie seines Vaters Ludwig Schroeder gefördert worden war[662].

---

[662] *Molitor*, Pommersche Lebensbilder Bd. I, S. 286.

D. Schlussbetrachtung

Richard Schroeder widmete sein Leben der Erforschung der deutschen Rechtsgeschichte. Sein Gesamtwerk bestätigt ihn als Wissenschaftler, der von seinen Zeitgenossen zu Recht als begnadeter Rechtshistoriker, als der *„unvergessliche Altmeister der deutschen Rechtsgeschichte"*[1] verehrt wurde. Zusammen mit Heinrich Brunner repräsentiert er die Generation der Rechtshistoriker des ausgehenden 19. Jahrhunderts.

Als Familienmensch bot er seinen sechs eigenen sowie den angenommenen Kindern seiner zweiten Gattin ein harmonisches Zuhause und blieb trotz gesundheitlicher und familiärer Rückschläge, insbesondere des frühen Todes seiner ersten Frau Anna, stets Optimist und lebensbejahend.

Sein berufliches Leben war der Universität und seinen Studenten gewidmet. Politisch engagierte er sich lediglich in seiner Studentenzeit, trat hingegen in späteren Jahren, anders als die Mehrheit der Hochschullehrer seiner Zeit, nicht mehr öffentlich hervor. Mit Ausnahme der Gutachten für die Kommission zur Erschaffung eines Bürgerlichen Gesetzbuches für das Deutsche Reich nahm er auch keinen Einfluss auf die Gesetzgebung des Deutschen Reiches. Sein Interesse galt vielmehr der Wissenschaft und der Lehre selbst. Insoweit war er das Idealbild eines Professors des ausgehenden 19. Jahrhunderts. Schwerpunkte setzte er in der Bearbeitung des urgermanischen und fränkischen Rechts sowie der Rolandsforschung.

Seine Tätigkeit für das Deutsche Rechtswörterbuch, sein Engagement für die Badische Historische Kommission sowie für die Zeitschrift der Savigny-Stiftung für Rechtsgeschichte runden das Bild eines vollständig auf die Erforschung der deutschen Rechtsgeschichte ausgerichteten Lebens ab.[2]

Als Professor der Rechte prägte er an fünf Hochschulen (Bonn, Würzburg, Straßburg, Göttingen und insbesondere Heidelberg) in fast sechzig Jahren Vorlesungstätigkeit Generationen von Juristen, vor allem in rechtsgeschichtlicher Hinsicht. Erheblichen Einfluss erlangte er durch sein *„Lehrbuch der Deutschen Rechtsgeschichte"*, das auch in Historikerkreisen hoch geschätzt war.

Schroeders rechtshistorisches Gesamtwerk ist durch eine zunehmende Tendenz hin zur betont deutschen Rechtsgeschichte gekennzeichnet: War er zu-

---

[1] *Reicke/Schneider,* Otto Gönnewein zum Gedächtnis, S. 6.
[2] *Hinz,* Ruperto-Carola, S. 224.

nächst bemüht, die historisch-dogmatische Aufbereitung des ehelichen Güterrechts im Sinne der historischen Rechtsschule zu verfolgen, so erkannte er bald
den eigenen Wert der deutschen Rechtsgeschichte als selbständige Forschungsrichtung innerhalb der juristischen Disziplin. Hierauf konzentrierte er sich in
seinem wissenschaftlichen Wirken; der Dogmatik sowie dem zeitgenössischen
Recht widmete er sich dagegen lediglich insoweit, als rechtshistorische Aspekte
betroffen waren. Dabei war er juristisch arbeitender Historiker, nicht rechtshistorischer Jurist; er wollte der deutschen Rechtsgeschichte als selbständiger
Disziplin dienen, anstatt sie der dogmatischen Erforschung des zeitgenössischen
Rechts unterzuordnen.[3]

Ein Privatrechtsgermanist wie Beseler oder Gierke vor ihm oder Heinrich
Mitteis sowie Hans Schreuer nach ihm, war er allerdings nicht. Schroeder ging
es mehr um die Erfassung der ganzen Rechtsgeschichte, der er sich mit Hingabe widmete. Trotz dieser historischen Ausrichtung sah er die Rechtsgeschichte entgegen von Amira als Fachrichtung der rechtswissenschaftlichen Fakultät an, die sich gerade nicht von der juristischen Dogmatik lösen und als rein
historisches Fach verstanden werden dürfe.[4]

Schroeders Lebenswerk war seit Beginn seiner rechtswissenschaftlichen Studien an der Berliner Universität 1858 gänzlich auf eine möglichst breite Erfassung ausschließlich der deutschen Rechtsgeschichte ausgerichtet. Durch die
Kombination von sprach-, geschichts- und rechtswissenschaftlichen Vorlesungen
gelang es ihm, alle für die Rechtsgeschichte in ihrer historisch-genetischen Interpretation gegen Ende des 19. Jahrhunderts maßgeblichen Disziplinen in ihren
wissenschaftlichen Grundlagen zu vereinen. Seine Arbeiten zur *„Geschichte des
ehelichen Güterrechts"*, das *„Lehrbuch der Deutschen Rechtsgeschichte"* sowie
seine Mitarbeit an den von Jacob Grimm begründeten Weistümern sowie dem
„Deutschen Rechtswörterbuch" stellen insoweit eine durchaus homogene Forschungsausrichtung dar. Juristische und historische Aspekte kombinierte er mit
philologischen Ansätzen. Die Zusammenführung von Sprache und Historie unter dem Dach der Rechtsgeschichte kennzeichnet seine Schriften wie auch seine
außeruniversitäre Tätigkeit. Die Trennung der verschiedenen Disziplinen, die
von Amira noch 1913 als *„Arbeitsteilung gefährlichster Art"*[5] bezeichnete,
kann Schroeder somit gerade nicht vorgeworfen werden.

---

[3] Vgl. den ersten Band von Gierkes „Das deutsche Genossenschaftsrecht", das sich
allein der Rechtsgeschichte der deutschen Genossenschaft widmet.

[4] Dies vertrat z.B. Ernst von Moeller, der in der Konsequenz eine Verschmelzung
von römischer und deutscher Rechtsgeschichte befürwortete; *Klippel*, Entstehung und
heutige Aufgaben der „Privatrechtsgeschichte der Neuzeit", FS Kroeschell, S. 149.

[5] *„Die Juristen wollten nicht Philologen, die Philologen nicht Juristen sein, jene
vor allem nichts von Grammatik, diese vor allem nichts von Konstruktion wissen.";
von Amira*, Grundriß des germanischen Rechts, S. 3.

Als herausragender Universitätslehrer und Rechtshistoriker verstand Schroeder es, den Studenten den Vorlesungsstoff lebendig und anschaulich nahezubringen. Sein fast gänzlich auf die Rechtsgeschichte ausgerichtetes Lebenswerk erweist ihn als fähigen Wissenschaftler, dem es entscheidend darauf ankam, die rechtlich-historischen Tatsachen aus ihrem gesellschaftlichen Umfeld heraus zu begreifen. Wenngleich ihn der *„Ruhm anderer, die zu seinen Zeiten Bahnbrechenderes auf dem Gebiet der Deutschen und Germanischen Rechtsgeschichte geleistet haben"*[6] überstrahlt, so hat doch Schroeder als einziger seiner Forschergeneration die Gesamtheit der deutschen Rechtsgeschichte umfassend dargestellt und damit der Wissenschaft einen erheblichen Dienst erwiesen, der auch heute noch Anerkennung verdient.

Richard Schroeder *„war eine Lichtgestalt, die jedem, der mit ihm verkehrte, unvergeßlich sein wird, und durch das allein, dass die Arbeit ihm etwas Heiliges war, konnte dieses gottbegnadete Leben so eine Quelle des Segens, Lichtes und Glückes für Andere sein"*[7].

---

[6] *Beyerle,* DBJ, S. 146.
[7] *Grotefend,* Brunsvigen-Zeitung, Nr. 20 (1. April 1917), S. 38.

Anhang I

Chronologischer Abriss des Lebens von
Richard Carl Heinrich Schroeder

1838   19.06.: Geburt von Richard Carl Heinrich Schroeder um 0:30 Uhr in Treptow an der Tollense

1844   Beginn des Unterrichts durch Fritz Reuter

1846   Einschulung in die örtliche Volksschule

1851   Ostern: Wechsel auf das neuhumanstisch-altsprachliche Gymnasium der nahegelegenen Hansestadt Anklam

1857   21.03.: Ablegen der allgemeinen Reifeprüfung

      Ostern: Immatrikulation an der Friedrich-Wilhelms-Universität Berlin

1860   28.04.: Wechsel an die Georg-August-Universität Göttingen

      Oktober: Rückkehr an die Friedrich-Wilhelms-Universität Berlin; Teilnahme am Wettbewerb zum Thema *„ut agatur de dote secundum leges gentium germanicarum antiquissimas"* der Berliner Juristenfakultät

1861   08.01.: Rigorosum, nachmittags 6 Uhr in Georg Beselers Wohnung

      01.02.: Datum der Promotion

      01.04.: Eintritt in das Auskultariat als ersten Abschnitt des juristischen Vorbereitungsdienstes in Preußen; Auskultator am Berliner Stadtgericht

      01. 04. 1861 bis 31. 03 1862: Dienst als Einjähriger Freiwilliger bei der 4. Kompanie der „Maikäfer" des Garde-Füsilier-Regiments in der Berliner Chausseestraße

      Mitarbeit an der Weistumsforschung von Jacob Grimm

1862   Januar: Verlobung mit Anna Poppe

      31.03.: Beendigung des Militärdienstes

      April: Übernahme als überzähliger Unteroffizier zur Reserve

      15.09.: Wechsel als Referendar an das Appellations- und Kreisgericht in Stettin

1863   01.08.: Ausscheiden aus dem juristischen Vorbereitungsdienst

       05. 08.: Antrag auf *„Zulassung zur Habilitation als Privatdocent des deutschen Privatrechts und der deutschen Rechtsgeschichte"* an der Rheinischen Friedrich-Wilhelms-Universität Bonn

       Herbst: Annahme als Privatdozent an der Juristischen Fakultät der Rheinischen Friedrich-Wilhelms-Universität Bonn

       Veröffentlichung des ersten Bandes der *„Geschichte des ehelichen Güterrechts"*

1864   Mitglied der Provinzial-Landwehr ersten Aufgebots

       12.03.: Tod der Mutter, Ida Schroeder

1866   14.05.: Ernennung zum unbesoldeten außerordentlichen Professor an der Juristischen Fakultät der Rheinischen Friedrich-Wilhelms-Universität Bonn

       18.05.: Hochzeit mit Anna Poppe

1867   Mitgliedschaft des örtlichen Historischen Vereins für den Niederrhein

1868   01.01.: Ernennung zum besoldeten außerordentlichen Professor an der Juristischen Fakultät der Rheinischen Friedrich-Wilhelms-Universität Bonn

       Veröffentlichung der ersten Abteilung des zweiten Bandes der *„Geschichte des ehelichen Güterrechts"*

1869   11.06.: Tod des Vaters, Ludwig Schroeder

1870   01.01.: Ernennung zum ordentlichen Professor an der Juristischen Fakultät der Rheinischen Friedrich-Wilhelms-Universität Bonn

       Einberufung zum Deutsch-Französischen Krieg

       16.10.: Geburt von Ludwig Karl Paul

1871   23.09.: Geburt von Gertraud

       Veröffentlichung der zweiten Abteilung des zweiten Bandes der *„Geschichte des ehelichen Güterrechts"*

1872   17.09: Geburt von Pauline

1873   01.04.: Übernahme des Lehrstuhls an der Würzburger Julius-Maximilians-Universität

1874   Ernennung zum Gutachter der Kommission zur Erschaffung eines Bürgerlichen Gesetzbuches für das Deutsche Reich

       08.06.: Geburt von Hugo Paul Eduard

Veröffentlichung der dritten Abteilung des zweiten Bandes der *„Geschichte des ehelichen Güterrechts"*

1877	26.04.: Geburt von Karl Friedrich Ulrich
1878	Veröffentlichung des Registerbandes der „Weistümer"
	Teilnahme am 12. Deutschen Juristentag
1879	Würzburger „Amselprozeß"
	Teilnahme am 13. Deutschen Juristentag
1880	15.11.: Geburt von Ida Emilie
1882	01.04.: Übernahme des Lehrstuhls an der Straßburger Universität
1884	11.03.: Tod von Anna Schroeder
1885	01.04.: Übernahme des Lehrstuhls an der Georg-Augusts-Universität Göttingen
1887	31.07.: Ernennung zum „Geheimen Hofrat" durch großherzoglichen Erlass
	4./.5.11.: Aufnahme in die Badische Historische Kommission
1888	26.03.: Auszeichnung mit dem preußischen Roten Adlerorden Vierter Klasse
	01.04.: Übernahme des Lehrstuhls an der Ruprecht-Karls-Universität Heidelberg
	Aufnahme in den historisch-philosophischen Verein in Heidelberg
1889	Veröffentlichung der ersten Auflage des *„Lehrbuchs der Deutschen Rechtsgeschichte"*
1891	Teilnahme am 21. Deutschen Juristentag
	07.11.: Antrag auf *„Herstellung einer kritischen Ausgabe der Stadtrechte und Weistümer des Oberrheins"* bei der Badischen Historischen Kommission, zusammen mit Dr. Wiegand und Dr. Baumann
	Verleihung des Ritterkreuzes 1. Klasse mit Eichenlaub des Ordens vom Zähringer Löwen
1892	Aufnahme in die Königlich Bayerische Akademie der Wissenschaften, München
1893	Ernennung zum Doctor philosophiae ehrenhalber durch die Georg-Augusts-Universität Göttingen anlässlich des 100. Geburtstages von Karl Lachmann
1894	Ablehnung eines Rufs an die Rheinische Friedrich-Wilhelms-Universität Bonn

1895   Ernennung zum auswärtigen Mitglied der philosophisch-historischen
        Klasse der königlichen Akademie der Wissenschaften, Amsterdam

        04.04.: Hochzeit mit Frieda Saunier, geborene Forster in Würzburg

1896   Veröffentlichung der ersten beiden Hefte der *„Oberrheinischen Stadt-
        rechte"*

        Ernennung zum Redaktionsmitglied der Zeitschrift der Savigny-Stif-
        tung für deutsche Rechtsgeschichte, Germanistische Abteilung

1897   Auftrag durch großherzogliches Dekret, das Bürgerliche Recht an der
        Ruprecht-Karls-Universität Heidelberg zu lesen

        Übergabe der Redaktionsleitung der Zeitschrift der Savigny-Stiftung
        für Deutsche Rechtsgeschichte, Germanistische Abteilung an Ulrich
        Stutz

        Veröffentlichung des dritten Hefts der *„Oberrheinischen Stadtrechte"*

        Übernahme der Leitung des Deutschen Rechtswörterbuchs mit Sitz in
        Heidelberg

1898   Veröffentlichung des vierten Hefts der *„Oberrheinischen Stadtrechte"*

1899   Ernennung zum Geheimen Rat II. Klasse

1900   Ernennung zum korrespondierenden Mitglied der Königlich Preußi-
        schen Akademie der Wissenschaften, Berlin

1902   Veröffentlichung der vierten Auflage des *„Lehrbuchs der Deutschen
        Rechtsgeschichte"*

1904   Berufung in die Generalsynode der evangelisch-protestantischen Kir-
        che des Großherzogtums Baden durch großherzogliches Dekret zur
        Beantwortung kirchenrechtlicher Fragen

1907   Veröffentlichung der fünften Auflage des *„Lehrbuchs der Deutschen
        Rechtsgeschichte"*

1908   Verleihung der Ehrendoktorwürde der staatswissenschaftlichen Fakul-
        tät der Universität Münster

1909   24.06.: Gründungsmitglied der Heidelberger Akademie der Wissen-
        schaften

1912   Veröffentlichung des ersten Quellenhefts des Deutschen Rechtswörter-
        buchs

        Verleihung des Königlich Bayerischen Maximiliansordens für Wissen-
        schaft und Kunst

1914   Verleihung des Sterns zum Kommandeurskreuz mit Eichenlaub des
        Ordens vom Zähringer Löwen

1916 23.5.: Wahl in die Kommission der Heidelberger Akademie der Wissenschaften zur Veröffentlichung einer Geschichte über die Universität Heidelberg

25.11.: Sympathiebekundung für Bethmann-Hollweg

1917 03.01.: Tod von Richard Schroeder, morgens 2 Uhr

06.01.: Beisetzung auf dem Heidelberg Bergfriedhof

1932 Veröffentlichung der siebten Auflage des *„Lehrbuchs der Deutschen Rechtsgeschichte"*

Anhang II

Übersicht über die von Richard Schroeder gehaltenen Vorlesungen

I. Vorlesungen an der Rheinischen Friedrich-Wilhelms-Universität Bonn, Sommersemester 1864 bis Wintersemester 1872/73

Semester	*Vorlesung*
Sommersemester 1864	Repetitorium des deutschen Handels- und Wechselrechts Repetitorium des deutschen Lehensrechts
Wintersemester 1864/65	Erklärung des Sachsenspiegels Seerecht Lehensrecht (parallel zu Prof. Ricolovius, der dasselbe las)
Sommersemester 1865	Deutsche Rechtsgeschichte (ohne Quellengeschichte, parallel zu Prof. Walther und Prof. Perthes)
Wintersemester 1865/66	Erklärung des Sachsenspiegels Handels- und Wechselrecht (mit Ausschluss des Seerechts)
Sommersemester 1866	Deutsches Privatrecht mit Einschluss des Lehensrechts Handels-, See- und Wechselrecht
Wintersemester 1866/67	Deutsche Rechtsgeschichte (zusammen mit Dr. Lörsch) Wechselrecht Preußisches Allgemeines Landrecht Landwirtschaftsrecht (dreistündig)
Sommersemester 1867	Deutsches Privat- und Lehensrecht Seerecht des Kriegs und des Friedens Agrargesetzgebung (dreistündig)
Wintersemester 1867/68	Deutsche Rechtsgeschichte Quellen des hannoverschen und hessischen Privatrechts Staatsrecht für Landwirthe (dreistündig)

Sommersemester 1868	Deutsches Privatrecht mit Einschluss des Lehens-, Handels- und Wechselrechts
	Landwirtschaftsrecht (dreistündig)
Wintersemester 1868/69	Deutsche Rechtsgeschichte
	Preußisches Allgemeines Landrecht
	Landescultur-Gesetzgebung (dreistündig)
Sommersemester 1869	Deutsches Privat- und Lehensrecht
	Handels- und Seerecht
	Staatsrecht für Landwirthe (dreistündig)
Wintersemester 1869/70	Heutiges deutsches Privat- und Lehensrecht
	Wechselrecht
	Deutschrechtliche Übungen
	Landwirtschaftsrecht (dreistündig)
Sommersemester 1870	Handels-, See- und Wechselrecht
	Deutsche Staats- und Rechtsgeschichte (parallel zu Prof. Walter und Prof. Aegidi)
Wintersemester 1870/71	Heutiges deutsches Privatrecht
	Heutiges deutsches Pfand- und Hypothekenrecht
Sommersemester 1871	Deutsche Verfassungsgeschichte
	Deutsche Rechtsgeschichte mit Ausschluss der Verfassungsgeschichte
	Exegetische Übungen im deutschen Rechte
	Handels-, See- und Wechselrecht
Wintersemester 1871/72	Heutiges deutsches Privat- und Lehensrecht
	Handels-, See- und Wechselrecht
	Übungen im Deutschen Privat- und Handelsrecht
Sommersemester 1872	Deutsche Rechtsgeschichte (mit Ausschluss der Rechtsquellen)
	Geschichte der deutschen Rechtsquellen
	Exegetische Übungen im deutschen Rechte
Wintersemester 1872/73	Heutiges Deutsches Privatrecht
	Handels-, See- und Wechselrecht

**2. Vorlesungen an der Julius-Maximilians-Universität Würzburg,
Sommersemester 1873 bis Wintersemester 1881/82**

Semester	Vorlesung	Zeit
SS 1873	Deutsche Rechtsgeschichte	Täglich 9–10 Uhr
	Handels-, See- und Wechselrecht	Täglich von 12–1 Uhr
	Deutsch- und handelsrechtliches Praktikum	Wöchentlich einmal von 5–7 Uhr abends, privatissime
WS 1873/74	Deutsches Privat- und Lehensrecht	4-mal wöchentlich, von 5–7 Uhr
	Erklärung deutscher Rechtsquellen, verbunden mit exegetischen Übungen	Jeden Dienstag und Freitag von 12–1 Uhr (publice)
SS 1874	Deutsche Rechtsgeschichte	Täglich von 9–10 Uhr
	Handels-, See- und Wechselrecht	Täglich von 12–1 Uhr
	Übungen im Deutschen Privatrecht	Mittwoch von 5–7 Uhr, publice
WS 1874/75	Deutsches Privat- und Lehensrecht	Montag, Dienstag, Donnerstag, Freitag von 5–7 Uhr
	Bürgerliches und kirchliches Eherecht	Wöchentlich 2 Stunden, 11–1 Uhr, publice
	Exegetisch-dogmatische Übungen im deutschen Privatrecht	Wöchentlich 2 Stunden, publice
SS 1875	Deutsche Rechtsgeschichte	Wöchentlich 5-mal von 9–10 Uhr
	Handels- und Wechselrecht	Wöchentlich 5-mal von 12–1 Uhr
	Seerecht	Wöchentlich 1-mal von 12–1 Uhr, publice
	Übungen im Deutschen Privatrecht	Wöchentlich 2-stündig, von 8–10 Uhr, publice
WS 1875/76	Handels-, Wechsel- und Seerecht, verbunden mit praktischen Übungen	Wöchentlich 5-mal von 8–9 Uhr
	Deutsches Privat- und Lehensrecht	Wöchentlich 6 Stunden, 3-mal von 5–7 Uhr
	Deutsches Familiengüterrecht	Wöchentlich 2-mal (publice)
	Exegetische Übungen in der deutschen Rechtsgeschichte, für Anfänger	Wöchentlich 1-mal (publice)

SS 1876	Deutsche Rechtsgeschichte mit Ausnahme der Quellengeschichte	Wöchentlich 5-mal von 9–10 Uhr
	Geschichte der deutschen Rechtsquellen	1-mal, Samstag, von 9–10 Uhr (publice)
	Übungen im Deutschen Privatrecht	Wöchentlich 2-mal in noch zu bestimmenden Stunden (publice)
WS 1876/77	Deutsches Privatrecht mit Ausschluss des Ehe- und Lehensrechts	Montag, Dienstag und Donnerstag von 5–7 Uhr
	Kirchenrecht mit Ausschluss des Eherechts	Montag, Dienstag, Donnerstag und Freitag von 8–9 Uhr
	Bürgerliches und kirchliches Eherecht	Freitag, 5–6 Uhr (publice)
	Lehensrecht	publice
	Übungen in der Erklärung deutscher Rechtsquellen	in zwei erst zu bestimmenden Stunden
SS 1877	Deutsche Rechtsgeschichte	Wöchentlich fünfmal, Montag bis Freitag von 9–10 Uhr
	Handels-, See- und Wechselrecht	Wöchentlich 5-mal, Montag bis Freitag, 12–1 Uhr
	Übungen im deutschen Privatrecht	Wöchentlich 2 Stunden, Mittwoch, 5–7 Uhr (publice)
WS 1877/78	Deutsches Privatrecht	Wöchentlich 6 Stunden, Montag, Dienstag, Donnerstag von 5–7 Uhr
	Deutsche Rechtsalterthümer in der Germania des Tacitus	Freitag, 5–6 Uhr, publice
	Exegetische Übungen im deutschen Recht	Freitag von 6–7 Uhr, privatissime und gratis
SS 1878	Deutsche Rechtsgeschichte	Wöchentlich 5-mal Montag bis Freitag von 9–10 Uhr
	Handels-, See- und Wechselrecht	An denselben Tagen von 12–1 Uhr
	Übungen im deutschen Privatrecht	Wöchentlich 4-mal, Montag, Dienstag, Donnerstag, Freitag in noch zu bestimmenden Stunden
WS 1878/79	Deutsches Privatrecht	Wöchentlich 6-mal, täglich von 9–10 Uhr

	Einführung in das Studium der deutschen Rechtsquellen	Wöchentlich 1-mal, Montag von 6–7 Uhr (privatissime und gratis)
	Einführung in das Studium der Rechtsquellen des Kirchenrechts	Wöchentlich 1-mal, Donnerstag von 6–7 Uhr (privatissime und gratis)
SS 1879	Kirchenrecht	Montag bis Freitag von 8–9 Uhr
	Deutsche Rechtsgeschichte	Montag bis Freitag, von 9–10 Uhr
	Übungen im deutschen Privatrecht	Mittwoch von 5–7 Uhr (privatissime und gratis)
WS 1879/80	Deutsches Privatrecht	Täglich von 9–10 Uhr
	Handelsrecht	Wöchentlich 5-mal Montag bis Freitag von 12–1 Uhr
	Einführung in die Quellen des deutschen und des kanonischen Rechts	Dienstag von 5–7 Uhr, privatissime und gratis
SS 1880	Kirchenrecht mit Ausschluss des Eherechts	Wöchentlich 4-mal, Montag, Dienstag, Donnerstag, Freitag von 8–9 Uhr
	Deutsche Rechtsgeschichte	Wöchentlich 5-mal, Montag bis Freitag von 9–10 Uhr
	Deutsches Privatrecht mit Ausschluss des Eherechts	Wöchentlich 6-mal, tgl. von 12–1 Uhr
	Bürgerliches und kirchliches Eherecht	Samstag von 11–12 Uhr (publice)
WS 1880/81	Deutsche Rechtsgeschichte	Wöchentlich 5-mal, Montag bis Freitag, von 4–5 Uhr
	Handels-, See- und Wechselrecht	Wöchentlich 5-mal, Montag bis Freitag, 12–1 Uhr
	Übungen im deutschen Privatrecht	2mal wöchentlich in noch zu bestimmenden Stunden, privatissime und gratis
SS 1881	Deutsches Privatrecht mit Ausschluss des Eherechts	Wöchentlich 6-mal, tgl. von 8–9 Uhr
	Kirchenrecht mit Ausschluss des Eherechts	Wöchentlich 4-mal, Montag bis Donnerstag von 12–1 Uhr
	Eherecht (publice)	Wöchentlich 1-mal Samstag von 11–12 Uhr
	Erklärung deutscher Rechtsquellen	Wöchentlich 2-mal, Samstag von 9–11 Uhr

WS 1881/82 Handels-, See- und Wechselrecht   Wöchentlich 5-mal, Montag
                                               bis Freitag von 9–10 Uhr

            Deutsche Rechtsgeschichte   Wöchentlich 5-mal, Montag
                                               bis Freitag, 4–5 Uhr

            Übungen im dt. Privatrecht   Wöchentlich 2-mal in noch
                                               zu bestimmenden Stunden,
                                               privatissime und gratis

3. Vorlesungen an der Universität Straßburg, Sommersemester 1882 bis Wintersemester 1884/85

Semester	Vorlesung	Zeit
SS 1882	Deutsche Rechtsgeschichte	Montag bis Freitag von 12–1 Uhr
	Erklärung des Sachsenspiegels	Einstündig in einer noch zu bestimmenden Stunde
	Germanistische Übungen	Freitag von 7–9 Uhr abends
WS 1882/83	Deutsche Rechtsgeschichte	Fünfstündig, Montag bis Freitag von 10–11 Uhr
	Deutsches Privatrecht	Sechsstündig, Montag bis Sonnabend von 8–9 Uhr
	Ausgewählte Rechtsfälle aus dem Gebiete des deutschen Privatrechts (aus Loersch und Schroeder, Urkunden zur Geschichte des deutschen Privatrechts, 2. Auflage, Bonn 1881)	Zweistündig, Sonnabend von 9–11 Uhr, gratis
SS 1883	Wechselrecht	Freitag von 8–10 Uhr
	Geschichte des deutschen ehelichen Güterrechts	Gratis, Sonnabend von 8–10 Uhr
	Deutschrechtliches Praktikum, mit Anleitung zum selbständigen wissenschaftlichen Arbeiten	Freitag von 7–9 Uhr abends
WS 1883/84	Deutsches Privatrecht	Sechsstündig, Montag bis Samstag von 9–10 Uhr
	Geschichte der deutschen Wehrverfassung bis zur Wiederherstellung der allgemeinen Wehrpflicht	Einstündig, Montag von 7–8 Uhr, gratis
	Germanistische Übungen (Erklärungen deutscher Rechtsquellen)	Einstündig Freitag von 7–8 Uhr, gratis

SS 1884	Deutsche Rechtsgeschichte	Montag bis Freitag von 12–1 Uhr
	Seerecht, Wechselrecht	Mittwoch von 9–10 Uhr, gratis
	Deutschrechtliches Praktikum mit Anleitung zum selbständigen wissenschaftlichen Arbeiten	Dienstag und Freitag von 9–10 Uhr
WS 1884/85	Entstehung und Ausbildung der Landeshoheit in den deutschen Fürstenthümern	Freitag von 7–8 Uhr, gratis
	Deutsches Privatrecht	Montag bis Samstag von 9–10 Uhr
	Erklärung ausgewählter Rechtsfälle aus dem Gebiete des deutschen Privatrechts	Samstag von 10–11 Uhr, gratis
	Exegetische Übungen im deutschen Recht (Erklärung der Lex Alemannorum und Lex Burgundionum sowie späterer Rechtsquellen des Elsass und der Schweiz)	Montag von 7–9 Uhr abends

4. Vorlesungen an der Georg-Augusts-Universität Göttingen, Sommersemester 1885 bis Wintersemester 1887/88

Semester	Vorlesung	Zeit
SS 1885	Deutsches Privatrecht	Täglich von 10–11 Uhr
	Handels-, Wechsel- und Seerecht	Fünfmal wöchentlich von 9–10 Uhr
	Das Recht der Werthpapiere	Einmal wöchentlich
WS 1885/86	Deutsche Rechtsgeschichte	Fünfmal wöchentlich von 9–10 Uhr
	Handels-, See- und Wechselrecht	Fünfmal wöchentlich von 3–4 Uhr
	Handelsrechtliches Practicum	Mittwoch von 4–6 Uhr
SS 1886	Deutsches Privatrecht	Täglich von 10–11 Uhr
	Erklärung ausgewählter Rechtsfälle aus dem Gebiete des deutschen Privatrechts	Sonnabend von 11–1 Uhr, öffentlich
	Handelsrechtliches Practicum	Freitag von 4–6 Uhr

WS 1886/87 Deutsches Privatrecht   Fünfmal wöchentlich
                                               von 4–5 Uhr
            Handels-, See- und Wechselrecht   Fünfmal wöchentlich
                                               von 3–4 Uhr
            Das Recht der Werthpapiere   Sonnabend von 11–12 Uhr

SS 1887   Deutsche Rechtsgeschichte   Fünfmal von 10–11 Uhr
            Deutsches Privatrecht   Täglich von 9–10 Uhr
            Erklärung ausgewählter Rechtsfälle Sonnabend von 11–1 Uhr
            aus dem Gebiete des deutschen   öffentlich
            Privatrechts

WS 1887/88 Deutsche Rechtsgeschichte   Fünfmal von 4–5 Uhr
            Handels-, See- und Wechselrecht   Fünfmal wöchentlich
                                               von 3–4 Uhr

5. Vorlesungen an der Ruprecht-Karls-Universität Heidelberg, Sommersemester 1888 bis Wintersemester 1916/17

Semester	Vorlesung	Zeit
SS 1888	Deutsches Privatrecht	Täglich von 11–12 Uhr, 6stündig
	Handels-, See- und Wechselrecht	Täglich von 12–1 Uhr
WS 1888/89	Deutsche Rechtsgeschichte	Montag bis Freitag von 8–9 Uhr
SS 1889	Deutsche Rechtsgeschichte	Täglich von 8–9 Uhr
	Deutsches Privatrecht, im Anschluß an den Entwurf des bürgerlichen Gesetzbuches für das deutsche Reich	Täglich von 11–12 Uhr, 6stündig
	Deutschrechtliche Übungen	Wöchentlich 1–2 Stunden
WS 1889/90	Handels-, See- und Wechselrecht	Montag bis Freitag von 12–1 Uhr
	Erklärung des Sachsenspiegels	Öffentlich, Samstag von 11–12 Uhr
	Übungen im deutschen Privatrecht	1–2 Stunden wöchentlich
SS 1890	Deutsche Rechtsgeschichte	Täglich von 8–9 Uhr
	Deutsches Privatrecht, im Anschluss an den Entwurf des bürgerlichen Gesetzbuches für das deutsche Reich	Täglich von 11–12 Uhr, 6stündig
	Erklärung deutscher Rechtsquellen	1stündig

WS 1890/91	Handels-, See- und Wechselrecht	Montag bis Freitag von 4–5 Uhr
	Recht der Wertpapiere	Samstag von 11–12 Uhr, öffentlich
	Deutschrechtliche Übungen (juristisches Seminar)	Mittwoch von 5–7 Uhr
SS 1891	Deutsche Rechtsgeschichte	Täglich von 8–9 Uhr
	Deutsches Privatrecht, im Anschluss an den Entwurf des bürgerlichen Gesetzbuches für das deutsche Reich	Täglich von 11–12 Uhr, 6stündig
	Deutschrechtliche Übungen mit schriftlichen Interpretationsarbeiten (juristisches Seminar)	Mittwochs von 6–7 Uhr
WS 1891/92	Handels-, See- und Wechselrecht	Montag bis Freitag von 4–5 Uhr
	Das Recht der Wertpapiere	Samstag von 11–12 Uhr, öffentlich
	Deutschrechtliche Übungen	Mittwoch von 5–7 Uhr
SS 1892	Deutschrechtliche Übungen mit schriftlichen Interpretationsarbeiten (juristisches Seminar)	Mittwochs von 6–7 Uhr
	Deutsche Rechtsgeschichte	Täglich von 8–9 Uhr
	Deutsches Privatrecht, im Anschluss an den Entwurf des bürgerlichen Gesetzbuches für das deutsche Reich	Täglich von 11–12 Uhr, 6stündig
WS 1892/93	Handels-, See- und Wechselrecht	Montag bis Freitag von 4–5 Uhr
	Das Recht der Handelsgesell-schaften	Samstag von 11–12 Uhr, öffentlich
	Übungen im deutschen Privatrecht (juristisches Seminar)	Mittwoch von 5–7 Uhr
SS 1893	Deutsche Rechtsgeschichte	Täglich von 8–9 Uhr
	Deutsches Privatrecht, im Anschluss an den Entwurf des bürgerlichen Gesetzbuches für das deutsche Reich	Täglich von 11–12 Uhr
	Deutschrechtliche Übungen (juristisches Seminar)	Mittwochs von 6–7 Uhr

WS 1893/94	Handels-, See- und Wechselrecht	Montag bis Freitag von 4–5 Uhr
	Das Recht der Handelsgesell-schaften	Samstag von 11–12 Uhr, öffentlich
	Übungen im deutschen Privatrecht (juristisches Seminar)	Mittwoch von 5–7 Uhr
	Erklärungen der Germania des Tacitus, gemeinsam mit Hofrat Zangemeister, philologische Fakultät	Montag, Dienstag und Donnerstag von 6–7 Uhr
SS 1894	Deutsche Rechtsgeschichte	Täglich von 8–9 Uhr
	Deutsches Privatrecht im Anschluss an den Entwurf des bürgerlichen Gesetzbuches für das deutsche Reich	Täglich von 11–12 Uhr
	Handelsrechtliche Übungen (juristisches Seminar)	Mittwochs von 6–7 Uhr
WS 1894/95	Handels-, See- und Wechselrecht	Montag bis Freitag von 4–5 Uhr
	Das Recht der Wertpapiere	Samstag von 11–12 Uhr, öffentlich
	Erklärung des Sachsenspiegels (juristisches Seminar)	Mittwoch von 5–6 Uhr
	Handelsrechtspraktikum (juristisches Seminar)	Mittwoch von 6–7 Uhr
SS 1895	Deutsche Rechtsgeschichte	Täglich von 8–9 Uhr
	Deutsche Privatrecht, im Anschluss an den Entwurf des bürgerlichen Gesetzbuches für das deutsche Reich	Täglich von 11–12 Uhr
	Übungen im deutschen Privatrecht	Mittwoch von 6–7 Uhr
WS 1895/96	Handels-, See- und Wechselrecht	Montag bis Freitag von 4–5 Uhr
	Tacitus' Germania in Gemeinschaft mit Geh. Hofrat Zangenmeister	4stündig; Mittwoch von 5–6 Uhr
	Erklärung deutscher Rechtsquellen (juristisches Seminar)	Samstag von 11–12 Uhr, öffentlich
	Das Recht der Handelsgesell-schaften	

SS 1896	Deutsche Rechtsgeschichte	Täglich von 8–9 Uhr
	Deutsches Privatrecht im Anschluss an den Entwurf des bürgerlichen Gesetzbuches für das deutsche Reich	Täglich von 11–12 Uhr
	Handelsrechtspraktikum	Mittwoch von 5–7 Uhr
WS 1896/97	Handels-, See- und Wechselrecht	Montag bis Freitag von 11–12 Uhr
	Einführung in das Bürgerliche Gesetzbuch für das deutsche Reich, zusammen mit Geh. Hofrat Karlowa, je 2stündig	Montag, Dienstag, Donnerstag und Freitag von 4–5 Uhr
	Deutschrechtliche Übungen (juristisches Seminar)	Mittwoch von 5–6 Uhr
SS 1897	Deutsche Rechtsgeschichte	Montag bis Freitag von 8–9 Uhr
	Deutsches Privatrecht, im Anschluss an das Bürgerliche Gesetzbuch für das deutsche Reich	Täglich von 11–12 Uhr
	Handelsrechtspraktikum im jur. Seminar	Mittwoch von 5–7 Uhr
WS 1897/98	Grundzüge des deutschen Privatrechts	Mittwoch, Donnerstag und Samstag von 12–1 Uhr
	Handels-, Wechsel- und Schifffahrtsrecht	Montag bis Freitag von 4–5 Uhr
	Einführung in das Bürgerliche Gesetzbuch für das deutsche Reich (Buch III, IV und V: Sachen-, Familien- und Erbrecht), verbunden mit Übungen in schriftlichen Arbeiten;	Dienstag und Freitag von 5–6 Uhr
	Übungen im deutschen Privatrecht (im juristischen Seminar)	Mittwoch von 5–6 Uhr
SS 1898	Deutsche Rechtsgeschichte	Montag bis Freitag von 8–9 Uhr
	Grundzüge und Geschichte des deutschen Privatrechts	Mittwoch, Donnerstag und Samstag von 12–1 Uhr
	Deutsches bürgerliches Recht, Buch IV und V, Ehe- und Familienrecht	Täglich von 11–12 Uhr
	Sachsenspiegel im juristischen Seminar	Mittwoch von 5–6 Uhr

WS 1898/99	Grundzüge des deutschen Privatrechts	Mittwoch, Donnerstag und Samstag von 12–1 Uhr
	Handels-, Wechsel- und Schifffahrtsrecht	Montag bis Freitag von 4–5 Uhr
	Übungen im deutschen bürgerlichen Recht, mit schriftlichen Arbeiten	Zweimal an zu bestimmenden Stunden
	Tacitus' Germania, in Gemeinschaft mit Geh. Hofrat Zangenmeister	Viermal an noch zu bestimmenden Stunden
SS 1899	Deutsche Rechtsgeschichte	Montag bis Freitag von 8–9 Uhr
	Deutsches bürgerliche Recht, Buch IV und V (Familien- und Erbrecht)	Täglich von 11–12 Uhr
	Urheberrecht	Mittwoch von 12–1 Uhr, öffentlich
	Übungen im deutschen Privatrecht	Mittwoch von 5–6 Uhr
WS 1899/00	Handels-, Wechsel- und Schifffahrtsrecht	Montag bis Freitag von 4–5 Uhr
	Übungen im deutschen bürgerlichen Recht und schriftliche Arbeiten (Buch III–V)	Mittwoch von 5–7 Uhr
	Rechtsgeschichtliche Übungen	Freitag von 5–6 Uhr
SS 1900	Deutsche Rechtsgeschichte	Montag bis Freitag von 8–9 Uhr
	Deutsches bürgerliches Recht Buch IV und V (Familien- und Erbrecht)	Täglich von 11–12 Uhr
	Geschichte und Grundzüge des deutschen Privatrechts	Montag, Mittwoch und Donnerstag von 12–1 Uhr
	Übungen im deutschen Privatrecht	Mittwoch von 5–6 Uhr, gratis
WS 1900/01	Geschichte und Grundzüge des deutschen Privatrechts	Montag, Mittwoch und Donnerstag von 12–1 Uhr
	Deutsches Bürgerliches Recht (BGB III Sachenrecht mit Urheberrecht)	Montag, Mittwoch und Donnerstag von 11–12 Uhr
	Deutsche Rechtsgeschichte	Montag bis Freitag von 9–10 Uhr
SS 1901	Deutsches Bürgerliches Recht Buch IV und V (Familien- und Erbrecht)	Montag, Dienstag, Donnerstag und Freitag von 12–1 Uhr
	Deutsche Rechtsgeschichte	Montag bis Freitag von 8–9 Uhr

WS 1901/02	Geschichte und Grundzüge des deutschen Privatrechts	Montag, Mittwoch und Donnerstag von 12–1 Uhr
	Deutsches bürgerliches Recht (BGB III, Sachenrecht mit Urheberrecht)	Montag, Mittwoch und Donnerstag von 11–12 Uhr
	Handels- Wechsel- und Schifffahrtsrecht	Montag bis Freitag von 9–10 Uhr
	Erklärung des Sachsenspiegels	Montag von 5–6 Uhr, privatissime und gratis
SS 1902	Deutsche Rechtsgeschichte	Montag bis Freitag von 8–9 Uhr
	Deutsches bürgerliches Recht B.G.-Buch IV und V (Familien- und Erbrecht)	Täglich von 11–12 Uhr
	Übungen im deutschen Privatrecht	Freitag von 6–7 Uhr, privatissime und gratis
WS 1902/03	Geschichte und Grundzüge des deutschen Privatrechts	Montag, Mittwoch und Freitag von 12–1 Uhr
	Deutsches bürgerliches Recht (Buch III, Sachenrecht mit Urheberrecht)	Montag, Mittwoch und Freitag von 11–12 Uhr
	Handels-, Wechsel- und Schifffahrtsrecht	Montag bis Freitag von 9–10 Uhr
	Deutschrechtliche Übungen (ausgewählte Stellen des BGB. In Verbindung mit dem Sachsen- spiegel) (juristisches Seminar)	Montag von 5–6 Uhr, privatissime und gratis
SS 1903	Deutsche Rechtsgeschichte	Montag bis Freitag von 8–9 Uhr
	Deutsches bürgerliches Recht B.G.-Buch IV und V (Familien- und Erbrecht)	Täglich von 11–12 Uhr
	Übungen im deutschen Privatrecht (juristisches Seminar)	Montag von 5–6 Uhr, privatissime und gratis
WS 1903/04	Geschichte und Grundzüge des deutschen Privatrechts	Montag, Mittwoch und Freitag von 12–1 Uhr
	Deutsches bürgerliches Recht (BGB III, Sachenrecht und Urheberrecht)	Montag, Mittwoch und Freitag von 11–12 Uhr

	Deutsches bürgerliches Recht (BGB IV u. V, Familien- und Erbrecht)	Montag bis Freitag von 10–11 Uhr
	Übungen im deutschen bürgerlichen Recht und deutschen Privatrecht	Montag von 5–6 Uhr, privatissime und gratis
SS 1904	Deutsche Rechtsgeschichte	Montag bis Freitag von 8–9 Uhr
	Deutsches bürgerliches Recht B.G.-Buch IV u. V (Familien- und Erbrecht)	Täglich von 11–12 Uhr
	Geschichte und Grundzüge des deutschen Privatrechts (anstelle Prof. His)	Montag, Dienstag, Donnerstag und Freitag von 12–1 Uhr
	Übungen im deutschen Privatrecht	Montag von 5–6 Uhr, privatissime und gratis
WS 1904/05	Geschichte und Grundzüge des deutschen Privatrechts	Montag, Mittwoch und Freitag von 12–1 Uhr
	Handels-, Wechsel- und Schifffahrtsrecht	Montag bis Freitag von 10–11 Uhr
	Urheber- und Verlagsrecht	Samstag von 10–11 Uhr
SS 1905	Deutsche Rechtsgeschichte	Montag bis Freitag von 12–1 Uhr
	Geschichte und Grundzüge des deutschen Privatrechts	Montag, Dienstag, Donnerstag und Freitag von 8–9 Uhr
	Deutsches bürgerliches Recht: Sachenrecht (B.G.B. III) mit Urheberrecht	Montag, Dienstag, Donnerstag und Freitag von 9–10 Uhr
	Deutsches bürgerliches Recht: Familienrecht (B.G.B. IV)	Mittwoch von 11–12 Uhr und Samstag von 10–12 Uhr
WS 1905/06	Deutsches bürgerliches Recht (B.G.B. IV, Familien- und Erbrecht)	Montag bis Freitag von 10 bis 11 Uhr
	Geschichte und Grundzüge des deutschen Privatrechts	Montag, Dienstag, Donnerstag und Freitag von 12–1 Uhr
	Handels-, Wechsel- und Schifffahrtsrecht	Montag bis Freitag von 11–12 Uhr
	Deutschrechtliche Übungen (juristisches Seminar)	Freitag von 5–6 Uhr, privatissime und gratis

SS 1906	Deutsche Rechtsgeschichte	Montag bis Freitag von 12–1 Uhr
	Geschichte und Grundzüge des deutschen Privatrechts	Montag, Dienstag, Donnerstag und Freitag von 8–9 Uhr
	Deutsches bürgerliches Recht: Familienrecht (B.G.B. IV)	Mittwoch von 11–12 und Samstag von 11–1 Uhr
	Deutschrechtliche Übungen (juristisches Seminar)	Mittwoch von 5–6 Uhr, privatissime und gratis
WS 1906/07	Handelsrecht mit Einschluss des Wechsel-, Schifffahrts- und Versicherungsrechts (in Gemeinschaft mit Dr. Perels); Prof. Schroeder das eigentliche Handelsrecht	Montag, Dienstag, Donnerstag und Freitag von 11–12 Uhr
	Deutschrechtliche Übungen (juristisches Seminar)	Montag von 5–6 Uhr, privatissime und gratis
	Deutsches bürgerliches Recht (B.G.B. III, Sachenrecht mit Urheberrecht)	Montag, Dienstag, Donnerstag und Freitag von 9–10 Uhr
	Geschichte und Grundzüge des deutschen Privatrechts	Montag, Dienstag, Donnerstag und Freitag von 12–1 Uhr
SS 1907	Deutsche Rechtsgeschichte	Montag bis Freitag von 12–1 Uhr
	Deutsches bürgerliches Recht: Familien- und Erbrecht (B.G.B. IV und V)	Täglich von 11–12 Uhr
	Geschichte und Grundzüge des deutschen Privatrechts, anstelle von Prof. Perels	Montag, Dienstag, Donnerstag und Freitag von 8–9 Uhr
	Deutschrechtliche Übungen (juristisches Seminar)	Mittwoch von 5–6 Uhr, privatissime und gratis
WS 1907/08	Geschichte und Grundzüge des deutschen Privatrechts	Montag, Dienstag, Donnerstag und Freitag von 12–1 Uhr
	Deutsches bürgerliches Recht (B.G.B. III Sachenrecht mit Urheberrecht)	Montag, Dienstag, Donnerstag und Freitag von 9–10 Uhr

	Handels-, Wechsel-, Schifffahrts- und Versicherungsrecht (in Gemeinschaft mit Dr. Perels) (Professor Schroeder das eigent- liche Handelsrecht)	Montag, Dienstag, Donnerstag und Freitag von 11–12 Uhr
	Deutschrechtliche Übungen (juristisches Seminar)	Montag von 5–6 Uhr, privatissime und gratis
SS 1908	Deutsche Rechtsgeschichte	Montag bis Freitag von 12–1 Uhr
	Geschichte und Grundzüge des deutschen Privatrechts	Montag, Dienstag, Donnerstag und Freitag von 9–10 Uhr
	Deutsche bürgerliches Recht (Familien- und Erbrecht Buch IV und V)	Täglich von 11–12 Uhr
	Erklärung des Sachsenspiegels (juristisches Seminar)	Montag von 5–6 Uhr, privatissime und gratis
WS 1908/09	Geschichte und Grundzüge des deutschen Privatrechts	Montag, Dienstag, Donnerstag und Freitag von 12–1 Uhr
	Deutsches bürgerliches Recht, Sachenrecht mit Urheberrecht (BGB III)	Montag, Dienstag, Donnerstag und Freitag von 9–10 Uhr
	Handels-, Wechsel-, Schifffahrts- und Versicherungsrecht in Gemein- schaft mit Dr. Perels (Prof. Schroeder den speziellen Teil (Handelsgeschäfte, Wechsel-, Schifffahrts- und Versicherungs- recht))	Montag, Dienstag, Donnerstag und Freitag von 11–12 Uhr
	Deutschrechtliche Übungen	Montag von 5–6 Uhr, privatissime und gratis
SS 1909	Deutsches bürgerliches Recht: Sachenrecht (B.G.B. III) mit Urheberrecht	Montag bis Freitag von 11–12 Uhr
	Deutsche Rechtsgeschichte	Montag bis Freitag von 12–1 Uhr
WS 1909/10	Geschichte und Grundzüge des deutschen Privatrechts	Montag, Dienstag, Donnerstag und Freitag von 12–1 Uhr

19*

	Handelsgeschäfte, Wechsel-, Schiff- fahrts- und Versicherungsrecht (in Gemeinschaft mit Dr. Perels) spezieller Teil (Handelsgeschäfte, Wechsel-, Schifffahrts- und Versicherungsrecht)	Montag, Dienstag, Donnerstag und Freitag von 11 bis 12 Uhr
	Deutschrechtliche Übungen	Montag von 5 bis 6 Uhr, privatissime und gratis
SS 1910	Deutsche Rechtsgeschichte	Montag bis Freitag 12–1 Uhr
	Deutsches bürgerliches Recht (Familien- und Erbrecht IV+V)	Täglich von 11 bis 12 Uhr
	Erklärung des Sachsenspiegels und anderer Rechtsbücher im juristischen Seminar	Montag 5–6 Uhr, privatissime und gratis
WS 1910/11	Geschichte und Grundzüge des deutschen Privatrechts	Montag, Dienstag, Donners- tag und Freitag von 12–1 Uhr
	Handels-, Wechsel-, Schifffahrts- und Versicherungsrecht: in Gemeinschaft mit Dr. Perels (Geh. Rat Schroeder den allge- meinen Teil und das Handelsrecht im engeren Sinne (HGB I–III))	Montag, Dienstag, Donnerstag und Freitag von 11–12 Uhr
	Deutschrechtliche Übungen (juristisches Seminar)	Montag von 5–6 Uhr, privatissime und gratis
SS 1911	Deutsche Rechtsgeschichte	Montag bis Freitag von 12–1 Uhr
	Deutsches bürgerliches Recht, Familien- und Erbrecht (BGB IV und V)	Täglich von 11–12 Uhr
WS 1911/12	Geschichte und Grundzüge des deutschen Privatrechts	Montag, Dienstag, Donners- tag und Freitag von 12–1 Uhr
	Handels-, Wechsel- und Schiff- fahrtsrecht: in Gemeinschaft mit Dr. Perels (Prof. Schroeder den all- gemeinen Teil und das Handelsrecht im engeren Sinne (HGB I–III))	Montag, Dienstag, Donnerstag und Freitag von 11–12 Uhr
SS 1912	Deutsches bürgerliches Recht/ Sachenrecht (BGB III)	Montag, Dienstag, Donnerstag und Freitag von 11–12 Uhr
	Deutsche Rechtsgeschichte	Montag bis Freitag von 12–1 Uhr

WS 1912/13	Handels-, Wechsel- Schifffahrts- und Versicherungsrecht in Gemeinschaft mit Prof. Perels: Allgemeiner Teil und Handelsrecht im engeren Sinne (HGB I bis III) nebst Wechsel- und Scheckrecht	Montag, Dienstag, Mittwoch, Donnerstag und Freitag von 11 bis 12 Uhr
	Geschichte und Grundzüge des deutschen Privatrechts	Montag, Dienstag, Donnerstag und Freitag von 12–1 Uhr
	Deutschrechtliche Übungen	Montag von 5–6 Uhr, privatissime und gratis
SS 1913	Deutsche Rechtsgeschichte	Montag bis Freitag von 12 –1 Uhr
	Deutsches bürgerliches Recht (Sachenrecht BGB III)	Montag, Dienstag, Donnerstag und Freitag von 11–12 Uhr
WS 1913/14	Deutschrechtliche Übungen (juristisches Seminar)	Montag von 5–6 Uhr, privatissime und gratis
	Geschichte und Grundzüge des deutschen Privatrechts	Montag, Dienstag, Donnerstag und Freitag von 12–1 Uhr
	Handelsrecht I Allgemeiner Teil und Handelsrecht im engeren Sinne (HGB I bis III) nebst Wechsel- und Scheckrecht	Montag bis Freitag von 11–12 Uhr
SS 1914	Deutsche Rechtsgeschichte	Montag bis Freitag von 11–12 Uhr
	Deutsches Bürgerliches Recht/ Sachenrecht (BGB III)	Montag, Dienstag, Donnerstag und Freitag von 12–1 Uhr
WS 1914/15	Geschichte und Grundzüge des deutschen Privatrechts	Montag bis Freitag von 11–12 Uhr
	Handelsrecht I, Allgemeiner Teil und das Handelsrecht im engeren Sinne (HGB I–III) nebst Scheck- und Wechselrecht	Montag bis Freitag von 12–1 Uhr
SS 1915	Deutsche Rechtsgeschichte	Montag bis Freitag von 11–12 Uhr
	Deutsches bürgerliches Recht, Sachenrecht (BGB III)	Montag, Dienstag, Donnerstag und Freitag von 12–1 Uhr
WS 1915/16	Geschichte und Grundzüge des deutschen Privatrechts	Montag, Dienstag, Donnerstag und Freitag von 11–12 Uhr

	Handelsrecht I, Allgemeiner Teil und das Handelsrecht im engeren Sinne (HGB I–III) nebst Scheck- und Wechselrecht	Montag bis Freitag von 12–1 Uhr
SS 1916	Deutsche Rechtsgeschichte	Montag bis Freitag von 11–12 Uhr
	Deutsches bürgerliches Recht Sachenrecht (BGB III)	Montag, Dienstag, Donnerstag und Freitag von 12–1 Uhr
	Geschichte und Grundzüge des deutschen Privatrechts anstelle Prof. Perels	Montag, Dienstag, Donnerstag und Freitag von 5–6 Uhr
WS 1916/17	Geschichte und Grundzüge des deutschen Privatrechts	Montag, Dienstag, Donnerstag und Freitag von 11–12 Uhr
	Handelsrecht I: Allgemeiner Teil und das Handelsrecht im engeren Sinne (HGB I–III) nebst Wechsel- und Scheckrecht	Montag bis Freitag von 12–1 Uhr

Literaturverzeichnis

I. Schriften Richard Carl Heinrich Schroeders

1. Selbständige Schriften

- „Die Franken und ihr Recht", Weimar 1881
- „Geschichte des ehelichen Güterrechts" Band I, (1863) Band II/1 (1868), Band II/2 (1870), Band II/3 (1874), Stettin
- „Zur Geschichte vom Recht des Besitzes in Deutschland", Berlin 1866
- „Lehrbuch der Deutschen Rechtsgeschichte", erschienen in sieben Auflagen (1. Auflage 1889, 7. Auflage 1932; fortgeführt von Eberhard Freiherr von Künßberg)
- „Das eheliche Güterrecht nach dem Bürgerlichen Gesetzbuche für das Deutsche Reich in seinen Grundzügen", Berlin 1896
- „Die Gaue Ribuariens und der angrenzenden Gebiete", Leipzig 1889
- „Die Gebiete der deutschen Stämme", Leipzig 1889
- „Eine Selbstbiographie von Fritz Reuter", 1895

2. Abhandlungen zur Geschichte der Franken und Sachsen

- „Zur Lehre von der Ebenbürtigkeit nach dem Sachsenspiegel"; In: Zeitschrift für Rechtsgeschichte, Band III (1864), S. 461–480
- „Zum Ständerecht des Sachsenspiegels"; In: Zeitschrift für Rechtsgeschichte, Band VII (1868), S. 147–149
- „Die Ausbreitung der salischen Franken, zugleich ein Beitrag zur Geschichte der deutschen Feldgemeinschaft"; In: Forschungen zur Deutschen Geschichte Band XIX (1879), S. 137–172
- „Über den Ligeris in der Lex Salica"; In: Forschungen zur Deutschen Geschichte, Band XIX (1879), S. 471–473
- „Die Herkunft der Franken"; In: Historische Zeitschrift, Neue Folge 7. Band, der ganzen Reihe 43. Band (1880), S. 1–65
- „Die Franken und ihr Recht"; In: Zeitschrift der Savigny-Stiftung für deutsche Rechtsgeschichte, Germanistische Abteilung, Band 2 (Band XV der Zeitschrift für Rechtsgeschichte) 1881, S. 1–82

- „Über die fränkischen Formelsammlungen"; In: Zeitschrift der Savigny-Stiftung für deutsche Rechtsgeschichte, Germanistische Abteilung, Band 4 (Band XVII der Zeitschrift für Rechtsgeschichte), 1883, S. 75–112

- „Die Gerichtsverfassung des Sachsenspiegels"; In: Zeitschrift der Savigny-Stiftung für Rechtsgeschichte Germanistische Abteilung, Band 5 (XVIII. Band der Zeitschrift für Rechtsgeschichte), 1884, S. 1–68;

- „Zur Kunde des Sachsenspiegels"; In: Zeitschrift der Savigny-Stiftung für deutsche Rechtsgeschichte, Germanistische Abteilung, Band 9 (Band XXII der Zeitschrift für Rechtsgeschichte) 1888, S. 52–63

- „Neuere Forschungen zur fränkischen Rechtsgeschichte I"; In: Historische Zeitschrift, Neue Folge 42. Band, der ganzen Reihe 78. Band erstes Heft (1896), S. 193–206

- „Neuere Forschungen zur fränkischen Rechtsgeschichte II"; In: Historische Zeitschrift, Neue Folge 43. Band, der ganzen Reihe 79. Band, erstes Heft (1897), S. 224–238

3. Abhandlungen zur Geschichte des ehelichen Güterrechts

- „Zur Geschichte des ehelichen Güterrechts in Deutschland"; In: Zeitschrift für Rechtsgeschichte Band X (1872), S. 426–450

- Gutachten über die Gesetzgebungsfrage: „Ist es wünschenswerth und ausführbar, das eheliche Güterrecht für ganz Deutschland durch ein einheitliches Gesetz zu codificiren und auf welcher Grundlage?"; In: Verhandlungen des 12. deutschen Juristentages, Band I, S. 29–40, Berlin 1874

- „Das eheliche Güterrecht Deutschlands in Vergangenheit, Gegenwart und Zukunft"; In: von Holtzendorffs und Onckens, Deutsche Zeit- und Streitfragen – Flugschriften zur Kenntniß der Gegenwart, Jahrgang IV, Heft 59, Berlin 1875, S. 489–528

- „Gutachten über das System der partikulären Gütergemeinschaft und seine Bedeutung bei der Abfassung eines bürgerlichen Gesetzbuches für das Deutsche Reich"; abgedruckt in: Schubert, Werner (Hrsg.), Die Vorlagen der Redaktoren für die erste Kommission zur Ausarbeitung des Entwurfs eines Bürgerlichen Gesetzbuches; Familienrecht Teil 3: Anlagen und Abänderungsanträge zum Familienrechtsentwurf/ Freiwillige Gerichtsbarkeit/Familienrechtliche Vorlagen 1875–1877, Berlin 1983

4. Schriften zur Deutschen Rechtsgeschichte

- „Deutsche Rechtssprichwörter, unter Mitwirkung der Professoren J. C. Bluntschli und K. Maurer, gesammelt und erklärt von Eduard Graf und Matthias Dietherr", Nördlingen 1864; In: Zeitschrift für Rechtsgeschichte Band V (1866), S. 28–45

- „Die rechtliche Natur der Lehensfolge im langobardischen Lehenrecht"; In: Zeitschrift für Rechtsgeschichte Band V (1866), S. 285–298

- „Beiträge zur Kunde des deutschen Rechts aus deutschen Dichtern überhaupt und aus den Dichtungen Konrads von Würzburg im besonderen"; In: Zeitschrift für Rechtsgeschichte Band VII (1868), S. 131–143

- „Die neuesten Untersuchungen über die Abfassungszeit des Schwabenspiegels"; In: Zeitschrift für deutsche Philologie Band I (1869), S. 273 f.

- „Rechtskarte von Deutschland nebst Erläuterungen"; In: Peterman's Geographischen Mitteilungen, Heft 4, 1870

- „Zur Geschichte des Warterechts der Erben"; In: Zeitschrift für Rechtsgeschichte Band IX (1870) S. 410–421

- „Mittheilungen über Clevische Rechtsquellen des 15. Jahrhunderts"; In: Zeitschrift für Rechtsgeschichte Band IX (1870), S 421–476

- „Weitere Mittheilungen über Clevische und verwandte Niederrheinische Rechtsquellen des 15. Jahrhunderts"; In: Zeitschrift für Rechtsgeschichte Band X (1872), S. 188–258

- „Die Erbsälzer zu Werl"; In: Zeitschrift für Rechtsgeschichte Band X (1872), S. 258–292

- „Das Amtsrecht in der Düffel", Annalen des Historischen Vereins für den Niederrhein, insbesondere die alte Erzdiöcese Köln, 24. Heft, Köln 1872, S. 158–169

- „Die niederländischen Kolonien in Norddeutschland zur Zeit des Mittelalters"; In: Virchow und von Holtzendorff: Sammlung gemeinverständlicher wissenschaftlicher Vorträge – Flugschriften zur Kenntniß der Gegenwart, Jahrgang IX, Berlin 1880

- „Über die Bezeichnung der Spindelmagen in der deutschen Rechtssprache"; In: Zeitschrift der Savigny-Stiftung für deutsche Rechtsgeschichte, Germanistische Abteilung, Band 4 (XVII. Band der Zeitschrift für Rechtsgeschichte) 1883, S. 1–15

- „Gesetzsprecheramt und Priesterthum bei den Germanen"; In: Zeitschrift der Savigny-Stiftung für deutsche Rechtsgeschichte, Germanistische Abteilung, Band 4 (XVII. Band der Zeitschrift für Rechtsgeschichte) 1883, S. 215–231

- „Weichbild" in: Historische Aufsätze zum Andenken an Georg Waitz gewidmet, Hannover 1886, S. 306–323

- „Zur Kunde der deutschen Volksrechte"; In: Zeitschrift der Savigny-Stiftung für Rechtsgeschichte Germanistische Abteilung, Band 7 (XX. Band der Zeitschrift für Rechtsgeschichte) 1886, S. 17–29

- „Gairethinx"; In: Zeitschrift der Savigny-Stiftung für Rechtsgeschichte Germanistische Abteilung 7. Band (XX. Band der Zeitschrift für Rechtsgeschichte) 1886, S. 53–60

- „Der ostfälische Schultheiß und der holsteinische Overbode"; In: Zeitschrift der Savigny-Stiftung für Rechtsgeschichte Germanistische Abteilung, Band 7 (XX. Band der Zeitschrift für Rechtsgeschichte) 1887, S. 1–16

- „Der Rolandsbrunnen"; In: Béringuier, Richard (Hrsg.): Verein für die Geschichte Berlins – Festschrift zur Feier des 25-jährigen Bestehens des Vereins für die Geschichte Berlins am 28. Januar 1890, Berlin 1890

- „Die Landeshoheit über die Trave"; In: Neue Heidelberger Jahrbücher, Jahrgang 1 (1891), S. 32–52

- „Die Deutsche Kaisersage und die Wiedergeburt des deutschen Reiches", 2 Vorträge von Richard Schroeder, Heidelberg 1893

- „Drei Abhandlungen zur Geschichte des Deutschen Rechts: Festgruß aus Bonn an Homeyer zur Feier seiner fünfzigjährigen Doktorwürde", S. 19–34

- „Übersicht über das gedruckte und handschriftliche Material für die Herausgabe der badischen und elsässischen Stadtrechte. I. Das nördliche Baden und die benachbarten Gebiete"; In: Zeitschrift für die Geschichte des Oberrheins, Neue Folge Band 10 (der ganzen Reihe 49. Band) Heft 1 (1895), S. 113–129

- „Über eigentümliche Formen des Miteigentumsrechts im deutschen und französischen Recht", Heidelberg 1896

- „Weichbild"; In: Festgabe zur Feier des 50. Jahrestages der Doktorpromotion des geheimen Rates Professor Dr. Ernst Immanuel Bekker, 1899

- „Der altsächsische Volksadel und die grundherrliche Theorie"; In: Zeitschrift der Savigny-Stiftung für deutsche Rechtsgeschichte, Germanistische Abteilung, Band 24 (XXXVII. Band der Zeitschrift für Rechtsgeschichte) 1903, S. 347–379

- „Das Eigentum am Kieler Hafen"; In: Zeitschrift der Savigny Stiftung für Rechtsgeschichte Germanistische Abteilung, Band 26 (XXXIX. Band der Zeitschrift für Rechtsgeschichte) 1905, S. 34–52

5. Philologische Abhandlungen

- „Corpus iuris germanici poeticum; I. Kudrun"; In: Zeitschrift für deutsche Philologie Band I (1869), S. 257–272

- „Corpus iuris germanici poeticum; II. Wernher der gartenaere und bruder Wernher"; In: Zeitschrift für Philologie Band II (1870), S. 302–305

- „Thomas Carlyle's Abhandlung über Goethes Faust aus dem Jahr 1821", Braunschweig, 1896

- „Ein Wörterbuch der ältesten deutschen Rechtssprache"; In: Festschrift für den XXVI. Deutschen Juristentag in Beträgen, Berlin 1902

- „Beiträge zur Kunde des deutschen Rechts aus deutschen Dichtern", Leipzig 1866

6. Dogmatische Arbeiten

- „Die Bodmerei", „Die Haverei", „Bergung und Hülfeleistung in Seenoth" sowie „Die Pfandrechte an Schiff und Ladung"; In: W. Endemann (Hrsg.): Handbuch des deutschen Handels-, See- und Wechselrechts, Vierter Band, Erster Halbband, Leipzig 1883

- „Das Familiengüterrecht in dem Entwurfe eines Bürgerlichen Gesetzbuches für das Deutsche Reich"; In: Bekker, Ernst Immanuel/Fischer, O. (Hrsg.): Beiträge zur Erläuterung und Beurtheilung des Entwurfes eines Bürgerlichen Gesetzbuches für das Deutsche Reich; Fünfzehntes Heft, Berlin 1889

– „Zum 1. Januar 1900"; In: Zeitschrift der Savigny-Stiftung für deutsche Rechtsgeschichte, Germanistische Abteilung, Band 21 (XXXIV. Band der Zeitschrift für Rechtsgeschichte) 1900, S. V–X

– „Der Eigentumsübergang bei versendeten Sachen", erschienen als Separatdruck, Stuttgart 1903, sowie in der Zeitschrift für das Gesammte Handelsrecht Band LI, Neue Folge (Sechsunddreißigster Band) 1902, S. 39–46

7. Rezensionen

– Ludwig August Mueller, historisch-dogmatische Darstellung der Verhältnisse bei beerbter Ehe nach den bayerisch-schwäbischen Stadtrechten, Nördlingen 1874; In: Kritische Vierteljahrsschrift für Gesetzgebung und Rechtswissenschaft Band 17 (1875) S. 76–86

– „Das Alter des Schwabenspiegels: Julius Ficker, Über die Entstehung des Schwabenspiegels, Sitzungsberichte der phil.-hist. Klasse der kaiserlichen Akademie der Wissenschaften"; In: Zeitschrift für deutsche Philologie, Band 6 (1875), S. 418–422

– Josef Kohler, Pfandrechtliche Forschungen, Jena 1882; In: Zeitschrift der Savigny-Stiftung für Deutsche Rechtsgeschichte, Germanistische Abteilung, Band 6 (XIX. Band der Zeitschrift für Rechtsgeschichte) 1885, S. 200–203

– Josef Kohler, Shakespeare vor dem Forum der Jurisprudenz, Würzburg 1883; In: Zeitschrift der Savigny-Stiftung für Deutsche Rechtsgeschichte, Germanistische Abteilung, Band 6 (XIX. Band der Zeitschrift für Rechtsgeschichte) 1885, S. 220 f.

– Josef Kohler, Urkunden aus dem Antichi Archivi der Biblioteca Comunale von Verona; In: Zeitschrift der Savigny-Stiftung für Deutsche Rechtsgeschichte, Germanistische Abteilung, Band 6 (XIX. Band der Zeitschrift für Rechtsgeschichte) 1885, S. 221 f.

– Georg Winter, Geschichte des Rates zu Strassburg, von seinen ersten Spuren bis zum Statut von 1263, veröffentlicht in Gierke (Hrsg.), Untersuchungen zur deutschen Staats- und Rechtsgeschichte, Breslau 1878; In: Zeitschrift der Savigny-Stiftung für Deutsche Rechtsgeschichte, Germanistische Abteilung, Band 6 (XIX. Band der Zeitschrift für Rechtsgeschichte) 1885, S. 222–225

– W. Domke, Die Virilstimmen im Reichsfürstenrat von 1495–1654, veröffentlicht in: Gierke (Hrsg.), Untersuchungen zur deutschen Staats- und Rechtsgeschichte, Breslau 1882; In: Zeitschrift der Savigny-Stiftung für Deutsche Rechtsgeschichte, Germanistische Abteilung, Band 6 (XIX. Band der Zeitschrift für Rechtsgeschichte) 1885, S. 226 f.

– Karl Lehmann, Verlobung und Hochzeit nach den nordgermanischen Rechten des frühen Mittelalters, München 1882; In: Zeitschrift der Savigny-Stiftung für Deutsche Rechtsgeschichte, Germanistische Abteilung, Band 6 (XIX. Band der Zeitschrift für Rechtsgeschichte) 1885, S. 227–231

- S. J. Fockema-Andreae; Overzicht van Oud-Nederlandsche Rechtsbronnen, Haarlem 1881; In: Zeitschrift der Savigny-Stiftung für Deutsche Rechtsgeschichte, Germanistische Abteilung, Band 6 (XIX. Band der Zeitschrift für Rechtsgeschichte) 1885, S. 231

- S. A. Telting, Het Oud-Friesische Stadrecht, 1882; de Friesische Stadtrechten, 1883; In: Zeitschrift der Savigny-Stiftung für Deutsche Rechtsgeschichte, Germanistische Abteilung, Band 6 (XIX. Band der Zeitschrift für Rechtsgeschichte) 1885, S. 232–235

- L. Dargun, Mutterrecht und Raubehe und ihre Reste im germanischen Recht und Leben; In: Zeitschrift der Savigny-Stiftung für Deutsche Rechtsgeschichte, Germanistische Abteilung, Band 6 (XX. Band der Zeitschrift für Rechtsgeschichte) 1886, S. 121–123

- Bonvalot, Le tiers état après la charte de Beaumont et ses filiales; In: Zeitschrift der Savigny-Stiftung für Deutsche Rechtsgeschichte, Germanistische Abteilung, Band 7 (XX. Band der Zeitschrift für Rechtsgeschichte) 1886, S. 119–121

- Karl Lamprecht, Deutsches Wirtschaftsleben im Mittelalter. Untersuchungen über die Entwicklung der materiellen Kultur des platten Landes auf Grund der Quellen zunächst des Mosellandes, Leipzig 1885/1886; In: Zeitschrift der Savigny-Stiftung für Deutsche Rechtsgeschichte, Germanistische Abteilung, Band 11 (XXIV. Band der Zeitschrift für Rechtsgeschichte) 1890, S. 242–251

- Beauchet, Ludovic, L'histoire de l'organisatione judicaire en France; In: Zeitschrift der Savigny-Stiftung für deutsche Rechtsgeschichte, Germanistische Abteilung, Band 11 (XXIV. Band der Zeitschrift für Rechtsgeschichte) 1890, S. 141–143

- De Saksenspiegel in Nederland, 1888; In: Zeitschrift der Savigny-Stiftung für Deutsche Rechtsgeschichte, Germanistische Abteilung, Band 12 (XXV. Band der Zeitschrift für Rechtsgeschichte) 1891. S. 140 f.

- Beaudouin, Édouard, Étude sur les origines du régime féodal; la recommandation et la justice seigneuriale, 1889; In: Zeitschrift der Savigny-Stiftung für Deutsche Rechtsgeschichte, Germanistische Abteilung, Band 12 (XXV. Band der Zeitschrift für Rechtsgeschichte) 1891. S. 141

- Verhandelingen ter nasporing van de wetten en gesteldheid onzes vaderlands, door een genootschap te Groningen pro excolendo iure patrio, 1886–1890; In: Zeitschrift der Savigny-Stiftung für Deutsche Rechtsgeschichte, Germanistische Abteilung, Band 12 (XXV. Band der Zeitschrift für Rechtsgeschichte) 1891, S. 138 f.

- Heinrich von Sybel/Th. von Sickel (Hrsg.), Kaiserurkunden in Abbildungen, 1887; In: Zeitschrift der Savigny-Stiftung für Deutsche Rechtsgeschichte, Germanistische Abteilung, Band 12 (XXV. Band der Zeitschrift für Rechtsgeschichte) 1891. S. 137 f.

- W. von Brünneck, Zur Geschichte des Grundeigenthums in Ost- und Westpreußen, I. die kölmischen Güter; In: Zeitschrift der Savigny-Stiftung für deutsche Rechtsgeschichte, Germanistische Abteilung, Band 13 (XXVI. Band der Zeitschrift für Rechtsgeschichte) 1892, S. 235–237

- Raimond Saleilles, De l'établissement des Burgunges sur les domaines des Gallo-Romains; In: Zeitschrift der Savigny-Stiftung für deutsche Rechtsgeschichte, Germanistische Abteilung, Band 13 (XXVI. Band der Zeitschrift für Rechtsgeschichte) 1892, S. 237 f.

– Levin Goldschmidt: Lehrbuch des Handelsrechts I. Band I. Abtheilung 1. Lieferung; In: Zeitschrift der Savigny-Stiftung für deutsche Rechtsgeschichte, Germanistische Abteilung, Band 13 (XXVI. Band der Zeitschrift für Rechtsgeschichte) 1892, S. 238–240

– Th. Lindner, Die deutschen Königswahlen und die Entstehung des Kurfürstenthums; In: Zeitschrift der Savigny-Stiftung für deutsche Rechtsgeschichte, Germanistische Abteilung Zeitschrift der Savigny-Stiftung für Deutsche Rechtsgeschichte, Germanistische Abteilung, Band 15 (XXVIII. Band der Zeitschrift für Rechtsgeschichte) 1894, S. 192 f.

– B. Errera, les waréchaix, études de droit foncier ancien, Extrait des -annales de la Société d'Archéologie de Bruxelles; In: Zeitschrift der Savigny-Stiftung für deutsche Rechtsgeschichte, Germanistische Abteilung, Band 16 (XXIX. Band der Zeitschrift für Rechtsgeschichte) 1895, S. 264

– A. S. Schultze, Zur Lehre vom Urkundenbeweise; In: Zeitschrift der Savigny-Stiftung für deutsche Rechtsgeschichte, Germanistische Abteilung, Band 16 (XXIX. Band der Zeitschrift für Rechtsgeschichte) 1895, S. 264 f.

– Alfred Kühtmann, die Romanisirung des Civilprocesses in der Stadt Bremen; In: Zeitschrift der Savigny-Stiftung für deutsche Rechtsgeschichte, Germanistische Abteilung, Band 16 (XXIX. Band der Zeitschrift für Rechtsgeschichte) 1895, S. 265 f.

– von Buchka, das statutarische eheliche Güter- und Erbrecht in Mecklenburg; In: Zeitschrift der Savigny-Stiftung für deutsche Rechtsgeschichte, Germanistische Abteilung, Band 16 (XXIX. Band der Zeitschrift für Rechtsgeschichte) 1895, S. 275

– Arthur B. Schmidt: Medicinisches aus deutschen Rechtsquellen, Jena 1896; In: Zeitschrift der Savigny-Stiftung für deutsche Rechtsgeschichte, Germanistische Abteilung, Band 17 (XXX. Band der Zeitschrift für Rechtsgeschichte) 1896, S. 164 f.

– Deutsche Justiz-Statistik, Jahrgang VI und VII; In: Zeitschrift der Savigny-Stiftung für deutsche Rechtsgeschichte, Germanistische Abteilung, Band 17 (XXX. Band der Zeitschrift für Rechtsgeschichte) 1896, S. 166 f.

– Arthur B. Schmidt, die Geschichtliche Grundlage des bürgerlichen Rechts im Großherzogthum Hessen, Gießen 1893; In: Zeitschrift der Savigny-Stiftung für deutsche Rechtsgeschichte, Germanistische Abteilung, Band 17 (XXX. Band der Zeitschrift für Rechtsgeschichte) 1896 S. 165 f.

– Ferdinand Frensdorff, Die Lehensfähigkeit der Bürger, im Anschluß an ein bisher unbekanntes niederdeutsches Rechtsdenkmal; In: Zeitschrift der Savigny-Stiftung für deutsche Rechtsgeschichte, Germanistische Abteilung, Band 17 (XXX. Band der Zeitschrift für Rechtsgeschichte) 1896, S. 167 f.

– G. Blondel: Étude sur la politiquede l'émpéreur Frédéric II en Allemange et sur les transformations de la constitution allemande dan la première moitié du XIII. siècle; In: Zeitschrift der Savigny-Stiftung für deutsche Rechtsgeschichte, Germanistische Abteilung, Band 17 (XXX. Band der Zeitschrift für Rechtsgeschichte) 1896, S. 186–191

– Georg Waitz, Abhandlungen zur deutschen Verfassungs- und Rechtsgeschichte, herausgegeben von Karl Zeumer; In: Zeitschrift der Savigny-Stiftung für Deutsche Rechtsgeschichte, Germanistische Abteilung, Band 18 (XXXI. Band der Zeitschrift für Rechtsgeschichte) 1897, S. 199 f.

– Georg Waitz, Deutsche Verfassungsgeschichte Band VI, 2. Auflage, bearbeitet von G. Seeliger; In: Zeitschrift der Savigny-Stiftung für Deutsche Rechtsgeschichte, Germanistische Abteilung, Band 18 (XXXI. Band der Zeitschrift für Rechtsgeschichte) 1897, S. 200 f.

– H. Th. Soergel (Hrsg.) Das Recht, Rundschau für den deutschen Juristenstand; In: Zeitschrift der Savigny-Stiftung für Deutsche Rechtsgeschichte, Germanistische Abteilung, Band 18 (XXXI. Band der Zeitschrift für Rechtsgeschichte) 1897, S. 202

– J. Fr. Behrend (Hrsg.) Lex Salica, Weimar 1897; In: Zeitschrift der Savigny-Stiftung für Deutsche Rechtsgeschichte, Germanistische Abteilung, Band 18 (XXXI. Band der Zeitschrift für Rechtsgeschichte) 1897, S. 202 f.

– Karl Köhne, Die Reformation des Wormser Stadtrechts vom Jahre 1499; In: Zeitschrift der Savigny-Stiftung für deutsche Rechtsgeschichte, Germanistische Abteilung, Band 19 (XXXII. Band der Zeitschrift für Rechtsgeschichte) 1898, S. 205 f.

– Badische Historische Kommission: Oberrheinische Stadtrechte, 1. Abtheilung, 1.–4. Heft; In: Zeitschrift der Savigny-Stiftung für Rechtsgeschichte, Germanistische Abteilung, Band 19 (XXXII. Band der Zeitschrift für Rechtsgeschichte) 1898, S. 211–213

– Christian Eggert, Der Fronbote im Mittelalter nach dem Sachsenspiegel und den verwandten Rechtsquellen; In: Zeitschrift der Savigny-Stiftung für Rechtsgeschichte, Band 19 (XXXII. Band der Zeitschrift für Rechtsgeschichte) 1898, S. 206–208

– W. von Brünneck, Zur Geschichte des Grundeigenthums in Ost- und Westpreußen; In: Zeitschrift der Savigny-Stiftung für Rechtsgeschichte, Germanistische Abteilung, Band 19 (XXXII. Band der Zeitschrift für Rechtsgeschichte) 1898, S. 209–211

– Konrad Beyerle, Grundeigenthumsverhältnisse und Bürgerrecht im mittelalterlichen Konstanz. I. Band, 1. Theil, Das Salmannenrecht, Heidelberg 1900; In: Zeitschrift der Savigny-Stiftung für Deutsche Rechtsgeschichte, Germanistische Abteilung, Band 21 (XXXIV. Band der Zeitschrift für Rechtsgeschichte) 1900, S. 351–355

– Konrad Beyerle, Grundeigenthumsverhältnisse und Bürgerrecht im mittelalterlichen Konstanz; In: Zeitschrift der Savigny-Stiftung für deutsche Rechtsgeschichte, Germanistische Abteilung, Band 21 (XXXIV. Band der Zeitschrift für Rechtsgeschichte) 1900, S. 351–355

– Nobiling (Hrsg.), Die preußischen Landeskulturgesetze, Textausg.; In: Zeitschrift der Savigny-Stiftung für deutsche Rechtsgeschichte, Germanistische Abteilung, Band 24 (XXXVII. Band der Zeitschrift für Rechtsgeschichte) 1903, S. 455–456

– Oberrheinische Stadtrechte; In: Zeitschrift der Savigny-Stiftung für deutsche Rechtsgeschichte, Germanistische Abteilung, Band 27 (XL. Band der Zeitschrift für Rechtsgeschichte) 1906, S. 457

– Franz Jostes, Roland in Schimpf und Ernst, Karl Heldmann, Rolandsspielfiguren, Richterbilder oder Königsbilder?; In: Zeitschrift der Savigny-Stiftung für deutsche Rechtsgeschichte, Germanistische Abteilung, Band 27 (XL. Band der Zeitschrift für Rechtsgeschichte) 1906, S. 457–462

– Georg von Below, Die Ursachen der Rezeption des römischen Rechts in Deutschland; In: Zeitschrift der Savigny-Stiftung für deutsche Rechtsgeschichte, Germanistische Abteilung, Band 27 (XL. Band der Zeitschrift für Rechtsgeschichte) 1906, S. 452–466

– Karl von Amira, Der Stab in der germanischen Rechtssymbolik; In: Zeitschrift der Savigny-Stiftung für deutsche Rechtsgeschichte, Germanistische Abteilung, Band 30 (XLIII. Band der Zeitschrift für Rechtsgeschichte) 1909, S. 436–451

– Aloys Schulte, Der Adel und die deutsche Kirche im Mittelalter; In: Zeitschrift der Savigny-Stiftung für Rechtsgeschichte, Germanistische Abteilung, Band 31 (XLIV. Band der Zeitschrift für Rechtsgeschichte) 1910, S. 629–633

– Paul Kluckhohn, Die Ministerialität in Süddeutschland vom 10. bis zum Ende des 13. Jahrhunderts; In: Zeitschrift der Savigny-Stiftung für Rechtsgeschichte, Germanistische Abteilung, Band 31 (XLIV. Band der Zeitschrift für Rechtsgeschichte) 1910, S. 633–636

8. Geschichtliche Arbeiten

– Forschungen zur Deutschen Geschichte; In: Zeitschrift der Savigny-Stiftung für Deutsche Rechtsgeschichte, Germanistische Abteilung, 6. Band (XIX. Band der Zeitschrift für Rechtsgeschichte) 1879, S. 471–473

9. Biographisches/Nachrufe

– Nachruf auf Georg Waitz; In: Zeitschrift der Savigny-Stiftung für Rechtsgeschichte Germanistische Abteilung, Band 8 (XXI. Band der Zeitschrift für Rechtsgeschichte) 1887, S. 198 f.

– Nachruf auf Heinrich Buhl; Zeitbilder, Sonntagsbeilage zur Pfälzischen Presse Nr. 12 vom 21.04.1907

– Nachruf auf Ferdinand Fabricius; In: Zeitschrift der Savigny-Stiftung für Rechtsgeschichte, Germanistische Abteilung, Band 34 (XLVII. Band der Zeitschrift für Rechtsgeschichte) 1913, S. 738 f.

10. Miszellen

– Zum Ständerecht des Sachsenspiegels; In: Zeitschrift für Rechtsgeschichte Band VII (1868), S. 147–151

– Possessorisches Verfahren in Franken; In: Zeitschrift für Rechtsgeschichte Band VIII (1869), S. 163/164

– Possessorisches Verfahren in Franken; In: Zeitschrift für Rechtsgeschichte Band X, (1872), S. 292–293

- Zur Geschichte der deutschen Königswahl; In: Zeitschrift der Savigny-Stiftung für deutsche Rechtsgeschichte, Germanistische Abteilung, Band 2 (XV. Band der Zeitschrift für Rechtsgeschichte) 1881, S. 200 f.

- Horcher und Warner; In: Zeitschrift der Savigny-Stiftung für deutsche Rechtsgeschichte, Germanistische Abteilung, Band 7 (XX. Band der Zeitschrift für Rechtsgeschichte) 1886, 118 f.

- Zu der praefatio rhythmica des Sachsenspiegels; In: Zeitschrift der Savigny-Stiftung für deutsche Rechtsgeschichte, Germanistische Abteilung, Band 13 (XXVI. Band der Zeitschrift für Rechtsgeschichte) 1892, S. 226

- „Die Eike-von-Repgow-Glocke in Reppichau"; In: Zeitschrift der Savigny-Stiftung für deutsche Rechtsgeschichte, Germanistische Abteilung, Band 16 (XXIX. Band der Zeitschrift für Rechtsgeschichte) 1895, S. 214 f.

- Marktkreuz und Rolandsbild; In: Festschrift zur 50jährigen Doktorjubelfeier Karl Weinholds am 14. Januar 1896, Straßburg 1986, S. 118–133

- Kurmainz unter den Erzbischöfen Berthold von Henneberg und Albrecht von Brandenburg als Mittelpunkt der Reichsreformbestrebungen; In: Zeitschrift der Savigny-Stiftung für deutsche Rechtsgeschichte, Germanistische Abteilung, Band 18 (XXXI. Band der Zeitschrift für Rechtsgeschichte) 1897, S. 179–183

- Eine strafprozessuale Verordnung des Königs Ruprecht für sein Landgericht Sulzbach (Oberpfalz) vom 16. April 1908; In: Zeitschrift der Savigny-Stiftung für deutsche Rechtsgeschichte, Germanistische Abteilung, Band 34 (Band XLVII der Zeitschrift für Rechtsgeschichte) 1913, S. 433–435

11. Urkunden-/Gesetzessammlungen

- „Weisthümer", gesammelt von Jacob Grimm und nach dessen Tode unter Mitwirkung von F. X. Kraus, Archivar Müller und anderen Gelehrten, herausgegeben von Richard Schroeder (Bände I–VI unter Oberleitung von Georg Ludwig von Maurer)

- Fünfter Theil, Göttingen 1866

- Sechster Teil, Göttingen 1869

- Siebenter Teil Namen- und Sachregister, Göttingen 1878

- Die Fränkischen Rechte, Band 1 Abteilung 1: Wertheim, Freudenberg und Neubrunn, Heidelberg 1885

- Die Fränkischen Rechte, Band 1 Abteilung 2: Der Oberhof Wimpfen mit seinen Tochterrechten Eberbach, Waibstadt, Oberschefflenz, Bönnigheim und Mergentheim, Heidelberg 1895

- Die Fränkischen Rechte, Band 1 Abteilung 3: Mergentheim, Lauda, Battenberg und Krautheim, Amorbach, Walldürn, Buchen, Külsheim und Tauberbischofsheim, Heidelberg 1897

- Die Oberrheinischen Stadtrechte: Miltenberg, Obernburg, Hirschhorn, Neckarsteinach, Weinheim, Sinsheim und Hilsbach; Heidelberg 1898

- Corpus Iuris Civilis für das Deutsche Reich und Österreich; Teil 1: Die handels-rechtlichen Gesetze – Sammlung der das bürgerliche Recht betreffenden deutschen und österreichischen Specialgesetze, Bonn 1878, 2. Auflage 1880
- Corpus Iuris Civilis für das Deutsche Reich und Österreich; Teil 2: Die privat-rechtlichen Gesetze, Bonn 1877, 2. Auflage 1878
- Das allgemeine Deutsche Handelsgesetzbuch und die allgemeine Deutsche Wech-selordnung: nebst Abweichungen der schweizerischen Wechselordnung und der er-gänzenden handels- und seerechtlichen Gesetze des Deutschen Reiches; mit aus-führlichem Sachregister; Bonn (3. Auflage 1876, 4. Auflage 1880, 5. Auflage 1880, 6. Auflage 1889, 7. Auflage 1892, 8. Auflage 1892)

II. Quellen

1. Ungedruckte Quellen

Archiv der Humboldt-Universität zu Berlin

- Juristische Fakultät 222 Bl. 60–62 (RS)
- Juristische Fakultät 222 Bl. 29
- Juristische Fakultät Studentenliste

Archiv der juristischen Fakultät der Universität Bonn; Personalakte Richard Schroeder

Archiv der Universität Göttingen; Abgangszeugnis des Richard Schroeder vom 29.07.1860

Archiv der Ruprecht-Karls-Universität Heidelberg

- Personalakte Richard Carl Heinrich Schroeder, PA 790
- Personalakte des Richard Carl Heinrich Schroeder, PA 2256
- Quästur Richard Schroeder

Archiv der Universität Münster; Ehrenpromotionsakte der Universität Münster, Bestand 35 Nr. 5, aus Bestand 35 Nr. 130

Archiv der Universität Zürich, Briefnachlass Prof. Dr. Ulrich Stutz, Korrespondenz mit Richard Schroeder, 814

Bundesarchiv Koblenz, Nachlass Georg Beseler: Brief Richard Schroeders an Georg Beseler vom 17.03.1884

Familienbesitz Dr. Gerhard Wilstermann, Heidelberg, persönlicher Nachlass Richard Schroeder

- Heydemannsche Chronik
- Wahlsprüche der Familie Schroeder
- Richard Schroeder zu seinem 75. Geburtstag
- Gedicht Rechtsanwalt Ullmer, Wiesloch auf Geheimen Rat Schröder
- Erinnerungen eines alten Allemannen
- Grabrede Eberhard Freiherr von Künßberg auf Richard Schroeder
- Grabrede auf Anna Schroeder, geborene Hugo
- diverse Fotografien

Familienbesitz Dr. Hartwig Berger, Berlin, persönlicher Nachlass Richard Schroeder

Richard Schroeder an Anna Hugo vom
- 06. Januar. 1863
- 03. Februar 1863
- 15. Juni 1863
- 20. Juni 1863
- 04. August 1863
- 12. Februar 1864
- 06. Juni 1864
- 26. Juni 1864
- 19. Dezember 1864
- 05. Februar 1864
- 12. Februar 1864
- 26. October 1865
- 03. November 1865
- 24. November 1865
- 01. Dezember 1865
- 11. Dezember 1865
- 11. Januar 1866
- 19. Januar 1866
- 20. October 1871
- 22. October 1871
- 25. October 1871

Richard Schroeder an seinen Sohn Ludwig vom 15. October 1871

Richard Schroeder an seine Geschwister vom 18. März 1884

Generallandesarchiv Karlsruhe

- Akte 449/234: Plenarsitzung der Badischen Historischen Kommission 1883–1899
- Akte 235/2496: Personalakte Richard Schroeder
- Akte Richard Schroeder: Großherzoglicher Verwaltungsrath der Generalwitwen- und Brandkasse

Kirchenarchiv evangelische Kirchengemeinde Altentreptow

- Taufregister 1838, Seite 161 Nr. 74
- Taufregister 1840, Seite 204 Nr. 119
- Taufregister 1836, Seite 136 Nr. 138
- Taufregister 1834, Seite 34 Nr. 34
- Sterberegister 1837, Seite 21 Nr. 42

Landeshauptarchiv Schwerin, Nachlass Richard Schroeder; 10.9-S/15 Nachlass Schröder, Richard

Preußische Akademie der Wissenschaften 1812–1945, Bestand PAW (1812–1945), II-III-130, 134, 137; II-V-76

Stadtarchiv Würzburg; Aufenthaltsanzeige Richard Carl Heinrich Schroeder der Stadt Würzburg vom 24. April 1873

Universitätsbibliothek Ruprecht-Karls-Universität Heidelberg

- Briefnachlass Richard Schroeder, Handschriftenabteilung, 8 Bände, Heidel Hs. 3899
- Vorlesungsmitschrift „Deutsche Rechtsgeschichte" Sommersemester 1892, Heidelberg, Handschriftenabteilung, Heidel Hs 3477
- Nachlass Eberhard Freiherr von Künßberg, Handschriftenabteilung, Heidel.Hs. 3900 (Briefe der Familie Schroeder an Eberhard Freiherr von Künßberg, Heidel.Hs. 3900 I 3; Korrespondenz Eberhard Freiherr von Künßberg an den Verlag, Heidel.Hs. 3900 III 30)

Universität Würzburg; Personalverzeichnis der Universität Würzburg, Sommersemester 1873 bis Wintersemester 1881/82

2. Fotografien/Dokumente

- Elternhaus von Richard Schroeder in Treptow an der Tollense, um 1930 (Quelle: persönlicher Nachlass Schroeder, Dr. H. Berger)

- Zeichnung Ludwig Schroeder, um 1850 (Quelle: persönlicher Nachlass Schroeder, Dr. G. Wilstermann)

- Fotographie Anna Schroeder, geborene Hugo, um 1860 (Quelle: persönlicher Nachlass Schroeder, Dr. H. Berger)

- Handgeschriebener Lebenslauf von Richard Schroeder, 1870 (Quelle: Archiv der juristischen Fakultät der Universität Bonn)

- Fotografie Richard Schroeder, um 1880 (Quelle: persönlicher Nachlass Schroeder, Dr. G. Wilstermann)

- Fotografie Richard Schroeder und Georg Friedrich Knapp, um 1880 (Quelle: persönlicher Nachlass Schroeder, Dr. H. Berger)

- Handgeschriebenes Gedicht von Richard Schroeder, 1884 (Quelle: persönlicher Nachlass Schroeder, Dr. G. Wilstermann)

- Fotografie Richard Schroeder, um 1885 (Quelle: persönlicher Nachlass Schroeder, Dr. H. Berger)

- Anzeige der Berufung nach Heidelberg an die Universität Göttingen, 1887 (Quelle: Archiv der Universität Göttingen)

- Richard Schroeder auf der Heidelberger Schlossbrücke (Quelle: persönlicher Nachlass Schroeder, Dr. H. Berger)

- Richard Schroeder mit Tochter Ida, um 1900 (Quelle: persönlicher Nachlass Schroeder, Dr. H. Berger)

- Arbeitsvertrag zwischen Richard Schroeder und dem deutschen Rechtswörterbuch (Quelle: Archiv des Deutschen Rechtswörterbuchs, Akademie der Wissenschaften, Heidelberg)

- Richard Schroeder, um 1900 (Quelle: Archiv des Deutschen Rechtswörterbuchs, Akademie der Wissenschaften, Heidelberg)

- Anweisung zur Ausarbeitung der Wortartikel zum Deutschen Rechtswörterbuch (Quelle: Archiv des Deutschen Rechtswörterbuchs, Akademie der Wissenschaften, Heidelberg)

- Dankesbrief Richard Schroeder, 1908 (Quelle: persönlicher Nachlass Schroeder, Dr. H. Berger)

3. Ungedruckte Quellen

- Heidelberger Akademie der Wissenschaften, Sitzungsberichte der Heidelberger Akademie der Wissenschaften, Jahresheft 1909/10, Heidelberg 1910

- Heidelberger Akademie der Wissenschaften, Sitzungsberichte der Heidelberger Akademie der Wissenschaften, Jahresheft 1910/11, Heidelberg 1911

– Heidelberger Akademie der Wissenschaften, Sitzungsberichte der Heidelberger Akademie der Wissenschaften, Jahresheft 1916, Heidelberg 1917

– Heidelberger Akademie der Wissenschaften, Sitzungsberichte der Heidelberger Akademie der Wissenschaften, Jahresheft 1917, Heidelberg 1918

– Historische Kommission bei der Bayerischen Akademie der Wissenschaften 1858–1958, Göttingen 1958

– Bericht der Commission für das Wörterbuch der deutschen Rechtssprache für da Jahr 1900; In: Sitzungsbereicht der königlich Preußischen Akademie der Wissenschaften zu Berlin, Jahrgang 1901, erster Halbband Januar bis Juni, S. 94–96, Berlin 1901

– Bericht der Commission für das Wörterbuch der deutschen Rechtssprache für da Jahr 1907; In: Sitzungsbereicht der königlich Preußischen Akademie der Wissenschaften zu Berlin, Jahrgang 1908, erster Halbband Januar bis Juni, S. 112–115, Berlin 1908

– Bericht der Commission für das Wörterbuch der deutschen Rechtssprache für da Jahr 1907; In: Zeitschrift der Savigny-Stiftung für deutsche Rechtsgeschichte, Germanistische Abteilung, Band 62 (LXXV. Band der Zeitschrift für Rechtsgeschichte) 1942, S. 574–577

– Historische Commission bei der Königlichen Akademie der Wissenschaften (Hrsg.), Weisthümer, gesammelt von Jacob Grimm; Band IV, Göttingen 1863

– Motive zu dem Entwurfe eines Bürgerlichen Gesetzbuches für das Deutsche Reich, Band IV: Familienrecht, Amtliche Ausgabe, Berlin und Leipzig 1888

– Verhandlungen des Zwölften deutschen Juristentages, herausgegeben von dem Schriftführeramt der ständigen Deputation, I. Band: Gutachten, II. Band: Protokolle; Berlin 1874

– Verhandlungen des Dreizehnten deutschen Juristentages, herausgegeben von dem Schriftführeramt der ständigen Deputation, I. Band: Gutachten; II. Band: Protokolle; Berlin 1876

– Verhandlungen des Einundzwanzigsten deutschen Juristentages, herausgegeben von dem Schriftführeramt der ständigen Deputation, I. Band: Gutachten; III. Band: Protokolle; Berlin 1890

– Verhandlungen des Dreiundzwanzigsten Deutschen Juristentages, herausgegeben von dem Schriftführeramt der ständigen Deputation, II. Band: Verhandlungen; Berlin 1895

III. Auskünfte

– Telefonische Auskunft der Stadtverwaltung Altentreptow und des Gymnasiums Anklam vom 20.02.2003

– Telefonische Auskunft der evangelischen Kirchengemeinde Würzburg vom 20.02. 2003

- Email Frau Diana Weber, Stadtarchiv Heidelberg vom 04.03.2003
- Email Herrn Diesler, Universitätsarchiv Münster vom 04.03.2003
- Gespräche mit Dr. Hartwig Berger, Berlin, Urenkel von Richard Schroeder
- Gespräche mit Dr. Gerhard Wilstermann, Heidelberg, Urenkel von Richard Schroeder

IV. Renzensionen zu Werken von Richard Schroeder

Anonym: Corpus iuris civilis für das deutsche Reich und Österreich; In: Grünhuts Zeitschrift für das Privat- und Öffentliche Recht der Gegenwart, Band 5 (1878), S. 214 f.

Anonym: Corpus iuris civilis für das deutsche Reich und Österreich; In: Grünhuts Zeitschrift für das Privat- und Öffentliche Recht der Gegenwart, Band 4 (1877), S. 175 f.

Anonym: Schroeder, Richard, Prof.: Lehrbuch der Deutschen Rechtsgeschichte, Leipzig 1887/1889; In: Literarisches Centralblatt vom 29. März 1890, Nr. 14, Sp. 476–477

Bresslau, Harry: Richard Schroeder, Lehrbuch der Deutschen Rechtsgeschichte. Dritte wesentlich umgearbeitete Auflage, Leipzig, Veit u. Comp. 1898; In: Historische Vierteljahrschrift III. Jahrgang 1900 (Neue Folge der Deutschen Zeitschrift für Geschichtswissenschaft, der ganzen Folge elfter Jahrgang), S. 529–533

Deybeck, Carl: Das eheliche Güterrecht nach dem bürgerlichen Gesetzbuch für das Deutsche Reich in seinen Grundzügen; In: Grünhuts Zeitschrift für das Privat- und Öffentliche Recht der Gegenwart, Band 25 (1898), S. 188

Loening, Otto: Schroeder, Richard, Lehrbuch der Deutschen Rechtsgeschichte. Fünfte, verbesserte Auflage; In: Juristisches Literaturblatt 20 (1908), S. 61

Kraut, Wilhelm Theodor: Geschichte des ehelichen Güterrechts von Richard Schroeder; In: Göttingische gelehrte Anzeigen 1864, II. Band, S. 831– 837

- Geschichte des ehelichen Güterrechts von Richard Schroeder; Zweiter Band, I. Abtheilung: Das eheliche Güterrecht in Süddeutschland und in der Schweiz im Mittelalter; In: Göttingische gelehrte Anzeigen 1868, II. Band, S. 1641–1647

- Geschichte des ehelichen Güterrechts von Richard Schroeder, Theil 2, Das Mittelalter Abtheilung 2; In: Göttingische gelehrte Anzeigen 1872, I. Band, S. 302–311

Binding, G.: Zur Verfangenschaft des fränkischen Rechts; Rezension zu Schroeder, Geschichte des ehelichen Güterrechts, Band II Abth. 2; In: Kritische Vierteljahrschrift für Gesetzgebung und Rechtswissenschaft, 13. Band, S. 375–391; München 1871

Ring, D.: Beurtheilungen des Entwurfs eines Bürgerlichen Gesetzbuches: Beiträge zur Erläuterung und Beurtheilung eines bürgerlichen Gesetzbuches; In: Archiv für Bürgerliches Recht Band 3 (1890), S. 122–140

Unzner, Karl: Schroeder, Professor Dr. R., Das eheliche Güterrecht in seinen Grundzügen, Berlin Guttentag 1896; In: Kritische Vierteljahrschrift 40 (1897), S. 206–208

Wolff, Martin: Das Recht des Bürgerlichen Gesetzbuches in Einzeldarstellungen, Nr. II: Richard Schroeder, Das eheliche Güterrecht nach dem Bürgerlichen Gesetzbuche für das Deutsche Reich in seinen Grundzügen, 3., vermehrte und verbesserte Auflage, Berlin 1900; In: Kritische Vierteljahrschrift für Gesetzgebung und Rechtswissenschaft, Dritte Folge, Band IX, 1904, S. 242–248

Neumann: Das eheliche Güterrecht nach dem Bürgerlichen Gesetzbuche für das Deutsche Reich in seinen Grundzügen, von Dr. R. Schroeder, Professor der Rechte an der Universität Heidelberg; In: Beiträge zur Erläuterung des Deutschen Rechts, 6. Folge, erster Jahrgang, erstes Heft (1897), S. 455 f.

V. Literatur

Adickes, Franz: Lehre von den Rechtsquellen, insbesondere über die Vernunft und die Natur der Sache als Rechtsquellen und über das Gewohnheitsrecht, Göttingen 1872

Agricola, Alfred: Die Gewere zu Rechter Vormundschaft als Princip des Saechsischen ehelichen Güterrechts, Gotha 1869

Allgemeiner Plattdeutscher Verein: Fritz Reuter, Gedenkbuch zum 100. Geburtstage des Dichters, Wismar 1910

Amira, Karl von: Über Zweck und Mittel der germanischen Rechtsgeschichte, Akademische Antrittsrede (15. Dezember 1875), München 1876

– Beiträge zum Wörterbuch der deutschen Rechtssprache, Richard Schroeder zum siebzigsten Geburtstag gewidmet von Freunden und Mitarbeitern; In: ZRG GA 29 (1908), S. 379–383

– Grundriss des germanischen Rechts, 2. Auflage 1897, Straßburg

Anonym: Das Deutsche Rechtswörterbuch in 15 Bänden; In: Rhein-Neckarzeitung vom 17.03.1967, S. 3

Anschütz, Gerhard/*Pauly*, Walter: Aus meinem Leben, Frankfurt am Main, 1993

Arnold, Wilhelm: Cultur und Rechtsleben, Berlin 1865

Bader, Karl Siegfried: Um eine Berufung Heinrich Brunners nach Zürich; In: Zeitschrift der Savigny-Stiftung für Rechtsgeschichte, Germanistische Abteilung, 25. Band (1978), S. 186–201

– Rezension zu Hans Planitz und Thea Buyken, Bibliographie zur deutschen Rechtsgeschichte, Frankfurt am Main 1952; In: Zeitschrift der Savigny-Stiftung für Rechtsgeschichte, Germanistische Abteilung Band 70 (LXXXIII. Band der Zeitschrift für Rechtsgeschichte) 1953, S. 330–334

– Recht – Geschichte – Sprache; rechtshistorische Betrachtungen über Zusammenhänge zwischen drei Lebens- und Wissensgebieten; In: Historisches Jahrbuch, Band 93 (1973), S. 1–20

– Die Einheit der Rechtsgeschichte; In: Johannes Spörl im Auftrag der Görres-Gesellschaft (Hrsg.): Historisches Jahrbuch 74. Jahrgang 1955, S. 620–630

- Eberhard Freiherr von Künßberg; In: Historisches Jahrbuch Band 61 (1941), S. 475–477

- In memoriam – Philipp von Heck; In: Zeitschrift der Savigny-Stiftung für Rechtsgeschichte, Germanistische Abteilung Band 64 (LXXXVII. Band der Zeitschrift für Rechtsgeschichte) 1944, S. 538–545

- „Mehr Geistesgeschichte" – Gedanken und Versuche; In: Historisches Jahrbuch 62.–69. Jahrgang 1949, S. 89–108

- Aufgaben und Methoden des Rechtshistorikers; In: Schott, Clausdieter (Hrsg.): Karl S. Bader, Schriften zur Rechtsgeschichte, Band I, Sigmaringen 1984, S. 35–51 (Erstdruck erschienen in: Recht und Staat 162, Tübingen 1951)

- Zur rechtshistorischen Quellenlehre; In: Schott, Clausdieter (Hrsg.): Karl S. Bader, Schriften zur Rechtsgeschichte, Band I, Sigmaringen 1984, S. 71–88 (Erstdruck erschienen in: Zeitschrift für Schweizerisches Recht, Neue Folge 73, 1954, S. 261–278)

- Ulrich Stutz (1868 1938) als Forscher und Lehrer; Rede gehalten am 04. Mai 1968 auf Einladung der rechts- und staatswissenschaftlichen Fakultät der Universität Bonn; In: Schott, Clausdieter (Hrsg.): Karl S. Bader, Schriften zur Rechtsgeschichte, Band II, Sigmaringen 1984, S. 548–576 (Erstdruck erschienen in: Alma Mater, Beiträge zur Geschichte der Universität Bonn 29, 1969, S. 5–32)

- Heinrich Mitteis; In: Schott, Clausdieter (Hrsg.): Karl S. Bader, Schriften zur Rechtsgeschichte, Band II, Sigmaringen 1984, S. 577–601 (Erstdruck erschienen in Zeitschrift der Savigny-Stiftung für Rechtsgeschichte, Germanistische Abteilung Band 70 (CXXXIII. Band der Zeitschrift für Rechtsgeschichte) 1953, S. IX–XXXII)

- Hans Fehr (1874–1961), Zeitschrift der Savigny-Stiftung für Rechtsgeschichte, Germanistische Abteilung, Band 80 (LXIII. Band der Zeitschrift für Rechtsgeschichte) 1963, S. XV–XXXIII

Baldamus, August Karl Eduard: Der Würzburger Amselprozess und die Amsel, Frankfurt am Main 1880

Bandemer, Dagmar: Heinrich Albert Zachariae – Rechtsdenken zwischen Restauration und Reformation, zugleich ein Versuch, die Gerechtigkeitstheorie anhand der Begriffe von Staat und Gesellschaft auszudeuten, Frankfurt am Main 1984

Bake, Uwe: Die Entstehung des dualistischen Systems der Juristenausbildung in Preußen, Kiel 1971

Baldamus, E.: Der Würzburger Amsel-Prozess und die Amsel, Frankfurt am Main 1880

Bartsch, Robert: Zur Geschichte der deutschen Rechtssprache; In: Archiv für die Civilistische Praxis, Band 153 (1954), S. 412–424

Batt, Kurt (Hrsg.): Fritz Reuter, Gesammelte Werte und Briefe, Band IX: Leben und Werk, Rostock 1967

Baumgart, Peter: Lebensbilder bedeutender Würzburger Professoren, Neustadt an der Aich 1995

– Vierhundert Jahre Universität Würzburg Eine Festschrift, Neustadt an der Aich 1982

Baumgarten, Marita: Professoren und Universitäten im 19. Jahrhundert, Zur Sozialgeschichte deutscher Geistes- und Naturwissenschaftler, Göttingen 1997

– Die Geistes- und Naturwissenschaften an der Universität Göttingen 1866–1914: Die Universität unter preußischer Führung; In: Karl Strobel (Hrsg.): Die deutsche Universität im 20. Jahrhundert – Die Entwicklung einer Institution zwischen Tradition, Autonomie, historischen und sozialen Rahmenbedingungen, Vierow 1994, S. 30–47

Bähr, O.: Das eheliche Güterrecht des bürgerlichen Gesetzbuches; In: Archiv für Bürgerliches Recht Band I (1889), S. 233–266

Behn, Michael: Der Generalbericht der Badischen Kommission zur Begutachtung des Entwurfs eines Bürgerlichen Gesetzbuches für das Deutsche Reich; Ein Beitrag zur Mitwirkung der Bundesländer bei der Ausarbeitung des Bürgerlichen Gesetzbuches; In: Zeitschrift der Savigny-Stiftung für Rechtsgeschichte, Germanistische Abteilung, Band 99 (CXII. Band der Zeitschrift für Rechtsgeschichte) 1982, S. 113–219

Becker, H.-J.: Emil Friedberg (1837–1910); In: Erler, Adalbert/Kaufmann, Ekkehard (Hrsg.): Handwörterbuch zur deutschen Rechtsgeschichte, I. Band (Aachen – Haussuchung), Berlin 1971, Sp. 1274 f.

Bekker, Ernst Immanuel: Von Deutschen Hochschulen; Allerlei, was da ist und was da sein sollte; Berlin 1869

– Hugo Böhlau 1833–1887; In: Zeitschrift der Savigny-Stiftung für Rechtsgeschichte, Germanistische Abteilung Band 8 (XXI. Band der Zeitschrift für Rechtsgeschichte) 1887, S. I–XXXI

Belger, Christian: Moritz Haupt als academischer Lehrer mit Bemerkungen Haupts zu Homer, Tragikern, Theokrit, Plautus, Catull, Properz, Horaz, Tacitus, Wolfram von Eschenbach; Berlin 1879

Below, Georg von: Die deutsche Geschichtsschreibung von den Befreiungskriegen bis zu unsern Tagen; Geschichtsschreibung und Geschichtsauffassung; 2. Auflage 1924, München und Berlin

Benjamin, Hilde: Die gesellschaftlichen Grundlagen und der Charakter des FGB-Entwurfs; In: Neue Justiz 1965, S. 225–230

– Das Familiengesetzbuch – Grundgesetz der Familie; In: Neue Justiz 1966, S 1–8

– Einige Bemerkungen zum Entwurf eines Familiengesetzbuches; In: Neue Justiz 1954, S. 349–353

Bernheim, Ernst: Die gefährdete Stellung unserer deutschen Universitäten, Rede zum Antritt de Rektorats der Universität in Greifswald am 15. Mai 1899, Greifswald 1899

– Der Universitätsunterricht und die Erfordernisse der Gegenwart, Berlin 1898

Beseler, Georg: Die Lehre von den Erbverträgen; Erster Theil: Die Vergabungen von Todes wegen nach dem älteren deutschen Rechte; Göttingen 1835

– Volksrecht und Juristenrecht; Leipzig 1843

– System des gemeinen deutschen Privatrechts; 2. Auflage 1866, Berlin

Bethmann-Hollweg, Th. von: Betrachtungen zum Weltkriege, 2. Teil: Während des Krieges, Berlin 1921

Beyerle, Franz: In memoriam: Heinrich Freiherr von Minnigerode; In: Zeitschrift der Savigny-Stiftung für Rechtsgeschichte, Band 72 (LXXXV. Band der Zeitschrift für Rechtsgeschichte) 1955, S. 459–472

– Vorwort; „Deutschrechtliche Beiträge: Forschungen und Quellen zur Geschichte des Deutschen Rechts", Band VI, Heidelberg 1911

Beyerle, Konrad: Richard Carl Heinrich Schroeder, Deutsches Biographisches Jahrbuch, Überleitungsband II: 1917–1920, S. 138–147, Berlin 1928

Bezold, Friedrich: Gemeines eheliches Güter- und Erbrecht in Deutschland vom k. bayer. Bezirksgerichtsrath Heinr. Vocke, Nördlingen 1873; In: Kritische Vierteljahrschrift für Gesetzgebung und Rechtswissenschaft, Band XVI (1874), S. 289–297

Binding, G.: Über die von dem künftigen Reichsgesetze zu wählende Grundgestaltung des ehelichen Güterrechts; In: Archiv für die civilistische Praxis, Band 56 (1873), S. 49–121

– Zur Verfangenschaft des fränkischen Rechts; Rezension zu Schroeder, Geschichte des ehelichen Güterrechts, Band II Abth. 2; In: Kritische Vierteljahrschrift für Gesetzgebung und Rechtswissenschaft, Band 13 (1871), S. 375–391

Birr, Christiane: Erkenntnisinteresse und Begriffsbildung: Das Beispiel der Weistümer und ländlichen Rechtsquellen; In: Feldner, Birgit e. a. (Hrsg.) Ad Fontes; Europäisches Forum junger Rechtshistorikerinnen und Rechtshistoriker Wien 2001; Frankfurt/Main 2002

Björne, Lars: Deutsche Rechtssysteme im 18. und 19. Jahrhundert; Ebelsbach 1984

Blaurock, Uwe: Victor Ehrenberg (1851–1929), Vater der Versicherungswissenschaft; In: Rechtswissenschaft in Göttingen; Göttinger Juristen aus 250 Jahren, Göttingen 1987, S. 316–336

Blesken, Hans: Das deutsche Rechtswörterbuch, Wörterbuch der älteren deutschen Rechtssprache, S. 171–199; In: Heidelberger Jahrbücher XIV, 1970

– Forschungsberichte „Das Deutsche Rechtswörterbuch"; Erhalten als Kopie im Archiv des Deutschen Rechtswörterbuchs, Heidelberg, S. 95–103

– Das Deutsche Rechtswörterbuch Historischer Standort, Aufgabe und Probleme; In: Sonderdruck aus „Forschungen und Fortschritte", 41. Jahrgang 1967, Heft 6, S. 181–186

Bleuel, Hans Peter: Deutschlands Bekenner; Professoren zwischen Kaiserreich und Diktatur; Bern 1968

Bluntschli, Johann Caspar: Die neueren Rechtsschulen der deutschen Juristen überhaupt und die historische Schule insbesondere; In: Hallische Jahrbücher für deutsche Wissenschaft und Kunst, Band 2 1839, Sp. 1905–1960

Böckenförde, Ernst-Wolfgang: Die deutsche Verfassungsgeschichtliche Forschung im 19. Jahrhundert; Zeitgebundene Fragestellungen und Leitbilder; Berlin 1961

– Die Historische Rechtsschule und das Problem der Geschichtlichkeit des Rechts; In: E.-W. Böckenförde, Recht, Staat, Freiheit – Studie zur Rechtsphilosophie, Staatstheorie und Verfassungsgeschichte; Frankfurt am Main 1991, S. 9–41

Bohnert, Joachim: Über die Rechtslehre Georg Friedrich Puchtas (1798–1846); Karlsruhe 1975

Bonn, M. J.: So macht man Geschichte, Bilanz eines Lebens; München 1953

Borchling, Conrad: Deutsches Rechtswörterbuch (Wörterbuch der älteren deutschen Rechtssprache), herausgegeben von der Preußischen Akademie der Wissenschaften, 1. Band Aachenfahrt bis Bergkasten; In: Zeitschrift der Savigny-Stiftung für Rechtsgeschichte, Germanistische Abteilung, Band 54 (LXVII. Band der Zeitschrift für Rechtsgeschichte) 1934, S. 269–279

Boretius, Alfred: Gustav Homeyer; In: Zeitschrift für deutsche Philologie, Band 6 (1875), S. 217–221

Borsdorff, Anke: Wilhelm Eduard Albrecht – Lehrer und Verfechter des Rechts; Leben und Werk; Pfaffenweiler 1992

Brandl, Alois: Zwischen Inn und Themse; Lebensbeobachtungen eines Anglisten; Berlin 1936

Brauneder, Wilhelm: Studien II: Entwicklung des Privatrechts, Frankfurt am Main 1994

Brentano, Lujo: Elsässer Erinnerungen; Berlin 1917

Bresslau, Harry: Handbuch der Urkundenlehre für Deutschland und Italien, Erster Band Erste Hälfte; Leipzig 1889

– Richard Schroeder, Lehrbuch der Deutschen Rechtsgeschichte. Dritte wesentlich umgearbeitete Auflage, Leipzig, Veit u. Comp. 1898; In: Historische Vierteljahrschrift III. Jahrgang 1900 (Neue Folge der Deutschen Zeitschrift für Geschichtswissenschaft, der ganzen Folge elfter Jahrgang), S. 529–533

Brocke, Bernhard vom: Professoren als Parlamentarier; In: Klaus Schwabe, Deutsche Hochschullehrer als Elite 1815–1915, Boppard 1983, S. 55–92

– Hochschul- und Wissenschaftspolitik in Preußen und im Deutschen Kaiserreich 1882–1907: das „System Althoff"; In: Peter Baumgart (Hrsg.): Bildungspolitik in Preußen zur Zeit des Kaiserreichs; Stuttgart 1980

Bruch, Rüdiger vom: Wissenschaft, Politik und öffentliche Meinung; Gelehrtenpolitik im Wilhelminischen Deutschland (1890–1914); Husum 1980

Brümmer, Franz: Heinrich Eduard Pape; In: Allgemeine Deutsche Biographien, Band 52, Nachträge bis 1899: Linker – Paul, Leipzig 1906, S. 750–756

Brun, Georg: Leben und Werk des Rechtshistorikers Heinrich Mitteis unter besonderer Berücksichtigung seiner Verhältnisse zum Nationalsozialismus; Frankfurt am Main 1991

Brünauer, Ulrike: Justus Möser; Berlin 1933

Brunner, Heinrich: Carl Gustav Homeyer – Ein Nachruf; In: Preußische Jahrbücher, 36. Band Heft 1, Berlin 1875, S. 18–60

– Zur Rechtsgeschichte der römischen und germanischen Urkunde; Erster Band: Die Privatrechtsurkunden Italiens – Das angelsächsische Landbuch – die fränkische Privaturkunde; Berlin 1880

– The Publications of the Selden Society; In: Zeitschrift der Savigny-Stiftung für geschichtliche Rechtswissenschaft Germanistische Abteilung, Band 14 (XXXVII. Band der Zeitschrift für Rechtsgeschichte) 1893, S. 164–168

– Bericht über die Herstellung eines wissenschaftlichen Wörterbuchs der deutschen Rechtssprache; In: Sitzungsberichte der königlich preußischen Akademie der Wissenschaften zu Berlin, Jahrgang 1897, 1. Halbband Januar bis Juni, S. 84–87

– Karl von Richthofen; In: Zeitschrift der Savigny-Stiftung für Rechtsgeschichte, Germanistische Abteilung, Band 9 (XXII. Band der Zeitschrift für Rechtsgeschichte) 1888, S. 247–250

– Die Landschenkungen der Merowinger und der Agilofinger; In: Forschungen zur Geschichte des deutschen und französischen Rechts – Gesammelte Aufsätze, Stuttgart 1894

– Grundzüge der deutschen Rechtsgeschichte; 2. Auflage 1903, Leipzig

– Deutsche Rechtsgeschichte (erschienen in der Reihe von Karl Binding (Hrsg.): Systematisches Handbuch der deutschen Rechtswissenschaft, Zweite Abtheilung erster Theil) Erster Band Leipzig 1887, Zweiter Band, Leipzig 1892

– Deutsches Recht; In: Lexis, W. (Hrsg.), Die Deutschen Universitäten; Für die Universitätsausstellung in Chicago 1893 unter Mitwirkung zahlreicher Universitätslehrer, Band I, Berlin 1893, S. 318–324

Brunner, Otto: Das Fach „Geschichte" und die historischen Wissenschaften; Rede gehalten anlässlich der Feier des Rektorwechsels an der Universität Hamburg am 11. November 1959; Hamburg 1959; Ebenso abgedruckt in: Brunner, Otto: Neue Wege der Verfassungs- und Sozialgeschichte, 2., vermehrte Auflage 1968, Göttingen

– Moderner Verfassungsbegriff und mittelalterliche Verfassungsgeschichte; In: Hellmut Kämpf (Hrsg.): Herrschaft und Staat im Mittelalter; Wege der Forschung II; Darmstadt 1956

– Der Historiker und die Geschichte von Verfassung und Recht; In: Historische Zeitschrift 209 (1969), S. 1–16

– Land und Herrschaft; Grundfragen der territorialen Verfassungsgeschichte Österreichs im Mittelalter; 4., veränderte Auflage 1959, Wien

Burschenschaft Brunsviga Göttingen: Brunsviga Lebensbilder; Festgabe zum 150. Stiftungsfest der Burschenschaft Brunsviga; Göttingen 1998; Richard Schroeder, S. 88–92; Hugo Schroeder, S. 135 f.

Busch, Alexander: Die Geschichte des Privatdozenten; Eine soziologische Studie zur großbetrieblichen Entwicklung der deutschen Universitäten; Stuttgart 1959

Buschmann, Arno: Die Geschichtlichkeit des Rechts – Rechtsgeschichte und Rechtswissenschaft; In: Jörn Eckert (Hrsg.): Der praktische Nutzen der Rechtsgeschichte – Hans Hattenhauer zum 08. September 2001, Heidelberg 2003, S. 93–110

Butz, Cornelie: Die Juristenausbildung an den preußischen Universitäten Berlin und Bonn zwischen 1810 und 1850; Berlin 1992

Bydlinksi, Franz: Zur Neuordnung des Ehegüterrechts; In: Strasser, Rudolf/Schwimann, Michael/Hoyer, Hans (Hrsg.): Festschrift Fritz Schwind zum 65. Geburtstag; Rechtsgeschichte, Rechtsvergleichung – Rechtspolitik, Wien 1978, S. 27–62

Christiansen, Heinz C.: Fritz Reuter, Stuttgart 1975

Classen, Peter/*Wolgast,* Eike: Kleine Geschichte der Universität Heidelberg; Berlin, Heidelberg 1983

Coing, Helmut: System, Geschichte und Interesse in der Privatwissenschaft; In: Simon, Dieter (Hrsg.): Gesammelte Aufsätze zu Rechtsgeschichte, Rechtsphilosophie und Zivilrecht (1947–1975) Band 1; Frankfurt am Main 1982, S. 105–119

– Die juristischen Auslegungsmethoden und die Lehren der allgemeinen Hermeneutik; In: Simon, Dieter (Hrsg.): Gesammelte Aufsätze zu Rechtsgeschichte, Rechtsphilosophie und Zivilrecht (1947–1975) Band 1; Frankfurt am Main 1982, S. 208–229

– Die europäische Privatrechtsgeschichte der neueren Zeit als einheitliches Forschungsproblem; In: Ius Commune I (1967), S. 1–33

– Europäische Grundlagen des modernen Privatrechts – Nationale Gesetzgebung und europäische Rechtsdiskussion im 19. Jahrhundert; Opladen 1986

Conrad, Hermann: Der deutsche Juristentag 1860–1960; In: Von Caemmerer, Ernst/Friesenhahn, Ernst/Lange, Richard (Hrsg.): Hundert Jahre deutsches Rechtsleben: Festschrift zum hundertjährigen Bestehen des deutschen Juristentages 1860–1960, S. 36; Karlsruhe 1960

– Aus der Entstehungszeit der historischen Rechtsschule: Friedrich Carl von Savigny und Jacob Grimm; In: Zeitschrift der Savigny-Stiftung für Rechtsgeschichte, Germanistische Abteilung, Band 65 (LXXVIII. Band der Zeitschrift für Rechtsgeschichte) 1947, S. 261–283

– Deutsche Rechtsgeschichte; Band I Frühzeit und Mittelalter; Ein Lehrbuch; Karlsruhe 1954

Conrad, Hermann/*Dilcher,* Gerhard/*Kurland,* Hans-Joachim: Der Deutsche Juristentag 1860–1994; München 1997

Dahn, Felix: Erinnerungen, Viertes Buch (Würzburg, Sedan, Königsberg), 2. Abtheilung (1871–1888); Leipzig 1895

Derleder, Peter: Das Jahrhundert des deutschen Familienrechts; In: Kritische Justiz 2000, S. 1–21

Dickel, Günther: Die Heidelberger Juristische Fakultät, Stufen und Wandlungen ihrer Entwicklung; Heidelberg 1961

Dickel, Günther/*Speer,* Heino: Deutsches Rechtwörterbuch; Konzeption und lexikographische Praxis während acht Jahrzehnten (1897–1977); In: Helmut Henne (Hrsg.): Praxis der Lexikographie; Berichte aus der Werkstatt, S. 20–37; Tübingen 1977

Dickopf, Karl: Georg Ludwig von Maurer (1790–1872) – Eine Biographie; Kallmünz Opf. 1960

Dilcher, Gerhard: Das Gesellschaftsbild der Rechtswissenschaft und die soziale Frage in: Klaus Vondung (Hrsg.), Das wilhelminische Bildungsbürgertum, S. 53–67, Göttingen 1976

– Jacob Grimm als Jurist; In: Juristische Schulung 1985, S. 931–936

– Bürgerrecht und Stadtverfassung im europäischen Mittelalter; Köln 1996

– Die juristischen Bücher des Jahres – eine Leseempfehlung; In: Neue Juristische Wochenschrift 1996, S. 3256–3261

– Mittelalterliche Rechtsgewohnheit als methodisch-theoretisches Problem, In: Dilcher, Gerhard/Lück, Heiner e. a. (Hrsg.): Gewohnheitsrecht und Rechtsgewohnheiten im Mittelalter, Berlin 1992

– Von der geschichtlichen Rechtswissenschaft zur Geschichte des Rechts: Leitende Fragestellungen und Paradigmenwechsel zwischen 19. und 20. Jahrhundert; In: Caroni, Pio/Dilcher, Gerhard (Hrsg.): Norm und Tradition: Welche Geschichtlichkeit für die Rechtsgeschichte, Köln 1998, S. 108–139

Dilcher, Gerhard/*Kern,* Bernd-Rüdiger: Die juristische Germanistik des 19. Jahrhunderts und die Fachtradition der Deutschen Rechtsgeschichte; In: Zeitschrift der Savigny-Stiftung für Rechtsgeschichte 101 (CXIV. Band der Zeitschrift für Rechtsgeschichte) 1984, S. 1–46

Dopsch, Alfons: Wirtschaft und Gesellschaft im frühen Mittelalter; In: Patzelt, Erna (Hrsg.), Gesammelte Aufsätze; Beiträge zur Sozial- und Wirtschaftsgeschichte – gesammelte Aufsätze/Zweite Reihe von Alfons Dopsch, Band II, Wien 1938, Nachdruck Aalen 1968, S. 1–72

Douma, Eva: Die Entwicklung des Familiengesetzbuches der DDR 1945–1966: Frauen- und Familienpolitik im Spannungsfeld zwischen theoretischer Grundlage und realexistenter wirtschaftlicher Situation; In: Zeitschrift der Savigny-Stiftung für Rechtsgeschichte, Germanistische Abteilung Band 111 (CXXIV. Band der Zeitschrift für Rechtsgeschichte) 1994, S. 592–620

Drüll, Dagmar: Heidelberger Gelehrtenlexikon, 1803–1932, Berlin 1986

Du Moulin-Eckart, Richard: Geschichte der deutschen Universitäten, Stuttgart 1929

Ebel, Friedrich: Deutsche Rechtsgeschichte, ein Lehrbuch, Band II Neuzeit, Heidelberg 1993

Ebel, Wilhelm: Zur Geschichte der Juristenfakultät und des Rechtsstudiums an der Georgia Augusta; Festvortrag anlässlich der Einweihung des Collegium Juridicum am 29. Mai 1960; Göttingen, 1960

– Jacob Grimm und die deutsche Rechtswissenschaft; Rede gehalten bei der Immatrikulationsfeier der Georgia Augusta am 16. November 1963; Göttingen 1963

– Geschichte der Gesetzgebung in Deutschland; Göttingen 1988

Rössler, Hellmuth/*Bosl,* Karl: Biographisches Wörterbuch zur Deutschen Geschichte, dritter Band, 2. Auflage 1975

Ehrenberg, Viktor: Die deutsche Rechtsgeschichte und die juristische Bildung, Leipzig 1894

Ehrenberg, Helene (Hrsg.): Rudolf von Ihering in Briefen an seine Freunde, Leipzig 1913

Eichhorn, Karl Friedrich: Über das geschichtliche Studium des Deutschen Rechts; In: Zeitschrift für geschichtliche Rechtswissenschaft, Band I Heft I (1815), S. 124–146

– Deutsche Staats- und Rechtsgeschichte, auch zum Gebrauche bey Vorlesungen, Erste Abtheilung; Göttingen 1808

Eisenhardt, Ulrich: Deutsche Rechtsgeschichte, 3. Auflage 1999, München

– Deutschrechtliche Wurzeln des Handelsrechts oder wie deutsch ist das Handelsrecht?; In: Schmidt, Karsten/Schwark, Eberhard (Hrsg.): Unternehmen, Recht und Wirtschaftsordnung, Festschrift für Peter Raisch zum 70. Geburtstag, Köln 1995, S. 51–65

Emundts-Trill, Petra: Die Privatdozenten und Extraordinarien der Universität Heidelberg 1803–1860, Frankfurt am Main 1997

Endemann, F.: Einführung in das Studium des Bürgerlichen Gesetzbuches, Berlin 1898

Engel, Josef: Die deutschen Universitäten und die Geschichtswissenschaft; In: Theodor Schieder (Hrsg.): Hundert Jahre Historische Zeitschrift 1859–1959; München 1959, S. 223–378

Ennen, Edith: Frauen im Mittelalter; 5., überarbeitete und erweiterte Auflage 1994, München

Erler, Adalbert: Artikel zu „Savignyzeitschrift für Rechtsgeschichte"; In: Erler, Adalbert/Kaufmann, Ekkehard (Hrsg.): Handwörterbuch zur deutschen Rechtsgeschichte, IV. Band (Protonotarius Apostolicus – Strafprozeßordnung) Berlin 1985, Sp. 1323–1326

– Artikel zu „Richard Schroeder"; In: Erler, Adalbert/Kaufmann, Ekkehard (Hrsg.): Handwörterbuch zur deutschen Rechtsgeschichte, IV. Band (Protonotarius Apostolicus – Strafprozeßordnung) Berlin 1985, Sp. 1503–1505

– Artikel zu „Verfangenschaft"; In: Erler, Adalbert/Kaufmann, Ekkehard (Hrsg.): Handwörterbuch zur deutschen Rechtsgeschichte, V. Band (Straftheorie – Zycha) Berlin 1998, Sp. 697 f.

Eulenburg, Franz: Der akademische Nachwuchs; Eine Untersuchung über die Lage und die Aufgaben der Extraordinarien und Privatdozenten; Leipzig und Berlin 1908

Fehr, Hans: Rudolf Sohm; In: Zeitschrift der Savigny-Stiftung für Deutsche Rechtsgeschichte Band 38 (LI. Band der Zeitschrift für Rechtsgeschichte) 1917, S. LIX–LXXVIII

– Eberhard Freiherr von Künßberg; In: Zeitschrift der Savigny-Stiftung für Rechtsgeschichte, Germanistische Abteilung Band 62 (LXXV. Band der Zeitschrift für Rechtsgeschichte) 1944, S. XLIII–LVIII

– Die Rechtsstellung der Frau und der Kinder in den Weistümern, Jena 1912

– Fürst und Graf im Sachsenspiegel; In: Berichte über die Verhandlungen der Königlich Sächsischen Gesellschaft der Wissenschaften (philosophisch-historische Klasse), Leipzig 1906

Ferber, Christian von: Die Entwicklung des Lehrkörpers der deutschen Universitäten und Hochschulen 1864–1954, Göttingen 1956

Feth, Andrea: Hilde Benjamin – eine Biographie; Berlin 1997

Fikentscher, Wolfgang/*Himmelmann*, Ulrich: Rudolph von Iherings Einfluss auf Dogmatik und Methode des Privatrechts; In: Luf, Gerhard/Ogris, Werner (Hrsg.): Der Kampf ums Recht – Forschungsband aus Anlass des 100. Todestages von Rudolf von Ihering; Berlin 1995

Fink: Das künftige eheliche Güterrecht; In: Juristische Rundschau 1957, S. 161–168

Fischer, Otto: Rechtsforschung und Rechtsstudium im allgemeinen; In: Lexis, W. (Hrsg.), Die Deutschen Universitäten; Für die Universitätsausstellung in Chicago 1893 unter Mitwirkung zahlreicher Universitätslehrer, Band I, Berlin 1893, S. 279–298

Frensdorff, Ferdinand: Georg Waitz; In: Allgemeine Deutsche Biographien, 40. Band Berlin 1971 (Neudruck der 1. Auflage von 1896)

Funk, Wilhelm: Alte Deutsche Rechtsmale; Sinnbilder und Zeugen Deutscher Geschichte; Bremen 1940

– Speer, Pfandschaub, Kreuz und Fahne; In: Zeitschrift der Savigny-Stiftung für Rechtsgeschichte, Germanistische Abteilung Band 65 (LXXVIII. Band der Zeitschrift für Rechtsgeschichte) 1947, S. 297–315

Gadamer, Hans-Georg: Wahrheit und Methode; 3., erweiterte Auflage 1972, Tübingen

Gaedertz, Karl Theodor: Im Reiche Reuters: Neues von und über Fritz Reuter in Wort und Bild; Leipzig 1905

Gagnér, Sten: Zielsetzungen und Werkgestaltung in Paul Roths Wissenschaft; S. 276–450; In: Sten Gagnér/Hans Schlosser/Wolfgang Wiegand (Hrsg.): Festschrift für Hermann Krause; Köln 1975

Gall, Lothar: Europa auf dem Weg in die Moderne 1850–1890, 2. Auflage 1989, München

Gathen, Antonius David: Rolande als Rechtssymbole; Der archäologische Bestand und seine rechtshistorische Deutung; Berlin 1960

Gengler, Heinrich Gottfried Philipp: Deutsche Rechtsgeschichte im Grundrisse; Erlangen 1849

Gerber, Karl Friedrich von: Betrachtungen über das Güterrecht der Ehegatten nach deutschem Rechte I (1857) S. 311–340, II (1868) S. 341–371; In: Gesammelte juristische Abhandlungen Band I, Abtheilung 2, Jena 1872

– Über deutsches Recht und deutsche Rechtswissenschaft überhaupt I (1851) S. 1–14, II (1855) S. 15–22; In: Gesammelte juristische Abhandlungen I, Abtheilung 1, Jena 1872

- Zur Theorie der Reallasten I (1858) S. 213–242; In: Gesammelte juristische Abhandlungen I, Abtheilung 1, Jena 1872

Gerth, Hans: Bürgerliche Intelligenz um 1800; Zur Soziologie des deutschen Frühliberalismus; Göttingen 1976

Gertz, Heinrich: Die deutsche Rechtseinheit im 19. Jahrhundert als rechtspolitisches Problem; Bonn 1966

Giaro, Tomasz: Europäische Privatrechtsgeschichte: Werkzeug der Rechtsvereinheitlichung und Produkt der Kategorienvermengung; In: Ius Commune XXI 1994, S. 1–43

Gierke, Otto von: Georg Beseler; Zeitschrift der Savigny-Stiftung für Rechtsgeschichte, Germanistische Abtheilung, Band 10 (XXIII. Band der Zeitschrift für Rechtsgeschichte) 1889, S. 1–24

- Die historische Rechtsschule und die Germanisten; Rede zur Gedächtnisfeier des Stifters der Berliner Universität König Friedrich Wilhelm III, in der Aula derselben am 03. August 1903; Berlin 1903

- Das alte und das neue deutsche Reich; In: von Holtzendorff, Franz/Lammers, A. (Hrsg.): Deutsche Zeit- und Streitfragen; Flugschriften zur Kenntniß der Gegenwart, Heft 35 (1874), S. 105–140

- Deutsches Privatrecht, Erster Band Allgemeiner Teil und Personenrecht, Leipzig 1895

- Das deutsche Genossenschaftsrecht, Band II; Geschichte des deutschen Körperschaftsbegriffs, Berlin 1873

- Krieg und Kultur; abgedruckt in: Böhme, Klaus (Hrsg.): Aufrufe und Reden deutscher Professoren im Ersten Weltkrieg, Stuttgart 1975, S. 65–80

- Der Entwurf eines bürgerlichen Gesetzbuches und das Deutsche Recht, 1889

Gmür, Rudolf: Savigny und die Entwicklung der Rechtswissenschaft; Schriften der Gesellschaft zur Förderung der Westfälischen Wilhelms-Universität zu Münster, Heft 49; Münster/Westfalen 1962

Goldschmidt, Levin: Rechtsstudium und Prüfungsordnung; Ein Beitrag zur Preußischen und Deutschen Rechtsgeschichte; Stuttgart 1887

- Über die wissenschaftliche Behandlung des deutschen Handelsrechts und den Zweck dieser Zeitschrift; In: Zeitschrift für das gesammte Handelsrecht; Erster Band, Erlangen 1858

Göldner, Elfriede: Aufwendungen für die Familie und vermögensrechtliche Beziehungen zwischen den Ehegatten; In: Neue Justiz 1965, S. 239–241

Gönnewein, Otto: In memoriam Leopold Perels, Zeitschrift der Savigny-Stiftung für Rechtsgeschichte, Germanistische Abteilung, Band 72 (LXXXV. Band der Zeitschrift für Rechtsgeschichte) 1955, S. 458 f.

Goerlitz, Theodor: Der Ursprung und die Bedeutung der Rolandsbilder, Weimar 1934

Granzow, Charlotte: Der Entwurf des Familiengesetzbuches in der „DDR" vom April 1965; In: Zeitschrift für das gesamte Familienrecht, 1965, S. 465–470

Graus, Frantisek: Verfassungsgeschichte des Mittelalters; In: Historische Zeitschrift, Band 243 (1986), S. 529–589

Grimm, Jacob: Von der Poesie im Recht; In: Zeitschrift für geschichtliche Rechtswissenschaft Band II (1816), S. 25–99

– Über Alterthümer des deutschen Rechts: Antrittsvorlesung, gehalten in Berlin am 30. april 1841; In: Jacob Grimm; Kleinere Schriften Band 8 (Vorreden, Zeitgeschichtliches und Persönliches), Gütersloh 1890, S. 545–551

Grossfeld, Bernhard/*Theusinger,* Ingo: Josef Kohler – Brückenbauer zwischen Jurisprudenz und Rechtsethnologie; In: Rabels Zeitschrift für ausländisches und internationales Privatrecht, 64. Jahrgang (2000), S. 696–714

Gudian, Gunter: Gemeindeutsches Recht im Mittelalter?; In: Coing, Helmut (Hrsg.): Ius Commune II, 1969, S. 33–42

Günther, Reinhard: Der Professor, die Amseln und die Presse; In: Fränkischer Hauskalender und Karitaskalender Würzburg 1996 (1995), S. 68–72

Habermas, Jürgen: Die deutschen Mandarine; In: Philosophisch-politische Profile, Frankfurt 1987, S. 458–468

Hagemann, H.-R.: Artikel zu „Eigentum"; In: Erler, Adalbert/Kaufmann, Ekkehard (Hrsg.): Handwörterbuch zur deutschen Rechtsgeschichte, I. Band (Aachen – Haussuchung) Berlin 1971, Sp. 882–896

Hattenhauer, Hans: Die geistesgeschichtlichen Grundlagen des deutschen Rechts, 4. Auflage 1996, Heidelberg

– Zur Geschichte der deutschen Rechts- und Gesetzessprache, vorgelegt in der Sitzung vom 30. Januar 1987; In: Berichte aus den Sitzungen der Joachim Jungius-Gesellschaft der Wissenschaften e.V., Hamburg, Jahrgang 5, Heft 2, Hamburg 1987

Hänel, Albert: Die eheliche Gütergemeinschaft in Ostfalen; In: Zeitschrift für Rechtsgeschichte Band I (1866), S. 272–344

Hasse, Johann Christian: Skizze des Güterrechts der Ehegatten nach einigen der ältesten Teutschen Rechtsquellen, Zeitschrift für geschichtliche Rechtswissenschaft, Band IV (1818), S. 60–111

Hedemann, Justus Wilhelm: Privatrechtsgeschichte der Neuzeit – Ein Versuch; In: Rechts- und Wirtschaftswissenschaftliche Fakultät der Universität Jena (Hrsg.), Festschrift für Rudolf Hübner zum siebzigsten Geburtstag, Jena 1935, S. 5–18

Hejhal, Gottfried: Zu einigen Problemen der Eigentums- und Vermögensbeziehungen der Ehegatten; In: Neue Justiz 1966, S. 292–295

Heldmann, Karl: Rolandspielfiguren, Richterbilder oder Königsbilder; Neue Untersuchungen über die Rolande Deutschlands mit Beiträgen zur mittelalterlichen Kultur-, Kunst- und Rechtsgeschichte; Halle a.d.S. 1905

– Die Rolandsbilder Deutschlands in dreihundertjähriger Forschung und nach den Quellen; Halle a.d.S. 1904

Hense, Thomas: Konrad Beyerle, Sein Wirken für Wissenschaft und Politik in Kaiserreich und Weimarer Republik; Frankfurt am Main 2002

Heusler, Andreas: Institutionen des Deutschen Privatrechts, Band I, Leipzig 1885

Heymann, Ernst: Nachruf auf Richard Schroeder; In: Deutsche Juristenzeitung 1917 Nr. 3/4, Spalten 206–208, Berlin 1917

– Rezension zu „Beiträge zum Wörterbuch der deutschen Rechtssprache", Richard Schroeder zum 70. Geburtstag gewidmet von Freunden und Mitarbeitern, Deutsche Juristenzeitung 1909, S. 1510

– Hundert Jahre Berliner Juristenfakultät; In: Deutsche Juristen-Zeitung, Jahrgang XV, Spalten 1103–1194, Berlin 1910

– Zusammenfassender Bericht des Herrn Heymann über da Wörterbuch der deutschen Rechtssprache, erstattet in der öffentlichen (Friedrichs-)Sitzung der Preußischen Akademie der Wissenschaften am 28. Januar 1926; In: Zeitschrift der Savigny-Stiftung für Rechtsgeschichte, Germanistische Abteilung, Band 46 (LIX. Band der Zeitschrift für Rechtsgeschichte) 1926, S. 574–583

– Bericht der akademischen Kommission für das Wörterbuch der deutschen Rechtssprache; In: Zeitschrift der Savigny-Stiftung für Rechtsgeschichte, Germanistische Abteilung, Band 62 (LXXV. Band der Zeitschrift für Rechtsgeschichte) 1942

Hinz, Gerhard: Ruperto-Carola, aus der Geschichte der Universität Heidelberg und ihrer Fakultäten; Sonderband; Heidelberg 1961

Hoche, Alfred: Straßburg und seine Universität: Ein Buch der Erinnerung; München Berlin 1939

Hoede, Karl: Deutsche Rolande, neue Fragen, neue Wege, Magdeburg 1934

Hoffmann, Petra: Innenansichten der Forschungsarbeit an der Akademie – Zur Geschichte von Mitarbeiterinnen in den wissenschaftlichen Projekten der Preußischen Akademie der Wissenschaften zu Berlin (1980–1945); In: Wobbe, Theresa (Hrsg.): Frauen in Akademie und Wissenschaft – Arbeitsorte und Forschungspraktiken 1700–2000, Berlin 2002

Hoke, Rudolf: Österreichische und deutsche Rechtsgeschichte, Wien 1992

Horn, Ewald: Die Disputationen und Promotionen an den Deutschen Universitäten, vornehmlich seit dem 16. Jahrhundert; Leipzig 1893, Nachdruck Wiesbaden 1968

Hübner, Rudolf: Karl Friedrich von Eichhorn und seine Nachfolger; In: Festschrift für Heinrich Brunner, S. 807–838; Weimar, 1910

– Eduard Rosenthal, Zeitschrift der Savigny-Stiftung für Rechtsgeschichte, Germanistische Abteilung Band 47 (60. Band der Zeitschrift für Rechtsgeschichte) 1927, S. IX–XXI

Hückstädt, Arnold: Reisen zu Reuter, Erinnerungsstätten in der DDR; Berlin 1990

Huber, Ernst Rudolf: Dokumente zur deutschen Verfassungsgeschichte; Band 1; Deutsche Verfassungsdokumente 1803–1850; Stuttgart 1961

Inama-Sternegg, Karl Theodor von: Deutsche Wirtschaftsgeschichte bis zum Schluss der Karolingerperiode, 2. Auflage 1909

Ihering, Rudolf von: *Unsere Aufgabe;* In: Jahrbücher für die Dogmatik des heutigen römischen und deutschen Privatrechts, Erster Band 1857, S. 1–52

– Gesammelte Aufsätze aus den Jahrbüchern für die Dogmatik des heutigen römischen und deutschen Privatrechts in drei Bänden; Band 1 Abhandlungen aus den ersten vier Bänden der Jahrbücher, Jena 1881, Neudruck Aalen 1969

Ishikawa, Takeshi: Das Gericht im Sachsenspiegel; In: Köbler, Gerhard/Nehlsen, Hermann (Hrsg.): Wirkungen europäischer Rechtskultur; Festschrift für Karl Kroeschell zum 70. Geburtstag, München 1997; S. 441–465

Jahrbuch der Deutschen Burschenschaft; 1903

Jansen, Christian: Professoren und Politik: politisches Denken und Handeln der Heidelberger Hochschullehrer 1914–1935, Göttingen 1992

Janssen, Albert: Otto Gierkes Methode der geschichtlichen Rechtswissenschaft; Studien zu den Wegen und Formen seines juristischen Denkens; Göttingen 1974

Jakobs, Horst Heinrich: Die Begründung der geschichtlichen Rechtswissenschaft; Paderborn 1992

Jastrow, J.: Die Stellung des Privatdozenten; Berlin 1896

John, Michael: Politics and the Law in Late Nineteenth Century Germany – The Origins of the Code Civil; Oxford 1989

Jonas, Stéphane/*Denis,* Marie-Noele/*Gerard,* Annelise/*Weidmann,* Francis: Strasbourg, capitale du Reichsland Alsace-Lorraine et sa nouvelle Université (1871–1918); Strasbourg 1995

Jostes, Franz: Roland in Schimpf und Ernst; in: Zeitschrift des Vereins für rheinische und westfälische Volkskunde, 1. Jahrgang, erstes Heft (1904), S. 6–36

Kamp, Norbert: Das Abiturreglement von 1788 – Zur Diskrepanz von Schulverwaltungsanspruch und Wirklichkeit; Dissertation Universität Gesamthochschule Essen 1988

Kantorowicz, Hermann: Volksgeist und historische Rechtsschule; In: Historische Zeitschrift 108 (1912), S. 295–325; ebenfalls veröffentlicht in: Coing, Helmut/Immel, Gerhard (Hrsg.) Ernst Kantorowicz, Rechtshistorische Schriften, Karlsruhe 1970, S. 435–456

– Was ist uns Savigny?; In: Recht und Wirtschaft Band 1 1912, S. 47–79; ebenfalls veröffentlicht in: Coing, Helmut/Immel, Gerhard (Hrsg.): Ernst Kantorowicz, Rechtshistorische Schriften, Karlsruhe 1970, S. 395–417

Kaser, Max: Artikel „Otto Gradenwitz"; In: Historische Kommission bei der Bayerischen Akademie der Wissenschaften, Band 6, Berlin 1963, S. 702 f.

Kashuba, Wolfgang: Deutsche Bürgerlichkeit nach 1800 – Kultur als symbolische Praxis; In: Jürgen Kocka (Hrsg.): Bürgertum im 19. Jahrhundert, Deutschland im europäischen Vergleich, Band 3, München 1988, S. 9–44

Kaufmann, Ekkehard: Deutsches Recht, die Grundlagen; Berlin 1984

Kern, Bernd-Rüdiger: Georg Beseler, Leben und Werk; Berlin 1982

– Georg Beseler; In: Neue Juristische Wochenschrift 1998, S. 1540

– Die Juristische Gesellschaft zu Basel; In: Zeitschrift der Savigny-Stiftung für Rechtsgeschichte, Germanistische Abteilung Band C (CXIII. Band der Zeitschrift für Rechtsgeschichte) 1983, S. 145–180

Kern, Fritz: Recht und Verfassung im Mittelalter; In: Historische Zeitschrift 120 (1919) 3. Folge, 24. Band 1. Heft, S. 1–79

Kiesow, Rainer Maria: Das Grab; In: Rechtshistorisches Journal 18 (2000), S. 7–12

Killy, Walther/Vierhaus, Rudolf: Deutsche Biographische Enzyklopädie, Band 9 (Schmidt – Theyer); München 1998

Klauser, Renate: In memoriam Eberhard Freiherr von Künßberg; In: Ruperto-Carola Band 29, Ausgabe Juni 1961, S. 98 f.

Klaußen, Hans-Curt: Die Beziehung der Lex Salica zu den Volksrechten der Alemannen, Bayern, Ribuarier; In: Zeitschrift der Savigny-Stiftung für Rechtsgeschichte, Germanistische Abteilung, Band 56 (69. Band der Zeitschrift für Rechtsgeschichte) 1936, S. 349–359

Kleinheyer, Gerd/Schröder, Jan (Hrsg.): Deutsche und Europäische Juristen aus neun Jahrhunderten – Eine biographische Einführung in die Geschichte der Rechtswissenschaft; 4., neubearbeitete und erweiterte Auflage 1996, Heidelberg

Klemann, Bernd: Rudolf von Jhering und die Historische Rechtsschule; Frankfurt am Main 1989

Klippel, Diethelm: Entstehung und heutige Aufgaben der „Privatrechtsgeschichte der Neuzeit"; In: Köbler, Gerhard (Hrsg.), Wege europäischer Rechtsgeschichte: Karl Kroeschell zum 60. Geburtstag, dargelegt von Freunden, Schülern und Kollegen; Frankfurt am Main 1987, S. 145–167

Kluckhohn, August: Zur Erinnerung an Georg Waitz; In: Virchow und von Holtzendorff, Sammlung gemeinverständlicher wissenschaftlicher Vorträge, Neue Folge, II. Serie, Heft 33; Hamburg 1887

Knieper, Rolf: Gesetz und Geschichte; Ein Beitrag zu Bestand und Veränderung des Bürgerlichen Gesetzbuches; Baden-Baden 1996

Köbler, Gerhard: Lexikon der europäischen Rechtsgeschichte; München 1997

– Wege deutscher Rechtsgeschichte; In: Gerhard Köbler (Hrsg.): Festschrift Karl Kroeschell: Wege europäischer Rechtsgeschichte, Karl Kroeschell zum 60. Geburtstag dargelegt von Freunden, Schülern und Kollegen; Frankfurt am Main 1987

– Die Wissenschaft des gemeinen deutschen Handelsrecht, Wissenschaft und Kodifikation des Privatrecht im 19. Jahrhundert I, S. 277–296

– Rechtsgeschichte und Gesetzbuch; In: Jörn Eckert (Hrsg.): Der praktische Nutzen der Rechtsgeschichte – Hans Hattenhauer zum 08. September 2001, Heidelberg 2003, S. 259–275

Koselleck; Reinhardt: Staat und Gesellschaft in Preußen 1815–1848; In: Hans-Ulrich Wehler (Hrsg.) Moderne deutsche Sozialgeschichte; Köln, Berlin 1966

Kollnig, Karl: Über die Edition von Weistümern. Mit besonderer Berücksichtigung des Beitrags aus Heidelberg; In: Heidelberger Jahrbücher XXVIII (1984), S. 97–111

Koestler, Rudolf: Raub-, Kauf- und Friedelehe bei den Germanen; In: Zeitschrift der Savigny-Stiftung für Rechtsgeschichte, Germanistische Abteilung Band 63 (LXXVI. Band der Zeitschrift für Rechtsgeschichte) 1943, S. 92–136

Koziol, Helmut/*Welser*, Rudolf: Grundriß des bürgerlichen Rechts, Band II, Sachenrecht, Familienrecht, Erbrecht; 6., neubearbeitete Auflage 1982; Wien

Kraul, Margret: Das deutsche Gymnasium 1780–1980; Frankfurt am Main 1984

Krause, Hermann: Der Historiker und sein Verhältnis zur Geschichte von Verfassung und Recht; In: Historische Zeitschrift 209 (1969), S. 17–26

Kraut, Wilhelm Theodor: Geschichte des ehelichen Güterrechts von Richard Schroeder; In: Göttingische gelehrte Anzeigen 1864, II. Band, S. 831–837

– Geschichte des ehelichen Güterrechts von Richard Schroeder; Zweiter Band, I. Abtheilung: Das eheliche Güterrecht in Süddeutschland und in der Schweiz im Mittelalter; In: Göttingische gelehrte Anzeigen 1868, II. Band, S. 1641–1647

– Geschichte des ehelichen Güterrechts von Richard Schroeder, Theil 2, Das Mittelalter Abtheilung 2; In: Göttingische gelehrte Anzeigen 1872, I. Band, S. 302–311

– Die Vormundschaft nach den Grundsaetzen des Deutschen Rechts; Band I, Göttingen 1835; Band II, Göttingen 1847

Kroeschell, Karl: Zur Entstehung der sächsischen Gogerichte; In: Wegener, Wilhelm (Hrsg.), Festschrift für Karl Gottfried Hugelmann zum 80. Geburtstag am 26. September 1959, dargebracht von Freunden, Kollegen und Schülern, Aalen 1959, S. 295–313

– Die Germania in der deutschen Rechts- und Verfassungsgeschichte; In: Karl Kroeschell, Studien zum frühen und mittelalterlichen deutschen Recht, Berlin 1995; S. 89–110

– Germanisches Recht als Forschungsproblem; In: Festschrift für Hans Thieme zum 80. Geburtstag, S. 3–19; Sigmaringen 1986

– Weichbild; Untersuchungen zur Struktur und Entstehung der mittelalterlichen Stadtgemeinde in Westfalen; Köln 1960

– Zielsetzung und Arbeitsweise der Wissenschaft vom gemeinen deutschen Privatrecht; In: Helmut Coing/Walter Wilhelm (Hrsg.): Wissenschaft und Kodifikation des Privatrechts im 19. Jahrhundert, Band I Frankfurt 1974, S. 249–276

– Deutsche Rechtsgeschichte; Band 1: bis 1250, 11. Auflage 1999, Opladen

– Deutsche Rechtsgeschichte, Band 2: 1250–1650, 7. Auflage 1980, Opladen

– Deutsche Rechtsgeschichte, Band 2: seit 1650, 3. Auflage 2001, Wiesbaden

– Ein vergessener Germanist des 19. Jahrhunderts Wilhelm Arnold (1826–1883); S. 253–275; In: Gagnér, Sten/Schlosser, Hans/Wiegand, Wolfgang (Hrsg.): Festschrift für Hermann Krause; Köln 1975

– Verfassungsgeschichte und Rechtsgeschichte des Mittelalters; In: Karl Kroeschell, Studien zur frühen und mittelalterlichen deutschen Geschichte; Berlin 1995

– Zielsetzung und Arbeitsweise der Wissenschaft vom gemeinen deutschen Privatrecht; In: Wissenschaft und Kodifikation des Privatrechts im 19. Jahrhundert, Band I, Frankfurt am Main 1974, S. 249–276

– Artikel „Richard Schroeder"; In: Ottnad, Bernd (Hrsg.); Badische Biographien Neue Folge, Band IV, Stuttgart 1996, S. 268 f.

Künßberg, Eberhard Freiherr von: Richard Schroeder – Ein Nachruf, S. 330–334; In: Zeitschrift für die Geschichte des Oberrheins, Neue Folge, Band XXXII, Heidelberg 1917

– Die deutsche Rechtssprache; In: Zeitschrift für Deutschkunde 1930, S. 379–389

Küper, Wilfried: Der Heidelberger Strafrechtslehrer Karl von Lilienthal; In: Semper Apertus; Sechshundert Jahre Ruprecht-Karls-Universität Heidelberg 1386–1986: Festschrift in sechs Bänden; Band II: Das neunzehnte Jahrhundert 1803–1918; Berlin Heidelberg 1985, S. 375–405

Laband, Paul: Lebenserinnerungen; In: Abhandlungen, Beiträge, Reden und Rezensionen, Teil 1, Leipzig 1980, S. 5–112

Landau, Peter: Heinrich Mitteis als deutscher Rechtshistoriker; In: Peter Landau, Hermann Nehlsen, Dietmar Willoweit (Hrsg.) Heinrich Mitteis nach hundert Jahren (1889–1989); Symposium anlässlich des hundertsten Geburtstages in München am 02. und 03. November 1989; München 1991

Landsberg, Ernst: Rezension zu Moeller, Ernst von; Die Trennung der deutschen und der römischen Rechtsgeschichte, Weimar, Hermann Böhlaus Nachfolger, 1905; In: Zeitschrift der Savigny-Stiftung für Rechtsgeschichte, Germanistische Abteilung 27 (XL. Band der Zeitschrift für Rechtsgeschichte) 1906, S. 334 f.

Landwehr, Götz: Gogericht und Rügegericht; In: Zeitschrift der Savigny-Stiftung für Rechtsgeschichte, Germanistische Abteilung, Band 83 (XCVI. Band der Zeitschrift für Rechtsgeschichte) 1966, S. 126–143

Langewiesche, Dieter: Europa zwischen Restauration und Revolution 1815–1849; München 1993

Laufs, Adolf: Konrad Beyerle; In: Gestalten und Probleme katholischer Rechts- und Soziallehre; Paderborn 1977

– Das Deutsche Rechtswörterbuch, – ein Jahrhundertunternehmen; In: Jahrbuch der Heidelberger Akademie der Wissenschaften für 1986, Heidelberg 1987, S. 121–129

– Eduard Lasker – Ein Leben für den Rechtsstaat; Göttingen 1984

– Die Begründung der Reichskompetenz für das gesamte bürgerliche Recht; Ein Beitrag zur Geschichte der deutschen Rechtseinheit; In: Juristische Schulung 1973, S. 740–744

– Das Deutsche Rechtswörterbuch; In: Akademie-Journal Mitteilungsblatt der Konferenz der deutschen Akademien der Wissenschaften e. V., Heft 2, S. 7–11

– Artikel „Eberhard Freiherr von Künßberg"; In: Ottnad, Bernd (Hrsg.) Badische Biographien Neue Folge, Band III, Stuttgart 1990, S. 163–166

– Artikel „Eberhard Freiherr von Künßberg"; In: Historische Kommission bei der Bayerischen Akademie der Wissenschaften (Hrsg.): Neue Deutsche Biographien, Band 13, Berlin 1982, S. 226 f.

Lenel, Otto: Die Universität Straßburg 1621–1921; Freiburg i.B. 1921

Lenz, Max: Geschichte der königlichen Friedrich-Wilhelms-Universität zu Berlin, Band II/1; Halle an der Saale, 1910

– Geschichte der königlichen Friedrich-Wilhelms-Universität zu Berlin, Band II/2; Halle an der Saale, 1918

Leonhard, Rudolf: Das neue Gesetzbuch am Wendepunkt der Privatrechts-Wissenschaft; In: Leonhard, Rudolf (Hrsg.): Studien zur Erläuterung des Bürgerlichen Rechts; 1. Heft, Breslau 1900

Liebmann, Otto: Die juristische Fakultät der Universität Berlin von ihrer Gründung bis zur Gegenwart in Wort und Bild, in Urkunden und Briefen; Berlin 1910

Lindig, Annemarie: Das „Deutsche Rechtswörterbuch"; In: Juristische Schulung 1986, S. 922–924

Loening, Otto: Schroeder, Richard, Lehrbuch der Deutschen Rechtsgeschichte. Fünfte, verbesserte Auflage; In: Juristisches Literaturblatt 20 (1908), S. 61

Losano, Mario: Studien zu Ihering und Gerber, Band 1, Ebelsbach 1984

Lückerath, Carl August: Rechtsgeschichte und Geschichtswissenschaft – eine einführende Skizze, Köln 1980

Lutz, Heinrich: Die Deutschen und ihre Nation: Neuere Deutsche Geschichte in 6 Bänden; Band II: Zwischen Habsburg und Preußen Deutschland 1815–1866; Berlin 1985

Manegold, Karl-Heinz: Universität, Technische Hochschule und Industrie; Ein Beitrag zur Emanzipation der Technik im 19. Jahrhundert unter besonderer Berücksichtigung der Bestrebungen Felix Kleins; Berlin 1970

Marcks, Erich: Bismarck und der deutsche Geist; Eine akademische Jahrhundertrede gehalten bei der Bismarckfeier der Universität München am 10. Mai 1915; S. 329–338

– Die Universität Heidelberg im 19. Jahrhundert, Festrede zur Hundertjahrfeier ihrer Wiederbegründung durch Karl Friedrich, Heidelberg 1903

– Wo stehen wir? Die politischen, sittlichen und kulturellen Zusammenhänge des Krieges, abgedruckt in: Böhme, Klaus (Hrsg.): Aufrufe und Reden deutscher Professoren im Ersten Weltkrieg, Stuttgart 1975, S. 80–88

Martitz, Ferdinand von: Das eheliche Güterrecht des Sachsenspiegels und der verwandten Rechtsquellen; Leipzig 1867

Mayer, Ernst: Deutsche und französische Verfassungsgeschichte vom 9. bis zum 14. Jahrhundert, Band I; Leipzig 1899

Mayer-Homberg, Edwin: Studien zur Geschichte des Verfangenschaftsrechts, Band I, Zur Entstehung des fränkischen Verfangenschaftsrechts; Trier 1913

McClelland, Charles: Die deutschen Hochschullehrer als Elite, 1815–1850; In: Klaus Schwabe (Hrsg.); Deutsche Hochschullehrer als Elite 1815–1945; Boppard am Rhein 1988, S. 27–53

Meder, Stephan: Rechtsgeschichte – Eine Einführung; Köln 2002

Meinecke, Friedrich: Drei Generationen deutscher Gelehrtenpolitik; In: Historische Zeitschrift 125 (1922), S. 248–283

Meinhardt, Günther: Die Universität Göttingen; Ihre Entwicklung und Geschichte 1734–1974; Göttingen, Frankfurt, Zürich 1977

Meister, Eckhard: Ostfälische Gerichtsverfassung im Mittelalter; Berlin 1912

Messerschmidt, Manfred: Die deutsche Rechtsgeschichte unter dem Einfluss des Hitlerregimes; In: Kritische Justiz 1988, S. 121–136

Meves, Uwe: Über den Namen der Germanisten; Oldenburg 1989

Meyer, Herbert: Rezension zu Edwin Mayer-Homberg, Studien zur Geschichte des Verfangenschaftsrechts, 1. Band; In: Zeitschrift der Savigny-Stiftung für Rechtsgeschichte, Germanistische Abteilung Band 34 (XLVII. Band der Zeitschrift für Rechtsgeschichte) 1913, S. 610–618

– Ehe und Eheauffassung bei den Germanen; Festschrift Ernst Heymann mit Unterstützung der Rechts- und Staatswissenschaftlichen Fakultät der Friedrich-Wilhelms-Universität zu Berlin und der Kaiser-Wilhelms-Gesellschaft zur Förderung der Wissenschaften zum 70. Geburtstag am 06. April 1940, überreicht von Freunden, Schülern und Fachgenossen, Band I: Rechtsgeschichte, Weimar 1940, S. 1–51

Meyer, Jürgen Bona: Vaterlandsliebe, Parteigeist und Weltbürgerthum; In: von Holtzendorff, Franz/Lammers, A. (Hrsg.): Deutsche Zeit- und Streitfragen, Flugschriften zur Kenntniß der Gegenwart, Heft 108 (1893), S. 517–570

Mikat, Paul: Schranken der Vertragsfreiheit im Ehegüterrecht; In: Giesen, Dieter/Ruthe, Dietlinde (Hrsg.): Geschichte, Recht, Religion, Politik – Beiträge von Paul Mikat, Band I, S. 199–229; Paderborn 1984

– Dotierte Ehe – rechte Ehe; Zur Entwicklung des Eheschließungsrechts in fränkischer Zeit; In: Giesen, Dieter/Ruthe, Dietlinde (Hrsg.): Geschichte, Recht, Religion, Politik – Beiträge von Paul Mikat, Band I, Paderborn 1984; S. 389–456

Mitteis, Heinrich: Deutsche Rechtsgeschichte 3. Auflage 1953

– Vom Lebenswert der Rechtsgeschichte; Weimar 1947

– Rechtsgeschichte und Gegenwart; In: Mitteis, Heinrich: Die Rechtsidee in der Geschichte – Gesammelte Abhandlungen und Vorträge; Weimar 1957, S. 501–513

– Familienrecht und Bonner Grundgesetz; In: Mitteis, Heinrich: Die Rechtsidee in der Geschichte – Gesammelte Abhandlungen und Vorträge; Weimar 1957, S. 612–621

– Rechtswissenschaft im Rahmen der Kulturgeschichte; In: Mitteis, Heinrich, Die Rechtsidee in der Geschichte – Gesammelte Abhandlungen und Vorträge; Weimar 1957, S. 668–680

Mittermaier, Carl Joseph Anton: Grundriss zu Vorlesungen über deutsche Rechtsgeschichte; Heidelberg 1824

Moeller, Ernst von: Die Trennung der deutschen und der römischen Rechtsgeschichte; Weimar 1905

Mölk, Ulrich: Literatur und Recht; In: Akademie-Journal – Mitteilungsblatt der Konferenz der deutschen Akademien der Wissenschaften 1/96, S. 6–8

Molitor, Erich: Richard Schroeder; In: Pommersche Lebensbilder; Pommern des 19. und 20. Jahrhunderts, herausgegeben von Adolf Hofmeister, Erich Randt, Martin Wehrmann im Auftrag der Landesgeschichtlichen Forschungsstelle (Historische Kommission) für Pommern; Stettin 1934

Mommsen, Wolfgang: Das Ringen um den nationalen Staat; In: Dieter Groh (Hrsg.), Propyläen, Geschichte Deutschland, 7. Band, Erster Teil, Frankfurt am Main, Berlin 1993

Moser, Hugo: Karl Simrock, Universitätslehrer und Poet; Germanist und Erneuerer von „Volkspoesie" und älterer „Nationalliteratur"; ein Stück Literatur-, Bildungs- und Wissenschaftsgeschichte des 19. Jahrhunderts; Bonn 1976

Müller-Freienfels, Wolfram: Kernfragen des Gleichberechtigungsgesetzes; In: Juristen-zeitung 1957, S. 685–696

Nebelin, Manfred: Die Reichsuniversität Straßburg als Modell und Ausgangspunkt der deutschen Hochschulreform; In: Bernhard vom Brocke, Wissenschaftsgeschichte und Wissenschaftspolitik im Industriezeitalter: das System „Althoff" in historischer Perspektive, Hildesheim 1991, S. 61–68

Neukamp, Ernst: Die Bedeutung des Deutschen Juristentages für die Rechtsentwicklung im Deutschen Reiche, S. 152–154; In: Juristisches Literaturblatt, Festnummer zum XXVI. Deutschen Juristentag, Nr. 137, Bd. XIV, Nr. 7

Nipperdey, Thomas: Deutsche Geschichte 1800–1866 Bürgerwelt und starker Staat; 4. Auflage 1987, München

– Deutsche Geschichte 1866–1918 Band II Machtstaat vor der Demokratie, München 1993

N. N.: A General Survey of Events, Sources, Persons and Movements in Continental Legal History; Volume 1: European Authors; Boston 1912

Olshausen, Th: Der deutsche Juristentag. Sein Werden und Wirken; Festschrift zum fünfzigjährigen Jubiläum; Berlin 1910

Ogris, W.: Artikel „Schwert- und Spindelteil"; In: Erler, Adalbert/Kaufmann, Ekke-hard (Hrsg.): Handwörterbuch zur deutschen Rechtsgeschichte, IV. Band (Protono-tarius Apostolicus – Strafprozeßordnung) Berlin 1985, Sp. 1574

– Artikel „Gütertrennung"; In: Erler, Adalbert/Kaufmann, Ekkehard (Hrsg.): Hand-wörterbuch zur deutschen Rechtsgeschichte, I. Band (Aachen – Haussuchung) Ber-lin 1971, Sp. 1876 f.

– Artikel „Errungenschaftsgemeinschaft"; In: Erler, Adalbert/Kaufmann, Ekkehard (Hrsg.): Handwörterbuch zur deutschen Rechtsgeschichte, I. Band (Aachen – Haus-suchung) Berlin 1971, Sp. 1004–1006

Paulsen, Friedrich: Die deutschen Universitäten und das Universitätsstudium; Berlin 1902

– Geschichte des gelehrten Unterrichts an den deutschen Schulen und Universitäten vom Ausgang des Mittelalters bis zur Gegenwart mit besonderer Rücksicht auf den klassischen Unterricht; Leipzig 1885

– Wesen und geschichtliche Entwicklung der Deutschen Universitäten; In: Lexis, W. (Hrsg.): Die Deutschen Universitäten; Für die Universitätsausstellung in Chicago 1893 unter Mitwirkung zahlreicher Universitätslehrer, Band I, Berlin 1893, S. 1–114

Pauly, W.: Artikel zu „Verfassung"; In: Erler, Adalbert/Kaufmann, Ekkehard (Hrsg.): Handwörterbuch zur deutschen Rechtsgeschichte, V. Band (Straftheorie – Zycha) Berlin 1998, Sp. 698–708

Pfaff, Karl: Heidelberg; Heidelberg 1889

Planitz, Hans: Die Rechtswissenschaft der Gegenwart in Selbstdarstellungen; Band 1: Victor Ehrenberg, Ernst Zitelmann; Konrad Cosack, Leipzig 1924; Band 3: Otto Gradenwitz, Christian Meurer, Eduard Rosenthal; Leipzig 1929

– Germanische Rechtsgeschichte; 2. durchgesehene Auflage 1941, Berlin

Planitz, Hans/*Eckhardt,* Karl Augustin: Deutsche Rechtsgeschichte; Graz/Köln 1961

Platen, Paul: Der Ursprung der Rolande; Aus Anlass der Deutschen Städte-Ausstellung herausgegeben vom Verein für Geschichte Dresdens; Dresden 1903

Radbruch, Gustav: Der innere Weg, Aufriß meines Lebens; Stuttgart 1951

Rakow, Peter-Joachim: Reuter-Autographie im Staatsarchiv Schwerin, Schweriner Blätter Heft 5 (1985), S. 81 f.

Rehfeldt, Bernhard: Grenzen der vergleichenden Methode in der rechtsgeschichtlichen Forschung; Antrittsvorlesung der Rheinischen Friedrich-Wilhelms-Universität Bonn am Rhein; Bonn 1942

Rehme, Paul: Hoede, Karl, Deutsche Rolande, Neue Fragen, neue Wege, Madgeburg 1934, in: Zeitschrift der Savigny-Stiftung für Rechtsgeschichte, Germanistische Abteilung Band 56 (LXIX. Band der Zeitschrift für Rechtsgeschichte) 1936, S. 533 f.

– Goerlitz, Theodor, Oberbürgermeister i.R., beauftragt mit rechtsgeschichtlichen Vorlesungen an der Schlesischen Friedrich-Wilhelms-Universität zu Breslau, Der Ursprung und die Bedeutung der Rolandsbilder, Weimar 1934, in: Zeitschrift der Savigny-Stiftung für Rechtsgeschichte, Germanistische Abteilung, Band 55 (LXVIII. Band der Zeitschrift für Rechtsgeschichte) 1935, S. 381–384

Reicke, Siegfried: Ansprache; In: Reicke, Siegfried/Schneider, Hans (Hrsg.): Otto Gönnewein (16. Mai 1896–09. Januar 1963) zum Gedächtnis; Gedenkreden gehalten bei der akademischen Trauerfeier der Juristischen Fakultät der Universität Heidelberg am 09. Januar 1964; Tübingen 1964

Reinicke, D.: Zum neuen ehelichen Güterrecht; In: Neue Juristische Wochenschrift 1958, S. 889–893

Rempel, Hans: Die Rolandstatuen – Herkunft und geschichtliche Wandlung; Darmstadt 1989

Riese, Reinhard: Die Hochschule auf dem Wege zum wissenschaftlichen Großbetrieb. Die Universität Heidelberg und das badische Hochschulwesen 1860–1914; Stuttgart 1977

Rietschel, Siegfried: Ein neuer Beitrag zur Rolandsforschung; Historische Zeitschrift 53. Band (Neue Folge) 89. Band (1905), S. 457–467

– Rezension zu Karl Heldmann „Die Rolandsbilder Deutschlands in dreihundertjähriger Forschung und nach den Quellen"; In: Historische Vierteljahrsschrift Band 8 (1905), S. 86–89

Ring, D.: Der Entwurf eines bürgerlichen Gesetzbuchs und seine Beurtheiler, in: Archiv für Bürgerliches Recht, Band I (1889) S. 190–232

Ringer, Fritz K.: Die Gelehrten; Der Niedergang der deutschen Mandarine 1890–1933; Stuttgart 1983

Rönne, Ludwig von: Das Unterrichts-Wesen des Preußischen Staates; eine systematisch geordnete Sammlung aller auf dasselbe Bezug habenden gesetzlichen Bestimmungen, insbesondere der in der Gesetzsammlung für die Preußischen Staaten, in den von Kamptzschen Annalen für die innere Staatsverwaltung, in den von Kamptzschen Jahrbüchern für die Preußische Gesetzgebung, Rechtswissenschaft und Rechtsverwaltung, und in deren Fortsetzungen durch die Ministerial-Blätter, sowie in anderen Quellen-Sammlungen enthaltenen Verordnungen und Reskripte, in ihrem organischen Zusammenhange mit der früheren Gesetzgebung, dargestellt unter Benutzung der im Justiz-Ministerium ausgearbeiteten „revidirten Entwürfe der Provinzial-Rechte"; Band II: Höhere Schulen. Universitäten. Sonstige Kultur-Anstalten; Berlin 1855

Röpke, Andreas: Die Würzburger Juristenfakultät 1815–1914, Würzburg 2001, S. 177

Roth, Paul von: Die rechtsgeschichtlichen Forschungen seit Eichhorn, Zeitschrift für Rechtsgeschichte Band I (1861), S. 7–27

– Gütereinheit und Gütergemeinschaft; In: Kritische Vierteljahrsschrift für Gesetzgebung und Rechtswissenschaft, Zehnter Band, München 1868, S. 169–186

– Gütereinheit und Gütergemeinschaft; In: Kritische Vierteljahrsschrift für Gesetzgebung und Rechtswissenschaft, Zwölfter Band, München 1870, S. 596–600

– Über Gütereinheit und Gütergemeinschaft, Jahrbuch für das gemeine Deutsche Recht Band III (1859), S. 313–358

– Die Literatur über die fränkische Reichs- und Gerichtsverfassung; Sohm, die altdeutsche Reichs- und Gerichtsverfassung; In: Kritische Vierteljahrschrift für Gesetzgebung und Rechtswissenschaft, Band 16 (1874), S. 192–220

– Das deutsche eheliche Güterrecht; In: Zeitschrift für vergleichende Rechtswissenschaft, Erster Band (1878), S. 39–94

Roethe: Bericht der akademischen Kommission für das Wörterbuch der deutschen Rechtssprache für das Jahr 1917; In: Zeitschrift der Savigny-Stiftung für Rechtsgeschichte, Germanistische Abteilung Band 52 (LII. Band der Zeitschrift für Rechtsgeschichte) 1918, S. 383

Rothacker, Erich: Mensch und Geschichte; Studien zur Anthropologie und Wissenschaftsgeschichte; Bonn 1950

Rückert, Joachim: Historie und Jurisprudenz bei Justus Möser; In: Stolleis, Michael (Hrsg.) Die Bedeutung der Wörter – Studien zur europäischen Rechtsgeschichte Festschrift für Sten Gagner zum 70. Geburtstag; München 1991, S. 357–381

– Geschichtlich, praktisch, deutsch; Die „Zeitschrift für geschichtliche Rechtswissenschaft" (1815–1850), das „Archiv für die civilistische Praxis"(1818–1867) und die „Zeitschrift für deutsches Recht und deutsche Rechtswissenschaft" (1839–1861); In: Stolleis, Michael (Hrsg.): Juristische Zeitschriften – Die neuen Medien des 18.– 20. Jahrhunderts; Frankfurt am Main 1999

– Handelsrechtsbildung und Modernisierung des Handelsrechts durch Wissenschaft von ca. 1800 bis 1900; In: Scherner, Karl Otto (Hrsg.): Modernisierung des Handelsrechts im 19. Jahrhundert, Beihefte der Zeitschrift für das gesamte Handelsrecht und Wirtschaftsrecht, Abhandlungen aus dem gesamten bürgerlichen Recht, Handelsrecht und Wirtschaftsrecht, Heft 66, Heidelberg 1993

Runde, Ludwig Christian: Deutsches eheliches Güterrecht; Oldenburg 1841

Sachse, Arnold: Friedrich Althoff und sein Werk; Berlin 1928

Sandhaas, Georg: Fränkisches eheliches Güterrecht; Gießen 1866

Savigny, Friedrich Carl von: Vom Beruf unserer Zeit für Gesetzgebung und Rechtswissenschaft; Heidelberg 1814

– Über den Zweck dieser Zeitschrift; In: Zeitschrift für geschichtliche Rechtswissenschaft, Band 1 Heft 1 (1815), S. 1–17

– Geschichte des römischen Rechts im Mittelalter, Band VI, das vierzehnte und fünfzehnte Jahrhundert, Zweite Ausgabe, Heidelberg 1850

– Wesenberg, Gerhard (Hrsg.): Juristische Methodenlehre – Nach der Ausarbeitung des Jacob Grimm; Stuttgart 1951

Sbrik, Heinrich Ritter von: Geist und Geschichte vom Deutschen Humanismus bis zur Gegenwart; I. Band Salzburg 1950

Schaab, Meinrad: Geschichte in Heidelberg, 100 Jahre Historisches Seminar, 50 Jahre Institut für Fränkisch-Pfälzische Geschichte und Landeskunde; Herausgegeben von Jürgen Miethke im Auftrag der Direktoren des Historischen Seminars; Berlin 1992

Schäfer, Johann Peter: Die Entstehung der Vorschriften des BGB über das persönliche Eherecht; Frankfurt am Main 1983

Schäfer, Dietrich: Mein Leben, Berlin 1926

Scheel, Heinrich (Hrsg.): Die Berliner Akademie der Wissenschaften on der Zeit des Imperialismus; Teil 1: Von den neunziger Jahren des 19. Jahrhunderts bis zur Großen Sozialistischen Oktoberrevolution; Berlin 1975

Scherner, Karl Otto: Die Modernisierung des Handelsrechts im 19. Jahrhundert; In: Scherner, Karl Otto (Hrsg.): Modernisierung des Handelsrechts im 19. Jahrhunderts, Beihefte der Zeitschrift für das gesamte Handelsrecht und Wirtschaftsrecht, Abhandlungen aus dem gesamten bürgerlichen Recht, Handelsrecht und Wirtschaftsrecht, Heft 66, Heidelberg 1993

Schleiermacher, Friedrich: Gelegentliche Gedanken über Universitäten im deutschen Sinn; Abgedruckt Darmstadt 1956

Schlosser, Hans: Das „wissenschaftliche Prinzip" der germanistischen Privatrechtssysteme; In: Kleinheyer, Gerd/Mikat, Paul (Hrsg.): Beiträge zur Rechtsgeschichte Gedächtnisschrift für Hermann Conrad; Rechts- und Staatswissenschaftliche Veröffentlichungen der Görres-Gesellschaft; Paderborn 1979

– Grundzüge der Neueren Privatrechtsgeschichte, 9. Auflage 2001, Heidelberg

Schmid, Klaus: Die Entstehung der güterrechtlichen Vorschriften im Bürgerlichen Gesetzbuch unter besonderer Berücksichtigung der sozialen Stellung der Frau; Berlin 1990

Schmidt-Radefeldt, Susanne: Carl Friedrich von Gerber (1823–1891) und die Wissenschaft des deutschen Privatrechts; Berlin 2003

Schmidt-Wiegand, Ruth: Studien zur historischen Rechtswortgeographie; Der Strohwisch als Bann- und Verbotszeichen; Bezeichnungen und Funktionen; München 1978

– Eberhard Freiherr von Künßberg – Werk und Wirkung; In: Heidelberger Jahrbücher XXVI (1982), S. 51–67

– Jacob Grimm und das genetische Prinzip in Rechtswissenschaft und Philologie; Marburg 1987

– Historische Onomasiologie und Mittelalterforschung; In: Karl Hauck (Hrsg.): Frühmittelalterliche Studien – Jahrbuch des Instituts für Frühmittelalterforschung der Universität Münster, 9. Band 1975, S. 49–78

– „Lex Salica"; In: Erler, Adalbert/Kaufmann, Ekkehard (Hrsg.): Handwörterbuch zur deutschen Rechtsgeschichte, III. Band (Haustür – Lippe), Berlin 1978, Sp. 1949–1962

Schmoeckel, Matthias: 100 Jahre BGB: Erbe und Aufgabe; In: Neue Juristische Wochenschrift 1996, S. 1697–1705

Schnabel, Franz: Deutsche Geschichte im 19. Jahrhundert; Zweiter Band: Monarchie und Volkssouveränität; 2. Auflage 1949, Freiburg

Schnapp, Friedrich: Wilhelm Eduard Albrecht; In: Neue Juristische Wochenschrift 1998, S. 1541

Schneemelcher, Wilhelm: 150-Jahr-Feier der Rheinischen Friedrich-Wilhelms-Universität zu Bonn – Bericht und Ansprachen, Bonn 1968

Scholze, Bettina: Otto Stobbe (1831–1887) – Ein Leben für die Rechtsgermanistik; Berlin 2002

Schöllgen, Gregor: Determinanten Deutscher Identität; Das Nationalstaatsproblem im 19. und 20. Jahrhundert; In: Historisches Jahrbuch 105 (1985), S. 455–467

Schönfeld, Walter: Vom Problem der Rechtsgeschichte; In: Schriften der Königsberger Gelehrten Gesellschaft, Geisteswissenschaftliche Klasse, 4. Jahr 1927, Heft 6, S. 307–361

Schroeder, Klaus-Peter: Die Heidelberger juristische Fakultät im 19. Jahrhundert; In: Juristische Schulung 1986, S. 919–922

- Vom Sachsenspiegel zum Grundgesetz: Eine deutsche Rechtsgeschichte in Lebensbildern; München 2001

- Felix Dahn – Rechtsgelehrter und Erfolgsautor; In: Neue Juristische Wochenschrift 1986, S. 1234 f.

- Gottlieb Planck (1825–1910) – „Ziehvater" des BGB; In: Juristische Schulung 2000, S. 1046–1051

Schröder, Jan: Justus Möser als Jurist, Zur Staats- und Rechtslehre in den Patriotischen Phantasien und in der Osnabrückischen Geschichte; Bonn 1986

Schröder, Rainer: Rechtsgeschichte der Nachkriegszeit; In: Juristische Schulung 1993, S. 617–627

Schröder, Rainer/*Bär,* Fred: Zur Geschichte der Juristischen Fakultät der Humboldt-Universität zu Berlin, in: Kritische Justiz 1996, S. 447–465

Schubert, Werner: Das Bürgerliche Gesetzbuch von 1896; In: Kodifikation als Mittel der Politik – Vorträge und Diskussionsbeiträge über die deutsche, schweizerische und österreichische Kodifikationsbewegung um 1900 (Hrsg.: Herbert Hofmeister); Wien 1986

- Materialien zur Entstehungsgeschichte des BGB; – Einführung, Biographien, Materialien; In: Jakobs, Horst Heinrich/Schubert, Werner (Hrsg.) Die Beratung des Bürgerlichen Gesetzbuches in systematischer Zusammenstellung der unveröffentlichten Quellen; Berlin 1978

- Familienrecht I (§§ 1297–1563); In: Jakobs, Horst Heinrich/Schubert, Werner (Hrsg.) Die Beratung des Bürgerlichen Gesetzbuches in systematischer Zusammenstellung der unveröffentlichten Quellen; Materialien zur Entstehungsgeschichte des BGB; Berlin 1987

- Die Entstehung der Vorschriften des BGB über Besitz und Eigentumsübertragung, ein Beitrag zur Entstehungsgeschichte des BGB, Berlin 1966

Schücking, Walther: Berliner Juristen als Schriftsteller, ein flüchtiger Überblick über die letzten fünfundzwanzig Jahre, die juristische Fakultät, S. 155–164; In: Juristisches Literaturblatt, Festnummer zum XXVI. Deutschen Juristentag, Nr. 137, Bd. XIV, Nr. 7

Schulte-Nölke, Hans: Das Reichsjustizamt und die Entstehung des Bürgerlichen Gesetzbuchs; Frankfurt am Main 1995

- „Die schwere Geburt des Bürgerlichen Gesetzbuches"; In: NJW 1996, S. 1705–1710

Schultze-von Lasaulx, Hermann: Karl Haff; In: Zeitschrift der Savigny-Stiftung für Rechtsgeschichte, Germanistische Abteilung Band 72 (LXXXV. Band der Zeitschrift für Rechtsgeschichte) 1955, S. XV–XXXII

Schulze, Reiner: Vom Ius Commune bis zum Gemeinschaftsrecht – das Forschungsfeld der europäischen Rechtsgeschichte; In: Reiner Schulze (Hrsg.): Europäische

Rechts- und Verfassungsgeschichte – Ergebnisse und Perspektiven der Forschung; Berlin 1991

Schwab, Dieter: Zum Selbstverständnis der historischen Rechtswissenschaft im Dritten Reich; Vortrag gehalten am 14.01.1969 an der Justus-Liebig-Universität Gießen im Rahmen der Vortragsreihe „Nationalsozialismus und Recht"; In: Kritische Justiz 2 (1969), S. 58–70

– Das BGB und seine Kritiker; In: Zeitschrift für neuere Rechtsgeschichte 22 (2000), S. 325–357

Schwabe, Klaus: Die deutschen Professoren und die politischen Grundfragen des ersten Weltkrieges, Freiburg 1958

– Wissenschaft und Kriegsmoral; Die deutschen Hochschullehrer und die politischen Grundfragen des ersten Weltkrieges; Göttingen 1969

Schwerin, Claudius Freiherr von: Karl von Amira; In: Zeitschrift der Savigny-Stiftung für Rechtsgeschichte, Germanistische Abteilung, Band 51 (LXIV. Band der Zeitschrift für Rechtsgeschichte), 1931, S. XI–XLV

– Rechtsgeschichte und Rechtserneuerung; In: Hans Frank (Hrsg.): Schriften der Akademie für Deutsches Recht, Gruppe Rechtsgrundlagen und Rechtsphilosophie Nr. 7: Zur Erneuerung des Bürgerlichen Rechts, München 1938, S. 37–50

Schwerin, Claudius Freiherr von/*Thieme,* Hans: Grundzüge der deutschen Rechtsgeschichte; vierte Auflage, nach dem Tode des Verfassers besorgt, Berlin 1950

Seifert, Wolfgang: Störungen in den materiellen Beziehungen der Ehegatten und die Auseinandersetzung über das Vermögen bei der Ehescheidung; In: Neue Justiz 1965, S. 384–387

Seitz, Gabriele: Die Brüder Grimm, Leben, Werk, Zeit, München 1984, S. 108

Sellert, Wolfgang: Karl Friedrich Eichhorn – „Vater der deutschen Rechtsgeschichte"; In: Juristische Schulung 1981, S. 799–801

– Aufzeichnung des Rechts und Gesetz; In: Wolfgang Sellert (Hrsg.): Das Gesetz in Spätantike und frühem Mittelalter; 4. Symposium der Kommission „Die Funktion des Gesetzes in Geschichte und Gegenwart"; Göttingen 1992, S. 67–102

Sello, Georg: Der Roland zu Bremen; Bremen 1901

Selle, Götz von: Die Georg-Augusts-Universität zu Göttingen, 1737–1937; Göttingen 1937

Semper, Carl: Mein Amselprozeß, die Amselfanatiker und der Vogelschutz; Würzburg 1880

Senn, Marcel: Rechtshistorisches Selbstverständnis im Wandel; Ein Beitrag zur Wissenschaftstheorie und Wissenschaftsgeschichte der Rechtsgeschichte; Zürich 1982

Siegel, Heinrich: Deutsche Rechtsgeschichte – Ein Lehrbuch; Berlin 1886

Siemann, Wolfram: Gesellschaft im Aufbruch, Deutschland 1849–1871; Frankfurt 1990

Simon, Wolfgang: Claudius Freiherr von Schwerin – Rechtshistoriker während dreier Epochen deutscher Geschichte; Rechtshistorische Reihe Band 84, Frankfurt/Main 1991

Sohm, Rudolf: Fränkisches Recht und römisches Recht; Prolegomena zur deutschen Rechtsgeschichte; In: Zeitschrift der Savigny-Stiftung für Rechtsgeschichte, Germanistische Abteilung Band 1 (XIV. Band der Zeitschrift für Rechtsgeschichte) 1880, S. 1–84

– Die fränkische Reichs- und Gerichtsverfassung, Weimar 1871

Speer, Heino: Ein Wörterbuch, die elektronische Datenverarbeitung und die Folgen; In: Akademie-Journal – Mitteilungsblatt der Konferenz der Deutschen Akademien der Wissenschaften, Heft 2/1998, S. 11–16

Spendel, Günter: Josef Kohler, Bild eines Universaljuristen; Heidelberg 1983

Spranger, Eduard: Fichte, Schleichermacher und Steffens über das Wesen der Universität; Leipzig 1910

Stammler, Wolfgang: Das Deutsche Rechtswörterbuch; In: Bruno Hake (Hrsg.): Deutsche Rundschau, Band CLXIV September 1915; Berlin 1915

Stiefel, Ernst C./*Mecklenburg,* Frank: Deutsche Juristen im amerikanischen Exil (1933–1950); Tübingen 1991

Stintzing, R./*Landsberg,* Ernst: Geschichte der Deutschen Rechtswissenschaft; Band III Zweiter Halbband; München und Berlin 1910

Stobbe, Otto: Handbuch des deutschen Privatrechts, Band I, erste Abteilung; Berlin 1871

– Handbuch des deutschen Privatrechts, Band IV; Erste und Zweite Auflage 1884, Berlin

– Geschichte der deutschen Rechtsquellen Band 1 erste Abtheilung 1860, Leipzig

– Die Gerichtsverfassung des Sachsenspiegels; In: Zeitschrift für deutsches Recht, Band 15 (1855), S. 82–124

Stürmer, Michael (Hrsg.): Das kaiserliche Deutschland, Politik und Gesellschaft 1870–1918; Düsseldorf 1970

Stutz, Ulrich: Nachruf auf Richard Schroeder; In: Zeitschrift der Savigny-Stiftung für Rechtsgeschichte, Germanistische Abteilung Band 38 (LI. Band der Zeitschrift für Rechtsgeschichte), 1917, S. VII–LVIII

– Nachruf auf Hugo Loersch; In: Zeitschrift der Savigny-Stiftung für Rechtsgeschichte, Germanistische Abteilung, Band 28 (1907), S. VII–XXII

– Nachruf auf Heinrich Brunner; In: Zeitschrift der Savigny-Stiftung für Rechtsgeschichte, Germanistische Abteilung, Band 36 (1915), S. IX–LV

– Nachrufe, Richard Schroeder, S. 109–162; Konrad Beyerle, S. 317–338; Otto von Gierke, S. 163–220, Aalen 1966

– Nachruf auf Konrad Beyerle; In: Zeitschrift der Savigny-Stiftung für Rechtsgeschichte, Germanistische Abteilung Band 54 (LXVII. Band der Zeitschrift für Rechtsgeschichte) 1934, S. XXV–XLIV

– Deutsches Rechtswörterbuch (Wörterbuch der älteren deutschen Rechtssprache), herausgegeben von der Königlich Preußischen Akademie der Wissenschaften. Quellenheft VIII S. 87, ebenso; In: Zeitschrift der Savigny-Stiftung für Rechtsgeschichte, Germanistische Abteilung, Band 16 (XXIX. Band der Zeitschrift für Rechtsgeschichte) 1915, S. 492–494

Süß, Peter A.: Kleine Geschichte der Würzburger Julius-Maximilians-Universität; Würzburg 2002

Thielmann, Georg: Die Entwicklung des Familienrechts im Bundesgebiet mit Berlin (West) seit 1949; In: Zieger (Hrsg.) Das Familienrecht in beiden deutschen Staaten; Rechtsentwicklung, Rechtsvergleich, Kollisionsprobleme, Symposium 09./10. Oktober 1980; Köln 1983

Thieme, Hans: Hundert Jahre Zeitschrift für Rechtsgeschichte; In: Zeitschrift der Savigny-Stiftung für Rechtsgeschichte, Germanistische Abteilung, Band 78, Weimar 1961, S. XII–XVI

– Zum Erscheinen von Band 100 der Savigny-Zeitschrift, Germanistische Abteilung; In: Zeitschrift der Savigny-Stiftung für Rechtsgeschichte, Germanistische Abteilung, Band 100 (CXIII. Band der Zeitschrift für Rechtsgeschichte) 1983, S. 1–8

– Der Historiker und die Geschichte des Rechts; In: Historische Zeitschrift 209 (1969), S. 27–36

– E. Rosenstock-Huessy (1888–1973); In: Zeitschrift der Savigny-Stiftung für Rechtsgeschichte, Germanistische Abteilung, Band 106 (CXIX. Band der Zeitschrift für Rechtsgeschichte) 1989, S. 1–11

– Über Zweck und Mittel der Germanischen Rechtsgeschichte; In: Juristenzeitung 1975, S. 725–727

– Savigny und das Deutsche Recht; In: Zeitschrift der Savigny-Stiftung für Deutsche Rechtsgeschichte, Germanistische Abteilung Band 80 (XCIII. Band der Zeitschrift für Rechtsgeschichte) 1963, S. 1–26

Thiedau, Erwin: Juristische Grenzprobleme; Zivilrechtsweg, Verwaltungsrechtsweg, Gesellschaftsrecht, Erbrecht, eheliches Güterrecht, Köln 1981

Töteberg, Michael: Fritz Reuter in Selbstzeugnissen und Bilddokumenten, Hamburg 1978

Töpner, Kurt: Gelehrte Politiker und politisierende Gelehrte; Die Revolution von 1918 im Urteil deutscher Hochschullehrer; Göttingen 1970

Treue, Wilhelm: Gesellschaft, Wirtschaft und Technik Deutschlands im 19. Jahrhundert in Gebhardt, Handbuch der deutschen Geschichte, Band 3; Stuttgart 1970

Trojan, Ernst Jürgen: Über Justus Möser, Johann Gottlieb Herder und Gustav Hugo zur Grundlegung der historischen Rechtsschule, Bonn 1971

Trusen, Winfried: Gelehrtes Recht im Mittelalter und in der frühen Neuzeit; Goldbach 1997

– Artikel zu „Roland"; In: Erler, Adalbert/Kaufmann, Ekkehard (Hrsg.): Handwörterbuch zur deutschen Rechtsgeschichte, IV. Band (Protonotarius Apostolicus – Strafprozeßordnung) Berlin 1985, Sp. 1103 f.

Tuor, Peter: Das Schweizerische Zivilgesetzbuch; Eine systematische Darstellung mit Berücksichtigung der Rechtsprechung des Schweizerischen Bundesgerichts; 8., bereinigte und ergänzte Auflage 1968, Zürich

Unzner, Karl: Schroeder, Professor Dr. R., Das eheliche Güterrecht in seinen Grundzügen, Berlin Guttentag 1896; In: Kritische Vierteljahrschrift 40 (1897), S. 206–208

Vierhaus, Felix: Die Entstehungsgeschichte des Entwurfs eines Bürgerlichen Gesetzbuches für das Deutsche Reich – In Verbindung mit einer Übersicht der privatrechtlichen Kodifikationsbestrebungen in Deutschland; In: E. I. Bekker/O. Fischer (Hrsg.) „Beiträge zur Erläuterung und Beurtheilung des Entwurfs eines Bürgerlichen Gesetzbuches für das Deutsche Reich", Erstes Heft, Berlin/Leipzig 1888

Vocke, Heinrich: Gemeines eheliches Güter- und Erbrecht in Deutschland, II. Band, Nördlingen 1873

Vondung, Klaus: Zur Lage der Gebildeten in der wilhelminischen Zeit; In: Vondung, Klaus (Hrsg.) Das wilhelminische Bildungsbürgertum: zur Sozialgeschichte seiner Ideen, Göttingen 1976, S. 20–33

Vonessen, Hedwig: Friedrich Karl von Savigny und Jacob Grimm; München 1958

Waitz, Eberhard: Georg Waitz – ein Lebens- und Charakterbild zu seinem hundertjährigen Geburtstag, 9. Oktober 1913, Berlin 1913

Waitz, Georg: Deutsche Verfassungsgeschichte, 1. Band Kiel 1844

– Das alte Recht der Salischen Franken; Eine Beilage zur Deutschen Verfassungsgeschichte; Kiel 1846

– Historische Aufsätze, Hannover 1886

Walter, Ferdinand: Deutsche Rechtsgeschichte; 1. Auflage 1853, Bonn; 2., verbesserte Auflage 1857, Bonn

Weber, Marianne: Max Weber – ein Lebensbild; Tübingen 1926

Weech, Friedrich von: Badische Biographien, Band XXX, Heidelberg 1875

Wehler, Hans-Ulrich: Deutsche Gesellschaftsgeschichte; Zweiter Band: Von der Reformära bis zur industriellen und politischen „Deutschen Doppelrevolution" 1815–1848/49; München 1987

– Deutsche Gesellschaftsgeschichte; Dritter Band: Von der „Deutschen Doppelrevolution" bis zum Beginn des Ersten Weltkrieges 1849–1914; München 1995

– Deutsche Historiker; Göttingen 1973 (Hrsg.)

Weizsäcker, Wilhelm: Leopold Perels; In: Ruperto-Carola 13/14, Ausgabe Juni 1954, S. 49

Weigle, Regina Barbara: Die Staatsrechtslehrer an der Universität Heidelberg im 19. Jahrhundert – Lebensbilder und Forschungsbeiträge; Frankfurt am Main 1986

Weiland, Ludwig: Georg Waitz, geboren 09. October 1813, gestorben 24. Mai 1886; Rede gehalten in der öffentlichen Sitzung der K. Gesellschaft der Wissenschaften am 04. December 1886; Göttingen 1886

Weinhold, Karl: Die Deutschen Frauen in dem Mittelalter, dritte Auflage erster Band 1897, Wien

Weisert, Herrmann: Die Rektoren der Ruperto Carola zu Heidelberg und die Dekane ihrer Fakultäten 1386–1968; Heidelberg 1968

Welker, Karl H. L.: Rechtsgeschichte als Rechtspolitik, Justus Möser als Staatsmann und Jurist, 2 Bände; Osnabrück 1996

– Artikel „Volksgeist"; In: Erler, Adalbert/Kaufmann, Ekkehard (Hrsg.): Handwörterbuch zur deutschen Rechtsgeschichte, V. Band (Straftheorie – Zycha) Berlin 1998; Sp. 986–990

Wennemuth, Udo: Wissenschaftsorganisation und Wissenschaftsförderung in Baden; Die Heidelberger Akademie der Wissenschaften 1909–1949; Heidelberg 1994

– Die Heidelberger Akademie der Wissenschaften; In: Elmar Mittler (Hrsg.): Heidelberg, Geschichte und Gestalt, Heidelberg 1996, S. 392–385

Werksmüller, Dieter: Über Aufkommen und Verbreitung der Weistümer; Nach der Sammlung von Jacob Grimm; Berlin 1972

Wesel, Uwe: Zur Methode der Rechtsgeschichte; In: Kritische Justiz 7 (1974), S. 337–368

Wesenberg, Gerhard/*Wesener,* Gunter: Neuere deutsche Privatrechtsgeschichte im Rahmen einer europäischen Rechtsentwicklung; Dritte, erweiterte Auflage 1976, Lahr/Schwarzwald

Westen, Klaus; Ehegüterrecht; In: Das Familienrecht in beiden deutschen Staaten; Rechtsentwicklung, Rechtsvergleich, Kollisionsprobleme, Symposium 09./10. Oktober 1980; Köln 1983

Westphalen, Daniela: Karl Binding (1841–1920); Materialien zur Biographie eines Strafgelehrten; Frankfurt am Main 1989

Wieacker, Franz: Wandlungen in Bilde der historischen Rechtsschule; Vortrag gehalten vor der Juristischen Studiengesellschaft in Karlsruhe am 19. Januar 1967; Karlsruhe 1967

– Privatrechtsgeschichte der Neuzeit unter besonderer Berücksichtigung der deutschen Entwicklung; 2. Auflage 1967, Göttingen

– Zur Methodik der Rechtsgeschichte; In: Rudolf Strasser, Michael Schwimann, Hans Hoyer (Hrsg.): Festschrift Fritz Schwind zum 65. Geburtstag, Rechtsgeschichte, Rechtsvergleichung, Rechtspolitik, Wien 1978, S. 355–375

– Die Ausbildung einer allgemeinen Theorie des positiven Rechts im Deutschland des 19. Jahrhunderts; In: Pawlowski, Hans-Martin/Wieacker, Franz (Hrsg.): Festschrift für Karl Michaelis zum 70. Geburtstag am 21. Dezember 1970; Göttingen 1970

Wilda, Wilhelm Eduard: Geschichte des deutschen Strafrechts Band 1: Das Strafrecht der Germanen, 1842

Wilhelm, Walter: Zur juristischen Methodenlehre im 19. Jahrhundert; Die Herkunft der Methode Paul Labands aus der Privatrechtswissenschaft; Frankfurt am Main 1958

Wilms, Johannes: Nationalismus ohne Nation; Deutsche Geschichte von 1789–1914; Düsseldorf 1983

Wirsing, Armin: Das eheliche Güterrecht der DDR – Teil einer sozialistischen Gesetzgebung, Tübingen 1973

Wolf, Erik: Große Rechtsdenker; 3. Auflage 1962

Wolf, Joseph Georg: Gedenkrede in memoriam Franz Wieacker; Akademische Gedenkfeier am 19. November 1994 in Göttingen; Göttingen 1995

Wolff, Eugen: Wolff, Rudolf Hildebrand; In: Zeitschrift für deutsche Philologie, Band 28 (1896), S. 73–79

Wolff, Martin; Das Recht des Bürgerlichen Gesetzbuches in Einzeldarstellungen, Nr. II: Richard Schroeder, Das eheliche Güterrecht nach dem Bürgerlichen Gesetzbuche für das Deutsche Reich in seinen Grundzügen, 3., vermehrte und verbesserte Auflage 1900, Berlin; In: Kritische Vierteljahrschrift für Gesetzgebung und Rechtswissenschaft, Dritte Folge, Band IX, 1904, S. 242–248

Wolgast, Eike: Die Universität Heidelberg 1386–1986; Berlin, Heidelberg 1986

Wretschko, Alfred von: Heinrich Brunner und Richard Schroeder; In: Historische Vierteljahrschrift 18 (1916–1918), S. 345–351

Wrochem, Albrecht von: Der Schultheiß in der Gerichtsverfassung des Sachsenspiegels, in: Beyerle, Konrad (Hrsg.) Deutschrechtliche Beiträge – Forschungen und Quellen zur Geschichte des deutschen Rechts 2, 4; Heidelberg 1908

Wundt, Wilhelm: Erlebtes und Erkanntes; Stuttgart 1920

Zieger, Gottfried: Die Entwicklung des Familienrechts in der DDR mit Berlin (Ost); In: Das Familienrecht in beiden deutschen Staaten; Rechtsentwicklung, Rechtsvergleich, Kollisionsprobleme, Symposium 09./10. Oktober 1980; Köln 1983

Zoepfl, Heinrich: Deutsche Rechtsgeschichte, Erster Band Erster Theil: Geschichte der Rechtsquellen; Zweiter Band Zweiter Theil: Geschichte der Rechtsinstitute I., öffentliches Recht; 4., vermehrte und verbesserte Auflage 1872, Braunschweig

– Alterthümer des deutschen Reichs und Rechts – Studien, Kritiken und Urkunden zur Erläuterung der deutschen Rechtsgeschichte und des praktischen Rechts, Heidelberg 1861

Zorn, Wolfgang: Zusammenhänge der deutschen Reichsgründungszeit (1850–1879); In: Hans-Ulrich Wehler (Hrsg.); Moderne deutsche Sozialgeschichte; Köln 1966

VI. Schriften über Richard Schroeder

Beyerle, Konrad: Richard Carl Heinrich Schroeder, Deutsches Biographisches Jahrbuch, Überleitungsband II 1917, S. 138

Burschenschaft Brunsviga: Brunsviga Lebensbilder – Stiftungsfest der Burschenschaft Brunsviga; Göttingen 1998; Richard Schroeder, S. 88–92; Hugo Schroeder, S. 135 f.

Grotefend: Richard Schroeder; In: Brunsvigen-Zeitung, Nr. 20 (1. April 1917), S. 38 f.

Heymann, Ernst: Nachruf auf Richard Schroeder; In: Deutsche Juristenzeitung 1917 Nr. 3/4, Spalten 206–208, Berlin 1917

Künßberg, Eberhard Freiherr von: Richard Schroeder – Ein Nachruf, S. 330–334; In: Zeitschrift für die Geschichte des Oberrheins, Neue Folge, Band XXXII, Heidelberg 1917

Molitor, Erich: Richard Schroeder; In: Pommersche Lebensbilder; Pommern des 19. und 20. Jahrhunderts, herausgegeben von Adolf Hofmeister, Erich Randt, Martin Wehrmann im Auftrag der Landesgeschichtlichen Forschungsstelle (Historische Kommission) für Pommern; Stettin 1934

Schultze, Alfred: Historische Zeitschrift CXIX 1918, S. 181 ff.

Stutz, Alfred: Nachruf auf Richard Schroeder; In: Zeitschrift der Savigny-Stiftung für Rechtsgeschichte, Germanistische Abteilung Band 38 (LI. Band der Zeitschrift für Rechtsgeschichte) 1917

Wretschko, Alfred von: Heinrich Brunner und Richard Schroeder; In: Historische Vierteljahrschrift 18 (1916–1918), S. 345–351

Sach- und Personenregister

Achenbach 60, 61

Akademie der Wissenschaften
- Heidelberger 49, 132, 140, 148, 149, 156, 157, 158, 212
- Königlich Bayerische 50, 51, 148
- Königlich Preußische 33, 34, 35, 45, 135, 136, 140, 141, 148

Albrecht, Wilhelm Eduard 33, 94, 95, 188

Allemannia 124

Allgemeines Gesetzbuch, österreicherisches 192

Altes Reich 204

Althoff, Friedrich 102, 103, 108, 121, 202, 226

Amira, Karl von 17, 29, 136, 137, 143, 148, 199, 206, 209, 210, 219, 235, 269

angelsächsisch 141, 166, 254

Anklam 23, 25, 27

Annexionist 154

Anschütz, August 46, 70, 120, 158

Arnold, Wilhelm 102, 205

Auskultariat 47, 48, 49

Auskultator 47
- -examen 46

Aussteuer 166, 169

Bader, Karl Siegfried 18, 133, 134, 142, 151, 158, 184, 205, 209, 222, 223, 224, 225, 226, 228, 231, 234

Badische Generalsynode 150

Badische Historische Kommission 129, 130, 131, 158, 256, 268

Bar, Ludwig von 107

Bärenklub 66

BASF 98

Bekker, Ernst Immanuel 46, 62, 74, 111, 119, 120, 201, 265

Benjamin, Hilde 196, 197

Berger, Alfred 98

Berlin 22, 27, 28, 29, 30, 31, 32, 33, 34, 35, 37, 41, 43, 44, 45, 46, 47, 48, 49, 52, 54, 56, 57, 58, 60, 66, 69, 77, 81, 90, 91, 94, 98, 102, 103, 110, 111, 112, 124, 129, 135, 137, 138, 140, 141, 148, 154, 155, 157, 163, 193, 196, 205, 206, 209, 248, 257, 269

Berliner Gesellschaft für pommersche Geschichte und Alterskunde 35

Beseler, Georg 17, 28, 30, 31, 32, 33, 39, 44, 45, 49, 60, 71, 107, 116, 161, 162, 163, 165, 173, 175, 177, 183, 184, 187, 188, 191, 199, 201, 205, 208, 231, 269

Bethmann-Hollweg 47, 154, 155

Beyerle, Konrad 18, 109, 116, 190, 252

Bilger, Ferdinand 144

Binding, Karl 37, 81, 82, 103, 152

Bismarck, Otto von 42

Bluntschli, Johann Caspar 74, 146, 162

Boehlau, Hugo 59, 101, 186

Bonn 14, 20, 21, 25, 26, 27, 28, 29, 30, 31, 35, 46, 48, 49, 54, 55, 56, 58, 59, 60, 61, 62, 63, 64, 65, 66, 70, 71, 72, 101, 104, 106, 111, 115, 129, 138, 157, 194, 202, 215, 253, 268

Brautkauf 168, 169

Brentano, Clemes 101, 102, 103, 104, 106

Breslau 70, 101, 114, 116, 202

Bresslau, Harry 182, 236

Brunner, Heinrich 17, 18, 29, 33, 34, 35, 36, 37, 38, 39, 40, 66, 90, 92, 96, 103, 110, 112, 120, 121, 123, 128, 132, 133, 134, 135, 136, 137, 138,

Schriften zur Rechtsgeschichte

101 Andreas Daniel
Gemeines Recht
Eine systematische Einordnung
der Rechtsfigur und ihrer
Funktion sowie die Bestimmung
der inhaltlichen Probleme aus
der Sicht des 18. Jahrhunderts
322 S. 2003 ⟨3-428-10885-X⟩
€ 70,– / sFr 118,–

102 Frank Thomas
**Die persönliche Haftung
von Gesellschaftern von
Personengesellschaften
in der historischen
Entwicklung der Neuzeit**
203 S. 2003 ⟨3-428-11001-3⟩
€ 61,80 / sFr 104,–

103 Joachim Hoeck
**Verwaltung,
Verwaltungsrecht und
Verwaltungsrechtsschutz
in der Deutschen
Demokratischen Republik**
Tab.; 486 S. 2003 ⟨3-428-10947-3⟩
€ 98,– / sFr 165,–

104 Enno Engbers
**Small Claims und
effektiver Rechtsschutz**
246 S. 2003 ⟨3-428-11187-7⟩
€ 68,– / sFr 115,–

105 Susanne Schmidt-Radefeldt
**Carl Friedrich von Gerber
(1823–1891)
und die Wissenschaft
des deutschen Privatrechts**
308 S. 2003 ⟨3-428-10422-6⟩
€ 78,– / sFr 132,–

106 Annett Böhm
**Arthur Philipp Nikisch –
Leben und Wirken**
Frontispiz; 193 S. 2003
⟨3-428-11128-1⟩
€ 58,– / sFr 98,–

107 Ralf Michael Dewitz
**Der Vertrag
in der Lehre Otto Mayers**
145 S. 2004 ⟨3-428-11234-2⟩
€ 62,– / sFr 105,–

108 Martin Heger
**Der Nießbrauch in
usus modernus und Naturrecht**
292 S. 2004 ⟨3-428-11036-6⟩
€ 69,80 / sFr 118,–

109 Guido O. Kirner
**Strafgewalt und
Provinzialherrschaft**
Eine Untersuchung zur Straf-
gewaltspraxis der römischen
Statthalter in Judäa (6–66 n. Chr.)
396 S. 2004 ⟨3-428-11381-0⟩
€ 82,– / sFr 138,–

110 Axel C. Buchenroth
**Die Heimatzuflucht nach § 30
Absatz 3 Reichserbhofgesetz
(REG) als Beispiel des
anerbenrechtlichen
Versorgungsprinzips
in Geschichte und Gegenwart**
375 S. 2004 ⟨3-428-11195-8⟩
€ 82,– / sFr 138,–

111 Cordula Scholz Löhnig
**Bayerisches Eherecht von
1756 bis 1875 auf dem Weg
zur Verweltlichung**
417 S. 2004 ⟨3-428-11048-X⟩
€ 89,80 / sFr 152,–

112 Malte Hohn
**Die rechtlichen Folgen
des Bauernkrieges von 1525**
407 S. 2004 ⟨3-428-10992-9⟩
€ 84,– / sFr 142,–

Internet: http://www.duncker-humblot.de